KINDLERS KULTURGESCHICHTE DES ABENDLANDES

in 22 Bänden

Herausgegeben von
Friedrich Heer

KINDLERS KULTURGESCHICHTE DES ABENDLANDES

Band XV

ERIC HOBSBAWM

Europäische Revolutionen

verlegt bei Kindler

Aus dem Englischen übertragen von Boris Goldenberg
Die Originalausgabe erschien im Verlag Weidenfeld & Nicolson,
London, unter dem Titel THE AGE OF REVOLUTION

© 1962 Copyright by Eric Hobsbawm
© 1978 Copyright dieser deutschsprachigen Ausgabe by Kindler Verlag AG, München
Gesamtherstellung: May & Co Nachf., Darmstadt
Printed in Germany
ISBN 3-463-13715-1

Inhalt

lichen Bürokratien · Neue Aufstiegsmöglichkeiten · Das Unterrichts- und Erziehungswesen · Die Emanzipation der religiösen Minderheiten · Die Juden · Neue Klassenspaltung

tion und des Wissens · Ungleichmäßigkeit der Entwicklung in
den verschiedenen Ländern · Weiterbestehen von Leibeigenschaft,
Aristokratien und Monarchien · Entstehen neuer Staaten · Fortschritte der Demokratie · Verlorenes Gleichgewicht und Ursachen
neuer Konflikte · Die nahende Revolution von 1848

*Dieses Buch untersucht jene Wandlung der Welt zwischen
1789 und 1848, soweit sie sich aus dem ergab, was hier die
»doppelte Revolution« genannt wird: der Französischen Revolution von 1789 und der gleichzeitigen (britischen) industriellen Revolution. Daher handelt es sich hier grundsätzlich weder um eine Geschichte Europas noch um eine
Weltgeschichte. Wo ein Land diese doppelte Revolution zu
spüren bekam, habe ich es in Betracht gezogen und jene Länder außer acht gelassen, wo dies nicht der Fall war. Daher
wird der Leser etwas über Ägypten und nichts über Japan,
mehr über Irland und Lateinamerika als über Bulgarien und
Afrika finden; dies soll natürlich keineswegs heißen, daß die
Geschichte dieser Länder und Völker weniger interessant oder
weniger bedeutsam ist, sondern allein, daß sie nicht im Bereich dieser revolutionären Kräfte lag.*

*Wenn das Buch von einem primär europäischen, genauge-
nommen sogar von einem französisch-britischen Gesichtspunkt
aus geschrieben ist, so darum, weil ein großer Teil der Welt
in jener Periode durch Kräfte verändert wurde, die von
Europa — von Frankreich und England — ausgingen. Auch
andere Themen, die eine eingehende Analyse verdient hätten, wie etwa die Geschichte der Vereinigten Staaten, wurden
beiseite gelassen. Dies geschah nicht nur aus Platzgründen,*

sondern weil sie in anderen Bänden dieser Reihe behandelt werden.

Dieses Buch strebt keine detaillierte Darstellung an, sondern eine Interpretation von der Art, die von den Franzosen »haute vulgarisation« genannt wird. Es wendet sich an den intelligenten und gebildeten Leser, der sich nicht einfach für die Vergangenheit als solche interessiert, sondern auch verstehen möchte, wie und warum diese Welt das geworden ist, was sie heute ist — und in welcher Richtung sie sich entwickelt. Es wäre daher pedantisch und unzweckmäßig, den Text mit einem schwerfälligen wissenschaflichen Apparat zu belasten, der nur für den Fachmann von Bedeutung sein könnte. Meine Anmerkungen beziehen sich fast alle auf die Quellen der Zitate und Zahlen, in einigen Fällen auch auf Behauptungen von Historikern, die Widerspruch oder Befremden erregen könnten.

Dennoch muß etwas über das Quellenmaterial gesagt werden, auf dem ein Buch mit einem so weit gespannten Thema fußt. Jeder Historiker kennt gewisse Teilgebiete besser, andere weniger gut. Außerhalb dieser recht kleinen Zone muß er sich auf die Arbeiten anderer Historiker verlassen. Die historisch darstellende und analysierende Literatur über unsere Epoche ist so umfangreich, daß ein einzelner nicht imstande wäre, sie ganz zu kennen, selbst wenn er sie in ihrer jeweiligen Originalsprache lesen könnte. (In Wahrheit beherrscht natürlich kein Historiker mehr als einige wenige Sprachen.) Vieles in diesem Buch kommt also aus zweiter und dritter Hand; es wird unvermeidlicherweise sachliche Irrtümer geben und auch solche, die aus der perspektivischen Verzeichnung entstehen. Der Fachmann wird dies ebenso bedauern, wie der Autor es tut. Am Schluß findet sich eine Bibliographie zu weiterem Studium. Obgleich man das Netz der Geschichte nicht in seine Fäden

zertrennen kann, ohne es zu zerstören, ist es praktisch un-
vermeidbar, das Thema zu unterteilen. Ich habe versucht, das
Buch in zwei Teile zu gliedern: Der erste behandelt in großen
Zügen die wesentlichsten Entwicklungen der Periode, wäh-
rend im zweiten die Gesellschaft skizziert wird, die aus der
doppelten Revolution hervorwuchs. Manchmal kommt es zu
Überschneidungen, doch die Teilung ist nicht eine Frage der
Theorie, sondern reiner Zweckmäßigkeit.

London, Dezember 1961   ERIC HOBSBAWM

Worte bezeugen oft mehr als Dokumente. Betrachten wir einige Begriffe, die im Verlauf der sechzig Jahre, die wir hier behandeln, erfunden wurden oder deren moderne Bedeutung damals geprägt wurde: »Industrie«, »Industrieller«, »Fabrik«, »Mittelstand«, »Arbeiterklasse«, »Kapitalismus«, »Sozialismus«; auch Wörter wie »Aristokratie« und »Eisenbahn«, »konservativ« und »liberal« als politische Begriffe; »Nationalität« und »Wissenschaftler«, »Ingenieur«, »Proletariat« und »Wirtschaftskrise«; »Statistik«, »Soziologie« und Namen anderer moderner Wissenschaften, »Journalismus«, »Ideologie« — das alles sind Wortprägungen oder neue Sinngebungen dieser Geschichtsperiode. Dazu gehören auch »Streik« und »Verelendung«.

Man braucht sich nur eine moderne Welt ohne diese Worte vorzustellen (das heißt ohne die Dinge und Begriffe, die sie bezeichnen), um die ganze Tiefe der Revolution zu ermessen, die zwischen 1789 und 1848 ausbrach und die größte Wandlung der Menschheitsgeschichte seit jenen lang verflossenen Zeiten bildet, als Landwirtschaft und Metallurgie, das Alphabet, die Stadt und der Staat erfunden wurden. Diese Revolution hat die ganze Welt umgestaltet, und ihre Wirkung dauert bis heute an.

Bei ihrer Betrachtung müssen wir jedoch sorgsam zwischen

ihren historischen Fernwirkungen und ihrer Geburtsperiode
unterscheiden: Ihre Auswirkungen sind keineswegs auf ein
bestimmtes soziales System, eine politische Organisation, die
internationale Verteilung der Macht oder der vorhandenen
Ressourcen beschränkt. Ihre frühe Phase war hingegen eng an
eine spezifische gesellschaftliche und internationale Situation
gebunden. Die große Revolution von 1789—1848 war nicht
einfach ein Triumph der »Industrie« als solcher, sondern ein
Triumph der *kapitalistischen* Industrie; nicht der Freiheit und
Gleichheit im allgemeinen, sondern ein Sieg der *bourgeoisen*
liberalen Gesellschaft (des »Mittelstandes«); nicht die »moderne Gesellschaft« oder der »moderne Staat« schlechthin
haben sich durchgesetzt — handelt es sich doch um Wirtschaftssysteme und Staaten einer besonderen Region der Welt
(eines Teiles von Europa und kleinerer Teile Nordamerikas),
deren Zentrum die beiden benachbarten Rivalen Großbritannien und Frankreich bildeten. Diese Wandlung der Jahre
1789—1848 entspringt im wesentlichen der zweifachen Um-
wälzung, die in diesen beiden Ländern vor sich ging und von
dort auf die ganze Welt ausstrahlte.

Man kann diese doppelte Revolution — die vorwiegend politische Frankreichs und die industrielle Englands — nicht nur
als bloße Abfolge von besonderen Ereignissen in diesen beiden Ländern betrachten, die ihre Hauptträger waren, sondern
man muß sie auch als Krater eines größeren regionalen Vulkans ansehen. Es ist weder reiner Zufall, noch ist es belanglos, daß in Frankreich und in England gleichzeitige und
doch in ihrem Wesen verschiedenartige Ausbrüche stattfanden. Vom Standpunkt eines Historikers — vielleicht aus dem
Jahr 3000 — oder eines chinesischen oder afrikanischen Be-
trachters erscheint es jedoch bedeutungsvoller, daß sie sich
irgendwo in Westeuropa und dessen überseeischen Niederlas-

sungen abgespielt haben und daß man ein solches Ereignis
zu jener Zeit kaum irgendwo anders hätte erwarten können.
Es ist auch nicht unwichtig, zu bemerken, daß man sich kaum
vorstellen kann, sie hätten zu jener Zeit eine andere Form
annehmen können als die des Sieges eines bürgerlich-liberalen
Kapitalismus.

Natürlich kann eine so tiefgreifende Wandlung nicht verstanden werden, wenn man nicht auf Jahre, ja sogar viele
Jahrzehnte vor 1789 zurückgreift, die (zumindest im Rück-
blick) so klar die Krise jenes Ancien régime der nordwest-
lichen Welt widerspiegeln, das von der Doppelrevolution
hinweggefegt wurde. Ob wir nun die amerikanische Revolution von 1776 als einen ebenso bedeutsamen Ausbruch wie
die französisch-englische Revolution ansehen oder bloß als
deren unmittelbarsten und wichtigsten Vorläufer; ob wir den
konstitutionellen Krisen und den ökonomischen Veränderungen und Bestrebungen der Jahre 1760—1789 fundamentale
Bedeutung beimessen oder nicht — all das kann bestenfalls
das Wie und das Wann des großen Durchbruchs erklären,
nicht aber seine tiefen Ursachen. Wie weit der Geschichts-
forscher zurückgehen müßte — ob zur englischen Revolution
der Mitte des 17. Jahrhunderts oder bis zum 16. Jahrhundert
mit der Reformation, dem Beginn der europäischen militärischen Machtausweitung und kolonialen Ausbeutung, oder
aber gar noch weiter zurück —, das sind Fragen, die für uns
belanglos sind, da eine solche Tiefenanalyse weit über die
Grenzen der in diesem Band behandelten Zeitspanne hinaus-
gehen würde.

Es genügt hier, darauf hinzuweisen, daß die sozialen und
wirtschaftlichen Kräfte und die politischen und intellektuellen
Werkzeuge für diese Wandlung schon vorbereitet waren —
zumindest in einem Teil Europas, der groß genug war, um

die Revolution mit ihren Ideen und Auswirkungen über seine Grenzen hinauszutragen.

Ebenso wollen wir hier nicht aufzeigen, wie ein Weltmarkt oder eine genügend aktive Klasse privater Unternehmer entstand oder wie sich (in England) ein Staat bildete, dessen Politik vom Grundsatz bestimmt wurde, ein Maximum an privaten Profiten zu ermöglichen. Ebensowenig beabsichtigen wir, die Entwicklung der Technologie, der Wissenschaften oder der individualistischen, weltlichen, rationalistischen Ideologie und Fortschrittsgläubigkeit nachzuzeichnen. All dies existierte bereits um 1780, obgleich wir keinesfalls so ohne weiteres annehmen können, daß diese Faktoren stark genug und überall vorhanden waren. Ganz im Gegenteil, wir müssen uns eher gegen die Versuchung wappnen, das grundlegend Neue dieser Doppelrevolution zu übersehen, weil ihr Äußeres so familiär wirkt; weil Robespierre und Saint-Just in der Art, sich zu kleiden, mit ihren Manieren und ihrem Stil recht gut in einen Salon des Ancien régime gepaßt hätten; weil jener Jeremias Bentham, in dessen Reformideen sich das bürgerliche England der dreißiger Jahre des 19. Jahrhunderts ausdrückte, zugleich auch jener Mann ist, der dieselben Ideen der Zarin Katharina der Großen von Rußland unterbreitet hatte — oder weil die extremsten Äußerungen der politischen Ökonomie der Bourgeoisie von Mitgliedern des britischen *House of Lords* des 18. Jahrhunderts stammen.

Unsere Aufgabe besteht also nicht darin, die Existenz dieser Elemente einer neuen Wirtschaft und Gesellschaft, sondern ihren Triumph zu erklären. Wir wollen nicht den schrittweisen Fortschritt ihrer Wühlarbeit in den vergangenen Jahrhunderten darstellen, sondern ihren entscheidenden Erfolg beim Sturm auf die Festung. Unsere Aufgabe besteht jedoch auch darin, die tiefgehenden Änderungen aufzuzeigen, die sich aus diesem plötzlichen Triumph ergaben — zunächst in den unmittelbar betroffenen Ländern und dann in der ganzen Welt, deren Tore sich den explosiven Wirkungen neuer Kräfte und dem (um den Titel einer kürzlich erschienenen Geschichte dieser Epoche zu zitieren) »erobernden Bourgeois« öffneten.

Da die Doppelrevolution sich in einem kleinen Teil Europas abspielte, wo auch ihre unmittelbaren Wirkungen am klarsten zutage traten, beschäftigt sich der vorliegende Band in erster Linie mit diesem Gebiet. Da ferner diese Doppelrevolution sich von ihrem Doppelkrater England und Frankreich aus verbreitete, verwirklichte sie sich als eine europäische Expansion und Eroberung der übrigen Welt. Vom Standpunkt einer Weltgeschichte besteht ihre auffallendste Konsequenz darin, daß einige westeuropäische Staaten (vor allem Großbritannien) ihre Herrschaft in einer Weise über den Erdball ausbreiten konnten, für die es keine geschichtlichen Parallelen gibt. Uralte Zivilisationen und Reiche kapitulierten und brachen unter dem Ansturm der Kaufleute, der Dampfmaschinen, Schiffe und Kanonen — und auch der Ideen des Westens zusammen. Indien wurde zu einer von britischen Prokonsuln verwalteten Provinz, das Gefüge der islamischen Staaten wurde von tiefen Krisen erschüttert, während Afrika der direkten Eroberung offen lag. Sogar das große chinesische Reich wurde 1839—1842 gezwungen, seine Grenzen zu öffnen, um ein Objekt westlicher Ausbeutung zu werden. 1848 gab es nichts, was der westlichen Eroberung eines jeglichen Territoriums im Weg stand — vorausgesetzt, daß westliche Kaufleute darin ihren Vorteil sahen. Ebenso stand nichts im Weg des westlichen kapitalistischen Fortschritts, dessen Vollendung nur Zeit brauchte.

Und doch ist die Geschichte der Doppelrevolution nicht auf

den Triumph der neuen bürgerlichen Gesellschaft beschränkt.
Zugleich erstehen auch Kräfte, die — ein Jahrhundert nach
1848 — die Expansion in Kontraktion verwandelten. Mehr
noch: Schon 1848 war dieser Wandel bis zu einem gewissen
Grad sichtbar. Zwar konnte man noch kaum etwas von jener
außereuropäischen Rebellion gegen den Westen erkennen, die
der Mitte des zwanzigsten Jahrhunderts ihren Stempel
aufdrückt. Nur in der islamischen Welt zeigten sich damals
die ersten Anzeichen jenes Prozesses, in dessen Verlauf die
Opfer westlicher Eroberung die Ideen und Techniken des
Westens übernahmen, um sich gegen ihn zu wehren. Das gilt
von den in den dreißiger Jahren des 19. Jahrhunderts beginnenden Reformen des türkischen Reiches und vor allem von
der allzuwenig bekannten, aber ungemein wichtigen Gestalt
des Mehmed Ali in Ägypten.

Es war in Europa selbst, wo die vielen Kräfte und Ideen
auftauchten, die auf die Überwindung der triumphierenden
neuen Gesellschaft gerichtet waren. Das Gespenst des Kommunismus ging schon damals — 1848 — in Europa um. Es
wurde in jenem Jahr beschworen und blieb für lange Zeit
so kraftlos, wie Gespenster es eben zu sein pflegen — besonders innerhalb der westlichen Welt, die gerade von der Doppelrevolution umgeformt wurde.

Wenn wir aber die Welt unserer Tage anschauen, werden wir
kaum der Versuchung unterliegen, die historische Kraft der
revolutionär-sozialistischen und kommunistischen Ideologie
zu unterschätzen, die aus der Reaktion gegen die Doppelrevolution geboren wurde und im Jahr 1848 bereits ihre klassische Formulierung gefunden hatte.

I

Die Welt um 1780

Le dix-huitième siècle doit être mis au Panthéon.

SAINT-JUST (1)

DIE WELT DER ACHTZIGER JAHRE des 18. Jahrhunderts war
viel kleiner und zugleich auch viel größer als die unsere. Sie
war klein vom geographischen Standpunkt aus, kannten doch
sogar die gebildetsten und bestinformierten Zeitgenossen, ein
Wissenschaftler und Forschungsreisender wie Alexander von
Humboldt zum Beispiel, nur kleine Teile der bewohnten
Erdoberfläche. Noch begrenzter waren natürlich die »Welten« wissenschaftlich weniger entwickelter und weniger ex-
pansiver Gemeinschaften außerhalb Westeuropas: Dem analphabetischen Bauern Siziliens oder dem Bewohner der bur-
mesischen Hügel schrumpfte sie auf den winzigen Flecken
Erde zusammen, auf dem sich ihr Leben abspielte und jenseits dessen das große Unbekannte begann.

Bemerkenswert tüchtige Seefahrer des 18. Jahrhunderts, wie
etwa James Cook, hatten schon einen großen Teil, allerdings
noch lange nicht die gesamte Meeresoberfläche entdeckt und
in Karten verzeichnet, wenn auch der Meeresboden bis zur
Mitte des 20. Jahrhunderts fast unerforscht blieb. Die Um-
risse der Kontinente und der meisten Inseln waren im großen
und ganzen bekannt, wenngleich auch nicht mit einer den

modernen Maßstäben entsprechenden Präzision. Ausmaß und
Höhe der europäischen Gebirge waren ziemlich genau, die
lateinamerikanischen annähernd bekannt, während man von
den Bergen Asiens fast nichts, von jenen Afrikas (mit Ausnahme des Atlas) gar nichts wußte.

Abgesehen von den Flüssen Chinas und Indiens, blieb der
Lauf der großen Ströme der Welt in Geheimnisse gehüllt;
nur eine Handvoll sibirischer Trapper oder nordamerikani-
scher Holzflößer mögen in den ihnen bekannten Gebieten den
Lauf der Flüsse gekannt haben. Außer einigen schmalen Kü-
stenstrichen bestand mehr als ein Kontinent auf der Welt-
karte aus weißen Flächen, die nur von den bekannten Wegen
der Händler und Forschungsreisenden durchkreuzt wurden.
Ohne die oft unzuverlässigen Informationen aus zweiter und
dritter Hand, die Reisende oder Regierungsbeamte aus diesen fernen Gegenden brachten, wären diese weißen Flächen
noch weit größer gewesen. Die bekannte Welt war nicht nur
kleiner, sie war auch von einer kleineren Zahl von Menschen
bevölkert. Da es praktisch keine Volkszählungen gab, laufen
die demographischen Schätzungen auf bloße Vermutungen
hinaus; doch es steht fest, daß die Erdbevölkerung nur einen
Bruchteil — kaum mehr als ein Drittel — der heutigen betrug. Soweit man den am häufigsten genannten Schätzungen
trauen darf, war der Anteil Asiens und Afrikas an der Weltbevölkerung etwas größer, der Europas mit 187 Millionen
Einwohnern im Jahr 1800 (gegenüber rund 600 Millionen
heute) etwas kleiner und der Amerikas selbstredend viel kleiner als heute. Um 1800 lebten von zehn Menschen etwa je
sechs in Asien, zwei in Europa, einer in Afrika, doch nur
einer von 33 in Amerika und Ozeanien. Natürlich war die
Erdoberfläche auch weitaus dünner besiedelt als heute. Nur
in gewissen kleinen Gebieten mit intensiver Landwirtschaft

oder Verstädterung — in Teilen Chinas, Indiens und Mitteleuropas — mag die Bevölkerungsdichte an jene der modernen
Zeit herangekommen sein.

Es gab weniger Menschen, und ihre Siedlungsmöglichkeiten
waren begrenzter. Klimatische Bedingungen — im allgemeinen war es wohl etwas kälter und feuchter als heute, wenn
auch nicht so wie während der »kleinen Eiszeit« zwischen
etwa 1300 und 1700 — verhinderten die Besiedlung der Ark-
tis. Die Gefahr endemischer Krankheiten, wie Malaria, machten viele Gegenden unbewohnbar; so Süditalien, dessen Kü-
stenebenen lange so gut wie menschenleer blieben und sich
erst im Lauf des 19. Jahrhunderts langsam bevölkerten. Die
primitiven Formen der Wirtschaft, die Vorherrschaft der Jagd
und die jahreszeitlich bedingten Viehwanderungen in Teilen
Europas, die eine Verschwendung von Land mit sich bringen,
machten eine dichtere Besiedlung weiter Gebiete unmöglich.
Das gilt zum Beispiel für die Ebenen Apuliens. Jene Stiche aus
dem frühen 19. Jahrhundert, die die römische Campagna mit
ihrer malariabedingten Menschenleere, ein paar Ruinen, einigen Tieren und einem malerischen Banditen zeigen, sind charakteristisch für solche Landschaften. Noch war viel von dem
Land, das seither unter den Pflug gekommen ist, auch in
Europa unfruchtbare Heide, farnbedecktes Moor, unbearbei-
tetes Steppenland oder dichter Wald.

Noch in einer dritten Hinsicht war die Menschheit kleiner:
Die Europäer waren ganz entschieden kleiner gewachsen und
wogen weniger als heute. Hier sei als Illustration nur eine
der Statistiken über den Körperbau von Rekruten erwähnt,
die dieser Generalisierung zugrunde liegen: In einer Provinz
an der Ligurischen Küste maßen in den Jahren 1792—1799
72% aller Rekruten weniger als 1,50 Meter (2). Das will jedoch nicht besagen, daß die Menschen des ausgehenden 18. Jahr-

hunderts weniger widerstandsfähig gewesen wären, als wir
es sind. Die kleinen, hageren, unausgebildeten Soldaten der
Französischen Revolution brachten ohne vorherige Ausbildung Leistungen zustande, die nur jenen der Guerillakämp-
fer in kolonialen Berggegenden gleichkommen. Sie marschierten eine Woche lang ohne Ruhetag und legten täglich 45 Kilometer mit vollem Gepäck zurück. Dennoch war nach heutigen
Maßstäben die Körperbeschaffenheit der damaligen Menschen
schlecht; es sei nur darauf hingewiesen, wie sehr die »langen
Kerle« von Königen und Generälen geschätzt wurden, die
aus ihnen Garde-, Kürassier- und andere Eliteregimenter
bildeten.

Wenn die Welt somit in vielem wesentlich kleiner war, wurde
sie in Wirklichkeit durch die Schwierigkeiten und Ungewiß-
heiten der Verkehrsverbindungen zugleich auch viel größer.
Ich möchte diese Schwierigkeiten nicht übertreiben. Verglichen
mit dem Mittelalter oder mit dem 16. Jahrhundert, waren
die Verkehrsmöglichkeiten vielfältig und schnell; die Fortschritte im Straßenbau, im regelmäßigen Verkehr von Pferde-
droschken und im Postwesen waren schon vor der Revolution
der Eisenbahnen bemerkenswert. 1760 hatte eine Reise von
London nach Glasgow zehn bis zwölf Tage gedauert; knapp
40 Jahre später brauchte man nur noch 62 Stunden. Der
regelmäßige Verkehr von Eilkutschen, der in der zweiten
Hälfte des 18. Jahrhunderts eingeführt und zwischen dem
Ende der Napoleonischen Kriege und dem Bau der Eisenbahnen weitgehend ausgebaut wurde, ermöglichte nicht nur eine
gewisse Schnelligkeit (1833 benötigte ein Brief von Paris
nach Straßburg 36 Stunden), sondern auch eine größere Re-
gelmäßigkeit. Aber nur eine kleine Zahl von Menschen konnte sich dieser Verkehrsmittel bedienen. Der Gütertransport
jedoch vollzog sich ungemein langsam und zu außerordent-

lich hohen Kosten. Den Regierungen und Kaufleuten in den
verschiedenen Staaten fehlte es allerdings nicht an ständigen
Kontaktmöglichkeiten: Die Zahl der zu Beginn der Napo-
leonischen Kriege jährlich von der britischen Post beförderten
Briefe wird auf 20 Millionen geschätzt, am Ende unserer
Periode hatte sich diese Zahl verzehnfacht. Aber für die große
Mehrheit der Erdbewohner war der Postverkehr ohnedies
bedeutungslos, da sie nicht lesen und schreiben konnte, während Reisen — außer vielleicht zum Markt in die nächste
Stadt — ein ganz außergewöhnliches Ereignis bildeten. Die
Menschen gingen zu Fuß oder wurden ebenso wie die Waren
auf langsamen Karren befördert. So war es noch im Frankreich des beginnenden 19. Jahrhunderts, als fünf Sechstel aller
Waren in Pferdefuhrwerken transportiert wurden, die kaum
mehr als 30 Kilometer pro Tag zurücklegen konnten. Kuriere
galoppierten mit Depeschen über Land; Postillione kutschier-
ten mit etwa einem Dutzend Passagieren, denen beim Fahren
die Knochen durcheinandergerüttelt wurden oder die — falls
es sich um eine Postkutsche mit der neuartigen Lederfederung
handelte — schwer seekrank wurden. Adelige fuhren schnell
mit ihren Privatkutschen. Für die meisten Erdbewohner aber
blieb die Geschwindigkeit nach wie vor vom Schritt des
Fuhrmanns bestimmt, der neben seinem Pferd oder Maul-
esel einherging.
So war der Transport auf den Wasserwegen nicht nur leichter
und billiger, sondern — wenn man von Unsicherheitsfaktoren
wie Wind und Wetter absieht — oft auch schneller. Goethes
Seereise von Neapel nach Sizilien dauerte vier, die Rückreise
drei Tage. Man kann sich kaum vorstellen, welche Mühe und
Zeit es ihm gekostet hätte, diese Reise mit einigem Komfort zu
Land zu machen. Nahe an einem Hafen zu leben hieß, dem
Tor der Welt nahe zu sein. London lag tatsächlich näher bei

Plymouth oder Leith als bei den (geographisch viel näheren)
Dörfern von Norfolk; Sevilla konnte man leichter von Vera-
cruz als von Valladolid, Hamburg leichter von Bahia als
vom pommerschen Hinterland erreichen. Der größte Nachteil des Wassertransports bestand darin, daß die Schiffe nur
in bestimmten Zeitabständen fuhren: Noch 1820 ging die
Londoner Post nach Hamburg und Holland nur zweimal,
die nach Schweden und Portugal einmal wöchentlich und nach
Nordamerika gar nur einmal im Monat ab. Und doch kann
kein Zweifel daran bestehen, daß Boston und New York in
weit engerem Kontakt mit Paris standen als etwa die kar-
patische Grafschaft Marmarosch mit Budapest. Genauso wie
es leichter war, Menschen und Waren über Weiten der Ozeane
zu befördern (in den fünf Jahren zwischen 1769 und 1774
segelten 44 000 Menschen von nordirischen Häfen nach Amerika, während es dreier Generationen bedurfte, um 5000
Menschen nach Dundee in Schottland zu verpflanzen), so gab
es engere Beziehungen zwischen weitentfernten Hauptstädten
als zwischen Stadt und Land. Madrid wußte vom Fall der
Bastille dreizehn Tage nach dem Ereignis, aber erst am
28. Juli erreichte die Kunde die kaum 133 Kilometer entfernte Peronne.
Den meisten ihrer Bewohner schien die Welt von 1789 darum
unvorstellbar groß. Abgesehen von harten Schicksalsschlägen,
wie etwa die Rekrutierung für das Militär, die einen Menschen aus dem normalen Leben herausrissen, verbrachte er
sein Leben dort, wo er geboren war und wo er auch begraben
sein würde: Noch 1861 lebten mehr als 90% der Bevölkerung
von siebzig der neunzig französischen Departements im Departement ihrer Geburt. Die weite Welt jenseits dieser Grenzen war Sache der Regierungsbeamten und Gegenstand von
Gerüchten. Wenige waren imstande zu lesen, und die Hand-

voll Zeitungen, die es gab, war für die dünne Schicht der Mittel- und Oberklassen geschrieben. Noch 1814 waren 5000 Exemplare die Durchschnittsauflage eines französischen Journals. Die Hauptquelle für Nachrichten bildeten die Reisenden und der bewegliche Sektor der Bevölkerung: Hausierer, Trödler, fahrende Berufe, Handwerksburschen auf der Wanderschaft und Saisonarbeiter, die große und bunte Schar der Vagabunden, vom Bettelmönch und Pilger bis zu Schmugglern, Räubern, Landstreichern und Jahrmarktvolk, nicht zu vergessen die Soldaten, die Städte und Dörfer im Krieg überfielen oder in Friedenszeiten dort in Garnison lagen. Selbstredend gab es auch offizielle Nachrichten, die vom Staat oder der Kirche verbreitet wurden. Aber auch die Vertreter dieser staatlichen oder kirchlichen Stellen waren nur Menschen, die sogar oft aus dem betreffenden Ort stammten oder in ihm verwurzelt waren. Wenn man von den Kolonien absieht, bürgerte es sich erst damals ein, daß Beamte von der Zentralbehörde ernannt und dann von Provinzposten zu Provinzposten geschickt wurden. Unter den subalternen Dienern des Staates war es wohl nur der Regimentsoffizier, der mit einem wurzellosen Leben rechnen mußte und sich dafür mit einer großen Auswahl an Wein, Weibern und Pferden tröstete.

Die Welt von 1789 war eine überwiegend *ländliche* Welt: Dies ist eine grundlegende Tatsache, die man sich vor Augen halten muß, wenn man sie verstehen will. In Rußland, Skandinavien und den Balkanländern, wo es nie eine bemerkenswerte Blüte der Städte gegeben hatte, lebten 90—97% der Bevölkerung auf dem Land. Sogar in Ländern mit alter, wenn auch verfallener städtischer Tradition war der Prozentsatz der ländlichen Bevölkerung ungemein hoch: Schätzungsweise betrug er 85% in der Lombardei, 72—80% in Venetien,

mehr als 90% in Kalabrien und Lukanien (3). Außerhalb
einiger weniger Gebiete, in denen Handel und Industrie blüh-
ten, gab es kaum größere europäische Staaten, in denen mehr
als ein Fünftel des Volkes in Städten lebte. Sogar in England
übersteigt die städtische Bevölkerung die ländliche erst seit
dem Jahr 1851.
Der Begriff »städtisch« ist natürlich alles andere als eindeutig.
Damit bezeichnete man 1789 die beiden Zentren, die damals
schon so groß waren, daß man sie auch nach heutigen Maßstäben als Großstädte ansprechen würde: London, das etwa
eine Million, und Paris, das etwa eine halbe Million Einwohner zählte, und etwa ein Dutzend Städte mit hundert-
tausend oder mehr Bewohnern; zwei von ihnen in Frankreich, zwei in Deutschland, vielleicht vier in Spanien, fünf
bis sechs in Italien (der Mittelmeerraum ist ja das traditionelle
Ursprungsland der Städte), zwei in Rußland und je eine in
Portugal, Polen, Holland, Österreich, Irland, Schottland und
in der europäischen Türkei. Aber »Städte« waren auch die
vielen Provinznester, in denen damals tatsächlich die Mehrheit der Stadtbewohner lebte und wo der Bürger in wenigen
Minuten vom Stadtzentrum, dem Kirchplatz mit den öffentlichen Gebäuden und den Häusern der Notabeln, zum Stadt-
rand und ins freie Feld schlendern konnte. Im Österreich des
Jahres 1834 lebten 19% der Bevölkerung in Städten; von
diesen wiederum wohnten mehr als drei Viertel in Gemeinden von weniger als 20 000 Einwohnern und hiervon die
Hälfte in Orten zwischen 2000 und 5000. Durch solche Städt-
chen wanderten französische Handwerksburschen auf ihrer
Tour de France, Deutschlands romantische Dichter besangen
sie: Ihre aus dem 16. Jahrhundert stammenden Silhouetten,
die sich vom Hintergrund einer geruhsamen Landschaft ab-
hoben, wurden — gleich einer Fliege im Bernstein — durch die

wirtschaftliche Stockung im letzten Jahrhundert erhalten. Über den Dächern ihrer Häuser ragten die Türme spanischer Kathedralen; in ihren schmutzigen engen Gassen ehrten die chassidischen Juden ihre Wunderrabbis, während die orthodoxen die Subtilitäten des göttlichen Gesetzes disputierten. In eine solche Stadt fuhr Gogols *Revisor* ein, um die Reichen in Schrecken zu versetzen, und kam Tschitschikow, um über den Kauf toter Seelen zu grübeln. Aber in ihnen wuchsen auch ehrgeizige junge Männer heran, deren Tatendurst nach Revolution oder einem Vermögen — oder gar nach beidem — strebte: Aus Arras kam Robespierre, Gracchus Babœuf aus Saint-Quentin und Napoleon aus Ajaccio.

Gewiß — diese Provinzstädte waren klein, aber sie trugen dennoch städtischen Charakter. Der stolze Städter blickte mit aller Verachtung des schlagfertigen und kenntnisreichen Bürgers auf den stämmigen, tölpelhaften und dummen Landbewohner herab. Allerdings gab es in den Augen eines wirklichen Weltmannes in einem solch verschlafenen Provinzstädtchen nichts, womit seine Bewohner mit Recht hätten prahlen können: Das volkstümliche deutsche Lustspiel verspottet Krähwinkel ebenso unerbittlich wie den dummen Dorfbauern. Es gab eine scharfe und deutliche Grenze zwischen Stadt und Land, oder vielmehr zwischen städtischen und ländlichen Berufen. In vielen Ländern stand die Zollschranke oder auch die alte Stadtmauer zwischen beiden Welten. In extremen Fällen (etwa in Preußen) war die Regierung um eine strenge Kontrolle ihrer steuerpflichtigen Untertanen ängstlich besorgt und bewirkte eine vollständige Trennung zwischen städtischen und ländlichen Berufen. Auch dort, wo es keine so strenge administrative Teilung gab, waren die Städter doch ihrem Wesen nach von den Bauern verschieden. In weiten Gebieten Osteuropas bildeten sie deutsche, jüdische oder italienische

Inseln inmitten slawischer, magyarischer oder rumänischer
Seen. Doch auch dann, wenn Städter und Bauern der gleichen
Religion und Nationalität angehörten, sah man den Unterschied: Die Stadtbewohner kleideten sich anders und waren
meist (abgesehen von den ausgebeuteten Dienstboten und Arbeitern) größer und wohl auch schlanker (4). Vielleicht besaßen sie wirklich mehr Witz und Bildung — auf jeden Fall
aber bildeten sie es sich ein. Und doch wußten sie kaum mehr
über die Ereignisse in der Welt jenseits ihres eigenen Länd-
chens als die Dorfbewohner. Ihrem Wesen nach gehörte die
Provinzstadt zur Wirtschaft und Gesellschaft ihres Landbezirks.
Sie mästete sich auf Kosten des bäuerlichen Hinterlandes.
Ihre Bürger handelten mit Getreide und Vieh, verarbeiteten
landwirtschaftliche Produkte; ihre Anwälte und Notare waren
Sachwalter von Herrengütern oder mit jenen endlosen Prozessen beschäftigt, die zum Wesen aller auf Landbesitz und
Landpacht gegründeten Gemeinden gehören; Händler gaben
den Spinnern und Webern auf dem Land Rohmaterial und
holten von ihnen die fertigen Produkte ab. Daneben gab es
noch die Vertreter der Regierung, des Feudalherrn und der
Kirche. Die städtischen Handwerker und Händler belieferten
die Bauern der umliegenden Dörfer oder die auf Kosten der
Bauern lebenden Stadtbürger. Die Provinzstädte hatten im
Spätmittelalter eine Glanzzeit erlebt, die längst entschwunden
war. Nur selten gab es noch eine »freie Stadt« oder einen
Stadtstaat, ein für einen großen Markt arbeitendes Manu-
fakturzentrum oder einen Umschlagplatz des internationalen
Handels. Je mehr sie an Bedeutung verlor, desto mehr klam-
merte sich so eine Stadt an das Lokalmonopol des eigenen
Marktes, das sie gegen alle Außenseiter verteidigte. Viel von
jenem Provinzialismus, den die jungen Radikalen oder die
Großstädter verhöhnten, erwuchs aus diesen Versuchen wirt-

schaftlicher Selbstverteidigung. In Südeuropa lebte der niedere und oft sogar der höhere Landadel in den Städten von den Renten seiner Güter. In Deutschland, wo die unzähligen kleinen Fürstentümer selbst kaum etwas anderes waren als große Herrengüter, saßen die Bürokraten des Serenissimus, um dessen Wünsche mit Hilfe von Einkünften zu befriedigen, die von einer ergebenen und dummen Bauernschaft eingetrieben wurden.

Die Provinzstädte des 18. Jahrhunderts mochten blühen und gedeihen. Ihr Stadtbild, das beherrscht wurde von den klassischen oder Rokoko-Häusern, bezeugt diese Blüte überall in Westeuropa. Die Wurzeln ihrer Prosperität aber lagen auf dem flachen Land.

So war das Agrarproblem für die Welt von 1789 von grundlegender Bedeutung, und es ist daher leicht zu verstehen, warum das erste System der kontinentalen Nationalökonomie, das der französischen Physiokraten, es als selbstverständlich ansah, daß Grund und Boden und die Grundrente die einzigen Quellen eines Nettoeinkommens waren. Der Kern des Agrarproblems aber bestand in der Beziehung zwischen jenen, die das Land wirklich bearbeiteten, und jenen, denen es gehörte — jenen, die den Reichtum produzierten, und jenen, die ihn anhäuften.

Vom Standpunkt agrarischer Eigentumsverhältnisse können wir Europa — oder besser jenen ökonomischen Komplex, dessen Zentrum Westeuropa bildete — in drei große Gebiete einteilen. Im Westen von Europa lagen die Überseekolonien. Abgesehen von der bedeutsamen Ausnahme des nördlichen Teiles der Vereinigten Staaten und einigen anderen unbedeutenden Gebieten, war der typische Landwirt der Kolonien ein Indianer, der als Zwangsarbeiter oder Leibeigener arbeitete, oder ein Negersklave; seltener wurde das Land von Pächtern bebaut. (In den ostindischen Kolonien, wo es damals nur selten europäische Pflanzer gab, die den Boden selbst bestellten, forderte der Europäer die Zwangsabgabe landwirtschaftlicher Produkte, wie Gewürze und Kaffee auf den niederländischen Inseln.) Mit anderen Worten: Der eigentliche Landwirt war unfrei und stand unter direktem politischem Zwang. Der typische Eigentümer besaß ein großes halbfeudales Gut *(hacienda, finca, estancia)* oder eine von Sklaven bearbeitete Plantage. Das Wirtschaftsleben dieser halbfeudalen Güter war primitiv und selbstgenügsam, zumindest nur auf regionale Bedarfsdeckung eingestellt. Das spanische Amerika exportierte Bergwerksprodukte, die ebenfalls mit Hilfe von versklavten Indianern gewonnen wurden, aber nur in geringem Maß landwirtschaftliche Erzeugnisse. Die »Sklaven-Plantagen-Zone« hatte ihr Zentrum auf den Inseln des Karibischen Meeres und erstreckte sich über die Nordküsten Südamerikas (besonders Nordbrasiliens) und die südlichen Küstenstriche der USA. Ihre Wirtschaft beruhte auf dem Anbau einiger lebenswichtiger Exportartikel, vor allem Zucker, in geringerem Umfang auch Tabak, Kaffee und Farbstoffe, und seit dem Beginn der industriellen Revolution vor allem auch Baumwolle. Diese Region bildete daher einen integrierten Teil der europäischen und — infolge des Sklavenhandels — auch der afrikanischen Wirtschaft. Die Geschichte dieser Zone während der hier behandelten Periode ist grundlegend durch den Abstieg des Zuckers und den Aufstieg der Baumwolle gekennzeichnet.

Östlich dieser Gebiete, jenseits einer Linie, die etwa entlang der Elbe, der westlichen Grenzen der heutigen Tschechoslowakei und bis Triest im Süden verlief — das östliche vom westlichen Österreich teilend —, lag die Region der landwirtschaftlichen Leibeigenschaft. In sozialer Hinsicht gehörten Italien südlich der Toskana und Umbriens wie auch Südspanien dazu — nicht aber Skandinavien (mit Ausnahme Südschwedens und Dänemarks). In diesen weiten Gebieten gab es stellenweise auch rechtlich freie Bauern: Deutsche Siedler fand man verstreut von Slowenien bis zur Wolga. Es gab auch praktisch unabhängige Stammesgruppen, die in den wilden Bergtälern des illyrischen Hinterlandes lebten. Fast ebenso wild wie diese waren die Bauernkrieger, wie etwa die Panduren oder Kosaken an der früheren Militärgrenze zwischen Christentum und Türken oder Tataren, freie Pioniersiedler außerhalb des Machtbereichs von Herr und Staat; oder auch die Bewohner der großen Waldgebiete, wo keine Landwirtschaft in größerem Maßstab möglich war. Im großen und ganzen aber war der typische Bodenbebauer unfrei, von der Flut der Leibeigenschaft, die fast ohne Unterbrechung seit dem Ende des 15. oder dem Beginn des 16. Jahrhunderts angestiegen war, immer mehr bedrängt.

Am wenigsten galt dies noch für die Balkangebiete, die einst oder noch unter direkter türkischer Verwaltung standen. Das ursprüngliche Agrarsystem des türkischen Präfeudalismus mit seiner unsystematischen und nur in groben Zügen durchgeführten Teilung des Landes, bei der jedes Stück Land dem Unterhalt eines türkischen Kriegers dienen sollte und nicht vererbbar war, hatte sich seit langem in ein System erblicher Landgüter mohammedanischer Magnaten verwandelt. Diese aber beschäftigten sich selten selbst mit der Landwirtschaft, sondern begnügten sich damit, soviel als möglich aus ihrem Boden herauszupressen. Das ist der Grund dafür, daß die Balkangebiete südlich der Donau und der Save aus der türkischen Herrschaft als — wenngleich sehr arme — Bauernländer hervorgingen und nicht als Länder konzentrierten Grundbesitzes. Trotzdem war der Balkanbauer unfrei: legal unfrei als Christ oder *de facto* unfrei als Bauer, zumindest dort, wo er im direkten Machtbereich eines Herrn lebte.

In den anderen Gebieten war der Bauer ein Leibeigener, der einen Großteil der Woche den Boden seines Herrn zu bestellen oder andere Arbeiten zu leisten hatte. Seine Unfreiheit konnte so weit gehen, daß er kaum von einem Sklaven zu unterscheiden war, wie etwa in Rußland und in Teilen Polens, wo der Leibeigene vom Boden getrennt verkauft werden konnte. In einer Anzeige der *Gazette de Moscou* konnte man im Jahr 1801 lesen: »Zu verkaufen: drei gutaussehende Kutscher, erstklassig ausgebildet, sowie zwei Mädchen im Alter von 18 und 15 Jahren, beide von angenehmem Äußeren und für verschiedene körperliche Arbeit zu verwenden. Außerdem werden angeboten: zwei Friseure, der eine 21 Jahre alt, kann lesen und schreiben, ein Instrument spielen und als Postillion gebraucht werden; der andere versteht sich darauf, Herren und Damen zu frisieren. Auch Pianos und Orgeln.« Ein Großteil der Leibeigenen waren Dienstboten: in Rußland etwa 7—10% aller Leibeigenen im Privatbesitz (5). Im baltischen Hinterland — die Ostsee bildete den wichtigsten Handelsweg nach dem Westen — wurde das Land auch von Leibeigenen bestellt. Sie produzierten vor allem Produkte für die westlichen Importländer: Weizen, Flachs, Hanf und Holz, das meist im Schiffsbau Verwendung fand. In anderen Teilen des Kontinents war die Landwirtschaft mehr auf die Befriedigung des regionalen Bedarfs eingestellt, der allerdings wenigstens ein Gebiet umfaßte, in dem die Manufaktur und die städtische Entwicklung einigermaßen fortgeschritten waren: Sachsen, Böhmen und die große Hauptstadt Wien. Aber auch da waren große Teile noch rückständig. Durch die Eröffnung der Schwarzmeerroute und die wachsende städtische Ent-

wicklung Westeuropas, vor allem Englands, hatte der Getreideexport aus der Schwarzerdzone Rußlands seinen ersten, allerdings noch sehr schwachen Auftrieb erhalten. Er
sollte bis zur Industrialisierungsepoche der UdSSR in diesem
Jahrhundert Rußlands Hauptexportartikel bleiben. Somit
können osteuropäische Gebiete mit ihrer unfreien Wirtschaft —
ähnlich der der überseeischen Kolonialgebiete — als von Westeuropa abhängige Produzenten von Lebensmitteln und Roh-
stoffen angesehen werden. Die bäuerlich unfreien Territorien
Italiens und Spaniens zeigten analoge wirtschaftliche Züge,
obschon die rechtliche Lage der Bauern von der Osteuropas
verschieden war. Im allgemeinen gehörte das Land adeligen
Großgrundbesitzern. Es ist sogar möglich, daß einige dieser
Besitzungen direkt bis auf die römischen Latifundien zurückgehen, deren Sklaven und *coloni* sich in die für diese Region
charakteristischen Tagelöhner verwandelt hatten. Viehzucht,
Weizenanbau (Sizilien war ein altes Zentrum des Weizen-
exports) und Erpressung alles dessen, was man aus den elenden Bauern herausschinden konnte, davon lebten die Eigentümer dieser Bauern, die Herzöge und Barone.

Der typische Landeigentümer der unfreien Gebiete war also
ein Adeliger, der weite Ländereien besaß und ausbeutete. Die
Größe dieser Güter ist erstaunlich: Katharina die Große von
Rußland verschenkte 40 000 bis 50 000 Leibeigene an einzelne Favoriten; die polnischen Radziwills hatten Güter,
die halb so groß waren wie Irland; Potocki besaß in der
Ukraine einenviertel Millionen Hektar Land, den ungarischen Esterházys (die Mäzene Haydns) gehörten zu einem gewissen Zeitpunkt fast 2 800 000 Hektar. Güter von Hundert-
tausenden von Hektaren gab es in beträchtlicher Zahl (6).
Obgleich oft vernachlässigt und schlecht bewirtschaftet, flossen
aus ihnen doch fürstliche Einkommen. Ein spanischer Magnat

mochte »herrschen wie der Löwe im Busch, dessen Gebrüll alle schreckt, die ihm zu nahe kommen«, wie ein französischer Beobachter von den Medina Sidonia und deren verlotterten Besitzungen schrieb (7); doch wenn diese Güter auch verkommen waren, verfügten ihre Besitzer doch über Vermögen, die sogar dem Vergleich mit dem Überfluß eines englischen Mylords standhalten konnten.

Unter den Magnaten stand eine Klasse von adeligen Landbesitzern mit Gütern von unterschiedlicher Größe, die ebenfalls von der Ausbeutung der Bauern lebte. In einigen Ländern war dies eine zahlenmäßig große, darum ärmliche und unzufriedene Schicht, die sich von den Nicht-Adeligen nur durch ihre politischen und sozialen Privilegien sowie durch ihre standesgemäße Abneigung gegen jegliche Arbeit unterschied. In Ungarn und Polen betrug sie etwa ein Zehntel der Gesamtbevölkerung, in Spanien zählte sie gegen Ende des 18. Jahrhunderts fast eine halbe Million — 1827 umfaßte sie ein Zehntel des gesamten europäischen Adels (8); in anderen Ländern war diese Schicht weitaus kleiner.

Im übrigen Europa hatte die Struktur der Agrargesellschaft manche Ähnlichkeit. Das heißt, der Bauer oder Landarbeiter betrachtete jeden Gutsbesitzer als einen »Herrn« und daher als Mitglied der herrschenden Klasse, und umgekehrt konnte niemand dem Adelsstand angehören, der kein Gut besaß. Mit der Zugehörigkeit zu diesem Stand aber waren soziale und politische Privilegien verbunden, und nur wer dazugehörte, konnte offiziell in die höchsten Staatsstellen aufsteigen. Solche Anschauungen entsprachen der feudalen Ordnung, die in den meisten Ländern Westeuropas politisch immer noch lebendig war, obgleich sie wirtschaftlich mehr und mehr zum Anachronismus wurde. Dieser Widerspruch trieb nun den Adel vorwärts: Seine Renten blieben immer mehr hinter dem Anstieg der Preise und den standesgemäßen Ausgaben zurück, und er legte daher natürlich immer größeres Gewicht auf seinen einzigen unveräußerlichen Aktivposten — das Geburts- und Standesprivileg. In ganz Europa verdrängte der Edelmann seine »tiefer geborenen« Rivalen aus den gewinnbringenden königlichen Ämtern. So ging es von Schweden, wo der Anteil der Nicht-Adeligen an den Beamtenstellen von 66% im Jahr 1719 (42% im Jahr 1700) auf 23% im Jahr 1780 (9) sank, bis Frankreich, wo die »feudale Reaktion« den Ausbruch der großen Revolution beschleunigte.

Obwohl die Verbindung von Gutsbesitz und Zugehörigkeit zur herrschenden Klasse lockerer wurde, blieb sie doch bestehen und hatte sich sogar in den letzten Jahrzehnten gefestigt. Das war auch dort der Fall, wo — wie in Frankreich — der Zugang zum Grundbesitz relativ leicht war oder — wie in England — jede Art von Reichtum, wenn er nur groß genug war, mit Gutseigentum und Adelstiteln belohnt wurde.

Vom wirtschaftlichen Standpunkt aus gesehen, hatte sich die landwirtschaftliche Sozialstruktur des Westens jedoch stark verändert. Der typische Bauer hatte schon im Spätmittelalter viele Charakteristiken des Hörigen verloren, obschon viele Überreste der Hörigkeit noch weiterbestanden. Das typische Gut wiederum hatte seit langem aufgehört, eine wirtschaftliche Betriebseinheit zu sein, denn es diente vor allem der systematischen Eintreibung von Renten und anderen Geldeinkünften. Die Grundherrschaft verdrängte die Gutsherrschaft. Der Boden wurde meist von mehr oder weniger freien — großen, mittleren oder kleinen — Bauern bearbeitet. Stand dieser in irgendeinem Pachtverhältnis zum Landeigentümer, zahlte er ihm einen Pachtzins — in einigen Gegenden einen

Anteil an der Ernte. Falls er Freisasse war, blieb er trotzdem zu bestimmten Leistungen für den Herrn verpflichtet, die manchmal in Geld abgegolten werden konnten (so etwa mußte er sein Getreide in die Mühle des Herrn schicken). Daneben zahlte er Steuern an den Landesfürsten, Zehnten an die Kirche und mußte auch Zwangsarbeiten verrichten. All das unterschied ihn von den höheren sozialen Schichten, die von solchen Abgaben und Leistungen mehr oder weniger befreit waren. Doch sobald diese Fesseln einmal abgeworfen sein würden, würde der größte Teil Europas als Gebiet bäuerlicher Landwirtschaft auftauchen, in dem eine Minderheit reicher Bauern oft begann, sich in die Marktwirtschaft einzuschalten, um ihren permanenten Überschuß an Erzeugnissen an die Städter zu verkaufen. Die meisten mittleren und kleinen Bauern produzierten, was sie brauchten, auf ihren Feldern, falls ihre Höfe nicht so klein waren, daß sie nebenbei als Landarbeiter oder für Manufakturen arbeiten mußten.

Die kapitalistische Landwirtschaft hatte sich nur in wenigen Gebieten — in erster Linie in England — entwickelt. Hier war das Landeigentum ungemein konzentriert, während der Boden vor allem von mittleren Pächtern bearbeitet wurde, die für den Markt erzeugten und Lohnarbeiter beschäftigten. Solange es noch ein Dickicht von Klein- und Kleinstbesitzern gab, war diese grundlegende Struktur noch nicht klar erkennbar. Als dieses Gestrüpp etwa zwischen 1760 und 1830 verschwand, tauchten die Grundzüge der englischen Landwirtschaft zutage: Ihre typischen Gestalten waren nicht Bauern, sondern bildeten einerseits eine Klasse landwirtschaftlicher Unternehmer, andererseits ein großes landwirtschaftliches Proletariat. Ähnliche Tendenzen konnte man in jenen wenigen Gegenden Europas beobachten, wo kommerzielle Profite traditionsgemäß in die Landwirtschaft investiert wurden, wie zum

Beispiel in Teilen Norditaliens und den Niederlanden, oder dort, wo man sich auf die Erzeugung bestimmter landwirtschaftlicher Produkte für den Handel spezialisiert hatte. Doch das waren Ausnahmen. Eine weitere Ausnahme bildete Irland. Auf dieser unglücklichen Insel verknüpften sich die Nachteile der rückständigen Gebiete Europas mit denen, die sich aus der Nachbarschaft zu der am weitesten entwickelten Wirtschaft ergaben. Hier wurde eine große zur Zahlung von Geldrenten verpflichtete Masse für den Eigenbedarf produzierender Pächter von einer Handvoll abwesender Latifundienbesitzer ausgebeutet, die denen Andalusiens oder Siziliens glichen.

Abgesehen von einigen entwickelten Regionen, war die europäische Landwirtschaft in technischer Hinsicht noch immer traditionsgebunden und außerdem erstaunlich unproduktiv. Ihre Erzeugnisse waren im großen und ganzen die alten geblieben: Roggen, Weizen, Gerste, Hafer und in Osteuropa Buchweizen als Volksnahrungsmittel; Rinder, Schafe, Ziegen und deren Milchprodukte, Schweine und Geflügel, Obst und Gemüse, Wein sowie Produkte, die der Industrie als Rohstoffe dienten, wie Wolle, Flachs, Hanf für die Seilerei, Gerste für die Bierbrauerei usw. Man aß meist Lokalkost. Produkte anderer Länder bildeten immer noch eine Seltenheit und wurden als Luxus angesehen. Eine Ausnahme bildete der Zucker, das einzige wichtige Nahrungsmittel, das aus den Tropen importiert wurde und dessen Süße zur Quelle so großer menschlicher Bitternis wurde. In dem am höchsten entwickelten England belief sich der Verbrauch im Jahr 1790 auf 14 englische Pfund. Aber sogar der durchschnittliche Engländer konsumierte im Jahr 1789 nur 1,16 englische Pfund Tee, also etwa 45 Gramm im Monat.

Der Anbau von Produkten, die früher aus den Tropen und aus Amerika importiert wurden, hatte gewisse Fortschritte gemacht. In Südeuropa und auf dem Balkan wurde bereits relativ viel Mais geerntet (mit dessen Hilfe man die wandernde Landbevölkerung auf dem Balkan seßhaft machte), und in Norditalien war der Reisanbau ziemlich angestiegen. Hie und da wurde Tabak gepflanzt, dessen Vertrieb meist ein Regierungsmonopol war und der eine Quelle staatlicher Einnahmen bildete. Nach heutigen Maßstäben war der Tabakverbrauch ganz unbedeutend. Der Durchschnittsengländer rauchte, schnupfte und kaute 1790 nur etwa 1 1/3 Unzen, also etwa 37 Gramm im Monat. Im Süden Europas züchtete man immer mehr Seidenraupen. Auch das wichtigste neue Produkt, die Kartoffel, begann populär zu werden. In Irland war sie bereits zu einem Haupterzeugnis der Landwirtschaft geworden, da man pro Flächeneinheit mehr Kartoffeln als andere Früchte ernten und somit eine größere Anzahl von Menschen auf dem Niveau des physischen Existenzminimums halten konnte. Außerhalb Englands und der Niederlande bildete der planmäßige Anbau von Futtermitteln (außer Heu) eine Ausnahme, und erst während der Napoleonischen Kriege begann man, in größerem Ausmaß Zuckerrüben zu pflanzen.

Natürlich kann man nicht von einer Stagnation der Landwirtschaft im 18. Jahrhundert sprechen. Ganz im Gegenteil: Das Anwachsen der Bevölkerung, die fortschreitende Verstädterung und die Entwicklung von Handel und Manufaktur förderten und erforderten den Fortschritt der Landwirtschaft. Während der zweiten Hälfte des 18. Jahrhunderts begann jene erstaunliche und seither ununterbrochene Bevölkerungsvermehrung, die für die moderne Welt so charakteristisch ist. Zwischen 1775 und 1784 wuchs zum Beispiel die Landbevölkerung von Brabant (Belgien) um 44% (10). Doch was die zahlreichen Wegbereiter des landwirtschaftlichen Fortschritts, die von Spanien bis Rußland viele Gesellschaften gründeten, zahlreiche Regierungsberichte ausarbeiteten und unzählige Propagandaschriften verfaßten, am stärksten beeindruckte, waren mehr die Hindernisse, die einer schnellen landwirtschaftlichen Entwicklung entgegenstanden, als die bereits erzielten Erfolge.

Mit Ausnahme ihres kapitalistischen Sektors war die Welt der Landwirtschaft durch ihre Trägheit — die Welt des Handels, der Manufaktur und der mit beiden verbundenen technologischen und intellektuellen Sphären durch Regsamkeit gekennzeichnet. Diese Welt war es, die sich ausdehnte; die Gesellschaftsklassen, die aus diesen Tätigkeiten Nutzen zogen, waren voll Zuversicht, Energie und Optimismus. Dem heutigen Beobachter würde sofort der große Aufschwung des mit der kolonialen Ausbeutung eng verknüpften Handels auffallen. Eine ständig und schnell wachsende Schiffahrt umspannte die Erde und brachte den merkantilen Gesellschaften des nordatlantischen Europa große Profite. Diese Europäer gebrauchten ihre koloniale Macht dazu, die Bewohner Ostindiens der Waren zu berauben, die dann nach Europa und Afrika (11) exportiert wurden. In Afrika kaufte man mit ostindischen und auch mit europäischen Waren Sklaven für die schnell wachsenden Plantagen Amerikas. Die amerikanischen Plantagen wiederum sandten ihren Zucker, ihre Baumwolle usw. in immer größeren Mengen und zu immer niedrigeren Preisen nach den Häfen des Atlantiks und der Nordsee, von wo sie zusammen mit den traditionellen Waren des Ostwesthandels (Textilien, Salz, Wein usw.) ostwärts verfrachtet wurden. Aus dieser zweiten kolonialen Zone in Osteuropa kamen Getreide, Holz, Flachs und Leinen (das man mit großem Gewinn in die Tropen exportierte), Hanf und Eisen.

Immer dichter wurde das Handelsnetz, das die relativ entwickelten Wirtschaftsräume Europas umspannte. Zu diesen
gehörten, vom wirtschaftlichen Standpunkt aus gesehen, auch
die zunehmend aktiven Gemeinschaften der weißen Siedler
in den britischen Kolonien Amerikas (und von 1783 an die
nördlichen Gebiete der USA).

Der »Nabob« oder Plantagenbesitzer kehrte aus den Kolonien
mit einem Reichtum zurück, der selbst die kühnsten Träume
provinziellen Geizes weit überstieg. Kaufleute und Reeder,
deren prachtvolle Städte — Bordeaux, Liverpool, Bristol —
im Verlauf des Jahrhunderts gebaut oder modernisiert wurden, waren die wahren ökonomischen Sieger der Epoche. Nur
Inhaber höchster Staatsstellen oder auch Finanziers, die
ihren Reichtum aus einträglichem Dienst am Staat bezogen,
konnten sich mit ihnen messen. Denn in dieser Zeit war der
Ausdruck »profitables Amt unter der Krone« durchaus wört-
lich zu verstehen. Der Mittelstand der Anwälte, Gutsverwalter, Brauereibesitzer, Händler und dergleichen, die beschei-
denes Vermögen aus der Welt der Landwirtschaft zogen, lebten ein maßvolles und stilles Leben. Sogar die Manufakturbesitzer erschienen wie die kleinen Verwandten jener Großen.
Gewiß: Bergwerk und Manufaktur entwickelten sich überall
in Europa ungemein schnell, aber sie wurden in erster Linie
noch vom Händler — in Osteuropa oft auch vom feudalen
Magnaten — kontrolliert.

Denn der Aufstieg der Industrie vollzog sich in der Form der
Heimarbeit. Der Händler verkaufte an einen weiten Käufer-
kreis jene Produkte, die vom Handwerker oder vom Bauern
in dessen freier Zeit erzeugt wurden. Das bloße Wachstum
eines solchen Handels mußte schon die rudimentären Existenzbedingungen für einen beginnenden industriellen Kapitalismus schaffen. Der Handwerker konnte sich in einen mit

Stücklohn bezahlten Arbeiter verwandeln, was besonders in den Fällen geschah, wo der Händler ihm das Rohmaterial und vielleicht auch die Produktionsmittel zur Verfügung stellte. Aus dem Bauern, der nebenbei auch wob, wurde leicht ein Weber, der nebenbei auch ein kleines Stück Land bearbeitete. Die fortschreitende Spezialisierung der technischen Arbeitsprozesse und Funktionen konnte die Einheit des alten Handwerks zersetzen oder zur Bildung einer aus dem Bauerntum kommenden Schicht angelernter Arbeiter führen. Frühere Handwerksmeister oder eine besondere Sparte des Handwerks und des Zwischenhandels konnten sich in Verleger oder Arbeitgeber verwandeln.

Aber es war immer irgendein Händler, der in dieser Welt dezentralisierter Produktion die Schlüsselstellung innehatte, der die Arbeit von abgelegenen Dörfern oder dunklen Stadtgassen mit dem Weltmarkt in Verbindung brachte. Auch jene selbständigen »Industriellen«, die aus den Reihen der Produzenten auftauchten — oder jetzt aufzutauchen begannen —, waren, verglichen mit den Händlern, recht kleine Leute. Es gab einige Ausnahmen, vor allem im industriellen England: die Eisenhüttenbesitzer. Leute wie der große Töpfer Josiah Wedgwood waren stolz, genossen hohes Ansehen, und ihre Betriebe wurden von Neugierigen aus ganz Europa besucht. Aber der typische Industrielle (das Wort war noch nicht erfunden) war noch eher ein Unteroffizier der Industrie als ein Industriekapitän. Und doch, wo auch immer ihr Platz in der sozialen Rangordnung sein mochte: Handel und Manufaktur standen in voller Blüte. Das erfolgreichste aller europäischen Länder im 18. Jahrhundert, England, gründete seine Macht offensichtlich auf seinem ökonomischen Fortschritt. Um 1780 waren alle kontinentalen Regierungen, die auch nur den Anspruch auf eine rationale Politik erhoben, dabei,

die wirtschaftliche und besonders die industrielle Entwicklung zu fördern, wenn auch mit unterschiedlichem Erfolg. Die
Wissenschaften, die noch nicht unter dem Einfluß des Akademismus in »höhere« und »reine« oder »niedrige« und »angewandte« geteilt waren, widmeten sich der Lösung von Produktionsproblemen. Am schnellsten entwickelte sich in den
achtziger Jahren des 18. Jahrhunderts die Chemie, die traditionsgemäß mit der Praxis der Betriebe und den Bedürfnissen
der Industrie am engsten verbunden war. Die große Enzyklopädie Diderots und d'Alemberts war nicht nur ein Kompendium fortschrittlicher sozialer und politischer Ideen, sondern
auch des technologischen und wissenschaftlichen Fortschritts.
Der Glaube an den Fortschritt des menschlichen Wissens, der
Rationalität, des Wohlstands, der Zivilisation und der Naturbeherrschung, der das 18. Jahrhundert so tief durchtränkt
hatte — die »Aufklärung« —, bezog seine Kraft in erster
Linie aus dem offensichtlichen Fortschritt der Produktion,
des Handels und der wirtschaftlichen oder wissenschaftlichen
Rationalität, die untrennbar mit ihnen verbunden schien. Ihre
Wortführer waren die wirtschaftlich aufsteigenden Klassen,
die am engsten mit dem wirklichen Fortschritt der Epoche
verknüpft waren: die Kaufleute, die ökonomisch aufgeklärten Gutsbesitzer, die Finanziers — die »aufgeklärten« Verwalter in Wirtschaft und Gesellschaft, der gebildete Mittelstand, die Manufakturbesitzer und Unternehmer. Solche
Leute bewunderten einen Benjamin Franklin — diesen Drukker, Journalisten, Erfinder, Unternehmer, Politiker und gerissenen Geschäftsmann — und sahen in ihm ein Symbol des
aktiven, aus eigener Kraft emporgekommenen, denkenden
Bürgers der Zukunft.
In England, wo der neue Mensch einer transatlantischen »revolutionären« Inkarnation nicht bedurfte, bildeten solche

Männer jene provinziellen Gesellschaften, denen der wissenschaftliche, industrielle und politische Fortschritt entsprang. Zur *Lunar Society* von Birmingham gehörten Josiah Wedgwood, James Watt, der Erfinder der modernen Dampfmaschine, und sein Geschäftspartner Matthew Boulton, der Chemiker Priestley, der große Drucker Baskerville und Erasmus Darwin (der Großvater des größeren Darwin), der sich in seiner Freizeit mit Biologie beschäftigte und zu einem der Pioniere der Entwicklungstheorien wurde. Überall kamen solche Männer in den Freimaurerlogen zusammen, in denen die Klassenunterschiede nicht zählten und die Ideen der Aufklärung mit Eifer verbreitet wurden.

Es ist bezeichnend, daß die beiden Ausgangspunkte der Aufklärung, Frankreich und England, zugleich auch die Zentren der Doppelrevolution waren, obgleich die Ideen sich in erster Linie in ihrer französischen Version über die Erde ausbreiteten, sogar dann, wenn es sich um eine gallische Formulierung britischer Gedanken handelte. Das Denken der Aufklärung war von einem säkularistischen, rationalistischen und fortschrittlichen Individualismus beherrscht. Es war vor allem darauf gerichtet, den einzelnen von den ihn bindenden Fesseln zu befreien — von dem unwissenden Traditionalismus des Mittelalters, dessen Schatten immer noch auf die Welt fiel, von dem Aberglauben der Kirchen (im Gegensatz zur »natürlichen« oder der Religion der Vernunft), von der Unvernunft sozialer Hierarchien, die auf Grund von Geburt oder sonstiger irrelevanter Kriterien die Menschen in »höhere« und »niedere« teilten. Freiheit, Gleichheit und folglich auch Brüderlichkeit aller Menschen — das waren die Schlachtrufe, die dann zur Losung der Französischen Revolution wurden. Die erstaunlichsten Erfolge würden sich in einer vernünftigen Welt aus dem ungehemmten Wirken des

individuellen Talents ergeben, wie es ja schon jetzt feststellbar war. Der leidenschaftliche Fortschrittsglaube des typischen
Denkers der »Aufklärung« spiegelte das sichtliche Wachstum
an Wissen und Technik, an Reichtum, Wohlstand und der
Zivilisation wider, das man allerorts sah und das man —
nicht ganz zu Unrecht — auf die Verbreitung aufgeklärter
Ideen zurückführte. Zu Beginn des Jahrhunderts gab es fast
überall Hexenverbrennungen; als es zu Ende ging, hatten aufgeklärte Regierungen, wie die österreichische, nicht nur die
Folter, sondern auch die Sklaverei abgeschafft. Was konnte
man nicht alles erwarten, wenn die in den Interessen feudaler Schichten und der Kirchen verwurzelten Schranken des
Fortschritts erst hinweggefegt waren?

Die »Aufklärung« kann nicht einfach als bourgeoise Ideologie verstanden werden, obgleich viele — die politisch entscheidenden — ihrer Vertreter es als selbstverständlich ansahen, daß die freie Gesellschaft kapitalistisch sein würde (12).
Aber ihre Theorie war auf die Befreiung aller Menschen gerichtet. Alle fortschrittlichen, rationalistischen und huma-
nistischen Ideologien sind in ihr enthalten und entsprangen
ihrem Schoß. Tatsächlich kamen jedoch die Führer der von
der Aufklärung ausgelösten Emanzipation meist aus der
Bourgeoisie, aus den Reihen der neuen, rationalen Männer,
die sich durch ihre Fähigkeiten und nicht durch ihre Geburt
auszeichneten; die Gesellschaftsordnung, die aus ihrer Tätigkeit hervorging, war eine »bürgerliche«, eine kapitalistische.
Andererseits kann man die Aufklärung ohne weiteres als
revolutionäre Ideologie bezeichnen, trotz der politischen
Vorsicht und Mäßigung vieler ihrer Verfechter, von denen die
meisten bis in die achtziger Jahre des 18. Jahrhunderts ihre
Hoffnung auf die aufgeklärte absolute Monarchie setzten. Die
Ideen der Aufklärung konnten nicht ohne die Aufhebung

der fast überall in Europa bestehenden sozialen und politischen Ordnung verwirklicht werden. Man konnte nicht
erwarten, daß das Ancien régime freiwillig Selbstmord be-
gehen würde. Im Gegenteil, seine Vertreter versuchten, wie
oben bereits erwähnt, auf manchen Gebieten ihre Positionen
gegen den Vormarsch der neuen gesellschaftlichen und wirtschaftlichen Kräfte zu verstärken. Und ihre wichtigsten Bastionen waren außerhalb der Grenzen Englands, der Vereinigten Provinzen (Niederlande) und einiger anderer Gebiete, wo sie bereits besiegt worden waren, gerade jene Institutionen der Monarchien, in die gemäßigte Aufklärer ihr
Vertrauen setzten.

Außer in England, das seine Revolution bereits im 17. Jahrhundert durchgeführt hatte, und in einigen Kleinstaaten wurden alle lebensfähigen Länder des europäischen Kontinents
von absoluten Monarchen beherrscht. Wo dies nicht der Fall
war, verfielen die Staaten der Anarchie und wurden von
ihren Nachbarn geschluckt, wie etwa Polen. Auf die traditionellen Organisationen orthodoxer Kirchen gestützt, von
einem wachsenden Wirrwarr von Institutionen umgeben,
deren einzige Legitimität ihr langes Bestehen bildete, standen
überall erbliche Monarchen von Gottes Gnaden an der Spitze
von Adelshierarchien. In einem Zeitalter scharfer internationaler Konkurrenz hatten sich die Könige seit langem gezwungen gesehen, im Interesse innerstaatlicher Zusammen-
gehörigkeit und erhöhter Wirksamkeit nach außen, den anarchischen Tendenzen ihres Adels und anderer in der Vergangenheit verwurzelter Interessengruppen eine Schranke zu
setzen. Soweit als möglich vergaben sie die Posten im Staatsapparat an nicht-adelige Beamte. Im Verlauf der zweiten
Hälfte des 18. Jahrhunderts veranlaßte auch das Beispiel des

unleugbaren Machtanstiegs Englands die meisten Monarchen
(oder deren Berater), Programme für eine wirtschaftliche, gesellschaftliche, administrative und intellektuelle Modernisierung aufzustellen. In jenen Tagen war das Schlagwort »Aufklärung« bei den Herrschern ebenso populär wie — aus ähnlichen Gründen — das Wort »Planung« bei den heutigen Regierungen. Wie in unseren Tagen wurden solche Leitziele
vielfach theoretisch übernommen, ohne daß man sich um
deren praktische Verwirklichung kümmerte. Oder aber sie
interessierten sich nicht so sehr für die allgemeinen Ideale, die
sich im Begriff der »Aufklärung« (oder »Planung«) ausdrücken, sondern suchten lediglich die praktischen Vorteile,
die sich für das Wachstum ihrer eigenen Einkünfte, ihres
Reichtums und ihrer Macht aus der Anwendung der modernen Methoden ergaben.

Die Bourgeoisie, die Gebildeten und die Fortschrittlichen
überhaupt erwarteten häufig die Erfüllung ihrer Hoffnungen
durch den mächtigen zentralen Staatsapparat der aufgeklärten Monarchien. Ein Fürst brauchte die Bourgeoisie und ihre
Ideen, um seinen Staat zu modernisieren — eine schwache
Bourgeoisie brauchte den Fürsten, um den fortschritthem-
menden Widerstand überkommener aristokratischer und kle-
rikaler Interessengruppen niederzukämpfen.

Wie modern und neuerungssüchtig die absolute Monarchie
aber sein mochte — sie konnte und wollte sich auch meist gar
nicht von der Hierarchie des gutsbesitzenden Adels trennen.
Schließlich war sie ja untrennbar mit dessen Existenz verbunden. Sie symbolisierte und verkörperte die Werte dieser
Aristokratie und hing entschieden von ihrer Unterstützung
ab. Theoretisch war der absolute Herrscher frei, nach seinem
Belieben zu handeln; praktisch gehörte er aber zu jener Welt,
die von den Aufklärern »Feudalität« genannt wurde (ein

Wort, das die Französische Revolution bald weltbekannt machen würde). Er war bereit, alle Quellen auszubeuten, die seine Autorität, seine Einkünfte und seine äußere Macht erhöhen konnten, und darum auch oft geneigt, die aufstrebenden neuen Kräfte der Gesellschaft zu fördern. Eine absolute Monarchie würde einen Stand gegen den anderen, eine Klasse oder Provinz gegen die andere ausspielen, um ihre eigene Position zu stärken. Ihrer Politik aber war durch das geschichtliche Wesen ihrer Funktion und ihres Klassenursprungs Grenzen gesetzt. Sie war weder imstande noch auch meistens bereit, jene radikale ökonomische und soziale Umwandlung zu vollziehen, die für die Entfaltung der Wirtschaft notwendig war und von den aufstrebenden sozialen Gruppen angestrebt wurde.

Um ein naheliegendes Beispiel anzuführen: Nur wenige unter den Beratern der Fürsten bezweifelten ernsthaft die Notwendigkeit, daß die Leibeigenschaft und ihre Überreste abzuschaffen seien. Eine solche Reform war einer der Hauptpunkte des »aufgeklärten« Programms. Von Madrid bis St. Petersburg, von Neapel bis Stockholm gab es kaum einen Fürsten, der während des letzten Vierteljahrhunderts vor der Französischen Revolution diesen Programmpunkt nicht unterschrieben hätte. Und doch fanden die einzigen Bauernbefreiungen vor 1789 nur in kleinen, keineswegs typischen Staaten, wie Dänemark und Savoyen, und auf den privaten Ländereien einzelner Fürsten statt.

Joseph II. von Österreich versuchte 1781 die Bauernbefreiung durchzusetzen, aber der Versuch scheiterte am politischen Widerstand feudaler Interessenten und angesichts einer Bauernrebellion, die ernster war, als man vorhergesehen hatte. Die Reform wurde nicht vollendet. Die feudalen Verhältnisse in der Landwirtschaft wurden erst durch die Franzö-

sische Revolution und die Revolution von 1848 mit ihren
direkten Maßnahmen und Gegenmaßnahmen und durch das
Vorbild anderer Länder hinweggefegt. So gab es überall einen
latenten, doch bald offen ausbrechenden Konflikt zwischen
der alten feudalen und der neuen bourgeoisen Gesellschaft.
Er konnte nicht im Rahmen der bestehenden politischen Ordnung gelöst werden — außer in Großbritannien, wo das bestehende Regime bereits den Triumph der Bourgeoisie verkörperte. Unter dem Druck der neuen Kräfte, des steigenden
Widerstands der traditionellen Interessenten und der äußeren
Rivalen wuchs die Schwäche des Ancien régime, dessen Zusammenbruch sich immer deutlicher abzuzeichnen begann.
Am meisten war es dort bedroht, wo die Opposition der alten
Kräfte mit der der neuentstehenden zusammenfiel: Beide ver-
schmolzen in den autonomistischen Bewegungen fern abge-
legener oder schwer zu kontrollierender Provinzen oder in
den Kolonien. Innerhalb der Habsburger Monarchie riefen
die Reformen Josephs II. in den österreichischen Niederlanden
(dem heutigen Belgien) Aufruhr und eine revolutionäre Bewegung hervor, die sich 1789 spontan mit der französischen
verband. Die weißen Siedlergemeinschaften der überseeischen
Kolonien Europas widersetzten sich der Politik der Regierungen, die die kolonialen Interessen denen der Metropole
unterordneten. In allen Teilen Amerikas und auch in Irland
verlangten spanische, französische und britische Siedler die
Autonomie — wobei es sich nicht immer um Gruppen handeln mußte, die wirtschaftlich progressiver waren als die Metropole. Einigen britischen Kolonien gelang es, ihre Ziele
friedlich zu erreichen, ebenso wie für eine gewisse Zeit Irland — anderen, wie die USA, nur unter Anwendung revolutionärer Methoden. Die wirtschaftliche Expansion, die
Entwicklung in den Kolonien und die aus den Reformver-

George Stubbs: »Dame und Herr in einem Wagen« (1787);
London, National Gallery.

suchen des aufgeklärten Absolutismus hervorgehenden Spannungen vermehrten in den siebziger und achtziger Jahren des Jahrhunderts die Ursachen solcher Konflikte.

Der Abfall der Provinzen oder Kolonien hatte nicht unbedingt fatale Folgen: Historisch festverankerte Monarchien konnten den Verlust einiger Provinzen verschmerzen. England, das den kolonialen Autonomiebestrebungen die größten Opfer zu bringen hatte, litt nicht unter den Schwächen des Ancien régime. Es blieb trotz der amerikanischen Revolution ebenso stabil und dynamisch wie zuvor. Es gab nur wenige Gebiete, in denen die inneren Bedingungen für eine Übertragung der Macht an einheimische Kräfte herangereift waren. Es war die internationale Rivalität, die die Lage explosiv machte.

Internationale Rivalität — und ihr Ausdruck, der Krieg — stellte die größte Prüfung für die Kraftquellen eines Staates dar. Ein Regime, das diese Prüfung nicht bestand, wurde erschüttert oder zerstört und ging unter. Ein Konflikt vor allem beherrschte den internationalen Schauplatz des 18. Jahrhunderts und lag den immer wieder ausbrechenden Kriegen (1689—1713, 1740—1748, 1756—1763, 1776—1783 und, bereits innerhalb der hier behandelten Epoche, 1792—1815) zugrunde. Das war die englisch-französische Konkurrenz, die in gewissem Sinn auch den Gegensatz zwischen dem »alten« und dem »neuen« Regime widerspiegelte. Denn Frankreich, dessen schnelle Handels- und Kolonialexpansion die Feindschaft der Briten erweckte, war die mächtigste, die hervorragendste, die einflußreichste — mit einem Wort die klassische aristokratische und absolute Monarchie. Nirgends findet sich ein besseres Beispiel der Überlegenheit der neuen über die alte Ordnung als in dem Konflikt dieser beiden Mächte. Nicht nur gewannen die Briten, wenngleich in mehr oder weniger ent-

scheidender Weise, vier von den fünf Kriegen: Sie konnten
auch die Last der Organisation, der Finanzierung und Führung dieser Kriege verhältnismäßig leichter tragen. Die weit
größere französische Monarchie aber, die über so viele Menschen und Mittel verfügte, zeigte sich dazu außerstande. Nach
ihren Niederlagen im Siebenjährigen Krieg gab die Revolte
der amerikanischen Kolonien Frankreich die Gelegenheit zur
Revanche, die es ergriff. In der Tat wurde England in dem
ausbrechenden Konflikt schwer geschlagen und verlor den
wichtigsten Teil seines amerikanischen Imperiums. Frankreich, der Verbündete der USA, ging also als Sieger hervor.
Aber der Sieg war mit allzu großen Kosten verbunden, und
die dadurch hervorgerufenen Schwierigkeiten führten die
französische Regierung in jene unvermeidbare Krise, aus der
sechs Jahre später die Revolution erwuchs.

Dieser vorläufige Blick auf die Welt, in der sich die Doppelrevolution abspielte, muß durch eine kurze Übersicht über
die Beziehungen zwischen Europa (genauer gesagt Nordwest-
europa) und der übrigen Welt ergänzt werden. Die vollkommene politische und militärische Weltherrschaft Europas —
und ihm müssen seine überseeischen »Verlängerungen«, die
weißen Siedlungen, zugerechnet werden — erwuchs erst als
Ergebnis der doppelten Revolution. Gegen Ende des 18. Jahrhunderts traten dem weißen Händler, Seemann und Soldaten
noch große außereuropäische Mächte scheinbar ebenbürtig
entgegen.
Da war das große chinesische Reich, das unter der Mandschu-
Dynastie zu voller Entfaltung gelangt war. Es schien von
nirgends bedroht. Im Gegenteil, der Strom der kulturellen
Beeinflussung lief eher von Osten nach Westen. Europäische
Philosophen suchten Lehren aus dieser so anderen und offen-

bar hohen Zivilisation zu ziehen, während Künstler und Handwerker sich bemühten, oft mißverstandene fernöstliche Motive in ihren Arbeiten wiederzugeben und neue Werkstoffe (Porzellan) europäischen Bedürfnissen anzupassen. Die islamischen Mächte waren noch nicht jene hilflosen Gebilde, in die sie sich im 19. Jahrhundert verwandelten, obwohl sie — wie vor allem die Türkei — immer wieder durch Kriege mit ihren benachbarten europäischen Mächten (Österreich und vor allem Rußland) erschüttert wurden. Afrika blieb so gut wie immun gegen jeden militärischen Eroberungsversuch der Europäer. Mit Ausnahme kleiner Gebiete um das Kap der Guten Hoffnung blieben die Siedlungen der Weißen auf Handelsposten an den Küsten beschränkt.

Und doch unterhöhlte bereits die massive Expansion des europäischen Handels und seiner kapitalistischen Unternehmer die soziale Ordnung anderer Erdteile: in Afrika als Folge einer bisher unbekannten Intensität des Sklavenhandels; im Gebiet des Indischen Ozeans auf Grund des Eindringens rivalisierender Kolonialmächte; im Nahen und Mittleren Osten durch den Handel und militärische Konflikte. Direkte europäische Eroberungen begannen außerhalb der Gebiete, die im 16. Jahrhundert von den spanischen und portugiesischen Pionieren und im 17. Jahrhundert von den weißen Siedlern Nordamerikas besetzt worden waren. Entscheidend war das Vordringen der Briten, die bereits eine direkte Kontrolle über Teile Indiens (vor allem Bengalens) errichtet hatten und dem Mogul-Imperium ein Ende setzten. Sie werden sich während unserer Periode zu den Beherrschern und Verwaltern ganz Indiens machen. Es war bereits vorauszusehen, daß die nicht-europäischen Zivilisationen sich als zu schwach erweisen würden, der technologischen und militärischen Überlegenheit des Westens zu widerstehen. Was

man das »Zeitalter Vasco da Gamas« genannt hatte — jene
vier Jahrhunderte, in deren Verlauf eine Handvoll europäischer Staaten und die Kraft des europäischen Kapitalismus
eine vollständige, wenn auch (wie wir heute sehen) vorübergehende Weltherrschaft errichten konnten —, war dabei, seinen
Höhepunkt zu erreichen. Die Doppelrevolution machte die
europäische Expansion unwiderstehlich, vermittelte der nicht-
europäischen Welt aber zugleich die Möglichkeiten und die
Ausrüstung für einen späteren Gegenangriff.

2

Die industrielle Revolution

Diesem stinkenden Pfuhl entspringt der Strom menschlichen Wirkens, der die ganze Welt befruchtet. Aus dieser schmutzigen Kloake fließt reines Gold. Hier erreicht der Mensch den Höhepunkt seiner Entwicklung und den Tiefpunkt seiner Brutalität. Hier vollbringt die Zivilisation ihre Wunder, während der zivilisierte Mensch zum Wilden wird.

A. DE TOCQUEVILLE
über Manchester im Jahr 1835 (1)

Wie sie auch immer wirken mögen, was auch immer ihre Ursachen und Folgen seien — solche Werke sind ungemein verdienstvoll und bezeugen das Talent dieses so erfinderischen und nutzbringenden Mannes, der überall und immer andere zum Denken anregen wird ... Befreit euch von dieser drohnenhaften, schläfrigen, dummen Gleichgültigkeit, von jener faulen Nachlässigkeit, die Menschen, bar allen eigenen Denkens, allen Ehrgeizes, an die Wege ihrer Vorväter kettet — und ihr werdet sicher sein können, Gutes geleistet zu haben ... Welch neue Gedanken, Bemühungen und Bestrebungen auf allen Gebieten des Lebens sind nicht von Männern wie Brindley, Watt, Priestley, Harrison, Arkwright und ihren Taten ausgegangen ... Wo fände man wohl den Menschen, den nicht der Anblick der Dampfmaschine eines Watt beflügelte?

ARTHUR YOUNG
Tours in England and Wales (2)

WIR WOLLEN MIT DER INDUSTRIELLEN REVOLUTION, also mit Großbritannien, beginnen. Das erscheint auf den ersten Blick willkürlich, denn die Auswirkungen dieser Revolution wurden außerhalb Englands erst spät in unserer Periode fühlbar: sicherlich nicht vor 1830 und kaum vor 1840. Erst in den dreißiger Jahren begann sich die Literatur offen mit dem Aufstieg der kapitalistischen Gesellschaft zu beschäftigen — jener Welt, in der alle Bande rissen, außer den unerbittlichen goldenen und papierenen des Geldes. Balzacs *Comédie Humaine*, das bedeutendste literarische Denkmal dieses Aufstiegs, stammt aus diesem Jahrzehnt. Erst um 1840 beginnt der Strom der offiziellen und inoffiziellen Literatur über die gesellschaftlichen Auswirkungen der industriellen Revolution: die größeren »Blaubücher« und statistischen Untersuchungen in England, Villermés *Tableau de l'état physique et moral des ouvriers*, Engels' *Lage der arbeitenden Klasse in England*, Ducpetiaux' Werk in Belgien — und unzählige Schriften aus der Feder entsetzter Beobachter von Deutschland über Spanien bis zu den Vereinigten Staaten. Erst in den vierziger Jahren des 19. Jahrhunderts begannen das Proletariat, dieses Geschöpf der industriellen Revolution, und der Kommunismus, der sich jetzt mit dessen sozialer Bewegung verband — das Gespenst des *Kommunistischen Manifests* —, sich auf dem Kontinent zu erheben und wirksam zu werden. Schon die Bezeichnung »industrielle Revolution« spiegelt ihren verhältnismäßig späten Einfluß auf Europa wider: Die industrielle Revolution existierte in England, noch bevor sie einen Namen hatte. Erst in den zwanziger Jahren des 19. Jahrhunderts wurde er von englischen und französischen Sozialisten (die ihrerseits eine ganz neuartige Gruppe bildeten) vermutlich als Analogiebildung zur politischen Revolution Frankreichs erfunden (3).

Aber es mag aus zwei Gründen angemessen sein, mit ihr zu beginnen: Erstens, weil sie in der Tat vor dem Sturm auf die Bastille »ausbrach« (um dieses Problem vorwegzunehmen); zweitens, weil wir nur so die unpersönliche Brandung der Geschichte verstehen können, von der die überragenden Männer und Ereignisse dieser Epoche getragen wurden — und ihren vielfältigen Rhythmus.

Was soll es bedeuten, wenn man sagt, die industrielle Revolution sei »ausgebrochen«? Das bedeutet, daß in den 1780er Jahren zum erstenmal in der Geschichte der Menschheit jene Produktivkräfte menschlicher Gesellschaften entfesselt wurden, deren Entwicklung von nun an eine konstante, schnelle und bis zur Gegenwart uneingeschränkte Vermehrung von Menschen, Sachgütern und Diensten ermöglichte. Technisch ist dieses Phänomen den Ökonomen heute unter dem Begriff des »Abflugs zum sich selbst erhaltenden Wachstum« (Rostow) bekannt. Keine der früheren Gesellschaften hatte es vermocht, jene Hülle zu sprengen, die der Produktion von einer prä-industriellen Gesellschaftsstruktur, der unzulänglichen Wissenschaft und Technologie und den daraus entspringenden, von Hunger und Tod begleiteten Zusammenbrüchen auferlegt wurde. Natürlich glich dieser »Abflug« nicht jenen Ereignissen, die wie Erdbeben oder große Meteore durch ihre Plötzlichkeit die Welt der Nicht-Fachleute überraschen. Je nach Geschmack und Interessen des jeweiligen Historikers kann ihre Vorgeschichte bis zum Jahr 1000 n. Chr. — wenn nicht noch weiter zurück — verfolgt werden. Frühere Abflug-versuche, die in ihrer Unbeholfenheit an die ersten Schwimm-versuche junger Enten erinnern, erhielten den schmeichel-haften Namen einer »industriellen Revolution« im 13., im 16. und in den letzten Jahrzehnten des 17. Jahrhunderts. Seit der Mitte des 18. Jahrhunderts aber steigerte sich die Anlaufgeschwindigkeit zum Abflug so offensichtlich, daß frühere Historiker den Beginn der industriellen Revolution auf 1760 zurückverlegten. Sorgfältige Untersuchungen aber haben die Forscher dazu veranlaßt, eher das neunte als das

siebte Jahrzehnt des 18. Jahrhunderts als das entscheidende
anzusehen: Alle uns bekannten Statistiken dieser Jahre zeigen
jenen scharfen, plötzlichen Anstieg, der einen »Start« kenn-
zeichnet. Die Wirtschaft hatte sozusagen ihren Abflug vollzogen.

Diesen Prozeß mit dem Namen »industrielle Revolution« zu
bezeichnen erscheint vernünftig und entspricht einer gut-
fundierten Tradition, obgleich es unter den konservativen
Historikern (die vielleicht auch vor der Anwendung so ex-
plosiver Begriffe zurückschreckten) eine Zeitlang Mode war,
die Existenz einer solchen Revolution zu leugnen und statt
dessen nichtssagende Bezeichnungen wie »beschleunigte Evolution« zu verwenden. Aber wenn die plötzliche, qualitativ
grundlegende Wandlung, die sich um 1780 vollzog, keine
Revolution war, dann verliert dieser Begriff allen verständlichen Inhalt. Gewiß — die industrielle Revolution war keine
Episode mit genau festsetzbarem Beginn und plötzlichem
Ende. Danach zu fragen, wann sie zu Ende war, ist sinnlos,
da ihr Wesen darin bestand, daß von nun an revolutionäre
Veränderungen zur Norm wurden. Sie geht immer noch weiter. Was wir fragen können, ist höchstens, wann die wirtschaftlichen Wandlungen weit genug gediehen waren, um eine
im wesentlichen industrialisierte Wirtschaft hervorzubringen,
die — allgemein gesprochen — imstande war, im Rahmen
der gegebenen technischen Möglichkeiten alles, was sie wollte,
herzustellen: Wann sie, um den *terminus technicus* zu gebrauchen, zu einer »reifen industriellen Wirtschaft« geworden war. In England — und daher in der Welt — fällt diese
Zeit der beginnenden Industrialisierung ziemlich genau mit
der in diesem Buch behandelten Periode zusammen: Denn
wenn sie in den 1780er Jahren begann, ist es wohl berechtigt,
sie mit dem Bau der Eisenbahnen und der Errichtung einer

großen Schwerindustrie in England in den 1840er Jahren als abgeschlossen zu betrachten. Aber die Revolution selbst, die Periode des »Abflugs«, kann mit der größten in solchen Dingen möglichen Genauigkeit datiert werden: in den zwanzig Jahren zwischen 1780 und 1800 — also kurz vor der Französischen Revolution.

Welche Maßstäbe man immer anlegen mag — die industrielle Revolution war vermutlich das wichtigste Ereignis der Weltgeschichte seit der Entwicklung der Landwirtschaft und der Städte. Sie ging von England aus — und das war natürlich kein Zufall. Bei einem Wettlauf der Vorkämpfer für die industrielle Revolution stand in Wirklichkeit im 18. Jahrhundert nur ein Läufer am Start. Es gab damals allerorts große Fortschritte in Industrie und Handel, die von den intelligenten und in wirtschaftlichen Fragen keineswegs naiven Ministern und Beamten jeder »aufgeklärten« Monarchie Europas — von Portugal bis Rußland — gefördert wurden. Diese Männer waren ebenso um »wirtschaftliches Wachstum« besorgt wie die Verantwortlichen der Gegenwart. Einige der kleineren Staaten machten sogar eine eindrucksvolle Industrialisierung durch, wie zum Beispiel Sachsen und das Bistum Liège, wenn auch ihre industriellen Komplexe zu klein und begrenzt waren, um die gleichen weltrevolutionären Folgen, wie die britische Industrialisierung, hervorzurufen. Es scheint klar, daß schon vor der Revolution England in bezug auf den Gesamtwert von Handel und Produktion seinen potentiellen Hauptrivalen, Frankreich, nicht nur erreicht, sondern, pro Kopf der Bevölkerung berechnet, auch weit übertroffen hatte.

Der Vorsprung Englands, welches auch immer seine Ursachen waren, ergab sich nicht aus wissenschaftlicher oder technologischer Überlegenheit. Es ist so gut wie gewiß, daß in den Natur-

wissenschaften die Franzosen den Briten überlegen waren;
und die Französische Revolution vergrößerte diese Überlegenheit beträchtlich (besonders in der Mathematik und der
Physik), da die Wissenschaften im revolutionären Frankreich
gefördert, von der englischen Reaktion aber als verdächtig
angesehen wurden. Sogar in den Sozialwissenschaften waren
die Briten noch weit von jener Überlegenheit entfernt, die
dann aus der Ökonomie auf lange Zeit eine angelsächsische
Disziplin machen sollte. Der Nationalökonom der 1780er
Jahre las Adam Smith, aber auch — und vielleicht mit größerem Profit — die französischen Physiokraten und Ökonomen
Quesnay, Turgot, Dupont de Nemours, Lavoisier und vielleicht auch den einen oder anderen italienischen Autor. Aus
Frankreich stammten die originellsten Erfindungen, wie etwa
der Jacquard-Webstuhl 1805 — eine Maschine, die weit
komplizierter war als alles, was in England bis dahin erdacht
worden war. Die Franzosen bauten die besseren Schiffe. Die
Deutschen verfügten über technische Lehranstalten, wie die
Preußische Bergakademie, mit denen nichts in England sich
vergleichen konnte; und die Französische Revolution schuf
die einzigartige und eindrucksvolle *École Polytechnique*. Die
englische Erziehung hingegen war ein schlechter Witz, obgleich ihre Unzulänglichkeit zum Teil durch die Arbeit der
finsteren Dorfschulen und die stürmischen, lebendigen, strengen und doch demokratischen Universitäten des calvinistischen Schottland wettgemacht wurde. Aus diesen Anstalten
kam ein Strom brillanter, hart arbeitender, erfolgsuchender,
rationalistischer junger Leute nach England: James Watt,
Thomas Telford, Loudon McAdam, James Mill. Die beiden
einzigen Universitäten Englands, Oxford und Cambridge,
waren Stätten geistiger Leere. Dasselbe galt von den *Public
Schools* und den Gymnasien, mit Ausnahme der von den

Dissenters begründeten Schulen, die aus dem offiziellen anglikanischen Schulsystem ausgeschlossen waren. Auch jene aristokratischen Familien, die auf eine gute Erziehung ihrer
Söhne Wert legten, verließen sich auf Hauslehrer oder auf
die schottischen Universitäten. Es gab keinerlei Volksschulen,
bevor der Quäker Lancaster (bald gefolgt von anglikanischen Konkurrenten) zu Beginn des 19. Jahrhunderts eine
Art »freiwillige Massenproduktion« von Abc-Schützen begann, was dazu führte, daß das englische Erziehungswesen
von da an für alle Zukunft mit Sektenstreitigkeiten belastet
wurde. Für die Kinder der Armen gab es keine Schulen, da
man die Folgen für die Gesellschaft fürchtete.
Zum Glück war für die industrielle Revolution nur geringe
intellektuelle Bildung nötig (4). Die technischen Neuerungen
waren bescheiden: Sie konnten von intelligenten Handwerkern auf Grund eigener Versuche erfunden und von ge-
schickten Zimmerleuten, Mühlenbauern oder Schlossern verwirklicht werden: das Weberschiff, die *spinning-jenny* (eine
Spinnmaschine) oder die Mulemaschine. Sogar die weit kom-
pliziertere Dampfmaschine, die James Watt 1784 fertigstellte,
setzte nur jene Kenntnis der Physik voraus, die viele Menschen in diesem Jahrhundert hatten, und beruhte auf den
Erfahrungen einiger Generationen mit Dampfmaschinen, vor
allem in den Bergwerken. Die korrekte Theorie der Dampfmaschine wurde *ex post facto* erst von dem Franzosen Carnot
im Jahr 1824 aufgestellt. Unter objektiv günstigen Bedingungen ergaben sich die technischen Neuerungen der industriellen Revolution fast von selbst — außer vielleicht in der
chemischen Industrie.
Dies soll jedoch nicht heißen, daß die ersten Industriellen
der Entwicklung der Wissenschaften und den daraus folgenden möglichen praktischen Vorteilen kein Interesse entgegen-

gebracht hätten (5). Die günstigen Bedingungen waren in England offensichtlich vorhanden. Hier war mehr als ein Jahrhundert verflossen, seitdem ein König von seinem Volk verurteilt und hingerichtet worden war und das Erzielen größerer privater Profite sowie die Entwicklung der Wirtschaft
die höchsten Ziele der Regierungspolitik bildeten. Die einmalige revolutionäre Lösung des Agrarproblems war praktisch schon gefunden worden. Eine Handvoll kommerziell
eingestellter Grundbesitzer monopolisierte fast das gesamte
Flachland, das von Pächtern bebaut wurde, die ihrerseits
landlose Arbeiter oder Kleinstbesitzer beschäftigten. Viele
Überreste der alten Dorfgemeinden würden erst durch die
Enclosure Acts von 1760—1830 und durch private Transaktionen beseitigt werden. Man konnte jedoch kaum mehr
von einer »britischen Bauernschaft« in dem Sinn sprechen,
den dieser Ausdruck für Frankreich, Deutschland oder Rußland hatte. Die Landwirtschaft produzierte bereits vorwiegend für den Markt. Die Manufaktur hatte sich schon seit
langem über das von allem Feudalismus befreite Land ausgebreitet. Die Agrikultur stand bereit, die drei Aufgaben, die
das Industriezeitalter ihr stellte, zu erfüllen: die Produktion und die Produktivität zu steigern, um eine schnell an-
wachsende städtische Bevölkerung zu ernähren; die Städte
und Industrien mit einem Strom potentieller Arbeitskräfte
zu versorgen und eine Akkumulation von Kapital zu ermöglichen, das in den modernen Sektoren der Wirtschaft
angelegt werden konnte. Zwei weitere Funktionen schienen
in England geringere Bedeutung zu haben: die Hebung der
Kaufkraft der landwirtschaftlichen Bevölkerung, die große
Mehrheit des Volkes zu dieser Zeit, um einen breiten Markt
für die Erzeugnisse der Industrie zu schaffen und einen Ex-
portüberschuß zu sichern, der Kapitalimporte ermöglichte.

Man war bereits dabei, das soziale Kapital, jenen kostspieligen Unterbau der Gesamtwirtschaft, zu schaffen, den sie brauchte, um sich reibungslos entfalten zu können: vor allem in der Schiffahrt, den Hafenanlagen, verbesserten Straßen und Kanälen. Die Politik war schon vom Profitstreben bestimmt. Gewisse Forderungen des Geschäftsmannes konnten zwar immer noch auf den Widerstand anderer Interessengruppen stoßen. Wir werden noch sehen, wie zwischen 1795 und 1846 die Agrarier eine letzte Barrikade errichten werden, um den Vormarsch der Industriellen aufzuhalten. Im allgemeinen aber wurde akzeptiert, daß das Geld nicht nur »mitsprach«, sondern auch »mitregierte«. Um politisch mitbestimmen zu können, brauchte der Industrielle nur ein ansehnliches Vermögen.

Der Kapitalist war sichtlich dabei, sich zu bereichern, denn das 18. Jahrhundert war im ganzen für Europa eine Periode der Prosperität und der wirtschaftlichen Expansion. Dies war die wirkliche Grundlage für den glücklichen Optimismus von Voltaires Dr. Pangloss.

Es war möglich, daß früher oder später diese von einer leichten Inflation begleitete Expansion ein Land über jene Schwelle drängen würde, die die präindustrielle von der industriellen Wirtschaft trennt. Ganz so einfach aber lagen die Dinge nicht. Ein Großteil des industriellen Fortschritts im 18. Jahrhundert führte weder unmittelbar noch innerhalb kurzer Zeit zur industriellen Revolution, das heißt zur Schaffung eines modernen Fabriksystems, das so große Mengen bei schnell sinkenden Kosten produziert, daß es nicht mehr vom vorhandenen Bedarf abhängt, sondern seinen eigenen Markt schaffen kann (6). Das Bauwesen und die zahlreichen Kleinindustrien der britischen Midlands und in Yorkshire, die Metallwaren für den Hausgebrauch (Nägel, Töpfe, Messer,

Scheren usw.) herstellten, dehnten sich während dieser Periode stark aus, blieben aber immer noch an die bestehende Nachfrage gebunden. 1850 produzierten sie weit mehr als 1750, doch immer noch ohne wesentliche Veränderung ihrer Methoden. Was not tat, war nicht eine beliebige Art von Expansion, sondern jene besondere Entwicklung, aus der eher ein Manchester als ein Birmingham hervorging. Die bahnbrechenden revolutionären Veränderungen der Industrie setzten besondere historische Bedingungen voraus, in denen wirtschaftliche Expansion aus den sich überschneidenden Entscheidungen ungezählter privater Unternehmer und Investoren hervorwächst. Sie alle aber waren vom obersten Gebot der Zeit beherrscht: am billigsten zu kaufen und am teuersten zu verkaufen.

Wie sollten sie entdecken, daß ein Profitmaximum sich aus der Organisierung einer industriellen Revolution und nicht aus dem Befolgen der altgewohnten (und früher auch profitableren) Methoden ergeben würde? Wie konnten sie etwas wissen, das bis dahin niemand wissen konnte: Daß die industrielle Revolution eine beispiellose Ausweitung ihrer Märkte mit sich bringen würde? Angenommen, daß die entscheidenden Grundlagen für eine industrielle Gesellschaft schon gelegt worden waren — und das war sicher im England des ausgehenden 18. Jahrhunderts der Fall —, bedurfte es zweier Dinge, um private Geschäftsleute zu einer radikalen Änderung ihrer Methoden zu veranlassen: Erstens mußten sie das Beispiel einer schon bestehenden Industrie sehen, die dem Unternehmer, der durch die Einführung nicht allzu kostspieliger Neuerungen seine Produktion schnell ausweitet, große Gewinne einbringt. Außerdem muß zweitens ein Weltmarkt unter dem Monopol einer einzigen Nation vorhanden sein (7).

Diese Betrachtungen haben in gewissem Umfang zu dieser
Zeit für alle Länder Geltung. In jedem dieser Länder standen zum Beispiel die Produzenten von Massenkonsumgütern
— hauptsächlich, aber nicht ausschließlich Textilien (8) — an
der Spitze des industriellen Fortschritts, da ein Markt für diese
Güter bereits bestand und die Unternehmer klar die Möglichkeiten für eine Produktionserweiterung erkennen konnten. In gewissem Ausmaß galten unsere Erwägungen aber
nur für England — denn die Wegbereiter einer neuen Entwicklung haben es immer am schwersten. Wenn England
erst einmal begonnen hatte zu industrialisieren, konnten
andere Länder anfangen, aus einer schnellen wirtschaftlichen
Expansion Vorteile zu ziehen, die von den Bahnbrechern der
industriellen Revolution in Gang gesetzt worden war. Die
britischen Erfolge zeigten, was erreicht werden konnte: Britische Techniken konnten nachgeahmt, britisches Kapital und
Fachwissen konnten übernommen und importiert werden.
Unfähig zu eigenen Erfindungen, kopierte die Textilindustrie
Sachsens die englischen Maschinen — manchmal sogar unter
der Anleitung englischer Mechaniker. Engländer, die den
europäischen Kontinent liebten, wie die Cockerills, ließen sich
in Belgien, andere in Teilen Deutschlands nieder. Zwischen
1789 und 1848 wurden Europa und Amerika von britischen
Experten, Dampfmaschinen, baumwollverarbeitenden Maschinen und von britischem Kapital überflutet.
Großbritannien hatte alle diese Vorteile nicht. Doch es besaß
eine Wirtschaft, die stark genug war, und einen Staat, der
aggressiv genug war, um die Märkte seiner Konkurrenten
zu erobern. Die Kriege von 1793—1815, die letzte und entscheidende Phase des hundertjährigen englisch-französischen
Kampfes, endeten damit, daß alle Rivalen (außer den noch
jungen USA) aus der nicht-europäischen Welt so gut wie

ausgeschaltet wurden. Darüber hinaus hatte England einerseits *eine* Industrie, die in hervorragendem Maß dafür geeignet war, der industriellen Revolution unter kapitalistischen Bedingungen den Weg zu bahnen, andererseits aber auch wirtschaftliche Voraussetzungen, die ihre Ausbreitung förderten — die Baumwollindustrie und die koloniale Expansion.

Wie alle anderen Baumwollindustrien war auch die britische ursprünglich als Nebenprodukt des Überseehandels entstanden. Aus diesem Handel stammte der Rohstoff (oder, besser gesagt, einer dieser Rohstoffe, denn anfänglich stellte sie Barchent her, eine Mischung von Baumwolle und Leinen). Von Übersee kamen auch die indischen Baumwollprodukte (Kaliko) auf die europäischen Märkte. Diese würden jedoch bald von den europäischen Fabrikanten mit deren eigenen Baumwollstoffen erobert werden. Anfangs waren die einheimischen Baumwollfabrikanten nicht sehr erfolgreich und konnten, unter den Bedingungen der Konkurrenz, die billigen und groben Gewebe besser produzieren als die feineren und kunstvoll gearbeiteten. Glücklicherweise setzten aber die Wollhändler, eine alte und festverwurzelte Interessentengruppe, zeitweilige Importverbote für indische Kalikos durch (während die *East India Company*, die Ost-Indien-Gesellschaft, alles daransetzte, um möglichst viel aus Ostindien zu exportieren). Solche Importverbote gaben den Produkten der einheimischen Baumwollindustrie eine Chance. Da sie billiger waren als Wollstoffe, errangen die Baumwollgewebe einen bescheidenen, aber nützlichen Platz auf dem einheimischen Markt. Doch die große Chance für eine schnelle Entfaltung lag auf überseeischen Märkten.

Der Kolonialhandel hatte die Baumwollindustrie in Gang

Der absolute Monarch: Ludwig XVI., König von Frankreich.
Gemälde von J. S. Duplessis. Versailles, Galerie Marie Antoinette.

Das Volk stürmt die Tuilerien, Oktober 1789; Paris, Musée National du Louvre.

gesetzt und fuhr nun fort, sie zu nähren. Im 18. Jahrhundert blühte der Sklavenhandel, dessen Zentren im Hinterland der großen Kolonialhäfen, wie Bristol, Glasgow, vor allem aber Liverpool entstanden. Jede Phase dieses unmenschlichen, aber schnell anwachsenden Handels regte die Baumwollindustrie an, und während der ganzen von uns behandelten Periode blieben Sklaverei und Baumwolle eng aneinander gebunden. Die afrikanischen Sklaven wurden — zumindest zum Teil — mit indischen Baumwollwaren gekauft; wenn ein Krieg oder eine Revolte in Indien ausbrach, war Lancashire imstande, in die Bresche zu springen. Die westindischen Plantagen, auf die man die Sklaven brachte, versorgten die britische Industrie mit Rohbaumwolle, und die Plantagenbesitzer kauften ihrerseits in Manchester große Mengen von Baumwollhemden. Bis kurz vor dem Beginn des »Abflugs« ging die überwältigende Mehrheit der Baumwollexporte von Lancashire auf die kombinierten Märkte Afrikas und Amerikas (9). Lancashire, das dem Sklavenhandel soviel verdankte, trug dazu bei, die Sklaverei aufrechtzuerhalten; denn ab 1790 konnten die Sklavenplantagen der südlichen USA nur dank Lancashires Bedarf an Baumwolle erhalten und aufrechterhalten werden.

Vom Kolonialhandel, an den sie gebunden war, hochgezogen, flog die Baumwollindustrie gleich einem Segelflugzeug ab. Dieser Handel eröffnete die Horizonte für eine breite, aber auch schnelle und anscheinend unbegrenzte Entfaltung, die den Unternehmer nicht nur zur Anwendung revolutionärer Methoden ermutigte, sondern ihn nachgerade dazu zwang. Zwischen 1750 und 1769 hat sich der Export britischer Baumwollwaren nahezu verzehnfacht. Wer in dieser Situation als erster mit der größten Menge Baumwollhemden auf den Markt kam, konnte astronomische Gewinne erzielen, die alle

Risiken des Sprunges in das Reich der technologischen Abenteuer wettmachten.

Der Überseemarkt, besonders in den armen, »unterentwickelten« Gebieten, erweiterte sich nicht nur in dramatischer Weise; seine Ausdehnung schien auch auf keinerlei Schranken zu stoßen. Gewiß: Jeder einzelne dieser Märkte war nach industriellen Maßstäben gemessen klein, und im Wettbewerb mit weiter entwickelten Gebieten schienen sie noch kleiner. Wenn es aber einem fortschrittlichen Konkurrenten gelingen konnte, während einer genügend langen Zeitspanne diesen *ganzen* oder zumindest einen Großteil dieses Marktes zu monopolisieren, waren die Möglichkeiten wirklich unbegrenzt. Dies gelang gerade der britischen Baumwollindustrie mit Hilfe der aggressiven Unterstützung der britischen Regierung. Außer in den ersten Jahren nach 1780 ist die industrielle Revolution — was den Absatz betrifft — durch den Triumph des Exportmarktes über den einheimischen Markt gekennzeichnet: 1814 exportierte England etwa vier Yard Baumwollwaren für drei Yard, die im Land selbst verbraucht wurden; 1850 bereits dreizehn für acht (10). Innerhalb des anwachsenden Exportmarktes fiel den halbkolonialen und den kolonialen Märkten, die seit langem die meisten Waren aus England aufnahmen, eine ständig wachsende Bedeutung zu. Dies war nicht etwa ein vorübergehendes Ergebnis der Napoleonischen Kriege mit ihrer Kontinentalsperre. 1820 bezog Europa, das nun wieder den britischen Importen offenstand, 128 Millionen Yard britischer Baumwollwaren — Amerika (außer den Vereinigten Staaten), Afrika und Asien 80 Millionen Yard. 1840 aber gingen 200 Millionen Yard in das kontinentale Europa, während den »unterentwickelten« Ländern jedoch 529 Millionen Yard zuflossen.

Diese Sachlage erklärt sich daraus, daß die britische Industrie

von Kriegen und Revolutionen anderer Völker gefördert
wurde und mit Hilfe des britischen Imperialismus in diesen
Gebieten ein Monopol errang. Zwei Territorien verdienen es,
besonders erwähnt zu werden: *Lateinamerika* führte während
der Napoleonischen Kriege so gut wie alles, was es brauchte,
aus England ein. Es wurde nach seinem Bruch mit Spanien
und Portugal wirtschaftlich beinahe ausschließlich von England abhängig und blieb aller politischen Einmischung der
potentiellen europäischen Konkurrenten Großbritanniens
verschlossen. 1820 bezog dieser verarmte Kontinent bereits
über 25% mehr britische Baumwollstoffe als Europa — 1850
waren es 50%. *Ostindien* war das traditionelle Ausfuhrland
von Baumwollprodukten. Dieser Export wurde, wie erwähnt,
durch die *East India Company* gefördert. Aber die Interessen der englischen Industriellen setzten sich gegen die merkantilen Interessen der *East India Company* durch (ganz zu
schweigen von jenen der Inder). Indien wurde systematisch
»entindustrialisiert« und verwandelte sich in einen Markt für
die Baumwollstoffe aus Lancashire: 1820 bezog der Sub-
kontinent nur 11 Millionen Yard — 1845 waren es bereits
145 Millionen. Das bedeutete nicht nur eine erfreuliche Ausdehnung des Marktes für Lancashire, sondern auch einen entscheidenden Wendepunkt in der Weltgeschichte: Seit grauer
Vorzeit hatte Europa mehr aus dem Osten bezogen als in den
Osten geliefert, weil der Orient nur wenig von dem brauchte,
was Europa ihm als Gegenwert für seine Gewürze, Seiden
oder Juwelen usw. bieten konnte. Der Westen regelte die
Bilanz durch Goldexport und Raub. Nun veränderten die
Baumwollhemden die Ostwestbeziehung. Nur die konservativen und selbstzufriedenen Chinesen weigerten sich immer
noch standhaft, zu kaufen, was der Okzident oder die von
ihm kontrollierten Wirtschaftssysteme zu bieten hatten, bis

die westlichen Händler jene ideale Ware entdeckten, die sie mit Hilfe ihrer Kanonenboote zwischen 1815 und 1842 massenhaft von Indien nach China exportieren konnten: das Opium.

So eröffnete die Baumwolle Aussichten, die astronomisch genug waren, um die Unternehmer in das Abenteuer der industriellen Revolution zu locken, und Expansionsmöglichkeiten, die jäh genug waren, daß eine solche Revolution nötig wurde. Die neuen Erfindungen, die Spinn- und Webereimaschinen, waren einfach und billig genug und brachten ihre Kosten fast sofort durch erhöhte Produktion ein. Ein Kleinunternehmer, der mit wenig geborgtem Geld anfing, konnte diese Maschinen, wenn nötig Stück für Stück, anschaffen. Denn die Reichen des 18. Jahrhunderts waren nicht sonderlich geneigt, größere Summen in die Industrie zu investieren.

Die industrielle Ausweitung konnte leicht aus den laufenden Profiten finanziert werden, da sich aus der Kombination großer Märkte und einer ständigen Preisinflation phantastische Profitraten ergaben. »Es waren nicht fünf oder zehn Prozent«, sagte mit Recht ein späterer englischer Politiker, »sondern Hunderte und Tausende von Prozenten, aus denen die Vermögen von Lancashire entstanden.« Der ehemalige Tuchmachergehilfe Robert Owen begann 1789 in Manchester mit einem geborgten Kapital von 100 Pfund. 1809 kaufte er die Anteile seiner Geschäftspartner an den New-Lenark-Fabriken und zahlte die 84000 Pfund bar. Verglichen mit anderen handelt es sich hier noch um einen bescheidenen Unternehmererfolg. Es sei daran erinnert, daß um 1800 weniger als 15% aller britischen Familien über Einkommen von mehr als 50 Pfund jährlich und nur ein Viertel von diesen über mehr als 200 Pfund im Jahr verfügten (11).

Die Baumwollfabrikation hatte noch andere Vorteile. Ihr gesamtes Rohmaterial kam aus dem Ausland; die Menge des Rohmaterials konnte mit Hilfe jener drastischen Methoden vergrößert werden, die dem weißen Mann in den Kolonien zur Verfügung standen: Sklaverei und Vergrößerung der Anbaufläche. Diese Methoden waren weit wirksamer als jene der europäischen Landwirtschaft, deren Fortschritt zudem durch die traditionellen Interessen der Bauern gehemmt wurde (12). Seit den neunziger Jahren des 18. Jahrhunderts bezogen die britischen Baumwollbetriebe ihr Rohmaterial aus den neuerschlossenen Südstaaten der USA. Ihr Schicksal würde bis in die sechziger Jahre des 19. Jahrhunderts eng mit diesen Gebieten verbunden bleiben.

Einige Stadien des Produktionsprozesses der Baumwollfabrikation (vor allem das Spinnen) litten unter ständigem Mangel an billigen und leistungsfähigen Arbeitskräften. Dies führte zur schnelleren Mechanisierung. Die Leinenindustrie, die anfangs eher günstigere Absatzchancen auf den kolonialen Märkten hatte, wurde auf die Dauer gerade dadurch beeinträchtigt, daß die billige, nicht-mechanisierte Produktion in armen Bauerngegenden so leicht erweitert werden konnte (in erster Linie in Mitteleuropa, aber auch in Irland). Denn der normale Weg zur industriellen Entfaltung im 19. Jahrhundert führte nicht über die Gründung von Fabriken, sondern über die Ausweitung des sogenannten Heimarbeitersystems: Arbeiter, früher selbständige Handwerker oder unabhängige Bauern, die während der toten Saison genug Zeit hatten, verarbeiteten das Rohmaterial zu Hause mit ihrem eigenen oder mit geborgtem Werkzeug und lieferten die fertigen Waren dem Händler ab. Diese waren gerade dabei, sich in Unternehmer zu verwandeln (13). Das war tatsächlich der Weg, den sowohl England wie auch die übrigen ökonomisch fortgeschrittenen Länder in den Anfangsstadien der Industrialisierung in den meisten Industriezweigen beschritten hatten. Sogar die Baumwollindustrie erzielte eine Erhöhung ihrer Produktion, indem sie Heimarbeiter beschäftigte, die zu Hause auf ihren Handwebstühlen das Material aus der mechanisierten Spinnerei verarbeiteten; der primitive Handwebstuhl war ein leistungsfähigeres Werkzeug als das Spinnrad. Überall wurde die Weberei erst eine Generation nach der Spinnerei mechanisiert — und überall starben dann die Handweber eines langsamen Hungertodes; nur manchmal rebellierten sie gegen ihr Schicksal wie die von Heine geschilderten schlesischen Weber.

So ist also die traditionelle Auffassung, daß die industrielle Revolution in erster Linie mit der Baumwollindustrie verbunden war, richtig. Die Baumwollindustrie wurde als erste von der industriellen Revolution erfaßt, und es gab wohl kaum einen anderen Zweig der Produktion, der eine gleichgroße Zahl privater Unternehmer zur Revolution hätte drängen können. Noch in den dreißiger Jahren des 19. Jahrhunderts war sie die einzige Industrie, in der die Fabrik oder »Mühle« (der Name leitet sich von den meistverbreiteten präindustriellen Produktionsstätten ab, in denen schwere, naturkraftgetriebene Maschinen verwendet wurden) vorherrschte: zuerst vor allem in der Spinnerei, der Kämmerei und einigen dazugehörenden Produktionsvorgängen, nach 1815 in zunehmendem Maß auch in der Weberei. Die »Fabriken«, auf die sich die neuen »Fabrikate« beziehen, waren bis in die sechziger Jahre des 19. Jahrhunderts ausschließlich Textilfabriken, in erster Linie Baumwollfabriken. Für andere Textilien entstanden Fabriken vor 1840 nur langsam und außerhalb der Textilbranche so gut wie gar nicht. Sogar Dampfmaschinen gab es — außer in den Bergwerken, wo sie ent-

wickelt worden waren — nur wenige, wenngleich in den ver-
schiedensten Industriezweigen.

Eine »Industrie« oder »Fabriken« im heutigen Sinn dieses
Wortes existierten 1830 fast ausschließlich in der Baumwoll-
produktion Großbritanniens. Damit wollen wir jedoch die in
der Produktion anderer Konsumgüter wirksamen Kräfte nicht
unterschätzen, vor allem in der übrigen Textilerzeugung (14),
in der Nahrungsmittelproduktion, der Porzellan- und Stein-
gutmanufaktur und der Herstellung anderer Haushalts-
geräte. Sie alle wurden durch das schnelle Wachstum der
Städte angespornt. Aber alle diese Industrien beschäftigten
zunächst weit weniger Menschen; keine von ihnen kam auch nur
annähernd an die Zahl jener heran, die direkt oder indirekt
von der Baumwollindustrie lebten. 1830 sollen es eineinhalb
Millionen gewesen sein (15). Zweitens war ihr verwandelnder
Einfluß auf die Umwelt weit schwächer. Die Fortschritte im
Brauereiwesen mit all seiner Mechanisierung, wo so lange vor
der Baumwollindustrie die industrielle Revolution wirksam
wurde (16), hatten kaum irgendwelche Auswirkungen auf
die sie umgebende Wirtschaft. Einen Beweis liefert die große
Guiness-Brauerei in Dublin, durch deren Errichtung die Wirtschaft (wenn auch nicht die lokale Geschmacksrichtung) Dublins
und Irlands keineswegs verändert wurde. Durch die Baumwollindustrie entstanden neue Bedürfnisse: nach neuen Gebäuden in den eben industrialisierten Gegenden, nach Maschinen, nach Verbesserung der chemischen Produkte, nach Beleuchtung, Schiffstransport und anderem. Daraus allein kann
schon ein Großteil des wirtschaftlichen Wachstums Großbritanniens in den dreißiger Jahren des 19. Jahrhunderts erklärt werden. Drittens war der Aufschwung der Baumwoll-
produktion so gewaltig und ihre Bedeutung für den britischen Außenhandel so groß, daß sie die Bewegungen der ge-

samten Wirtschaft bestimmte. Die Menge der von England importierten Rohbaumwolle stieg von 11 Millionen Pfund im Jahr 1785 auf 588 Millionen Pfund im Jahr 1850, die Produktion an Fertigwaren von 40 auf 2025 Millionen Yard (17). Baumwollgewebe bildeten 40—50% des erklärten Gesamtwerts aller britischen Exporte zwischen 1816 und 1848. Wenn die Baumwollindustrie blühte, dann blühte auch die gesamte Wirtschaft, und wenn sie in eine Krise geriet, riß sie die gesamte Wirtschaft mit. Ihre Preisbewegungen bestimmten die Handelsbilanz der Nation. Nur die Landwirtschaft konnte in ihrer Bedeutung mit ihr verglichen werden, doch diese befand sich in sichtlichem Abstieg.

Trotzdem und obgleich die Baumwollindustrie und die von der Baumwolle beherrschte industrielle Wirtschaft »alles übertrifft, was die romantische Phantasie je für möglich gehalten hatte (18)«, verlief ihr Fortschritt bei weitem nicht reibungslos. In den dreißiger Jahren und zu Beginn der vierziger Jahre des 19. Jahrhunderts tauchten große Wachstumsschwierigkeiten auf, ganz zu schweigen von revolutionären Unruhen, wie sie keine andere Periode in der Geschichte des modernen England kennt. Die erste allgemeine Stockung der kapitalistischen Wirtschaft spiegelte sich in einer Verlangsamung des Wachstums, vielleicht sogar in einer Abnahme des britischen Volkseinkommens wider (19). Und diese erste allgemeine Krise des Kapitalismus war kein rein britisches Phänomen.

Sie hatte ungemein ernste soziale Folgen: Der Übergang zur neuen Wirtschaftsordnung brachte Elend und Unzufriedenheit, diese »Rohstoffe« der sozialen Revolution. Tatsächlich brach die soziale Revolution in der Form spontaner Aufstände der Armen aus Stadt und Industrie aus. Auf dem Kontinent kam es zu den Revolutionen von 1848, und in

England entstand die große Chartistenbewegung. Doch Unzufriedenheit herrschte nicht nur unter den arbeitenden Massen: Kleine Geschäftsleute, die sich nicht anpassen konnten, Kleinbürger, besondere Wirtschaftszweige gehörten auch zu den Opfern der industriellen Revolution und ihren Folgeerscheinungen. Naive Arbeiter reagierten auf das neue System mit einem Sturm auf die Maschinen, denen sie die Schuld an ihrem Elend zuschoben, und eine erstaunlich große Zahl kleiner Geschäftsleute und Bauern sympathisierte mit diesen Ludditischen Ausbrüchen, weil sie sich selbst als Opfer einer teuflischen Minderheit selbstsüchtiger Neuerer betrachteten.

Die Ausbeutung der Arbeiter, deren Löhne dem physischen Existenzminimum entsprachen, verbitterte die Proletarier. Doch sie ermöglichte es den Reichen, sowohl große Profite zu akkumulieren, mit denen sie die Industrialisierung finanzierten, wie auch selbst in größtem Wohlstand zu leben. Ein anderer Aspekt dieser Ablenkung des nationalen Einkommensstromes aus den Taschen der Armen in die der Reichen, vom Konsum zur Investition, widersprach den Interessen der Kleinunternehmer. Die großen Finanziers, diese enggefügte Gruppe von Inhabern einheimischer und ausländischer Schuldpapiere, in deren Taschen die Steuergelder aller flossen (siehe Kapitel 4, »Krieg«), etwa 8% des gesamten Volkseinkommens (20), waren unter den Geschäftsleuten oder Bauern noch unbeliebter als unter den Arbeitern: Denn sie alle wußten genug über Geld und Kredit, um über die Nachteile ihrer eigenen Lage in Wut zu geraten. Für die Reichen, die so viel Kredit bekommen konnten, wie sie nur wollten, mochte es zweckmäßig erscheinen, die Wirtschaft nach den Napoleonischen Kriegen in den Rahmen einer starren Deflation und einer orthodoxen Geldpolitik zu spannen. Es war der kleine Mann, der darunter litt und der in allen Ländern im 19. Jahrhundert

Krediterleichterungen verlangte und sich gegen die finanzielle Orthodoxie wehrte (21). Der Arbeiter und der erboste Kleinbürger, der nahe am Abgrund der Eigentumslosigkeit stand, waren gleich unzufrieden: Dies einte sie in den »radikalen«, »demokratischen« oder »republikanischen« Massenbewegungen, von denen die britischen Radikalen, die französischen Republikaner und in Amerika die Jackson-Demokraten zwischen 1815 und 1848 die größte Bedeutung erlangten.

Vom Standpunkt der Kapitalisten aus gesehen waren diese Probleme nur insofern von wirtschaftlicher Bedeutung, als sie vielleicht durch irgendeinen schrecklichen Zufall zum Umsturz der bestehenden sozialen Ordnung führen konnten. Aber es schien doch irgendwelche dem Wirtschaftsprozeß innewohnende Mängel zu geben, die dessen grundlegende Triebkraft, den Profit, bedrohten, und das Streben nach Profit war die Triebkraft des Kapitalismus. Wenn die Profitrate auf Null fiel, würde eine nur vom Streben nach Profit vorwärtsgetriebene Wirtschaft stagnieren und in jenen »stationären« Zustand verfallen, den die Ökonomen ins Auge faßten (22).

Die offensichtlichsten dieser Mängel waren der Konjunkturzyklus, die fallende Tendenz der Profitrate und — was auf dasselbe herauskam — der Mangel an profitablen Investitionsmöglichkeiten. Der Konjunkturzyklus wurde im allgemeinen nicht als Gefahr angesehen, außer von Kritikern des gesamten kapitalistischen Systems, die ihn als erste untersuchten, ihn als zum Wesen des Kapitalismus gehörend und als Symptom seiner inneren Widersprüche ansahen (23). Periodische Krisen, die zu Arbeitslosigkeit, zum Rückgang der Produktion, zu Bankrotten usw. führten, waren altbekannte Phänomene. Im Verlauf des 18. Jahrhunderts spiegelten sie meist irgendeine Katastrophe der Landwirtschaft (schlechte Ernte oder dergleichen) wider, und manche behaupten, daß solche Störungen der Agrarwirtschaft auf dem europäischen Kontinent noch bis zum Ende der in diesem Buch behandelten Periode die Hauptursachen der größeren Depressionen waren. Auch periodische Krisen kleiner Sektoren der Manufaktur und des Bankwesens waren — zumindest in England seit 1793 — nicht unbekannt. Im Anschluß an die Napoleonischen Kriege war das Wirtschaftsleben der in Frieden lebenden Nation von dramatischen Zeiten der Hochkonjunktur und der darauffolgenden wirtschaftlichen Zusammenbrüche beherrscht: So war es 1825/26, 1836/37, 1839—1842 und 1846—1848. In den dreißiger Jahren des 19. Jahrhunderts, diesem so bedeutsamen Jahrzehnt unserer Periode, wurde erst unklar erkannt, daß solche Krisen normale, wiederkehrende Phänomene, zumindest im Handel und in der Finanz, bildeten (24). Nach wie vor aber hielten die meisten Geschäftsleute besondere Fehler (zum Beispiel Überspekulation in amerikanischen Wertpapieren) oder äußere Eingriffe in das reibungslose Funktionieren der kapitalistischen Wirtschaft für ihre Ursachen. Man glaubte nicht, daß es sich hier um grundlegende Schwierigkeiten des Systems handelte.

Anders stand es mit dem Fallen der Profitrate, das ungemein klar in der Baumwollindustrie gesehen werden kann. Anfangs profitierte die Industrie aus ihren ungeheuren Vorteilen. Die Maschinisierung führte zu bedeutender Erhöhung der Produktion (das heißt, sie verringerte die Kosten) ihrer Arbeiter, die ohnehin erbärmlich schlecht bezahlt wurden, da sie großenteils aus Frauen und Kindern bestanden (25). Von den 12 000 Arbeitern der Glasgower Baumwollfabriken verdienten 1833 nur 2000 einen Durchschnittslohn von 11 *shilling* die Woche. In 131 Fabriken von Manchester betrug der Durchschnittslohn weniger als 12 *shilling* und war nur in 21 Fabriken höher (26). Der Bau der Fabriken kostete verhältnismäßig wenig: 1846 konnte eine komplette Weberei mit 410 Maschinen für etwa 11 000 Pfund errichtet werden — und diese Summe schloß den Preis des Grundstücks und die Baukosten mit ein (27). Vor allem aber kam es zu einer drastischen Senkung des wichtigsten Kostenfaktors — des Rohmaterialpreises —, als Eli Whitney 1793 seine Egreniermaschine erfand und diese Erfindung in den Südstaaten der USA zu einer schnellen Ausdehnung des Baumwollanbaus führte. Wenn wir hinzufügen, daß die Unternehmer eine Extradividende aus der Profitinflation (das heißt aus der Tendenz der Preise, zwischen dem Zeitpunkt der Produktion und dem des Verkaufs zu steigen) herausschlugen, können wir verstehen, warum die Fabrikanten in heiterer Stimmung lebten.

Nach dem Jahr 1815 wurden diese Vorteile immer mehr durch das Absinken der Profitspanne aufgehoben. Zunächst führten die industrielle Revolution und die Konkurrenz zu einem konstanten und dramatischen Fall der Preise für die Erzeugnisse, während die Kosten im allgemeinen nicht sanken (28). Zweitens wurde nach 1815 die vorherige Inflation durch eine Deflation ersetzt, so daß die Profite, statt in die Höhe zu schnellen, nur langsam nachzogen. Während so 1784 der Verkaufspreis für ein Pfund Spinngarn 10 *shilling* 11 *pence* und die Gestehungs- und Materialkosten 2 *shilling* betrugen (eine Spanne von 8 *shilling* 11 *pence*), waren 1812 der Verkaufspreis 2 *shilling* 6 *pence* und die Gestehungs- und Materialkosten 1 *shilling* 6 *pence* (Spanne 1 *shilling);* die entsprechenden Zahlen für 1832 waren 11½ *pence* und 7½ *pence* — mit einer Spanne von nur 4 *pence*, die für die übrigen Kosten und die Profite übrigblieben (29). Diese starke Verminderung der Profitspannen galt auch für die übrige britische Industrie, was die Lage jedoch nicht allzu tragisch

gestaltete. »Die Profite reichen noch aus«, schrieb der Vorkämpfer und Historiker der Baumwollindustrie 1835 mit
übergroßer Bescheidenheit, »um eine große Kapitalakkumulation in dieser Manufaktur zu ermöglichen (30).« Da der
Verkauf emporschnellte, wuchsen die Gesamtprofite trotz der
sinkenden Profitrate. Es war nur notwendig, daß der Absatz
auch weiterhin sehr schnell anwuchs. Und doch schien es, als
müsse die Tendenz der sinkenden Profitspannen abgestoppt
oder wenigstens verlangsamt werden. Das konnte man aber
nur durch Verringerung der Kosten erreichen. Unter den
Kosten aber waren die Löhne am leichtesten herabsetzbar —
und McCulloch berechnete, daß die jährliche Lohnsumme
dreimal so hoch war wie die Kosten des Rohmaterials.

Die Kosten konnten durch direkte Lohnsenkung, durch die
Ersetzung des Facharbeiters durch den niedriger bezahlten
angelernten Arbeiter oder durch weitere Mechanisierung verringert werden. Die Maschinisierung reduzierte den wöchent-
lichen Durchschnittslohn eines Handwebers in Bolton von
33 *shilling* im Jahr 1795 und 14 *shilling* im Jahr 1815 auf
5 *shilling* 6 *pence* — genauer gesagt auf ein Nettoeinkommen
von 4 *shilling* 1½ *pence* in den Jahren 1829—1834 (31). Tatsächlich fielen die Geldlöhne während der nachnapoleonischen
Periode ständig. Aber es gab eine Grenze, unter die man die
Löhne nicht herabsetzen konnte, ohne daß die Arbeiter verhungerten; trotzdem verhungerten 500 000 Handweber.

Nur wenn die Lebenshaltungskosten fielen, konnten auch die
Löhne weiter herabgesetzt werden. Die Baumwollfabrikanten
teilten die Auffassung, daß das Monopol der Gutsbesitzer
und die hohen Schutzzölle, mit denen ein von Gutsbesitzern
beherrschtes Parlament nach dem Krieg die britische Landwirtschaft eingehegt hatte, durch die *Corn-Laws* (Getreidegesetze) die Lebenshaltungskosten künstlich hochhielten. Diese

Schutzzollgesetze gefährdeten überdies das Wachstum britischer Exporte. Denn wenn die nicht-industrialisierte Welt
daran gehindert wurde, ihre landwirtschaftlichen Produkte zu
verkaufen, wie würde sie dann für die industriellen Güter
zahlen können, die nur Großbritannien liefern konnte und
auch absetzen mußte? So wurden die Kapitalisten Manchesters
zur Kerntruppe einer Armee, die immer verzweifelter gegen
die Gutsbesitzer im allgemeinen und gegen die *Corn-Laws*
im besonderen Sturm lief und die sich in der *Anti-Corn-
Law League* der Jahre 1838—1846 organisierte. Diese Gesetze
wurden jedoch erst 1846 aufgehoben. Ihre Aufhebung führte
zu keinem sofortigen Fall der Lebenshaltungskosten, und es
ist sehr zweifelhaft, ob sogar eine vollkommen zollfreie Le-
bensmitteleinfuhr die Lebenshaltungskosten zu einer Zeit, die
weder Eisenbahnen noch Dampfschiffe hatte, wesentlich hätten herabsetzen können.

So sah die Industrie sich immer mehr gezwungen zu mechani-
sieren, das heißt die Ausgaben für die Löhne durch die Einführung arbeitssparender Methoden zu senken, zu rationa-
lisieren und ihre Produktion sowie ihren Absatz zu vergrö-
ßern, um die sinkende Profitspanne der Produkte durch erhöhten Absatz wettzumachen. Sie versuchte dies mit unterschiedlichem Erfolg. Wir sahen schon, daß das tatsächliche
Wachstum der Produktion und des Absatzes gewaltig war —
und ebenso groß waren die Fortschritte in der Mechanisierung
der bisher ganz oder teilweise mit der Hand ausgeführten
Prozesse, vor allem der Weberei. Diese Mechanisierung vollzog sich im allgemeinen durch die Einführung neuer und die
Anpassung bereits existierender oder nur wenig verbesserter
Maschinen und nicht durch die Weiterführung der technologischen Revolution. Obgleich die Zahl der technischen Neuerungen bedeutend wuchs — zwischen 1800 und 1820 wurden

auf dem Gebiet der Baumwollspinnerei 39 neue Patente an-
gemeldet, und diese Zahl wuchs in den zwanziger Jahren auf
50, in den dreißiger Jahren auf 86 und auf 156 im vierten
Jahrzehnt des 19. Jahrhunderts an (32) —, war die technische
Basis der britischen Baumwollindustrie um 1830 stabilisiert.
Andererseits stieg zwar während der nachnapoleonischen Periode die Produktionsmenge pro Arbeiter, aber diese Steigerung erreichte keine dramatischen Ausmaße. Eine wirklich
bedeutende Beschleunigung des Arbeitsprozesses erfolgte erst
während der zweiten Hälfte des Jahrhunderts.
Es gab auch einen vergleichbaren Druck auf den Kapital-
zins, den die zeitgenössische Theorie dem Profit gleichsetzte.
Doch dies führt uns zur nächsten Phase der industriellen Entwicklung, der Entstehung der Produktionsmittelindustrie,
das heißt der Schwerindustrie.

Es ist klar, daß eine industrielle Wirtschaft sich nicht über
einen bestimmten Punkt hinaus entwickeln kann, wenn sie
keine Schwerindustrie besitzt. Darum ist bis heute die Menge
des produzierten Eisens und Stahls der zuverlässigste Index
des industriellen Potentials einer Nation. Es ist aber ebenso
klar, daß innerhalb der freien Marktwirtschaft die privaten
Unternehmer zu jenen ungemein großen Investitionen kaum
bereit sein werden. Hier liegen die Dinge ganz anders als
in der Baumwoll- und der übrigen Konsumgüterindustrie,
für die zumindest ein potentieller Markt von vornherein
existierte. Denn sogar die Einwohner der Kolonien trugen
Baumwollhemden und benötigten Haushaltsgegenstände und
Nahrungsmittel. In diese Industrien wird investiert, sobald
die Kapitalisten erkennen, daß ein Markt besteht, der weit
genug ist, um ihre Produkte abzunehmen. Aber es gibt keinen solchen Markt für die Produkte der Schwerindustrie, wie

zum Beispiel für eiserne Brückenträger. Hier erwachsen Absatzmöglichkeiten, wenn überhaupt, erst im Verlauf einer industriellen Revolution. Wer sein Geld in den Bau eines Eisenwerkes investiert (von denen das bescheidenste soviel kostspieliger ist als eine große Baumwollfabrik), bevor ein solcher Markt existiert, ist eher ein Spekulant, Abenteurer oder Träumer als ein solider Geschäftsmann. In der Tat stammen in Frankreich die wichtigsten Wegbereiter dieser Art von Industrialisierung, die große Investitionen auf sehr lange Sicht erforderte, aus den Reihen der Anhänger Saint-Simons, dieser Sekte spekulativer technologischer Abenteurer. Diese Nachteile wurden besonders in der Metallurgie, vor allem in der Eisenindustrie, fühlbar. Ihre Kapazität wuchs dank einiger weniger Neuerungen (wie das Puddeln und das Walzen), die in den achtziger Jahren des 18. Jahrhunderts eingeführt wurden. Aber der zivile Bedarf blieb beschränkt, und der militärische, der durch die Kriege zwischen 1756 und 1815 beachtlich gewesen war, ging nach der Schlacht bei Waterloo scharf zurück. Es gab gewiß nicht jene Nachfrage, die ausgereicht hätte, England in einen bedeutenden Eisenproduzenten zu verwandeln. Um 1790 hatte es nur etwa 40% mehr Eisen produziert als Frankreich, und auch 1800 betrug seine Eisenproduktion weniger als die Hälfte des europäischen Kontinents. Sie belief sich auf eine viertel Million Tonnen — nach späteren Maßstäben eine winzige Menge. Und der britische Anteil an der Welteisenerzeugung ging in den nächsten Jahrzehnten eher noch zurück.

Glücklicherweise galt dies alles am wenigsten für den Bergbau, der vor allem der Kohlengewinnung diente. Die Kohle wurde nicht nur zur wichtigen Energiequelle der Industrie im 19. Jahrhundert, sie bildete vor allem in England, dessen Wälder größtenteils abgeholzt worden waren, das Heizmate-

St. JUST.

Louis de Saint-Just. Lithographie von Delpeck.

Georges Jacques Danton. Gemälde von Constance Charpentier;
Paris, Musée Carnavalet.

rial für die Wohnungen der Menschen. Das Wachstum der
Städte, insbesondere Londons, hatte seit dem 16. Jahrhundert
zu einer schnellen Ausdehnung des Kohlenbergbaus geführt.
Am Anfang des 18. Jahrhunderts war er zu einer modernen,
wenn auch noch primitiven Industrie geworden, in der sogar
die ersten Dampfmaschinen zum Pumpen Verwendung fanden. (Die ersten Dampfmaschinen waren zuerst in Corn-
wall im Erzbergbau eingeführt worden.) So war im Kohlenbergbau unserer Epoche kaum eine technologische Revolution
notwendig. Hier bildeten die Neuerungen weit eher Verbesserungen als grundlegende Veränderungen der Produktion.
Seine Produktionskapazität aber war damals bereits enorm
— mit damaligen Maßstäben gemessen geradezu astronomisch.
1800 förderte Großbritannien etwa 10 Millionen Tonnen
Kohle, etwa 90% der Weltproduktion. Sein leistungsfähig-
ster Konkurrent, Frankreich, förderte weniger als eine Million Tonnen.
Obgleich diese gewaltige Industrie sich vermutlich nicht schnell
genug entwickelte, um eine massive Industrialisierung in mo-
dernem Ausmaß zu ermöglichen, war sie doch groß genug,
um jene grundlegende Erfindung anzuregen, die die Kapitalgüterindustrien verwandeln würde: die Eisenbahn. Die Bergwerke benötigten nicht nur starke Dampfmaschinen, sondern auch leistungsfähige Transportmittel, um die großen
Mengen Kohle vom Flöz zum Schacht und von der Schacht-
mündung zum Verladeplatz zu bringen. Der Schienenweg,
auf dem die Hunde liefen, entsprang dieser Notwendigkeit.
Diese Hunde mit stationären Maschinen zu ziehen, war eine
verlockende Idee, sie mit beweglichen Maschinen zu ziehen,
schien nicht unpraktisch. Ferner waren die Kosten der Über-
landtransporte von Gütern großen Umfangs und Gewichts
so hoch, daß es den Grundbesitzern des Inlands profitabel

erscheinen mußte, die bisher nur auf kurze Strecken angewandten Transportmethoden auch auf größere Entfernun-
gen zu übertragen. Die erste moderne Eisenbahn (Stockton
bis Darlington, 1825) verband den Kohlendistrikt von Durham mit der Küste. Vom Standpunkt der Geschichte der
Technik aus betrachtet, ist die Eisenbahn ein Kind des Bergbaus, vor allem dem Nordenglands. George Stephenson war
anfangs ein »Lokomotivführer« von Tyneside, und fast alle
Lokomotivführer der nächsten Jahre kamen aus seinem
heimatlichen Kohlendistrikt.

Keine andere Neuerung der industriellen Revolution hat die
Phantasie der Menschen so angeregt wie die Eisenbahn; das
beweist die Tatsache, daß sie das einzige Produkt der Industrialisierung des 19. Jahrhunderts ist, das in die Vorstel-
lungswelt der Dichter Eingang fand.

Kaum hatte sie sich in England als technisch möglich und
als gewinnbringend erwiesen (etwa 1825–1830), wurden
überall in der westlichen Welt Pläne zum Bau von Eisenbahnen ausgearbeitet, wenngleich sie auch oft erst mit Ver-
zögerungen verwirklicht wurden. Die ersten kurzen Linien
wurden in den USA im Jahr 1827, in Frankreich 1828 und
1835, in Deutschland und Belgien 1835 und 1837 sogar in
Rußland eröffnet. Der Grund dafür ist zweifellos darin zu
suchen, daß keine andere Erfindung dem breiten Publikum
in so dramatischer Weise die Kraft und die Dynamik des
neuen Zeitalters offenbaren konnte. Diese Offenbarung war
darum so besonders eindrucksvoll, weil schon die ersten
Eisenbahnen in technischer Hinsicht eine bemerkenswerte
Reife zeigten. So waren schon in den dreißiger Jahren des
19. Jahrhunderts Geschwindigkeiten von 100 Stundenkilo-
metern durchaus erreichbar und wurden von späteren Dampf-
eisenbahnen kaum übertroffen. Die Eisenbahnen, deren große

Rauchfahnen mit Windeseile über Länder und Kontinente
jagten, deren Dämme und Tunnels, Brücken und Bahnhöfe ein
System öffentlicher Werke bildeten, demgegenüber sogar die
ägyptischen Pyramiden und die römischen Aquädukte, ja sogar die große Chinesische Mauer verblaßten und provinziell
erschienen, symbolisierten den Triumph des technologisch
entwickelten Menschen.

Vom wirtschaftlichen Standpunkt aus gesehen, bildeten die
ungeheuren mit dem Bau der Eisenbahnen verbundenen Ausgaben deren größten Aktivposten. Auf lange Sicht mochte
es von größerer Bedeutung sein, daß die Eisenbahn Länder
erschloß, die bis dahin wegen der allzu hohen Transport-
kosten vom Weltmarkt abgeschnitten waren, und daß sie eine
so gewaltige Beschleunigung in der Beförderung von Menschen und Gütern mit sich brachte. Aber das war vor 1848
nicht so wichtig: Außerhalb Englands darum nicht, weil es
wenige Eisenbahnen gab, und in England, weil hier die
Transportprobleme weitaus leichter lösbar waren als in großen Ländern ohne direkten Zugang zum Meer (33). Weit wichtiger muß dem Erforscher der wirtschaftlichen Entwicklung
der immense Appetit erscheinen, den die Eisenbahnen für
Eisen und Stahl, für Kohle, Maschinen, Arbeitskräfte und
für Kapitalinvestitionen entfalteten. Denn von ihnen ging
jene große Nachfrage aus, die für die Industrie der Kapital-
güter jene tiefe Wandlung bringen konnte, durch die die
Baumwollindustrie bereits gegangen war. In den beiden
Jahrzehnten der Eisenbahnen (1830—1850) stieg der Aus-
stoß an Eisen in Großbritannien von 680 000 auf 2 250 000
Tonnen an, verdreifachte sich also. Ebenso verdreifachte sich
die geförderte Kohlenmenge in dieser Zeit von 15 auf 49
Millionen Tonnen. Diese dramatischen Anstiege sind in erster
Linie das Resultat der Entwicklung der Eisenbahnen, denn

jede Meile erforderte im Durchschnitt 300 Tonnen Eisen allein für die Schienen (34). Die industriellen Fortschritte, die zum erstenmal in der Geschichte eine Massenproduktion von Stahl ermöglichten, folgten ganz von selbst im Verlauf der nächsten Jahrzehnte.

Diese jähe, gewaltige und so notwendige Expansion wurzelte in der scheinbar irrationalen Leidenschaft, mit der Kapitalisten und Investoren sich dem Eisenbahnbau zuwandten. 1830 gab es in der ganzen Welt ein paar Dutzend Meilen von Eisenbahnlinien — und die im wesentlichen in der Linie von Liverpool nach Manchester bestanden. 1840 gab es 4500 Meilen, 1850 über 23 500 Meilen. Die meisten Linien gingen auf einige Ausbrüche spekulativer Manie, der »Eisenbahnmanie« der Jahre 1835—1837 und besonders 1844—1847, zurück. Fast alle wurden mit britischem Kapital, britischem Eisen, britischen Maschinen und mit Hilfe britischer Fachleute gebaut (35). Der Aufschwung der Investitionen erscheint irrational, weil in Wirklichkeit nur wenige Eisenbahnlinien dem Investor größere Profite einbrachten als andere Unternehmen. Die meisten warfen recht bescheidene, oft gar keine Gewinne ab: 1855 betrugen die Durchschnittszinsen des in britischen Eisenbahnen angelegten Kapitals nur 3,7%. Zweifellos machten die Begründer und die Spekulanten glänzende Geschäfte — nicht aber der gewöhnliche Investor. Trotzdem waren im Jahr 1840 schon 28 Millionen, 1850 bereits 240 Millionen englischer Pfund von hoffnungsvollen Menschen in Eisenbahnen angelegt worden.

Warum wurde investiert? Von grundlegender Bedeutung für die Beantwortung dieser Frage ist die Tatsache, daß in England während der zwei ersten Generationen der industriellen Revolution die wohlhabenden und reichen Klassen so schnell und so viel Geld akkumulierten, daß sie mehr besaßen, als

sie ausgeben oder investieren konnten. Der jährliche für
Investitionen zur Verfügung stehende Überschußfonds wurde
1840 auf etwa 60 Millionen Pfund geschätzt (36). Gewiß,
einer feudalen aristokratischen Gesellschaft wäre es gelungen,
einen beträchtlichen Teil dieses Geldes für einen aufwendigen
Lebenswandel, für Luxusbauten und andere unwirtschaft-
liche Dinge zu vergeuden (37). Sogar in England gelang es
dem sechsten Herzog von Devonshire, dessen Einkommen
fürstlich war, seinem Erben um die Mitte des 19. Jahrhunderts
Schulden in Höhe von einer Million Pfund zu hinterlassen.
Dieser borgte, um diese Schuld zu bezahlen, weitere eineinhalb Millionen Pfund aus und wandte sich dann dem Im-
mobiliengeschäft zu (38). Aber die meisten Angehörigen der
Bourgeoisie, die Mehrheit der nach Investitionsmöglichkeiten
Suchenden (39), waren doch eher Sparer als Verschwender —
obgleich es um 1840 viele Anzeichen dafür gibt, daß sie sich
für reich genug hielten, um sowohl viel auszugeben als auch
zu investieren. Ihre Frauen begannen, »Ladies« zu werden
und sich in ihrer Lebensführung nach den in dieser Zeit so
zahlreichen Handbüchern der Etikette zu richten; die Kirchen wurden erweitert und in prunkvollem Stil mit großem
Kostenaufwand gebaut. Auch begannen sie jetzt mit der Errichtung der scheußlichen Rathäuser und anderer geschmack-
loser Gebäude in »neugotischem« oder »Neurenaissancestil«,
deren unglaublich hohe Kosten die Lokalhistoriker mit großem Stolz erwähnen (40).
Ein moderner sozialistischer oder auch ein Wohlfahrtsstaat
hätte ganz bestimmt einen großen Teil der akkumulierten
Werte für soziale Zwecke verwendet. Dieser Zeit aber lag
nichts ferner als das. So gut wie unbesteuert fuhr die Bourgeoisie fort, Reichtum anzuhäufen — inmitten einer hungernden Volksmasse, deren Hunger die Ergänzung dieser Akku-

mulation bildete. Da sie nun aber keine Bauern waren, die ihre Ersparnisse in ihre Wollstrümpfe steckten oder zum Kauf goldener Spangen verwendeten, mußten sie eine profitable Anlage finden. Wo aber sollte man diese finden? Die vorhandenen Industrien waren viel zu »billig«, um mehr als einen Bruchteil des investitionssuchenden Kapitals aufnehmen zu können. Angenommen, die Baumwollindustrie hätte sich ihrem Umfang nach verdoppelt, würde sie dazu weit weniger Kapital benötigt haben, als potentiell vorhanden war. Was man brauchte, war ein Schwamm, der imstande war, diesen Überschuß aufzusaugen (41).

Man konnte das Geld natürlich im Ausland anlegen. Die übrige Welt, vor allem, um damit zu beginnen, die alten Regierungen, die versuchten, sich von den Napoleonischen Kriegen zu erholen, und neue Regierungen, die mit Wagemut und der üblichen Sorglosigkeit Gelder für unbestimmte Zwecke zu borgen suchten, waren nur allzusehr auf unbegrenzte Anleihen aus. Der englische Investor borgte gern. Aber die südamerikanischen Anleihen, die in den zwanziger Jahren des 19. Jahrhunderts so vielversprechend schienen, und die nordamerikanischen der dreißiger Jahre verwandelten sich nur allzuoft in wertlose Papierfetzen: Für 16 der 25 Anleihen, die verschiedenen Regierungen zwischen 1818 und 1831 gewährt wurden (die insgesamt etwa die Hälfte des Emissionswertes von 42 Millionen Pfund ausmachten), waren 1831 die Zahlungen eingestellt worden. Theoretisch hätten sie dem Investor 7 oder 9% einbringen sollen — in Wirklichkeit erhielt er 1831 durchschnittlich 3,1%. Wer wäre nicht durch Erfahrungen, wie zum Beispiel die Griechenlandanleihen von 1824 und 1825, entmutigt worden — die mit 5% verzinsbar waren, von denen aber bis in die siebziger Jahre noch nicht die ersten Zahlungen eingetroffen waren?

So war es nur zu verständlich, daß das Kapital, das 1825 und 1835—1837 in spekulativer Absicht ins Ausland geflossen war, nach einträglicheren Anlagemöglichkeiten suchte (42). Ob es im eigenen Land hätte andere Investitionsmöglichkeiten finden können, ist eine akademische Frage, die bisher nicht eindeutig beantwortet werden konnte. Tatsächlich fand es sie in den Eisenbahnen, die niemals so schnell und in so großem Ausmaß hätten gebaut werden können, wenn ihnen nicht jener Kapitalstrom der 1840er Jahre zugeflossen wäre. Das war ein glücklicher Umstand, denn die Eisenbahnen waren imstande, so gut wie alle Wachstumsprobleme der Wirtschaft sofort zu lösen.

Die Triebkräfte der Industrialisierung zu zeigen, ist nur ein Teil der Aufgabe der Historiker in dieser Epoche. Der andere Teil besteht darin, die Mobilisierung und Neuordnung der wirtschaftlichen Ressourcen darzustellen, die Anpassung der Wirtschaft und Gesellschaft an die neuen revolutionären Daseinsbedingungen aufzuzeigen.
Der erste und wohl entscheidende Faktor, der mobilisiert und in neuer Weise verwendet werden mußte, war die *Arbeitskraft:* Denn Industrialisierung bedeutet einen scharfen proportionellen Rückgang der landwirtschaftlichen (das heißt der ländlichen), einen starken Anstieg der nicht-ländlichen (das heißt vor allem der städtischen) Bevölkerung — und fast sicher in dieser Zeit ein schnelles Wachstum der Gesamtbevölkerung. Dazu ist vorerst eine Erhöhung der Nahrungsmittelproduktion erforderlich, die vor allem von der einheimischen Landwirtschaft kommen muß, so daß eine »landwirtschaftliche Revolution« eintritt (43).
Die schnelle Verstädterung Englands hatte natürlich seit langem der Landwirtschaft einen Antrieb gegeben. Diese aber

ist in ihrer vorindustriellen Ära so unproduktiv, daß glücklicherweise recht kleine Verbesserungen — eine bescheidene
Rationalisierung der Viehwirtschaft, des Fruchtwechsels, in
der Düngung, in der Anlage der Höfe oder im Anbau neuer
Produkte — unverhältnismäßig gute Ergebnisse haben können. Derartige Veränderungen waren in der Landwirtschaft
schon vor der industriellen Revolution vor sich gegangen und
hatten die Bevölkerungsvermehrung der ersten Periode ermöglicht (44). Der Anstoß wirkte von selbst weiter, obwohl
die britische Landwirtschaft schwer unter den Folgen des
Falles der vorher überhöhten Preise leiden mußte, der auf
die Napoleonischen Kriege folgte. Bis zu den 1840er Jahren
hatte es technische Neuerungen nur in bescheidenem Umfang
gegeben — dasselbe gilt für die Kapitalinvestitionen in der
Landwirtschaft. Denn erst 1840 waren Agrikulturwissenschaft
und Technik herangereift. Die große Produktionssteigerung,
die es der britischen Landwirtschaft ermöglichte, in den
1830er Jahren 98% aller Nahrungsmittel zu erzeugen (45),
die eine seit der Mitte des 18. Jahrhunderts verdoppelte Bevölkerung brauchte, wurde durch Verallgemeinerung der in
den ersten Jahrzehnten des 18. Jahrhunderts eingeführten
Methoden und durch Rationalisierung und Ausweitung der
bebauten Fläche erreicht.
Dazu hatte es weit mehr einer sozialen als lediglich einer
technologischen Wandlung bedurft: der Liquidierung der
mittelalterlichen Gemeinwirtschaft mit ihren offenen Feldern
und ihrer Gemeindeviehweide (die *enclosure*-Bewegung), der
selbstgenügsamen Bauernwirtschaft und der althergebrachten unkommerziellen Einstellung zum Land. Dank der vor-
bereitenden Entwicklung vom 16. bis zum 18. Jahrhundert
wurde diese an Radikalismus einmalige Lösung des Agrarproblems erzielt. Großbritannien wurde zum Land einiger

großer Grundbesitzer, einer bescheidenen Zahl kommerzieller
Pächter und einer großen Zahl landloser Arbeiter — und diese
Wandlung vollzog sich mit einem Mindestmaß an sozialen
Schwierigkeiten, obwohl sie ab und zu nicht nur durch die
Reaktionen der unglücklichen Dorfarmut, sondern auch
des traditionalistischen Kleinadels *(gentry)* daran gehindert
wurde. Das *Speenhamland*-System der Armenhilfe, das nach
dem Hungerjahr 1795 spontan von Richtern aus dem Kleinadel eingeführt wurde und für einige Grafschaften Geltung
hatte, ist als letzter systematischer Versuch angesehen worden, die traditionelle ländliche Gesellschaft vor ihrer Vernichtung durch die Geldinteressen zu retten (46).
Die *Corn-Laws,* mit denen die Agrarier versuchten, die
Landwirtschaft in der Krise nach dem Jahr 1815 zu schützen,
und die aller ökonomischen Orthodoxie widersprachen,
waren teilweise ein Manifest, das gegen die Tendenzen gerichtet war, die Landwirtschaft wie jede andere Industrie
— das heißt nach den Gesichtspunkten der Rentabilität — zu
betrachten. Doch dies waren zur Erfolglosigkeit verurteilte
Rückzugsgefechte gegen das Übergreifen des Kapitalismus
auf das flache Land. Sie wurden endgültig in einer Welle des
Vormarsches des bourgeoisen Radikalismus nach 1830 besiegt
— ein Vormarsch, aus dem das Armengesetz von 1834 und
die Abschaffung der Getreidezölle hervorgingen.
Rein vom Gesichtspunkt der wirtschaftlichen Produktivität
aus gesehen, war diese Umwandlung von gewaltigen Erfolgen
gekrönt; vom Standpunkt des menschlichen Leidens war es
eine Tragödie, die durch die landwirtschaftliche Depression
nach 1815 noch vertieft wurde. Die verarmte Landbevölkerung wurde demoralisiert und verelendete gänzlich. Sogar ein
so enthusiastischer Befürworter des landwirtschaftlichen Fortschritts, wie Arthur Young, war über ihre sozialen Folgen er-

schüttert (47). Im Interesse der Industrialisierung aber waren diese Auswirkungen durchaus wünschbar, denn eine industrielle Wirtschaft brauchte Arbeitskräfte, und wo sollten diese herkommen, wenn nicht aus dem früher außerhalb der Industrie stehenden Wirtschaftssektor? Die einheimische oder einwandernde Landbevölkerung (vor allem Iren) waren die wichtigen Quellen industrieller Arbeitskräfte, die durch die Proletarisierung von Kleinunternehmern und aus den Reihen der »arbeitenden Armen« ergänzt wurden (48). Menschen müssen verlockt werden, neue Beschäftigungsarten zu suchen. Falls sie — wie dies anfangs meist der Fall war — solchen Verlockungen gegenüber immun und unwillig sind, ihre traditionelle Lebensweise aufzugeben (49), muß man Zwang anwenden. Ökonomische und soziale Not auf dem flachen Land dienten hierbei als Peitsche, und sie wurden durch die Hoffnung auf das Zuckerbrot der höheren Löhne und größeren Freiheit in den Städten ergänzt. Es gab mehrere Gründe dafür, daß jene Kräfte, die die Menschen aus ihrer historischen Verwurzelung herausrissen, während der hier behandelten Periode, verglichen mit der zweiten Hälfte des 19. Jahrhunderts, verhältnismäßig schwach waren. Massenemigrationen, wie sie nach 1850 normal wurden, bedurften damals einer wirklich sensationellen Katastrophe, wie etwa der irischen Hungersnot: Zwischen 1835 und 1850 emigrierten eineinhalb von achteinhalb Millionen Iren. Aber diese Kräfte waren in England stärker als anderswo. Hätten sie nicht gewirkt, dann wäre die Industrialisierung Englands genauso gehemmt worden wie die Frankreichs, wo die Stabilität und die verhältnismäßig zufriedenstellenden Lebensbedingungen der Bauernschaft und des Kleinbürgertums die Bildung einer industriellen Arbeiterklasse verlangsamten (50).
Es handelte sich aber nicht nur darum, genügend Arbeits-

kräfte herbeizuschaffen, diese sollten auch entsprechend ausgebildet sein. Die Erfahrungen des 20. Jahrhunderts haben
gezeigt, daß dieses Problem entschieden schwerer zu lösen ist.
Zuerst mußten *alle* Arbeitskräfte erst lernen, so zu arbeiten,
wie die Industrie es erforderte. Und der Rhythmus des normalen, kontinuierlichen Arbeitstages der Industrie ist grundverschieden von dem der saisonbedingten Landwirtschaft oder
jenem des unabhängigen Handwerkers, der seine Arbeit un-
terbrechen kann, wann es ihm paßt. Sie mußten auch erst den
Anreiz des Geldes kennenlernen. Britische Unternehmer jener
Zeit beschwerten sich (wie heute die Unternehmer in Südafrika) über die »Faulheit« der Arbeiter, über deren Neigung,
nur so lange zu arbeiten, bis sie genug Geld verdient hatten,
um ihren traditionellen Lebensstandard aufrechterhalten zu
können. Diese Schwierigkeit wurde durch die Einführung
drakonischer Arbeitsdisziplin gelöst (Geldstrafen, ein Kodex
von Gesetzen, die die Beziehung von »Meister und Diener«
im Sinn des Arbeitgebers regelten usw.) und vor allem auch
dadurch, daß man dem Arbeiter so wenig zahlte, daß er während der ganzen Woche arbeiten mußte, nur um seinen kar-
gen Lebensunterhalt zu verdienen. In den Fabriken, wo das
Problem der Arbeitsdisziplin am dringendsten war, fand
man die Lösung oft in der Anstellung von Frauen und Kindern, die leichter zu kommandieren und auch billiger waren:
Nur ein Viertel aller Arbeitskräfte der englischen Baumwollindustrie bestand in den Jahren 1834—1847 aus erwachsenen
Männern; die Hälfte aus Frauen und halbwüchsigen Mädchen, der Rest aus Knaben unter 18 Jahren (51). Eine andere
recht verbreitete Methode, um die Arbeitsdisziplin aufrechtzuerhalten, bestand darin, den gelernten Arbeiter in den Arbeitgeber des ungelernten Arbeiters zu verwandeln. Das geschah durch das System der *sub-contracts* und zeigt den Klein-

betriebscharakter und die Bedeutung der Teilarbeit in den
ersten Phasen des Industrialisierungsprozesses. In der Baumwollindustrie waren so zwei Drittel aller Knaben und ein
Drittel aller Mädchen gelernten Arbeitern als ihren direkten
Arbeitgebern unterstellt, die sie weitaus strenger überwachten.
Außerhalb der eigentlichen Fabriken waren solche Vorkehrungen noch häufiger. Der »Unterarbeitgeber« war natürlich
finanziell an größtmöglicher Produktion interessiert und daher auf fleißige Arbeit seiner Untergebenen bedacht.

Schwieriger war es, eine zureichende Anzahl gelernter Arbeiter zu finden oder auszubilden. Denn nur wenige der vorindustriellen Fertigkeiten konnten für die Industrie von Wert
sein, obgleich einige Sektoren — wie etwa das Bauwesen —
sich so gut wie gar nicht veränderten. Glücklicherweise war
in dem Prozeß der langsamen Halbindustrialisierung, der in
Großbritannien in den Jahrhunderten vor 1789 stattgefunden hatte, sowohl aus der Textiltechnik wie auch aus der
Metallbearbeitung eine Reihe von brauchbaren Berufen hervorgegangen. Auf dem Kontinent wurde der Schlosser — eines
der wenigen Handwerke, die an Präzisionsarbeit mit Metal-
len gewöhnt waren — zum Ahnherrn des Maschinenbauers,
der oft sogar noch immer als Schlosser bezeichnet wurde. In
England hingegen fiel diese Rolle dem »Mühlenbauer« oder
dem »Mechaniker« (*engineman* oder *engineer*) zu, von denen
es schon viele in den Bergwerksgegenden gab. Es ist auch kein
Zufall, daß das englische Wort *engineer* sowohl den gelernten
Metallarbeiter wie auch den »Ingenieur« im kontinentalen
Sinn (Entwerfer oder Planer) bezeichnet, wurde ja die Mehrheit dieser aus den Reihen jener rekrutiert. So konnte die
britische Industrialisierung im Gegensatz zu jener des europäischen Kontinents auf ein ungeplantes Angebot von Menschen mit höherer technischer Ausbildung zurückgreifen. Dies

erklärt auch die Vernachlässigung des allgemeinen und des technischen Unterrichtswesens in England, deren verhängnisvolle Folgen später sichtbar wurden.

Neben den Problemen der Beschaffung von Arbeitskräften war das der Kapitalbeschaffung unwichtig. Im Gegensatz zu anderen europäischen Ländern bestand in England kein Mangel an zu sofortiger Investition bereitem Kapital. Hier lag die größte Schwierigkeit darin, daß jene, die im 18. Jahrhundert darüber verfügten — Gutsbesitzer, Kaufleute, Spediteure, Finanziers usw. —, davor zurückschreckten, es in den neuen Industrien anzulegen, so daß diese oft mit kleinen, ersparten Anfangskapitalien sowie mit Hilfe von Anleihen begonnen und durch die Investierung der Profite entwickelt werden mußten. Dies trug dazu bei, daß die frühen Industriellen — besonders die *self-made men* — hart, sparsam und habgierig waren und ihre Arbeiter um so mehr ausbeuteten. Darin zeigte sich aber auch, wie mangelhaft das vorhandene Kapital arbeitete und nicht, daß wenig vorhanden war. Denn die Reichen des 18. Jahrhunderts waren auch bereit, ihr Geld in Unternehmen anzulegen, die der Industrialisierung förderlich waren — vor allem im Transportwesen (Kanäle, Straßen, Hafenanlagen und später Eisenbahnen) und im Bergbau, aus dem die Grundherren ihre »Regalien« auch dann bezogen, wenn sie selbst nicht in den Unternehmen arbeiteten (52).

Es gab keine Schwierigkeiten im privaten und im öffentlichen Handel und Finanzwesen, die der Entwicklung entgegengestanden hätten. Banken und Banknoten, Wechsel, Aktien und Obligationen hatte es seit langem gegeben. Auch gab es mehr als genug Menschen, die mit den Einzelheiten des Übersee- und Großhandels vertraut waren oder sie leicht erlernen konnten. Die Regierungspolitik beruhte am Ende des 18. Jahrhunderts vor allem auf dem Grundsatz der Anerkennung des

Vorrangs der kapitalistischen Interessen. Alte, diesen Interessen entgegenstehende Gesetze — wie etwa die soziale Gesetzgebung Tudors — waren seit langem nicht angewandt und
wurden — mit Ausnahme der Bestimmungen, die die Landwirtschaft betrafen — zwischen 1813 und 1830 außer Kraft
gesetzt. Theoretisch waren diese Gesetze und die finanziellen
und kommerziellen Einrichtungen Großbritanniens ungemein
mangelhaft und konnten eher dazu dienen, die ökonomische
Entwicklung zu hindern, als sie zu fördern: So konnte zum
Beispiel praktisch keine Aktiengesellschaft ohne vorherigen
Parlamentsbeschluß gegründet werden, und solche *private acts*
des Parlaments kosteten viel Geld. Die Französische Revolution schuf in Frankreich einen weit rationelleren und leistungs-
fähigeren Apparat, der unter französischem Einfluß auch
anderwärts eingeführt wurde. Und doch waren die Engländer
wirtschaftlich weit erfolgreicher als ihre Konkurrenten.
So entstand die erste große industrielle Wirtschaft — ohne
Plan, mehr durch Zufall und auf rein empirische Weise. Sie
war nach heutigen Maßstäben klein und archaisch, und das
Großbritannien unserer Tage trägt noch immer Züge dieses
Archaismus. Für das Jahr 1848 aber war sie monumental,
doch auch abstoßend: Die neuen Städte waren häßlicher, das
Proletariat war elender als anderswo (53), und auf ausländische Besucher wirkten die blassen Menschen, die freudlos durch
die nebligen und rauchigen Gassen hasteten, beunruhigend.
Aber England besaß Dampfmaschinen mit einer Million
Pferdestärken, seine 17 Millionen mechanischer Spindeln produzierten jährlich 2 Millionen Yard Stoffe, es förderte 50 Millionen Tonnen Kohle, exportierte und importierte in einem
einzigen Jahr Güter im Wert von 170 Millionen englischer
Pfund. 1780 hatte es gerade den Handel seines nächsten Rivalen, Frankreich, übertroffen — jetzt war er wertmäßig dop-

pelt so hoch. Es verarbeitete doppelt soviel Baumwolle wie die
USA, förderte mehr Roheisen als alle anderen wirtschaftlich
entwickelten Länder. Sein Eisenverbrauch war — pro Kopf der
Bevölkerung gerechnet — doppelt so hoch wie der Belgiens, das
an zweiter Stelle der industrialisierten Länder hinter England
stand, dreimal so hoch wie in den USA und viermal so hoch
wie der Frankreichs. Auslandsinvestitionen in Höhe von
200 bis 300 Millionen Pfund — ein Viertel davon in den Vereinigten Staaten, fast ein Fünftel in Lateinamerika — brachten ihm Dividenden und Aufträge aus allen Teilen der
Erde (54). England war tatsächlich »die Werkstatt der Welt«.
Großbritannien wußte ebensogut wie die Welt, daß die industrielle Revolution, die auf diesen Inseln von Stapel ge-
laufen war und von Händlern und Unternehmern weiter-
getragen wurde — mit ihrem eisernen Gesetz, auf dem billigsten Markt zu kaufen und ohne alle Einschränkungen auf
dem teuersten zu verkaufen —, dabei war, die Welt zu verändern. Nichts konnte ihr im Weg stehen. Die Götter und
die Könige der Vergangenheit waren machtlos angesichts der
Geschäftsleute und Dampfmaschinen dieser Gegenwart.

3

Die Französische Revolution

Ein Engländer, der nicht von Achtung und Bewunderung für die Erhabenheit dieser wohl wichtigsten Revolution der Weltgeschichte erfüllt ist, muß jeglichen Sinnes für Tugend und Freiheit entbehren. Ein jeder meiner Landsleute, der das Glück hatte, Zeuge der Vorgänge zu sein, die sich in den letzten drei Tagen in dieser Stadt abgespielt haben, wird bestätigen, daß meine Ausdrucksweise nicht hyperbolisch ist.

> MORNING POST
> vom 21. Juli 1789 über den Fall der Bastille

Bald werden die aufgeklärten Nationen über jene zu Gericht sitzen, die sie bislang beherrschten. Die Könige werden in die Wüste fliehen zu den wilden Bestien, denen sie gleichen, und die Natur wird wieder in ihre Rechte kommen.

> SAINT-JUST, *Sur la Constitution de la France*
> Rede vor dem Convent am 24. April 1793

DIE WIRTSCHAFT DER WELT DES 19. JAHRHUNDERTS wurde in erster Linie unter dem Einfluß der britischen industriellen Revolution, ihre Politik und Ideologie unter dem der Franzosen geformt. Aus England kamen Eisenbahnen und Fabriken, kam jener Explosivstoff, der die traditionelle Wirtschafts- und Gesellschaftsstruktur der außereuropäischen Welt erschütterte; aber aus Frankreich kamen die Revolutionen und Ideen, so daß irgendeine Art der Trikolore in fast

allen neuen Ländern zur nationalen Fahne wurde. Die europäische und die Weltpolitik wurden von 1789 bis 1917 größtenteils vom Kampf für oder gegen die Grundsätze von 1789
oder die noch radikaleren Prinzipien von 1793 bestimmt.
Frankreich lieferte Vokabular und Ziele für die liberale und
die radikal-demokratische Politik in der ganzen Welt: das
erste große Beispiel — den Begriff und den Wortschatz des
Nationalismus, das Vorbild für die Gesetzbücher, die wissenschaftlichen und technischen Organisationen, das metrische
System. Es war der französische Einfluß, mit dessen Hilfe die
Ideologie der modernen Welt in jene alten Zivilisationen ein-
drang, die sich europäischen Ideen bis zu diesem Zeitpunkt
verschlossen hatten. Dies alles war das Werk der Französischen Revolution (1).

Das 18. Jahrhundert war, wie wir sahen, für die Ancien régime und ihre Wirtschaftssysteme kritisch gewesen, und seine
letzten Jahrzehnte waren von einer politischen Agitation erfüllt, die manchmal zu Revolten führten, die koloniale Autonomie oder Unabhängigkeit zum Ziel hatten. Solche Kämpfe
gab es nicht nur in den Vereinigten Staaten (1776—1784),
sondern auch in Irland (1782—1784), in Belgien und Lüttich
(1787—1790), Holland (1783—1787), Genf und vielleicht
sogar in England (1779). So auffallend ist diese Anhäufung
politischer Unruhen, daß einige Historiker von einem »Zeitalter demokratischer Revolutionen« reden, von denen die
Französische nur ein Beispiel, wenn auch das dramatischste
und bedeutungsvollste, bildet (2). Da die Krise des Ancien
régime kein rein französisches Phänomen war, steckt in solchen Auffassungen ein Korn Wahrheit. Ebenso könnte behauptet werden, daß die russische Revolution von 1917,
die in unserem Jahrhundert eine Stellung einnimmt, die der
Bedeutung der Französischen Revolution entspricht, lediglich

den dramatischsten jener zahlreichen Ausbrüche darstellt, von
denen zwei (einige Jahre vor 1917) dem jahrhundertealten
türkischen und dem chinesischen Reich ein Ende bereitet
hatten. Eine solche Betrachtungsweise übersieht jedoch das
Wesentliche. Die Französische Revolution mag nicht isoliert
dastehen, aber sie war bei weitem bedeutender als alle Bewegungen jener Epoche, und ihre Folgen gingen daher auch
weitaus tiefer. Erstens fand sie in dem Land Europas statt,
das (von Rußland abgesehen) die größte Bevölkerung hatte;
1789 war jeder fünfte Europäer Franzose. Zweitens unterscheidet sie sich von allen anderen Revolutionen, die ihr vorangingen oder folgten, dadurch, daß sie eine *soziale* Massenrevolution und weitaus radikaler war als alle vergleichbaren
Wandlungen.

Es ist kein Zufall, daß die amerikanischen Revolutionäre und
die britischen »Jakobiner«, die aus Sympathie für die Revo-
lution nach Frankreich gingen, dort als »Gemäßigte« galten.
Tom Paine war in England und in Amerika ein extremer
Radikaler — in Paris aber gehörte er zu den gemäßigten
Girondisten.

Aus den amerikanischen Revolutionen gingen Länder hervor, in denen sich kaum etwas geändert hatte, außer daß die
Kontrolle der Briten, Spanier oder Portugiesen weggefallen
war. Das Resultat der Französischen Revolution aber war die
Umwandlung der Welt der Madame Dubarry in jene Balzacs.
Drittens trug unter allen Revolutionen nur die Französische
einen weltumspannenden Charakter. Ihre Armeen setzten
sich in Marsch, um die Revolution in die ganze Welt zu tragen, und ihre Ideen trugen sie tatsächlich in alle Welt. Die
amerikanische Revolution ist bis heute ein entscheidendes Ereignis in der amerikanischen Geschichte, hat aber — außer in
den unmittelbar betroffenen Ländern — kaum irgendwo tie-

fere Spuren hinterlassen. Die Französische Revolution jedoch stellt einen Wendepunkt in der Geschichte aller Länder dar. Es waren weit mehr ihre Auswirkungen als die der nordamerikanischen Revolution, welche die Aufstände auslösten, die nach 1808 zur Befreiung Lateinamerikas führten. Ihr direkter Einfluß läßt sich bis in das ferne Bengalen feststellen, wo sie Ram Mohan Roy zur Gründung der ersten Hindu-Reformbewegung anregte, der Vorläuferin des modernen indischen Nationalismus. (Als er 1830 England besuchte, bestand er darauf, auf einem französischen Schiff zu reisen, um so seine Begeisterung für die Prinzipien von 1789 zum Ausdruck zu bringen.) Die Französische Revolution war, wie mit Recht bemerkt worden ist, »die erste große Ideenbewegung aus dem westlichen Christentum, die die Welt des Islam ernstlich beeinflußte (3)« — und diese Wirkung wurde fast sofort fühlbar. Um die Mitte des 19. Jahrhunderts nahm das türkische Wort *vatan*, das bisher den »Geburtsort« oder »Wohnsitz« bezeichnet hatte, die Bedeutung von »Vaterland« an. Der Begriff »Freiheit«, vor 1800 in erster Linie ein legaler Terminus, der das Gegenteil von »Sklaverei« ausdrückte, erhielt einen politischen Sinn. Die indirekte Auswirkung der Französischen Revolution ist universal, denn sie wurde zum Muster für alle folgenden revolutionären Bewegungen, und ihre Lehren wurden (je nach Geschmack interpretiert) dem modernen Sozialismus und Kommunismus einverleibt (4).

So bleibt die Französische Revolution *die* Revolution ihrer Epoche und ist nicht nur eine unter vielen, wenn auch die hervorragendste. Daher müssen ihre Ursachen nicht einfach in den allgemeinen Bedingungen Europas, sondern in der spezifischen Lage Frankreichs gesucht werden. Ihre Besonderheit kann vielleicht am besten von der internationalen Perspektive aus beleuchtet werden. Im 18. Jahrhundert war Frankreich der größte wirtschaftliche Rivale Englands. Die Entfaltung seines Außenhandels, der sich von 1720—1780 vervierfacht hatte, beunruhigte die Engländer. Sein Kolonialsystem war in gewissen Gebieten (wie etwa in Westindien) dynamischer als das britische. Und doch war Frankreich keine Macht wie Großbritannien, dessen Außenpolitik bereits in ihren Wesenszügen von den Interessen kapitalistischer Expansion bestimmt wurde. Es war die mächtigste und in vielem die typischste der absoluten Monarchien Europas. Mit anderen Worten: Der Widerspruch zwischen den offiziellen Institutionen und verwurzelten Interessen des Ancien régime und den aufstrebenden neuen Kräften der Gesellschaft zeigte sich in Frankreich deutlicher und schärfer als anderswo.

Die neuen Kräfte wußten genau, was sie wollten. Der physiokratische Ökonom Turgot trat für eine produktivere Nutzung des Bodens, eine freie Wirtschaft, die standardisierte und rationelle Verwaltung eines einheitlichen nationalen Territoriums und die Abschaffung aller Schranken einschließlich der sozialen Ungleichheit ein, die der Entwicklung der nationalen Ressourcen, einer gerechten und zweckentsprechenden Verwaltung und Besteuerung entgegenstanden. Aber der Versuch, den er 1774—1776 als erster Minister Ludwigs XVI. unternahm, ein solches Programm zu verwirklichen, scheiterte kläglich. Dies war charakteristisch. In bescheidenem Ausmaß durchgeführt, waren solche Reformen weder mit der absoluten Monarchie unvereinbar, noch widersprachen sie deren Interessen. Im Gegenteil — sie wurden, wie wir sahen, in Kreisen der »aufgeklärten Despoten«, deren Machtstellung sie festigen konnten, warm empfohlen. Aber in den meisten Ländern des aufgeklärten Absolutismus waren solche Reformen nicht durchführbar und dazu verurteilt, bloße theoretische Ausschmückungen zu werden, oder aber kaum fähig, auch in der Praxis die soziale und politische Struktur des Landes grundlegend zu verändern. Oder sie brachen unter dem Widerstand des Adels und anderer altverwurzelter Interessengruppen zusammen, und das Land, äußerlich rationalisiert, fiel in seinen früheren Zustand zurück. In Frankreich mißlangen sie schneller als anderswo, weil hier der Widerstand der überlieferten Interessengruppen stärker war. Doch hier wirkte sich der Mißerfolg besonders katastrophal für die Monarchie aus, und die für einen bürgerlichen Wandel kämpfenden Schichten waren zu stark, um den Kampf leicht aufzugeben. Sie übertrugen lediglich ihre Hoffnungen nun vom »aufgeklärten Monarchen« auf das Volk, die »Nation«. Trotzdem erklärt dies alles nicht, warum die Revolution gerade in einer bestimmten Periode ausbrach und weshalb sie einen so bemerkenswerten Verlauf nahm. Dafür müssen wir unser Augenmerk auf die sogenannte feudale Reaktion lenken, aus der der Funke entsprang, der das französische Pulverfaß zur Explosion brachte.

Die Stellung der 400 000 Adeligen, die inmitten der 23 Millionen Franzosen den unbestritten ersten Stand der Nation bildeten, war sicher genug, wenn auch nicht so vollkommen gegen das Eindringen unterer Stände gesichert wie in Preußen oder gewissen anderen Staaten. Der Adel genoß bedeutende Privilegien, einschließlich einer weitgehenden Steuerfreiheit (wenngleich weniger als die besser organisierte Geistlichkeit), und das Anrecht auf den Bezug feudaler Abgaben. In politischer Hinsicht war seine Stellung weit weniger glänzend. Obgleich das Ethos der Monarchie aristokratisch und sogar feudal war, hatte sie den Adel seiner alten politischen Unabhängigkeit und Funktion beraubt und die Befugnisse seiner repräsentativen Institutionen (Standesversammlungen und *parlaments*) soweit als möglich beschnitten. In den Reihen der höheren Aristokratie und in der neueren *noblesse de robe*, die von den Königen aus verschiedenen, meist finanziellen oder administrativen Gründen geschaffen worden war, hatte das Feuer des Unmuts nie zu schwelen aufgehört. Als geadelte, aus dem Bürgertum kommende Schicht verabsäumte die *noblesse de robe* es nicht, soweit sie konnte, in den noch bestehenden Ständeversammlungen und Gerichtshöfen ihrer doppelten Unzufriedenheit als Aristokraten und als Bourgeois Ausdruck zu verleihen.

Auch seine wirtschaftliche Situation verursachte dem Adel Sorgen. Durch Geburt und Tradition mehr zum Krieg als zum Geschäft bestimmt (ein Adeliger durfte ja keinen unstandesgemäßen Beruf ausüben), floß ihr Einkommen aus den Renten ihrer Güter und für die Minderheit des Hof- und Hochadels aus reichen Heiraten sowie den vom Monarchen verliehenen Pensionen, Geschenken und Sinekuren. Aber ihre Ausgaben stiegen — während ihre Einnahmen sanken. Selbst jene, die sich mit ihren Gütern tatsächlich beschäftigten, waren unfähig, sie rationell zu verwalten, und die Inflation verminderte den Wert ihrer Renten wie aller fixen Einnahmen.

So war es nur zu verständlich, daß die Aristokraten versuchten, ihren wichtigsten Aktivposten, die Privilegien, voll auszunutzen. Im Verlauf des 18. Jahrhunderts drangen sie in Frankreich und in anderen Ländern immer mehr in die Staatsstellungen ein, die frühere Herrscher mit technisch kompetenten und politisch harmlosen Beamten bürgerlicher Herkunft besetzt hatten. Um 1780 konnte nur ein Aristokrat mit vier adeligen Großeltern ein Offizierspatent bekommen. Alle Bischöfe waren Aristokraten, und die Angehörigen des Adels hatten sogar begonnen, die Schlüsselstellungen der königlichen Verwaltung, die Intendantenposten, zu erobern.

Diese erfolgreiche Konkurrenz des Adels verärgerte das Bürgertum, dessen Eindringen in die provinzielle und zentrale Verwaltung den Staat unterwühlte. Gleichzeitig versuchten vor allem die Angehörigen des Landadels, denen keine sonstigen Mittel zur Verfügung standen, dem Sinken ihrer Einkünfte entgegenzuwirken, indem sie ihre theoretisch sehr großen feudalen Privilegien bis aufs äußerste ausnutzten, um mehr Geld (seltener auch mehr Dienstleistungen) aus der Bauernschaft zu pressen. Ein ganz neuer Beruf, die »Feudisten«, entstand, um in Vergessenheit geratene feudale Rechte neu zu beleben und den größtmöglichen Gewinn aus den noch wirksamen Rechten zu ziehen. Aus dieser neuen Spezialistenschicht ging Gracchus Babœuf hervor, der 1796 die erste kommunistische Rebellion der zeitgenössischen Geschichte organisieren würde. So kam es, daß der Adel nicht nur das Bürgertum, sondern auch die Bauernschaft in Verzweiflung trieb.

Die Bauernschaft bildete etwa 80% der französischen Gesamtbevölkerung. Ihre Lage war alles andere als günstig. Rechtlich waren die Bauern im allgemeinen frei und besaßen oft eigenes Land. Die adeligen Güter umfaßten nur ein Fünftel des Bodens, die Kirche besaß vielleicht noch weitere 6%, obgleich dies von Region zu Region verschieden war (5). In der Diözese von Montpellier waren zum Beispiel 38—40% des Bodens in den Händen von Bauern, 18—19% in Händen der Bourgeois, 15—16% gehörten dem Adel und 3—4% der Kirche, während etwa ein Fünftel Gemeindeland war (6).

Tatsächlich aber war die große Mehrheit der Landbevölkerung landlos, oder es waren Kleinbauern, deren Erträge angesichts der technischen Rückständigkeit für den Lebensunterhalt nicht ausreichten. Der Bevölkerungszuwachs verstärkte den

Landhunger. Ein großer und steigender Teil des Bauerneinkommens ging auf feudale Abgaben, Zehnten und Steuern, und die Inflation verringerte den Wert des Überrestes. Denn nur jene Minderheit der Bauern, die einen dauernden Überschuß an Produkten für den Markt erzeugte, konnte von den steigenden Preisen profitieren, die anderen litten unter ihnen, besonders in Zeiten schlechter Ernten, wenn die Preise steil anstiegen. Es läßt sich daher kaum bezweifeln, daß sich die Lage der Bauern in den zwei Jahrzehnten vor der Revolution verschlechterte.

Die finanziellen Schwierigkeiten der Monarchie brachten all diese Widersprüche zum Ausbruch. Die administrative und fiskalische Struktur des Königreichs war veraltet, und die oben erwähnten Reformversuche von 1774—1776 waren unter dem Widerstand der altverwurzelten Interessengruppen mit den *parlaments* an der Spitze gescheitert. Dann wurde Frankreich in den amerikanischen Unabhängigkeitskrieg verwickelt. Der Sieg über England brachte den endgültigen Bankrott mit sich, so daß die amerikanische Revolution zur direkten Ursache der Französischen wurde.

Die Regierung griff zu immer neuen kurzfristigen Maßnahmen, doch deren Erfolge wurden immer geringer. Der Staat konnte seine Ausgaben nicht verringern, und diese überstiegen die Einnahmen mindestens um ein Fünftel. Das Land war zwar reich genug, um mehr Steuern aufzubringen, dazu aber wäre eine grundlegende Reform nötig gewesen. Obgleich man oft die Extravaganzen von Versailles für die Krise verantwortlich gemacht hat, betrugen die Ausgaben des Hofes 1788 nur 6% der staatlichen Gesamtausgaben. Ein Viertel wurde für Krieg, Marine und Diplomatie ausgegeben, und die Hälfte mußte für Verzinsung, Amortisation und Abzahlung von Staatsschulden verwendet werden. Krieg

und Schulden — der amerikanische Krieg und die aus ihm
entstandenen Schulden — brachen das Rückgrat der Monarchie.

Der Adel und die *parlaments* konnten nur hoffen, die kritische Lage der Regierung auszunützen. Ohne das Zuge-
ständnis größerer Privilegien waren sie nicht bereit zu zahlen. Die erste Bresche in die Front des Absolutismus schlug
die Einberufung einer zwar ausgewählten, aber dennoch rebellischen »Versammlung der Notabeln« im Jahr 1787, die
die Regierungsforderungen bewilligen sollte. Den zweiten
und entscheidenden Durchbruch verursachte der verzweifelte
Beschluß, die Generalstände zusammenzurufen — jene alte
feudale Versammlung des Königreichs, die seit 1614 begraben war. So begann die Revolution als Versuch der Aristokratie, den Staat zurückzuerobern. Er mußte aus zwei Gründen scheitern: Die Adeligen unterschätzten die unabhängigen
Bestrebungen des dritten Standes — jenes fiktiven Standes
aller jener, die weder zum Adel noch zum Klerus gehörten,
der aber tatsächlich von der Bourgeoisie beherrscht wurde.
Außerdem übersah der Adel das Ausmaß der wirtschaftlichen
und sozialen Krise, in die er seine politischen Forderungen
hineinwarf.

Die Französische Revolution ist weder von einer Partei oder
einer Bewegung im modernen Sinn dieser Wörter gemacht
oder geleitet noch auch von Männern geführt worden, die
ein systematisches Programm verwirklichen wollten. Aus ihr
erwuchsen auch keine »Führer« jenes Typs, an den die
Revolutionen des 20. Jahrhunderts uns gewöhnt haben —
jedenfalls nicht vor der nachrevolutionären Figur des Napoleon. Trotzdem bestand eine auffällige Übereinstimmung
der allgemeinen Ideen innerhalb einer ziemlich klar erkenn-
baren sozialen Gruppe, und dies gab der Revolution ihre

Einheitlichkeit. Die Gruppe war die »Bourgeoisie« — ihre Ideen waren die des klassischen Liberalismus, die von den *philosophes* und *economistes* formuliert und von den Freimaurern und anderen Vereinigungen propagiert wurden. Insoweit können die *philosophes* für die Revolution verantwortlich gemacht werden. Diese zwar wäre auch ohne sie ausgebrochen, aber es war wohl nur den *philosophes* zuzuschreiben, daß das Ancien régime nicht nur zusammenbrach, sondern schnell durch ein neues Regime ersetzt werden konnte.

Die Ideologie von 1789 war in großen Zügen die der Freimaurerei, die in so naiver Erhabenheit in Mozarts *Zauberflöte* (1791) ihren Ausdruck fand, das heißt in einem der ersten unter den großen propagandistischen Kunstwerken eines Zeitalters, dessen höchste künstlerische Leistungen so oft in das Reich der Propaganda gehören. Genauer sind die Forderungen des Bourgeois von 1789 in der berühmten Erklärung der Menschen- und Bürgerrechte formuliert. Dieses Dokument ist ein Manifest, das sich gegen die auf adeligen Privilegien gebaute hierarchische Gesellschaft richtet, jedoch nicht für eine demokratisch-egalitäre Gesellschaft eintritt. »Die Menschen sind als Freie geboren und sollen frei und gleich unter dem Gesetz leben«, sagt der erste Artikel. Die sozialen Unterschiede aber sollen erhalten bleiben, wenn sie sich nur »aus Gründen sozialer Nützlichkeit« ergeben. Das Privateigentum ist Naturrecht — heilig, unveräußerlich, unverletzbar. Alle Menschen sind gleich vor dem Gesetz, und der Begabung steht jede Laufbahn offen. Aber wenn auch der Wettlauf ohne Vorsprung beginnen sollte, hielt man es doch für selbstverständlich, daß die Läufer nicht alle gleichzeitig zum Ziel gelangen würden. Gegen die Hierarchie der Adeligen und gegen den Absolutismus richtete sich der Grund-

satz, daß »alle Menschen das Recht haben, an der Gesetzgebung teilzunehmen«, aber — »entweder persönlich oder
durch Vertreter«. Die vorgesehene Versammlung der Volks-
vertreter mußte jedoch durchaus nicht aus demokratischen
Wahlen hervorgehen, auch war die Existenz von Königen nicht
ausgeschlossen. Eine konstitutionelle Monarchie, die sich auf
eine von Eigentumsinteressen beherrschte Nationalversammlung stützte, war es, was die Liberalen tatsächlich herbei-
sehnten — obgleich eine demokratische Republik ihren theoretischen Idealen besser entsprochen hätte. Manche sprachen
das auch offen aus. Im großen und ganzen war der klassische Liberale von 1789 (und die Liberalen der Epoche von
1789—1848) kein Demokrat, sondern ein Anhänger des Kon-
stitutionalismus, das heißt eines weltlichen Staates, der bürgerliche Freiheiten und privates Unternehmertum garantierte
und von Steuerzahlern und Eigentümern regiert wurde.
Offiziell sollte ein solches Regime aber nicht Klasseninteressen, sondern den allgemeinen Willen »des Volkes« ausdrücken, das — und dies war eine bedeutsame Identifizierung — mit der »französischen Nation« zusammenfiel. Der
König war nicht mehr Ludwig, von Gottes Gnaden König
von Frankreich und Navarra, sondern Ludwig, von Gottes
Gnaden und durch konstitutionelles Gesetz des Staates König der Franzosen. »Die Quelle aller Souveränität«, hieß es
in der Erklärung, »ist wesentlich die Nation.« Und die Nation erkannte, wie Abbé Sieyès es ausdrückte, im Diesseits
kein übergeordnetes Gesetz, kein über ihr stehendes Recht
und keine andere als ihre eigene Autorität an. Die allgemein
menschlichen Belange oder Belange anderer Nationen blieben
außer Betracht. Gewiß glaubten weder die französische Nation noch jene Nationen, die diese Grundsätze später übernahmen, daß ihre Interessen mit denen anderer Völker je in

Konflikt geraten würden. Im Gegenteil, sie glaubte, eine Bewegung allgemeiner Befreiung der Völker von der Tyrannei einzuleiten oder an ihr teilzunehmen. Tatsächlich aber waren die Rivalität zwischen Nationen (zum Beispiel zwischen den französischen und den britischen Geschäftsleuten) und die Unterordnung einer Nation unter eine andere (zum Beispiel der eroberten oder befreiten Nationen unter die Interessen der *Grande Nation*) im Keim bereits im Nationalismus enthalten, den die Bourgeois 1789 offiziell proklamierten. Die Identifizierung des »Volkes« mit der »Nation« war eine revolutionäre Begriffsbildung, deren Folgen über alles hinausgingen, was die Verfechter des bourgeois-liberalen Programms beabsichtigten. Diese Begriffsbildung aber war zweischneidig.

Da die Bauern und die arbeitenden Armen Analphabeten, politisch anspruchslos und unreif waren und es indirekte Wahlen gab, wurde der dritte Stand von 610 Männern vertreten, die vor allem der Bourgeoisie angehörten. Er bestand in der Mehrheit aus Anwälten, die eine bedeutende Rolle im Wirtschaftsleben der französischen Provinz spielten. Etwa hundert von ihnen waren Kapitalisten und Geschäftsleute. Die Bourgeoisie hatte lange und erbittert um eine Vertretung gekämpft, die zahlenmäßig ebenso groß war wie die der beiden privilegierten Stände zusammen — eine durchaus bescheidene Forderung für eine Gruppe, die offiziell 95% des ganzen Volkes umfaßte. Nun fochten die Abgeordneten dieses Standes mit ebensolcher Energie für das Recht, diese potentielle Mehrheit auch wirklich ausnützen zu können. Die Generalstände sollten in eine Versammlung individueller Deputierter mit individuellem Stimmrecht verwandelt werden. Sie sollten aufhören, eine feudale Körperschaft zu sein, die nach »Ständen« abstimmte, wobei der vereinte Adel und

der Klerus den dritten Stand überstimmen konnten. Diese
Forderung führte zum ersten revolutionären Durchbruch.
Etwa sechs Wochen nach der Eröffnung der Generalstände
beschlossen die Vertreter des dritten Standes, zusammen mit
allen Deputierten, die bereit waren, sich ihnen anzuschließen,
sich als Nationalversammlung mit verfassunggebenden Rechten zu konstituieren. Sie taten dies, um Maßnahmen des
Königs, des Adels und des Klerus zuvorzukommen. Ein kon-
terrevolutionärer Gegenschlag veranlaßte sie dazu, ihre Forderungen in Begriffen zu formulieren, die auf die Errichtung
einer Institution ähnlich dem englischen *House of Commons*
hinausliefen. Der Absolutismus war zu Ende. Der brillante,
aber moralisch anrüchige ehemalige Aristokrat Mirabeau erklärte dem König: »Sire, Sie gehören diesem Haus nicht an
und haben kein Recht, hier das Wort zu ergreifen (7).«
Der dritte Stand hatte den Widerstand des Königs und der
privilegierten Stände gebrochen. Er konnte diesen Erfolg erreichen, nicht weil er die Ansichten einer gebildeten und
kämpferischen Minderheit ausdrückte, sondern weil er sich auf
weit mächtigere Kräfte stützen konnte: auf die arbeitenden
Armen der Städte, besonders in Paris, und in Kürze auch
auf die revolutionierende Bauernschaft.
Die Einberufung der Generalstände fiel mit einer tiefen wirtschaftlichen und sozialen Krise zusammen, und aus diesem
Grund schlug eine Agitation für beschränkte Reformen in
eine Revolution um.
Gegen Ende der achtziger Jahre hatte sich aus vielfachen
Ursachen die Lage der Wirtschaft allgemein verschlechtert.
Die Mißernte von 1788 und 1789 und ein sehr strenger Winter führten zur Krise. Die Mißernte war für die meisten Landbewohner verhängnisvoll. Während Großproduzenten imstande waren, Getreide zu Wucherpreisen zu verkaufen,

wurde die Mehrheit der kleinen Bauern dazu getrieben, ihr Saatkorn aufzubrauchen, insbesondere in den Monaten (Mai bis Juli), die der Ernte vorangingen. Die Mißernte traf natürlich auch die Armen der Städte, deren Lebenshaltungskosten — Brot war ihr Hauptnahrungsmittel — sich verdoppeln konnten. Ihre Lage wurde dadurch noch verschlechtert, daß infolge der Armut auf dem Lande der Absatz von Manufakturprodukten zurückging, woraus sich eine industrielle Depression ergab. So waren die Armen auf dem flachen Land verzweifelt und unruhig — überall gab es Aufruhr und Banditentum. Doppelt verzweifelt waren die Armen der Städte, deren Verdienstmöglichkeiten sich verringerten, während die Lebenshaltungskosten emporschnellten. Unter normalen Verhältnissen hätte dies zu blinden und planlosen Unruhen geführt. Aber durch die schwere Erschütterung des Königreiches in den Jahren 1788/89 wurden die Massen durch Propaganda und Wahlkampagnen politisiert. Sie übernahmen die gewaltigen welterschütternden Ideen der *Befreiung* von Adel und aller Unterdrückung. Dieses aufrührerische Volk stand hinter den Abgeordneten des dritten Standes.

Die Konterrevolution verwandelte den potentiellen Massenaufstand in einen wirklichen. Es war nur natürlich, daß das Ancien régime um seine Positionen kämpfen, wenn nötig, auch bewaffnete Kräfte einsetzen würde — obgleich die Armee nicht länger absolut zuverlässig war. Nur unrealistische Träumer können meinen, Ludwig XVI. hätte sofort die Niederlage hinnehmen und sich in einen konstitutionellen Monarchen verwandeln können. Das hätte er auch dann nicht getan, wenn er weniger dumm und unbedeutend und nicht mit einer so hirnlosen und unverantwortlichen Frau verheiratet und zudem bereit gewesen wäre, auf weniger verhängnisvolle Ratgeber zu hören. Die Konterrevolution mobilisierte die hungrigen, mißtrauischen und kampfbereiten Massen von Paris. Es kam zum sensationellen Sturm auf die Bastille, einem staatlichen Gefängnis, das die königliche Autorität symbolisierte, wo die Aufständischen Waffen zu finden hofften. In revolutionären Zeiten ist nichts so folgenschwer wie der Fall von Symbolen. Die Einnahme der Bastille am 14. Juli, dem Tag, der mit Recht zum französischen Nationalfeiertag erhoben wurde, ratifizierte den Zusammenbruch das Absolutismus und wurde in der ganzen Welt als Tag der Freiheit begrüßt. Sogar der strenge Philosoph Immanuel Kant aus Königsberg, dessen Tag so sorgfältig eingeteilt war, daß, wie man sagt, die Bürger der Stadt ihre Uhren nach ihm stellten, verschob, als er diese Nachricht erhielt, seinen Nachmittagsspaziergang und überzeugte dadurch die Stadt Königsberg, daß sich tatsächlich ein welterschütterndes Ereignis begeben hatte. Von noch größerer Bedeutung aber war die Tatsache, daß der Fall der Bastille die Revolution in den Provinzen auf dem flachen Land auslöste.

Bauernrevolutionen sind formlose, große, anonyme, aber unwiderstehliche Bewegungen. Was die Epidemie von Bauernunruhen in eine unwiderrufliche Erschütterung verwandelte, war das Zusammentreffen von städtischen Aufständen in den Provinzen mit einer Massenpanik, die sich aus unerklärbaren Gründen schnell über große Gebiete verbreitete: die sogenannte *Grande Peur* von Ende Juli bis Anfang August. Drei Wochen nach dem 14. Juli lagen die Sozialstruktur des französischen Feudalismus auf dem flachen Land und der Staatsapparat des königlichen Frankreich in Scherben. Was von der Staatsmacht übrigblieb, waren verstreute, nicht immer zuverlässige Regimenter, eine Nationalversammlung ohne Exekutivgewalt und eine Vielfalt von bürgerlichen Stadt-

Der Sturm auf die Bastille.
École française des 18. Jahrhunderts;
Versailles, Schloßmuseum.

und Provinzverwaltungen, die bald zur Bildung von »Nationalgarden« nach Pariser Muster schritten. Die Bourgeoisie und die Aristokratie fügten sich sofort in das Unabänderliche: Alle feudalen Privilegien wurden offiziell aufgehoben, obwohl erst 1793 restlos abgeschafft. Ende August hatte die Revolution ihr Manifest — die Erklärung der Rechte des Menschen und des Bürgers. Der König widersetzte sich mit der ihm eigenen Stupidität, und manche der bürgerlichen Revolutionäre — erschreckt von den sozialen Folgen des Massenaufstandes — begannen daran zu denken, daß die Zeit für den Konservativismus reif war.

Kurz gesagt: Die Grundlinien der französischen und aller späteren Politik bürgerlicher Revolutionäre wurden nun klar erkennbar, und dieser dramatische dialektische Tanz würde die kommenden Generationen beherrschen. Immer wieder werden wir sehen, wie gemäßigte bürgerliche Reformer Massen gegen äußerste Reaktionäre und die Konterrevolution mobilisieren; wie dann die Massen über die Ziele der Gemäßigten in die Richtung ihrer eigenen sozialen Revolution hinausdrängen, die Reformer sich in eine Rechte und eine Linke spalten. Die rechte konservative Gruppe wird dann mit den Reaktionären zusammengehen, während die Linke bereit sein wird, ihre noch unverwirklichten gemäßigten Reformen mit Hilfe der Massen zu verwirklichen — trotz des Risikos, die Kontrolle über die Massen zu verlieren. Und so geht der Tanz weiter, mit seinen Wiederholungen und seinen Variationen nach dem Muster: Widerstand, Massenmobilisierung, Linkswendung, Spaltung der Gemäßigten und Rechtswendung — bis entweder die gesamte Bourgeoisie in das Lager der Konservativen übergeht oder von der sozialen Revolution besiegt wird. In den meisten späteren Revolutionen zogen sich die gemäßigten Liberalen schon in den ersten

Stadien zurück oder stießen zu den Konservativen. Im Verlauf des 19. Jahrhunderts sehen wir vor allem in Deutschland, wie sie immer weniger bereit sind, Revolutionen auch nur zu beginnen, und aus Furcht vor unvorhersehbaren Konsequenzen Kompromisse mit König und Adel vorziehen. Die Besonderheit der Französischen Revolution besteht darin, daß ein Teil der liberalen Bürger bereit war, bis zuletzt, und sogar bis in die Anfänge der antibürgerlichen Revolution hinein, revolutionär zu bleiben: Das waren die »Jakobiner«, und so werden von da ab radikale Revolutionäre in ganz Europa bezeichnet.

Warum kam es zu dieser Haltung der französischen Bürger? Zum Teil natürlich darum, weil die französische Bourgeoisie zu diesem Zeitpunkt, im Gegensatz zu allen späteren Liberalen, noch nicht das erschreckende Beispiel der Französischen Revolution vor Augen hatte. Nach 1794 sahen die Gemäßigten ein, daß das Jakobiner-Regime die Revolution vom Standpunkt bürgerlicher Wünsche und Aussichten viel zu weit getrieben hatte. Den Revolutionären wiederum wurde klar, daß »die Sonne von 1793«, sollte sie je wieder aufsteigen, ihre Strahlen auf eine nicht-bürgerliche Gesellschaft werfen würde. Weiterhin konnten sich die Jakobiner ihren Radikalismus leisten, weil zu ihrer Zeit noch keine Klasse vorhanden war, die imstande gewesen wäre, eine klare soziale Alternative ihrem Radikalismus zu bieten. Diese Klasse erwuchs erst im Verlauf der industriellen Revolution, und die Alternative verkörperte sich im »Proletariat« und in den auf ihm beruhenden Ideologien und Bewegungen. In der Französischen Revolution spielte die »Arbeiterklasse« — ein Wort, das nicht sehr treffend war für ein Sammelsurium von nicht in der Industrie beschäftigten Lohnarbeitern — keine besondere, bedeutsame Rolle. Diese Arbeiter hungerten, rebellierten und träumten vielleicht manchmal, praktisch aber folgten sie nicht-proletarischen Führern. Die Bauernschaft wiederum kann niemals eine politische Alternative verkörpern, sie kann nur — je nach der Lage — eine fast unwiderstehliche Macht oder eine fast unbewegliche Masse sein.

Die einzige Alternative zum bürgerlichen Radikalismus (wenn wir von kleinen Gruppen von Ideologen oder Verschwörern absehen, die ohne Massenanhang machtlos sind) bestand in den *Sansculottes,* diesen formlosen, meist städtischen Bewegungen der arbeitenden Armen, der kleinen Handwerker, Gesellen, Ladenbesitzer, Kleinstunternehmer und ähnlichen. Die Sansculotten waren vor allem in den Pariser »Sektionen« und lokalen politischen Klubs organisiert und bildeten die Hauptarmee der Revolution. Sie waren die wirklichen Demonstranten, die Aufständischen, die Errichter von Barrikaden. Journalisten, wie Marat und Hébert, und lokale Wortführer formulierten ihre Politik, hinter der ein vages und widerspruchsvolles soziales Ideal lag. Sie waren für das (kleine) Privateigentum, gegen die Reichen, für öffentlich garantierte Arbeit, Löhne und soziale Sicherheit für die Armen, für eine extreme, egalitäre und libertäre, lokale und direkte Demokratie. In Wirklichkeit bildeten die Sansculotten einen Zweig der universellen und bedeutsamen politischen Bewegung, die versucht, die Interessen des »kleinen Mannes« auszudrücken, der in Massen zwischen den beiden Polen — dem »Bourgeois« auf der einen, dem »Proletarier« auf der anderen Seite — existiert und darum oft den letzteren nähersteht, weil er meist arm ist. Wir können diese Bewegung in den USA sehen (in der Form des »Jeffersonismus« und der Jackson-Demokratie oder des »Populismus«), in England (»Radikalismus«), in Frankreich (die Vorläufer der späteren Republikaner und Radikalsozialisten), in Italien (die Anhän-

ger Mazzinis und Garibaldis) und auch in anderen Ländern.
In nachrevolutionären Epochen neigten solche Richtungen
dazu, linke Flügel des bürgerlichen Radikalismus zu bilden,
die aber nicht bereit sind, das alte Prinzip aufzugeben, dem-
zufolge keine Gegner auf der Linken stehen, die jedoch bereit
sind, in Krisenzeiten gegen die »Geldmauer«, »die ökonomischen Royalisten« oder »das Kreuz von Gold, an das die
Menschheit geschlagen ist«, zu rebellieren. Sein Ideal, eine
goldene Vergangenheit von Dorfbewohnern, kleinen Handwerkern, kleinen Bauern und selbständigen Kleinunternehmern, die ihr Leben — ungestört von Bankiers und Millio-
nären — gestalten können, war nicht zu verwirklichen. Die
Geschichte arbeitete gegen sie. Das Äußerste, was sie erreichen konnten und was sie 1793/94 auch erreicht haben,
war: Hindernisse zu errichten, die von da ab und bis fast zum
heutigen Tag das wirtschaftliche Wachstum Frankreichs aufgehalten haben. In der Tat war der »Sansculottismus« ein so
hilfloses Phänomen, daß sogar sein Name fast vergessen ist
oder nur als Synonym für »Jakobinismus« gebraucht wird,
da die Jakobiner die wahren Führer des Jahres II waren.

Zwischen 1789 und 1791 begann die siegreiche gemäßigte
Bourgeoisie durch die Verfassunggebende Versammlung, die
aus der Nationalversammlung hervorgegangen war, das
große Werk der Rationalisierung des Landes. Die bleibenden
institutionellen Einrichtungen der Revolution stammen meist
aus dieser Periode, auch international so bedeutsame Errungenschaften wie die Einführung des metrischen Systems und
die bahnbrechende Emanzipation der Juden. In wirtschaftlicher Hinsicht waren die Anschauungen der Verfassunggebenden Versammlung vom Liberalismus bestimmt: In bezug auf die Bauern bestand ihre Politik in der Begrenzung

der Gemeindeländereien und der Förderung der landwirtschaftlichen Unternehmer; hinsichtlich der Arbeiterklasse
im Verbot der Gewerkschaften, in bezug auf den kleinen
Handwerker in der Aufhebung der Zünfte und Korporatio-
nen. Die Volksmehrheit zog nur geringe konkrete Vorteile
aus all diesen Reformen. Eine Ausnahme bildeten die 1790
beschlossene Säkularisierung und der Verkauf der Ländereien der Kirche (und des Bodens der emigrierten Aristokraten). Dies hatte einen dreifachen Vorteil: die Schwächung
des Klerikalismus, die Stärkung des provinziellen bäuerlichen
Unternehmers und eine Belohnung vieler Bauern für ihre
Teilnahme an der Revolution. Die Verfassung von 1791
schloß extreme Demokratie aus. Sie errichtete eine konstitutionelle Monarchie und beschränkte das Wahlrecht auf die
eigentumbesitzenden »aktiven« Bürger. Man konnte nur hoffen, daß sich die »passiven« Bürger dementsprechend auch
passiv verhalten würden.
Diese Hoffnungen aber verwirklichten sich nicht. Trotz der
starken Stütze, die sie in einer mächtigen, ehemals revolutionären Fraktion der Bourgeoisie hatte, war die Monarchie
nicht bereit, sich mit dem neuen Regime abzufinden. Der Hof
intrigierte und konspirierte mit seinen gekrönten Vettern in
anderen Ländern und träumte von deren baldigem Kreuzzug,
um die Herrschaft des Pöbels zu vernichten und die Macht
des gottbegnadeten katholischen Königs von Frankreich
wiederherzustellen. Die Staatsgesetze über die Geistlichkeit,
ein schlecht geplanter Versuch, nicht etwa die Kirche, sondern
die ultramontane Bindung der Kirche an Rom zu zerstören,
trieb die Mehrheit des Klerus und der Gläubigen in die Opposition und trug dazu bei, den König zum verzweifelten,
und wie sich herausstellen würde, selbstmörderischen Fluchtversuch zu veranlassen. Im Juni 1791 wurde er in Varennes

gefangen, und von da an wurde das Republikanertum zur Massenkraft: Traditionelle Könige, die ihr Volk verlassen, verlieren dadurch den Anspruch auf die Treue dieses Volkes. Das von den Gemäßigten befürwortete und eingeführte System der freien Marktwirtschaft trug zur größeren Fluktuation der Lebensmittelpreise und somit zur verstärkten Streitbarkeit der städtischen, vor allem aber der Pariser Armen bei. Vom Steigen und Fallen der Brotpreise konnte man — wie von einem Thermometer — die politische Temperatur von Paris ablesen, und die Pariser Massen bildeten die entscheidende revolutionäre Kraft. Nicht von ungefähr war die neue französische Trikolore eine Kombination aus dem königlichen Weiß mit den Pariser Stadtfarben Blau und Rot.

Der Kriegsbeginn brachte die Krise zum Ausbruch. Er führte zur zweiten Revolution von 1792, zur Jakobiner-Republik des Jahres II und schließlich zu Napoleon. Mit anderen Worten — er verwandelte die Geschichte der Französischen Revolution in die Geschichte Europas.

Zwei Kräfte drängten Frankreich in den Krieg — die äußerste Rechte und die gemäßigte Linke. Dem König, dem französischen Adel und der wachsenden Zahl der Emigranten aus Aristokratie und Geistlichkeit, die ihre Zelte in westdeutschen Städten aufschlugen, wurde es klar, daß nur ein Eingriff des Auslands das Ancien régime restaurieren könne (8). In Anbetracht der komplizierten internationalen Lage und der relativen politischen Ruhe, die in anderen Ländern herrschte, fiel es nicht leicht, eine Intervention zustande zu bringen. Trotzdem begriffen die Adeligen und die von Gott eingesetzten Herrscher anderer Länder, daß die Restauration Ludwigs XVI. nicht nur aus Gründen der Solidarität, sondern auch zum Schutz gegen die Ausbreitung der schreckeneinflößenden französischen Ideen wünschenswert war. So sammelten sich im Ausland die Kräfte für die Wiedereroberung Frankreichs.

Die zweite kriegstreibende Kraft bestand aus den gemäßigten Liberalen Frankreichs, vor allem einer Gruppe von Politikern, die sich um die Deputierten des von Handelsinteressen bestimmten Departements der Gironde sammelten. Sie waren teilweise darum kämpferisch, weil jede echte Revolution danach strebt, sich über die ganze Welt auszubreiten. Für die Franzosen und deren zahlreiche Anhänger in anderen Ländern stellte die Befreiung Frankreichs nur den ersten Schritt auf dem Weg zur Weltbefreiung dar. Daraus konnte leicht die Überzeugung entspringen, es sei die Aufgabe des »Vaterlands der Revolution«, alle unterdrückten und tyrannisierten Völker zu befreien. Die gemäßigten und die extremen Revolutionäre teilten die gleiche erhabene und großmütige Leidenschaft, das Reich der Freiheit auszudehnen, und sie waren außerstande, die Sache Frankreichs von der aller versklavten Völker zu trennen. Mindestens bis zum Jahr 1848 würden die französischen und die außerfranzösischen revolutionären Bewegungen diese Überzeugung übernehmen. Alle auf die Befreiung Europas gerichteten Pläne bauten bis 1848 auf den gemeinsamen, von den Franzosen geführten Aufstand aller Völker gegen die europäische Reaktion. Nach 1830 würden andere nationale und liberale Bewegungen, wie die italienische oder die polnische, für ihre Völker dieselbe Messias-Rolle beanspruchen: Sie seien dazu bestimmt, durch ihre eigene Befreiung die Befreiung aller einzuleiten.

Von einem weniger idealistischen Standpunkt aus gesehen, würde ein Krieg auch zur Lösung vieler innerer Probleme beitragen. Es war verlockend und nur allzu natürlich, die Schwierigkeiten des neuen Regimes den Verschwörungen der

Emigranten und der ausländischen Tyrannen zuzuschreiben und die Unzufriedenheit des Volkes gegen diese Sündenböcke zu lenken. Geschäftsleute konnten behaupten, daß die Ungewißheit der wirtschaftlichen Aussichten, der Druck auf die Währung und andere Unannehmlichkeiten nur dann verschwinden würden, wenn die Interventionsdrohung verschwände. Sie und ihre Ideologen mochten auch an Englands erfolgreiche Entwicklung denken und der Meinung sein, ökonomische Vorherrschaft entspringe der systematischen Aggressivität. (Im 18. Jahrhundert waren erfolgreiche Geschäftsleute alles andere als pazifistisch eingestellt.) Bald würde es sich auch herausstellen, daß der Krieg rentabel ist. Aus all diesen Gründen predigte die Mehrheit der Gesetzgebenden Versammlung (mit Ausnahme einer kleinen rechten und einer kleinen, von Robespierre geführten linken Gruppe) den Krieg. Und aus diesen Gründen würden sich im Verlauf des Krieges und der revolutionären Eroberungen Ausbeutung und politische Manöver mit der Befreiung verbinden.

Der Krieg wurde im April 1792 erklärt. Niederlagen, die das Volk verständlicherweise königlicher Sabotage und Verrat zuschrieb, führten zur Radikalisierung. Die bewaffnete Aktion der Sansculotten-Massen von Paris stürzte in den Monaten August und September die Monarchie, errichtete eine unteilbare Republik und proklamierte durch die Einführung des revolutionären Kalenders mit seinem Jahr I den Beginn einer neuen weltgeschichtlichen Ära. Das eiserne und heroische Zeitalter der Französischen Revolution begann inmitten der Massaker der politischen Gefangenen, der Wahlen für den Nationalkonvent — wohl das bemerkenswerteste aller Parlamente der Geschichte — und des Aufrufs zum totalen Widerstand gegen den Einmarsch fremder Truppen. Der König wurde gefangengesetzt, die ausländische Invasion durch das undramatische Artillerieduell bei Valmy gestoppt. Revolutionäre Kriege haben ihre eigene, besondere Logik. Der neue Nationalkonvent war von den nach außen kriegs- begeisterten, nach innen aber gemäßigten Girondisten be- herrscht. Sie bestanden aus einer Gruppe brillanter und char- manter Redner von hoher Intelligenz, die das Groß- und Provinzbürgertum vertrat. Ihre Politik jedoch war gänzlich undurchführbar. Nur Staaten, die begrenzte Kriege mit einer regulären Armee führen, können hoffen, Krieg und innere Angelegenheiten streng zu trennen, wie es die englischen Damen und Herren in Jane Austens Romanen tun, denen man es nicht ansieht, daß sie im Zeitalter der Napoleonischen Kriege spielen. Die Revolution hatte aber weder einen genau abgrenzbaren Feldzug begonnen, noch stand ihr eine eigene Armee zur Verfügung. Hier ging es entweder um einen totalen Sieg der Weltrevolution oder eine totale Niederlage und einen Sieg der Konterrevolution. Die französischen Ar- meen aber, das heißt das, was von ihnen noch übriggeblieben war, waren weder leistungsfähig noch zuverlässig, und Du- mouriez, der führende General der Republik, ging bald zum Feind über. Nur ganz neue revolutionäre Methoden konnten den Sieg oder auch nur die militärische Niederlage der auslän- dischen Intervention bringen. Solche Methoden wurden ge- funden: In dieser Krise entdeckte oder erfand die junge fran- zösische Republik den totalen Krieg, die totale Mobilisie- rung, die allgemeine Wehrpflicht, die Einführung von Ratio- nierung und staatlicher Wirtschaftskontrolle, die Aufhebung des Unterschieds zwischen Soldaten und Zivilisten daheim und außerhalb des Landes. Wie furchtbar all diese Erfindun- gen waren, wurde jedoch erst in unserer Epoche richtig klar. Da der Revolutionskrieg von 1792—1794 eine außergewöhn- liche Episode blieb, vermochten ihn die meisten Betrachter des 19. Jahrhunderts nicht zu verstehen. Sie begriffen nur, daß Kriege zu Revolutionen führen und daß Revolutionen imstande sind, Kriege zu gewinnen, die hoffnungslos erscheinen. Inmitten der Verfettung der späteren Viktorianischen Periode wurde sogar dies vergessen. Erst heute begreifen wir, wie viele der Züge der Jakobinischen Republik und des »Terrors« von 1793/94 durch den totalen Krieg bedingt waren.

Die Sansculotten begrüßten eine revolutionäre Kriegsregierung nicht nur, weil sie mit Recht annahmen, daß nur so ein Sieg über die Konterrevolution und ausländische Intervention möglich war, sondern auch weil die Maßnahmen dieser Regierung das Volk mobilisierten und es der sozialen Gerechtigkeit näherbrachten. (Sie übersahen nur, daß kein erfolgreicher moderner Krieg mit der von ihnen so geliebten dezentralisierten und auf dem freien Willen begründeten direkten Demokratie vereinbar ist.) Die Gironde aber fürchtete die politischen Folgen der Kombination von Massenrevolutionen mit dem von ihnen ausgelösten Krieg und war auch schlecht für einen Wettstreit mit der Linken ausgerüstet. Sie wollte keine Hinrichtung des Königs, mußte jedoch mit ihrem Rivalen, dem »Berg« (den Jakobinern), um dieses Symbol revolutionären Eifers konkurrieren. Doch es war der Berg, der durch den Tod Ludwigs XVI. an Prestige gewann, und nicht die Gironde. Andererseits waren die Girondisten bereit, den Krieg in einen allgemeinen ideologischen Freiheitskreuzzug zu verwandeln und den großen wirtschaftlichen Rivalen, England, herauszufordern. Das gelang ihnen. Im März 1793 befand sich Frankreich mit fast ganz Europa im Krieg und hatte begonnen, fremde Gebiete zu annektieren, was durch die neuerfundene Doktrin vom Recht Frankreichs auf seine »natürlichen Grenzen« legitimiert wurde. Aber je mehr sich der Krieg ausdehnte und je schlechter die Lage für die Franzosen wurde, desto mehr wurde die Linke gestärkt, die allein ihn gewinnen konnte. Zum Rückzug gezwungen und politisch immer mehr in die Enge getrieben, begann die Gironde ihre unüberlegten Angriffe auf die Linke und schritt zur Organisation der gegen Paris gerichteten Rebellion in den Provinzen. Ein Staatsstreich der Sansculotten am 2. Juni 1793 machte dieser Politik ein Ende. Die Jakobinische Republik war geboren.

Wenn der gebildete Laie an die Französische Revolution denkt, kommen ihm die Ereignisse von 1789 und die Jakobiner-Republik des Jahres II in den Sinn. Der affektierte Robespierre, der massige und verhurte Danton, die eisige revolutionäre Eleganz eines Saint-Just, der rohe Marat, der Wohlfahrtsausschuß, das Revolutionstribunal und die Guillotine erscheinen am klarsten vor seinem inneren Auge. Selbst die Namen der gemäßigten Revolutionäre, die in der Periode zwischen Mirabeau und Lafayette und den Jakobiner-Führern von 1793 eine Rolle spielten, sind dem Gedächtnis des Laien entschwunden. Man erinnert sich der Girondisten vielleicht nur als einer Gruppe und möglicherweise auch nur wegen der politisch bedeutungslosen, aber romantischen Frauengestalten, die mit ihnen verbunden waren — einer Madame Roland oder einer Charlotte Corday. Wer, außer dem Historiker, kennt die Namen Brissot, Vergniaud, Guadet und andere?

Die Konservativen haben eine dauerhafte Vorstellung vom Terror, der Diktatur und dem entfesselten hysterischen Blutdurst geprägt. Aber nach den Maßstäben des 20. Jahrhunderts und auch verglichen mit den konservativen Repressionen sozialer Revolutionen, etwa den Massakern, die auf die Pariser Kommune von 1871 folgten, war die Zahl der

Opfer verhältnismäßig gering: 17 000 offizielle Hinrichtungen in 14 Monaten (9). Revolutionäre — vor allem französische Revolutionäre — sahen im Jahr II die erste Volksrepublik, ein Vorbild für alle kommende Auflehnung. Für alle war dies eine Zeit, die nicht nach den Maßstäben des menschlichen Alltags zu beurteilen ist, sondern aus der Perspektive eines grauenvollen Terrors.

Und das ist wahr. Für den soliden Franzosen aus dem Mittelstand, der hinter diesem Terror stand, war dieser jedoch weder pathologisch noch apokalyptisch, sondern in erster Linie die einzig praktische Methode, sein Land zu retten. Dies gelang der Jakobinischen Republik in der Tat, und ihre Leistung war übermenschlich. Im Juni 1793 befanden sich 60 der 80 französischen Departements im Aufstand gegen Paris; die Armeen der deutschen Fürsten drangen vom Norden und Osten ein; die Briten griffen im Süden und Westen an — das Land war hilflos und bankrott. Vierzehn Monate später befand sich ganz Frankreich unter der Herrschaft einer zentralen Regierung, die fremden Heere standen wieder jenseits der Grenzen, die französischen Armeen hatten Belgien besetzt und eröffneten die zwanzigjährige Epoche beinahe ununterbrochener französischer Triumphe. Und doch kostete die dreimal so starke Armee im März 1794 halb soviel wie jene von 1793, und der Wert der französischen Währung (besser gesagt der Papier-*assignats*, die als Währung fungierten) blieb — in deutlichem Gegensatz zur Vergangenheit und Zukunft — mehr oder weniger stabil. Kein Wunder, daß Jeanbon Saint-André, ein Jakobiner aus dem Wohlfahrtsausschuß, der überzeugter Republikaner blieb und trotzdem später einer der besten Präfekten Napoleons wurde, für das imperiale Frankreich nur Verachtung hatte, das unter den Niederlagen von 1812/13 wankte. Die Repu-

blik des Jahres II hatte schlimmere Krisen mit geringeren
Mitteln überstanden (10).

Für solche Männer und für die Mehrheit des Nationalkon-
vents, der im Grunde die Kontrolle über die Ereignisse während dieser ganzen heroischen Periode behielt, war die Wahl
einfach: entweder der Terror mit allen Mängeln und aller
Grausamkeit, die er vom bürgerlichen Standpunkt aus gesehen haben mochte, oder die Vernichtung der Revolution,
die Zersetzung des Nationalstaats und wohl auch — wie das
Beispiel Polens zeigte — das Ende der staatlichen Existenz.
Hätte sich Frankreich nicht in einer so verzweifelten Lage
befunden, hätten viele vielleicht ein weniger strenges Regime und gewiß eine freiere Wirtschaft vorgezogen: Der Fall
Robespierres führte zu einer wahrhaft epidemischen Aufhebung staatlicher Kontrollmaßnahmen, zu Korruption und
dunklen Geschäften, die in einer galoppierenden Inflation
gipfelten und zum Staatsbankrott von 1797 führten. Aber
auch vom engsten Klassenstandpunkt aus gesehen, hingen die
Aussichten der Bourgeoisie vom Bestehen eines geeinten, starken, zentralisierten Staates ab. Und überhaupt, wie hätte
die Revolution, die die modernen Begriffe »Nation« und
»Patriotismus« geprägt hatte, die *Grande Nation* aufgeben
können?

Die erste Aufgabe des Jakobiner-Regimes bestand in der
Mobilisierung der Massen gegen den Abfall der Gironde
und der provinziellen Notabeln. Dafür mußte sie auf die
Unterstützung der schon mobilisierten Pariser Sansculotten
rechnen können. Doch viele von den Forderungen zugunsten
eines revolutionären Krieges — allgemeine Wehrpflicht (die
levée en masse), Terrormaßnahmen gegen die »Verräter«
und allgemeine Preiskontrolle (das »Maximum«) — entsprachen dem jakobinischen gesunden Menschenverstand, obgleich

andere Forderungen der Sansculotten die Jakobiner beunruhigten. Eine neue, etwas radikalere Verfassung, deren Ver-
kündung von den Girondisten aufgehalten worden war,
wurde proklamiert. Dieses edle, aber durchaus akademische
Dokument verlieh dem Volk das allgemeine Wahlrecht, das
Recht auf den Aufstand, auf Arbeit oder Lebensunterhalt
und enthielt auch — und das war besonders bedeutsam — die
offizielle Erklärung, daß das Glück aller das Ziel der Regierung sein müsse und daß die Rechte des Volkes nicht nur auf
dem Papier stehen sollten. Es war die erste echt demokratische
Verfassung eines modernen Staates. Im einzelnen hoben die
Jakobiner alle noch übriggebliebenen feudalen Rechte ohne
jegliche Entschädigung auf, gaben dem kleinen Mann mehr
Möglichkeiten zum Ankauf konfiszierten Bodens der Emigranten und schafften einige Monate später die Sklaverei in
den französischen Kolonien ab, um die Neger von Santo
Domingo zum Kampf für die Republik und gegen die Engländer aufzustacheln. Diese Maßnahmen hatten ungemein
weitreichende Folgen. In Amerika trugen sie dazu bei, den
ersten unabhängigen farbigen Revolutionsführer in Gestalt
des Toussaint Louverture zu schaffen (11). In Frankreich errichteten sie die uneinnehmbare Zitadelle der kleinen und
mittleren selbständigen Bauern, des kleinen Handwerks und
des Kleinhandels — ökonomisch regressive, aber der Revolution leidenschaftlich ergebene Schichten, die das Leben des
Landes seither beherrschten. Die kapitalistische Verwandlung
des kleinen Unternehmertums und der Landwirtschaft wurde
ungeheuer verlangsamt, und damit wurden die Prozesse der
Verstädterung, der Ausdehnung des inneren Marktes, die Vermehrung der Arbeiterklasse und so auch der spätere Vormarsch der proletarischen Revolution verzögert. Sowohl das
große Unternehmertum wie die Arbeiterbewegung wurden

auf lange Sicht dazu verurteilt, Minderheiten in einem Meer von kleinen Lebensmittelhändlern und Cafébesitzern zu sein. Das Schwergewicht der neuen Regierung, die das Bündnis der Jakobiner mit den Sansculotten ausdrückte, rückte merkbar nach links. Dies spiegelt sich in der Zusammensetzung des Wohlfahrtsausschusses wider, der schnell zu einer leistungsfähigen Kriegsregierung wurde.

Danton, ein mächtiger, wahrscheinlich korrupter, aber ungemein talentierter Revolutionär, der gemäßigter war, als es schien (er war in der letzten königlichen Regierung Minister gewesen), schied aus. Maximilien Robespierre trat in den Wohlfahrtsausschuß ein und wurde zu dessen einflußreichstem Mitglied. Nur wenige Historiker vermögen es, diesen elegant gekleideten, kalten und fanatischen Anwalt mit seinem etwas übertriebenen Anspruch auf ein Monopol der Tugend objektiv zu beurteilen, weil er noch immer das schreckliche und glorreiche Jahr II verkörpert, das jede menschliche Neutralität ausschließt. Er war sicher kein angenehmer Mensch. Auch jene, die ihm recht geben, ziehen ihm heute den jungen Saint-Just, diesen Architekten spartanischer Paradiese, mit seiner leuchtenden mathematischen Strenge vor. Er war kein großer und oft ein engstirniger Mann. Aber Robespierre ist (neben Napoleon) die einzige von der Revolution emporgehobene Gestalt, die zum Mittelpunkt eines Kultes geworden ist. Das hat seinen Grund darin, daß für ihn — wie für die Geschichte — die Jakobiner-Republik nicht ein aus den Erfordernissen des Krieges geborener Notbehelf, sondern ein Ideal darstellte: das schreckliche und glorreiche Reich der Gerechtigkeit und der Tugend, in dem alle Bürger vor der Nation gleich waren und die Verräter niederschlugen. Jean-Jacques Rousseau (s. S. 491) und die kristallharte Überzeugung, im Recht zu sein, waren die

Quellen seiner Kraft. Er hatte keines der Befugnisse eines
Diktators und kein besonderes Amt. Er war nur eines der
Mitglieder des Wohlfahrtsausschusses, der seinerseits nichts
anderes war als ein — freilich das mächtigste, wenn auch nicht
allmächtige — Subkomitee des Konvents. Seine Macht war
die des Volkes, der Pariser Massen, und sein Terror war auch
dessen Terror. Er fiel, als die Massen ihn verließen.

Die Tragödie Robespierres und der Jakobiner-Republik bestand darin, daß sie nicht anders konnten, als die Unterschichten sich selbst zu entfremden. Das Regime beruhte auf
einem Bündnis der Bourgeoisie mit den arbeitenden Massen.
Für die bürgerlichen Jakobiner waren aber Konzessionen an
die Sansculotten nur darum und insoweit erträglich, als sie
die Massen an das Regime banden, ohne die Eigentümer zu
erschrecken, und in diesem Bündnis waren die bürgerlichen
Interessen entscheidend. Dazu kam, daß die Kriegführung
jedes Regime dazu verpflichtete, zu zentralisieren und zu
disziplinieren. Diesen Notwendigkeiten mußten die freie,
lokale, direkte Demokratie der Klubs und Sektionen, die
freiwillige Miliz, die freien, von Debatten begleiteten Wahlen — mit einem Wort alles, was zum Wesen des Sansculottismus gehörte — zum Opfer fallen.

Der gleiche Prozeß, der während des Spanischen Bürger-
kriegs 1936—1939 die Kommunisten auf Kosten der Anarchisten stärkte, festigte die Stellung der Jakobiner vom Typ
eines Saint-Just gegenüber den Sansculotten vom Typ eines
Hébert. 1794 waren Regierungen und Politik monolithisch,
in den Händen von direkten Agenten des Wohlfahrtsausschusses oder des Konvents, der Delegierten *en mission* und
einer großen Zahl von jakobinischen Beamten und Offizieren, die mit lokalen Polizeiorganisationen zusammenarbeiteten. Dazu gesellten sich die wirtschaftlichen Notwendig-

*Maximilien Robespierre. Porträt aus der École française des 18. Jahrhunderts;
Paris, Musée Carnavalet.*

Jean-Paul Marat. Porträt aus der École française des 18. Jahrhunderts;
Paris, Musée Carnavalet.

keiten des Krieges, deren Folgen ebenfalls die Unterstützung der Massen verringerten. In den Städten hatten sie Vorteile aus der Preiskontrolle und der Rationierung, aber Nachteile aus dem Einfrieren der Löhne. Auf dem Land verärgerte die Beschlagnahme von Nahrungsmitteln — die zuerst von den städtischen Sansculotten verlangt wurde — die Bauernschaft. Das alles führte zur Unzufriedenheit der Unterschichten. Verwirrt zogen sie sich in eine grollende Passivität zurück, besonders nach dem Prozeß und der Hinrichtung der Hébertisten, der lautesten Wortführer der Sansculotten. Zur gleichen Zeit waren die gemäßigten Anhänger durch die Angriffe auf die nunmehr von Danton geführte rechte Opposition beunruhigt. Diese Fraktion war zum Zufluchtsort der zahlreichen Schieber, Spekulanten, Schwarzhändler und anderer korrupter Elemente geworden, die sich selbst bereichern wollten; das war um so leichter, als Danton selbst jene amoralische, einem Falstaff ähnliche, zu freier Liebe und Verschwendung neigende Haltung verkörperte, die immer am Anfang sozialer Revolutionen auftaucht, um dann vom harten Puritanismus überwältigt zu werden, der sich schließlich durchsetzt. In der Geschichte werden die Dantons immer von den Robespierres (oder jenen, die nach außen hin eine solche Einstellung heucheln) besiegt, weil zähe, zielstrebige Hingabe dort zum Erfolg führen kann, wo die Boheme versagt. Wenn aber die Robespierres auf die Gemäßigten zählen konnten, solange sie (wie es auch im Interesse der Kriegführung lag) gegen die Korruption kämpften, verloren sie die Unterstützung der Gemäßigten, als sie begannen, die Freiheiten und die Verdienstmöglichkeiten des Geschäftsmannes zu beschneiden. Dazu kam, daß nur wenigen die etwas phantastischen ideologischen Abenteuer zusagten: die systematischen, aus dem Sansculotten-Eifer geborenen Dechristianisierungsfeldzüge oder Robespierres neue zivile Religion des »Höchsten Wesens« mit ihrem ganzen Zeremoniell, die versuchte, den Atheisten entgegenzuwirken und die Anweisungen des göttlichen Jean-Jacques durchzuführen. Und das unaufhörliche Geräusch der fallenden Guillotine erinnerte die Politiker ständig daran, daß niemand sicher war: Die Revolution fraß ihre eigenen Kinder.

Im April 1794 waren die Rechte und die Linke aufs Schafott gewandert, und die Anhänger Robespierres waren politisch isoliert. Nur die kritische Situation an den Fronten hielt sie an der Macht. Als Ende Juni 1794 die neuen Armeen der Republik ihre Stärke bewiesen, indem sie die Österreicher bei Fleurus entscheidend schlugen und Belgien besetzten, war das Ende herangerückt: Am 9. Thermidor des revolutionären Kalenders (am 27. Juli 1794) stürzte der Konvent Robespierre. Am nächsten Tag wurde er zusammen mit Saint-Just und Couthon hingerichtet. Einige Tage darauf folgten ihnen 87 Mitglieder der revolutionären Kommune von Paris.

Der Thermidor beendete die heroische Phase der Revolution, an die man sich erinnert: die Phase der zerlumpten Sansculotten und der korrekt gekleideten Bürger mit ihren roten Mützen, die sich für Brutus oder Cato hielten, der hochtönenden, hochherzigen, aber tödlichen Phrasen wie »Lyon n'est plus!« oder »Zehntausend Soldaten haben keine Schuhe. Sie werden die Schuhe aller Aristokraten in Straßburg nehmen und sie morgen um zehn Uhr früh transportbereit im Hauptquartier abliefern (12)«. Für jene, die sie erlebten, war es keine angenehme Zeit, die meisten waren hungrig, und viele lebten in ständiger Angst. Aber sie ist ein ebenso schreckliches und irreversibles Phänomen wie die erste Atomexplosion, die ebenso die kommende Geschichte verändert hat.

Die Energie, die sie erzeugte, genügte, um die Armeen des europäischen Ancien régime wie Stroh hinwegzufegen.

Das Problem, dem die französische Bourgeoisie während des Restes jener Zeitspanne gegenüberstand, die man fachlich als revolutionäre Periode bezeichnet (1794—1799), war, politische Stabilität und wirtschaftlichen Fortschritt auf der Grundlage des ursprünglichen liberalen Programms von 1789 bis 1791 zu erreichen. Dieses Problem hat sie von jenem Tag an bis zur heutigen Zeit nie zufriedenstellend zu lösen vermocht, obgleich sie ab 1870 in der parlamentarischen Republik eine Formel fand, die für die meisten Perioden brauchbar war. Die schnellen Regierungswechsel — das Direktorium (1795—1799), das Konsulat (1799—1804), das erste Kaiserreich (1815—1830), die konstitutionelle Monarchie (1830—1848), die Republik (1848—1852) und das zweite Kaiserreich (1852 bis 1870) — waren ebenso viele Versuche, die bürgerliche Gesellschaft zu erhalten und die doppelte Gefahr der Jakobinisch-Demokratischen Republik und des Ancien régime zu vermeiden.

Die große Schwäche der Thermidorianer bestand darin, daß sie keine politische Stütze hatten, sondern nur geduldet wurden. Sie waren eingeklemmt zwischen die wiederauflebende aristokratische Reaktion und die Armen des Jakobinisch-Sansculottischen Paris, die bald den Fall von Robespierre zu bedauern begannen. 1795 arbeiteten die neuen Herrscher eine komplizierte Verfassung aus (die das Kräftegleichgewicht der verschiedenen Regierungsgewalten sorgfältig ausbalancierte), um sich gegen die Aristokratie und gegen die Armen zu sichern, und erhielten nur mit Mühe ihr Gleichgewicht durch periodisch wiederkehrende Rechts- und Linkswendungen. Immer mehr mußten sie sich auf die Armee verlassen, um die Opposition unter Druck zu halten. Das Direktorium ähnelte darin der vierten Republik, und beide wurden durch die Herrschaft eines Generals abgelöst. Aber die Thermidorianer brauchten die Armee auch noch für andere Dinge als nur zur Bekämpfung der wiederholten Staatsstreichversuche und Verschwörungen — Vendemiaire 1795, Babœufs Verschwörung 1796, Fructidor 1797, Floréal 1798, Praerial 1799 (13).

Für ein schwaches und unpopuläres Regime stellt die Passivität die einzige Garantie zur Erhaltung der eigenen Macht dar. Die Bourgeoisie aber wollte Initiative und Expansion. So war die Armee dazu bestimmt, das scheinbar unlösbare Problem zu lösen. Sie eroberte und sie erhielt sich finanziell selbst. Mehr noch — ihre Eroberungen und Raubzüge verschafften der Regierung die Mittel für ihr Weiterbestehen. Wen konnte es da überraschen, daß schließlich der begabteste und intelligenteste unter den Generalen, Napoleon Bonaparte, zum Schluß kam, die Armee könnte überhaupt auf die Existenz einer schwachen Regierung verzichten?

Die revolutionäre Armee war das gewaltigste Kind der Jakobiner-Republik. Aus einer *levée en masse* aller Bürger verwandelte sie sich bald in ein Heer von Berufskriegern, denn zwischen 1793 und 1798 waren keine neuen Jahrgänge einberufen worden, und jene, die keinen Geschmack am Soldatentum fanden oder kein Talent dafür hatten, waren in Massen desertiert. Daher behielt sie einerseits die Züge einer Revolutionsarmee und erwarb zugleich jene Merkmale altverwurzelter Interessentengruppen — eine typisch bonapartistische Mischung. Aus der Revolution stammte ihre militärische Überlegenheit, die von Napoleons militärischem Talent so großartig ausgenutzt wurde. Doch sie behielt viele Eigenheiten einer improvisierten Truppe. Kaum eingezogene Rekruten lernten Kampftechnik und -moral von alten Kämpfern, eigentliche Kasernendisziplin und Drill gab es kaum; die Soldaten wurden als Menschen behandelt, und die absolut befolgte Regel des Aufstiegs durch eigene Verdienste (das heißt Tapferkeit in der Schlacht) führte zum Entstehen einer einfachen, auf dem persönlichen Mut begründeten Hierarchie. Dies und der hochmütige Glaube an ihre revolutionäre Mission machten die französische Armee unabhängig von den Mitteln, an die normalerweise die Streitkräfte eines Landes gebunden waren. Sie hatte auch kein leistungsfähiges Versorgungssystem, und dies war auch nicht nötig, denn sie lebte vom Land. Sie konnte sich auf keine Kriegsindustrie stützen, die ihrem tatsächlichen Bedarf auch nur annähernd entsprochen hätte. Aber sie gewann ihre Schlachten so schnell, daß sie nur wenige Waffen brauchte. 1806 brach die große preußische Armeemaschine unter dem Angriff eines Heeres zusammen, von dem ein ganzes Armeekorps nicht mehr als 1400 Kanonenschüsse abgefeuert hatte. Die Generale konnten sich auf den unbegrenzten Angriffsmut und den Unternehmungsgeist der Mannschaften verlassen. Sicherlich hatte diese Armee auch ihre Schwächen, die sich aus ihrer Entstehung und Zusammensetzung ableiteten. Von Napoleon und einer Handvoll anderer Heerführer abgesehen, ließ die Qualität der Generalstäbe zu wünschen übrig. Der revolutionäre General oder der Marschall unter Napoleon war meist vom Typ eines rauhen Unteroffiziers oder Hauptmanns, der wegen seines Mutes oder seines Führertalents und nicht auf Grund seiner intellektuellen Fähigkeiten befördert worden war. Der heldenhafte, aber ungemein dumme Marschall Ney repräsentierte diesen Typ nur allzu gut. Napoleon gewann seine Schlachten, nur seine Marschälle verloren sie oft. Das unzureichende Versorgungssystem mochte den Erfordernissen in den reichen und beraubbaren Ländern genügen, in denen es entwickelt worden war (Belgien, Italien, Deutschland), aber es brach, wie wir noch sehen werden, in den weiten Räumen Polens und Rußlands zusammen. Das Fehlen jeglicher ärztlichen Versorgung hatte ungemein große Verluste zur Folge. Zwischen 1800 und 1815 verlor Napoleon 40% seiner Soldaten (ein Drittel von ihnen desertierte allerdings). 90—98% aller Toten fielen nicht in den Schlachten, sondern starben an Wunden, Krankheit, Erschöpfung oder Kälte.

Kurz gesagt: Diese Armee eroberte Europa in kurzen, heftigen Vorstößen nicht nur, weil sie es konnte, sondern weil sie dazu gezwungen war.

Der Dienst in der Armee war eine Laufbahn unter anderen, die die bürgerliche Revolution dem Talent geöffnet hatte, und wer in der Armee Erfolg hatte, war, wie jeder Bourgeois, an der Erhaltung von Ruhe und Ordnung interessiert. Das war es, was die Armee trotz all ihrer jakobinischen Charakterzüge in der nachthermidorianischen Epoche zu einem Pfeiler der Regierungen machte und ihren Führer Bonaparte zu einer Gestalt werden ließ, die imstande war, die bürgerliche Revolution abzuschließen und das bourgeoise Regime zu beginnen. Napoleon Bonaparte war, obwohl er auf seiner Heimatinsel Korsika als Edelmann galt, ein typischer Karrierist. 1769 geboren, stieg er langsam in der Artillerie auf, einer der wenigen königlichen Waffengattungen, die technisches Können erforderte. Er war ehrgeizig, unzufrieden und revolutionär. Während der Revolution und vor allem unter der Jakobiner-Diktatur, deren entschiedener Anhänger er war, gewann er Anerkennung als außergewöhnlich begabter und vielversprechender Soldat. Er wurde vom Kommissar eines wichtigen Frontabschnittes entdeckt, und daß dieser Kommissar auch Korse war, dürfte Bonaparte

auch nicht geschadet haben. Im Jahr II wurde er General.
Er überstand den Fall von Robespierre, und sein Talent zur
Anknüpfung guter Beziehungen half ihm in Paris über den
schwierigen Augenblick hinweg. Er nutzte die ihm gebotene
Möglichkeit des italienischen Feldzuges von 1796, in dessen
Verlauf er zum Ersten Soldaten der Republik wurde, der so
gut wie unabhängig von den zivilen Behörden handeln
konnte. Er kam zur Macht, teils weil sie ihm gegeben, teils
weil er sie ergriff, als eine neue Invasion 1799 die ganze
Schwäche des Direktoriums und zugleich seine eigene Un-
entbehrlichkeit bewies. Zuerst wurde er Konsul, dann Konsul auf Lebenszeit und dann Kaiser. Wie durch ein Wunder
lösten sich unter ihm alle Probleme, die unter dem Direktorium unlösbar erschienen waren. Innerhalb von drei
Jahren hatte Frankreich seinen *Code Civil,* ein Konkordat
mit der Kirche und sogar — welch bezeichnendes Symbol
bürgerlicher Stabilität — eine Nationalbank. Und die Menschheit hatte ihren ersten weltlichen Mythos.
Leser, die ein gewisses Alter erreicht oder in altmodischen
Ländern gelebt haben, werden den Napoleon-Mythos kennen, wie er während des 19. Jahrhunderts lebendig war:
Seine Büste fehlte auf keinem bürgerlichen Schreibtisch, und
die Verfasser von Satiren behaupteten, wenn auch nur im
Scherz, er sei kein Mann, sondern ein Sonnengott gewesen.
Die außergewöhnliche Macht dieses Mythos kann weder aus
seinen Siegen noch aus der napoleonischen Propaganda und
nicht einmal aus seiner unbezweifelbaren Genialität erklärt
werden.
Als Mensch betrachtet, war er fraglos ungewöhnlich brillant,
vielseitig, klug, phantasievoll, wenn auch die Macht seinen
Charakter verdarb. Als General kam ihm keiner gleich.
Seine Herrscherfähigkeiten bewies er als hervorragender

Planer, Befehlshaber und Administrator, und seine Allgemeinbildung ermöglichte es ihm, die Arbeit seiner Untergebenen zu verstehen und zu überwachen. Es scheint eine Aura von Größe von diesem Menschen ausgegangen zu sein, aber die meisten, die das bezeugen, haben ihn, wie Goethe, erst auf dem Höhepunkt seiner Macht gesehen, als der Mythos ihn bereits umgab. Man kann nicht daran zweifeln, daß er wirklich ein großer Mann war. Sein Bild ist — neben dem Lenins — vielleicht dasjenige, das die meisten einigermaßen gebildeten Menschen am leichtesten in einer Porträtgalerie historischer Persönlichkeiten erkennen würden, wenn auch nur infolge der drei besonderen Kennzeichen: die kleine Figur, die Locke auf der Stirn und die Hand in der halboffenen Weste. Doch es ist sinnlos, seine Größe mit der irgendwelcher Persönlichkeiten des 20. Jahrhunderts vergleichen zu wollen.

Denn der Napoleon-Mythos ist weniger aus seinen Verdiensten und Eigenschaften als aus seiner einzigartigen Laufbahn entstanden. Die großen Welterschütterer der Vergangenheit hatten, wie ein Alexander, als Könige oder, wie ein Caesar, als Patrizier begonnen. Napoleon aber war der »kleine Korporal«, der nur durch sein eigenes Talent an die Spitze gelangte (was zwar nicht ganz korrekt war, aber sein Aufstieg war meteorisch genug, um eine solche Beschreibung zuzulassen). Jeder junge Intellektuelle, der Bücher verschlang wie der junge Bonaparte, schlechte Gedichte und Romane schrieb und Rousseau verehrte, sah nun unbeschränkte Möglichkeiten vor sich und den Lorbeerkranz um sein Monogramm. Jeder Geschäftsmann hatte von nun an einen Namen für seinen Ehrgeiz, wollte er doch, wie die Phrase noch heute lautet, zu einem »Napoleon der Finanz« oder der Industrie werden. Jeder kleine Mann erschauerte beim Anblick dieses einen aus ihrer Mitte, der höher gestiegen war als alle, die durch Geburt dazu bestimmt waren, Kronen zu tragen. Napoleon gab dem Ehrgeiz einen Namen zu einem Zeitpunkt, als die doppelte Revolution ehrgeizigen Männern das Tor zur Welt geöffnet hatte. Doch er war mehr. Er war der zivilisierte Mensch des 18. Jahrhunderts, rationalistisch, an allem interessiert, aufgeklärt, weltoffen, aber doch auch ein Schüler Rousseaus und damit gleichzeitig ein Romantiker des 19. Jahrhunderts. Er war ein Kind der Revolution und der Begründer der Stabilität. Mit einem Wort — er war die Gestalt, mit der jeder, der mit der Tradition brach, sich in seinen Träumen identifizieren konnte.

Noch klarer war es für die Franzosen: Für sie war er ganz einfach der erfolgreichste Herrscher ihrer langen Geschichte. Im Ausland triumphierte er durch seine glanzvollen Siege, aber zu Hause errichtete oder erneuerte er die französischen Institutionen, die bis zum heutigen Tag bestehen. Die meisten — vielleicht alle — darin verkörperten Ideen stammten bereits aus der Revolution und dem Direktorium. Napoleons Beitrag bestand nur darin, sie konservativer, autoritärer gestaltet und die Hierarchie klarer herausgearbeitet zu haben. Die großen kristallklaren Denkmäler des französischen Rechts, die Codices, die zum Vorbild für die gesamte nicht-angelsächsische Welt wurden, waren das Werk Napoleons. Die Hierarchie der Beamten, der Gerichte, der Universitäten und Schulen stammt von ihm. Die großen öffentlichen »Karrieren« Frankreichs, Armee, Beamtenschaft, Unterrichtswesen und Justiz, haben immer noch ihre Napoleonische Form. Er brachte allen Sicherheit und Wohlstand, mit Ausnahme jener Viertelmillion Franzosen, die auf den Schlachtfeldern geblieben waren — und sogar deren Familien brachte er Ruhm.

Gewiß, die Briten meinten, sie kämpften für Freiheit und gegen Tyrannei. Aber 1815 lebten die meisten Engländer wahrscheinlich schlechter als im Jahr 1800, während es den meisten Franzosen sicherlich besser ging. Mit Ausnahme der zahlenmäßig immer noch unbedeutenden Lohnarbeiter genossen alle noch die bedeutenden wirtschaftlichen Vorteile, die die Revolution ihnen gebracht hatte. Es ist kein Geheimnis, warum der Bonapartismus zur Ideologie der unpolitischen Franzosen, vor allem der reicheren Bauern wurde und es auch nach dem Fall Napoleons noch blieb. Erst ein zweiter und kleinerer Napoleon ließ diese Ideologie 1851 und 1870 zerbröckeln.

Napoleon selbst hatte nur eines zerstört: die Jakobiner-Revolution, den Traum von der Gleichheit, Freiheit und Brüderlichkeit aller Menschen, vom Volk, das sich in seiner Majestät erhebt, um die Fesseln der Unterdrückung zu sprengen. Doch dieser Mythos war stärker als der napoleonische. Nach Napoleons Fall war es die Erinnerung an die Republik und nicht die an Bonaparte, die die Revolutionen des 19. Jahrhunderts sogar in dessen eigenem Land inspirierte.

4

Krieg

In Zeiten der Erneuerung ist alles, was nicht neu ist, verderblich. Die Kriegskunst der Monarchie paßt uns nicht, denn wir sind andere Menschen und haben andere Feinde. Die Macht und die Siege der Völker, der Glanz ihrer Politik und Kriegskunst hingen stets von einem einzigen Prinzip, von einer einzigen machtvollen Institution ab . . . Unsere Nation hat jetzt schon ihren eigenen besonderen Charakter. Ihr militärisches System muß von dem ihrer Feinde verschieden sein. Wohlan denn: Wenn die französische Nation Schrecken erregt wegen unseres Eifers und unserer Fähigkeit und wenn unsere Feinde ungeschickt, kalt und langsam sind, muß unser Militärsystem sich durch sein Ungestüm auszeichnen.

> SAINT-JUST, *Rapport présenté à la Convention Nationale au nom du Comité de Salut Public,* 19 du premier mois de l'an II (10. Oktober 1793)

Es ist nicht wahr, daß der Krieg gottgewollt ist. Es ist nicht wahr, daß die Erde nach Blut dürstet. Gott selbst verflucht den Krieg, und das tun auch die Männer, die ihn führen und denen er insgeheim Schrecken einjagt.

> ALFRED DE VIGNY, *Servitude et grandeur militaire*

ZWISCHEN 1789 UND 1815 gab es in Europa fast ununterbrochen Krieg, der gelegentlich mit außereuropäischen Kriegen zusammenhing oder zusammenfiel: mit kriegerischen Operationen in Westindien, dem Vorderen Orient oder in Indien in den neunziger Jahren des 18. Jahrhunderts und den ersten Jahren des 19. Jahrhunderts, gelegentlichen Operatio-

nen zur See und 1812—1814 in den USA. Die Folgen der Siege
und Niederlagen dieser Kriege wogen schwer, da sie die Landkarte der Welt veränderten. Daher müssen wir uns diesen
Kriegen zuerst zuwenden. Wir werden uns aber auch mit weniger greifbaren Problemen zu beschäftigen haben, den Folgen, die die tatsächlichen Kriegshandlungen — die Mobilisie-
rungen und die Operationen — und die durch sie bedingten
politischen und wirtschaftlichen Maßnahmen nach sich zogen.
Zwei grundverschiedene Typen von Kriegführenden standen
einander im Verlauf dieser mehr als zwanzig Jahre gegenüber: Mächte und Systeme. Frankreich stand als Staat mit
seinen Sonderinteressen und Bestrebungen anderen Staaten
feindlich gegenüber oder war mit anderen Staaten verbündet. Andererseits rief Frankreich als Land der Revolution
die Völker der Welt dazu auf, die Ketten der Tyrannei zu
sprengen und die Freiheit zu erringen, und die konservativen
und reaktionären Kräfte bekämpften es. Gewiß, nach den
ersten beiden apokalyptischen Jahren des revolutionären
Krieges verringerte sich der Gegensatz zwischen den beiden
miteinander verwobenen Aspekten des Konflikts. In den
letzten Jahren der Napoleonischen Zeit überwog das Element der Eroberung und Ausbeutung das der Befreiung,
sobald die französischen Truppen ein Land besiegten, besetzten und annektierten. Der internationale Krieg war dann
weit weniger mit dem internationalen (und nationalen)
Bürgerkrieg vermengt. Umgekehrt hatten sich die konter-
revolutionären Kräfte mit vielen Errungenschaften der Revolution in Frankreich abgefunden und waren — mit einigen
Vorbehalten — bereit, mit Frankreich über Friedensbedin-
gungen wie mit einem normalen Staat und nicht wie mit
einem Reich der Finsternis zu verhandeln. Wenige Wochen
nach Napoleons Niederlage waren sie sogar willens, Frank-

reich wieder als gleichberechtigten Partner zum traditionellen Spiel der Diplomatie zuzulassen, das die zwischenstaatlichen Beziehungen durch Bündnisse, Gegenbündnisse, Bluff, Drohung und Krieg regelt. Und doch blieb die Doppelnatur der Kriege als eines Ringens von Staaten und zugleich eines Konflikts zwischen sozialen Systemen erhalten.

Die Sozialsysteme der kriegführenden Staaten waren sehr ungleich. Abgesehen von Frankreich, gab es nur einen einigermaßen bedeutenden Staat, der auf Grund seines revolutionären Ursprungs und seiner Sympathie für die Erklärung der Menschenrechte ideologisch zu Frankreich neigte — die USA. Tatsächlich sympathisierten die Vereinigten Staaten mit Frankreich und führten einen Krieg (1812—1814), wenn auch nicht im Bündnis mit Frankreich, so doch gegen England, den gemeinsamen Gegner. Doch während des größten Teils der Periode waren die USA neutral, und ihr Konflikt mit Großbritannien bedarf keiner ideologischen Erklärung. Ideologische Bundesgenossen fand Frankreich nicht in Staaten, sondern in Parteien und Teilen der öffentlichen Meinung.

Im großen und ganzen sympathisierte jeder gebildete, begabte und informierte Mensch mit der Revolution — zumindest bis zur Errichtung der Jakobiner-Diktatur und oft lange darüber hinaus. Erst als sich Napoleon zum Kaiser proklamieren ließ, zog Beethoven die Widmung der Eroika-Symphonie zurück.

Die Unzahl der Männer mit Talent und Genie, die anfangs die Revolution unterstützte, kann nur mit jener verglichen werden, die in den dreißiger Jahren des 20. Jahrhunderts mit der spanischen Republik sympathisierte. In Großbritannien befanden sich unter ihnen Dichter, wie Wordsworth, Blake, Coleridge und Robert Burns; Wissenschaftler, wie der Chemiker Joseph Priestley, und Mitglieder der angesehenen *Lunar Society* von Birmingham (der Sohn von James Watt ging zum Schrecken des Vaters tatsächlich nach Frankreich); Technologen und Industrielle, wie der Eisenindustrielle Wilkinson und der Ingenieur Thomas Telford, und die Intellektuellen aus den Kreisen der *Whigs* und der *Dissenters*. In Deutschland waren es die Philosophen Kant, Herder, Fichte, Schelling und Hegel, die Dichter Schiller, Hölderlin, Wieland und der schon bejahrte Klopstock, unter den Musikern Beethoven; in der Schweiz der Pädagoge Pestalozzi, der Psychologe Lavater und der Maler Fueßli (Fuseli), in Italien so gut wie alle Antiklerikalen. Obgleich die Revolution nun von solch intellektueller Unterstützung begeistert war und die hervorragenden ausländischen Anhänger (wie auch solche, die sie für Anhänger hielt) durch die Verleihung der französischen Ehrenbürgerschaft ehrte (1), waren weder ein Beethoven noch ein Robert Burns für sie von besonderem militärischen oder politischen Wert.

Politisch ernster zu nehmende projakobinische oder profranzösische Gefühle existierten vor allem in gewissen an Frankreich grenzenden Gebieten, wo ähnliche soziale Bedingungen herrschten, oder in Gebieten, die mit Frankreich in enger kultureller Beziehung standen (die Niederlande, das Rheinland, die Schweiz und Savoyen), in Italien oder — aus anderen Gründen — in Irland und Polen. In Großbritannien hätte der »Jakobinismus« gewiß eine größere politische Bedeutung sogar nach Ausbruch des Terrors erreicht, hätte er nicht zum Antifranzosentum des englischen Nationalismus im Widerspruch gestanden. Dieser nährte sich sowohl aus der Verachtung des »Rindfleischessers« John Bull für die angeblich hungernden Kontinentalen (alle Franzosen erscheinen in den populären Karikaturen der Periode dünn wie Streichhölzer) wie aus der Feindschaft gegenüber Englands »Erbfeind«, der zugleich Schottlands »Erbfreund« war (2). Der einzigartige Charakter des britischen Jakobinismus bestand darin, daß er sich in erster Linie aus Handwerkern und Arbeitern zusammensetzte — zumindest als die erste allgemeine Begeisterung verflogen war. Die *Corresponding Societies* können als erste unabhängige Organisationen der Arbeiterklasse angesehen werden. Aber der Jakobinismus fand einen einmalig kraftvollen Ausdruck in Tom Paine und seinen *Menschenrechten* (von denen wohl eine Million Exemplare verkauft wurden) und eine politische Unterstützung von seiten der Whigs, die — gegen Verfolgung durch ihren Reichtum und ihre soziale Stellung gesichert — bereit waren, die britischen Traditionen der bürgerlichen Freiheit zu verteidigen und für Friedensverhandlungen mit Frankreich einzutreten. Die tatsächliche Schwäche des britischen Jakobinismus aber erhellt aus der Tatsache, daß jene Flotte, die in einem entscheidenden Augenblick des Krieges (1797) in Spithead meuterte, nachdem ihre wirtschaftlichen Forderungen erfüllt worden waren, verlangte, gegen die Franzosen segeln zu dürfen.

Auf der Iberischen Halbinsel, in den Gebieten der Habsburger Monarchie, in Mittel- und Ostdeutschland, Skandinavien, den Balkangebieten und in Rußland war der Philo-Jakobinismus ungemein schwach. Er zog einige junge Hitzköpfe, einige aufgeklärte Intellektuelle und nur wenige andere an, die (wie Ignatius Martinovics in Ungarn oder Rhigas in Griechenland) heute den ehrenvollen Platz von Vorläufern des nationalen oder sozialen Befreiungskampfes ihrer Völker einnehmen. Da ihnen jeglicher Massenanhang in den mittleren und oberen Schichten fehlte und sie gänzlich von der frommen, analphabetischen Bauernschaft getrennt waren, wurde der Jakobinismus auch dann mit Leichtigkeit unter-

drückt, wenn er, wie in Österreich, eine Verschwörung an-
zuzetteln versuchte. Eine ganze Generation würde vergehen,
bevor eine starke und kämpferische liberale Tradition in Spanien aus einigen kleinen Studentenverschwörungen und der
Propaganda von jakobinischen Emissären entsproß.

Der ausländische Jakobinismus appellierte in Wirklichkeit
an die gebildeten und mittleren Klassen der Gesellschaft, und
seine politische Kraft hing von ihrer Bereitschaft und ihrem
Willen ab, ihn zu übernehmen. In Polen zum Beispiel machte
die Französische Revolution tiefen Eindruck, denn Frankreich war seit langem diejenige ausländische Macht gewesen,
von der die Polen Unterstützung ihres Widerstandes gegen die
Habgier der Preußen, Russen und Österreicher erhofften, die
schon große Teile des Landes annektiert hatten und drohten,
nun auch noch den Rest unter sich aufzuteilen. Frankreich
gab den denkenden Polen auch das Beispiel für eine tiefgehende innere Reform, wie sie ihnen als unumgänglich erschien, um sich gegen die Feinde wehren zu können. So ist
es nicht überraschend, wenn die reformierte polnische Verfassung von 1791 in vielem der französischen nachgeformt
war — es war dies die erste moderne Verfassung, die diesen
Einfluß aufwies (3). Aber in Polen konnte der reformistisch
gesinnte Klein- und Großadel frei handeln — in Ungarn,
wo der endemische Konflikt zwischen Wien und den lokalen
Autonomisten für den Landadel einen ähnlichen Anreiz bilden konnte, sich die Theorien des Widerstandes anzueignen
(das Komitat Gömör verlangte die Abschaffung der Zensur,
weil sie Rousseaus *Contrat Social* widersprach), war eine
solche Handlungsfreiheit nicht vorhanden. Daher war der
Jakobinismus viel schwächer und viel wirkungsloser. In Irland hinwiederum verlieh die nationale und agrarische Unzufriedenheit dem Jakobinismus eine politische Kraft, die

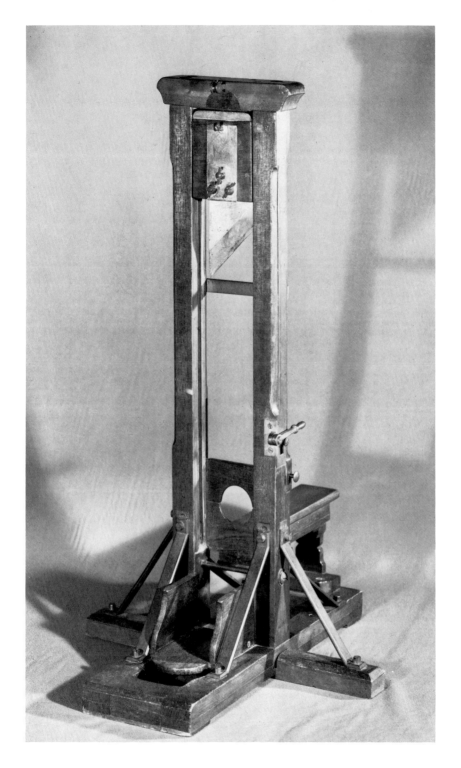

Ein Modell der Guillotine, die 1792 zum ersten Mal verwendet wurde.
Dr. Joseph Ignace Guillotin, ihr Erfinder,
wurde in den Revolutionswirren ebenfalls damit enthauptet.

*Französische Richter,
beobachtet von Honoré Daumier – »Die Beratung«;
Ausschnitt aus einem Aquarell.*

weit über die Unterstützung hinausging, auf die die Führer der »Vereinten Irländer« mit ihrer freidenkerischen, freimaurerischen Ideologie rechnen konnten. In diesem katholischsten aller Länder wurden Gottesdienste für den Sieg der gottlosen Franzosen zelebriert, und die Iren waren bereit, einfallende Franzosen zu begrüßen, nicht weil sie mit Robespierre sympathisierten, sondern weil sie die Engländer haßten und Bundesgenossen gegen sie suchten. In Spanien andererseits, wo Katholizismus und Armut ebenso stark waren, vermochte der Jakobinismus aus dem umgekehrten Grund nicht Fuß zu fassen: Es gab keine fremde Macht, die Spanien unterdrückte, und die einzige, von der diese Gefahr drohen konnte, war Frankreich. Weder Polen noch Irland waren typische Beispiele des Philo-Jakobinismus, weil dort das tatsächliche Programm der Revolution kaum Anhänger erwarb. Dies war aber in jenen Ländern der Fall, in denen soziale und politische Probleme bestanden, die denen Frankreichs ähnelten. Unter diesen kann man zwei Gruppen unterscheiden: Staaten, in denen der einheimische Jakobinismus eine mehr oder weniger große Chance hatte, die politische Macht zu ergreifen, und solche, in denen nur die Eroberung durch die Franzosen dazu führen konnte. Die Niederlande, Teile der Schweiz und vielleicht ein oder zwei italienische Staaten gehören zur ersten Gruppe, fast ganz Westdeutschland und Italien zur zweiten. Belgien — die österreichischen Niederlande — hatte bereits 1789 rebelliert. Man vergißt oft, daß Camille Desmoulins seine Zeitschrift *Les Revolutions de France et de Brabant* nannte. Die Profranzosen unter den Revolutionären (die demokratischen *Vonckisten*) waren zweifellos schwächer als die konservativen *Statisten*, aber sie waren doch stark genug, um den Franzosen eine wirklich revolutionäre Unterstützung bei deren von den

Vonckisten begrüßten Eroberung des Landes zu geben. In
den damaligen Niederlanden (Vereinigte Provinzen) war
der Einfluß der »Patrioten«, die für ein Bündnis mit Frankreich eintraten, immerhin so stark, daß sie an die Entfachung
einer Revolution dachten, obwohl es zweifelhaft war, ob
diese ohne Hilfe gelingen konnte. Sie vertraten den kleineren
Mittelstand und andere Elemente, die sich zum Kampf gegen
die herrschenden Oligarchien der großen patrizischen Kaufleute und das Haus Oranien zusammengetan hatten. In einigen protestantischen Kantonen der Schweiz war der linke
Flügel immer stark gewesen und hatte genug Kraft, um
1792 in Genf eine Revolution zu beginnen. Die französische
Eroberung unterstützte die hier vorhandenen revolutionären
Kräfte, doch sie schuf sie nicht.

Anders stand es in Westdeutschland und in Italien. Die französische Invasion wurde von deutschen Jakobinern vor allem
in Mainz und in Südwestdeutschland begrüßt, doch niemand
hätte behaupten können, daß sie selbst stark genug gewesen
wären, um auch nur ihren eigenen Regierungen Kopfschmer-
zen zu verursachen. (Die Franzosen konnten nicht einmal
einen Satellitenstaat im Rheinland errichten.) Dank des Einflusses der Aufklärung und der Freimaurerei wurde in Italien die Revolution unter den Gebildeten mit Begeisterung
begrüßt, aber der lokale Jakobinismus war wohl nur im
Königreich Neapel stark. Hier eroberte er so gut wie das
ganze »aufgeklärte« (das heißt antiklerikale) Bürgertum und
auch einen Teil des Adels, denn er war in den geheimen Logen
und Gesellschaften organisiert, die in der süditalienischen
Atmosphäre so gut gedeihen. Aber auch da fehlte ihm jeder
Kontakt mit den sozial-revolutionären Massen. Als die französischen Truppen herannahten, fiel es leicht, eine neapoli-
tanische Republik zu proklamieren, die aber mit der gleichen

Leichtigkeit durch eine im Namen von Papst und König durchgeführte soziale Revolution der Rechten wieder zerstört wurde: Denn die Bauern und die *lazzaroni* von Neapel bezeichneten nicht ohne Berechtigung den Jakobiner als »einen Mann mit einer Kutsche«.

Im großen und ganzen bestand also der militärische Wert des ausländischen Philo-Jakobinismus darin, daß er die französische Eroberung erleichterte und eine Art Reservoir politisch zuverlässiger Verwalter in den eroberten Gebieten darstellte. Die allgemeine Tendenz ging dahin, die Länder, in denen die Jakobiner stark waren, in Satellitenrepubliken zu verwandeln, um sie sich später, wann immer es vorteilhaft erschien, anzueignen. Belgien wurde 1795 annektiert, die Niederlande wurden im selben Jahr zur Batavischen Republik und später zu einem Königtum der Familie Bonaparte. Das linke Rheinufer wurde besetzt; unter Napoleon entstanden Satellitenstaaten, wie das Großherzogtum Berg (das heutige Ruhrgebiet), das Königreich Westfalen, und die französische Herrschaft wurde auf weitere Gebiete Nordwestdeutschlands ausgedehnt. Die Schweiz wurde zuerst zur Helvetischen Republik, dann zu einem Teil Frankreichs. In Italien wurde eine ganze Reihe von Republiken gegründet — die Zisalpine (1797), die Ligurische (1797), die Römische (1798), die Parthenopäische in Neapel (1798) —, die dann zum Teil annektiert, zum größeren Teil aber in Satellitenmonarchien (das Königreich Italien und das Königreich Neapel) verwandelt wurden.

Der ausländische Jakobinismus war dennoch militärisch nicht bedeutungslos, und ausländische Jakobiner spielten eine nicht unwichtige Rolle in der Ausarbeitung der republikanischen Strategie. Das gilt vor allem für die Saliceti-Gruppe, die dem Italiener Napoleon Buonaparte den Weg zum Aufstieg in-

nerhalb der französischen Armee und seine spätere Politik
in Italien erleichterte. Und doch kann nicht behauptet werden, daß der »ausländische« Jakobinismus und seine Vertreter entscheidende Bedeutung gehabt hätten. Diese Rolle hätte
nur *einer* ausländischen profranzösischen Bewegung zufallen
können, falls man sie gut ausgenutzt hätte: der irischen
Bewegung.

Eine Kombination von irischer Revolution mit französischer Invasion hätte vor allem 1797/98, als Großbritannien
allein im Krieg mit Frankreich stand, England wohl zum
Frieden zwingen können. Aber die technischen Probleme einer
überseeischen Invasion waren schwierig, die Franzosen hatten
keinen klar ausgearbeiteten Plan und zögerten, und der
irische Aufstand von 1798 war — obwohl er von den Volksmassen stark unterstützt wurde — schlecht organisiert und
konnte leicht unterdrückt werden. Darum ist es unnütz, über
die Möglichkeiten einer französisch-irischen Zusammenarbeit
zu theoretisieren.

Ebenso wie die Franzosen fanden aber auch die Antifran-
zosen die Unterstützung revolutionärer Kräfte. Man kann
nicht bestreiten, daß die spontanen Widerstandsbewegungen
vor allem seitens der Bauern gegen die Franzosen sozial-
revolutionäre Züge trugen, obgleich sie mit einem militanten
prokirchlichen und monarchistischen Konservatismus verknüpft waren. Es ist charakteristisch, daß jene militärische
Taktik, die in unserem Jahrhundert am klarsten mit revolutionärer Kriegführung identifiziert wurde, der Guerilla-
oder Partisanenkrieg, 1792—1815, fast ausschließlich von den
gegen die Franzosen kämpfenden Kräften monopolisiert
wurde. In Frankreich selbst führten die *chouans* der Vendée
und der Bretagne einen royalistischen Guerillakrieg, der mit
Unterbrechungen von 1793—1802 währte. Im Ausland waren

wohl die süditalienischen Banditen 1798/99 die Wegbereiter der volkstümlichen antifranzösischen Guerillaaktionen. Die Tiroler unter der Führung des Gastwirts Andreas Hofer im Jahr 1809, vor allem auch die Spanier nach 1808 und bis zu einem gewissen Grad auch die Russen (1812/13) griffen mit beachtlichem Erfolg zu dieser Kriegführung. In keinem einzigen Gebiet außerhalb Frankreichs Grenzen konnte sich nach der Niederlage und dem Abzug der Franzosen ein projakobinisches Regime auch nur für einen Augenblick halten. In Tirol, Spanien und in gewissem Sinn auch in Süditalien begannen andererseits die schwierigen militärischen Probleme für die Franzosen erst nach der Niederlage der jeweiligen Regierungen und deren Streitkräfte. Der Grund ist klar: Die nunmehr gegen die Franzosen kämpfenden Kräfte waren die Bauern; und dort, wo der antifranzösische Nationalismus sich nicht auf die Bauernschaft stützen konnte, blieb seine Kraft ungemein gering. Retrospektiver Patriotismus hat den »Deutschen Freiheitskrieg« von 1813/14 geschaffen, aber der Historiker kann feststellen, daß es keine vom Volk getragene Widerstandsbewegung gegeben hat und der Freiheitskrieg insofern eine Erfindung ist (4). In Spanien bekämpfte das Volk die Franzosen, nachdem die Armee versagt hatte; in Deutschland wurden die Franzosen in der üblichen Weise von den Armeen geschlagen.

Insofern es sich um einen Konflikt sozialer Systeme handelte, war dieser Krieg also im wesentlichen ein Kampf Frankreichs und seiner Grenzgebiete gegen alle anderen Mächte. Als Kampf zwischen Staaten betrachtet, war die Lage komplizierter. Der grundlegende Gegensatz war der zwischen Frankreich und Großbritannien, der die internationale Lage Europas seit Jahrzehnten beherrscht hatte. Für Großbritannien standen wirtschaftliche Interessen im Vordergrund: Ihm

war daran gelegen, seinen Hauptkonkurrenten aus dem Feld
zu schlagen, die Vorherrschaft seiner Produkte auf den europäischen Märkten durchzusetzen und die totale Kontrolle
der Kolonial- und Überseemärkte zu erreichen. Doch dies
setzte voraus, daß England die Meere beherrschte. Tatsächlich gelang es den Briten, diese Ziele mehr oder weniger zu
verwirklichen. Sie hatten keine territorialen Ambitionen in
Europa, sie wollten lediglich einige für die Seeherrschaft bedeutende Punkte kontrollieren oder zumindest sicher sein,
daß diese nicht in die Hände anderer und potentiell gefährlicher Mächte fallen. Außerhalb Europas aber war England
entschlossen, die Kolonialreiche anderer Mächte zu vernichten und große Gebiete der englischen Herrschaft zu unter-
werfen. Diese britischen Ziele reichten schon aus, um diejeni-
gen Staaten in Frankreichs Verbündete zu verwandeln, die
an internationalem Handel und Kolonialbesitz interessiert
waren. Tatsächlich blieben diese Staaten aber meist neutral,
was in Kriegszeiten große wirtschaftliche Vorteile bringt. Die
britische Tendenz, die neutrale Schiffahrt durchaus realistisch
als eine Kraft anzusehen, die eher auf seiten der Franzosen
als auf seiten der Briten stand, führte von Zeit zu Zeit zum
Konflikt mit England, bis die französische Blockadepolitik
die »Neutralen« nach 1806 in das Lager der Briten trieb.
Die meisten Seemächte waren zu schwach und die des europäischen Kontinents zu abgeschnitten, um den Briten ernsthafte Schwierigkeiten bereiten zu können, aber der Englisch-
Amerikanische Krieg von 1812—1814 ergab sich aus einem
solchen Konflikt.
Die Gründe des französischen Hasses gegen England waren
komplizierter, aber die Revolution, die der französischen
Bourgeoisie mit ihrem ebenfalls unbeschränkten Expansions-
hunger zur Macht verhalf, verstärkte die Wünsche nach

einem *totalen* Sieg über die Briten. Da mit Recht angenommen wurde, daß die britische Macht vom Handel abhing,
mußte zumindest dieser Handel für immer zerstört werden.
Die Parallele zwischen dem englisch-französischen Konflikt
und dem zwischen Rom und Karthago beherrschte die Vorstellung der Franzosen, deren politische Einbildungskraft
weitgehend durch die Geschichte des klassischen Altertums
geprägt war. Ihr Ehrgeiz trieb die französische Bourgeoisie
weit über dieses minimale Kriegsziel hinaus. Nur die Schaffung eines eigenen großen Marktes unter ihrem Monopol
würde es ihr gestatten, die Briten zu überflügeln und ihre
Stelle einzunehmen. Daraus erwuchs ein Konflikt von langer
Dauer und einzigartiger Hartnäckigkeit. Keine der beiden
Seiten war bereit, sich mit weniger als einem totalen Sieg
zufriedenzugeben: Das war eine Einstellung, die damals so
selten war, wie sie heute normal ist. Die kurze Friedenspause
von 1802/03 wurde durch die mangelnde Friedensbereit-
schaft auf beiden Seiten beendet. Das war um so bemerkens-
werter, als vom rein militärischen Standpunkt aus eine
Remispartie geboten schien, war es doch seit dem Ende der
1780er Jahre klar, daß die Briten sich nicht auf dem Kontinent festsetzen, die Franzosen aber nicht aus ihm ausbrechen
konnten. Zu den anderen gegen Frankreich kämpfenden
Mächten gab es bei weitem keinen so scharfen Gegensatz. Sie
hofften alle darauf, die Französische Revolution besiegen zu
können, ohne auf ihre eigenen politischen Ziele verzichten
zu müssen. Dies aber wurde nach 1792—1795 unmöglich.
Der Hauptgegner der Franzosen war Österreich: Die Bedeutung der Familienbande zwischen den Häusern Habsburg
und Bourbon **wurde** durch die direkte französische Bedrohung der österreichischen Besitzungen und Einflußsphären in
Italien verstärkt, und so nahm Österreich an allen größeren

Koalitionen teil. Rußlands Einstellung war nicht so konse-
quent. Es trat faktisch nur 1798—1801, 1805—1807 und dann
erst wieder 1812 in den Krieg. Preußen befand sich in einer
Zwickmühle zwischen seiner Sympathie für die Konterrevolution, seinem Mißtrauen gegenüber Österreich und seinen
Gelüsten auf Machterweiterung in Polen und Deutschland,
wobei es aus der französischen Initiative Vorteile ziehen
konnte. Daher beteiligte es sich nur gelegentlich am Krieg in
der Hoffnung, eine mehr oder weniger unabhängige Rolle
zu spielen: Das geschah 1792—1795, 1806/07 (als Preußen
vernichtend geschlagen wurde) und 1813. Die Politik der
übrigen Staaten, die sich ab und zu der französischen Koalition anschlossen, zeigt ähnliche Strömungen. Sie waren gegen
die Revolution, aber Politik bleibt Politik, und sie hatten
auch noch andere Sorgen. Eine permanente, unbeugsame
Feindschaft gegenüber Frankreich entsprach durchaus nicht
ihren Interessen, besonders wenn das siegreiche Frankreich
die periodische Neuaufteilung europäischer Länder beherrschte. Aus den permanenten Zielen und Interessen der
europäischen Staaten erwuchs den Franzosen eine Anzahl
potentieller Verbündeter, da innerhalb jedes auf Rivalitäten
gebauten Systems die Feindschaft gegenüber X zur Sympathie für Nicht-X führt. Die verläßlichen Verbündeten
Frankreichs waren aus diesem Grunde die kleineren deutschen
Fürsten, die — oft mit französischem Beistand — seit langem
danach strebten, die Macht des Kaisers (das heißt Österreichs) zu schwächen, oder die sich vom Wachstum der Macht
Preußens bedroht fühlten. Die Staaten Südwestdeutschlands,
Baden, Württemberg, Bayern, die 1806 zum Kern von
Napoleons Rheinbund wurden, und Preußens alter Rivale
und auch sein Opfer, Sachsen, waren die wichtigsten. Sachsen
blieb tatsächlich bis zuletzt Napoleons treuester Bundes-

genosse, was sich zum Teil auch aus seinen wirtschaftlichen Interessen erklärt. Als hochentwickeltes Zentrum der Manufaktur zog es Vorteile aus Napoleons Kontinentalsperre.

Auch wenn man die Interessenkonflikte innerhalb der antifranzösischen Front und die potentiellen Bundesgenossen der Franzosen in Rechnung stellt, waren die antifranzösischen Koalitionen immer auf dem Papier weit stärker als Frankreich, zumindest am Anfang. Demgegenüber bestand der militärische Ablauf der Kriege aus einer fast ununterbrochenen Folge atemberaubender französischer Siege. Nachdem die erste Kombination des äußeren Angriffs mit der inneren Konterrevolution abgewehrt worden war (1793/94), gab es nur — abgesehen vom Endstadium — eine kurze Periode, während der sich die französischen Armeen in der Defensive befanden: 1799, als die zweite Koalition die gewaltige russische Armee unter dem Befehl Suworows für ihre Kriegsoperationen in Westeuropa aufbot. Im großen und ganzen jedoch waren alle Feldzüge und Schlachten zwischen 1794 und 1812 französische Triumphe. Die Ursache dafür ist in der Französischen Revolution zu suchen. Ihr politischer Einfluß im Ausland war, wie wir sahen, nicht entscheidend. Man könnte höchstens behaupten, er hätte die Zivilbevölkerung der reaktionären Staaten dazu bewogen, sich den Franzosen, die ihnen die Freiheit brachten, nicht zu widersetzen. In Wirklichkeit aber wurde die Anteilnahme von Zivilisten am Krieg in der üblichen Militärstrategie und Taktik der Staaten des 18. Jahrhunderts weder eingerechnet noch auch gewünscht. Friedrich der Große hatte seinen treuen Berlinern, die sich erbötig machten, den Russen Widerstand zu leisten, unmißverständlich zu verstehen gegeben, sie sollten den Krieg doch lieber den Fachleuten überlassen. Aber die Revolution verwandelte die Kriegführung der Franzosen und gab ihnen eine unermeßliche Überlegenheit im Vergleich zu allen Heeren des Ancien régime. In technischer Hinsicht waren die alten Armeen besser ausgebildet und diszipliniert, und wo diese Eigenschaften entscheidend waren, wie im Seekrieg, zogen die Franzosen den kürzeren. Sie hatten gute Kaperschiffe und waren auch imstande, einzelne kleinere Seegefechte erfolgreich durchzuführen. Aber es gab nichts, was den Mangel an gutausgebildeten Matrosen und vor allem fähigen Marineoffizieren wettmachen konnte. Die alten Marineoffiziere waren in der Mehrheit aus dem royalistischen Adel der Bretagne und der Normandie gekommen, doch die Revolution hatte sie dezimiert, und eine solche Schicht konnte nicht so schnell improvisiert werden. In den sechs größeren und acht kleineren Seeschlachten zwischen Briten und Franzosen betrugen die französischen Verluste etwa zehnmal soviel wie die britischen (5). Wo aber improvisierte Organisation, Beweglichkeit, Anpassungsfähigkeit und vor allem Mut zur Offensive und Moral ins Gewicht fielen, hatten die Franzosen keinen Rivalen. Das hatte wenig mit dem militärischen Genie irgendeines Mannes zu tun, denn die militärischen Erfolge der Franzosen waren schon vor Napoleon außergewöhnlich gewesen, während die durchschnittlichen Fähigkeiten der Generale keineswegs erstaunlich waren. Aber diese Erfolge mögen zum Teil der Verjüngung der französischen Kader im Hinterland und im Feld zuzuschreiben sein — eines der wichtigsten Ergebnisse der Revolution. 1806 waren 79 der 142 preußischen Generale über 60 Jahre alt, ebenso wie ein Viertel aller Regimentskommandeure (6). Im selben Jahr standen Napoleon (der mit 24 Jahren General geworden war), Murat (der mit 26 Jahren eine Brigade kommandierte), Ney (der mit 27 Jahren ebenfalls Brigadekommandeur geworden war) und Davout im Alter zwischen 26 und 37 Jahren.

Die ziemliche Monotonie der französischen Siege macht es unnötig, die militärischen Operationen des Landkrieges im einzelnen zu schildern. 1793/94 retteten die Franzosen die Revolution. 1794/95 besetzten sie die Niederlande, das Rheinland, Teile von Spanien, die Schweiz und Savoyen (mit Ligurien). 1796 eroberten sie mit Napoleons berühmtem Feldzug ganz Italien und zerbrachen die erste antifranzösische Koalition. Napoleons Expedition nach Malta, Ägypten und Syrien (1797—1799) wurde durch die britische Seemacht von ihrer Ausgangsbasis abgeschnitten. Während Napoleons Abwesenheit vertrieb die zweite Koalition die Franzosen aus Italien und warf sie in Deutschland zurück. Die Niederlage der alliierten Armeen in der Schweiz (Schlacht von Zürich, 1799) sicherte aber Frankreich vor der Invasion, und bald nach Napoleons Rückkehr und Machtübernahme waren die Franzosen wieder in der Offensive. 1801 hatten sie die noch kämpfenden kontinentalen Mächte zum Frieden gezwungen, 1802 auch die Briten. Danach blieb die französische Vorherrschaft in den zwischen 1794—1798 eroberten oder beherrschten Gebieten unangefochten. Der neuerliche Versuch von 1805—1807, Frankreich zu besiegen, führte nur dazu, daß sich der französische Einfluß bis Rußland ausdehnte. Österreich wurde 1805 in der Schlacht bei Austerlitz (in Mähren) geschlagen und zum Frieden gezwungen. Preußen, das selbständig und zu spät in den Krieg eingetreten war, wurde 1806 bei Jena und Auerstedt vernichtet und dann aufgeteilt. Rußland wurde zwar bei Austerlitz besiegt, erlitt bei Eylau (1807) schwere Verluste und wurde 1807 bei Friedland abermals besiegt, aber seine militärische Macht blieb bestehen. Im Vertrag von Tilsit wurde es mit Respekt behandelt, obgleich die französische Hegemonie sich nun auf ganz Europa (außer Skandinavien und die europäische Türkei) erstreckte. Ein österreichischer Versuch, die Ketten abzuschütteln, mißlang 1809 in den Schlachten bei Aspern-Eßling und Wagram.

Doch die Revolte der Spanier im Jahr 1808 gegen den ihnen aufgezwungenen König Joseph, den Bruder Napoleons, eröffnete den Briten ein Operationsfeld und führte zu dauernder militärischer Aktivität auf der Iberischen Halbinsel, die durch die periodischen Niederlagen und Rückzüge der Engländer (zum Beispiel 1809/10) nicht beendet wurde.

Auf dem Meer waren die Franzosen zu diesem Zeitpunkt bereits endgültig geschlagen. Die Schlacht von Trafalgar (1805) vernichtete jegliche Chance, je den Kanal zu überqueren und in England zu landen, ebenso wie die Möglichkeit, eine Verbindung mit den überseeischen Gebieten aufrechtzuerhalten. Es schien keinen anderen Weg zum Sieg über England zu geben als den wirtschaftlichen Druck, und Napoleon versuchte dies durch die Errichtung der Kontinentalsperre (1806). Die mit der Durchsetzung einer effektiven Blockade verbundenen Schwierigkeiten untergruben das Tilsiter Abkommen und führten zum Bruch mit Rußland, dem Wendepunkt des Napoleonischen Schicksals. Napoleon drang in Rußland ein und besetzte Moskau. Hätte der Zar ebenso gehandelt, wie die meisten Gegner Napoleons unter ähnlichen Bedingungen es getan hatten, und hätte er Frieden geschlossen, dann wäre Napoleon das Spiel gelungen. Aber er schloß den Frieden nicht, und vor Napoleon stand die Möglichkeit einer Weiterführung des Krieges ohne jede klare Aussicht auf Sieg — oder der Rückzug. Die Methode der französischen Kriegführung setzte, wie wir sahen, schnell beendete Feldzüge in Ländern voraus, die so reich bevölkert waren, daß die Armee von ihnen leben konnte. Das war in der Lombardei oder im Rheinland möglich, wo

man diese Methode zuerst auch ausprobiert hatte, wohl auch
in Mitteleuropa, nicht aber in den weiten, leeren und armen
Gebieten Polens und Rußlands. Napoleon wurde weniger
vom russischen Winter als von seiner Unfähigkeit, die *Grande
Armée* ausreichend zu versorgen, besiegt. Der Rückzug von
Moskau zerstörte die Armee. Von den 610 000 Mann, die
zu den verschiedenen Zeiten in Rußland einmarschiert waren,
kamen nur etwa 100 000 zurück.

In dieser Lage schlossen sich Frankreichs alte Gegner und
Opfer in der letzten Koalition zusammen, der auch alle jene
beitraten, die sich beeilten, auf die Seite des jetzt klar erkenn-
baren Siegers zu kommen. Nur der König von Sachsen zögerte
allzu lange. Eine neue, größtenteils ungeschulte Armee wurde
1813 bei Leipzig geschlagen, und die Alliierten marschierten
unerbittlich in Frankreich ein. Das vermochten die glänzenden Manöver Napoleons ebensowenig zu verhindern wie den
britischen Einfall aus Spanien. Paris wurde besetzt, und der
Kaiser trat am 6. April 1814 zurück. 1815 versuchte er, die
Macht zurückzuerobern. Aber die Schlacht bei Waterloo
setzte seiner Laufbahn endgültig ein Ende.

Im Verlauf dieser kriegerischen Jahrzehnte wurden die politischen Grenzen in Europa immer wieder neu gezogen. Hier
sollen uns nur jene Veränderungen beschäftigen, die Napoleons Niederlage überdauerten.

Die wichtigste Neuerung bestand in einer allgemeinen Rationalisierung der politischen Landkarte Europas, besonders in
Deutschland und Italien. Vom Standpunkt der politischen
Geographie aus gesehen, beendete die Französische Revolution das europäische Mittelalter. Der charakteristische moderne Staat, wie er sich im Verlauf mehrerer Jahrhunderte
herausgebildet hat, ist ein zusammenhängendes Gebiet mit

klar gezogenen Grenzen, das von einer souveränen Autorität
gemäß einheitlicher administrativer und rechtlicher Normen
regiert wird. (Seit der Französischen Revolution wird postu-
liert, daß er darüber hinaus eine einzige »Nation« und
Sprachgemeinschaft bilden solle — aber das galt für damals
noch nicht.) Der typische feudale Staat Europas, wie etwa
das mittelalterliche England, mochte zwar wie ein moderner
Staat aussehen, war aber in seinem Wesen grundverschieden.
Wer von den »Gütern des Herzogs von Bedford« spricht,
meint weder, daß sie ein zusammenhängendes Gebiet bilden
oder direkt vom Eigentümer verwaltet werden, noch daß
alle Grundstücke unter denselben Rechtstitel fallen, noch
daß es auf ihnen keine Unterpächter gibt. Genauso verhielt
es sich mit dem feudalen Staat, dessen Aufbau derart verwickelt war, daß er uns heute als unmögliches Gebilde erscheinen würde — und auch 1789 als unmöglich empfunden
wurde. Da gab es fremde Enklaven inmitten eines Staats-
gebildes, wie etwa das päpstliche Avignon in Frankreich.
Gebietsteile eines Staates hingen aus historischen Gründen von
einem Oberherrn ab, der Bürger eines anderen Staates war,
und befanden sich darum unter doppelter Souveränität, um
moderne Begriffe zu verwenden (7). Zollschranken zwischen
verschiedenen Provinzen desselben Staates bildeten ebenso
viele »Grenzen«. Das Heilige Römische Reich enthielt Territorien, die sich im Privatbesitz des Kaisers befanden, die,
im Verlauf der Jahrhunderte angehäuft, niemals ganz stan-
dardisiert oder vereinheitlicht wurden. Das Haupt des Hauses Habsburg führte bis 1804 nicht einmal einen Titel, der
seine Herrschaft über all seine Gebiete ausgedrückt hätte (8).
Daneben hatte der Kaiser theoretisch Autorität über ein
Sammelsurium von Territorien, angefangen von solchen, die
selbst Großmächte waren (wie das Königreich Preußen, das

auch erst 1807 vereinheitlicht wurde), über Herzog- und Fürstentümer von verschiedener Größe bis zu unabhängigen
Stadtrepubliken und »freien Reichsrittern«, deren Güter ein
paar Hektar groß sein mochten, die aber zufällig reichsun-
mittelbar waren, das heißt keinem Oberherrn außer dem Kaiser
unterstanden. Diese Teilstaaten hatten keine innere Einheit
und hingen in ihrem Aufbau von historischen Zufällen ab,
je nachdem, wie ihre einzelnen Bestandteile erworben, geteilt
und wieder vereinigt worden waren, wie es sich eben aus
den Familienerbschaften ergab. Jener Komplex wirtschaftlicher, verwaltungstechnischer, ideologischer und machtpoli-
tischer Gesichtspunkte, der in uns ein vages Unbehagen erzeugt, wenn wir etwa überlegen müßten, ob Liechtenstein ein
vollberechtigtes Mitglied der Vereinten Nationen sein sollte,
war damals noch kaum wirksam. So bestanden vor allem
Deutschland und Italien aus zahlreichen Kleinstaaten.
Die Revolution und die ihr folgenden Kriege vernichteten
viele dieser Überbleibsel. Das ergab sich vor allem aus der
Vorliebe der Revolutionäre für territoriale Vereinheit-
lichung und Standardisierung, zum Teil aber auch daraus,
daß kleinere und schwächere Staaten sich nun für längere
Zeit der Gier ihrer mächtigeren Nachbarn ausgeliefert sahen.
Offizielle Monumente der Vergangenheit, wie das Heilige
Römische Reich oder auch die meisten Stadtstaaten, verschwanden. Das Reich starb im Jahr 1806, die alten Republiken Genua und Venedig hatten schon vorher zu bestehen
aufgehört, und am Ende des Krieges waren die freien Reichs-
städte auf vier zusammengeschrumpft. Hamburg und Bremen
bestehen immer noch als Staaten der Deutschen Bundesrepu-
blik und Denkmäler der Vergangenheit. Ein anderes charakteristisch mittelalterliches Überbleibsel, der unabhängige
kirchliche Staat, teilte das gleiche Schicksal: Fürstbistümer,

wie Köln, Mainz, Trier, Salzburg usw., verschwanden, nur
die Staaten des Papstes in Mittelitalien blieben bis 1870 bestehen. Annexionen, Friedensverträge und Kongresse, auf
denen die Franzosen systematisch versuchten, die politische
Landkarte Deutschlands zu reorganisieren (1797/98 und
1803), reduzierten die 234 Territorien, aus denen — abgesehen von den »Reichsrittergütern« — das Heilige Römische
Reich bestand, auf etwa vierzig. In Italien, wo generationen-
lange Dschungelkriege die politische Struktur bereits vereinfacht hatten — Zwergstaaten bestanden nur noch zwischen
Nord- und Mittelitalien —, waren die Änderungen weniger
drastisch. Da die meisten dieser Wandlungen irgendeinem
fester begründeten, größeren Staat zugute gekommen waren,
überdauerten sie Napoleons Fall. Österreich dachte nicht daran, die Republik Venedig wiederherzustellen, weil ihm deren
Territorien als Folge der Operationen französischer revolutionärer Armeen zugefallen waren, ebensowenig wie Österreichs Achtung für die katholische Kirche es dazu bewegen
konnte, Salzburg, das es 1803 erworben hatte, aufzugeben.
Außerhalb Europas ergaben sich territoriale Veränderungen
aus den britischen Annexionen der Kolonien anderer Mächte,
den kolonialen Freiheitsbewegungen, die, wie Santo Domingo, von der Französischen Revolution inspiriert oder
durch eine zeitweilige Trennung der Kolonien von ihren
Mutterländern ermöglicht wurden oder sich als die Folge
dieser Trennung ergaben (im spanischen und portugiesischen
Amerika). Dank der Beherrschung des Meeres durch die Bri-
ten blieben diese Änderungen von Dauer — ob sie nun auf
Kosten der Franzosen oder häufiger noch auf Kosten der
Gegner Frankreichs gegangen waren.
Nicht weniger bedeutsam waren die durch die französischen
Eroberungen hervorgerufenen Wechsel institutioneller Na-

Jacques Louis David: »Der ermordete Marat« (1793);
Brüssel, Musées Royaux des Beaux-Arts.

tur. Zum Zeitpunkt der größten französischen Machtaus-
dehnung, im Jahr 1810, wurden das ganze linksrheinische
Deutschland, Belgien, die Niederlande und Norddeutschland
bis Lübeck, Savoyen, Piemont, Ligurien und das westlich
der Apenninen gelegene Italien bis zur Grenze Neapels und
auch die illyrischen Provinzen von Kärnten bis einschließlich
Dalmatien als Teile Frankreichs direkt von Franzosen regiert. Spanien, der Rest von Italien, das übrige Rheinland-
Westfalen und ein großer Teil Polens waren Satellitenstaaten, die zum Teil von Mitgliedern der Familie Bonaparte
beherrscht wurden. In all diesen Gebieten — vielleicht mit
Ausnahme des Großherzogtums Warschau — wurden automatisch französische Institutionen eingeführt oder dienten
als Vorbild für die lokale Verwaltung. Der Feudalismus
wurde abgeschafft, französische Gesetzbücher erhielten Geltung. Kaum eine dieser Veränderungen konnten dann — im
Gegensatz zu den Grenzveränderungen — rückgängig gemacht werden. Der Napoleonische *Code Civil* blieb (oder
wurde wieder) die Grundlage der lokalen Gesetzgebung in
Belgien, im Rheinland (auch nachdem es wieder preußisch
geworden war) und in Italien. Der abgeschaffte Feudalismus
wurde nirgends wieder eingeführt.
Den klügeren Gegnern Frankreichs war es klar, daß sie infolge der Überlegenheit eines neuen politischen Systems und
ihrer eigenen Unfähigkeit, die notwendigen Reformen durchzuführen, unterlegen waren. Daher entsprangen die Veränderungen nicht nur der französischen Eroberung, sondern
auch der Reaktion auf diese Eroberung, und manchmal
— wie in Spanien — sogar beiden Quellen. Die Mitarbeiter
Napoleons, die *afrancesados* und ihre Gegner, die liberalen
Führer der antifranzösischen Junta von Cádiz, erstrebten
beide ein nach dem Vorbild der französischen revolutionären

Reformen modernisiertes Spanien — und was die ersten nicht durchführen konnten, wurde von den zweiten versucht. Doch die spanischen Liberalen waren ihrem Wesen nach Reformer und nur durch historischen Zufall antifranzösisch. Das klare Beispiel einer aus der Reaktion entstandenen Reform bildet Preußen. Hier wurde eine Art Bauernfreiheit proklamiert, eine Armee organisiert, die Elemente der *levée en masse* enthielt, und es wurden Rechts-, Wirtschafts- und Unterrichtsreformen durchgeführt. Diese Reformen entstanden unter dem Eindruck des Zusammenbruchs der Friderizianischen Armee bei Jena und Auerstedt mit dem Ziel, diese Niederlage wettzumachen.

Man kann so gut wie ohne Übertreibung sagen, daß keiner der wichtigen Kontinentalstaaten westlich von Rußland und der Türkei und südlich von Skandinavien aus den zwei Kriegsjahrzehnten ohne eine Veränderung seiner Institutionen nach französischem Muster hervorging. Die einzige Ausnahme stellte wohl der Kirchenstaat dar. Sogar das ultrareaktionäre Königreich Neapel führte den von den Franzosen abgeschafften Feudalismus nach dem Sieg der Konterrevolution nicht wieder ein.

All diese Änderungen der Grenzen, der Gesetze und der Institutionen verblassen aber im Vergleich mit einer dritten Auswirkung der Revolutionskriege — der tiefgehenden Wandlung der politischen Atmosphäre. Den Ausbruch der Französischen Revolution hatten die europäischen Regierungen mit Gelassenheit betrachtet. Plötzlicher Wechsel der Institutionen, Aufstände, die Absetzung von Dynastien und die Hinrichtung von Königen genügten nicht, um Herrscher des 18. Jahrhunderts in Empörung zu versetzen. Sie waren ähnliche Vorgänge gewöhnt und betrachteten die Ereignisse in anderen Ländern in erster Linie im Hinblick auf ihre Aus-

wirkungen auf das Gleichgewicht der Mächte und ihre eigenen Interessen: »Die Aufständischen, die ich aus Genf ver-
treibe«, schrieb Vergennes, der berühmte Außenminister des
Ancien régime, »sind englische Agenten, während die Aufständischen in Amerika zu unseren dauernden Freunden
werden dürften. Meine Politik beiden gegenüber ist nicht
durch die politischen Systeme, die sie vertreten, sondern
durch deren Haltung gegenüber Frankreich bestimmt (9).«
1815 hatte sich diese Einstellung gegenüber Revolutionen
gänzlich verändert, und diese neue Einstellung beherrschte die
Politik der Mächte.

Jetzt wurde erkannt, daß eine Revolution, die in einem
Land ausbrach, sich in ein gesamteuropäisches Phänomen
verwandeln konnte, daß ihre Doktrinen sich über die Grenzen ihres Ursprungslandes hinaus verbreiten und — was noch
schlimmer war — ihre »Kreuzfahrerarmeen« die politischen
Systeme des Kontinents in die Luft zu sprengen vermochten.
Man wußte jetzt, daß soziale Revolutionen möglich waren,
daß Nationen nicht dasselbe waren wie ihre Staaten, Völker
nicht dasselbe wie ihre Herrscher, und daß sogar die Armen
als selbständige Kraft gegenüber den Reichen auftreten
konnten. »Die Französische Revolution«, schrieb der Reaktionär de Bonald im Jahr 1796, »ist ein einzigartiges Ereignis in der Geschichte (10).« Diese Phrase ist irreführend — es
war ein universelles Ereignis. Kein Land war ihm gegenüber
immun. Seit den Mongolen hatte es keine Eroberer gegeben,
die in einem so großen Gebiet ihre Zelte aufgeschlagen hatten, wie die Soldaten Frankreichs, und gewiß hatte mit Ausnahme der Normannen früher keine einzelne militärische
Macht in Europa einen so weiten Raum durchdrungen. Die
französischen Soldaten, die von Andalusien bis Moskau und
von der Ostsee bis Syrien ihre Schlachten schlugen, bewie-

sen am eindringlichsten diesen universellen Charakter. Sie
trugen — sogar unter Napoleon — neue Ideen in die Länder
von Spanien bis Illyrien, deren universeller Charakter den
Regierungen bekannt war und auch den Völkern bald klar
wurde. Ein griechischer Bandit und Patriot, Kolokotronis,
brachte diese Gefühle klar zum Ausdruck:

> Ich glaube, daß die Französische Revolution und die Taten Na-
> poleons der Welt die Augen geöffnet haben. Vorher wußten die
> Nationen nichts, und die Völker meinten, Könige seien irdische
> Götter, und alles, was sie täten, sei gut getan. Jetzt ist es schwie-
> riger geworden, die Völker zu regieren (11).

Wir haben die Wirkung der zwei Kriegsjahrzehnte auf
Europa gesehen. Welches aber waren die Folgen der tatsächlichen Kriegsoperationen und der aus ihnen resultierenden
politischen und militärischen Maßnahmen?
Paradoxerweise waren sie dort am größten, wo ihretwegen
am wenigsten Blut vergossen wurde — außer in Frankreich,
das ziemlich sicher größere Menschenverluste erlitt als jedes
andere Land. Die Menschen der revolutionären und der
Napoleonischen Epoche hatten das Glück, zwischen zwei Perioden barbarischer Kriegführung zu leben — des 17. und
unseres Jahrhunderts —, die fähig waren, Länder in sensatio-
neller Weise zu verheeren. Es gab kein vom Krieg betroffe-
nes Gebiet, das in den Jahren 1792 bis 1815 so verwüstet
worden wäre wie Teile von Ost- und Mitteleuropa während
des Dreißigjährigen Krieges oder der Nordischen Kriege
des 17. Jahrhunderts, Schweden und Polen am Anfang des
18. Jahrhunderts und große Teile der Welt durch die Kriege
und Bürgerkriege des 20. Jahrhunderts. Die vielen Jahrzehnte ökonomischen Aufstiegs, die 1789 vorangegangen
waren, hatten zur Folge, daß der Hunger und seine Beglei-

ter — Epidemien, die Opfer der Schlachten und der Plünderungen — nicht allzusehr überhandnahmen, zumindest nicht vor 1811. (Große Hungersnöte gab es erst *nach* den Kriegen, 1816/17.) Die Feldzüge waren im allgemeinen kurz und hart, die Waffen — leichte, bewegliche Artillerie — richteten nicht allzuviel Schaden an; Belagerungen waren selten.

Die größte Gefahr für Wohnungen und Produktionsmittel erwuchs vermutlich aus den Feuersbrünsten. Doch kleine Häuser und Bauernhöfe konnten schnell wieder aufgebaut werden. Die einzige materielle Zerstörung, die in einer vorindustriellen Wirtschaft nicht so schnell wiedergutgemacht werden konnte, war die des Waldes, der Obst- und Ölbäume, da sie viele Jahre wachsen müssen. Es scheint aber, daß es davon wenig gegeben hat.

So waren auch die Menschenverluste — wiederum verglichen mit unserem Jahrhundert — nicht erschreckend hoch, obwohl keine Regierung sich die Mühe gemacht hat, sie zu berechnen, und alle modernen Schätzungen so vage sind, daß sie auf bloße Vermutungen hinauslaufen — außer für Frankreich und einige besondere Fälle. Eine Million Toter während der ganzen Epoche (12) ist eine Zahl, die weit niedriger ist, als die Verluste einer einzigen der Großmächte in den viereinhalb Jahren des Ersten Weltkrieges waren, und sie erscheint auch nicht so hoch, wenn man sie mit den etwa 600 000 Toten des amerikanischen Bürgerkrieges von 1861—1865 vergleicht. Sogar wenn wir annehmen, es seien zwei Millionen gewesen, die in den mehr als zwanzig Jahren fielen, erscheint das nicht so gewaltig, wenn wir uns an die Folgen von Epidemien und Hungersnöten in jener Zeit erinnern: Noch im Jahr 1865 sollen 236 744 Menschen einer Choleraepidemie in Spanien zum Opfer gefallen sein (13). In keinem Land — außer vielleicht in Frankreich — scheint die Zuwachsquote der Bevölkerung gesunken zu sein. Für den größten Teil der europäischen Zivilbevölkerung brachte der Krieg kaum mehr als eine gelegentliche Unterbrechung ihres normalen Lebens mit sich — und manchmal nicht einmal das. Die ländlichen Familien in Jane Austens Romanen gingen ihren Beschäftigungen nach, als gäbe es keinen Krieg. Für die Mecklenburger bei Fritz Reuter war der Krieg eher eine beschauliche als eine tragische Erinnerung. Der alte Herr Kuegelgen erzählte von seiner Kindheit in Sachsen (einer der traditionellen »Kampfarenen« Europas, deren geographische und politische Lage ebenso Schlachten anzog wie sonst nur Belgien und die Lombardei) und erinnerte sich lediglich an die außerordentlichen Wochen, da Armeen in Dresden einmarschierten oder dort im Quartier lagen. Gewiß war die Zahl der waffentragenden Männer weit größer als in früheren Kriegen, obgleich sie uns heute nicht außergewöhnlich hoch erscheint. Sogar die Einführung der allgemeinen Wehrpflicht bedeutete, daß nur ein Bruchteil der betroffenen Jahrgänge tatsächlich einberufen wurde. Das französische Departement Côte d'Or entsandte unter Napoleon nur 11 000 Männer von seinen 350 000 Einwohnern (3,15%), und zwischen 1800 und 1815 wurden nur 7% der französischen Gesamtbevölkerung einberufen — gegenüber 21% im Ersten Weltkrieg (14). Doch für die damalige Zeit war das eine große Anzahl. Die *levée en masse* von 1793/94 brachte etwa 630 000 von den 770 000, die einberufen worden waren, unter die Waffen. Die Friedensstärke der Napoleonischen Armee betrug etwa 400 000 Mann im Jahr 1805, und zu Beginn des russischen Feldzugs zählte die *Grande Armée* 700 000 Mann, darunter nur 300 000 Franzosen; außerdem kamen noch die französischen Truppen auf dem übrigen Kontinent, vor allem in Spanien, hinzu. Die Stärke der stehenden Heere aller antifranzösischen Mächte war weit geringer, wenn auch nur deshalb, weil sie (mit Ausnahme Großbritanniens) sich nicht seit so vielen Jahren im Kriegszustand befanden und auch weil die totale Mobilisierung ihnen aus finanziellen und organisatorischen Gründen weitaus schwerer fiel. So durfte Österreich nach dem Friedensvertrag von 1809 insgesamt 150 000 Soldaten haben, verfügte aber nur über 60 000. Die Briten andererseits hielten ein überraschend starkes Heer unter den Waffen. 1812/13, als genügend Gelder für eine 300 000 Mann starke reguläre Landarmee und für 140 000 Seeleute und Matrosen bewilligt worden waren, konnte wohl ein größerer Prozentsatz Briten als Franzosen mobilisiert werden (15).

Die Verluste waren schwer, doch sie scheinen, wiederum verglichen mit den mörderischen Kriegen unseres Jahrhunderts, nicht außergewöhnlich. Erstaunlich ist, daß nur ein geringer Teil auf Kosten gegnerischer Aktionen geht. Nur 6—7% aller britischen Seeleute, die zwischen 1793 und 1815 starben, waren Opfer der Franzosen — 80% starben an Krankheiten oder Unfällen. Nur wenige fielen in Schlachten: 2% aller Verluste bei Austerlitz, vielleicht 8—9% bei Waterloo. Die wirklich großen Gefahren lagen in Nachlässigkeit, Verunreinigungen, schlechter Organisation, mangelhafter medizinischer Hilfe und fehlender Hygiene. Diesen Mängeln fielen Massen von Verwundeten, Gefangenen und — wo klimatische Faktoren hinzukamen — so gut wie jedermann zum Opfer.

Militärische Aktionen führten direkt oder indirekt zum Tod von Menschen und zur Zerstörung materieller Güter, aber in einem Ausmaß, das, wie wir sahen, das normale Leben und die Entwicklung der Länder kaum störte. Die für den Krieg erforderlichen Maßnahmen und die wirtschaftliche Kriegführung hatten weiterreichende Folgen.

Nach den Maßstäben des 18. Jahrhunderts waren die Revo-

lution und die Napoleonischen Kriege außerordentlich kost-
spielig, und die mit ihnen verbundenen Geldopfer beeindruckten die Zeitgenossen wohl noch stärker als die Anzahl
der Menschenopfer. Fest steht jedenfalls, daß während der
auf Waterloo folgenden Jahrzehnte die Ausgaben weitaus
mehr sanken als die Todesfälle: Schätzungen zufolge betrugen die Ausgaben für Kriegszwecke zwischen 1821 und 1850
im Durchschnitt pro Jahr nur 10% der Ausgaben der Jahre
1790—1820, während die entsprechende Zahl der Kriegs-
gefallenen etwa 25% betrug (16).

Wie wurden die Kosten aufgebracht? Die traditionelle Methode bestand aus einer Kombination von Geldinflation
(Ausgabe neuen Geldes zur Zahlung der Regierungsschulden),
Anleihen und Erhebung von Steuern. Sondersteuern mußten
auf ein Mindestmaß beschränkt werden, da sie öffentliche Unzufriedenheit erzeugten und, wo sie von Parlamenten oder
Standesversammlungen beschlossen werden mußten, auch
politische Schwierigkeiten heraufbeschworen. Aber die außergewöhnlich hohen finanziellen Anforderungen, die aus der
neuen Art der Kriegführung entstanden, veränderten diese
Methoden. Zunächst gewöhnte sich die Welt an das inkonvertible Papiergeld (17). Auf dem Kontinent fiel es den Regierungen leicht, Papierscheine zu drucken, mit denen die Regierungsschulden bezahlt wurden. Die französischen *assignats*
(1789) waren zunächst nur mit 5% verzinsbare Schuldver-
schreibungen des Schatzamtes *(bons de trésor),* die durch die
Erträge gedeckt werden sollten, die der künftige Verkauf der
Kirchenländereien einbringen würde. Wenige Monate später
verwandelten sie sich in eine Währung. Jede der folgenden
finanziellen Krisen führte zu ihrer Vermehrung und zu weiterer Abwertung, die durch das Schwinden des Vertrauens
der Bevölkerung beschleunigt wurde. Bei Kriegsausbruch

waren sie um 40% entwertet, im Juni 1793 um zwei Drittel.
Dem Jakobiner-Regime gelang es, die fortschreitende Ent-
wertung aufzuhalten; aber die Orgie der »Wirtschaftsbefrei-
ung« mit der Aufhebung von Kontrollen nach dem Thermidor wirkte sich dahin aus, daß ihr Wert mit der Zeit auf den
dreihundertsten Teil ihres Nominalwertes sank. Der offizielle Staatsbankrott von 1797 schloß eine monetäre Episode ab, die zur Folge hatte, daß die Franzosen auf lange
Zeit jeglichem Papiergeld mit Mißtrauen begegneten. Die
Papierwährungen anderer Länder hatten ein weniger kata-
strophales Schicksal, obwohl die russische 1810 auf ein Fünftel, die zweimal abgewertete (1810 und 1815) österreichische
auf ein Zehntel ihrer Nominalwerte fielen. Die Briten vermieden diese besondere Methode der Kriegsfinanzierung und
waren an Banknoten so gewöhnt, daß sie vor ihrem Gebrauch
nicht zurückscheuten. Trotzdem vermochte es die Bank von
England nicht, dem doppelten Druck von seiten der Regierung (deren Geldbedarf größtenteils aus der Notwendigkeit
auswärtiger Anleihen und Subsidien entsprang) und dem
Ansturm des Publikums auf ihre Edelmetalle zu widerstehen, wozu sich noch die besonderen Schwierigkeiten der
Lebensmittelknappheit gesellten. 1797 wurde die Goldzah-
lung an Private eingestellt, und die inkonvertible Banknote
wurde *de facto* zur Währung: Die Pfundnote war das Resultat. Der Wert des »Papierpfunds« sank niemals so stark wie
der der Papierwährungen des Kontinents. Zur Zeit seines
niedrigsten Standes erreichte es 71%, und 1817 hatte es wieder 98% seines Nominalwertes, aber es blieb weit länger im
Umlauf, als man vorgesehen hatte. Erst 1821 wurde die volle
Konvertibilität wieder eingeführt.
Die andere Alternative zur Besteuerung bestand in Anleihen.
Die schwindelnde Höhe der öffentlichen Schuld, die aus den

unerwartet hohen und andauernden Kriegskosten stammte, erschreckte aber sogar die reichsten und in ihren Finanzmethoden entwickeltsten Länder. Am Abschluß einer fünfjährigen Periode der Kriegsfinanzierung durch Anleihen sah sich die britische Regierung zum nie dagewesenen und bedeutungsvollen Schritt veranlaßt, eine Einkommensteuer zu erheben, um den Krieg im wesentlichen mit Steuergeldern finanzieren zu können (1799–1816). Dies war möglich, da das Volksvermögen schnell anstieg; von da an wurden die Kriegskosten dann im wesentlichen aus Steuergeldern bestritten. Hätte man von Anfang an zur Steuererhebung gegriffen, wäre die Staatsschuld nicht von 228 Millionen Pfund im Jahr 1793 auf 876 Millionen Pfund im Jahr 1816 und die sich daraus ergebende jährliche Schuldzahlung von zehn (1792) auf dreißig Millionen Pfund (1815) gestiegen, eine Summe, die größer war als die Gesamtheit der Regierungsausgaben im letzten Vorkriegsjahr.

Die sozialen Auswirkungen dieser Verschuldung waren beträchtlich: Immer größere Steuerbeträge, die von der Bevölkerung aufgebracht wurden, gelangten in die Taschen der kleinen Zahl reicher »Schuldverschreibungsinhaber«, gegen die die Wortführer der Armen, der kleinen Geschäftsleute und der Farmer, wie der Journalist William Cobbett, ihre Salven abfeuerten. Ausländische Regierungen der antifranzösischen Koalition erhielten Anleihen von seiten der britischen Regierung, die seit langem gewohnt war, militärische Bundesgenossen finanziell zu unterstützen: Zwischen 1794 und 1804 wurden dafür 80 Millionen aufgewendet. Die wichtigsten Nutznießer waren die internationalen Finanziers, die sich, ob sie nun Briten oder Ausländer waren, immer zahlreicher in London niederließen, das zum Zentrum der internationalen Finanzen wurde. Zu ihnen gehörten die

Barings und das Haus Rothschild, die diese Transaktionen
vermittelten. (Meyer Amschel Rothschild, der Gründer des
Hauses, sandte seinen Sohn Nathan im Jahr 1798 von Frank-
furt nach London.) Die große Zeit der internationalen Finanziers kam nach den Kriegen, als sie die Mittel aufbrachten,
die es den Ancien régimes gestatteten, sich von den Kriegs-
jahren zu erholen, und den neuen Regierungen, sich zu sta-
bilisieren. Aber die Grundlage der Ära, in der die Barings
und die Rothschilds die Weltfinanz beherrschten, wie niemand seit den großen deutschen Banken des 16. Jahrhunderts, wurde während der Kriegsjahre gelegt.

Die technischen Einzelheiten der Kriegsfinanz sind jedoch
weniger wichtig als die allgemeinen wirtschaftlichen Folgen
einer Neuverwendung aller Ressourcen. Wie jeder größere
Krieg erforderte auch dieser, daß man die Mittel, die vorher
friedlichen Zwecken dienten, nun für militärische Zwecke
ausgab. Es wäre falsch, anzunehmen, daß der Krieg zur
Gänze auf die Kosten der zivilen Wirtschaft ging und diese
beeinträchtigte. Die bewaffneten Kräfte bestanden zum Teil
aus Menschen, die sonst arbeitslos gewesen wären oder die sogar für die Wirtschaft unverwendbar waren (18). Die Kriegsindustrie entzog zwar für eine gewisse Zeit dem zivilen
Markt Arbeitskräfte und Rohstoffe, konnte aber — auf lange
Sicht betrachtet — eine Entwicklung anspornen, die sich aus
der durch Profitmotive beherrschten Friedenswirtschaft nicht
ergeben hätte. Dies galt vor allem für die Eisen- und Stahl-
industrie (s. Kap. 2), die — ungleich der Baumwollindustrie —
für ihre Entfaltung des Ansporns von Krieg und Regierungs-
aufträgen bedurften. »Während des 18. Jahrhunderts war
die Eisengießerei fast identisch mit dem Guß von Kanonen«,
schrieb Dionysius Lardner im Jahr 1831 (19). Eine solche Verwendung von Ressourcen, die sonst der zivilen Bedarfsdek-

kung zur Verfügung standen, kann demnach zum Teil als langfristige Investition in Kapitalgüterindustrien und zum Teil als die Entwicklung der Technik angesehen werden.

Der Krieg förderte den technologischen Fortschritt. Zu den Neuerungen, die aus den revolutionären und den Napoleonischen Kriegen hervorgingen, gehören die Zuckerrübenindustrie des europäischen Kontinents und die Erzeugung von Lebensmittelkonserven. Die erste sollte den Rohrzucker ersetzen, der aus Westindien kam. Die zweite entstand aus der Suche der britischen Marine nach Nahrungsmitteln, die sich an Bord der Schiffe auf unbegrenzte Zeit in genießbarem Zustand erhalten. Trotz alledem erforderte ein großer Krieg jedoch auch eine große Umleitung von Ressourcen und kann unter den Bedingungen einer gegenseitigen Blockade dazu führen, daß der Kriegs- und der Friedenssektor der Wirtschaft direkt um dieselben knappen Mittel konkurrieren.

Aus solcher Konkurrenz ergibt sich die Inflation — und wir wissen, daß die langsame Preissteigerung des 18. Jahrhunderts beschleunigt wurde und die Preise in allen Ländern in die Höhe schossen, was sich allerdings auch zum Teil aus der Geldentwertung ergab. Eine solche Inflation ist zugleich sowohl eine Ursache wie eine Folge der Neuverteilung der Einkommen mit all ihren wirtschaftlichen Auswirkungen: Die Geschäftsleute gewinnen auf Kosten der Lohn- und Gehaltsempfänger (da die Lohnerhöhungen hinter den Preissteigerungen zurückbleiben). Die Landwirtschaft, der die in Kriegszeiten immer erhöhten Lebensmittelpreise zugute kommen, gewinnt auf Kosten der Industrien. Mit dem Ende des Krieges tauchen große Umstellungsprobleme auf, da nun erhebliche Mengen von Material und Menschen, die bisher für den Krieg verwendet wurden, frei und damit für den Markt verfügbar werden. So wurden zum Beispiel zwischen 1814 und 1818 in Großbritannien 150 000 Mann — mehr als die Gesamt-bevölkerung des damaligen Manchester — aus dem Militär-dienst entlassen, während der Preis für einen Quarter (= 2,91 Hektoliter) Weizen von 108 *shilling 4 pence* im Jahr 1813 auf 64 *shilling 2 pence* im Jahr 1815 fiel. Wir wissen, daß die Periode der Friedensumstellung in ganz Europa von großen Schwierigkeiten begleitet war, die noch durch die Mißernten von 1816/17 verstärkt wurden.

Hier stellt sich jedoch auch noch eine andere allgemeinbedeu-tende Frage: Inwieweit hat diese durch den Krieg bedingte Umleitung der Ressourcen die wirtschaftliche Entwicklung der einzelnen Länder gehindert oder verlangsamt? Die Be-antwortung dieser Frage hatte eine besondere Wichtigkeit in bezug auf die beiden großen Wirtschaftsmächte England und Frankreich, die zugleich auch die schwerste wirtschaftliche Last zu tragen hatten. In Frankreich entsprang sie nicht so sehr durch den Krieg, dessen Kosten in erster Linie die be-siegten Länder trugen, die ausgeraubt und gezwungen wur-den, Soldaten zu stellen, und die Produkte und Geld auf-bringen mußten. Etwa die Hälfte aller italienischen Steuer-einkünfte floß in den Jahren 1805—1812 in die Taschen der Franzosen (20). Es war von Frankreich vorgesehen, daß der Krieg die Mittel zu seiner Finanzierung selbst aufbrin-gen sollte. Das gelang zwar nicht ganz, aber immerhin wur-den durch solche Methoden die monetären und realen Ko-sten, die Frankreich zu tragen hatte, gewaltig verringert. Die großen Störungen der französischen Wirtschaft entstanden nicht durch den Krieg, sondern durch die Revolution, den Bürgerkrieg und das Chaos. Von 1790—1795 ging zum Bei-spiel der Umsatz der Manufakturen des Departements Seine-Inférieure (Rouen) von 41 auf 15 Millionen, die Zahl der Arbeiter von 246 000 auf 86 000 zurück. Dazu muß der Verlust des Überseehandels gerechnet werden, der sich aus der britischen Seeherrschaft ergab.

Die Last, die Großbritannien zu tragen hatte, ergab sich nicht nur aus den Notwendigkeiten seiner eigenen Kriegführung, sondern aus den traditionellen Unterstützungen an andere Staaten. In Geld gerechnet war diese Last bei weitem größer als die aller anderen Kriegführenden: Die Kriege kosteten England drei- bis viermal soviel wie Frankreich.

Die allgemeine oben gestellte Frage läßt sich leichter für Frankreich als für Großbritannien beantworten. Es besteht kaum ein Zweifel, daß die französische Wirtschaft mehr oder weniger stagnierte und daß die französische Industrie und der französische Handel sich ohne Revolution und Kriege weit schneller entwickelt hätten. Obwohl die Wirtschaft unter Napoleon bedeutende Fortschritte machte, vermochte sie nicht die Rückschläge der neunziger Jahre des 18. Jahrhunderts wettzumachen. Für Großbritannien ist die Antwort nicht so klar. Sein Aufstieg war meteorisch, und es fragt sich nur, ob er ohne Krieg noch schneller gewesen wäre. Heute nimmt man das im allgemeinen an (21). Für die anderen Länder, die sich langsam und ungleichmäßig entwickelten (wie große Teile des Habsburger Reiches) und denen der Krieg eine quantitativ geringere Last auferlegte, hat die Frage weniger Bedeutung.

Solche allgemeine Feststellungen nehmen das Problem vorweg. Sogar von den offensichtlich aus wirtschaftlichen Gründen geführten Kriegen der Briten im Verlauf des 17. und 18. Jahrhunderts wurde nicht angenommen, daß sie direkt und unmittelbar einen wirtschaftlichen Fortschritt bewirken oder die Wirtschaft anspornen würden. Das sollte erst das Ergebnis des Sieges sein, der Vernichtung der Konkurrenten und der Eröffnung neuer Märkte. Die »Kosten« des Krieges — die Störung der Wirtschaft, die Umleitung der Ressourcen usw. — wurden mit dem »Profit« verglichen, der sich in der veränderten Lage der Konkurrenten nach dem Krieg ausdrückte. So gesehen haben sich die Kriege von 1793—1815 mehr als bezahlt gemacht. Großbritannien entledigte sich für lange Zeit seines gefährlichsten Rivalen und wurde für zwei Generationen zur »Werkstatt der Welt«. Es zahlte dafür den Preis der Verlangsamung seiner ökonomischen Expansion, die allerdings immer noch stürmisch blieb. Alle Zahlen der industriellen Entwicklung und der des Handels zeigen, daß der Vorsprung Großbritanniens vor allen anderen Ländern (vielleicht mit Ausnahme der Vereinigten Staaten) im Lauf des Krieges größer wurde. Wenn wir annehmen, daß die zeitweise Ausschaltung aller Rivalen und das errichtete Monopol auf den überseeischen und kolonialen Märkten die Voraussetzung für die fortschreitende Industrialisierung Großbritanniens bildeten, war der Preis gewiß bescheiden. Aber auch wer der Meinung ist, daß der britische Vorsprung schon 1789 ausgereicht hätte, um die wirtschaftliche Vormacht Großbritanniens sicherzustellen, wird einsehen, daß die Kosten nicht übermäßig groß waren, die aufgewendet werden mußten, um die in der wirtschaftlichen Konkurrenz verlorengegangene Vormacht gegen die französische Bedrohung mit politischen und militärischen Mitteln wiederzugewinnen.

5

Friede

Das bestehende Konzert der Mächte bildet die einzige Sicherung gegen die in jedem Staat Europas glimmenden revolutionären Funken und ... wahre Weisheit gebietet, die kleinen Streitigkeiten normaler Zeiten hintanzustellen, um zum Schutz der althergebrachten Grundsätze der sozialen Ordnung zusammenzustehen.

CASTLEREAGH (1)

Darüber hinaus ist der russische Zar der einzige Souverän, der imstande ist, sofort große Unternehmungen durchzuführen. Er steht an der Spitze der einzigen Armee Europas, die wirklich einsatzbereit ist.

GENTZ, *Dépêches Inédites,*
I. 375, vom 24. März 1818 (2)

NACH MEHR ALS ZWANZIG JAHREN fast ununterbrochener Kriege und Revolutionen sahen sich die siegreichen alten Regime den besonders schwierigen und gefährlichen Problemen gegenüber, Frieden zu schließen und diesen Frieden dann auch zu erhalten. Die Trümmer zweier Jahrzehnte mußten weggeräumt, die Landgewinne neu verteilt werden. Mehr noch: Jedem intelligenten Staatsmann war es klar, daß von nun an kein größerer europäischer Krieg ausbrechen durfte, denn er würde mit ziemlicher Sicherheit eine neue Revolution und damit die Zerstörung des Ancien régime zur Folge haben. »Während dieses sozialen Krankheitszustandes von Europa«, sagte Leopold, der König der Bel-

gier (dieser weise, wenn auch etwas langweilige Onkel der
Königin Viktoria), in bezug auf eine spätere Krise, »wäre
es unerhört... einen allgemeinen Krieg zu entfesseln. Ein
solcher Krieg würde sicher zu einem Konflikt von Prinzipien
führen und — wie ich die Lage beurteile — Europas Form
verändern und seine Struktur vernichten (3).«
Die Könige und Diplomaten waren allerdings weder weiser
noch friedfertiger geworden, sondern sie hatten lediglich
mehr Angst.
Andererseits aber waren sie zugleich ungemein erfolgreich.
Tatsächlich kam es von der Niederlage Napoleons bis zum
Krimkrieg zu keiner allgemein europäischen bewaffneten
Auseinandersetzung und auch nicht zu einem Konflikt zwischen zwei größeren europäischen Mächten, der auf dem
Schlachtfeld ausgetragen worden wäre. Abgesehen vom Krimkrieg, gab es auch bis 1914 keinen Krieg, in den mehr als
zwei Großmächte verwickelt waren. Ein Mensch des 20. Jahrhunderts sollte diesen Erfolg der Diplomatie würdigen, denn
er ist um so beachtlicher, als die internationale Lage durchaus nicht ruhig war und es an Anlässen zu Konflikten
keineswegs mangelte. Revolutionäre Bewegungen (s. Kap. 6)
untergruben immer wieder diese mit Mühe erreichte internationale Stabilität: in den 1820er Jahren vor allem in Südeuropa, auf dem Balkan und in Lateinamerika, nach 1830
in Westeuropa (vor allem in Belgien) und wieder am Vor-
abend der Revolution von 1848. Der Niedergang des türkischen Reiches, das sowohl von inneren Verfallserscheinun-
gen wie auch von den rivalisierenden Großmächten (vor allem Großbritannien und Rußland und in geringerem Ausmaß auch Frankreich) bedroht war, machte die sogenannte
Orientalische Frage *(Eastern Question)* zu einer permanenten Krisenquelle: In den 1820er Jahren wurde sie in Griechen-

land akut, ein Jahrzehnt später in Ägypten, und obwohl die
Lage sich nach einem besonders scharfen Konflikt (1839–1841)
beruhigte, blieb dieses Problem auch weiterhin potentiell
explosiv. Großbritannien und Rußland standen sich im
Nahen Osten und im Niemandsland zwischen den beiden
Imperien in Asien feindlich gegenüber. Frankreich war nicht
bereit, sich mit einer Stellung abzufinden, die so viel bescheidener war als jene, die es vorher eingenommen hatte.
Trotz all dieser Sandbänke und Wirbel befuhren die diplomatischen Schiffe die gefährlichen Gewässer ohne Zusam-
menstöße.

Die Hauptaufgabe der internationalen Diplomatie besteht in
der Verhinderung von Kriegen. Unsere Generation, die in
dieser Hinsicht so deutlich versagt hat, neigt daher dazu,
die Staatsmänner der Jahre 1815–1848 und ihre Methoden
mit einem Respekt zu betrachten, die deren unmittelbare
Nachfolger bei weitem nicht immer teilten. Ein Talleyrand,
der für die französische Außenpolitik der Jahre 1814/15 verantwortlich war, ist bis heute das Vorbild aller französischen
Diplomaten. Die britischen Außenminister Castlereagh (1812
bis 1822), George Canning (1822–1827) und Viscount Palmerston, der Außenminister aller Nicht-Tory-Regierungen
von 1830–1852 (4), haben rückblickend und zu Unrecht den
Ruhm von Giganten der Diplomatie erworben. Fürst Metternich, der während der ganzen Periode vom Sturz Napoleons
bis zu seinem eigenen Sturz im Jahr 1848 der leitende Minister
von Österreich war, wird heute seltener als erbitterter Feind
aller Veränderungen und häufiger denn früher als weiser
Staatsmann, der die Stabilität aufrechterhielt, angesehen. Aber
selbst die wohlmeinendsten Betrachter dieser Periode waren
außerstande, im Rußland Alexanders I. (1801–1825) und
Nikolaus' I. (1825–1855) oder im damals relativ unbedeu-

tenden Preußen irgendeinen idealisierbaren Außenminister
zu entdecken.

In gewissem Sinn verdienen jene Staatsmänner Lob. Die
nach den Napoleonischen Kriegen in Europa errichtete Ordnung war weder gerechter noch moralischer als alle anderen
zuvor. Aber im Rahmen der entschieden antiliberalen und
antinationalen (das heißt antirevolutionären) Absichten der
Verantwortlichen war sie realistisch und vernünftig. Es wurde
nicht versucht, den totalen Sieg über Frankreich auszunutzen, um die Franzosen nicht zu einem erneuten Ausbruch des
Jakobinismus zu treiben. Frankreich verlor keines seiner alten Territorien, im Gegenteil, die neuen Grenzen umschlos-
sen sogar ein etwas größeres Gebiet als die von 1789. Die
dem Land auferlegten Entschädigungszahlungen hielten sich
im Rahmen des Vernünftigen. Die Besetzung durch fremde
Truppen war kurzfristig, und 1818 wurde Frankreich wieder
vollberechtigtes Mitglied des »europäischen Konzerts«. Hätte
Napoleon 1815 nicht versucht, wieder an die Macht zu gelangen, wären die Bedingungen noch milder ausgefallen. Die
Bourbonen kamen wieder auf den Thron, aber man begriff,
daß sie dem gefährlichen Geist ihrer Untertanen Konzessionen machen mußten. Die wichtigsten Neuerungen der Revolution blieben erhalten, und die Franzosen bekamen sogar
eine Verfassung — ein nach damaligen Ansichten ungemein
explosives Instrument. Diese allerdings sehr gemäßigte Konstitution wurde dem Volk in Form einer »freiwillig gewähr-
ten Charta« vom zurückgekehrten absoluten Monarchen
Ludwig XVIII. zugestanden.

Die politische Landkarte Europas wurde umgestaltet. Das
geschah ohne jegliche Rücksichtnahme auf die Wünsche der
Völker oder auch auf die Rechte der zahlreichen von den
Franzosen abgesetzten Fürsten. Entscheidend war die Sicher-

stellung eines Gleichgewichts der fünf Großmächte, die aus
den Kriegen hervorgegangen waren: Rußland, Großbritannien, Frankreich, Österreich und Preußen. In Wirklichkeit
aber kam es nur auf die Interessen der ersten drei an. Großbritannien stellte keine Landansprüche in Europa, obgleich
es auf eine direkte oder indirekte Kontrolle der See- und
Handelsstützpunkte Wert legte. Es behielt Malta, die Ioni-
schen Inseln und Helgoland, überwachte Sizilien und zog
offensichtlich seinen Vorteil aus der Übertragung Norwegens
von Dänemark an Schweden (der Zugang zur Ostsee wurde
somit nicht mehr von einem einzigen Staat kontrolliert) und
aus der Vereinigung Hollands mit Belgien (den ehemaligen
österreichischen Niederlanden). Damit lag die Kontrolle der
Rhein- und der Scheldemündung in den Händen eines Staates, der harmlos, zugleich aber auch stark genug war, um —
vor allem auf die Befestigungen an seiner Südgrenze gestützt — dem wohlbekannten Appetit Frankreichs auf Belgien Widerstand zu leisten. Diese doppelte Neuordnung widersprach im ersten Fall den Wünschen der Norweger, im
zweiten denen der Belgier, die sich denn auch 1830 unabhängig machten. Nach einigen Unstimmigkeiten zwischen
Briten und Franzosen wurde ein kleines, für immer neutra-
lisiertes Königreich Belgien unter einem von den Briten ausgewählten Monarchen errichtet. Außerhalb Europas waren
die britischen Gebietsansprüche natürlich weitaus größer, obwohl es angesichts der tatsächlichen britischen Seeherrschaft
nicht sonderlich wichtig war, ob ein Gebiet sich nun wirklich unter britischer Flagge befand oder nicht. Eine Ausnahme bildeten die Territorien an der Nordwestgrenze Indiens, über die schwache Fürsten oder das Chaos herrschten
und die Rußlands und Englands Imperien trennten. Aber die
englisch-russische Rivalität bezog sich nicht auf die Gebiete,

deren Umgestaltung 1814/15 zur Debatte stand. In Europa
verlangte das britische Interesse nur, daß keiner der Staaten
zu mächtig wurde. Rußland, die militärisch entscheidende
Landmacht, befriedigte seine begrenzten Gebietsansprüche
mit dem Erwerb Finnlands (das Schweden abgenommen
wurde), Bessarabiens, das den Türken gehört hatte, und des
größten Teiles von Polen, dem eine gewisse Autonomie gewährt und das nun von jener polnischen Fraktion regiert
wurde, die schon immer prorussisch gewesen war. Nach dem
Aufstand von 1830/31 wurde die Autonomie allerdings aufgehoben. Der Rest von Polen wurde zwischen Preußen und
Österreich aufgeteilt, mit Ausnahme der Republik Krakau,
die aber den Aufstand von 1846 nicht überlebte. Im übrigen
begnügte sich Rußland damit, aus der Ferne eine durchaus
nicht wirkungslose Hegemonie über alle absoluten Monarchien östlich von Frankreich auszuüben. Sein Hauptinteresse
lag in der Vermeidung von Revolutionen. Zu diesem Zweck
gründete Zar Alexander die Heilige Allianz, der Österreich
und Preußen, nicht aber Großbritannien beitraten. Vom britischen Standpunkt war diese russische Hegemonie über den
größten Teil des europäischen Kontinents vielleicht keine
ideale Lösung, aber sie entsprach der militärischen Kräfte-
verteilung. Sie hätte verhindert werden können, wenn man
Frankreich eine Macht zugestanden hätte, die über alles
hinausging, was Frankreichs ehemalige Gegner bereit waren
hinzunehmen, und die also nur auf Kosten eines Krieges
hätte errichtet werden können, was niemand wollte. Frankreich war als Großmacht klar anerkannt — aber darüber
hinaus wollte niemand gehen.
Österreich und Preußen wurden nur der Höflichkeit halber
als Großmächte angesehen. An eine wirkliche Macht Österreichs glaubte man wegen seiner Schwäche in Zeiten inter-

nationaler Krisen mit Recht nicht. Die Macht Preußens bezweifelte man auf Grund seines Zusammenbruchs von 1806 zu Unrecht. Sie waren die Stützen der europäischen Stabilität, und darin bestand ihre Hauptfunktion. Österreich erhielt seine italienischen Provinzen zurück und darüber hinaus die früher zu Venedig gehörenden Territorien in Italien und Dalmatien. Ihm wurde auch das Protektorat über kleine, meist von Mitgliedern des Hauses Habsburg oder deren Verwandten beherrschte Fürstentümer Nord- und Mittelitaliens übertragen. Piemont-Savoyen wurde durch die Gebiete der ehemaligen Republik Genua vergrößert, um so als wirksamer Pufferstaat zwischen Österreich und Frankreich zu dienen. Wenn irgendwo in Italien Ordnung aufrechtzuerhalten war, sollte Österreich die Rolle des Polizisten übernehmen. Sein einziges Interesse bestand darin, die Stabilität zu garantieren, alles andere hätte die Gefahr der Desintegration des Habsburger Reiches heraufbeschworen. Daher konnte man sich darauf verlassen, daß alle Versuche, das europäische Gleichgewicht zu stören, auf den Widerstand der Österreicher stoßen würden.

Preußen zog seinen Nutzen aus dem britischen Streben nach der Existenz einer verhältnismäßig starken Macht in Westdeutschland, dessen Herrscher seit langem zu Frankreich tendierten und das in Gefahr stand, von Frankreich beherrscht zu werden. So erhielt Preußen das Rheinland, dessen große ökonomische Möglichkeiten die aristokratischen Diplomaten übersahen. Auch die Unstimmigkeiten Großbritanniens und Rußlands über Polen, von dem die Russen nach Meinung der Briten einen zu großen Teil beanspruchten, kamen Preußen zugute. Nach langen, komplizierten, mit Kriegsdrohungen verbundenen Verhandlungen gab Preußen einen Teil seiner früheren polnischen Gebiete an Rußland ab, erhielt

aber dafür die Hälfte des reichen und industriell entwickelten Sachsen. Was Land und wirtschaftliche Ressourcen be-
treffen, erwarb Preußen 1815 mehr als jede andere Macht, obgleich die Politiker dies erst etwa ein halbes Jahrhundert
später klar erkannten.

Österreich und Preußen sowie der Haufen kleinerer deutscher Staaten, deren wichtigste Aufgabe es war, den Nach-
wuchs für die monarchischen Familien Europas zu stellen,
bewachten einander innerhalb des Deutschen Bundes, ohne
daß der Vorrang Österreichs in Frage gestellt worden wäre.
Die wichtigste internationale Funktion des Deutschen Bundes bestand darin, daß die kleineren Staaten daran gehindert wurden, zu Satelliten Frankreichs zu werden, zu dem
sie traditionsgemäß neigten. Trotz aller späteren nationalistischen Dementis hatten sie sich als Trabanten Napoleons
gar nicht so unglücklich gefühlt.

Die Staatsmänner von 1815 wußten, daß keine noch so sorgfältig ausgearbeitete Regelung der internationalen Beziehungen die zwischenstaatlichen Rivalitäten und die historischen
Wandlungen überdauern konnte. Daher erfanden sie einen
Mechanismus, um den Frieden zu erhalten, das heißt, um
alle wichtigen etwa entstehenden internationalen Streitigkeiten beizulegen: In regelmäßigen Abständen sollten Kongresse
stattfinden. Natürlich war es allen klar, daß auf diesen Kon-
gressen die »Großmächte« die Entscheidungen treffen würden.
(Der Begriff der »Großmacht« ist damals geprägt worden.)
Das »europäische Konzert«, ein anderer damals entstandener
Begriff, entsprach nicht der Vollversammlung der Vereinten
Nationen, sondern den permanenten Mitgliedern des Sicher-
heitsrates der Vereinten Nationen. Aber regelmäßige Kongresse wurden nur während einiger Jahre abgehalten — von
1818, als Frankreich offiziell zum »Konzert« zugelassen

wurde, bis 1822. Das Kongreßsystem brach zusammen, weil
es außerstande war, die unmittelbar auf Napoleons Fall folgenden fünf Jahre zu überdauern, in deren Verlauf die Hun-
gerjahre 1816/17 und wirtschaftliche Depressionen überall,
auch in England, die starke, aber unberechtigte Furcht vor der
sozialen Revolution und daher die Solidarität der Großmächte nährten. Um 1820 war eine Stabilisierung der Wirtschaft eingetreten, und alle Störungen des 1815 errichteten
Systems offenbarten von da ab die Interessenkonflikte der
Mächte. Angesichts des ersten Ausbruchs von Unruhen und
Aufständen, 1820—1822, vertrat Österreich allein das Prinzip, daß alle solchen Bewegungen sofort und automatisch im
Interesse der Sozialordnung (und Österreichs territorialer
Integrität) unterdrückt werden müßten. Über Deutschland,
Italien und Spanien waren die Monarchen der Heiligen Alli-
anz einer Meinung mit Frankreich. Dieses Frankreich, das
mit großem Gefallen 1823 in Spanien den internationalen
Polizisten spielte, war freilich weniger an der Aufrechterhaltung der europäischen Stabilität als an einer Erweiterung
seines eigenen diplomatischen und militärischen Einfluß-
bereichs interessiert, insbesondere in Spanien, Belgien und
Italien, wo das meiste französische Kapital investiert war (5).
Großbritannien stand abseits. Das erklärt sich zum Teil
— besonders nachdem der wendige Canning 1822 an die
Stelle des unbeugsamen Reaktionärs Castlereagh getreten
war — aus den geringen Sympathien britischer Politiker für
den Absolutismus und aus der Überzeugung, daß politische
Reformen im absolutistischen Europa ohnedies früher oder
später unvermeidlich sein würden. Dazu kam aber auch die
Einsicht, daß die universelle Anwendung des Prinzips internationaler Polizeieingriffe lediglich dazu geführt hätte,
rivalisierenden Mächten — vor allem Frankreich — die Ein-

mischung in Lateinamerika zu ermöglichen, und Lateinamerika war, wie wir gesehen haben, ein ungemein wichtiger Überseemarkt der Briten. Daher unterstützten sie die
Unabhängigkeitsbestrebungen der lateinamerikanischen Staaten. Das gleiche Ziel hatte auch die Monroe-Doktrin der
Vereinigten Staaten (1823), ein Manifest, das damals keinerlei politische Bedeutung hatte, denn falls die lateinamerikanische Unabhängigkeit des Schutzes bedurfte, wurde dieser
von der britischen Marine gegeben. Doch die Monroe-Doktrin
hatte beachtliches prophetisches Interesse. Über Griechenland
konnten sich die Mächte noch weniger einig werden. Trotz
all seiner Abneigung gegen revolutionäre Bewegungen
mußte Rußland aus der Bewegung eines christlich-orthodoxen
Volkes Vorteil ziehen, da diese die Türken schwächte und
sich letzten Endes weitgehend auf russische Hilfe verlassen
mußte. Dies besonders, da Rußland auch das vertraglich
garantierte Recht zustand, zum Schutz orthodoxer Christen
in der Türkei zu intervenieren. Angst vor der Einmischung
Rußlands, Druck von seiten der Philhellenen, wirtschaftliche
Interessen und die allgemeine Überzeugung, daß ein Zerfall
des türkischen Reiches unvermeidbar sei, verwandelten die
anfängliche Feindseligkeit der Engländer erst in Neutralität und veranlaßten sie schließlich zu einer inoffiziellen pro-
hellenischen Intervention. So errangen die Griechen 1829
ihre Unabhängigkeit sowohl mit russischer wie auch mit britischer Hilfe. Die Störung des Kräftegleichgewichts wurde
durch die Verwandlung des Landes in ein Königreich vermindert, an dessen Spitze einer der vielen zur Verfügung
stehenden Prinzen aus deutschen Kleindynastien gestellt
wurde, der genügend Garantien bot, kein russischer Satellit
zu werden. Aber das Kongreßsystem und das Prinzip der Unterdrückung aller Revolutionen wurden schwer erschüttert.

Die Revolution von 1830 versetzte ihm den Todesstoß, denn sie erfaßte nicht nur die kleinen Staaten, sondern eine Großmacht — Frankreich. Tatsächlich schloß sie das ganze westrheinische Europa aus dem Wirkungsbereich des Polizeiapparates der Heiligen Allianz aus. Zur gleichen Zeit verschärfte sich die »Orientalische Frage«, das heißt das Problem, wie sich die Mächte zum unvermeidbaren Zerfall der Türkei verhalten sollten. Der Balkan und der Nahe Osten verwandelten sich in ein Schlachtfeld, auf dem die Mächte — vor allem Rußland und Großbritannien — ihre Gegensätze ausfochten. Die »Orientalische Frage« störte das Gleichgewicht der Kräfte, weil alles, was geschah, die Russen stärkte, deren diplomatisches Hauptziel damals wie auch später die Beherrschung der Meerengen zwischen Europa und Kleinasien war, von deren Kontrolle Rußlands Zugang zum Mittelmeer abhing. Das hatte nicht nur diplomatische und militärische, sondern auch steigende wirtschaftliche Bedeutung, denn die Getreideexporte der Ukraine stiegen an. Großbritannien, dem es wie immer in erster Linie um seinen Zugang nach Indien ging, war durch die südwärts gerichteten Expansionsbestrebungen Rußlands beunruhigt, das von allen Mächten als einzige in der Lage war, diesen Zugang zu bedrohen. Daraus ergab sich die Notwendigkeit, die Türkei um jeden Preis gegen Rußland zu stärken, was auch vorteilhaft für den britischen Handel im Nahen Osten war, der sich in dieser Periode zufriedenstellend entwickelte. Leider war eine solche Politik aber undurchführbar. Das türkische Reich war, militärisch gesehen, durchaus nicht hilflos, aber es vermochte sich bestenfalls zu verteidigen, um seinen Verfall hinauszuschieben. Verhältnismäßig leicht fiel es ihm noch, mit inneren Rebellionen fertig zu werden, aber einer Kombination des russischen Druckes mit der ungünstigen internationalen Lage konnte es nur schwer widerstehen. Es war noch unfähig und auch kaum bereit zur Modernisierung, obwohl die ersten Schritte in dieser Richtung unter Mahmud II. (1808—1839) in den dreißiger Jahren des 19. Jahrhunderts unternommen wurden. Nur eine direkte diplomatische und militärische Unterstützung von seiten der Briten (das heißt die Drohung mit einem Krieg) konnte das ständige Wachsen des russischen Einflusses und den Zusammenbruch der von so vielen Gefahren bedrohten Türkei verhindern. So wurde die »Orientalische Frage« zum größten Gefahrenherd der internationalen Beziehungen nach den Napoleonischen Kriegen, der zu einem allgemeinen Krieg führen konnte, zu dem es auch dann 1854—1856 kam. Aber derselben Lage, die Rußland viele Vorteile brachte, entsprangen auch Faktoren, die das Zarenreich zu Kompromissen bereitmachten. Es konnte seine diplomatischen Ziele auf zweierlei Arten erreichen: entweder durch die Niederlage der Türkei, die zu einer Aufteilung des türkischen Reiches und zu einer Besetzung von Konstantinopel und der Meerengen durch die Russen geführt hätte, oder durch die Errichtung eines tatsächlichen Protektorates über eine schwache und unterwürfige Türkei. Aber einer der beiden Wege würde immer offenstehen. Mit anderen Worten — Konstantinopel war dem Zaren niemals einen größeren Krieg wert. In den zwanziger Jahren schuf der griechische Krieg die Möglichkeiten für eine Aufteilung und Besetzung. Doch Rußland vermochte aus ihm nicht die erhofften Vorteile zu ziehen, wenn es den Bogen nicht überspannen wollte. Statt dessen schloß es mit der hartbedrängten Türkei den für Rußland ungemein vorteilhaften Vertrag von Hunkjar Skelessi (1833), denn die Türken hatten endlich eingesehen, daß sie eines mächtigen Protektors bedurften. England war empört: Die dreißiger Jahre sahen jene Russophobie im englischen Publikum, die der Vorstel-

lung von Rußland als eines »Erbfeindes« Großbritanniens
zugrunde lag (6). Unter dem britischen Druck zogen sich die
Russen zurück, doch in den vierziger Jahren verstärkten sie
ihre Bemühungen wieder, die Türkei aufzuteilen.

Die russisch-britische Rivalität im Orient war daher praktisch weit weniger gefährlich, als das permanente Säbelrasseln
hätte vermuten lassen, und ihre Bedeutung wurde zudem
durch Großbritanniens ständige Furcht vor einem Wieder-
aufstieg Frankreichs vermindert. Der Ausdruck *The Great
Game* (»Das Große Spiel«), den später die geheimen Aktionen von Abenteurern, Spionen und Agenten beider Mächte
im orientalischen Niemandsland zwischen den beiden Imperien verwendeten, wäre eine gute Bezeichnung für die damalige politische und diplomatische Situation. Was sie gefährlich machte, waren der unvorhersehbare Verlauf der Befreiungs-
bewegungen in der Türkei und die möglichen Eingriffe anderer Mächte. Diese Bewegungen waren besonders für Österreich von Bedeutung, da das Habsburger Reich, selbst ein brü-
chiger Vielvölkerstaat, von den Bewegungen derselben Völker bedroht war, die den Bestand des türkischen Reiches
untergruben — den Balkanslawen, in erster Linie den Serben.
Doch diese Bedrohung lag noch in der Ferne, hat aber später
den unmittelbaren Anlaß des Kriegsausbruches von 1914
gebildet. Frankreich bereitete den Briten größeres Kopfzer-
brechen, da es seit langem diplomatische und wirtschaftliche
Beziehungen mit der Levante hatte und periodisch versuchte,
diese Beziehungen zu vertiefen. Seit Napoleons Ägypten-
feldzug war der französische Einfluß gerade hier sehr stark,
und Mehmed Ali war ein so gut wie unabhängiger Herrscher,
der nach seinem Ermessen das türkische Reich zersetzen oder
zusammenhalten konnte. In der Tat waren die Krisen der
»Orientalischen Frage« in den dreißiger Jahren (1831—1833

und 1839—1841) Krisen der Beziehungen Mehmed Alis mit
seinem nominellen Souverän, die durch die Unterstützung
Ägyptens durch Frankreich noch verschärft wurden. Wenn
aber Rußland nicht wegen Konstantinopel Krieg führen
wollte, war Frankreich zu einem solchen Krieg weder bereit noch imstande, ihn zu führen. Es kam zu diplomatischen
Krisen, aber es gab im ganzen 19. Jahrhundert, von der Krim-
episode abgesehen, keinen Krieg wegen der Türkei.

Der Ablauf der internationalen Streitigkeiten während dieser Epoche zeigt, daß die Konflikte nicht scharf genug waren,
um zum Ausbruch eines größeren Krieges zu führen. Die
Österreicher und die Preußen waren unter den Großmächten
zu schwach, um eine wichtige Rolle zu spielen. Großbritannien war zufriedengestellt. 1815 hatte es den vollkommen-
sten Sieg errungen, den die Weltgeschichte kennt: Nach
zwanzig Jahren Krieg gegen Frankreich besaß es die *einzige*
industrialisierte Wirtschaft, war die *einzige* Seemacht — die
britische Kriegsmarine hatte 1840 fast ebenso viele Einheiten
wie die Flotten der übrigen Länder zusammengenommen —
und praktisch die *einzige* Kolonialmacht der Welt. Nichts
schien der Ausdehnung des britischen Handels und der britischen Kapitalanlagen entgegenzustehen — und es war diese
Art Expansion, die die Briten in erster Linie interessierte.
Rußland war zwar nicht gesättigt, erhob aber nur begrenzte
Landansprüche, deren Befriedigung, wie es schien, niemand
und nichts auf lange Sicht verhindern konnte. Zumindest sah
es kein Hindernis auf seinem Weg, der gefährlich genug
gewesen wäre, um einen allgemeinen Krieg mit all seinen
sozialen Gefahren heraufzubeschwören. Nur Frankreich war
eine »unbefriedigte« Macht und verfügte gleichzeitig über
die Mittel, die stabile internationale Ordnung zu zerstören.
Dies aber konnte es nur unter einer Bedingung tun: wenn

es nochmals die revolutionären Kräfte des Jakobinismus im
Land und des Nationalismus außerhalb seiner Grenzen
mobilisierte. Denn als orthodoxe Großmacht unter anderen
Mächten war Frankreich entscheidend geschwächt worden.
Niemals würde es wieder imstande sein, wie zur Zeit Ludwigs XIV. oder der Revolution, auf die eigene Bevölkerung
und die Mittel des Landes gestützt, einer Koalition von mehreren Großmächten die Stirn zu bieten. 1780 hatte es zweimal so viele Franzosen wie Engländer gegeben, 1830 kamen
kaum mehr drei Franzosen auf zwei Engländer. 1780 hatte
Frankreich ebenso viele Einwohner wie Rußland, 1830 gab
es bereits 50% mehr Russen als Franzosen. Und die französische Wirtschaftsentwicklung hinkte fatal hinter der britischen und nordamerikanischen her und sollte bald von der
deutschen überflügelt werden.

Doch den Jakobinismus wiederzubeleben hätte für jede
französische Regierung bedeutet, einen allzu hohen Preis für
ihre internationalen Ambitionen zu zahlen. 1830, und dann
wieder 1848, als Frankreich sein herrschendes Regime stürzte
und der Absolutismus in anderen Ländern schwankte oder
zusammenfiel, zitterten die Regierungen. Aber sie hätten
sich die schlaflosen Nächte ersparen können. 1830/31
waren die französischen Gemäßigten nicht bereit, auch nur
einen Finger zugunsten der rebellierenden Polen zu erheben,
mit denen die öffentliche Meinung Frankreichs — und die
Liberalen ganz Europas sympathisierten. »Und Polen?«
hatte der alte, aber immer noch begeisterte Lafayette an Palmerston im Jahr 1831 geschrieben. »Was werden Sie und
was sollen wir für Polen tun?« Die Antwort war: gar nichts.
Frankreich hätte mit Hilfe einer europäischen Revolution
seine Position sehr verstärken können, und alle Revolutionäre hofften darauf. Aber die möglichen Folgen eines solchen

Sprunges in den revolutionären Krieg schreckten die liberalen Regierungen Frankreichs ebenso wie Metternich. Keine französische Regierung zwischen 1815 und 1848 wagte es, den allgemeinen Frieden um ihrer besonderen Staatsinteressen willen zu gefährden. Außerhalb der Reichweite des europäischen Gleichgewichtssystems standen natürlich der Expansions- und Kriegslust keine Hindernisse entgegen. Obwohl die weißen Mächte große Gebiete erworben hatten, blieben ihrer Ausdehnung doch Grenzen gesetzt: Die Briten waren damit zufrieden, Punkte zu besetzen, die für ihre Kontrolle der Weltmeere und ihre Handelsinteressen von entscheidender Bedeutung waren, wie die Südspitze Afrikas — die den Holländern im Verlauf der Napoleonischen Kriege abgenommen worden war — und Hongkong. Die Forderungen des »Feldzuges« gegen den Sklavenhandel veranlaßten sie dazu, entlang der afrikanischen Küsten Stützpunkte zu errichten, was sowohl die humanitäre öffentliche Meinung in England befriedigte als auch den strategischen Interessen der britischen Flotte entsprach, die so ihr Weltmonopol verstärkte. Im ganzen aber — nur mit einer einzigen, freilich sehr bedeutenden Ausnahme — war man der Meinung, daß es billiger wäre, eine dem britischen Handel offene und von der britischen Flotte gegen Eindringlinge gesicherte Welt auszubeuten, als die Verwaltungskosten einer direkten Besetzung von Territorien auf sich zu nehmen. Die Ausnahme bildete Indien und alles, was mit der Kontrolle dieses Subkontinents zusammenhing. Indien mußte — koste es, was es wolle — gehalten werden. Selbst die radikalsten antikolonialistischen Freihändler zogen das nie in Zweifel. Der indische Markt errang immer größere Bedeutung (s. S. 69), und der Absatz der englischen Produkte würde ganz gewiß zurückgehen, wenn Indien sich selbst überlassen bliebe. Die Kontrolle über

Jacques Louis David: »Bonaparte auf dem St. Bernhard« (1800);
Malmaison Musée.

Indien war zugleich der Schlüssel zum Fernen Osten: Nur
so waren der Opiumhandel und ähnliche profitable Unternehmungen möglich, und China wurde für den britischen
Markt tatsächlich erst durch den Opiumkrieg in den Jahren
1839—1842 erschlossen.

So kam es, daß das von den Briten kontrollierte Gebiet in
Indien zwischen 1814 und 1849 um zwei Drittel wuchs. Dies
war das Ergebnis einer Reihe von Kriegen gegen die Mahrattas, die Rajputs, die Sindis und die Sikhs wie auch gegen
Nepal, Burma und Afghanistan. Das Netz des britischen
Einflusses zog sich immer dichter um den Mittleren Osten,
durch den der direkte Weg nach Indien führte, das man auf
dem Wasser- und auf dem Landweg erreichen konnte: Ab 1840
gab es eine direkte regelmäßige Dampfschiffverbindung, die
in den Händen der »P & O-Linie« lag, und sie wurde ergänzt durch die Postlinie über den Suez-Isthmus.

Obwohl die Russen als besonders expansionsfreudig galten
—besonders bei den Briten—, waren ihre Eroberungen bei weitem nicht so ausgedehnt. Zu dieser Zeit gelang es dem Zaren
nur, einige weite und leere Gebiete der Kirgisensteppe östlich
des Ural und einige heißumkämpfte Berggebiete im Kaukasus
zu erwerben.

Dafür aber erweiterten die USA ihr Gebiet auf alle Länder,
die westlich der Südgrenze des Staates Oregon liegen, mit
Hilfe von Aufständen und durch einen Krieg gegen die unglücklichen Mexikaner. Die Franzosen wiederum mußten
sich mit Algerien begnügen, in das sie 1830 auf Grund eines
Vorwandes eindrangen und das sie während der darauffolgenden siebzehn Jahre mit allen Mitteln zu erobern versuchten. Erst 1847 gelang es ihnen, allen Widerstand der eingeborenen Bevölkerung zu brechen.

Eine Klausel der Friedensverträge jedoch verdient besondere

Erwähnung: die Abschaffung des internationalen Sklavenhandels. Das geschah aus humanitären und ebenso aus
ökonomischen Gründen: Die Sklaverei war nicht nur schrecklich, sondern auch außerordentlich unwirtschaftlich. Dazu
kam, daß vom Standpunkt der Briten, die zu den wichtigsten Fürsprechern für diese bewundernswerte Bewegung
wurden, die Wirtschaft in den Jahren zwischen 1815 und
1848 nicht mehr gleich jener des 18. Jahrhunderts auf dem
Handel mit Menschen und Zucker, sondern auf dem Handel
mit Baumwolle und Baumwollprodukten beruhte.

Die Sklaverei verschwand langsam — nur im Einflußbereich
der Französischen Revolution war sie mit einem Schlag hinweggefegt worden.

Die Briten schafften sie 1834 in ihren Kolonien, in erster
Linie in Westindien, ab, versuchten aber bald, sie in den Gebieten mit ausgedehnter Plantagenwirtschaft durch den Import von angeworbenen Arbeitskräften aus Asien zu ersetzen.

Die Franzosen schafften sie offiziell erst wieder während der
Revolution von 1848 ab. In diesem Jahr gab es jedoch noch in
vielen Ländern Sklaverei — und darum existierte auch in der
Praxis ein internationaler Sklavenhandel.

6

Revolutionen

Die Freiheit, eine Nachtigall mit riesigen Tönen, schmettert den
tiefsten Schläfer auf... Wie kann man heute etwas anderes denken,
als für oder gegen die Freiheit kämpfen? Auch ein Tyrann sein ist
noch Größe, wenn man die Menschen nicht lieben kann. Aber gleich-
giltig sein!

LUDWIG BÖRNE, 14. Februar 1831 (1)

Die Regierungen, die das Gleichgewicht verloren haben, sind erschreckt, eingeschüchtert und verwirrt durch das Geschrei der Mittelklassen der Gesellschaft, die, zwischen die Könige und Untertanen
gestellt, die Zepter der Monarchen brechen und die Stimmen des
Volkes usurpieren.

METTERNICH an den Zar, 1820 (2)

SELTEN IST DIE UNFÄHIGKEIT von Regierungen, den Lauf der
Geschichte aufzuhalten, so klar zutage getreten wie in den
Jahren nach 1815. Mehr als zwanzig Jahre hatten die Mächte
gebraucht, um die Französische Revolution niederzuringen.
Nun war ihr Hauptziel, deren Wiederholung oder die noch
größere Katastrophe einer allgemein europäischen Revolution
nach dem Muster der Französischen zu verhindern. Das galt
sogar für die Briten, die gewiß keine Sympathien für den
reaktionären Absolutismus hatten, der in ganz Europa wieder
auferstanden war, und begriffen, daß man Reformen weder
vermeiden konnte noch sollte. Doch auch für sie war eine neue
französisch-jakobinische Expansion die Hauptgefahr.

Aber es gelang nicht, Revolutionen zu verhindern. Im Gegenteil — nie hat Europa und kaum je hat die Welt eine Periode
erlebt, in der die revolutionären Tendenzen so endemisch,
so allgegenwärtig, so leicht von einem Gebiet auf das andere
übertragbar waren wie in jener Epoche.

Zwischen 1815 und 1848 wurde die westliche Welt von drei
revolutionären Wellen überflutet, von denen die nicht-westliche Welt noch verschont blieb. (Die ersten größeren Revolutionen Asiens, der »Große Aufstand« in Indien und der
Taiping-Aufstand ereigneten sich erst in der zweiten Hälfte
des 19. Jahrhunderts.) Die erste Welle erhob sich 1820—1824.
Sie blieb in Europa auf den Mittelmeerraum beschränkt
— Spanien (1820), Neapel (1820) und Griechenland
(1821) — und führte nur in Griechenland zum Sieg der Aufständischen.

Die spanische Revolution hatte bedeutsame Auswirkungen
auf Lateinamerika. Hier hatte 1808 eine erste Befreiungs-
bewegung als Folge der Eroberung Spaniens durch Napoleon
begonnen. Aber die ersten Versuche waren unterdrückt worden, und von ihnen waren außer einigen kleinen, voneinander
isolierten Kampfgruppen in entlegenen Gebieten nichts übriggeblieben. Nun erwachte die Freiheitsbewegung zu neuem
Leben und trat in ihre entscheidende Phase ein. Die drei
großen Befreier des spanischen Südamerika waren Simon
Bolivar, San Martin und Bernardo O'Higgins. Bolivar gründete das unabhängige »Großkolumbien«, das die heutigen
Republiken Kolumbien, Venezuela und Ekuador umschloß.
San Martin errichtete ein unabhängiges Argentinien, das das
heutige Argentinien umfaßte, mit Ausnahme der Inlands-
gebiete, die heute zu Paraguay und Bolivien gehören, und
der Pampas jenseits des Rio de la Plata, wo die Gauchos
der Banda Oriental (des heutigen Uruguay) gegen Argen-

tinier und Brasilianer kämpften. O'Higgins schuf ein freies
Chile. Mit Hilfe der von dem radikalen englischen Adeligen
Cochrane — dem Vorbild des *Captain Hornblower* von C.
S. Forester — kommandierten chilenischen Flotte vernichtete
San Martin die letzte Bastion der spanischen Macht, das
Vizekönigtum Peru. 1822 war das ehemals spanische Süd-
amerika frei, und der politisch gemäßigte, weitblickende und
äußerst selbstlose San Martin überließ es Bolivar und den
Republikanern und zog sich mit einer Pension von O'Hig-
gins nach Europa zurück, wo er in Boulogne sur Mer, der
Zufluchtsstätte verschuldeter Engländer, starb.

Inzwischen war der zur Bekämpfung der restlichen Bauern-
guerillas nach Mexiko entsandte spanische General Iturbide
unter dem Eindruck der spanischen Revolution zu seinen bisherigen Feinden übergegangen und wurde 1821 zum Begründer eines unabhängigen Mexiko. 1822 trennte sich Brasilien
in aller Ruhe von Portugal unter dem Regenten, den die königliche portugiesische Familie eingesetzt hatte, als sie aus
ihrem brasilianischen Exil nach Europa zurückgekehrt war.

Die Vereinigten Staaten erkannten die wichtigsten der neuen
Staaten fast sofort an; die Briten folgten deren Beispiel und
versäumten es nicht, mit diesen Staaten Handelsverträge
zu schließen. Vor dem Ende der zwanziger Jahre des 19. Jahrhunderts wurden alle diese Staaten auch von Frankreich anerkannt.

Die zweite revolutionäre Welle folgte in den Jahren
1829—1834, überflutete ganz Europa westlich von Rußland
und auch den nordamerikanischen Kontinent; denn die große
Reformepoche unter Präsident Andrew Jackson (1829—1837)
muß als Teil dieser Welle betrachtet werden, obwohl sie nicht
direkt mit den europäischen Aufständen verbunden war.
In Europa wurde der Sturz der Bourbonen in Frankreich

zum Ansporn für die Erhebungen in anderen Ländern. Belgien errang 1830 seine Unabhängigkeit von Holland. Der polnische Aufstand erfolgte 1830/31, der nur durch starken militärischen Einsatz niedergeworfen werden konnte. Die revolutionäre Unruhe griff auf Teile Deutschlands und Italiens über. Der Liberalismus triumphierte in der Schweiz, einem Land, das damals weit weniger friedlich war als heute, und eine Periode von Bürgerkriegen zwischen Liberalen und Klerikalen begann in Spanien und Portugal. Sogar Großbritannien wurde in Mitleidenschaft gezogen, zum Teil infolge des drohenden Ausbruchs seines eigenen lokalen Vulkans, Irland. 1829 wurden die Katholiken zum Parlament und den Staatsämtern zugelassen, und der Kampf um eine Reform des Parlaments trat in seine entscheidende Phase ein. Die Parlamentsreform von 1832 gehört zu den Auswirkungen der französischen Julirevolution — denn die aus Paris kommenden Nachrichten hatten tatsächlich die Reformbewegung noch mehr angestachelt. Dies war die einzige Epoche in der modernen Geschichte, in der die politische Entwicklung Großbritanniens parallel zu jener des Kontinents verlief, und auch hier hätte 1831/32 eine revolutionäre Situation entstehen können, was wohl allein durch die kluge Zurückhaltung sowohl der Whigs wie auch der Tories vermieden wurde. Nur während jener Jahre kann die Entwicklung der britischen Politik ohne eigenwillige Verzerrung als Teil der gesamteuropäischen Ereignisse begriffen werden. Eine Erscheinung, der Seltenheitswert zukommt.

Die revolutionäre Welle von 1830 war weitaus ernster als die der zwanziger Jahre. In Westeuropa führte sie zum endgültigen Sieg der bürgerlichen über die aristokratischen Kräfte. Während der nächsten fünf Jahrzehnte lag die Macht bei der »Großbourgeoisie«, den Bankiers und Großindustriel-

len, zu denen in manchen Fällen auch die Spitzen der Staats-
bürokratie gerechnet werden müssen. Die Aristokratie nahm
es hin, zeigte sich bereit, die zweite Geige zu spielen oder
aber eine in erster Linie von bürgerlichen Interessen bestimmte Politik zu führen. Die Herrschenden fühlten sich
noch nicht von der Gefahr des allgemeinen Wahlrechtes bedroht, obgleich sie unter dem Druck unzufriedener Geschäftsleute, des Kleinbürgertums und der ersten Arbeiterbewegungen standen. Das politische System Großbritanniens, Frankreichs und Belgiens war im Kern dasselbe und entsprach den
Zielen der ersten gemäßigt-bürgerlichen Phase der Französischen Revolution, wie sie in der Verfassung von 1791 ihren
Ausdruck gefunden hatte. Sie waren konstitutionelle Monarchien mit liberalen Institutionen, die gegen eine Demokratie gesichert waren, da das Wahlrecht an Besitz und Bildung
gebunden blieb. In ganz Frankreich gab es anfangs nur
168 000 Wahlberechtigte. In den Vereinigten Staaten aber
wurden diese Schranken zur Zeit Jacksons durchbrochen,
wurden die den herrschenden Klassen Europas entsprechenden Besitzoligarchien besiegt. Die Wahlstimmen der Kolonisten an der unbebauten Grenze, der kleinen Farmer und der
Armen der Städte brachten die unbeschränkte politische
Demokratie an die Macht. Das war neu und ungemein be-
deutungsvoll. Jene Ideologen des gemäßigten Liberalismus,
die realistisch genug waren, einzusehen, daß früher oder später eine Erweiterung des Wahlrechtes unvermeidlich werden
würde, widmeten sich einer genauen Analyse des Phänomens,
so vor allem Alexis de Tocqueville, der in seiner *Demokratie
in Amerika* (1835–1840) zu pessimistischen Schlußfolgerungen gelangte.
Aber das Jahr 1830 ist, wie wir noch sehen werden, durch
die Geburt zweier neuer Kräfte gekennzeichnet, die einen

radikalen Neuanfang bedeuten: der unabhängigen selbstbewußten Arbeiterbewegung in Frankreich und England
und der nationalistischen Bewegungen in vielen europäischen
Ländern.

Diesen bedeutsamen Veränderungen auf dem Gebiet der
Politik lagen nicht weniger bedeutsame Wandlungen in Wirtschaft und Gesellschaft zugrunde. In der Tat ist das Jahr 1830
das denkwürdigste zwischen 1789 und 1848 und ein Wendepunkt der Entwicklung auf allen Gebieten des gesellschaftlichen Lebens: Es ist gleich bedeutsam für die Geschichte der
Industrialisierung und Verstädterung auf dem europäischen
Kontinent und in den Vereinigten Staaten; für die Geschichte
der geographischen und sozialen Ortsveränderungen der
Menschen und Menschengruppen; für die Entwicklung der
Künste und der Ideologien. In Großbritannien und in Westeuropa beginnt mit ihm die jahrzehntelange Krise in der
Entwicklung der neuen Gesellschaft, die mit der Niederlage
der Revolutionen von 1848 und dem gewaltigen wirtschaft-
lichen Aufschwung nach 1851 abschließt.

Aus dieser Krise erwuchs die größte der revolutionären Wellen, die des Jahres 1848. Fast gleichzeitig brach die Revolution in Frankreich, in ganz Italien, in Deutschland sowie in
vielen Teilen des Habsburger Reiches und in der Schweiz
(1847) aus. Die Unruhen griffen auf Spanien, Dänemark
und Rumänien über und erreichten sporadisch auch Griechenland, Großbritannien und Irland.

Nie hatte es vorher etwas gegeben, was den Wunschträu-
men der Revolutionäre jener Epoche so entsprach wie diese
spontane und allgemeine Feuersbrunst, mit der die in diesem
Band behandelte Periode abschließt. Was 1789 als Aufstand
einer Nation begonnen hatte, schien sich nun in den Völker-
frühling eines ganzen Kontinents zu verwandeln.

Im Unterschied zu den Revolutionen des 18. Jahrhunderts waren jene der nachnapoleonischen Epoche beabsichtigt, ja sogar geplant. Nicht umsonst hatte die Französische Revolution als eines ihrer bedrohlichsten Erbstücke den Revolutionären aller Länder eine ganze Reihe von Vorbildern und Modellen für den politischen Umsturz vererbt.

Das soll nicht heißen, daß die Revolutionen zwischen 1815 und 1848 nichts anderes waren als das Machwerk einiger vom Geist der Unzufriedenheit getragener Agitatoren, wie die so zahlreichen und vollbeschäftigten Spitzel und Polizisten jener Zeit es ihren Vorgesetzten weismachen wollten.

Sie brachen aus, weil ein Widerspruch zwischen der politischen Wirklichkeit dieses Kontinents und den ihm wieder aufgedrängten Systemen bestand, der sich in den Jahren schneller sozialer Wandlungen verschärfte, und weil die wirtschaftliche und gesellschaftliche Unzufriedenheit derart anwuchs, daß eine Reihe von Ausbrüchen so gut wie unvermeidbar wurden. Aber die von der Französischen Revolution 1789 geschaffenen Modelle dienten dazu, die Unzufriedenheit auf einen Gegner zu konzentrieren und die Unruhe in Revolution umzumünzen — und vor allem ganz Europa in einer einzigen Bewegung oder, besser gesagt, alle seine Bewegungen in einem gemeinsamen Strom der Revolution zu vereinen, die dennoch ihr lokales Kolorit in einzelnen Ländern beibehielt.

Die Mehrzahl dieser Modelle entstammten alle der französischen Erfahrung des Jahres 1789. Sie entsprachen den drei Grundrichtungen der nachnapoleonischen Opposition: den gemäßigten Liberalen, die als ideologische Vertreter der Großbourgeoisie und der liberalen Aristokratie angesehen werden können; den radikalen Demokraten, die sich auf das Kleinbürgertum, Teile der neuen Industriellen, der Intellektuellen und des unzufriedenen Kleinadels stützten; und den Sozialisten, den Wortführern der arbeitenden Klassen. Schon in diesen Namen spiegelt sich der Internationalismus jener Periode. Der Begriff »liberal« ist französisch-spanischen, »radikal« britischen, »sozialistisch« englisch-französischen Ursprungs. Auch der Begriff »konservativ« hat eine französische Wurzel, und seine Verwendung in Großbritannien kann als weiterer Beweis für die Enge der damaligen politischen Beziehungen zwischen England und dem europäischen Kontinent angesehen werden.

Der Liberalismus wurde von der ersten Phase der Französischen Revolution inspiriert. Sein Ideal war eine konstitutionelle Monarchie nach britischem Muster mit einem Parlament, das aus Wahlen hervorging, an denen sich aber nur beteiligen durfte, wer über ein gewisses Mindestmaß an Eigentum verfügte, und das daher von der Oligarchie beherrscht wurde. Diese bereits in der Verfassung von 1791 niedergelegten Prinzipien wurden ab 1831/32 in Frankreich, Großbritannien und Belgien verwirklicht.

Der demokratische Radikalismus war von der zweiten Phase der Französischen Revolution der Jahre 1792/93 inspiriert. Sein politisches Ideal, eine demokratische Republik mit einer Tendenz zum »Wohlfahrtsstaat« und seiner Feindseligkeit gegenüber den Reichen, entsprach der idealen jakobinischen Verfassung von 1793. Weil die sozialen Gruppen, die für die radikale Demokratie eintraten, so ungemein heterogen waren, ist es schwer, dem französischen Modell, das ihm zugrunde lag, einen genauen Namen zu geben. Hier mischten sich Elemente, die man 1792/93 als »Girondismus«, »Jakobinismus« und sogar als »Sansculottismus« bezeichnet hätte, obschon der Jakobinismus der Verfassung von 1793 sie am besten repräsentiert.

Der Sozialismus geht auf Strömungen aus dem Jahr II und auf die Aufstände nach dem Thermidor zurück, vor allem auf Babœuf und seine »Verschwörung der Gleichen«, diesem von extremen Jakobinern und frühen Kommunisten vorbereiteten Aufstand, mit dem alle politische Tradition des modernen Kommunismus beginnt. Der Babouvismus entsprang dem »Sansculottismus« und dem linken Flügel des »Robespierrismus«. Vom Sozialismus stammte nur der starke Haß gegen die Bourgeois und die Reichen im allgemeinen. Politisch fußt das babouvistische Modell auf der Tradition von Robespierre und Saint-Just.

Vom Standpunkt der absoluten Regierungen gesehen, erschienen alle diese Bewegungen in gleicher Weise als Bedrohung der Stabilität und der Ordnung, zumal einige, um mit den Worten der damaligen Regierungen zu reden, bewußter als andere auf die Propagierung des Chaos gerichtet sein mochten, und einige gefährlicher waren als die anderen, weil sie eher dazu prädestiniert schienen, die unwissenden und verarmten Massen aufzuputschen. Dies war der Grund, daß Metternichs Geheimpolizei in den dreißiger Jahren des 19. Jahrhunderts dem Vertrieb von Lamennais' *Paroles d'un croyant* (1834) eine, vom heutigen Standpunkt betrachtet, allzu große Beachtung schenkte. Diese Schrift wurde als besonders gefährlich angesehen, weil sie die katholische Sprache eines Unpolitischen sprach und so jene Untertanen beeinflussen konnte, die einer offen atheistischen Propaganda nicht zugänglich gewesen wären (3).

Tatsächlich hatten aber alle diese oppositionellen Bewegungen kaum mehr gemein als ihren Haß gegen die Regierungen von 1815 und die Tradition einer Einheitsfront aller, die, aus welchen Gründen auch immer, gegen die absolute Monarchie, gegen die Kirche und die Aristokratie eingestellt waren. Im Verlauf der Jahre zwischen 1815 und 1848 sollte sich diese Einheitsfront zersetzen.

Während der Zeit der Restauration (1813—1830) breitete sich die Reaktion wie eine Decke gleichmäßig über alle Oppositionellen, und in der dadurch entstandenen Dunkelheit waren die Unterschiede zwischen den Bonapartisten und Republikanern, zwischen Gemäßigten und Radikalen kaum sichtbar. Auf der politischen Szene waren noch keine bewußten revolutionären Vertreter der Arbeiterklasse, keine Sozialisten erschienen — außer in England, wo sich um 1830 eine politisch und ideologisch unabhängige proletarische Richtung unter dem Zeichen der *Co-operation* Owens herauszubilden begann. Außerhalb Großbritanniens nahm die Unzufriedenheit der Massen entweder noch keine politischen Formen an, oder sie drückte sich unter den Fahnen des Legitimismus und Klerikalismus als ein dumpfer Protest gegen die neue Gesellschaft aus, die nichts als Bosheit und Chaos mit sich zu bringen schien. Die politische Opposition auf dem Kontinent beschränkte sich also hauptsächlich auf winzige Gruppen aus den Reihen der Besitzenden und Gebildeten. Bildung war immer noch an Besitz gebunden — sogar eine so aufrührerische Gruppe, wie die Studentenschaft der *École Polytechnique,* dieser Hochburg der Linken, rekrutierte sich in der Mehrheit aus den Söhnen der Begüterten: Nur ein Drittel der Studenten kam — meist auf dem Weg über die unteren Kader der Armee oder der Beamtenschaft — aus dem Kleinbürgertum, und nur 0,3% stammte aus den Unterschichten. Jene Armen, die bewußt zur Linken tendierten, bekannten sich zu den klassischen Forderungen der bürgerlichen Revolution, wenn auch eher in ihrer radikal-demokratischen als in ihrer gemäßigten Prägung, und vertraten noch

kaum bewußt sozial-revolutionäre Ideen. Das klassische Programm, um das sich die arbeitenden Klassen Großbritanniens immer wieder scharten, war nur auf die parlamentarische Reform gerichtet und fand in den sechs Punkten der
Peoples Charter seinen Ausdruck (4). Seinem Wesen nach entsprach dieses Programm dem Jakobinismus der Generation
von Paine und war — abgesehen von seiner engen Bindung
an eine immer selbstbewußter werdende Arbeiterklasse —
durchaus vereinbar mit dem politischen Radikalismus ben-
thamistischer bürgerlicher Reformer vom Typ eines James
Mill. Neu war in der Restaurationsperiode lediglich, daß
die Radikalen aus den arbeitenden Schichten es vorzogen,
nicht bürgerlichen Reformern zu folgen, sondern Männern,
die ihre Sprache beherrschten, einem rhetorischen Windbeutel,
wie Hunt (1773—1835), oder einem glänzenden und kraftvollen Stilisten, wie William Cobbett (1762—1835), und
natürlich einem Tom Paine (1737—1809).
So bildete die europäische Opposition damals noch eine Einheit. Es gab weder soziale noch nationale Gegensätze, die
sie in einander nicht verstehende Lager aufgespalten hätten.
Von Großbritannien und den USA abgesehen, wo eine Beteiligung der Massen an der Politik bereits bestand (obwohl
sie in Großbritannien infolge der antijakobinischen Hysterie
bis in die zwanziger Jahre des 19. Jahrhunderts hinein einge-
schränkt war), hatten die Oppositionellen aller Länder die
gleichen Perspektiven und versuchten, dieselben Methoden
anzuwenden. Diese Methoden konnten nur gewaltsam sein,
denn die Einheitsfront des Absolutismus schloß in den meisten Ländern Europas den Weg friedlicher Reformen so gut
wie gänzlich aus. Alle Revolutionäre betrachteten sich selbst
mit einer gewissen Berechtigung als kleine Elite emanzipierter und fortschrittlicher Menschen, die inmitten der trägen

und großen Masse des unwissenden und verführten gemeinen Volkes für dessen Wohl wirkten. Das gemeine Volk würde gewiß seine eigene Befreiung begrüßen, aber man konnte nicht erwarten, daß es an dieser Befreiung aktiv teilnahm. Alle Revolutionäre — zumindest westlich des Balkan — kämpften gegen einen einzigen Feind: den Bund der absoluten Herrscher mit dem Zaren an der Spitze. Es sollte eine einzige und unteilbare Revolution sein, nicht eine Summe nationaler oder lokaler Befreiungen. Alle neigten zum selben Typ revolutionärer Organisationen — der aufständischen Geheimbünde —, oder sie gehörten tatsächlich einer derartigen Organisation an.

Solche Bruderschaften, jede mit ihrem exzentrischen Zeremoniell und einer nach dem Muster der Freimaurer gebildeten Hierarchie, entstanden gegen Ende der Napoleonischen Epoche. Die internationalsten und daher auch die bekanntesten waren die »guten Vettern« oder »Carbonari«. Sie scheinen auf die Freimaurer oder ähnliche Logen Ostfrankreichs zurückzugehen, deren Einfluß von antibonapartistischen Offizieren der französischen Armee nach Italien getragen wurde. Die ersten Carbonari-Gruppen wurden 1806 in Süditalien gebildet, von wo sie sich, zusammen mit anderen ähnlichen Gruppen, nordwärts und nach 1815 über den gesamten Mittelmeerraum ausbreiteten. Man findet diese Organisationen sogar bis nach Rußland hinein (die Organisatoren des ersten Aufstandes der modernen russischen Geschichte [1825], die Dezembristen, hatten solchen Bruderschaften angehört) und besonders in Griechenland.

Die Tätigkeit der Carbonari erreichte ihren Höhepunkt um 1820/21. 1823 waren die meisten Bruderschaften fast völlig zerstört. Trotzdem blieb der Carbonarismus als allgemeiner Typ die Hauptform der revolutionären Organisation,

der vielleicht durch die Unterstützung der griechischen Freiheitsbewegung (Philhellenismus) zusammengehalten wurde.
Nach dem Zusammenbruch der Revolution von 1830 breitete
er sich durch polnische und italienische Emigranten auf noch
weitere Gebiete aus.

Die Carbonari und die anderen Bünde dieser Art verfügten
über keine klare und einheitliche Ideologie und waren sich
einig in ihrem Haß gegen die Reaktion. Es ist daher auch verständlich, daß die Radikalen — und unter ihnen die
entschiedensten Revolutionäre, die linken Jakobiner und
Babouvisten — die Bruderschaften stark beeinflußten.
Filippo Buonarroti, der alte Kampfgenosse von Babœuf,
wirkte unter ihnen als der fähigste und unermüdlichste Verschwörer, obwohl seine Doktrin vermutlich weitaus linker
war als die der meisten Brüder.

Es steht auch heute noch nicht fest, ob und wieweit die auf
die Entfesselung einer gleichzeitig ausbrechenden internationalen Revolution gerichteten Bemühungen dieser Gruppen
koordiniert waren. Zweifellos hat es aber nicht an Versuchen
gefehlt, die geheimen Bruderschaften — oder zumindest
ihre Führungen — im Rahmen einer »Superverschwörung«
zu einen. Wie dem auch immer gewesen sein mag — 1820/21
brach tatsächlich eine Reihe von Aufständen vom Carbo-
nari-Typ aus. In Frankreich mißlangen sie völlig. Hier fehlten die politischen Bedingungen für eine Revolution, und die
Verschwörer hatten auch keinen Zugang zu dem einzigen
Hebel von Aufständen in solchen objektiv »unreifen« Situa-
tionen — einer »unzufriedenen« Armee. Die französische
Armee war schon damals, was sie im Verlauf des ganzen
19. Jahrhunderts bleiben würde — ein Teil der Staatsbüro-
kratie, was bedeutete, daß sie die Befehle der jeweiligen
Regierung getreulich ausführte. Hingegen waren die Bemü-

hungen der Carbonari in einigen italienischen Staaten von
großem, wenn auch nur zeitweiligem Erfolg gekrönt. Hier,
aber noch mehr in Spanien, wurde in dem militärischen *pro-
nunciamento* die wirksamste Form für den »reinen« Aufstand entdeckt. Liberale, in geheimen Offiziersbruderschaf-
ten organisierte Offiziere befahlen ihren Regimentern, sich
zu erheben — und diese erhoben sich. Den russischen Dezembristen war dies 1825 mißlungen, weil sie ihre Aktion nicht
koordiniert hatten und im entscheidenden Augenblick zau-
derten. Die Offiziersbruderschaft, die oft vom Geist des Liberalismus getragen war, schon weil die neuen Armeekader
jungen, nicht-adeligen Männern offenstanden, und das *pro-
nunciamento* wurden nun zu normalen Erscheinungen der
iberischen und lateinamerikanischen Politik, zu einem der
dauerhaftesten und bedenklichsten Erbstücke der Carbonari-
Periode. (Nebenbei sei bemerkt, daß die Geheimgesellschaft
mit ihrem Zeremoniell und ihrer Hierarchie, ebenso wie die
Freimaurerei, aus verständlichen Gründen in militärischen
Kreisen Sympathien erwecken mußte.) Das neue, auf diese
Weise zustande gekommene liberale Regime in Spanien fiel
1823 der von der europäischen Reaktion unterstützten französischen Invasion zum Opfer. Die absolutistische Reaktion
löste die Revolution ab.

Der griechische Aufstand von 1821 ist die einzige erfolgreiche Revolution dieser Epoche, die zu einem dauerhaften
Ergebnis führte, was sich zum Teil aus der tatsächlichen Begeisterung der Volksmassen, zum anderen Teil aus der günstigen diplomatischen Lage erklärte. So wurde Griechenland
zum Vorbild für alle Liberalen, und das Philhellenentum,
das sich auch in organisierter Unterstützung der Griechen und
der Entsendung von Freiwilligen äußerte, spielte für die Vereinigung der europäischen Linken in diesen zwanziger Jahren

Deutsche Adelige auf der Hasenjagd.
Beginn des 19. Jahrhunderts.
Gemälde von Franz Krüger;
Dessau, Gemäldegalerie.

Der Finanzier: Nathan Meyer Rothschild an der Londoner Börse.
Karikatur aus »Views from the Royal Exchange« von Richard Dighton.

dieselbe Rolle wie hundert Jahre später die Unterstützung der spanischen Republik.

Die Revolutionen von 1830 veränderten die Lage grundlegend. Wie wir sahen, waren diese Revolutionen die ersten Erscheinungen einer Periode akuter und weitverbreiteter wirtschaftlicher und sozialer Unruhe, die sich aus den beschleunigten sozialen Wandlungen ergab. Das drückte sich in zweifacher Hinsicht aus: Erstens kamen die Massen wieder in Bewegung. Massenrevolutionen nach dem Muster von 1789 waren wieder möglich — womit die Bedeutung der Geheimgesellschaften zurückging. Die Bourbonen wurden in Paris durch die charakteristische Kombination einer Krise der Monarchie mit Massenunruhen gestürzt, die aus der wirtschaftlichen Depression hervorgingen. Das Volk stand auf, und Barrikaden wurden in Paris in weit größerer Zahl als je zuvor errichtet. 1830 wurde die Barrikade zum Symbol für den Volksaufstand. Obwohl ihre Geschichte bis 1588 zurückgeht, hatte sie 1789—1794 keine große Rolle gespielt.

Die zweite Auswirkung der sozialen Veränderungen bestand darin, daß infolge des Fortschrittes des Kapitalismus das Volk und die arbeitenden Massen, also jene, die die Barrikaden bauten, immer mehr mit dem neuen industriellen Proletariat identifiziert werden konnten. Aus diesem Grund entstand eine revolutionäre Bewegung proletarisch-sozialistischer Prägung.

Die Revolution von 1830 bewirkte noch zwei weitere Änderungen in der Politik der Linken. Aus ihnen erwuchs eine Spaltung von Gemäßigten und Radikalen und eine neue internationale Lage, so daß sich zur sozialen auch noch eine nationale Spaltung gesellte. Von nun an gab es nicht nur verschiedene politische Richtungen in den einzelnen Ländern, sondern auch verschiedene nationale Bewegungen.

Die Revolution spaltete Europa in zwei große Regionen. Westlich des Rheins war die Macht der vereinigten Reaktion vernichtet. Der gemäßigte Liberalismus hatte in Frankreich,
Großbritannien und Belgien gesiegt. In der Schweiz und auf
der Iberischen Halbinsel setzte sich der (dort radikalere) Liberalismus zwar nicht durch — hier trafen die Liberalen auf die
Gegnerschaft von katholischen antiliberalen Bewegungen —,
aber die Heilige Allianz konnte in diesen Regionen nicht
mehr eingreifen wie östlich des Rheins. Im Verlauf der Bürgerkriege in Portugal und Spanien in den dreißiger Jahren
unterstützten die absoluten Mächte die eine, die liberalen
Mächte die andere Seite, wobei die Liberalen mehr Energie
aufwandten. Den spanischen Liberalen kamen auch einige
radikale Freiwillige — eine Vorahnung des Philohispanismus
der dreißiger Jahre des 20. Jahrhunderts (5) — zu Hilfe. Im
Grunde aber wurde die Entscheidung den lokalen Kräften innerhalb der Völker überlassen. Der Konflikt blieb unentschie-
den; es gab kurze Perioden liberaler Vorherrschaft (1833—1837,
1840—1843) und konservativer Reaktion.
Östlich des Rheins blieb die Situation nach außen hin die
gleiche wie vor 1830. Die Revolutionen waren überall besiegt
worden: die deutschen und die italienischen Aufstände von
den Österreichern oder mit deren Hilfe, der bei weitem ernsthaftere polnische Aufstand von den Russen. In diesem ganzen
Gebiet überwog das nationale Problem alle anderen. Vom
nationalen Standpunkt aus gesehen lebten alle diese Völker
im Rahmen von Staaten, die entweder zu klein oder zu groß
waren. Nationen waren in kleine Fürstentümer gespalten
(Deutschland, Italien), hatten keinen eigenen Staat oder existierten innerhalb der Vielvölkerreiche (Habsburger Reich,
Rußland, Türkei). Manche gehörten allen diesen Kategorien
an. Wir brauchen uns hier nicht mit den Holländern und den

Skandinaviern zu beschäftigen, da sie im allgemeinen zur nicht-absolutistischen Zone gehören und ein ruhiges Leben führten, das von den dramatischen Ereignissen des übrigen Europa kaum berührt wurde.

Die Revolutionäre beider europäischer Regionen hatten vieles gemein, was schon allein die Tatsache bezeugt, daß die Revolutionen von 1848 sich in beiden Zonen, wenn auch nicht in allen Teilgebieten, abspielten. Trotzdem unterschieden sie sich in bezug auf ihre revolutionäre Begeisterung. Großbritannien und Belgien folgten dem allgemeinen revolutionären Rhythmus nicht mehr, während Spanien, Portugal und in geringerem Ausmaß auch die Schweiz in ihren endemischen Bürgerkriegen befangen waren, deren Krisen nur zufällig mit ähnlichen Erscheinungen in anderen Ländern zusammenfielen (wie im Schweizer Bürgerkrieg von 1847). Im übrigen Europa tauchte ein scharfer Unterschied zwischen den antirevolutionären und den passiven oder nur wenig zur Revolution neigenden Nationen auf.

Den habsburgischen Geheimdiensten machten die Polen, die Italiener, die nicht-österreichischen Deutschen und die stets eigenwilligen Ungarn ständig zu schaffen, während aus den Alpenländern oder den anderen slawischen Gebieten keine Gefahren drohten. Die Russen hatten sich damals nur mit den Polen zu beschäftigen, während die Türken sich auf die Ruhe der meisten Balkanslawen verlassen konnten.

In diesen Unterschieden spiegeln sich die Verschiedenheiten im Tempo der Entwicklung und in den sozialen Bedingungen der einzelnen Länder wider, die in den dreißiger und vierziger Jahren des 19. Jahrhunderts immer deutlicher wurden und immer größere politische Bedeutung erhielten. Die fortschreitende Industrialisierung veränderte den Rhythmus der britischen Politik: In den meisten Ländern des Kontinents erreichte die soziale Krise ihren Höhepunkt in den Jahren 1846—1848, deren britisches Äquivalent die rein wirtschaftliche Depression von 1840/41 war.

Andererseits wurde ab 1830 klar, daß zum Beispiel die sozialen und die politischen Verhältnisse in Rußland viel unreifer für eine Revolution waren als die Spaniens, während in den zwanziger Jahren Gruppen junger Idealisten noch annehmen konnten, daß ein militärischer Putsch Rußland ebenso wie Frankreich oder Spanien die Freiheit bringen würde.

Die Probleme der Revolution im Osten waren mit denen des Westens zwar vergleichbar, aber doch in ihrem Wesen verschieden. Aus ihnen ergab sich eine steigende Spannung zwischen den Gemäßigten und den Radikalen. Im Westen verließen die gemäßigten Liberalen die gegen die Regierungen gerichteten Einheitsfronten, um sich den Regierungen anzunähern oder an ihnen teilzunehmen. Mehr noch — sie beeilten sich, die Radikalen zu verraten, mit deren Hilfe sie die Macht gewonnen hatten, denn schließlich waren es ja die Radikalen gewesen, die auf den Barrikaden gekämpft hatten. Sie wollten nichts gemein haben mit so gefährlichen Dingen wie Demokratie oder Republik. Guizot, oppositioneller Liberaler unter den Bourbonen und Ministerpräsident der Julimonarchie, drückte dies klar aus: »Es gibt nun weder einen legitimen Grund noch auch nur einen einleuchtenden Vorwand für jene Maximen und Leidenschaften, die unter dem Banner der Demokratie gestanden hatten. Was ehemals Demokratie war, würde jetzt Anarchie sein. Der demokratische Geist ist jetzt und wird von nun an nichts anderes sein als revolutionärer Geist (6).«

Die gemäßigten Liberalen gingen noch einen Schritt weiter: Nach einer kurzen Periode der Toleranz und Begeisterung taten sie alles, um weitere Reformbestrebungen zu mäßigen

und die radikale Linke, insbesondere die revolutionären
Bewegungen der Arbeiterklasse, zu unterdrücken. In Großbritannien sahen sich die *General Unions* von Robert Owen
1834/35 und die Chartisten der gemeinsamen Feindschaft
von Männern gegenüber, von denen die einen die Reform-
akte bekämpft, die anderen sie befürwortet hatten. Der Befehlshaber, der im Jahr 1839 die gegen die Chartisten auf-
gebotenen Kräfte kommandierte, war ein bürgerlicher Radikaler, der den Chartisten entgegentrat, obgleich er mit vielen
ihrer Forderungen sympathisierte.

In Frankreich bildete die Unterdrückung des republikanischen Aufstandes von 1834 den Wendepunkt. Die Verur-
teilung von sechs biederen methodistischen Arbeitern (der
Tolpuddle-Märtyrer), deren Verbrechen einzig in dem Versuch bestanden hatte, eine Gewerkschaft der Landarbeiter zu
bilden, zeigt im selben Jahr 1834 die in Großbritannien begonnene Offensive gegen die Arbeiterbewegungen an. Radikale republikanische Richtungen, zusammen mit der neuentstandenen proletarischen Bewegung, trennten sich so von den
Liberalen, während die Gemäßigten in der Opposition unter
dem Albdruck der demokratischen und sozialen Republik
lebten, die nun zum Losungswort der Linken wurde.

In keinem der Länder Osteuropas hatte eine siegreiche Revolution stattgefunden; dort erwuchs die Spaltung von Gemäßigten und Radikalen aus der Diskussion über die Ursachen der Niederlage und der Analyse künftiger Sieges-
möglichkeiten. Die Gemäßigten — liberal eingestellte Grundbesitzer und bürgerliche Elemente — setzten ihre Hoffnungen
auf Reformen, die von ihnen beeinflußbare Regierungen
durchführen würden, und auf die diplomatische Unterstützung
der neuen liberalen Staaten. Beeinflußbare Regierungen aber
waren selten. In Italien blieb Savoyen dem Liberalismus zu-

geneigt und gewann damit die Unterstützung von Gemäßigten, die Savoyens Hilfe für die kommende Vereinigung Italiens erwarteten. Eine Gruppe liberaler Katholiken hing —
ermutigt von dem merkwürdigen und kurzlebigen Phänomen
eines sogenannten liberalen Papsttums unter Pius IX.
(1846) — dem unrealistischen Traum nach, die Kraft der
Kirche für den Fortschritt des Liberalismus einzusetzen. In
Deutschland standen alle einigermaßen bedeutenden Staaten
dem Liberalismus feindlich gegenüber. Das hinderte einige
Gemäßigte — wenn auch eine weit geringere Zahl, als die historische preußische Propaganda glauben machen will — nicht
daran, das Heil von Preußen zu erwarten, das wenigstens
1834 den Zollverein geschaffen hatte. Alle diese Liberalen
träumten eher von auf den rechten Weg bekehrten Fürsten
als von Barrikaden. In Polen, wo alle Hoffnungen einer
Fraktion der Magnaten — den Czartoryskis — auf eine mit
Unterstützung des Zaren durchgeführte Reform geschwunden waren, konnten die Gemäßigten immer noch auf die
diplomatische Intervention des Westens hoffen. Wie jedoch
die Dinge zwischen 1830 und 1848 standen, waren alle diese
Perspektiven gänzlich unrealistisch.

Das Versagen der Franzosen enttäuschte die Radikalen nicht
weniger, waren diese doch von der großen Revolution und
der revolutionären Theorie zu internationalen Befreiern bestimmt gewesen. Diese Enttäuschung trug zusammen mit
dem wachsenden Nationalismus der dreißiger Jahre und der
neuentstehenden Erkenntnis der Verschiedenheit der revolutionären Perspektiven in jedem Land zur Erschütterung des
Internationalismus bei, der die Revolutionäre der Restaurationsperiode erfüllt hatte. Die strategischen Auffassungen
blieben die gleichen: Ein neujakobinisches Frankreich und —
wie Marx meinte — ein nötigenfalls radikal eingreifendes

Großbritannien schienen immer noch unabdingbare Voraussetzungen der europäischen Freiheit zu sein, außer dem un-
wahrscheinlichen Fall einer russischen Revolution (7). Trotzdem begann eine nationalistische Reaktion gegen den franko-
zentrischen Internationalismus der Carbonari-Periode, und
sie paßte gut zur Romantik (s. Kap. 14), die nach 1830 in den
Kreisen der Linken modern wurde. Kein größerer Gegensatz
ist denkbar als der zwischen Buonarroti, dem zurückhaltenden
Musiklehrer und Rationalisten des 18. Jahrhunderts, und dem
zu ernster Tat und klaren Gedanken unfähigen Giuseppe Mazzini (1805—1872), der, immer darum bemüht, einen dramatischen Helden zu spielen, zum Apostel der Anti-Carbonari-
Reaktion wurde und mehrere internationale Verschwörer-
gesellschaften (»Jung-Italien«, »Jung-Deutschland«, »Jung-
Polen« usw.) gründete, um sie innerhalb eines »Jung-Europa«
zu vereinigen. In einer solchen Dezentralisierung der revolutionären Bewegung lag ein Kern von Realismus, da sich in der
Tat 1848 jede Nation selbständig, spontan und gleichzeitig
erhob. Aber der Ansporn zur gleichzeitigen Revolution kam
auch 1848 noch immer aus Frankreich, und die Revolutionen
wurden besiegt, weil Frankreich nicht bereit war, die Rolle
des Befreiers auf sich zu nehmen.
Ob sie nun Romantiker waren oder nicht — die Radikalen
verwarfen die Politik der Gemäßigten mit deren Vertrauen
auf Fürsten und Mächte. Sie taten dies aus praktischen und
aus ideologischen Gründen. Die Völker sollten bereit sein,
ihre Befreiung selbst zu erringen, da niemand ihnen diese
Aufgabe abnehmen würde. Die proletarisch-sozialistischen
Bewegungen dieser Epoche waren von demselben Gefühl der
notwendigen Selbstbefreiung der Arbeiterklasse getragen.
Sie sollten die Befreiung durch direkte Aktion erreichen. Freilich wurde diese direkte Aktion immer noch nach dem Muster

der Carbonari gesehen, zumindest dort, wo die Massen
passiv blieben. Daher führten solche Versuche zu Niederlagen, obwohl ein gewaltiger Unterschied bestand zwischen
solch lächerlichen Aktionen wie Mazzinis Invasionsversuch
in Savoyen und den ernsten und wiederholten Versuchen
der polnischen Demokraten, nach der Niederlage von 1831
einen Partisanenkrieg in Polen zu organisieren, der eine europäische Polenbegeisterung auslöste.

Gerade aus der Entscheidung, mit der die Radikalen ohne
die bestehenden Mächte oder im Kampf gegen sie die Gewalt
erobern wollten, erwuchs eine neue Spaltung in ihren Reihen.
Waren sie für eine soziale Revolution bereit?

Diese Frage erhitzte die Gemüter überall, außer in den Vereinigten Staaten, wo niemand mehr die Forderung nach der
politischen Mobilisierung des gemeinen Volkes stellen konnte,
weil dieses Volk bereits durch die Jackson-Demokratie in die
Politik gezogen worden war (natürlich mit Ausnahme der
Neger in den Südstaaten). Obschon in den USA 1828/29 eine
Partei der Arbeiter (Workingmen's Party) gegründet wurde,
gab es in diesem großen, sich schnell ausweitenden Staat zwar
vielerorts Unzufriedenheit, aber keine Gefahr einer sozialen
Revolution im europäischen Sinn. Dieses Problem bestand
auch nicht in Lateinamerika, wo kein Politiker in irgendeinem Staat — vielleicht mit Ausnahme Mexikos — daran
dachte, die Indianer (das heißt die Bauern und Landarbeiter),
die Negersklaven oder sogar die Mischlinge (die Kleinbauern,
Handwerker und städtischen Armen) für irgendein Ziel zu
mobilisieren.

Aber in Westeuropa, wo eine von den städtischen Armen getragene soziale Revolution außerhalb der Möglichkeiten lag,
und in den weiten europäischen Gebieten, in denen eine
Agrarrevolution auf der Tagesordnung stand, tauchte die

Frage, ob man an die Massen appellieren sollte, unvermeidlich und mit aller Dringlichkeit auf.

Die wachsende Unzufriedenheit der Armen — besonders der städtischen Armen — war in ganz Westeuropa sichtbar. Sogar im kaiserlichen Wien fand sie ihren Ausdruck auf den Volksbühnen der Vororte, diesem getreuen Spiegel der Ansichten des kleinen Mannes. Während der Napoleonischen Epoche atmeten die Stücke eine Gemütlichkeit, die mit naiver Loyalität für die Habsburger verbunden war. Der bedeutendste Dramatiker der 1820er Jahre, Ferdinand Raimund, füllte die Bühnen mit Märchen, mit Traurigkeit und Sehnsucht nach der verlorenen Unschuld der einfachen, traditionellen vorkapitalistischen Gesellschaft. 1835 aber kam die Zeit von Johann Nestroy. Dieser Star, der die Bühne von da ab beherrschte, war in erster Linie ein sozialer und politischer Satiriker, voll bitteren und dialektischen Witzes, ein Zerstörer, der bezeichnenderweise 1848 zum begeisterten Revolutionär wurde.

Die Unzufriedenheit fand auch in der beginnenden Emigration nach den USA ihren Ausdruck: Von den 1830er Jahren ab wurden die USA zum Traumland der europäischen Armen, und sogar deutsche Emigranten, die auf der Durchreise in Le Havre nach dem Grund ihrer Auswanderung befragt wurden, antworteten: »Es gibt dort keine Könige (8).«

In allen Städten des Westens herrschte die Unzufriedenheit, und eine proletarische und sozialistische Bewegung wurde vor allem in den Ländern der Doppelrevolution, Großbritannien und Frankreich, sichtbar (s. auch Kap. 11). In England tauchte sie 1830 auf und nahm sofort die ungemein reife Form der Massenbewegung der arbeitenden Klassen an, die in den Whigs und den Liberalen potentielle Verräter und in den Kapitalisten ihre sicheren Feinde erblickten. Aus ihr ging die große Chartisten-Bewegung hervor, die 1839—1842 ihren Höhepunkt erreichte, aber bis nach 1848 einflußreich blieb. Der britische Sozialismus, die *Co-operation,* war weit schwächer. Er begann in eindrucksvoller Weise 1829—1834 damit, daß er wohl die Mehrheit der militanten Arbeiterführer für sich gewann (seine Doktrinen hatten sich seit dem Anfang der 1820er Jahre unter Handwerkern und gelernten Arbeitern verbreitet) und den großartigen Versuch unternahm, eine allumfassende nationale »Generalgewerkschaft« der arbeitenden Klassen zu gründen, die unter dem Einfluß der Ideen von Robert Owen — den Kapitalismus umgehend — eine vergesellschaftete Wirtschaft anstrebte. Von den Folgen der Parlamentsreform von 1832 enttäuscht, gerieten immer größere Teile der Arbeiterklasse unter die Führung der Oweniten, der Genossenschaftler und der primitiven Syndikalisten. Aber deren Unvermögen, eine wirkungsvolle politische Strategie zu entwickeln, zerstörte — zusammen mit den systematischen, gegen sie gerichteten Offensiven der Unternehmer und der Regierung — die Bewegung in den Jahren 1834—1836. Nach diesem Mißerfolg wirkten die Sozialisten nur mehr in der Form von Propaganda- und kulturellen Gruppen außerhalb des Hauptstroms der Arbeiteragitation, oder sie verwandelten sich in Pioniere der weit bescheideneren Idee von Konsumvereinen, deren erste ab 1844 in Rochdale (Lancashire) entstanden. Aus alldem ergibt sich das Paradoxon, daß die wichtigste revolutionäre Massenbewegung der arbeitenden Klassen Großbritanniens, der Chartismus, im Vergleich zur Bewegung der Jahre 1829 bis 1834 in ideologischer Beziehung rückständig, in politischer Beziehung aber reifer war. Diese Reife vermochte aber nicht, sie vor Niederlagen zu schützen, die sie durch die Unzulänglichkeit ihrer Führer, die Uneinigkeit in ihren Reihen und

durch ihre Unfähigkeit, außer der Vorbereitung von Massen-
petitionen auch gesamtnationale Aktionen zu organisieren,
erlitten.

In Frankreich gab es keine ähnliche Massenbewegung der
arbeitenden Klassen. Die Vorkämpfer der französischen
Arbeiterbewegung von 1830—1848 waren in erster Linie
die städtischen Handwerker und Gesellen sowie die Arbeiter
in den traditionellen Zentren der Heimarbeit, wie der
Lyoner Seidenindustrie. (Die erzrevolutionären *canuts* von
Lyon waren nicht einmal Lohnarbeiter, sondern kleine Meister.) Dazu kam, daß die verschiedenen Richtungen des
neuen »utopischen« Sozialismus — die Anhänger Saint-
Simons, Fouriers, Cabets und andere — kein Interesse an
politischer Agitation hatten, obgleich ihre kleinen Gruppen,
vor allem die Fourieristen, zu Beginn der Revolution von
1848 die Arbeiter führten und die Massen mobilisierten.
Andererseits verfügte Frankreich über die mächtige und politisch hochentwickelte Tradition des linken Jakobinismus
und des Babouvismus, von denen nach 1830 die meisten
Kommunisten wurden. Der größte Führer dieser Richtung
war Auguste Blanqui, ein Schüler von Buonarroti.
In bezug auf soziale Analyse und Theorie konnte der Blanquismus wenig zum Sozialismus beitragen — außer der Betonung von dessen Notwendigkeit und der entscheidenden
Ansicht, daß der Sozialismus vom Proletariat der ausgebeuteten Lohnarbeiter errichtet werden müsse und daß nicht
mehr die »Oberklasse«, sondern das Bürgertum sein Haupt-
feind sei.
Die Blanquisten paßten die Organisationsform der geheimen
Bruderschaften von Verschwörern proletarischen Bedingungen an und stellten die traditionellen Methoden des Jakobinismus — Aufstand und zentralisierte Volksdiktatur — in

den Dienst der Sache der Arbeiter. Von den Blanquisten, deren Auffassungen wiederum auf Saint-Just, Buonarroti und Babœuf zurückgehen, übernahm die moderne sozialistisch-revolutionäre Bewegung die Überzeugung, daß sie sich die Eroberung der politischen Macht zum Ziel setzen und eine »Diktatur des Proletariats« — eine von den Blanquisten geprägte Formel — errichten mußte. Der Hauptmangel des Blanquismus erklärt sich zum Teil aus der Schwäche der französischen Arbeiterklasse. Durch das Fehlen einer Massenbewegung blieb er, gleich seinen Carbonari-Vorläufern, die Organisation einer Elite, die Aufstände gleichsam in einem leeren Raum plante, die darum oft fehlschlugen, wie zum Beispiel der Aufstandsversuch von 1839.

Im ganzen schien Westeuropa von Arbeiterrevolutionen in den Städten und vom Sozialismus bedroht zu sein, obgleich die Regierungen und Unternehmer der am stärksten industrialisierten Länder, Großbritannien und Belgien, dieser Gefahr mit einem gewissen und durchaus berechtigten Gleichmut gegenüberstanden. Es gibt keinerlei Anzeichen dafür, daß etwa die britische Regierung durch die große, aber in sich gespaltene, schlecht organisierte und so ungemein schlecht geführte Chartisten-Bewegung ernstlich beunruhigt gewesen wäre (9).

Die ländliche Bevölkerung wiederum gab den Revolutionären ebensowenig Grund zu Hoffnungen wie den Herrschern zu Befürchtungen. Als 1830 eine Welle von Unruhen, begleitet von Maschinenstürmen, sich schnell unter den hungernden Landarbeitern im Süden und Osten Englands ausbreitete, geriet die Regierung für einen Augenblick in Panik. Man behauptete, den Einfluß der französischen Julirevolution in dieser spontanen, über große Gebiete ausgedehnten, aber schnell versickernden »letzten Arbeiterrevolte« (10) entdeckt

zu haben. Die Rebellen wurden mit weit größerer Härte
bestraft als die chartistischen Agitatoren — was in Anbetracht
der weit gespannteren politischen Situation dieser Epoche
des Kampfes um die Parlamentsreform auch durchaus zu erwarten war.

Unruhen auf dem Land nahmen später — falls sie überhaupt entstanden — politisch weit harmlosere Formen an.
In den übrigen wirtschaftlich entwickelten Gebieten, mit Ausnahme einiger Teile Westdeutschlands, wurden Agrarrevo-
lutionen weder erwartet noch in Betracht gezogen, und der
städtische Charakter der Revolutionäre und ihre Betrachtungsweise konnten bei der Bauernschaft keine Sympathien
erwecken. Außer der Iberischen Halbinsel hatte nur Irland
eine große und endemische agrar-revolutionäre Bewegung, die
geheime und weitverbreitete Terroristengesellschaften, wie die
Ribbonmen und die *Whiteboys*, hervorbrachte. Aber Irland
gehörte zu einer anderen sozialen und politischen Welt.

Die Frage nach der sozialen Revolution spaltete die bürgerlichen Radikalen, das heißt die Gruppen der unzufriedenen
Geschäftsleute, Intellektuellen und anderen, die sich in der
Opposition zu den gemäßigt-liberalen Regierungen von 1830
befanden. In Großbritannien gab es solche, die bereit waren,
den Chartismus zu unterstützen oder mit ihm zusammen zu
gehen, und ihnen standen andere gegenüber, die — wie die
Anhänger der *Anti-Corn-Law League* — darauf bestanden,
sowohl die Aristokratie wie auch die Chartisten zu bekämpfen. Diese Intransigenten behielten die Oberhand. Sie vertrauten auf ihr Klassenbewußtsein, das Geld, das sie in
Mengen ausgaben, und auf die Leistungsfähigkeit der von
ihnen begründeten Propagandaorganisation. In Frankreich
führten die Schwäche der offiziellen Opposition gegen Louis
Philippe und die Initiative der Pariser Massen zu einem

entgegengesetzten Resultat. »So sind wir wieder Republikaner geworden«, schrieb der radikale Dichter Béranger nach der Februarrevolution von 1848. »Vielleicht ist es ein wenig zu früh und ein wenig zu schnell gekommen ... Ich hätte größere Vorsicht vorgezogen. Aber es sind nicht wir, die die Stunde ausgewählt, die Kräfte mobilisiert oder die Marschroute bestimmt haben (11).« Der Bruch zwischen den bürgerlichen Radikalen und der äußersten Linken sollte hier erst nach der Revolution erfolgen.

Für das unzufriedene Kleinbürgertum der unabhängigen Handwerker, Bauern und anderen, die — zusammen mit der Masse der gelernten Arbeiter — wohl die stärksten Bataillone des Radikalismus gebildet haben dürften, war die Frage der sozialen Revolution weniger schwerwiegend. Als kleine Leute sympathisierten sie mit den Armen in ihrem Kampf gegen die Reichen, als kleine Eigentümer mit den Reichen in ihrem Widerstand gegen die Armen. Aber diese innere Spaltung führte sie zum Zögern und zu Zweifeln, aber nicht zu einem Wechsel politischer Treue. Wenn es hart auf hart ging, blieben sie — wenn auch in noch so abgeschwächter Form — Jakobiner, Republikaner und Demokraten. Wenn sie auch zögerten, gehörten sie doch immer allen Volksfronten an, bis zu dem Moment, da potentielle Expropriateure tatsächlich an der Macht waren.

Im übrigen revolutionären Europa, wo der unzufriedene Kleinadel und die Intellektuellen die Träger des Radikalismus waren, war das Problem weitaus ernster. Denn hier bestand das niedere Volk aus Bauern, deren Nationalität oft von der der Gutsbesitzer und der Städter verschieden war: slawische und rumänische Bauern in Ungarn, ukrainische in Ostpolen, Slawen in Teilen Österreichs. Und die ärmsten

Gutsbesitzer, deren Ländereien am schlechtesten bewirtschaftet wurden und die am wenigsten imstande waren, auf den Status zu verzichten, dem sie ihre Einkünfte verdankten, waren oft die radikalsten Nationalisten. Gewiß — solange die Masse der Bauern unwissend und politisch passiv war, konnte von ihrer direkten Teilnahme an einer Revolution nicht die Rede sein. Aber dies war ein brennendes Problem, und in den 1840er Jahren konnte man nicht länger mit der Passivität rechnen. Der Aufstand der galizischen Leibeigenen im Jahr 1846, dem der Weberaufstand in Schlesien (1844) vorausgegangen war, war die größte Jacquerie seit den Tagen der Französischen Revolution von 1789.

Die Frage war brennend — aber in gewissem Sinn auch rhetorisch. Vom Standpunkt der wirtschaftlichen Entwicklung gesehen, setzte die Modernisierung rückständiger Gebiete, wie etwa Osteuropas, eine Agrarreform voraus, oder zumindest die Aufhebung der Leibeigenschaft, die in den österreichischen, russischen und türkischen Gebieten immer noch weiterbestand. Wenn die Bauernschaft aber einmal zu politischer Aktivität erwachte, mußten wenigstens einige ihrer Forderungen befriedigt werden, zumindest in den Ländern, wo die Revolutionäre gegen Fremdherrschaft kämpften. Denn wenn sie nichts taten, um die Bauern für sich zu gewinnen, würden es die Reaktionäre tun. Legitime Könige, Kaiser und Kirchen genossen auf alle Fälle den taktischen Vorteil, daß die traditionsgebundenen Bauern ihnen eher als den Grundbesitzern vertrauten und von ihnen die Gerechtigkeit erwarteten. Die Monarchen waren ihrerseits bereit, wenn nötig, die Bauern gegen den Adel auszuspielen; die neapolitanischen Bourbonen hatten dies, ohne zu zögern, 1799 in ihrem Kampf gegen die dortigen Jakobiner getan. »Es lebe Radetzky!« riefen die lombardischen Bauern 1848 dem österreichischen General zu, der dem nationalistischen Aufstand ein Ende bereitet hatte, »Tod den Herren (12).«

Die Frage, die sich für die Radikalen der unterentwickelten Länder stellte, war nicht, ob sie ein Bündnis mit der Bauernschaft anstreben sollten, sondern ob sie es erreichen konnten. Daher zerfielen die Radikalen dieser Länder in zwei Gruppen — die Demokraten einerseits und die äußerste Linke auf der anderen Seite. Die erstgenannten (in Polen die »Polnische Demokratische Gesellschaft«, in Ungarn die Anhänger von Kossuth, in Italien jene von Mazzini) erkannten die Notwendigkeit, die Bauern für die Sache der Revolution zu gewinnen, und waren bereit, zu diesem Zweck für die Abschaffung der Leibeigenschaft und die Gewährung von Eigentumsrechten an Kleinbauern einzutreten. Aber sie hofften meist auf irgendeine friedliche Koexistenz einer freiwillig auf ihre feudalen Rechte verzichtenden, aber für diesen Verzicht entschädigten Aristokratie und einer nationalen Bauernschaft. Wo der Wind der Bauernrebellion aber noch nicht die Stärke eines Sturmes erreicht hatte oder wo nicht zu befürchten stand, daß die Fürsten die Unzufriedenheit der Bauernschaft ausnützen könnten — wie in vielen Gebieten Italiens —, vernachlässigten die Demokraten die Vorbereitung eines Bauern- oder auch jedes anderen Sozialprogrammes und begnügten sich damit, politische Demokratie und nationale Befreiung im allgemeinen zu predigen.

Die äußerste Linke erklärte offen, daß der revolutionäre Kampf ein Kampf der Massen gegen fremde Herrscher und zugleich auch gegen die einheimischen Ausbeuter sein würde. Als Vorläufer der nationalen und sozialen Revolutionäre unseres Jahrhunderts bezweifelten sie die Fähigkeit des Kleinadels und des schwachen Bürgertums, die neue Nation in die Unabhängigkeit und die Modernisierung hineinzu-

Zwei russische Bauern.
Zeitgenössische Zeichnung aus dem Jahre 1823.

Offizier und Aristokrat: Prinz August von Preußen in Gala-Uniform.
Gemälde von Franz Krüger; Berlin, Nationalgalerie.

führen. Ihr eigenes Programm wurde also stark vom entstehenden Sozialismus des Westens beeinflußt, obwohl sie
zum Unterschied von den meisten vormarxistischen »utopischen« Sozialisten die Rolle sozialer Kritiker mit der aktiver
politischer Revolutionäre verbanden. Die kurzlebige Kra-
kauer Republik von 1846 schaffte so alle Lasten der Bauern
ab und versprach ihren städtischen Armen »nationale Werk-
stätten«. Die extremsten Carbonari Süditaliens fußten auf
dem Boden des babouvistisch-blanquistischen Programms.
Mit Ausnahme Polens war diese Strömung aber ziemlich
schwach, und ihr Einfluß wurde noch dadurch vermindert,
daß die vor allem aus Schülern, Studenten, deklassierten
Intellektuellen kleinadeliger oder plebejischer Herkunft und
einigen Idealisten bestehenden Bewegungen sich außerstande
zeigten, die Bauernschaft, um deren Beteiligung sie sich ernsthaft bemühten, zu mobilisieren (13). Die Radikalen der unterentwickelten Gebiete Europas vermochten es also nie, die
ihnen gestellten Probleme zu lösen. Sie scheiterten zum Teil
am Widerstand ihrer Anhänger, ausreichende und recht-
zeitige Konzessionen an die Bauern zu machen, zum Teil an
der politischen Unreife der Bauernschaft. In Italien vollzogen sich die Revolutionen von 1848 im wesentlichen ohne
die Beteiligung der Landbevölkerung; in Polen, wo der Aufstand von 1846 sich schnell zu einer gegen den polnischen
Kleinadel gerichteten, von der österreichischen Regierung
unterstützten Bauernrebellion entwickelt hatte, fand 1848,
mit Ausnahme des preußischen Posen, überhaupt keine Revolution statt. Sogar in der am weitesten entwickelten revolutionären Nation, Ungarn, machten es die Bedingungen,
unter denen die vom Kleinadel geleitete Landreform durchgeführt wurde, unmöglich, die ganze Bauernschaft für den
nationalen Befreiungskrieg zu mobilisieren.

In den meisten Gebieten Osteuropas wurden so die deutschen und magyarischen Revolutionäre mit Hilfe der slawischen Bauern in kaiserlichen Uniformen geschlagen.

Trotz aller Spaltungen durch die Verschiedenheit lokaler Bedingungen, Nationalität und Klasse hatten die revolutionären Bewegungen der Jahre 1830—1848 viel Gemeinsames. Zunächst blieben sie, wie wir sahen, im wesentlichen Minderheitsorganisationen bürgerlicher und intellektueller Verschwörer, die oft im Exil lebten und deren Einfluß auf die verhältnismäßig enge Welt der Gebildeten beschränkt war. Wenn die Revolutionen einmal ausbrachen, wurden sie natürlich vom Volk getragen. Unter den 350 Toten des Mailänder Aufstandes von 1848 waren nur ein Dutzend Studenten, Angestellte oder Abkömmlinge landbesitzender Familien; 74 waren Frauen und Kinder — der Rest Handwerker und Arbeiter (14).

Zweitens entsprach ihre politische Aktivität, ebenso wie ihre strategischen und taktischen Auffassungen, demselben Muster, das aus den Erfahrungen und der Erbschaft der Revolution von 1789 stammte — daher auch ihr starkes Gefühl für internationale Einheit.

Der erste Faktor läßt sich leicht erklären. Außerhalb der Vereinigten Staaten, Großbritanniens, vielleicht der Schweiz, der Niederlande und Skandinaviens gab es keine Tradition der Massenbeteiligung am normalen — im Gegensatz zum vor- und nachrevolutionären — gesellschaftlichen Leben, und außerhalb Großbritanniens und der Vereinigten Staaten fehlten auch die Voraussetzungen dafür. Der *Northern Star* der Chartisten hatte im April 1839 eine wöchentliche Auflage von über 60 000 (15), und die Zahl seiner Leser war noch weit größer. In anderen Ländern war so etwas undenkbar. Die normale Auflage der französischen Zeitungen war etwa

5000, obwohl die halboffiziellen Publikationen und die seit 1830 erschienenen Unterhaltungsjournale in einem Land wie Frankreich 20000 übersteigen konnten (16). Sogar in konstitutionell regierten Ländern, wie Belgien oder Frankreich, konnte die äußerste Linke nur während kurzer Perioden legal wirken und war meist in illegalen Gruppen organisiert. Wenn auch die äußeren Formen demokratischer Politik im engeren Bereich des auf eine Oligarchie beschränkten *pays légal* bestanden und obgleich manche politische Debatten innerhalb dieser Minderheit ihren Widerhall im Volk fanden, blieben die grundlegenden Methoden der Massenpolitik — öffentliche Kampagnen, um eine Regierung unter Druck zu setzen, Massenorganisationen, Petitionen, öffentliche Ansprachen an das Volk usw. — meist unanwendbar. Außerhalb Großbritanniens hätte niemand ernsthaft daran denken können, Massenkampagnen, Petitionen oder öffentliche Debatten zu organisieren, um das Wahlrecht zu erweitern oder ein unpopuläres Gesetz zu bekämpfen, wie es die Chartisten oder die *Anti-Corn-Law League* getan hatten. Größere konstitutionelle Änderungen und *a fortiori* soziale Änderungen bedeuteten einen Bruch der Gesetzlichkeit.

Illegale Organisationen sind ihrem Wesen nach kleiner als legale, und ihre soziale Zusammensetzung spiegelt nicht die des Volkes wider. Zugegeben, daß die Umwandlungen einiger Carbonari-Geheimgesellschaften in proletarisch-revolutionäre Organisationen (wie die blanquistische) zu einem gewissen prozentuellen Rückgang ihrer bürgerlichen Mitglieder und einem Ansteigen der Arbeiter (Handwerker und Gesellen) führten. Die blanquistischen Organisationen der ausgehenden dreißiger und vierziger Jahre sollen überwiegend aus den Unterklassen hervorgegangen sein (17). Das gilt auch für den *Deutschen Bund der Geächteten* (der sich 1836 in den *Bund der Gerechten* und 1847 in den *Bund der Kommunisten* von Marx und Engels verwandelte). Aber das waren Ausnahmen. Die Mehrzahl der Verschwörer stammte nach wie vor aus den freien Berufen oder dem Kleinadel, waren Studenten und Schüler, Journalisten usw. Zu ihnen mögen — außerhalb der Iberischen Halbinsel — weniger junge Offiziere gezählt haben als in der Blütezeit der Carbonari.

Bis zu einem gewissen Punkt hatte die gesamte europäische und amerikanische Linke weiterhin denselben Gegner, dieselben Bestrebungen und ein gemeinsames Programm: »Wir verneinen, verwerfen und verdammen alle erblichen Ungleichheiten und Klassenunterschiede«, schrieben die Brüderlichen Demokraten (die sich aus geborenen Briten, Deutschen, Skandinaviern, Polen, Italienern, Schweizern, Ungarn usw. zusammensetzten) in ihrer Prinzipienerklärung, »daher betrachten wir die Könige, die Aristokraten und die Klassen, die auf Grund ihres Eigentumbesitzes Privilegien monopolisieren, als Usurpatoren. Wir bekennen uns politisch zu Regierungen, die vom ganzen Volk gewählt und dem ganzen Volk verantwortlich sind (18).« Welcher Radikale oder Revolutionär hätte diese Meinung nicht geteilt? Wenn er ein Bürgerlicher war, würde er für einen Staat eintreten, der dem Eigentum keine politischen Privilegien verlieh — wie es in den Verfassungen von 1830—1832 geschah, die das Wahlrecht vom Eigentum abhängig machten —, sondern ihm die Möglichkeit gab, sich zu betätigen, während ein Sozialist oder Kommunist für die Vergesellschaftung des Eigentums eingetreten wäre. Sicher würde der Moment kommen — in Großbritannien war dies schon während des Chartismus der Fall —, da die ehemaligen Bundesgenossen im gemeinsamen Kampf gegen Könige, Aristokratie und Privilegien sich gegeneinander wenden und die grundlegenden Konflikte zwischen Bourgeois und Arbeiter auftauchen würden. Aber vor 1848 war dieser Moment noch nirgends auf dem Kontinent gekommen. Nur die *Grande Bourgeoisie* einiger Länder war bis dahin offiziell auf seiten der Regierung. Sogar die bewußten proletarischen Kommunisten betrachteten sich und handelten als der äußerste linke Flügel der allgemeinen radikalen und demokratischen Bewegung und sahen im allgemeinen die »bürgerlich-demokratische Republik« als unvermeidliche Vorbedingung jedes weiteren Fortschritts zum Sozialismus an. Das *Kommunistische Manifest* von Marx und Engels erklärt die Bourgeoisie zum künftigen Feind, aber — zumindest in Deutschland — zum gegenwärtigen Verbündeten. Die zum fortschrittlichsten Teil der deutschen Bourgeoisie gehörenden rheinländischen Industriellen baten Marx darum, Schriftleiter ihres radikalen Organs, der *Neuen Rheinischen Zeitung*, zu werden. Mehr noch: Marx nahm dieses Angebot an und machte aus dieser Zeitung nicht einfach ein Organ des Kommunismus, sondern ein führendes Sprachrohr des deutschen Radikalismus.

Die europäische Linke teilte nicht nur dieselben Auffassungen, sie hatte auch die gleiche Vorstellung von der kommenden Revolution, die sie nach dem Vorbild von 1789 mit einigen Zügen von 1830 sah. Eine politische Krise des Staates würde zum Aufstand führen. Die Carbonari-Idee eines von der Elite organisierten Putsches oder Aufstandes, ohne Rücksicht auf das politische und wirtschaftliche Klima, war außerhalb der iberischen Länder weitgehend diskreditiert. Das war die Folge des vollkommenen Mißerfolges verschiedener Versuche dieser Art in Italien (so etwa 1833/34, 1841—1845) und der Putschversuche, wie beispielsweise Napoleons Neffe, Louis Napoleon, einen 1836 angezettelt hatte.

Barrikaden würden in der Hauptstadt errichtet werden. Die

Revolutionäre würden zum Palast oder zum Parlament oder — nach Vorstellung der Extremisten, die sich an 1792 erinnerten — zum Rathaus ziehen, die jeweilige Flagge hissen und eine provisorische Regierung bilden. Das Land würde dann das neue Regime unterstützen. Alle nahmen an, daß die Vorgänge in der Hauptstadt entscheidend sein würden, obwohl die Regierungen erst nach 1848 begannen, ihre Hauptstädte neu zu planen, um den Kampf der Truppen gegen die Revolutionäre zu erleichtern.

Dann würde eine Nationalgarde bewaffneter Bürger organisiert werden, und man würde Wahlen für die Verfassunggebende Versammlung ausschreiben. Die provisorische Regierung würde sich in eine definitive verwandeln, die neue Verfassung würde in Kraft treten, und dann würde das neue Regime brüderlich anderen Revolutionen zu Hilfe eilen, die sicher in der Zwischenzeit bereits begonnen hatten. Was dann geschehen würde, gehörte bereits in die nachrevolutionäre Ära, und die konkreten Modelle, die in den französischen Ereignissen von 1792—1798 vorlagen, zeigten, was man tun und was man lassen sollte. Die am stärksten zum Jakobinismus neigenden Revolutionäre konzentrierten ihre Aufmerksamkeit natürlich auf das Problem der Sicherung der Revolution gegen fremde und einheimische Konterrevolutionäre. Im allgemeinen kann man sagen, daß — je linker der Politiker war, er desto mehr für das (jakobinische) Prinzip der Zentralisierung und der starken Exekutive gegen die (girondistischen) Prinzipien des Föderalismus, der Dezentralisierung und der Gewaltenteilung eintreten würde.

Diese Gemeinsamkeit der Auffassungen wurde durch die lebendige Tradition des Internationalismus untermauert, die sogar bei jenen separatistischen Nationalisten weiterlebte, die sich weigerten, die führende Rolle eines bestimmten

Landes — zum Beispiel Frankreichs, oder besser gesagt: der Stadt Paris — anzuerkennen. Alle Nationen hatten das gleiche Interesse, ganz abgesehen von der offenbaren Tatsache, daß die Befreiung der meisten europäischen Länder den Sturz des Zarismus voraussetzte. Nationale Vorurteile, die den Brüderlichen Demokraten zufolge »stets, in allen Zeitaltern, von den Unterdrückern der Völker ausgenutzt wurden«, würden verschwinden. Immer neue Versuche wurden unternommen, internationale revolutionäre Organisationen zu gründen, von Mazzinis »Jung-Europa«, das als Gegenstück zu den alten Carbonari-Freimaurer-Internationalen gedacht war, bis zu den »Demokratischen Vereinigungen für die Einheit aller Länder« des Jahres 1847. In den nationalistischen Bewegungen verlor dieser internationale Geist an Bedeutung, nachdem Länder ihre Unabhängigkeit erobert und die Beziehungen zwischen den Völkern sich als weniger brüderlich erwiesen hatten, als man erwartet hatte. In den sozialrevolutionären Bewegungen aber wurde der Internationalismus stärker. Im Verlauf des Jahrhunderts würde die *Internationale* als Lied und als Organisation zum integrierenden Bestandteil der sozialistischen Bewegungen werden.

Der Geist des Internationalismus der Jahre 1830—1848 wurde durch die starke politische Emigration verstärkt. Die meisten politischen Aktivisten der europäischen Linken waren während einiger Zeit oder sogar während vieler Jahre gezwungen, im Ausland zu leben. Sie kamen in wenigen Asylstätten zusammen: in Frankreich, der Schweiz, in geringerem Ausmaß auch in England und Belgien (Amerika war zu weit entfernt, um als zeitweiliges Asyl für politische Emigranten zu dienen, aber einige gingen auch dorthin). Das größte Kontingent dieser politischen Emigranten stellten nach 1831 die Polen, von denen fünf- bis sechstausend ins Ausland gingen (19), danach kamen die Italiener und die Deutschen. Zu den beiden letztgenannten kam eine große Zahl nicht-politischer Emigranten oder im Ausland angesiedelter Kolonien dieser Nationalitäten hinzu. In den 1840er Jahren gab es auch kleine Gruppen reicher russischer Intellektueller im Ausland, die auf Reisen von westlerischen revolutionären Ideen beeinflußt worden waren oder sich nach einer angenehmeren Atmosphäre sehnten, als sie ihnen das Rußland Nikolaus' I. mit seiner Kombination von Gefängnis und Kasernenhof bieten konnte. In den zwei Städten, die sich in Osteuropa, Lateinamerika und der Levante eines besonderen Prestiges als Kulturzentren erfreuten, Paris und Wien, konnte man auch Studenten und reiche Bürger kleiner und rückständiger Länder treffen.

In den Emigrationszentren entfalteten die politischen Flüchtlinge ein reges politisches Leben. Sie diskutierten, argumentierten, denunzierten einander gegenseitig und planten die Befreiung ihrer eigenen und auch anderer Länder. Die Polen, aber auch die Italiener — Garibaldi kämpfte während seines Exils für die Freiheit verschiedener lateinamerikanischer Länder — wurden zu internationalen Korps revolutionärer Aktivisten. Zwischen 1831 und 1871 gab es keinen Befreiungskrieg ohne die Teilnahme polnischer Militärexperten oder Kämpfer, sie sollen sogar am einzigen Aufstandsversuch teilgenommen haben, der 1839 in Großbritannien stattfand (20). Sie waren nicht die einzigen. Ein typischer expatriierter Völkerbefreier, wie Harro Harring, der behauptete, aus Dänemark zu stammen, kämpfte nacheinander für Griechenland (1821), Polen (1830/31), als Mitglied von Mazzinis »Jung-Deutschland«, »Jung-Italien« und dem etwas schattenhaften »Jung-Skandinavien«; auch jenseits des Ozeans, wo er sich für ein Projekt der Vereinigten Staaten von La-

teinamerika einsetzte, und in New York, bevor er zurück-
kehrte, um an der Revolution von 1848 teilzunehmen. Während dieser Periode fand er die Zeit, Bücher unter Titeln
wie *Die Völker, Blutstropfen, Worte eines Menschen* und
Poesie eines Skandinaven zu veröffentlichen (21).

Ein gemeinsames Schicksal und ein gemeinsames Ideal banden
diese Emigranten zusammen. Die meisten von ihnen hatten
dieselben Probleme, die aus ihrer Armut, der Überwachung
durch die Polizei, der illegalen Korrespondenz, der Spionage
und der Allgegenwart von *agents provocateurs* stammten.
Wie der Faschismus der 1930er Jahre vereinigte der Absolutismus des 1830er und 1840er Jahre seine Feinde. Damals
— wie ein Jahrhundert später — zog der Kommunismus, der
den Anspruch erhob, die soziale Krise der Welt erklären und
lösen zu können, den Aktivisten und den nur intellektuell
Neugierigen in seine Hauptstadt, Paris, und vermehrte
so die von dem leichten Charme der Stadt ausgehende Anziehungskraft durch eine ernstere Attraktion. »Wenn die
Französinnen nicht wären, wär das Leben überhaupt nicht
der Mühe wert. *Mais tant qu'il y a des grisettes, va* (22)!«

In diesen Zentren formten die Emigranten jene provisorische,
aber oft so dauerhafte Exilgemeinschaft, während sie die Befreiung der Menschheit planten. Nicht immer mochten sie einander, noch waren sie immer einer Meinung. Aber sie kannten einander und waren sich der Gemeinsamkeit ihres Schicksals bewußt. Zusammen schmiedeten und erwarteten sie
die europäische Revolution, die 1848 kam — und scheiterte.

7

Nationalismus

Jedes Volk hat seine eigene Sendung — und alle werden zusammen-
wirken, um die Sendung der Menschheit zu erfüllen. Diese Sendung
schafft die *Nationalität*. Nationalität ist heilig.

Act of Brotherhood of Young Europe,
1834

Ja, er wird kommen der Tag . . ., wo die erhabene Germania dasteht
auf dem erzenen Piedestal der Freiheit und des Rechts, in der einen
Hand die Fackel der Aufklärung, welche zivilisierend hinausleuchtet
in die fernsten Winkel der Erde, in der andern die Waage des
Schiedsrichteramts, streitenden Völkern das selbst erbetene Gesetz
des Friedens spendend, jenen Völkern, von welchen wir jetzt das
Gesetz der Gewalt und den Fußtritt höhnender Verachtung emp-
fangen . . .

Aus SIEBENPFEIFFERS Rede beim Fest
zu Hambach, 1832

NACH 1830 HATTE SICH — wie wir gesehen haben — die revolutionäre Bewegung gespalten. Ein Ergebnis dieser Spaltung
verdient besondere Beachtung: das Entstehen selbstbewußter nationalistischer Bewegungen.

Ihr Wesen tritt am klarsten in den Bewegungen zutage, die
von Giuseppe Mazzini kurz nach den Revolutionen von 1830
gegründet oder von ihm inspiriert wurden: »Jung-Italien«,
»Jung-Polen«, »Junge Schweiz«, »Jung-Deutschland« und
»Junges Frankreich« (1831—1836). Dazu gehört auch das
in den vierziger Jahren entstandene »Jung-Irland«, von

dem die einzige dauerhafte und erfolgreiche, nach dem
Muster der Verschwörerbruderschaften des frühen 19. Jahrhunderts gebildete Organisation abstammt, die *Fenians* oder
die *Irisch-Republikanische Bruderschaft,* die durch ihr Exe-
kutivorgan, die Irische Republikanische Armee, berühmt
wurde. An sich hatten alle diese Bewegungen keine große
Bedeutung — schon die bloße Teilnahme Mazzinis an ihnen
genügte, um sie wirkungslos zu machen. Aber sie haben eine
große Bedeutung als Symbole, was schon daraus erleuchtet,
daß spätere nationalistische Bewegungen sich Namen wie
»Jung-Tschechen« oder »Jung-Türken« zulegten. In diesen
Bewegungen zeigt sich der Zerfall der gesamteuropäischen
Organisationen in nationale Teilgruppen. Gewiß, sie hatten
alle fast identische politische Programme, dieselbe Strategie
und Taktik und sogar gleichartige Fahnen — fast immer eine
Abwandlung der Trikolore. Ebenso gewiß ist, daß ihre Mitglieder keinen Widerspruch sahen zwischen ihren Forderungen und denen anderer Nationen und an die Brüderlichkeit
aller Nationen glaubten, die sich gleichzeitig befreien würden. Aber jede von ihnen neigte nun dazu, ihrer eigenen
Nation eine Messias-Rolle zuzusprechen, die natürlich deren
Bedeutung gegenüber anderen Nationen unterstrich.
Nach Mazzini sollte Italien, nach Mickiewicz sollte Polen
die leidenden Völker der Welt zur Freiheit führen. Das war
eine Einstellung, die ohne Schwierigkeiten in konservative
oder sogar imperialistische Politik umschlagen konnte, wie
es die Slawophilen mit ihrer Verherrlichung des Heiligen
Rußland, des Dritten Rom, und auch die Deutschen bewiesen,
die später eindringlich der Welt erklärten, sie solle am deutschen Wesen genesen. Es sei zugegeben, daß diese Ambiguität
des Nationalismus auf die Französische Revolution zurückgeht. Aber damals hatte es nur *eine* große und revolutionäre

Nation gegeben, und es schien (damals wie auch später) vernünftig, sie als Zentrum aller Revolutionen und Führer auf dem Weg der Völkerbefreiung anzuerkennen. Es war logisch, sich nach Paris zu richten: Alles von unbestimmten Wesenheiten wie »Italien«, »Polen« oder »Deutschland« erwarten zu wollen, die praktisch jeweils von einer Handvoll Verschwörer und Emigranten vertreten waren, mochte nur Italienern, Polen oder Deutschen sinnvoll erscheinen, aber nicht den Söhnen der *grande nation*.

Wäre der neue Nationalismus auf die Mitglieder der national-revolutionären Bruderschaften beschränkt gewesen, so wäre es nicht nötig, sich näher mit ihm zu beschäftigen. Aber in ihm spiegeln sich weit mächtigere Kräfte wider, die in den dreißiger Jahren aus der doppelten Revolution hervorwuchsen und sich im politischen Bewußtsein festsetzten. Die mächtigsten dieser Kräfte waren die Unzufriedenheit des landbesitzenden Kleinadels sowie die Entstehung einer nationalen Bourgeoisie und eines nationalen Kleinbürgertums in vielen Ländern, die beide in erster Linie von Intellektuellen vertreten wurden.

Die revolutionäre Rolle des Kleinadels kann man am besten in Polen und in Ungarn erkennen. Die großen Magnaten dieser Länder hatten es im großen und ganzen seit langem wünschenswert und möglich gefunden, gute Beziehungen zu Absolutismus und Fremdherrschaft aufrechtzuerhalten. Die ungarischen Magnaten waren in Mehrheit katholisch und bildeten die Stützen der Gesellschaft am Wiener Hof. Nur wenige von ihnen beteiligten sich später an der Revolution von 1848.

Die Erinnerung an die alte *Rzeczpospolita* erweckte allerdings sogar in den polnischen Magnaten nationale Gefühle; aber die einflußreichste ihrer quasi-nationalen Emigrationsparteien, die Fraktion Czartoryskis in ihrem Hauptquartier, dem luxuriösen Hotel Lambert in Paris, war stets für ein Bündnis mit Rußland eingetreten und zog nach wie vor die Diplomatie der Revolte vor. Solche Magnaten waren reich genug, um ein Herrenleben zu führen und auch, wenn sie nur wollten, genügend Kapital in ihre Güter investieren zu können und daher aus dem wirtschaftlichen Aufschwung dieser Periode ihren Nutzen zu ziehen. Graf Széchenyi, einer der wenigen gemäßigten Liberalen dieser Klasse und ein Verfechter des wirtschaftlichen Fortschritts, gab ein ganzes Jahreseinkommen für die Gründung einer ungarischen Akademie der Wissenschaften, und es gibt keinerlei Anzeichen dafür, daß sein Lebensstandard als Folge dieser Großherzigkeit gesunken wäre.

Auf der anderen Seite standen die zahlreichen Kleinadeligen, die sich oft von anderen verarmten Landwirten nur durch ihre hohe Geburt unterschieden (jeder achte Ungar behauptete, adeliger Herkunft zu sein) und die weder über das Geld verfügten, um ihre Güter profitabel zu bewirtschaften, noch geneigt waren, mit Deutschen und Juden um bürgerlichen Reichtum zu konkurrieren.

Wenn ihre Renten für eine standesgemäße Lebensführung nicht ausreichten, während ein degeneriertes Zeitalter dem Krieger wenig Spielraum ließ, konnten sie, falls sie nicht allzu unbegabt waren, an die juristische Laufbahn oder sonst eine intellektuelle oder Beamtenstellung denken. Keinesfalls aber konnten sie einem bürgerlichen Beruf nachgehen.

Wo solch ein zahlreicher Kleinadel bestand, hatte er schon lange gegen Absolutismus, gegen die Fremd- und Magnatenherrschaft opponiert; in Ungarn gaben der Calvinismus und die Organisation der Grafschaften ihm einen doppelten Rückhalt. Es war nur natürlich, daß kleinadelige Unzufriedenheit,

Opposition und Streben nach mehr Posten sich nun als Nationalismus ausdrücken würden.

Es mag paradox erscheinen, daß die nationalen Bourgeoisien, die in dieser Periode entstanden, weniger nationalistisch eingestellt waren. Im geteilten Italien oder im zersplitterten Deutschland war es sinnvoll, für die Vorteile eines großen, einheitlichen nationalen Marktes einzutreten. Der Dichter des *Deutschlandliedes* besang

> Schinken, Scheren, Stiefel, Wichsen,
> Wolle, Seife, Garn und Bier (1),

weil der Handel das zustande gebracht hatte, was der reine Nationalgeist nicht konnte — ein wirkliches Gefühl nationaler Einheit als Folge des Zollvereins. Aber es gibt keinerlei Anzeichen dafür, daß etwa die Reeder von Genua (die später Garibaldi finanziell unterstützten) das Geschäft eines geeinten italienischen Marktes den auf dem Handel im ganzen Mittelmeerraum beruhenden Profiten vorgezogen hätten. Und in den großen Vielvölkerreichen mochten die Industriellen und Händler der verschiedenen Provinzen sich über die Diskriminierung beschweren, zogen aber im Grund die ihnen nun offenstehenden großen Absatzgebiete den kleineren Märkten vor, die aus der kommenden nationalen Unabhängigkeit hervorgehen würden. Die polnischen Industriellen, denen ganz Rußland zu Füßen lag, beteiligten sich wenig an den nationalistischen Bewegungen. Als Palacky im Namen der Tschechen behauptete, »Wenn Österreich nicht existierte, dann müßte es erfunden werden«, so war dies nicht nur ein Hilferuf um die Unterstützung der Monarchie im Kampf gegen die Deutschen, sondern auch die gesunde wirtschaftliche Erkenntnis der Interessen des ökonomisch am fortgeschrittensten Sektors eines im großen und ganzen rückständigen Reiches. Nur ausnahmsweise stand die Bourgeoisie an der Spitze des Nationalismus, wie in Belgien, wo eine starke industrielle Gruppe, die auf dem Weltmarkt konkurrenzfähig war, 1815 mit Holland zusammengespannt wurde, dessen Interessen nicht mit den ihren zusammenfielen.

Die Wortführer des damaligen bürgerlichen Nationalismus waren Angehörige der freien Berufe, die unteren und mittleren Schichten der Verwaltung und der Intellektuellen — mit anderen Worten die *gebildeten* Klassen. (Diese sind natürlich nicht von der Klasse der Geschäftsleute verschieden, besonders nicht in rückständigen Ländern, wo die Gutsverwalter, Notare und Anwälte die Schlüsselstellungen einnahmen, die eine Akkumulation landwirtschaftlichen Reichtums ermöglichten.) Genauer ausgedrückt: Die Vorhut des bürgerlichen Nationalismus führte ihren Kampf entlang der Linie, die den Aufstieg zahlreicher »neuer Männer« auf Grund neuer Schulbildung in Stellungen markiert, die bisher einer kleinen Elite reserviert waren. Das Wachstum der Schulen und Universitäten ist ein Maßstab für das Anwachsen des Nationalismus, ebenso wie die Schulen und Universitäten zu seinen bewußtesten Verfechtern wurden: Dem Konflikt zwischen Deutschland und Dänemark über Schleswig-Holstein in den Jahren zwischen 1848 und 1864 ging die Auseinandersetzung um diese Frage zwischen den Universitäten Kiel und Kopenhagen in den vierziger Jahren voraus.

Der Fortschritt des Bildungswesens war aufsehenerregend, obwohl die Gesamtzahl der »Gebildeten« gering blieb. Die Schülerzahl der französischen staatlichen *Lycées* verdoppelte sich zwischen 1809 und 1842 und wuchs besonders schnell unter der Julimonarchie — aber sie hatte 1842 nur knapp 19 000 erreicht; die Gesamtzahl aller Schüler an höheren Schulen betrug damals 70 000 (2). Um 1850 zählte Rußland 20 000 Schüler an höheren Schulen, bei einer Gesamtbevöl-

Jacques Louis David: »Madame Récamier« (1800);
Paris, Musée Nationale du Louvre.

kerung von 68 Millionen (3). Die Zahl der Universitätsstudenten war natürlich noch geringer, obwohl sie ständig anstieg. Es fällt schwer, sich vorzustellen, daß die akademische Jugend Preußens, die nach 1806 von der Freiheitsidee so begeistert war, im Jahr 1805 insgesamt aus 1500 jungen Leuten bestand; daß in der *École Polytechnique,* diesem Schrekken der Bourbonen nach 1815, in den Jahren zwischen 1815 und 1830 nur 1581 junge Leute ausgebildet wurden, daß man also jährlich etwa 100 neue Schüler aufnahm. Die revolutionäre Bedeutung der Studenten in dieser Periode läßt uns die Tatsache vergessen, daß es damals in ganz Europa, einschließlich der britischen Inseln, insgesamt kaum mehr als 40 000 Studenten gegeben hat (4). Und doch stiegen diese Zahlen, und wären sie nicht gestiegen, hätte die Wandlung der Gesellschaft und der Universitäten (s. Kap. 15) ihnen ein neues Selbstbewußtsein als soziale Gruppe gegeben. Niemand erinnert sich daran, daß die Pariser Universität 1789 etwa 6000 Studenten zählte, und lediglich deshalb, weil sie keine unabhängige Rolle in der Revolution gespielt haben (5). Im Jahr 1830 hätte keiner mehr die Bedeutung einer solchen Gruppe von Studierenden übersehen können.

Kleine Eliten können sich in fremden Sprachen ausdrücken. Sobald die Zahl der Gebildeten groß genug ist, drängt sich die Nationalsprache in den Vordergrund, wie man es aus den Kämpfen um die sprachliche Anerkennung in den indischen Staaten seit 1940 ersehen kann. Eine entscheidende Etappe der nationalen Entwicklung ist dann erreicht, wenn die ersten Lehrbücher und Zeitungen in der Nationalsprache erscheinen oder wenn diese Sprache erstmalig von den offiziellen Stellen verwendet wird. Dies geschah in den 1830er Jahren in vielen Teilen Europas. So wurden in jenem Jahrzehnt die ersten größeren astronomischen, chemischen, anthro-

pologischen, mineralogischen und botanischen Werke in tschechischer Sprache verfaßt, und zur gleichen Zeit ersetzten in
Rumänien die ersten rumänischen Schulbücher die früher in
griechischer Sprache geschriebenen. Ungarisch ersetzte das
Lateinische als offizielle Sprache des ungarischen Parlaments
im Jahr 1840, obschon an der von Wien kontrollierten Universität Budapest die Vorlesungen noch bis zum Jahr 1844
in lateinischer Sprache gehalten wurden. Der Kampf um den
Gebrauch des Ungarischen als offizieller Sprache hatte jedoch bereits 1790 begonnen und war seither mit Unterbrechungen weitergeführt worden. In Zagreb (Agram) veröffentlichte Gaj seine *Kroatische Gazette* (später *Illyrische
Nationalgazette*) ab 1835 und verwandelte in eine literarische
Sprache, was bis dahin nur ein Komplex von Dialekten
gewesen war. In Ländern, die seit langem eine offizielle
Landessprache hatten, können solche Wandlungen nicht so
leicht festgestellt werden, aber es ist interessant, daß ab 1830
die Zahl der in deutscher (und nicht in lateinischer oder französischer) Sprache in Deutschland veröffentlichten Bücher
stets mehr als 90% der gesamten Buchproduktion ausmachte,
während der Anteil der französischen ab 1820 auf unter 4%
absank (6). Die allgemeine Ausweitung des Verlagswesens
liefert uns weitere Beweise. In Deutschland wurden 1821
4000 Titel publiziert, etwa ebenso viele wie 1800; im Jahr
1841 war die Zahl der Veröffentlichungen auf 12 000 angestiegen (7).
Natürlich blieben die Europäer und Nicht-Europäer ungebildet. In der Tat bestand der Großteil der Völker — mit
Ausnahme der Deutschen, Holländer, Skandinavier, Schweizer und der Bürger der Vereinigten Staaten — um 1840 aus
Analphabeten. In einigen Ländern war fast die gesamte Bevölkerung analphabetisch, wie zum Beispiel die Russen, von

denen bloß 2% (1840), und die Serben, von denen weniger
als ein halbes Prozent im Jahr 1827 lesen und schreiben
konnten. Viel später noch waren 99% der dalmatinischen Rekruten in der österreichischen Armee Analphabeten. Wenig
besser stand es in Spanien, in Portugal (wo es anscheinend nach
den Napoleonischen Kriegen insgesamt nur etwa 8000 Schüler
gab) und — mit Ausnahme der Lombardei und Piemont —
in Italien. Sogar in Großbritannien, Frankreich und Belgien
betrug die Zahl der Analphabeten in den 1840er Jahren 40
bis 50% (8). Analphabetismus bildet keine unüberbrückbare
Schranke für die Entwicklung des politischen Bewußtseins,
aber es gibt praktisch keine Anzeichen dafür, daß der moderne Nationalismus in Ländern zur Massenkraft wurde, die
nicht bereits durch die doppelte Revolution gewandelt worden waren: in Frankreich, Großbritannien, den USA und Irland, das zu Großbritannien in politischem und wirtschaftlichem Abhängigkeitsverhältnis stand.
Den Nationalismus mit der Anzahl der Gebildeten gleichzusetzen heißt nicht, zu behaupten, daß zum Beispiel die Masse
der Russen sich nicht auch als Russen fühlte, wenn sie einem
Ausländer oder etwas Ausländischem gegenübertrat. Aber
im allgemeinen war für die Massen die Religion noch immer
das entscheidende Merkmal: Der Spanier sah sein natio-
nales Wesen im Katholizismus, der Russe im orthodoxen
Christentum. Obgleich die Begegnungen mit fremdländischen
Elementen häufiger wurden, waren sie immer noch selten
genug, und Nationalgefühle, wie etwa das italienische, existierten in der Volksmasse noch gar nicht, schon weil die
Masse die nationale literarische Sprache nicht sprach und ihre
verschiedenen Volksgruppen sich in Dialekten ausdrückten,
die anderen wiederum so gut wie unverständlich waren. Sogar
in Deutschland hat die patriotische Mythologie das Ausmaß

des gegen Napoleon gerichteten Nationalgefühls außerordentlich übertrieben.

Frankreich erfreute sich in Westdeutschland großer Beliebtheit, besonders unter den Soldaten, von denen viele in der französischen Armee dienten (9). Bevölkerungsgruppen, die dem Papst oder dem Kaiser ergeben waren, mochten feindliche Gefühle gegen deren Gegner hegen, die zufällig gerade Franzosen waren; aber daraus kann nicht auf das Bestehen eines Nationalgefühls und schon gar nicht auf eine Sehnsucht nach einem Nationalstaat geschlossen werden. Dazu kam, daß allein die Tatsache, daß Bürger und Adelige Nationalisten waren, die Armen verdächtig stimmen mußte. Die radikaldemokratischen Revolutionäre Polens taten alles (wie auch die fortgeschrittensten der süditalienischen Carbonari und andere Verschwörergruppen), um die Bauern zu mobilisieren, und boten ihnen sogar eine Agrarreform. Es war ganz umsonst. Die Bauern Galiziens standen 1846 gegen die Revolutionäre, obgleich diese tatsächlich die Abschaffung der Leibeigenschaft proklamiert hatten. Sie zogen es vor, Herren abzuschlachten und den Beamten des Kaisers blind zu vertrauen.

Die Entwurzelung der Völker, vielleicht das wichtigste Phänomen des 19. Jahrhunderts, zerstörte die alten, tiefgehenden lokalen Traditionen. Bis in die 1820er Jahre gab es in der ganzen Welt kaum Binnen- oder Auswanderungen von größerem Ausmaß — außer denen, die von den Armeen oder den Hungersnöten erzwungen worden waren, und mit Ausnahme besonderer Gruppen von Saison- und Wanderarbeitern, wie der mittelfranzösischen Bauern, die als Bauarbeiter nach dem Norden gingen, oder der deutschen Handwerksgesellen. Die radikale Entwurzelung, die nun als Massenphänomen einsetzte, brachte damals noch nicht jenes milde

Heimweh hervor, das zur charakteristischen Seelenkrankheit des 19. Jahrhunderts wurde und sich in zahlreichen Volksliedern widerspiegelte. Aus ihr erwuchs die akute, tödliche Krankheit des *mal de pays* oder *mal de cœur*, das von den Ärzten klinisch beschrieben wurde, die diese Krankheit erstmals unter den Schweizer Söldnern in fremden Ländern diagnostiziert hatten. Die Rekrutierung für die revolutionären Kriege führte unter anderem zu deren Ausbruch, vor allem unter den Bretonen. So genügte die Anziehungskraft der nördlichen Wälder, um zum Beispiel die estländische Dienstmagd von ihrer gütigen Herrschaft, den Kuegelgens in Sachsen, wo sie frei war, zu trennen. Das Heimweh trieb sie nach Hause in die Leibeigenschaft. Die Migrationen und Emigrationen, für die die Auswanderung in die USA als bester Gradmesser dienen kann, nahmen ab 1820 zu, obwohl sie damals bei weitem noch nicht an die Massenauswanderungen der vierziger Jahre herankamen, als eindreiviertel Millionen den Nordatlantik überquerten (fast dreimal soviel wie im vorhergehenden Jahrzehnt). Die meisten dieser Emigranten waren — abgesehen von den Briten — Deutsche, die seit langem ihre Söhne als Bauernsiedler nach Osteuropa und Amerika oder als wandernde Gesellen oder Söldner in die verschiedenen Länder geschickt hatten.

Vor 1848 kann man nur eine einzige organisierte nationale Bewegung als Massenbewegung ansehen, und auch für diese spielte eine entscheidende Rolle, daß sie sich mit der starken traditionellen Macht, der Kirche, identifizieren konnte. Das war die Bewegung in Irland, das *Repeal Movement*, geführt von Daniel O'Connell (1785—1847), einem gewaltigen, aus der Bauernschaft stammenden Anwalt und Demagogen, dem ersten und bis zum Jahr 1848 auch einzigen jener charismatischen Volksführer, die das Erwachen von bis dahin rückständigen Volksmassen zum politischen Bewußtsein kennzeichnen. Die einzigen vergleichbaren Persönlichkeiten vor 1848 waren Feargus O'Connor (1794–1855), ein anderer Ire, der den britischen Chartismus symbolisierte, und möglicherweise Ludwig Kossuth (1802–1894), der die Grundlagen seines späteren Massenprestiges vielleicht schon vor der Revolution von 1848 gelegt haben mag. Aber er errang seinen großen Ruf in den 1840er Jahren als Vorkämpfer des Kleinadels, und seine spätere Kanonisierung durch nationalistische Historiker erschwert die genaue Beurteilung seiner Anfänge.

O'Connells katholische Bewegung, die während des Kampfes um die Emanzipation der Katholiken (1829) ihren Massenanhang und auch das (nicht ganz berechtigte) Vertrauen der Geistlichkeit gewann, hatte keinerlei Bindung an den Adel, der protestantisch und anglo-irisch war. Es war eine Bauernbewegung, an der sich auch Elemente des im verarmten Irland spärlichen Kleinbürgertums beteiligten. »Der Befreier« wurde durch aufeinanderfolgende Wogen einer auf agrarischer Rebellion beruhenden Massenbewegung emporgehoben. Die Agrarrevolten, die während dieses ganzen schrecklichen Jahrhunderts die Hauptkraft der irischen Politik bildeten, wurden von geheimen terroristischen Gesellschaften organisiert; diese führten übrigens zur Zersetzung des alten Lokalgeistes und erleichterten schon damit die Bildung eines gesamtnationalen politischen Bewußtseins. Das Ziel O'Connells war allerdings weder eine Rebellion noch nationale Unabhängigkeit, sondern lediglich ein gemäßigtes, bürgerliches, autonomes Irland, das er mit Einverständnis und durch Verhandlungen mit den Whigs erreichen wollte. In Wirklichkeit war er kein Nationalist, sondern ein gemäßigter bürgerlicher Autonomist. Der Hauptvorwurf, der ihn später von seiten der irischen Nationalisten nicht zu Unrecht traf, war gerade, daß er ganz Irland zum Aufstand gegen die Briten hätte bringen können, dies aber bewußt abgelehnt hatte. (Ebenso haben später die radikalen indischen Nationalisten Gandhi kritisiert, der in der Geschichte seines Landes eine ähnliche Stellung einnimmt.) Dies alles aber ändert nichts an der Tatsache, daß die von O'Connell geführte Bewegung eine wirkliche Massenbewegung der irischen Nation war.

Außerhalb der Zone der modernen bürgerlichen Welt gab es Volksbewegungen, die sich gegen die Fremdherrschaft richteten und die als Vorläufer der späteren nationalistischen Bewegungen erscheinen. (Fremdherrschaft bedeutet hierbei meist Herrschaft einer fremden Religion und nicht einer fremden Nation.)

Das gilt von den Rebellionen gegen das türkische Reich, den kaukasischen Aufständen gegen die Russen und dem Kampf gegen das Vordringen der britischen Herrschaft in Indien und dessen Grenzgebieten. Doch wäre es nicht berechtigt, in all diesen Bewegungen Keime des modernen Nationalismus sehen zu wollen. Allerdings konnte in rückständigen, von bewaffneten und kampfbereiten Bauern und Hirten bevölkerten Gebieten mit ihren Sippen, Stammesführern, Räuberhelden und Propheten der Widerstand gegen die fremden (besser die nicht-rechtgläubigen) Herrscher die Form wirklicher Volkskriege annehmen, die sich grundlegend von den nationalistischen Bewegungen der Eliten in weniger homerischen Ländern unterschieden. Tatsächlich aber hatten die Kämpfe der Mahrattas (eine feudal-militärische Gruppe der Hindus) 1803—1818 und der Sikhs (eine kämpferische religiöse Sekte) 1845—1849 gegen die Briten kaum eine Beziehung zum späteren indischen Nationalismus und brachten auch keinen eigenen Nationalismus hervor (10). Die kaukasischen Stämme, wild, heldenhaft und stets beschäftigt mit inneren Fehden, fanden in der puritanischen islamischen Sekte des Muridismus ein gemeinsames Band und in Schamyl (1797—1871) einen bedeutenden Führer im Kampf gegen die Russen. Aber es gibt bis heute keine kaukasische Nation, sondern nur eine Anzahl kleiner Bergvölker in kleinen Sowjetrepubliken. Die Georgier und die Armenier, die zu modernen Nationen geworden sind, waren an der Bewegung Schamyls nicht beteiligt. Die Beduinen kämpften, von puritanischen religiösen Sekten, wie den Wahhabis in Arabien und den Senussis im heutigen Libyen, angefeuert, für den reinen Glauben an Allah und das einfache Leben der Hirten und Räuber gegen die Korruption der Steuern, Paschas und Städte. Aber der heutige arabische Nationalismus ist ein Produkt des 20. Jahrhunderts und stammt aus den Städten, nicht aus den Lagern der Nomaden.

Sogar die gegen die Türken gerichteten Rebellionen der Balkanvölker, vor allem der kaum je unterworfenen Bergvölker des Südens und Westens der Halbinsel, sollten nur *cum grano salis* als nationalistisch interpretiert werden, obschon die Dichter und Krieger einiger dieser Völker (oft fielen beide Funktionen zusammen, wie zum Beispiel bei den Dichter-Krieger-Bischöfen von Montenegro) die Erinnerung an quasi-nationale Helden, wie den Albanier Skanderbeg, oder an lang vergangene Tragödien, wie die serbische Niederlage auf dem Amselfeld, wachhielten. Nichts lag näher als die Revolte gegen die lokale Verwaltungsbehörde oder das absteigende türkische Imperium. Aber wenig mehr als ihre gemeinsame Rückständigkeit einte jene Völker, die wir heute als Jugoslawen bezeichnen, einschließlich jener, die unter türkischer Oberherrschaft standen; der Name Jugoslawien wurde von Intellektuellen österreichisch-ungarischer Herkunft und nicht von den Freiheitskämpfern selbst geprägt (11). Die nie unterworfenen orthodoxen Montenegriner kämpften gegen die Türken, aber mit der gleichen Begeisterung auch gegen die nicht-rechtgläubigen (katholischen) Albanier und gegen die ungläubigen (islamischen), aber slawischen Bosnier. Die Bosnier erhoben sich gegen die Türken — obschon die meisten Bosnier Moslems waren — mit ebensolcher Leidenschaft wie die orthodoxen Serben der bewaldeten Donauebenen und mit größerem Enthusiasmus als die orthodoxen »Altserben« der albanischen Grenzgebiete. Das erste rebellierende Balkanvolk im 19. Jahrhundert waren die Serben, geführt von dem heroischen Schweinehändler und Banditen, Karageorge, dem »Schwarzen Georg« (1760—1817), aber zu Beginn richtete sich dieser Aufstand gar nicht gegen die Türkenherrschaft, sondern war eher ein Kampf im Namen des Sultans gegen die Übergriffe der lokalen Herrscher.

Alle Anzeichen weisen darauf hin, daß die ansässigen Serben, Albanier, Griechen und andere Bewohner der westlichen Balkangebiete zu Beginn des 19. Jahrhunderts mit der Bildung einer gewissen nicht-nationalen autonomen Verwaltung zufrieden gewesen wären, wie sie der mächtige Satrap Ali Pascha, der »Löwe von Janina« (1741—1821), eine Zeitlang in seinem Fürstentum im Epirus verwirklichte.

Nur in einem einzigen Fall verschmolz der unaufhörliche Kampf der Hirtenstämme und der Banditenhelden gegen *jegliche* wirkliche Regierung mit den Ideen des bürgerlichen Nationalismus und der Französischen Revolution: im griechischen Unabhängigkeitskampf (1821—1830). So ist es verständlich, daß Griechenland zum Mythos und zum Symbol für alle Nationalisten und Liberalen in der ganzen Welt wurde. Denn nur in Griechenland erhob sich ein ganzes Volk

gegen die Unterdrücker und tat dies in einer Art, die mit der
Sache der europäischen Linken identifiziert werden konnte.
Andererseits half auch die Unterstützung der europäischen
Linken, mit Lord Byron an der Spitze, der in diesem Kampf
sein Leben ließ, den Griechen ihre Unabhängigkeit zu er-
ringen.

Die meisten Griechen ähnelten durchaus den anderen ver-
gessenen kriegerischen Bauernschaften und Sippen der Balkanhalbinsel. Doch ein Teil von ihnen bildete eine Klasse
von internationalen Händlern und Beamten, die in ver-
streuten Kolonien und Minderheiten im ganzen türkischen
Reich und auch außerhalb der Türkei lebten. Griechisch war
die Sprache der orthodoxen Kirche, zu der die meisten Balkanvölker gehörten; auch die oberen Geistlichen sowie der
in Konstantinopel ansässige Patriarch waren Griechen. Griechische Beamte, in Vasallenfürsten verwandelt, regierten
die Donaufürstentümer (das heutige Rumänien). Bis zu
einem gewissen Grad war die ganze gebildete merkantile
Klasse der Balkanvölker, des Schwarzmeergebietes und der
Levante, gleich welcher nationalen Herkunft, schon auf Grund
ihrer Tätigkeit »hellenisiert«. Im Verlauf des 18. Jahrhunderts breitete sich der hellenische Einfluß schneller aus als
zuvor. Dies war die Folge des bemerkenswerten wirtschaftlichen Aufschwungs, der auch die Kontakte der griechischen
Diaspora vermehrte und die Reichweite ihrer Einflüsse vergrößerte. Der neue, schnell ansteigende Getreidehandel der
Schwarzmeergebiete brachte Griechen in die Zentren der italienischen, französischen und britischen Geschäftswelt und
verstärkte ihre Beziehungen zu Rußland. Die Ausweitung
des Balkanhandels führte griechische oder hellenisierte Händler nach Mitteleuropa. In Wien erschienen zwischen 1784 und
1812 die ersten griechischen Zeitungen. Periodische Auswan-

derungen und Umsiedlungen von rebellischen Bauern verstärkten die Exilgemeinschaften. Inmitten dieser kosmopolitischen Diaspora wurzelten sich die Ideen der Französischen Revolution ein: Liberalismus und Nationalismus wirkten sich aus, und mit ihnen drangen die Methoden politischer Organisation durch die freimaurerischen geheimen Gesellschaften in ihre Kreise. Rhigas (1760—1798), der Führer einer frühen obskuren und möglicherweise panbalkanesischen revolutionären Bewegung, sprach französisch und übersetzte die *Marseillaise* in das Griechische. Die *Philiké Hetairía*, die geheime patriotische Gesellschaft, die den Aufstand von 1821 vorbereitete, wurde 1814 in Odessa, dem großen, neuentstandenen Getreidehafen Rußlands, gegründet.

Bis zu einem gewissen Grad war der Nationalismus dieser ersten Rebellen den Elitebewegungen des Westens ähnlich. Nur so ist der Plan einer auf die Eroberung der griechischen Unabhängigkeit gerichteten Rebellion erklärbar, die in den Donaufürstentümern unter der Führung einiger lokaler griechischer Magnaten stattfinden sollte. Denn die einzigen Bewohner dieser elenden, von Leibeigenen bevölkerten Landstriche, die als Griechen bezeichnet werden konnten, waren Herren, Bischöfe, Händler und Intellektuelle. Natürlich mißlang der Aufstand kläglich (1821).

Glücklicherweise hatte sich die *Hetairía* auch zur Aufgabe gestellt, die anarchischen Kräfte lokaler Bandenführer und Stammesoberhäupter in den griechischen Bergen (besonders dem Peloponnes) für sich zu gewinnen, und hatte darin weit größeren Erfolg — zumindest nach 1818 — als die süditalienischen Carbonari-Edelleute, die in ähnlicher Weise ihre lokalen *banditti* für sich zu gewinnen versuchten. Es ist recht zweifelhaft, ob so etwas wie der moderne Nationalismus diesen *Klephten* viel bedeutete, obgleich viele von ihnen ihre »Schreiber« hatten (ihre Achtung und ihr Interesse für Bildung und Gelehrsamkeit waren ein Überbleibsel des antiken Hellenismus), die Manifeste in der jakobinischen Terminologie verfaßten. Wenn sie für etwas eintraten, dann war es für das uralte Ethos einer Halbinsel, auf welcher ein Mann dazu bestimmt war, ein Held zu sein, und der in die Berge geflüchtete Bandit, der für die Sache der Bauern gegen jede Regierung kämpfte, das Ideal darstellte. So wurden die Rebellionen eines Banditen und Viehhändlers, wie Kolokotronis, mit Hilfe der Nationalisten des Westens zu Teilen eines panhellenischen Freiheitskampfes umgemünzt, und die Nationalisten ihrerseits vermochten so das Außergewöhnliche zu erreichen: den Massenaufstand eines bewaffneten Volkes.

Der neue griechische Nationalismus genügte, um die Unabhängigkeit zu erkämpfen. Aber aus der Kombination von bürgerlicher Führung, klephtischer Zersplitterung und der Einmischung der Großmächte ergab sich eine jener jammervollen Karikaturen des westlichen liberalen Ideals, die sich auch bald in Lateinamerika auszubreiten begannen. Ein paradoxes Resultat dieses Kampfes war auch, daß der Hellenismus nun auf Hellas selbst beschränkt blieb und der Nationalismus der anderen Balkanvölker dadurch unterstrichen wurde. Als Griechentum kaum etwas anderes bedeutet hatte als die Zugehörigkeit zu den Bildungsschichten der orthodoxen Balkanchristen, hatte sich die Hellenisierung ausgedehnt. Als es mit der politischen Zugehörigkeit zu Hellas identifiziert wurde, ging der Hellenismus sogar unter den Gebildeten und assimilierten Gebildeten des Balkan zurück. So wurde die griechische Unabhängigkeit zur Vorbedingung der Entfaltung anderer Nationalismen auf dem Balkan.

Außerhalb Europas fällt es schwer, überhaupt von Nationalismus zu sprechen. Die zahlreichen lateinamerikanischen

Republiken, die an die Stelle der zerbrochenen spanischen
und portugiesischen Imperien traten (um genau zu sein:
Brasilien wurde zu einem unabhängigen Kaiserreich und blieb
es von 1816—1889), hatten Grenzen, die oft nur die Besitz-
grenze der Granden waren, die die eine oder andere lokale
Rebellion unterstützt hatten. Nun begannen diese Republiken, politische Eigeninteressen zu haben und Landforderun-
gen zu erheben. Das ursprüngliche panamerikanische Ideal
Simon Bolivars (1783—1830) und San Martins (1778—1850)
konnte sich nicht verwirklichen, blieb jedoch wirksam als
mächtige revolutionäre Strömung in allen Gebieten, die
durch die spanische Sprache geeint waren — ebenso wie der
Panbalkanismus, der Erbe der orthodoxen Einheit gegen den
Islam, erhalten blieb und vielleicht als Ideal bis heute existiert. Die große Ausdehnung des lateinamerikanischen
Subkontinents, die Verschiedenartigkeit der regionalen Bedingungen, das Vorhandensein unabhängiger Zentren der
Rebellion in Mexiko (das das Schicksal von Mittelamerika
bestimmte), Venezuela und Buenos Aires, das besondere Problem von Peru (des Mittelpunktes des spanischen Kolonial-
reiches, das von außen befreit wurde), führten automatisch
zur staatlichen Zersplitterung.

Die lateinamerikanischen Revolutionen waren das Werk
kleiner Gruppen von Patriziern, Soldaten und französisierten
evolués. Die Masse der katholischen weißen Armen beteiligte
sich kaum an ihnen, und die Indianer blieben gleichgültig oder
feindlich gesinnt. Nur in Mexiko wuchs die Unabhängigkeit
aus einer agrarischen Volksbewegung, das heißt einer indianischen Bewegung, die unter dem Banner der Jungfrau von
Guadalupe kämpfte. Daher hat Mexiko seither seinen eigenen politisch fortschrittlicheren Weg eingeschlagen als das
übrige Lateinamerika. Aber auch in bezug auf die dünne

Schicht der politisch entscheidenden Lateinamerikaner der Epoche würde der Gebrauch der Begriffe wie »Nationalismus« anachronistisch sein. In ihrem Gebiet gab es kaum mehr als ein embryonales kolumbisches, venezolanisches, ekuadorianisches »Nationalbewußtsein«.

Ein gewisser »Proto-Nationalismus« existierte jedoch in einigen Ländern Osteuropas, wo er aber paradoxerweise zum Konservatismus und nicht zur nationalen Erhebung führte. Die Slawen waren überall, außer in Rußland und in einigen wilden Balkangegenden, unterdrückt, aber nicht so sehr von den absoluten Monarchen als von deutschen und magyarischen Großgrundbesitzern sowie städtischen Ausbeutern, deren eigener Nationalismus der nationalen Existenz der Slawen entgegenstand. (Selbst ein so radikales Programm wie das der Vereinigten Staaten von Deutschland, das von den badensischen Republikanern und Demokraten aufgestellt wurde, sah den Einschluß einer illyrischen, das heißt kroatisch-slowenischen Republik mit der Hauptstadt Triest, einer mährischen mit der Hauptstadt Olmütz und einer böhmischen mit der Hauptstadt Prag vor [12]). Daher richteten sich auch die unmittelbaren Hoffnungen der slawischen Nationalisten auf den Kaiser von Österreich und den Zar von Rußland. Verschiedene Versionen slawischer Solidarität drückten die Orientierung nach Rußland aus und beeindruckten die slawischen Rebellen — sogar die antirussischen Polen — besonders in Zeiten der Niederlage und der Hoffnungslosigkeit, wie nach dem Fehlschlagen des Aufstandes von 1846.

Der »Illyrismus« der Kroaten und ein gemäßigter tschechischer Nationalismus verkörperten die zweite Tendenz. Beide wurden bewußt von den Habsburgern unterstützt, die übrigens Tschechen, wie Kolowrat und Sedlnitzky, den Polizeichef, in führenden Posten der Staatsverwaltung verwendeten. Kulturelle Bestrebungen der Kroaten wurden in den 1830er Jahren gefördert, und 1840 ging Kolowrat so weit, die Ernennung eines kroatischen militärischen *Ban* zum Oberhaupt von Kroatien vorzuschlagen, der als Gegengewicht gegen die widerspenstigen Ungarn auch die militärische Grenze gegen Ungarn kontrollieren sollte (13). Später, in der Revolution von 1848, sollte sich dieser Vorschlag erst voll bewähren.

Revolutionär sein hieß daher, 1848, oft faktisch gegen die nationalen Bestrebungen der Slawen Stellung nehmen, und dieser unausgesprochene Konflikt zwischen »fortschrittlichen« und »reaktionären« Nationen trug in großem Ausmaß zum Mißlingen der Revolution bei.

Außerhalb Europas können keinerlei nationalistische Strömungen entdeckt werden, da die sozialen Bedingungen dafür fehlten. In der Tat waren eben jene Kräfte, die später den Nationalismus schufen, damals Gegner der Einheitsfront von Tradition, Religion und Massenelend, die den stärksten Widerstand gegen das Vordringen westlicher Eroberer und Ausbeuter mobilisierte. Die Elemente einer nationalen Bourgeoisie, die sich in den Ländern Asiens herausbildeten, entwickelten sich unter dem Schutz der fremdländischen Ausbeuter, deren Agenten und Vermittler sie meist waren, wie zum Beispiel die Parsen von Bombay. Sogar wenn der gebildete und »aufgeklärte« Asiate weder ein »Comprador« noch ein Angestellter einer fremdländischen Firma oder eines fremden Herrschers war (ähnlich der griechischen Diaspora in der Türkei), sah er seine erste politische Aufgabe in der »Verwestlichung«. Es erschien ihm vordringlich, die Ideen der Französischen Revolution sowie der technischen und wissenschaftlichen Modernisierung in seinem Volk zu verbreiten — gegen den gemeinsamen Widerstand der traditionellen Herrscher und der Beherrschten. Hierin war seine Lage jener der jakobinischen Adeligen Süditaliens ähnlich. So war er in doppelter Hinsicht von seinem Volk abgeschnitten.

Die nationalistische Mythologie hat diese Scheidung oft vernebelt, zum Teil, indem sie die Verbindung zwischen Kolonialismus und den entstehenden einheimischen bürgerlichen Klassen zu erwähnen unterließ, zum anderen Teil, weil sie die ersten Widerstände gegen die Fremden im Licht späterer nationalistischer Bewegungen darstellte. Aber in Asien, den islamischen Ländern und in Afrika wurde die Verbindung von *evolués* und Nationalismus, und von beiden mit den Massen, nicht vor dem 20. Jahrhundert hergestellt.

So war der östliche Nationalismus das Endergebnis westlichen Einflusses und okzidentaler Eroberung. Dies ist vielleicht am klarsten in Ägypten zu erkennen, dem so offensichtlich orientalischen Land, in dem später die Grundlagen der, wenn man von Irland absieht, ersten modernen kolonialen Freiheitsbewegung gelegt wurden. Napoleon brachte westliche Ideen, Methoden und Techniken mit, deren Wert bald von einem ehrgeizigen und fähigen ägyptischen Soldaten, Mehmed Ali, erkannt wurde. Nachdem er damit inmitten der wirren Periode, die auf den Rückzug der Franzosen folgte, die Macht ergriffen und sich *de facto* von der Türkei unabhängig gemacht hatte, errichtete er mit Unterstützung der Franzosen einen leistungsfähigen, auf ausländische technische Hilfe und westliche Modelle gestützten Despotismus. Die europäischen Linken der 1820er und 1830er Jahre begrüßten diesen aufgeklärten Autokraten und stellten sich ihm zur Verfügung, als die Reaktion in ihren eigenen Ländern allzu entmutigend war. Die eigenartige Sekte der Saint-Simonianer, die ebenso bahnbrechend für den Sozialismus wie für den von Bankiers finanzierten und von Ingenieuren geleiteten indu-

striellen Fortschritt war, gewährte ihm zeitweilig ihre kollektive Hilfe und arbeitete Pläne für die wirtschaftliche
Entwicklung Ägyptens aus. Sie legten auch die Grundlagen für den Suezkanal (der dann von dem Saint-Simon-
Anhänger de Lesseps gebaut wurde) sowie auch für jene fatale Abhängigkeit der ägyptischen Herrscher von großen
Anleihen, die von untereinander konkurrierenden Gruppen
europäischer Schwindler beschafft wurden und Ägypten in
den Mittelpunkt imperialistischer Rivalitäten und später
anti-imperialistischer Auflehnung verwandelten. Aber Mehmed Ali war ebensowenig Nationalist wie irgendein anderer orientalischer Despot. Der spätere Nationalismus erwuchs aus der von ihm eingeführten Verwestlichung und
nicht aus den Bestrebungen seines Volkes. Wenn Ägypten
eine der ersten, Marokko jedoch eine der letzten Geburtsstät-
ten nationalistischer Bewegungen der islamischen Welt
wurde, so ist dies der Tatsache zuzuschreiben, daß Mehmed
Ali (aus durchaus verständlichen geopolitischen Gründen) auf
der Hauptstraße westlicher Einflüsse lag, während das iso-
lierte, aus eigenem Willen abgeschlossene fernwestliche ma-
rokkanische Reich keine »Verwestlichung« suchte. Der Nationalismus ist also eigentlich — wie so vieles andere der modernen Welt — ein Kind der Doppelrevolution.

8

Das Agrarproblem

Ich bin euer Herr, und mein Herr ist der Kaiser. Der Kaiser kann mir
befehlen, und ich muß ihm gehorchen, aber er befiehlt nicht euch! Auf
meinem Gute bin ich der Kaiser, ich bin euer Erdengott, und ich muß
dem Gott oben für euch verantworten! ... Ein Pferd muß erst zehnmal mit der eisernen Striegel gekämmt werden, ehe man es mit der
weichen Bürste putzen kann! Ich werde euch tüchtig striegeln müssen,
und wer weiß, ob ich je zur Bürste kommen werde. Gott reinigt die
Luft mit Donner und Blitz, in meinem Dorfe werde ich reinigen mit
Donner und Feuer, sobald ich es nöthig glaube!

Ein russischer Gutsbesitzer an seine Untertanen (1)

Besitzt der Bauer eine Kuh oder zwei, ein Schwein und ein paar
Gänse, so fühlt er sich bereits seinen Standesgenossen überlegen ...
Er schlendert hinter seinem Vieh einher und wird ziemlich träge ...
Die tägliche Arbeit wird ihm zuwider; diese Abneigung wächst, wenn
sein Wohlstand zunimmt, und schließlich bringt der Verkauf eines
Kalbs oder eines Schweins ihm die Mittel, um Faulheit mit Trunksucht zu vereinen. Darauf folgt der Verkauf der Kuh, und der
elende und enttäuschte Besitzer, unwillig, sich der täglichen, regelmäßigen Mühe zu unterziehen, die ihm früher die Mittel für seinen
Lebensunterhalt brachte, bezieht nun jene Armenhilfe, zu deren Bezug er durchaus nicht berechtigt ist.

Untersuchung der Kommission für die Landwirtschaft
für Somerset, 1798 (2)

LEBEN UND TOD der meisten Menschen in den Jahren 1789
bis 1848 hingen immer noch vom Land ab. Daher war die
Auswirkung der Doppelrevolution auf das Grundeigentum,
die Pachtverhältnisse und Bodenbebauung das katastro-

phalste Phänomen dieser Epoche. Weder die politische noch die wirtschaftliche Revolution konnten die Probleme lösen. Schon die erste Schule der Volkswirtschaft, die Physiokraten, sahen im Boden die einzige Quelle des Reichtums, und alle waren sich darüber einig, daß die revolutionäre Umwandlung der Landwirtschaft nicht nur die Folge, sondern die unabdingbare Voraussetzung der bürgerlichen Gesellschaft, vielleicht sogar jeglichen ökonomischen Fortschritts überhaupt sei. Wie ein Gletscher lag das überkommene Agrarsystem mit seinen gesellschaftlichen Beziehungen auf dem fruchtbaren Boden wirtschaftlichen Wachstums. Er mußte unter allen Umständen schmelzen, damit der Boden von den Kräften der profitsuchenden freien Unternehmer gepflügt werden konnte. Dies setzte nun einen dreifachen Wandel voraus: Zuerst mußte der Boden zu einer Ware werden, die, von privaten Eigentümern besessen, frei verkäuflich und käuflich war. Zweitens mußte der Boden zum Eigentum einer Klasse von Menschen werden, die bereit waren, seine produktiven Ressourcen für den Markt zu mobilisieren, und die von der Vernunft, das heißt vom vernünftigen Selbstinteresse und der Suche nach Profit regiert wurden. Drittens mußte die große Masse der ländlichen Bevölkerung — zumindest zum Teil — in frei bewegliche Lohnarbeiter verwandelt werden, die der wachsende nicht-landwirtschaftliche Sektor benötigte.

Ernsthaftere Theoretiker oder Radikale unter den Ökonomen waren sich wohl auch einer vierten wünschenswerten Veränderung bewußt, die allerdings nur schwer oder überhaupt nicht durchzuführen war. In einem Wirtschaftssystem, das auf dem Axiom einer vollkommenen Mobilität aller Produktionsfaktoren beruhte, paßte der Boden als ein »natürliches Monopol« nicht gut hinein. Da die Erdoberfläche nicht unbegrenzt erweitert werden kann, ihre verschiedenen Teile verschieden fruchtbar und nicht alle gleich erreichbar sind, mußten jene, die die fruchtbaren Ländereien besaßen, unvermeidlicherweise einen besonderen Vorteil daraus ziehen, der zur Quelle von Renten werden würde. Wie die Last der Rente beseitigt oder erleichtert werden konnte — etwa durch angemessene Besteuerung, durch Gesetze gegen die Konzentration von Landbesitz oder gar durch Nationalisierung des Bodens —, war Gegenstand scharfer Debatten, besonders im industriellen England. (Solche Argumente betrafen auch andere »natürliche Monopole«, wie zum Beispiel die Eisenbahnen, deren Nationalisierung immer als mit der Privatwirtschaft vereinbar angesehen und auch oft durchgeführt wurde. Sogar in England wurde eine solche Nationalisierung im Verlauf der 1840er Jahre ernsthaft in Erwägung gezogen.) Das aber waren Probleme, die erst in der bürgerlichen Gesellschaft auftauchten. Zunächst handelte es sich jedoch darum, eine solche Gesellschaft zu errichten.

Zwei größere Hindernisse mußten hierfür erst überwunden werden, und dafür war die Anwendung ökonomischer wie auch politischer Mittel erforderlich. Die beiden Hindernisse waren: die Existenz von vorkapitalistischen Grundeigentümern und einer traditionellen Bauernschaft. Andererseits konnte der Fortschritt in sehr verschiedener Weise durchgeführt werden. Am radikalsten waren in dieser Hinsicht die Briten und die Amerikaner: Beide eliminierten die Bauernschaft, die Amerikaner gingen sogar so weit, auch die Grundherrschaft abzuschaffen.

Die klassische britische Lösung schuf ein Land, das zu etwa vier Siebteln im Besitz von etwa 4000 Eigentümern lag — ich zitiere hier die Zahlen für 1851 (3). Diese Fläche wurde von etwa einer Million Pächtern (Farmern) bebaut (drei

Viertel davon bestand aus Höfen von 50—500 *acres* = 20
bis 200 Hektar), die ihrerseits etwa eineinviertel Millionen
Landarbeiter, Knechte und Mägde beschäftigten. Es gab
wohl noch Gruppen von Kleinbauern, aber außerhalb des
schottischen Hochlands und Teilen von Wales kann nur ein
Pedant von einer britischen Bauernschaft im kontinentalen
Sinn sprechen.

Die klassische amerikanische Lösung war die des eigentumbesitzenden und selbstarbeitenden Farmers, der den vorhandenen Arbeitermangel durch intensive Mechanisierung wett-
machte. Obed Husseys (1833) und Cyrus McCormicks (1834)
Mähmaschinen ergänzten die nur für den Markt produzierenden Farmer und in Land spekulierenden Unternehmer,
die den amerikanischen Lebensstil von Neuengland aus nach
Westen ausbreiteten, während sie das Land einfach besetzten
oder es später zu nominellen Preisen von der Regierung
kauften.

Die klassische preußische Lösung war andererseits, vom gesellschaftlichen Standpunkt aus gesehen, am wenigsten revolutionär. Hier wurden die feudalen Gutsbesitzer selbst in
kapitalistische landwirtschaftliche Unternehmer und ihre
Hörigen in Lohnarbeiter verwandelt. Die Junker blieben
auf ihren ärmlichen Rittergütern, deren Produkte sie exportierten. Jetzt aber bearbeiteten sie diese statt mit unfreien
mit solchen Bauern, die in doppeltem Sinn befreit worden
waren — sowohl von der Leibeigenschaft wie auch vom Boden. Pommern bildet ein extremes Beispiel: Im späteren 19.
Jahrhundert gehörten hier 61% der Bodenfläche einigen 2000
großen Gütern, die übrigen 39% bestanden aus mittleren und
kleinen Bauernhöfen, während der Rest der Bevölkerung
landlos war (4). Im Jahr 1773 hatte es so wenige Landarbeiter gegeben, daß dieses Wort nicht einmal in Krüniz' *Öko-*

nomischer Enzyklopädie stand; 1849 wurde hingegen die Zahl
der landlosen, für Lohn arbeitenden Arbeiter in der preußischen Landwirtschaft auf fast zwei Millionen geschätzt (5).
Der einzige andere Typ einer systematischen Lösung des
Agrarproblems im Sinn des Kapitalismus ist in Dänemark
zu finden, wo eine große Zahl mittlerer und kleiner, für den
Markt produzierender Bauern entstand. Aber das ergab sich
aus den Reformen, die in die Periode des aufgeklärten Absolutismus und somit zeitlich nicht in diesen Band fallen.
Die nordamerikanische Lösung resultierte aus der einzigartigen Sachlage eines praktisch unbegrenzten Vorrats an
frei verfügbarem Land sowie dem Fehlen aller feudaler Überreste und Traditionen des Bauernkollektivismus. Nur ein
kleines Hindernis stand dort der Ausdehnung der individualistischen landwirtschaftlichen Methoden entgegen: die
Indianerstämme, deren Landbesitz meist in Verträgen mit
der britischen, französischen und amerikanischen Regierung
garantiert war und die ihre Gebiete als Jagdgründe in kollek-
tivem Besitz hielten. Der unüberbrückbare Konflikt zwischen
zwei Gesellschaftsformen, von denen die eine das individuelle, frei veräußerliche Eigentum nicht nur als die einzige
vernünftige, sondern auch als die einzig *natürliche* Einrich-
tung ansieht, und die andere, die diese Auffassung nicht teilt,
tritt in diesem Gegensatz zwischen Indianern und Yankees
klar hervor. »Unter den schädlichsten und verderblichsten
(Ursachen, die es den Indianern unmöglich machen, die
Wohltaten der Zivilisation zu begreifen) sind ihr Gemeineigentum an einem allzu großen Teil des Landes und ihr
Recht, jährliche Geldzahlungen zu beziehen. Aus dem einen
ergibt sich die Möglichkeit, das von ihnen so geliebte Vaga-
bundenleben zu führen, und die Unmöglichkeit, sich mit dem
Privateigentum vertraut zu machen. Aus dem zweiten er-

wachsen die Faulheit, das Fehlen der Sparsamkeit und die Möglichkeit, ihren verderblichen Wünschen und Begehren zu frönen«, schrieb der Verantwortliche für indianische Angelegenheiten (6). Daher war es sowohl moralisch wie auch gewinnbringend, die Indianer mittels Betrugs, Diebstahls und anderer zweckentsprechender Methoden ihrer Ländereien zu berauben. Die primitiven indianischen Nomaden waren aber nicht die einzigen, die einen bürgerlich-individualistischen Rationalismus auf dem Land weder verstehen konnten noch wollten. Mit Ausnahme einer Minderheit aufgeklärter, gewinnsüchtiger, »starker und nüchterner« Bauern war die große Masse der landwirtschaftlichen Bevölkerung vom größten feudalen Lord bis zum elendsten Schafhirten durch den gemeinsamen Haß gegen eine solche Einstellung geeint. Nur eine politische und legale Revolution, die sich sowohl gegen die Herren wie auch gegen die traditionsgebundenen Bauern richtete, war imstande, die Bedingungen zu schaffen, in denen die rationale Minderheit sich in eine rationale Mehrheit verwandeln könnte.
Die Geschichte der Agrarverhältnisse in den meisten Teilen Westeuropas und seiner Kolonien fällt in unserer Periode mit dieser Revolution zusammen, obgleich sich deren Folgen erst im Verlauf der zweiten Hälfte des Jahrhunderts voll auswirkten. Das erste Ziel dieser Revolution war es also, den Boden in Ware zu verwandeln. Fideikommisse und andere Verbote einer freien Veräußerung oder Aufteilung, die auf den adeligen Gütern lasteten, mußten gebrochen und der Gutsbesitzer dem Bankrott, dieser heilsamen Strafe für wirtschaftliche Unfähigkeit, ausgesetzt werden. So würden wirtschaftlich fähigere Käufer imstande sein, die Betriebe zu übernehmen. Vor allem galt es, in katholischen und islamischen Ländern das zu tun, was die Protestanten längst ge-

tan hatten: die großen Flächen von Kirchenland dem goti-
schen Reich unwirtschaftlichen Aberglaubens zu entreißen
und es dem Markt und der rationalen Bewirtschaftung zu
erschließen. Säkularisierung und Verkauf erwartete sie. Die
oft großen Kollektivbesitzungen, die eben darum schlecht
bewirtschaftet wurden, weil sie Kollektiveigentum waren,
in den Händen von Dorf- und Stadtgemeinschaften (Gemeindeländereien, Allmende, Wälder), mußten auch der
individuellen Unternehmung zugänglich gemacht werden.
Aufteilung in individuelle Parzellen und *enclosure* (»Um-
zäunung«) waren ihr Schicksal. Man konnte doch kaum bezweifeln, daß gerade die aufgeklärten, gewinnsüchtigen Starken und Nüchternen sie erwerben würden — und somit
wäre das zweite Ziel der Agrarrevolution erreicht.

Das aber würde nur möglich werden, falls die Bauernschaft,
aus deren Mitte viele dieser Käufer stammen würden, selbst
in eine Klasse verwandelt wäre, die imstande war, über ihre
eigenen Kräfte zu verfügen. Und hiermit wäre auch wiederum automatisch das dritte Ziel der Agrarrevolution erreicht,
die Schaffung einer großen Zahl freier Arbeiter, bestehend
aus jenen, denen es nicht gelungen war, Bourgeois zu werden.
Daher war die Befreiung des Bauern aus nicht-ökonomischen
Fesseln und Pflichten (Hörigkeit, Leibeigenschaft, Zahlung an
die Herren, Zwangsarbeit, Sklaverei usw.) unbedingt erforderlich.

Daraus würde sich auch ein weiterer Vorteil ergeben: Der
freie, vom Anreiz höherer Löhne getriebene Lohnarbeiter und
der freie Bauer würden, so meinte man, mehr leisten als der
Zwangsarbeiter, ob dieser nun Leibeigener, *peon* oder Sklave
war. Nur noch eine weitere Bedingung mußte erfüllt werden: Die großen Menschenmassen, die auf dem Land vege-
tierten, an das sie die jahrhundertelange Geschichte gekettet

hatte, und die sich im Fall einer produktiven Nutzung des Bodens in eine Überschußbevölkerung (7) verwandeln würden, mußten entwurzelt werden, um frei bewegbar zu sein. Nur dann würden sie in die Stadt und in die Fabriken wandern, wo ein wachsender Bedarf nach ihrer Arbeitskraft bestand. Mit anderen Worten — die Bauern mußten zugleich mit ihren Fesseln auch ihr Land verlieren.

In den meisten Gebieten Europas bedeutete das die Aufhebung jenes Komplexes traditioneller legaler und politischer Einrichtungen, die allgemein unter dem Begriff *Feudalismus* bekannt waren. Dies wurde im großen und ganzen in der Periode zwischen 1789 und 1848 — vor allem unter dem direkten und indirekten Einfluß der Französischen Revolution — in allen Gebieten von Gibraltar bis Ostpreußen und von der Ostsee bis Sizilien erreicht. Die entsprechenden Änderungen vollzogen sich in Mitteleuropa erst im Jahr 1848, in Rußland und Rumänien im Verlauf der sechziger Jahre. Außerhalb Europas fanden auch Wandlungen statt, die nominell der erwähnten glichen, so in Amerika — mit den wichtigen Ausnahmen Brasilien, Kuba und den Südstaaten der USA, wo die Sklaverei bis 1862 beziehungsweise 1888 weiterbestand. In einigen Kolonialgebieten, die direkt von den europäischen Staaten beherrscht wurden, vor allem in Teilen Indiens und Algeriens, wurden legale Revolutionen dieses Typs durchgeführt. Dasselbe geschah in der Türkei und während kurzer Zeit auch in Ägypten (8).

Mit Ausnahme Großbritanniens und einiger weniger Länder, in denen der Feudalismus bereits aufgehoben war oder nie bestanden hatte (obwohl es traditionelle Bauernkollektive gab), waren die Methoden dieser Revolution überall ähnlich.

Großbritannien hatte eine auf die Enteignung des Großeigentums gerichtete Gesetzgebung weder nötig, noch war eine solche politisch durchsetzbar, da die Großgrundbesitzer oder deren Farmer bereits an die bürgerliche Gesellschaft angepaßt waren. Ihr Widerstand gegen den endgültigen Sieg bürgerlicher Verhältnisse auf dem flachen Land — zwischen 1795 und 1846 — war zäh. Obgleich er, wenn auch in unausgesprochener Form, Elemente des traditionalistischen Protests gegen die zerstörerischen Folgen des individualistischen Profitprinzips enthielt, war die wesentliche Ursache der Unzufriedenheit weit einfacher erklärbar. Sie stammte aus dem Wunsch, die hohen Preise und die hohen Renten der revolutionären und der Napoleonischen Periode durch die Nachkriegsdepression zu retten. Ihr Widerstand glich eher dem einer agrarischen Pressionsgruppe als einer feudalen Reaktion. Daher richtete sich die Gesetzgebung nicht gegen die Großgrundbesitzer, sondern gegen die Überreste der Bauernschaft — die *cottagers* und *labourers*. Ab 1760 wurden auf Grund von Gesetzen etwa 5000 *enclosures* durchgeführt, die — ergänzt durch zahlreiche weniger offizielle Regelungen — etwa sechs Millionen *acres* (= 2 400 000 Hektar) Allmende und Gemeindeland aufteilten und in Privatbesitz verwandelten. Das Armengesetz des Jahres 1834, das diese Gesetzgebung ergänzte, war dazu bestimmt, das Leben der Armen auf dem Land so unerträglich zu gestalten, daß sie zur Wanderung in die Städte und zur Annahme aller angebotenen Arbeitsplätze gezwungen wurden. Und diese Entwicklung setzte auch bald ein. In den 1840er Jahren waren bereits mehrere englische Grafschaften an der Grenze eines *absoluten* Bevölkerungsrückganges, und ab 1850 verallgemeinerte sich die Landflucht.

Die Reformen von 1780 schafften den Feudalismus in *Dänemark* ab. Daraus zogen nicht die Grundbesitzer, sondern bäuerliche Pächter und Eigentümer den größten Vorteil. Nachdem die offenen Felder verschwunden waren, wurden die

Kleinbesitzer dazu ermutigt, ihre Felder in individuellen Bauernhöfen zu konsolidieren — ein den *enclosures* ähnlicher Prozeß, der 1800 im wesentlichen beendet war. Großgüter wurden im allgemeinen parzelliert und an die ehemaligen Pächter verkauft, obwohl die nachnapoleonische Depression (von 1816 bis etwa 1830), unter der die Kleinbesitzer mehr litten als die Pächter, diese Entwicklung verlangsamte.

In *Schweden* hatten ähnliche Reformen weniger drastische, aber doch ähnliche Folgen, so daß im Verlauf des 19. Jahrhunderts die traditionelle gemeinschaftliche Bewirtschaftung (das *strip*-System) so gut wie gänzlich verschwand. Die vormals feudalen Gebiete des Landes wurden an die anderen angeglichen, in denen die freie Bauernschaft immer vorgeherrscht hatte, wie auch im überwiegend freien Bauernland *Norwegen* (das nach 1815 einen Teil von Schweden bildete, nachdem es vorher zu Dänemark gehört hatte). Eine Tendenz zur Unterteilung großer Betriebe machte sich bemerkbar, wurde aber in einigen Gebieten durch Konsolidierungsprozesse wettgemacht. Diese Entwicklung brachte eine schnelle Steigerung der landwirtschaftlichen Produktivität: In Dänemark verdoppelte sich der Viehbestand während des letzten Viertels des 18. Jahrhunderts (9), aber infolge des schnellen Bevölkerungswachstums konnte eine steigende Zahl von ländlichen Armen keine Beschäftigung finden. Nach 1850 führte ihre Not zur verhältnismäßig stärksten aller Auswanderungen des Jahrhunderts (meist in die Staaten des nordamerikanischen mittleren Westens) aus dem unfruchtbaren Norwegen und ein wenig später auch aus Schweden. Die Auswanderung aus Dänemark war geringer.

In Frankreich wurde — wie schon beschrieben — der Feudalismus von der Revolution abgeschafft. Der Druck der Bauern und des Jakobinismus trieben die Agrarreform weiter, als die Wortführer der kapitalistischen Entwicklung es gewünscht hätten (s. S. 140). So wurde aus Frankreich weder ein Land von Gutsbesitzern und Landarbeitern noch ein Land von für den Markt produzierenden Bauern. Der Boden wurde hingegen zum Großteil von mittleren und reichen Bauern bestellt, die zur wichtigsten Stütze aller weiteren Regierungen wurden, insofern diese nicht mit Enteignungen drohten. Die alte Behauptung, daß die Zahl der eigentumsbesitzenden Bauern um mehr als 50%, von vier auf sechseinhalb Millionen, stieg, ist wahrscheinlich, aber noch nicht beweisbar. Wir wissen lediglich, daß sie in einigen Gebieten stärker stieg als in anderen; aber ob das Departement Moselle, wo sie zwischen 1789 und 1801 um 40% wuchs, typischer ist als das Departement Eure in der Normandie, wo sie sich nicht änderte (10), kann nur kommende Forschung entscheiden. Die Lage des Landvolkes war im ganzen gesehen gut. Sogar 1847/48 gab es keine wirkliche Not — außer unter einem Teil der Landarbeiter (11). Daher war der Strom aus dem Dorf in die Stadt klein, was dazu beitrug, Frankreichs industrielle Entwicklung zu verlangsamen.

In den meisten Gebieten Lateineuropas, der Niederlande, der Schweiz und Westdeutschlands, war die Abschaffung des Feudalismus das Werk der erobernden französischen Armeen, die entschlossen waren, »sofort im Namen der französischen Nation ... die Abschaffung des Zehnten, des Feudalismus und aller Herrenrechte zu proklamieren« (12). Anderenfalls war sie das Werk von einheimischen Liberalen, die mit den französischen Armeen zusammenarbeiteten oder von ihren Ideen beeinflußt waren. 1799 war die Revolution im Landrecht in den Ländern an der Ostgrenze Frankreichs wie auch in Nord- und Mittelitalien durchgeführt worden. In einigen dieser Ge-

biete hatte sie nur eine Entwicklung abgeschlossen, die bereits
zuvor begonnen hatte. Die Rückkehr der Bourbonen nach
dem Mißerfolg der neapolitanischen Revolution 1798/99
schob sie in Süditalien bis 1808 auf. Die britische Besatzung
verhinderte die Ausbreitung der Reformen in Sizilien, obwohl der Feudalismus auf dieser Insel zwischen 1812 und
1843 offiziell aufgehoben wurde. In Spanien schafften die
antifranzösischen liberalen Cortes von Cádiz den Feudalismus im Jahr 1811 und gewisse Fideikommisse im Jahr 1813
ab, obwohl hier, wie in den meisten Gebieten, die nicht durch
langjährige Zugehörigkeit zu Frankreich zutiefst verwandelt
worden waren, die Rückkehr der alten Regierungen die praktische Durchführung dieser Prinzipien verzögerte. In Nordwestdeutschland, östlich des Rheins, und in den illyrischen
Provinzen (Istrien, Dalmatien, Ragusa, dann auch in Slowenien und einem Teil von Kroatien), die erst nach 1805
unter die französische Herrschaft gelangt waren, wurde die
Revolution in der Gesetzgebung daher von den französischen
Reformen eher eingeleitet als zu Ende geführt.
Die Französische Revolution war aber nicht die einzige Kraft,
die auf eine tiefgehende Revolution der agrarischen Verhältnisse drängte. Das rein ökonomische Moment einer rationelleren Verwertung des Bodens hatte die aufgeklärten Despoten der vorrevolutionären Periode tief beeindruckt und zu
Reformen geführt. Im Habsburger Reich hatte Joseph II. im
Verlauf der 1780er Jahre die Leibeigenschaft abgeschafft und
viele Kirchenländereien säkularisiert. Aus ähnlichen Gründen
und als Folge ihrer dauernden Rebellionen wurde den Hörigen des russischen Livland wieder das bäuerliche Erbrecht,
das sie früher unter der schwedischen Herrschaft hatten, gegeben. Dadurch verbesserte sich ihre Lage aber nicht im geringsten, da die Habsucht der allmächtigen Großgrundbe-

sitzer die Bauernemanzipation bald in ein Instrument der Bauernexpropriation verwandelte. Die wenigen rechtlichen Garantien der Bauern wurden nach den Napoleonischen Kriegen hinweggefegt. Zwischen 1819 und 1850 verloren sie mindestens ein Fünftel ihres Landes, während sich die Domänen der Adeligen — die jetzt von landlosen Arbeitern bebaut wurden — um 60 bis 180% vergrößerten (13). Diese drei neuen Faktoren — der Einfluß der Französischen Revolution, die rationellen wirtschaftlichen Argumente der Bürokraten und die Habsucht des Adels — bestimmten die preußische Bauernbefreiung zwischen 1807 und 1816. Der Einfluß der Französischen Revolution war allerdings der entscheidende Faktor, denn ihre Armeen hatten gerade Preußen besiegt und so mit dramatischer Kraft bewiesen, wie hilflos die alten Regime waren, die nicht moderne Methoden nach französischem Vorbild einführten. Wie in Livland wurde die Emanzipation mit der Aufhebung des bescheidenen gesetzlichen Schutzes verbunden, dessen sich die Bauernschaft vorher erfreut hatte. Als Entgelt für die Abschaffung der Zwangsarbeit und der feudalen Abgaben und für seine Eigentumsrechte mußte der Bauer — abgesehen von anderen Verlusten — seinem ehemaligen Herrn ein Drittel oder die Hälfte seines früheren Bodens überlassen oder ihm eine dem Wert dieses Bodens entsprechende hohe Geldsumme zahlen.

Der lange, komplizierte legale Übergangsprozeß war 1848 bei weitem noch nicht abgeschlossen, aber es war bereits klar, daß die Großgrundbesitzer aus ihm den größeren, eine beschränkte Zahl wohlhabender Bauern dank ihrer neuerworbenen Eigentumsrechte den kleineren Nutzen gezogen hatten; die Mehrheit der Bauern aber war wesentlich schlechter gestellt als früher, und die Zahl der landlosen Arbeiter stieg schnell an (14).

Vom wirtschaftlichen Standpunkt war dieses Ergebnis auf lange Sicht gesehen positiv, obwohl die unmittelbaren Nachteile, wie so oft bei großen agrarischen Wandlungen, schwer wogen. Erst 1830/31 hatte der Viehbestand die Zahlen der ersten Jahre des Jahrhunderts wieder erreicht, nur daß die Großbesitzer nun einen größeren, die Bauern einen kleineren Teil besaßen. Andererseits vergrößerte sich die bebaute Bodenfläche um mehr als ein Drittel, und die Produktivität wuchs während der ersten Jahrhunderthälfte um rund 50% (15). Es war offensichtlich, daß der ländliche Bevölkerungsüberschuß schnell zunahm, und da die Lebensverhältnisse auf dem flachen Land sehr schlecht waren — die Hungersnot von 1846 bis 1848 hatte sich anscheinend in Deutschland schlimmer ausgewirkt als anderswo, mit Ausnahme Irlands und Flanderns —, gab es genügend Gründe für Landflucht und Auswanderung. In der Tat stellten die Deutschen (vor der irischen Hungersnot) das größte Kontingent der Auswanderer.

Wir sahen also, daß die gesetzlichen Änderungen, die auf die Errichtung eines bürgerlichen Systems der Landwirtschaft gerichtet waren, sich im wesentlichen zwischen 1789 und 1812 vollzogen. Ihre Folgen wurden außerhalb Frankreichs und einiger seiner Grenzgebiete erst viel später fühlbar, vor allem wegen der tiefgreifenden sozialen und wirtschaftlichen Reaktion, die der Niederlage Napoleons folgte.

Im allgemeinen drängte jeder weitere Fortschritt des Liberalismus die legale Revolution einen Schritt weiter aus der bloßen Theorie in die praktische Verwirklichung, während jede Erholung der alten Regime sie verzögerte, besonders in den katholischen Ländern, wo die Säkularisierung und der Verkauf der Kirchenländereien zu den vordringlichsten liberalen Forderungen gehörten. In Spanien zum Beispiel folgte auf den kurzlebigen Sieg der liberalen Revolution von 1820 eine

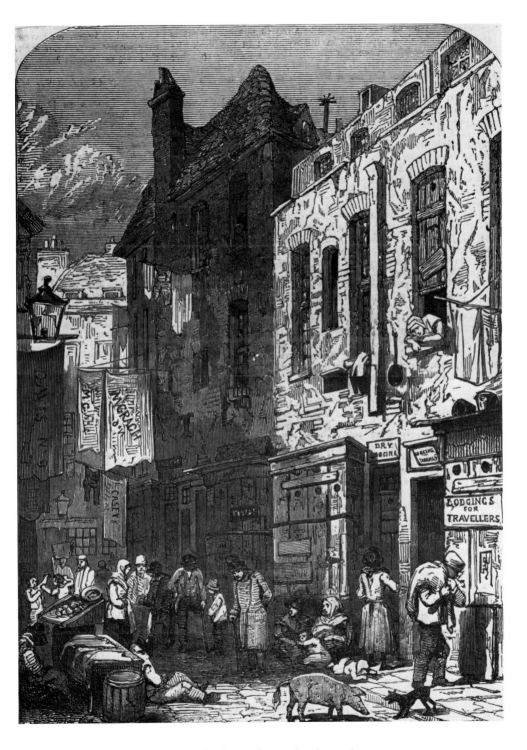

Londoner Elendsviertel: St. Giles, die Rookery.
Zeitgenössische Zeichnung.

Tataren, die russische Bauern mißhandeln.
Nach einem Druck aus dem frühen 19. Jahrhundert.

Abschied der Polen vom Vaterland nach dem Aufstand von 1830/31.
Gemälde von Dietrich Monten;
Berlin, Nationalgalerie.

neue Gesetzgebung, die *desvinculación* (»Entfesselung«), auf
Grund derer es den Adeligen gestattet wurde, ihr Land frei
zu verkaufen. Auf die Wiederherstellung des Absolutismus
folgte die Aufhebung dieses Gesetzes (1823), während der
neuerliche Sieg des Liberalismus zu seiner Wiederinkraftset-
zung führte (1836) usw. Das Ausmaß des tatsächlich verkauf-
ten und von neuen Käufern erworbenen Landes hielt sich in
unserer Periode, und soweit es meßbar ist, noch in bescheidenen Grenzen, mit Ausnahme von den Gebieten, in denen eine
Masse von kaufwilligen Bürgern und Spekulanten schon be-
reitstand, die gebotene Gelegenheit zu ergreifen. In der Ebene
von Bologna in Norditalien fiel der Wert der adeligen Ländereien von 78% des Gesamtwertes im Jahr 1789 auf 66%
im Jahr 1804 und 51% im Jahr 1835 (16). Andererseits blieben
in Sizilien bis zu einem viel späteren Zeitpunkt 90% des
gesamten Landes in den Händen des Adels (17).
Es gab jedoch eine Ausnahme: die Kirchenländereien. Diese
ausgedehnten, fast immer schlecht genutzten und verfallenen
Güter (man hat behauptet, daß um 1760 zwei Drittel des
Bodens im Königreich Neapel der Kirche gehörten [18]) wurden von wenigen verteidigt, aber von vielen Wölfen, die um
sie herumstrichen, begehrt. Sogar während der absolutistischen
Reaktion, die in Österreich auf den Zusammenbruch des aufgeklärten Absolutismus Josephs II. folgte, gab es niemanden,
der die Rückgabe säkularisierter und aufgeteilter Länder an
ihre ehemaligen Eigentümer, die Klöster, befürwortet hätte.
So fiel in einer Gemeinde der Romagna der Anteil der Kirchenländereien an der Gesamtfläche von 42,5% im Jahr
1783 auf 11,5% im Jahr 1812; aber dieses Land gelangte
nicht nur in den Besitz bürgerlicher Eigentümer, sondern auch
in den Besitz von Adeligen, deren Anteil von 34% auf 41%
anwuchs (19). Daher ist es nicht erstaunlich, daß sogar im ka-

tholischen Spanien die jeweils nur kurzlebigen liberalen Regierungen es fertigbrachten, bis 1845 mehr als die Hälfte der
kirchlichen Güter zu verkaufen, in erster Linie in jenen Provinzen, wo die Kirche besonders viel Land hatte oder wo
die wirtschaftliche Entwicklung am weitesten fortgeschritten
war (in 15 Provinzen waren mehr als drei Viertel des Kir-
chenlandes verkauft worden [20]).

Allerdings, was liberale Theorien vorausgesagt hatten, traf
nicht ein. Diese großzügige Neuaufteilung des Bodens brachte
keine Klasse unternehmungsfreudiger und fortschrittlicher
Gutsbesitzer und Bauern hervor. Warum hätte auch ein bürgerlicher Käufer — ein städtischer Anwalt, ein Kaufmann
oder ein Spekulant — sich der Mühe unterziehen sollen, in
wirtschaftlich rückständigen und schwer erreichbaren Gegenden die von ihm erworbenen Grundstücke in ein produktives
Geschäftsunternehmen zu verwandeln? Statt Geld zu investieren und zu arbeiten, schien es ihm weit vorteilhafter,
sich selbst an die Stelle des klerikalen oder adeligen Grund-
herrn zu setzen und dessen Macht im Sinn größerer Profite
und geringerer Rücksichtnahme auf Traditionen und Bräuche
auszuüben. So kam es, daß vielerorts in Europa eine neue
und härter gesottene Klasse von »Baronen« zu den noch
übriggebliebenen alten hinzukam. Die großen Latifundien
gingen im kontinentalen Süditalien leicht zurück, blieben
aber in Sizilien ohne bedeutende Veränderungen und vermehrten sich vielleicht sogar in Spanien. In diesen Ländern
bestanden die Auswirkungen der Rechtsumwälzung in der
Verstärkung des alten Feudalismus durch das Auftauchen
neuer Feudalherren, da dem kleinen Käufer, insbesondere
dem Bauern, aus all den Landverkäufen kaum irgendein Vorteil erwuchs. Dabei blieb in den meisten Gebieten Südeuropas
die altverwurzelte Sozialstruktur stark genug, um nicht ein-

mal den Gedanken an Auswanderung aufkommen zu lassen.
Männer und Frauen lebten weiter dort, wo ihre Ahnen gelebt hatten, und würden, wenn es sein müßte, auch dort Hungers sterben. Ein weiteres halbes Jahrhundert zum Beispiel
mußte vergehen, bevor der Massenexodus aus Süditalien begann.

Aber auch dort, wo die Bauern tatsächlich das Land bekamen
oder in ihren Eigentumsrechten bestätigt wurden (wie in
Frankreich, Teilen von Deutschland oder Skandinavien), verwandelten sie sich durchaus nicht automatisch in eine Unter-
nehmerschicht kleiner Farmer. Selbstredend konnten sie es
manchmal nicht, weil ihre Besitzungen zu klein waren oder
zur Entfaltung produktiver Wirtschaft ungeeignet. Und dies
aus dem einfachen Grund, weil die Bauern zwar Land, aber
nur selten eine bürgerliche Agrarwirtschaft wollten.

Das alte traditionelle System war zwar unwirtschaftlich und
bedrückend gewesen, hatte aber — wenn auch auf dem Niveau
des Elends — eine beträchtliche soziale und eine gewisse wirtschaftliche Sicherheit geboten, ganz zu schweigen davon, daß
Brauch und Herkommen es geheiligt hatten. Die periodischen
Hungersnöte, die Last der Arbeit, die die Männer mit vierzig,
die Frauen mit dreißig Jahren zu alten Menschen machten,
kamen von Gott. Nur wenn das Leiden allzu groß wurde,
suchte man nach Verantwortlichen, und dann lag Revolution
in der Luft. Vom Standpunkt des Bauern gab der Umsturz
nichts als papierene Rechte, aber er nahm viel an lebendiger
Wirklichkeit. So erhielt der Bauer in Preußen zwei Drittel
oder die Hälfte des Bodens, den er schon vorher bearbeitet
hatte, und wurde von Zwangsarbeit und Abgaben befreit.
Aber er verlor auch viel: sein Anrecht auf die Hilfe des Herrn,
wenn die Ernte schlecht oder das Vieh krank war, das Recht,
sein Brennholz vom Herrn billig zu kaufen oder es in dessen

Wäldern zu sammeln; seinen Anspruch auf die Hilfe des Herrn bei der Ausbesserung oder dem Bau seines Hauses; auf Steuerhilfe im Fall großer Armut und die Ermächtigung, sein Vieh auf den herrschaftlichen Weiden grasen zu lassen. Dem armen Bauern schien es, als habe er ein schlechtes Geschäft gemacht. Die Länder der Kirche waren schlecht bewirtschaftet worden, gewiß, aber gerade daraus hatte der Bauer seinen Vorteil gezogen, seine Bräuche und Gewohnheiten waren zu geheiligtem Gewohnheitsrecht geworden. Die Aufteilung der Allmende, die *enclosures*, Flurbereinigungen, das Schwinden des Gemeindeeigentums beraubten den armen Bauern der Mittel und Reserven, auf die er meinte ein Recht zu haben, nicht als einzelner, aber als Teil einer Gemeinschaft. Ein freier Landmarkt, das hieß vermutlich, daß er seine Parzelle würde verkaufen müssen. Das Heranwachsen einer neuen Schicht landwirtschaftlicher Unternehmer würde nur eines mit sich bringen: daß ihn härtere neue Herren an Stelle der alten oder zusammen mit den alten Herren ausbeuten würden.

Das war es, was der Liberalismus dem flachen Land und dem Bauern brachte: Gleich einem unverständlichen, von ferne kommenden und unausweichlichen Bombardement erschütterte er die Grundlagen des sozialen Gebäudes, in dem der Landmann seit je gelebt hatte, und nichts blieb zurück als die Reichen und eine Einsamkeit, die Freiheit hieß.

So ist es wohl verständlich, daß die Bauernarmut oder auch die ganze Bevölkerung des flachen Landes sich diesen Neuerungen im Namen des althergebrachten Ideals einer unwandelbaren und gerechten Gesellschaft widersetzte. Das aber hieß den Widerstand im Namen der Kirche und des legitimen Königs. Mit Ausnahme der französischen Bauernrevolution, die 1789 weder besonders antiklerikal noch antimonarchi-

stisch war, traten so gut wie alle Bewegungen des Landvolks
während unserer Periode im Namen von Priester und König
auf, sofern sie nicht gegen eine *fremde* Kirche oder Krone
gerichtet waren. Die süditalienische Bauernschaft verband sich
1799 mit dem städtischen Lumpenproletariat in einer sozialen Konterrevolution gegen die neapolitanischen Jakobiner
und die Franzosen unter dem Banner des heiligen Glaubens
und der Bourbonen; dies war auch das Motto der Guerilla-
banditen Kalabriens und Apuliens gegen die französische
Besatzung und später gegen die Einheit Italiens.
Priester und Räuberhäuptlinge standen an der Spitze der
spanischen Bauern im Kampf gegen Napoleon. Ein sogar
nach den Maßstäben des frühen 19. Jahrhunderts gemessen
extremer Klerikalismus, Monarchismus und Traditionalismus beseelten die Karlistischen Partisanen des Baskenlandes,
Navarras, Kastiliens, Leons und Aragons in ihren unerbittlichen Kriegen der 1830er und 1840er Jahre gegen die spanischen Liberalen. Die Bauern von Mexiko erhoben sich 1810
unter dem Banner der Jungfrau von Guadalupe. Im Jahr
1809 kämpften die Tiroler unter der Führung des Gastwirts
Andreas Hofer für Kirche und Kaiser gegen Franzosen und
Bayern, wie die Russen 1812/13 für den Zaren und die heilige Orthodoxe Kirche. Den polnischen Revolutionären Galiziens war es bewußt, daß sie die ukrainischen Bauern nur
mit Hilfe griechisch-orthodoxer oder unistischer Priester zum
Aufstand bewegen konnten; der Aufstand mißlang, weil die
Bauern den Kaiser dem Adel vorzogen. Außerhalb Frankreichs, wo Republikanertum und Bonapartismus zwischen
1791 und 1815 tief in die Bauernschaft eindrangen und die
Kirche schon vor der Revolution in vielen Gegenden an Kraft
verloren hatte, gab es sehr wenige Gebiete — in erster Linie
jene, in denen die Kirche eine fremde und seit langem unbe-

liebte Macht war, wie in der päpstlichen Romagna und Emilia —, wo die Bauern von einer Agitation erreicht wurden, die wir heute als »links« bezeichnen würden. Sogar in Frankreich blieben die Bretagne und die Vendée Hochburgen eines volkstümlichen Monarchismus. 1848 ließen die europäischen Bauern die Jakobiner und die Liberalen, das heißt die Anwälte, Ladenbesitzer, Gutsverwalter, Beamten und Eigentümer, in ihrem Kampf allein. So mißlangen diese Revolutionen. Das geschah in den Ländern, wo die Französische Revolution den Bauern kein Land gegeben hatte; in den Ländern, in denen sie Eigentümer geworden waren, hinderte sie meist die Angst, ihren Boden wieder zu verlieren, oder ihre Zufriedenheit mit dem bestehenden Zustand daran, sich an der Revolution zu beteiligen.

Natürlich erhoben sich die Bauern nirgends für den wirklichen, lebendigen König, den sie kaum je kannten, sondern für den idealen König, den gerechten Herrscher, der, wenn er nur wüßte, was sich in seinem Reich zutrug, seine Beamten und Barone für ihre Missetaten bestraft hätte. Aber sie kämpften oft für die wirkliche Kirche: Denn der Dorfpriester war einer von ihnen, die Heiligen waren ihre eigenen Heiligen, und sogar die heruntergekommenen Kirchengüter waren erträglicher als die habgierigen weltlichen Gutsherren. Wo die Bauern frei waren und Land besaßen, wie in Tirol, Navarra oder (ohne König) in den katholischen Urkantonen der Schweiz, stellte ihr Eintreten für die Tradition die Verteidigung einer gewissen tatsächlichen Freiheit gegen den vordringenden Liberalismus dar. Wo die Bauern unter weniger günstigen Bedingungen lebten, nahm ihr Widerstand revolutionäre Formen an.

Der Ruf zum Kampf gegen die Fremden oder gegen den Bourgeois hatte — ganz gleich, ob er vom König, vom Priester

oder von sonst wem ausging — nicht nur die Plünderung der
Häuser des Adels und der städtischen Anwälte zur Folge;
es folgte meist ein zeremonieller Aufzug mit Trommelschlag
und dem Banner der Heiligen, das Land wurde aufgeteilt,
die Gutsbesitzer wurden ermordet, ihre Weiber vergewaltigt
und ihre Rechtstitel verbrannt. Denn gewiß war es nicht im
Sinn Jesu oder nach dem Willen des Königs, daß der Bauer
elend und landlos war. Diese sozial-revolutionäre Grundein-
stellung aller Bewegungen der von Leibeigenschaft und Großgütern oder auch von Bodenzersplitterung und Zwergbesitz
bestimmten Gegenden war es, die den Bauern zum unzuverlässigen Bundesgenossen der Reaktion stempelte. Um von
einem prolegitimistischen zu einem »linken« Rebellentum
überzugehen, bedurften sie nur der Erkenntnis, daß König
und Kirche auf die Seite der Reichen übergegangen waren.
War diese Erkenntnis erreicht, würde das Bauerntum links-
radikal werden, sobald eine Bewegung auftauchte, die ihre
eigene Sprache zu sprechen vermochte. Der volkstümliche
Radikalismus eines Garibaldi war vielleicht die erste dieser
Bewegungen, und die neapolitanischen Briganten begrüßten
ihn mit Begeisterung, während sie weiter die heilige Kirche
und die Bourbonen hochleben ließen. Der Marxismus und
der Bakunismus sollten sich als noch wirksamer erweisen.
Aber der Übergang der Bauernrebellion von der politischen
Rechten zur politischen Linken hatte vor 1848 noch kaum
begonnen, weil die Auswirkungen der bourgeoisen Wirtschaftsordnung auf die Landwirtschaft sich noch nicht voll
durchgesetzt hatten. Erst nach der Jahrhundertmitte, besonders im Verlauf der landwirtschaftlichen Depression der
1880er Jahre, würde das geschehen — und damit die revolutionäre Unzufriedenheit der Bauernschaft zur Auflehnung
gesteigert werden.

Wir haben gesehen, daß die Revolution der Gesetzgebung in vielen Gebieten Europas der Landbevölkerung von oben aufgezwungen wurde. Sie glich einem künstlichen Erdbeben und nicht einem natürlichen Erdrutsch. Dies galt in noch höherem Grad für die Länder Afrikas und Asiens, wo fremde Eroberer als Vertreter einer bürgerlichen Wirtschaft diese Revolution gänzlich unbürgerlichen Gesellschaften aufdrängten.

In Algerien stießen die erobernden Franzosen auf eine typisch mittelalterliche Gesellschaft mit einem festverwurzelten und verhältnismäßig gutfunktionierenden religiösen Schulsystem. (Es wird sogar behauptet, daß die französischen Soldaten weniger gebildet waren als das Volk, das sie eroberten [21].) Diese Schulen wurden von zahlreichen frommen Stiftungen finanziert (22), doch die Franzosen sahen sie als bloße Brutstätten des Aberglaubens an und schlossen sie. Die religiösen Ländereien wurden zum freien Kauf für europäische Käufer freigegeben, die weder das Wesen dieses Landes verstanden noch wußten, daß es rechtlich unveräußerlich war. Die Lehrer, meist Mitglieder mächtiger religiöser Bruderschaften, wanderten in die unerobert gebliebenen Gebiete und stärkten dort die Kräfte der Rebellion von Abd-el-Kader (1808 bis 1883). Die systematische Übertragung von Bodenflächen an neue, veräußerungsberechtigte Privateigentümer begann, wenn sich auch die Auswirkungen dieses Prozesses erst später zeigten. Wie sollte denn ein europäischer Liberaler das dichte Netz privater und öffentlicher Rechte und Pflichten begreifen, das in einer Landschaft wie Kabylien existierte, und ohne das der Boden in eine Anarchie kleinster Parzellen verfiel, wo jeder Olivenbaum einer Anzahl von Privatpersonen »gehören« konnte?

Um 1848 war die Eroberung von Algerien im wesentlichen

beendet. Zu dieser Zeit hatten große Teile Indiens bereits
mehr als eine Generation unter direkter britischer Verwaltung gestanden. Da es keine europäischen Siedler gab, die
hier Boden erwerben wollten, stellte sich das Problem einer
einfachen Enteignung nicht. Der Einbruch des Liberalismus
in das indische Agrarleben ergab sich in erster Linie aus der
Suche der britischen Herrscher nach einer geeigneten Methode
ländlicher Besteuerung. Aus ihrer Verbindung von Habsucht
und juristischem Individualismus erwuchs die Katastrophe.
Das System des indischen Landbesitzes vor der Ankunft der
Briten war ebenso komplex wie das anderer traditioneller,
aber durchaus nicht unbeweglicher Gesellschaften, die überdies periodisch von fremden Eroberungen heimgesucht wurden. Es ruhte im wesentlichen auf zwei Grundpfeilern:
Das Land gehörte *de jure* oder *de facto* sich selbst verwalten-
den Gemeinschaften (Stämme, Sippen, Dorfgemeinschaften,
Bruderschaften), und die Regierung erhielt einen Teil seiner
Produkte. Obwohl einige Flächen bis zu einem gewissen
Grad veräußerlich waren und einige der bestehenden agrarischen Beziehungen Pachtverhältnissen ähnelten und somit
etliche Abgaben als eine Art von Pachtzins angesehen werden konnten, gab es tatsächlich nichts, was den englischen
Begriffen des Grundbesitzes, des Pächters oder des privaten
Grundeigentümers und des Pachtzinses entsprochen hätte.
Das war den britischen Verwaltern und Herrschern ebenso
unangenehm wie unverständlich. Sie gingen daran, eine Neuordnung des Landlebens nach den Mustern einzuführen, mit
denen sie vertraut waren. In Bengalen, dem ersten großen
von den Briten beherrschten Gebiet, waren die Landsteuern
der Mogulverwaltung von *Zemindars* eingetrieben worden:
einer Art Steuerpächter oder Agenten mit Anrecht auf Kommission. In den *Zemindars* glaubten die Briten nun so et-

was wie Grundbesitzer nach britischem Muster zu erkennen. Wie in dem damals bestehenden britischen Steuersystem
schienen sie einige Steuern zu entrichten, die auf der Gesamtheit ihrer Grundstücke lagen. War es also daher nicht am
zweckmäßigsten, eine solche Klasse mit der Eintreibung der
Steuern zu betrauen, die auch daran interessiert sein mußte,
die landwirtschaftlichen Methoden zu verbessern, und deren
Unterstützung dem fremden Regime Stabilität verleihen
mußte?

Der spätere Lord Teignmouth schrieb in einer Denkschrift
vom 18. Juni 1789, die der »Permanenten Ordnung der
Grundsteuer in Bengalen« gewidmet war: »Ich betrachte
die Zemindars als Grundbesitzer, die ihr Land rechtmäßig
geerbt haben. Aus diesem grundlegenden Recht erwächst auch
das der Veräußerung oder der Belastung des Landes durch
Hypotheken (23).« Dieses sogenannte Zemindar-System
wurde in verschiedenen Varianten auf 19% der Gesamtfläche des späteren Britisch-Indien angewendet.

Die zweite Art der Steuereinziehung ergab sich eher aus der
Habsucht als aus der Zweckmäßigkeit. Dieses System des
Ryotwari erstreckte sich schließlich auf mehr als die Hälfte
von Britisch-Indien. Die britischen Herrscher sahen sich dabei in der Rolle der Nachfolger eines orientalischen Despotismus, der, ihrer nicht ganz selbstlosen Meinung nach, Eigentümer des *gesamten* Landes war. Davon ausgehend, machten sie sich an die Herkulesarbeit, jedem Bauern, den sie
als Kleinbesitzer oder als Pächter ansahen, eine individuelle
Steuer aufzuerlegen. Dahinter stand das Prinzip des unver-
fälschten agrarischen Liberalismus. Dieser verlangte, im Be-
amtenstil von Goldsmid und Wingate: »Beschränkung der
kollektiven Verantwortung auf die Fälle, in denen Felder
sich in Gemeineigentum befinden oder unter Miterben ver-

teilt wurden. Anerkennung des privaten Eigentums an Grund und Boden. Garantie der vollständigen Verfügungsfreiheit für seine Besitzer in bezug auf Verpachtung und Verkauf. Erleichterung der Verkäufe und Eigentumsübertragungen durch gleichmäßige Besteuerung der einzelnen Felder (24).« Die Dorfgemeinde wurde überhaupt umgangen, trotz der energischen Einwände des *Board of Revenue* (Finanzamtes) von Madras (1808—1818), das mit Recht die Ansicht vertrat, kollektive Steuerabkommen mit den Dorfgemeinden seien weitaus realistischer, und solche Abkommen (typischerweise) auch als die beste Garantie des Privateigentums empfahl. Der Doktrinarismus und die Habgier behielten die Oberhand, und die indische Bauernschaft wurde »mit den Wohltaten des Privateigentums« beglückt.

Die Nachteile waren so augenfällig, daß man in der Landorganisation der später eroberten und besetzten Gebiete Nordindiens (etwa 30% von Britisch-Indien) wieder auf ein modifiziertes Zemindar-System zurückkam, aber verbunden mit Versuchen, die bestehenden Kollektive, vor allem im Pandschab, anzuerkennen. Die liberale Doktrin, zusammen mit der uneigennützigen Raubgier der englischen Bürokraten, zog die Schlinge noch enger um den Hals des Bauern zusammen: Die Steuerlast wurde bedeutend erhöht. Die aus der Landsteuer stammenden Einkünfte von Bombay verdoppelten sich in den vier Jahren, die auf die Eroberung der Provinz, 1817/18, folgten. Malthus' und Ricardos Theorie der Grundrente wurde durch Vermittlung des Utilitaristen James Mill zum Fundament des indischen Steuersystems. Diese Theorie betrachtete das Einkommen aus dem Landbesitz als reines Surplus-Einkommen, das nichts mit dem Wert zu tun hatte. Die Grundrente erwuchs einfach aus der Tatsache, daß einige Landstücke fruchtbarer waren als andere. Aus ihrer

Aneignung durch Grundherren ergaben sich für die Landwirtschaft verderbliche Folgen. Eine Konfiskation der Rente würde den Volksreichtum daher nicht vermindern und höchstens dazu beitragen, ein weiteres Anwachsen der Grundaristokratie zu verhindern, die die Rente als eine Art Lösegeld von den produktiven Geschäftsleuten erpreßte. In einem Land wie Großbritannien hatte ein solch radikaler Vorschlag, wie die Konfiskation der Grundrechte, der auf eine Nationalisierung des Bodens hinauslief, keine Chancen der Verwirklichung: Dazu waren die Agrarier politisch viel zu stark. In Indien aber konnte der Eroberer diesen Vorschlag radikal im Lande durchsetzen. Zugegeben, an diesem Punkt kreuzten sich zwei liberale Argumente: Die den Whigs nahestehenden Verwaltungsbeamten des 18. Jahrhunderts und die älteren Unternehmergruppen vertraten die Ansicht, daß unwissende, am Rande des physischen Existenzminimums lebende Kleinbauern niemals Kapital akkumulieren würden, um damit ihre Wirtschaftsmethoden verbessern zu können. Daher sprachen sie sich für »Permanente Ordnungen« vom Typ Bengalens aus, die der Bildung einer Klasse von Großgrundbesitzern förderlich waren, Steuersätze auf immer (das heißt eine ständig sinkende Steuerrate) festlegten und somit das Wachstum von Ersparnissen und Investitionen ermöglichten. Die utilitaristischen Verwalter mit dem gefürchteten Mill an der Spitze zogen die Nationalisierung des Landes und eine Masse kleiner Landpächter der Bildung einer neuen Landaristokratie vor. Hätten die indischen Verhältnisse denen Englands geähnelt, würde alles für die erstgenannte Auffassung gesprochen haben, die sich nach der indischen Meuterei von 1857 aus politischen Gründen auch durchsetzte. Aber beide Auffassungen gingen in Wirklichkeit an den Problemen der indischen Landwirtschaft gleichermaßen vorbei, und die Gesamtlage änderte sich mit den Fortschritten der industriellen Revolution in Großbritannien. Nun wurden die Sonderinteressen der alten *East India Company* (die unter anderem an der Erhaltung einer einigermaßen wohlhabenden, das heißt ausbeutbaren Kolonie interessiert war) denen der britischen Industrie untergeordnet (die in erster Linie an Indien als Absatzgebiet und als Einkommensquelle, nicht aber als Konkurrent interessiert war). Daher wurde die utilitaristische Politik vorgezogen, die eine verstärkte britische Kontrolle und höhere Steuereingänge garantierte. Die Grenze der Steuerzahlung hatte vor Ankunft der Briten ein Drittel der Einkünfte betragen, nun wurde sie auf 50% erhöht. Nur nachdem der doktrinäre Utilitarismus zu einer offensichtlichen Verarmung und zur Revolte von 1857 geführt hatte, wurde der Steuersatz auf eine weniger erpresserische Rate reduziert. Aus der Anwendung des ökonomischen Liberalismus auf die indische Landwirtschaft erwuchs also weder eine Schicht aufgeklärter Gutsbesitzer noch eine selbständige und freie Bauernschaft.

Ihr Ergebnis waren: die Vermehrung der Unsicherheitsfaktoren, die Entstehung eines neuen komplizierten Netzes von Parasiten und Ausbeutern (wie etwa die neuen indischen Beamten des britischen »Raj« [25]), eine bedeutende Veränderung der Besitzverhältnisse, begleitet von einer Konzentration des Grundbesitzes, wachsende Verschuldung und Verelendung der Bauern. Im Bezirk von Cawnpore gehörten zum Zeitpunkt der Eroberung durch die *East India Company* 84% der Güter Grundbesitzern, die sie geerbt hatten. Im Jahr 1840 war die Zahl der Güter, die durch Kauf erworben worden waren, auf 40%, im Jahr 1872 auf 62,2% aller Ländereien angewachsen. Noch mehr — von den insgesamt 3000 Gütern oder Dörfern (etwa drei Fünftel der Gesamt-

zahl), die in drei Bezirken der Nordwestprovinzen die Besitzer gewechselt hatten, befanden sich 1846/47 mehr als
750 im Besitz von Geldverleihern (26). Gewiß spricht vieles
für den aufgeklärten und systematischen Despotismus der
utilitaristischen Bürokraten, die in dieser Periode den britischen »Raj« errichteten. Sie brachten Indien Frieden, entwickelten die öffentlichen Einrichtungen, eine leistungsfähige
Verwaltung, den Rechtsstaat und eine Beamtenschaft, deren
höhere Ränge nicht korrupt waren. Aber vom wirtschaftlichen Standpunkt aus gesehen war ihr Werk von einem
geradezu sensationellen Mißerfolg gekrönt. Es gab kein von
europäischen Mächten verwaltetes oder von Regierungen
europäischen Typs beherrschtes Territorium, einschließlich
Rußlands und der Türkei, das wie Indien von so gewaltigen
und mörderischen Hungersnöten heimgesucht worden wäre,
und diese Hungersnöte wurden vielleicht von Jahrzehnt zu
Jahrzehnt schlimmer — obgleich Statistiken, die einen Vergleich ermöglichen würden, für die Frühperiode fehlen.
Das einzige große koloniale (beziehungsweise exkoloniale)
Territorium, in dem versucht wurde, liberale Gesetze
auf das flache Land zu übertragen, war Lateinamerika. Die
alte feudale Organisation der Spanier war hier nie mit den
grundlegenden kollektivistischen Institutionen der indianischen Landwirtschaft in Konflikt geraten, soweit diese die
weißen Kolonisten nicht daran gehindert hatte, so viel Land
zu nehmen, wie sie nur wollten. Vom Geist der Französischen
Revolution und den Doktrinen Benthams beeinflußt, begann-
nen die Regierungen der Unabhängigkeitsperiode liberale
Maßnahmen durchzuführen. Bolivar dekretierte (1824) die
Individualisierung des Gemeindeeigentums an Land in Peru,
und die Mehrzahl der neuen Republiken folgte den spanischen Liberalen in dem Verbot der Fideikommisse. Einige

Ländereien des Adels mögen ihre Besitzer gewechselt haben und auch aufgeteilt worden sein, aber die riesige *hacienda* (*estancia, finca, fundo*) blieb in der Landwirtschaft der meisten Republiken vorherrschend. Bis 1850 wurde kein ernsthafter Angriff auf das Gemeindeeigentum unternommen. Tatsächlich war die Liberalisierung der Wirtschaft hier ebenso künstlich wie in der Politik. Im wesentlichen lebte der Kontinent trotz aller Parlamente, Wahlen, Landgesetze usw. genauso, wie er vorher gelebt hatte.

Die Revolution der Eigentumsverhältnisse in der Landwirtschaft war die politische Erscheinungsform des Zerfalls der traditionellen Agrargesellschaft, die wirtschaftlich durch das Eindringen der neuen Landwirtschaft und der Kräfte des Weltmarktes vernichtet wurde. Diese Wandlung vollzog sich von 1787 bis 1848 nur langsam und hatte am Ende unserer Epoche durchaus noch keine endgültige Form angenommen, wie das auch aus der geringen Zahl der Auswanderer ersehen werden kann. Eisenbahnen und Dampfschiffe hatten bis zur großen landwirtschaftlichen Depression der zweiten Jahrhunderthälfte noch keinen einheitlichen landwirtschaftlichen Weltmarkt geschaffen. Daher war die Landwirtschaft der einzelnen Gebiete noch gegen internationale und sogar noch gegen interprovinzielle Konkurrenz abgeschirmt. Die Konkurrenz der Industrie wirkte sich noch nicht auf die zahlreichen ländlichen Handwerker und die häuslichen Manufakturen aus — außer daß sie vielleicht einige dazu bewog, für einen weiteren Markt zu produzieren.
Außerhalb der Gebiete mit erfolgreicher kapitalistischer Landwirtschaft drangen neue Methoden nur langsam in die Dörfer, obwohl neue Produkte — wie vor allem die Zuckerrübe, deren Anbau als Folge der Napoleonischen Kontinental-

sperre intensiviert worden war, wie auch der Mais- und Kartoffelanbau — große Fortschritte machten. Nur ein ganz außergewöhnliches Zusammentreffen von Umständen, wie etwa die Nähe einer hochindustrialisierten Wirtschaft und die Hemmung einer normalen Entwicklung, konnte einen wirklichen, rein wirtschaftlich bedingten drastischen Umsturz in einer Agrargesellschaft bewirken.

Ein solches Zusammentreffen von Umständen und eine solche Katastrophe ereigneten sich in der Tat in Irland und — in etwas geringerem Ausmaß — in Indien. Was in Indien geschah, war einfach die auf wenige Jahrzehnte zusammengedrängte, fast vollständige Vernichtung einer blühenden Heim- und Dorfindustrie, aus der zusätzliche Einkünfte für die Dorfbewohner geflossen waren — also die Desindustrialisierung Indiens. Zwischen 1815 und 1832 fiel der Wert der aus Indien exportierten Baumwollwaren von 1,3 Millionen Pfund auf weniger als 100 000 Pfund, während der Import britischer Baumwollwaren auf das Zehnfache stieg. Um 1840 warnte bereits ein Beobachter davor, Indien »in ein landwirtschaftliches Gut Englands zu verwandeln. Indien ist ein industrielles Land. Seine verschiedenen Manufakturen haben seit unvordenklichen Zeiten existiert, und solange die Wettbewerbsbedingungen gerecht waren, haben sie die Konkurrenz eines jeden anderen Landes überstanden ... Indien in ein landwirtschaftliches Territorium zu verwandeln wäre eine große Ungerechtigkeit (27).« Diese Beschreibung war irreführend; wie in zahlreichen anderen Ländern bildete die Manufaktur in großen Gebieten Indiens eine integrale Ergänzung der Landwirtschaft. Desindustrialisierung machte daher das Dorf immer mehr und bald ausschließlich von den Wechselfällen der Ernten abhängig.

Noch dramatischer war die Lage in Irland. Hier lebte eine

Bevölkerung von kleinen, wirtschaftlich zurückgebliebenen Pächtern, die unter ungünstigen Pachtbedingungen nur für den eigenen Bedarf produzierten und einen hohen Zins an eine kleine Zahl fremdländischer, nicht in der Landwirtschaft tätiger und zudem meist abwesender Grundeigentümer zahlen mußten. Mit Ausnahme des Nordostens (Ulster) gab es seit langem keine Industrie mehr. Das war die Folge der merkantilistischen Politik der britischen Regierung in dieser Kolonie und seit kurzem auch die Folge der Konkurrenz der britischen Industrie. Eine einzige technologische Neuerung — die Ersetzung der früheren landwirtschaftlichen Produkte durch die Kartoffel — hatte eine große Bevölkerungsvermehrung ermöglicht. Denn ein Hektar Land, auf dem Kartoffeln gebaut werden, kann eine weit größere Zahl von Menschen ernähren als eine gleichgroße Fläche mit einem anderen Produkt. Das Streben des Grundbesitzers nach der größtmöglichen Zahl zinszahlender Pächter und später auch nach Arbeitern zur Bewirtschaftung neuer Farmen, die Lebensmittel für den schnell wachsenden britischen Markt erzeugten, förderte die Vermehrung von Zwergbetrieben: Im Jahr 1841 hatten 64% aller größeren Betriebe in Connacht je unter 5 *acres* (2 Hektar) Land, ohne die unbekannte Zahl der Zwerghöfe von unter 1 *acre* (0,4 Hektar) mitzurechnen. So vermehrte sich seit dem Ende des 18. Jahrhunderts die Bevölkerung auf dieser Grundlage, und der Durchschnittsirländer lebte von wenig mehr als 10—12 Pfund Kartoffeln pro Tag und Kopf und — bis zu den 1820er Jahren — ein wenig Milch und ab und zu einen Bissen Hering. In ganz Europa gab es kein zweites so verelendetes Volk (28). Da jedoch keine anderen Beschäftigungsmöglichkeiten vorhanden waren, eine Industrialisierung war ausgeschlossen, konnte das Ende mit mathematischer Genauigkeit vorausgesehen werden. Wenn sich einmal die Bevölkerung bis zu den Grenzen des letzten Kartoffelfeldes auf dem letzten bebaubaren Boden vermehrt hatte, würde die Katastrophe eintreten. Bald nach dem Ende der französischen Kriege wurden die ersten Anzeichen des herannahenden Unheils sichtbar. Lebensmittelknappheit und Epidemien begannen wieder ein Volk zu dezimieren, dessen Massenunzufriedenheit nur allzu verständlich war. Die Mißernten und die »Kartoffelkrankheit« Mitte der 1840er Jahre waren nur die Henker eines ohnedies zum Tod verurteilten Volkes. Niemand kennt und niemand wird je genau die Zahl der Menschenleben kennen, die in der großen irischen Hungersnot von 1847 zugrunde gingen, dieser bei weitem größten menschlichen Katastrophe der europäischen Geschichte während unserer Periode. Die meisten Schätzungen gehen dahin, daß etwa eine Million Menschen an Hunger und seinen Folgen starb und eine weitere Million zwischen 1846 und 1851 auswanderte. Im Jahr 1820 zählte Irland knapp sieben Millionen Einwohner, 1846 dürften es achteinhalb gewesen sein; 1851 waren es sechseinhalb Millionen, und seither ist die Einwohnerzahl der Insel ständig zurückgegangen. »*Heu dira fames!*« schrieb ein Pfarrer im Ton und mit den Worten eines frühmittelalterlichen Chronisten, »*Heu saeva huius memorabilis anni pestilentia* (29)!« Er schrieb dies in jenen Monaten, da keine Kinder in die Pfarrkirchen von Galway und Mayo zur Taufe gebracht wurden — weil keine zur Welt kamen.

Indien und Irland waren vielleicht die Länder, in denen es den Bauern von 1789 bis 1848 am schlechtesten ging — aber nicht viel besser stand es mit den Lebensbedingungen der englischen Landarbeiter. Allgemein wird zugegeben, daß sich die Lage dieser unglücklichen Klasse von der Mitte der 1790er Jahre ab merkbar verschlechterte, zum Teil als Ergebnis ökonomischer Kräfte, zum anderen als Resultat des *Speen-hamland*-Systems von 1795, diesem wohlmeinenden, aber abwegigen Versuch, den Mindestlohn des Arbeiters durch Zuschüsse aus den Armensteuern der Gemeinde zu garantieren.

Die Folge war, daß die Farmer die Löhne herabsetzten und die Arbeiter demoralisiert wurden. Ihre kraftlosen und ungezielten Rebellionsversuche zeigen sich in der steigenden Zahl von Verstößen gegen die Wildschutzverordnungen in den 1820er Jahren, in Brandstiftungen und Diebstählen in den 1830er und 1840er Jahren, vor allem aber in dem verzweifelten und hilflosen »letzten Aufstand der Landarbeiter«, einer Aufruhrepidemie, die Ende 1830 in Kent begann, auf viele Grafschaften übergriff und mit großer Härte unterdrückt wurde.

Vom Standpunkt des unbarmherzigen Liberalen war die Lösung des Problems einfach: Entweder sollte der Arbeiter gezwungen werden, zu den ihm gebotenen Löhnen zu arbeiten, oder er sollte anderswohin gehen. Das neue Armengesetz von 1834 zeichnete sich also durch ungewöhnliche Hartherzigkeit aus. Die Garantie des Lebensminimums wurde aufgehoben. Unterstützungen wurden nur in den neuerrichteten Arbeitshäusern gezahlt, in denen der Arbeiter von Frau und Kind getrennt wurde, um auf diese Weise die sentimentale und Malthus' Theorie widersprechende Gewohnheit, gedankenlos Kinder in die Welt zu setzen, einzudämmen. Die Kosten der Armenunterstützung gingen drastisch zurück (obwohl mindestens eine Million Briten bis zum Ende unserer Periode *paupers* blieben), und die Tagelöhner zogen allmählich in andere Gegenden. Da die Lage der Landwirtschaft nicht gut war, lebten sie nach wie vor und bis in die 1850er Jahre hinein in elenden Verhältnissen.

Die Existenzbedingungen der Landarbeiter waren überall schlecht, aber in den rückständigsten und isolierten Gebieten kaum schlechter, als sie es immer schon gewesen waren.

Die unheilvolle Entdeckung der Kartoffel erleichterte in großen Teilen Nordeuropas die Herabsetzung des Lebensstandards der Landarbeiter, und ihre Lage besserte sich auch in Preußen nicht vor der zweiten Hälfte des Jahrhunderts. Die Lage des für den Eigenbedarf produzierenden Bauern war vermutlich günstiger, obschon sie für den Kleinbauern in Zeiten von Mißernten schlimm genug sein konnte. Ein Bauernland wie Frankreich wurde anscheinend weniger stark von der Depression der Landwirtschaft nach den Napoleonischen Kriegen heimgesucht als andere Länder. Ein französischer Bauer, der im Jahr 1840 über den Kanal blickte und seine Lage mit der eines englischen Taglöhners verglich, konnte wohl kaum Zweifel daran haben, wer von beiden seit 1789 wohl das bessere Los gezogen hatte (30).

Unterdessen verfolgten die amerikanischen Farmer jenseits des Atlantischen Ozeans das Schicksal der Bauernschaft in der Alten Welt und gratulierten sich zu ihrem Glück, daß sie nicht dazugehörten.

9

Einer industriellen Welt entgegen

In der Tat, dies sind herrliche Zeiten für die Ingenieure!

JAMES NASMYTH,
der Erfinder des Dampfhammers (1)

Devant de tels témoins, o secte progressive,
Vantez-nous le pouvoir de la locomotive,
Vantez-nous le vapeur et les chemins de fer.

A. POMMIER (2)

1848 HATTE NUR GROSSBRITANNIEN eine bereits industrialisierte Wirtschaft und beherrschte daher die Welt. Doch es würde vermutlich nicht immer so bleiben: Mit gewisser Sicherheit konnte man voraussehen, daß die USA bald — binnen zweier Jahrzehnte, meinte Richard Cobden Mitte der 1830er Jahre — zu einem ernsthaften Konkurrenten der Briten werden würden (3). Auch in Deutschland hatte in den 1840er Jahren eine schnelle Industrialisierung begonnen, von deren künftigen Erfolgen allerdings damals nur die Deutschen selbst überzeugt waren. Aber Zukunftsaussichten sind das eine, bereits erreichte Resultate das andere, und eine wirklich entwickelte Industrie hatten eben nur die Briten. Gegen 1850 gab es in Spanien, Portugal, der Schweiz und auf der Balkanhalbinsel insgesamt 200 km Eisenbahnlinien und auf allen anderen Kontinenten, mit Ausnahme der USA, noch

weniger. Wenn wir von Großbritannien und einigen anderen
Gebieten absehen, war die wirtschaftliche und gesellschaftliche
Welt des fünften Jahrzehnts des Jahrhunderts durchaus nicht
sehr verschieden von der Welt von 1789. Die überwältigende
Mehrheit der Weltbevölkerung bestand nach wie vor aus
Bauern. 1830 gab es nur eine westliche Stadt von mehr als
einer Million Einwohnern (London), eine mit mehr als einer
halben Million (Paris) und außerhalb Großbritanniens nur
neunzehn Städte mit über 100 000 Einwohnern.

Bis zum Ende unserer Periode wurde so die Wirtschaft der
außerbritischen Welt vom althergebrachten Rhythmus guter
und schlechter Ernten und nicht von dem neuen Rhythmus
periodischer industrieller Aufschwünge und Depressionen
bestimmt. Die Krise von 1857 scheint die erste gewesen zu
sein, von der die ganze Welt betroffen und die nicht von
irgendeiner Katastrophe der Landwirtschaft verschuldet war.
Diese Entwicklung zog weitreichende politische Folgen
nach sich.

Zwischen 1780 und 1848 hatten sich nämlich die industriellen
und die nicht-industriellen Gebiete in ganz verschiedenem
Rhythmus verändert (4). Die Wirtschaftskrise, die 1846—1848
große Teile Europas in Brand steckte, gehörte noch zum Typ
der aus der Landwirtschaft erwachsenden Depressionen alten
Stils: Es war in gewissem Sinn der letzte, vielleicht aber auch
der schlimmste der wirtschaftlichen Zusammenbrüche der
Ancien régime. In Großbritannien war die Lage anders.
Hier ergab sich der schlimmste Zusammenbruch der frühen
Industrialisierungsperiode 1839—1842 aus rein »modernen«
Ursachen und fiel mit niedrigen Getreidepreisen zusammen.
Zur sozialen Explosion kam es im Sommer 1842, als der
ungeplante Chartistische Generalstreik ausbrach, der von
schweren Unruhen begleitet wurde. Als 1848 das Feuer auf

dem Kontinent aufflammte, litt Großbritannien nur mehr
unter der ersten zyklischen Depression der langen viktorianischen Aufschwungsepoche. Dasselbe gilt von Belgien, dem
zweiten mehr oder weniger industrialisierten Land Europas.
Ohne eine revolutionäre Bewegung in Großbritannien war
aber eine kontinentale Revolution zum Scheitern verurteilt,
stellte Marx fest. Was er nicht vorausgesehen hatte, war, daß
die Ungleichmäßigkeit der britischen und der kontinentalen
Enwicklung dazu führen mußte, daß sich nur der Kontinent
erhob. Entscheidend für die Zeit von 1789 bis 1848 war aber
nicht, daß, nach späteren Maßstäben, die Enwicklung langsam war, sondern daß grundlegende Wandlungen stattfanden. Zunächst in demographischer Hinsicht: Besonders
im Bereich der Doppelrevolution hatte eine explosive Bevölkerungsvermehrung eingesetzt, die bis heute anhält. Wie
schnell die Völker wuchsen, wissen wir nicht genau, da
vor dem 19. Jahrhundert nur wenige Länder Volkszählungen durchgeführt haben und die ersten Angaben nicht zuverlässig sind. (Die erste britische Volkszählung fand 1801
statt, aber erst die des Jahres 1831 kann als zuverlässig angesehen werden.) Doch es steht außer Zweifel, daß es nie
zuvor ein so schnelles Wachstum gegeben hat, das sich am
schnellsten in den wirtschaftlich am weitesten entwickelten
Gebieten (und vielleicht auch in den großen, unterbevölkerten Räumen) vollzog. Die Einwohnerschaft der Vereinigten
Staaten, die infolge der unbegrenzten Räume und Möglichkeiten des Kontinents Scharen von Einwanderern anzogen,
versechsfachte sich beinahe zwischen 1790, als sie vier Millionen, und 1850, als sie bereits 23 Millionen zählte.
Im Verlauf der ersten Hälfte des 19. Jahrhunderts hat sich
die Bevölkerung Großbritanniens fast verdoppelt, in dem
Jahrhundert von 1750 bis 1850 fast verdreifacht. Zwischen

1800 und 1846 stiegen die Einwohnerzahlen Preußens, im europäischen Rußland (ohne Finnland), zwischen 1750 und 1850 in Norwegen, Schweden und Holland und in weiten Gebieten Italiens um nahezu 100% (obwohl in den letzt-genannten Ländern die Vermehrung zwischen 1789 und 1848 nicht ganz so schnell war). Die Bevölkerung Spaniens und Portugals wuchs um ein Drittel.

Über außereuropäische Gebiete sind wir weniger gut infor-miert. In China scheint im 18. Jahrhundert und in den ersten Jahrzehnten des 19. Jahrhunderts ein großes demogra-phisches Wachstum stattgefunden zu haben, bis die europäi-schen Eingriffe und die traditionelle zyklische Bewegung der chinesischen politischen Geschichte den Zusammenbruch der bis dahin ausgezeichnet funktionierenden Verwaltung der Mandschu-Dynastie bewirkten (5). In Lateinamerika mag die Bevölkerung mit der gleichen Geschwindigkeit wie in Spa-nien zugenommen haben (6). In gewissen Gebieten Asiens scheinen sich die Menschen nicht stark vermehrt zu haben, und in Afrika blieben die Zahlen wahrscheinlich unverändert. Andererseits schnellten sie in einigen so gut wie menschen-leeren Gebieten, die nun von Weißen besiedelt wurden, hin-auf, wie zum Beispiel in Australien, wo es 1790 so gut wie keine weißen Einwohner gegeben hat, ihre Zahl aber bereits 1851 eine halbe Million überschritt.

Dieser außergewöhnliche demographische Aufschwung bildete natürlich einen Ansporn für die Wirtschaft, obgleich wir dies eher als eine Folge, denn als äußere Ursache der wirtschaft-lichen Revolution ansehen müssen, ohne die es unmöglich gewesen wäre, einen so rapiden Anstieg der Bevölkerungs-zahl auf längere Zeit aufrechtzuerhalten. (Dies zeigt das Beispiel Irlands, wo eine schnelle wirtschaftliche Entwicklung nicht stattfand und daher die Bevölkerungszahl nicht weiter stieg.) Es gab nun mehr Arbeitskräfte auf der Welt, vor allem mehr *junge* Arbeiter und mehr Konsumenten. Während unserer Periode war die Menschheit jünger als je zuvor. Die Welt füllte sich mit Kindern, jungen Paaren und mit Menschen im besten Arbeitsalter.

Die zweite große Wandlung betraf die Verkehrsmittel. Gewiß befanden sich die Eisenbahnen 1848 noch in ihren Kinderschuhen, obwohl sie für Großbritannien, die USA, Belgien, Frankreich und Deutschland bereits von großer praktischer Bedeutung waren. Aber auch bevor sie sich ausbreiteten, hatte eine nach früheren Maßstäben atemberaubende Verbesserung der Verkehrsbedingungen stattgefunden. In Österreich (ohne Ungarn) wurden zwischen 1830 und 1847 50 000 Kilometer Straßen gebaut, so daß sich das Straßennetz um 23% vergrößerte (7). In den USA, deren Fortschritte, verglichen mit anderen Ländern, auch hier gigantisch waren, wurde das Netz der Überlandstraßen mehr als verachtfacht: Im Jahr 1800 (8) hatte es 21 000 Meilen (33 600 Kilometer) Poststraßen gegeben, 1850 waren es 170 000 Meilen (272 000 Kilometer). Während Großbritannien sein Kanalsystem anlegte, baute auch Frankreich von 1800 bis 1847 3200 Kilometer Kanäle, und die USA eröffneten so wichtige Wasserstraßen wie den Erie-, den Chesapeake- und den Ohiokanal. Die Gesamttonnage der westlichen Schiffahrt hatte sich zu Beginn der 1840er Jahre im Vergleich zu 1800 mehr als verdoppelt, und schon fuhren Dampfer zwischen England und Frankreich (1822) und auf der Donau.

1840 gab es allerdings erst Dampfschiffe mit 370 000 Bruttoregistertonnen gegenüber 9 000 000 Bruttoregistertonnen der Segelflotten, aber die Dampfschiffe konnten wohl mit ihren Laderäumen bereits ein Sechstel des Transportverkehrs bewältigen.

Auch hier setzten die Amerikaner die Welt in Erstaunen und wetteiferten sogar mit den Briten um den Besitz der größten Handelsflotte. 1860 waren sie auch nahe daran, diesen Wettlauf zu gewinnen, doch die Einführung eiserner Schiffe brachte den Briten wieder ihren Vorsprung. Hand in Hand damit ging eine wesentliche Erhöhung der Transportgeschwindigkeit. Gewiß stand einem gewöhnlichen Sterblichen keine Expreßkutsche zur Verfügung wie jene, die 1834 den Zaren aller Reußen von Sankt Petersburg in vier Tagen nach Berlin beförderte; aber alle konnten die neuen Eilkutschen benutzen, die — nach französischen und englischen Vorbildern eingerichtet — 1824 den Reisenden zum Beispiel von Berlin nach Magdeburg in fünfzehn Stunden statt in zweieinhalb Tagen brachten.

Die Eisenbahnen und Rowland Hills glänzende Erfindung standardisierter Tarife für Postsendungen (1839), die 1841 durch die Erfindung der aufklebbaren Briefmarke ergänzt wurde, führten zu einer Vervielfachung der Postsendungen, deren Zahl bereits früher und sogar in weniger entwickelten Ländern als England ziemlich schnell zugenommen hatte. Die Zahl der in Frankreich jährlich beförderten Briefe stieg von 64 Millionen im Jahr 1830 auf 94 Millionen im Jahr 1840. Auch die Segelschiffahrt machte Fortschritte: Die Schiffe waren nicht nur schneller und zuverlässiger, sondern im Durchschnitt auch größer (9).

Freilich war keine der Erfindungen und Verbesserungen imstande, die Techniker so zu begeistern wie die Erfindung der Eisenbahnen, obschon manche herrliche Brücke, die großen künstlichen Wasserstraßen und die Hafenanlagen, die prächtigen schnellen »Klipper«, die unter ihren geblähten Segeln wie Schwäne über das Wasser glitten, und die eleganten neuen Postkutschen bis heute zu den schönsten Werken

der Industrie gehören. Aber die Verkehrsverbindungen erfüllten auch bereits vor den Eisenbahnen ausgezeichnet die
ihnen gestellten Aufgaben, Reisen und Transporte zu erleichtern, die Städte mit dem Land, die reichen mit den armen
Gegenden zu verbinden. Sie waren auch eine Ursache des
Bevölkerungswachstums, das in den vorindustriellen Epochen
nicht so sehr durch die hohe Sterblichkeit an sich, als durch
periodische, oft auf kleine Gebiete beschränkte Katastrophen
gehindert wurde. Wenn der Hunger im Europa jener Zeit
weniger bedrohlich wurde (außer in den Jahren der Mißernten wie 1816/17 und 1846—1848), so vor allem auf Grund
der besseren Verkehrsverhältnisse und natürlich auch besserer
Regierungs- und Verwaltungsmethoden (s. Kap. 10).

Die dritte große Wandlung betraf die wachsenden Mengen
von Waren und wandernden Menschen. Das war allerdings
nicht überall so. Es gibt zum Beispiel keine Anzeichen dafür,
daß die Bauern Kalabriens oder Apuliens auswanderungsbereit
gewesen wären, oder dafür, daß sich die Warenmenge, die jährlich zur großen Messe von Nischnij Nowgorod gebracht wurde,
sprunghaft vermehrt hätte (10). Aber wenn man die von der
Doppelrevolution berührte Welt als ganze nimmt, glich die
in Bewegung geratene Masse an Gütern und Menschen einem
Erdrutsch. Zwischen 1816 und 1850 verließen etwa fünf Millionen Europäer ihre Heimatländer (fast vier Fünftel von
ihnen wanderten nach Amerika aus), und die Ströme der
Binnenwanderung innerhalb der Länder waren noch größer.
Zwischen 1780 und 1840 hat sich der gesamte Außenhandel
der westlichen Welt kaum mehr als verdreifacht, zwischen
1780 und 1850 aber mehr als vervierfacht. Vom heutigen
Standpunkt gesehen, war das alles gewiß noch recht bescheiden (11), aber mit den früheren Zeiten verglichen — und
schließlich verglichen ja die Zeitgenossen ihr Leben mit der

Vergangenheit —, überstieg diese Wandlung die wildesten Träume.

Noch bedeutsamer ist, daß die Geschwindigkeit der wirtschaftlichen und sozialen Veränderungen ab 1830 — diesem Wendepunkt, den kein Historiker für diese Zeit, welches auch immer sein Interessengebiet sein mag, übersehen kann — schnell und sichtbar zunahm. Außerhalb Großbritanniens hatte es in Europa in der auf die Französische Revolution und ihre Kriege folgenden Periode nur geringe Fortschritte gegeben. Nur die USA stürmten nach ihrem eigenen Unabhängigkeitskrieg voran, verdoppelten bis 1810 ihre bearbeitete Bodenfläche, versiebenfachten ihre Schiffahrt und zeigten im allgemeinen, wessen sie später fähig sein würden. Nicht nur die Egreniermaschine, sondern auch das Dampfschiff und die erste Fließbandproduktion — Oliver Evans' Fließband für Mühlen — kennzeichnen Amerikas Fortschritt in dieser Epoche. Im Napoleonischen Europa wurden die Grundlagen für die spätere Industrie, vor allem für die Schwerindustrie gelegt, aber wenig von allem überlebte die Krise am Ende der Kriege. Im großen und ganzen war die Zeitspanne von 1815 bis 1830 durch Rückschritte oder bestenfalls durch langsame Erholung gekennzeichnet.

Die Staaten brachten ihre Finanzen in Ordnung — meist durch eine rigoros durchgeführte Deflation (die Russen waren im Jahr 1841 hierbei die letzten), Industrien schwankten unter den Schlägen von Krisen und den Angriffen fremder Konkurrenten, die amerikanische Baumwollindustrie wurde schwer betroffen. Die Städte wuchsen langsam: Bis 1828 nahm die französische Landbevölkerung ebenso schnell zu wie die städtische. Die Landwirtschaft — besonders in Deutschland — lag danieder. Wohl war kein Beobachter dieser Periode pessimistisch — sogar einer, der die ungeheuer schnelle Entwicklung der Briten außer acht gelassen hätte —, doch nur wenige konnten annehmen, daß irgendein Land, mit Ausnahme Großbritanniens und vielleicht der USA, sich unmittelbar an der Schwelle einer industriellen Revolution befände. So war zum Beispiel außerhalb Großbritanniens, der USA und Frankreich in den zwanziger Jahren die Zahl der Dampfmaschinen ebenso unbedeutend wie die Verwendung der Dampfkraft.

Nach 1830 aber änderte sich die Lage schnell und dramatisch, so daß um 1840 die charakteristischen sozialen Probleme der Industrialisierung — das neue Proletariat, die rapide und unkontrollierte Verstädterung mit all ihren grausamen Folgen — in ganz Westeuropa zu den Hauptthemen aller ernsten Diskussionen und zum Albdruck des Politikers und des Beamten wurden. Die Zahl der Dampfmaschinen in Belgien verdoppelte sich zwischen 1830 und 1838, und ihre Nutzkraft verdreifachte sich: 1830 hatte es 354 Dampfmaschinen mit einer Gesamtkraft von 11 000 Pferdestärken gegeben, 1838 waren es 712 mit 30 000 Pferdestärken. 1850 zählte dieses kleine, aber nunmehr industrialisierte Land fast 2300 Dampfmaschinen mit 66 000 Pferdestärken (12) und förderte fast sechs Millionen Tonnen Kohle, nahezu dreimal mehr als 1830. In diesem Jahr hatte es im belgischen Kohlenbergbau keine Aktiengesellschaften gegeben — 1841 stammte etwa die Hälfte des Ausstoßes aus den Unternehmen solcher Gesellschaften.

Es wäre monoton, analoge Angaben für Frankreich, die deutschen Staaten, Österreich und für andere Länder hier anzuführen, in denen während dieser zwanzig Jahre die Grundlagen für die modernen Industrien gelegt wurden: In Deutschland installierte Krupp seine erste Dampfmaschine

im Jahr 1835, 1837 wurden die ersten Schächte in der Ruhr
gegraben. 1836 wurde im großen tschechischen Hüttenzen-
trum Witkowitz der erste Kokshochofen in Betrieb gesetzt,
und in der Lombardei begann 1839/40 Falcks erstes Eisen-
walzwerk zu arbeiten. Dabei begann die wirklich massive
Industrialisierung außerhalb Belgiens und vielleicht Frankreichs erst nach 1848. 1830—1848 ist nur die Geburtsperiode
industrieller Bezirke, großer Betriebe und Firmen, die bald
berühmt wurden und die es bis heute geblieben sind. Sie entstanden wohl damals, doch am Ende der Zeitspanne waren
sie kaum aus den Kinderschuhen. Rückblickend können wir
erkennen, was diese Atmosphäre brodelnder technischer Experimente, unzufriedener und neuerungswilliger Unternehmen zwischen 1830 und 1840 bedeutet: Sie brachte die Er-
schließung des amerikanischen mittleren Westens, aber Cyrus
McCormicks erste Mähmaschine (1834) und die ersten
78 Scheffel Weizen, die 1838 aus Chikago ostwärts verfrachtet wurden, haben nur als Vorläufer und Schöpfer der Wirtschaftsentwicklung nach 1850 ihren Platz in der Geschichte.
Im Jahr 1846 bewunderte man noch die Fabrik, die das
Risiko wagte, hundert Mähmaschinen herzustellen: »Es war
ziemlich schwierig, Partner zu finden, die kühn und energisch
genug waren, den Bau von Mähmaschinen zu wagen. Ebenso
schwierig aber war es, die Farmer dazu zu überreden, das
Getreide mit solchen Maschinen zu mähen und dergleichen
Neuerungen zu begrüßen (13).«
Damals begannen auch der systematische Bau von Eisenbahnen und die Errichtung von Betrieben der Schwerindustrie in
Europa, die übrigens eine Revolution in der Technik der Investitionen voraussetzten; aber wenn die Brüder Pereire nicht
nach 1851 zu den großen Bahnbrechern der industriellen
Finanzierung geworden wären, würden wir dem Projekt we-

nig Beachtung schenken, das sie 1830 der französischen Regierung unterbreiteten und das diese ablehnte. Sie schlugen die Gründung eines »Kreditinstitutes« vor, »bei dem die Industrie durch die Vermittlung der reichsten Bankiers, die gleichzeitig auch für sie garantieren würden, von allen Kapitalisten Gelder zu den günstigsten Bedingungen entleihen könnten« (14).

Wie in Großbritannien, so stand auch auf dem Kontinent die Konsumgüterindustrie — im allgemeinen die Textilindustrie, manchmal auch die Lebensmittelindustrie — an der Spitze der Entwicklung. Aber auch die Kapitalgüterindustrien — Eisen, Stahl, Kohle usw. — hatten bereits eine größere Bedeutung als in der ersten Phase der britischen industriellen Revolution: 1846 waren 17 % aller belgischen Arbeiter in Kapitalgüterindustrien beschäftigt gegenüber 8—9 % in Großbritannien. Um 1850 wurden drei Viertel der gesamten belgischen Dampfkraft vom Bergbau und der Metallurgie verwendet (15). Wie in Großbritannien, so war nun auch auf dem Kontinent die durchschnittliche Fabrik ein Kleinbetrieb, umgeben vom Gestrüpp billiger, technisch rückständiger Heimarbeit, das mit dem Bedarf der Fabrikanten und des Marktes wuchs, um später von diesem Wachstum vernichtet zu werden. 1846 beschäftigte eine typische belgische Textilfabrik (Wolle, Leinen und Baumwolle) 30, 35 bis 43 Arbeiter, die durchschnittliche schwedische Textil»fabrik« zählte nur 6 bis 7 Arbeiter (16). Andererseits gab es aber auch Zeichen einer größeren Konzentration als in Großbritannien; dies war zu erwarten, denn die Industrie entstand später als in England, manchmal als eine Enklave in Agrargebieten, mit einer entwickelteren Technologie, die bereits aus den Erfahrungen der britischen Pioniere Nutzen ziehen konnte. So arbeiteten im Jahr 1841 drei Viertel aller böhmischen Baum-

wollspinner in Betrieben von über 100 und fast die Hälfte
in Betrieben von mehr als 200 Arbeitern (17). Hingegen
wurde bis nach 1850 auch noch überwiegend auf Handwebstühlen gewoben. Die größere Konzentration zeigte sich
noch klarer in den Schwerindustrien, die jetzt in den Vordergrund traten: Die durchschnittliche belgische Gießerei beschäftigte 80 Arbeiter im Jahr 1838, das durchschnittliche
Kohlenbergwerk 1846 etwa 150 Bergleute (18). Daneben gab
es vereinzelte Giganten, wie der Betrieb der Cockerills in
Seraing, wo etwa 2000 Mann arbeiteten.
Die industrielle Landschaft glich etwa einer Seenkette, die
von Inseln durchsetzt war. Wenn wir das Land als Ganzes
mit einem See vergleichen, so bilden die Industriestädte, die
Komplexe der Dorfindustrie (die etwa in den deutschen und
böhmischen Gebieten häufig waren) oder die Industriegebiete die Inseln: Textilstädte, wie Mühlhausen, Lille oder
Rouen in Frankreich, Elberfeld-Barmen (das Heim der frommen Baumwollwebermeister-Familie, der Friedrich Engels
entstammt) oder Krefeld in Preußen, Südbelgien oder Sachsen. Wenn wir die große Zahl der unabhängigen Handwerker, die während der Wintermonate für den Markt produzierenden Bauern, die Heimarbeiter mit dem See vergleichen,
so bilden die Fabriken, Bergwerke und Gießereien usw. die
Inseln. Der größte Teil der Landschaft bestand noch immer
aus Wasser, oder — um die Metapher ein wenig mehr an die
Wirklichkeit anzupassen — sie bestand aus dem Röhricht
kleiner und unabhängiger Produzenten rund um die industriellen und kommerziellen Zentren. Auch gab es immer
noch Heimarbeit und Kleingewerbe aller Art, das während
der Zeit des Feudalismus entstanden war und das sich
— wie die schlesische Leinenindustrie — in schnellem Verfall
befand (19). Die wahren Großstädte waren noch kaum indu-

Hippolyte Lecomte:
»Straßenkämpfe an der Porte Saint-Denis, am 28. Juli 1830«;
Paris, Musée Carnavalet.

striell, obgleich sie große Mengen von Arbeitern und Handwerkern zählten, die Konsumgüter herstellten und den Bedarf an Transport und an anderen Diensten befriedigten. Wenn wir von Lyon absehen, gab es nur in Großbritannien und den USA industrielle Großstädte (das heißt Städte von mehr als 100 000 Einwohnern). Ganz Mailand hatte im Jahr 1841 nur zwei Dampfmaschinen. Das typische Industriezentrum in Großbritannien und auch auf dem Kontinent war eine kleine oder mittlere Provinzstadt oder ein Dörferkomplex.

Es gab jedoch einen wichtigen Unterschied zwischen der britischen und der kontinental-europäischen (und bis zu einem gewissen Grad auch der amerikanischen) Industrialisierung. Auf dem Kontinent waren die Voraussetzungen für eine spontane, auf privatem Unternehmertum gründende Entwicklung weit ungünstiger als in England. Wir sahen bereits, daß es in Großbritannien, wo die industrielle Revolution auf zwei Jahrhunderte langsamer Vorbereitung folgte, weder einen entscheidenden Mangel an Produktionsfaktoren noch bedeutende institutionelle Hindernisse gab, die der Entfaltung des Kapitalismus im Wege gestanden wären. In den übrigen Ländern jedoch war die Lage anders: In Deutschland etwa machte sich ein empfindlicher Mangel an Kapital fühlbar, was schon aus dem bescheidenen Lebensstandard des Bürgertums hervorgeht, den wir in der Strenge des so reizenden Biedermeierstils erkennen können. Man vergißt leicht, daß Goethe — dessen Weimarer Haus kaum mehr Komfort hatte, als ein bescheidener Bankier der Londoner Clapham-Sekte gewohnt war — für deutsche Begriffe ein reicher Mann war. In den zwanziger Jahren trugen die Berliner Hofdamen und sogar Prinzessinnen das ganze Jahr hindurch einfache Kleider aus Baumwollstoffen; falls sie ein

Seidenkleid besaßen, so wurde dies nur bei besonderen Gelegenheiten hervorgeholt (20).

Das traditionelle Zunftwesen mit Meister, Gesellen und Lehrlingen hinderte die Entfaltung des modernen Unternehmertums, die Freizügigkeit der Arbeiter und alle wirtschaftlichen Wandlungen. Ab 1811 brauchte der preußische Handwerker keiner Zunft mehr anzugehören, aber die Zünfte selbst blieben bestehen, und ihre politische Bedeutung wuchs sogar. Die Zünfte waren bis in das dritte und vierte Jahrzehnt des Jahrhunderts hinein stark, und in anderen Teilen Deutschlands wurde die Gewerbefreiheit überhaupt erst nach 1850 eingeführt.

Die Vielzahl der Kleinstaaten mit ihren eigenen Kontrollen und Interessen hinderte immer noch jede rationelle Entwicklung. Die bloße Errichtung eines Zollvereins, dem alle deutschen Länder außer Österreich angehörten, galt als Triumph. Das Leben der Untertanen wurde von merkantilistischen und paternalistischen Regierungen in jeder Hinsicht geregelt — was vom Standpunkt der sozialen Stabilität nützlich sein mochte, aber jeglichem privatem Unternehmertum Schranken setzte. Der preußische Staat kontrollierte so die Qualität und die Preise des Handwerks, die schlesische Leinenindustrie und die Tätigkeit des Bergwerksbesitzers rechts des Rheins. Um ein Bergwerk eröffnen zu dürfen, mußte der Unternehmer eine behördliche Erlaubnis haben, und diese konnte ihm jederzeit wieder entzogen werden.

Es war klar, daß unter solchen Verhältnissen (und diese waren in anderen Staaten ähnlich) die industrielle Entfaltung andere Wege einschlagen mußte als in Großbritannien. Auf dem ganzen Kontinent spielte der Staat eine weitaus größere Rolle, nicht nur weil er daran gewöhnt, sondern auch weil er dazu gezwungen war. Wilhelm I., König der

Vereinigten Niederlande, gründete 1822 die *Société générale pour favoriser l'Industrie Nationale des Pays Bas,* verlieh ihr staatliche Ländereien, übernahm etwa 40% ihrer Aktien und garantierte allen anderen Aktionären 5%. Der preußische Staat betrieb weiterhin einen großen Teil der Bergwerke des Landes. Überall wurden die neuen Eisenbahnen von den Regierungen geplant und dort, wo sie nicht direkt von den Regierungen gebaut wurden, mit Hilfe von günstigen Konzessionen und einer Garantie der Investitionen gefördert. Tatsächlich ist Großbritannien bis heute das einzige Land geblieben, in dem das gesamte Eisenbahnnetz von Privatunternehmern gebaut wurde, die das Risiko eingingen und in Erwartung von Profiten arbeiteten, ohne irgendwelche staatliche Unterstützung. Das erste und bestgeplante Eisenbahnnetz des europäischen Kontinents war das belgische, das Anfang der 1830er Jahre entworfen wurde, um das neuentstandene Land von dem auf Holland basierenden (auf dem Wasserverkehr begründeten) Verkehrssystem unabhängig zu machen. Politische Schwierigkeiten und die mangelnde Bereitschaft der *Grande Bourgeoisie,* ihr Geld spekulativ anzulegen, statt es in sichere Investitionen zu stecken, schoben den Bau des 1833 von der Kammer beschlossenen französischen Eisenbahnnetzes hinaus. Mangel an Mitteln hinderte die Anlage des Eisenbahnnetzes in Österreich, dessen Bau 1842 vom Staat begonnen wurde, und dasselbe galt für Preußen.

Aus ähnlichen Gründen hingen die kontinentalen Unternehmer weit mehr als die britischen vom Bestehen einer den modernen Bedürfnissen angepaßten Geschäfts-, Handels- und Bankgesetzgebung und eines finanziellen Apparates ab. Die Napoleonische Gesetzgebung mit ihren Garantien der Vertragsfreiheit, der Anerkennung von Wechseln und anderen in der Geschäftswelt üblichen Verträgen, ihren Vorkehrungen für die Bildung von Aktiengesellschaften (wie der *Société Anonyme* und der Kommanditgesellschaft), die sich überall in Europa, mit Ausnahme von Großbritannien und Skandinavien, durchsetzten, wurde das allgemeine Vorbild.

Auch die Methoden der Industriefinanzierung, die den klugen Köpfen der Brüder Pereire, dieser revolutionären jungen Anhänger Saint-Simons, entsprungen waren, wurden überall im Ausland begrüßt. Ihren Triumph erklommen sie erst im allgemeinen *boom* der Ära nach 1850, aber schon in den 1830er Jahren hatte die belgische *Société Générale* begonnen, ähnlich der Idee der Brüder Pereire, als Investitionsbank zu arbeiten, und holländische Finanzleute (denen freilich die meisten Geschäftsleute noch mit Mißtrauen begegneten) nahmen die Ideen Saint-Simons auf. Diese Ideen liefen ihrem Wesen nach darauf hinaus, die vorhandenen Kapitalressourcen des Landes, die der Industrie nicht zugeflossen wären und deren Besitzer auch nicht gewußt hätten, wo sie ihr Geld investieren sollten, durch Banken und Investitionstrusts der industriellen Entwicklung zugänglich zu machen. Nach 1850 erwuchs so, besonders in Deutschland, das Phänomen der Großbanken, die neben ihren anderen Banktätigkeiten als Investoren auftraten, dadurch die Industrie beherrschten und ihre Konzentration beschleunigten.

Die wirtschaftliche Entwicklung dieser Epoche enthält aber ein gigantisches Paradoxon: Frankreich. Es mochte scheinen, daß der Fortschritt in diesem Land schneller wirksam werden sollte als in anderen Ländern. Es besaß, wie erwähnt, Institutionen, die der Entfaltung des Kapitalismus geradezu ideal angepaßt waren; die Fähigkeiten und die Erfindungstalente seiner Unternehmer standen in Europa einzigartig da: Franzosen waren die Erfinder und Bahnbrecher des

Warenhauses und der Reklame. Gestützt auf die Blüte ihrer Wissenschaft, erfanden Franzosen technische Neuerungen auf vielen Gebieten: die Fotografie (Nicephore Nièpce und Daguerre), den Sodaprozeß (Leblanc), die Chlorbleiche (Berthollet), die Galvanisierung. Die französischen Finanzmänner waren die findigsten von allen. Das Land verfügte über große Kapitalreserven, die es, vom Fachwissen seiner Experten geleitet, nach allen anderen Ländern des Kontinents exportierte — sogar nach London für Unternehmungen, wie die *London General Omnibus Company*. Im Jahr 1847 waren etwa 2250 Millionen *franc* im Ausland angelegt worden (21), ein Betrag, der nur den britischen Kapitalexporten nachstand und die Auslandsinvestitionen aller anderen Länder bei weitem überstieg. Paris war ein internationales Zentrum, das gleich nach London kam und das sich in Krisenzeiten, wie etwa 1847, sogar als stärker erwies. Es waren französische Unternehmen, die in den 1840er Jahren in Florenz, Venedig, Padua und Verona Gaswerke gründeten und Lizenzen erhielten, weitere in Spanien, Algerien, Kairo und Alexandrien zu errichten. Französische Unternehmer waren dabei, die Eisenbahnen des europäischen Kontinents, mit Ausnahme der deutschen und der skandinavischen Linien, zu finanzieren.

Trotz alledem war die wirtschaftliche Entwicklung Frankreichs langsamer als die aller anderen Länder. Seine Bevölkerung nahm nur langsam zu, das Wachstum seiner Städte hielt sich — außer in Paris — in bescheidenen Grenzen, einige Städte wurden während der dreißiger Jahre sogar kleiner.

Gewiß war Frankreichs industrielle Macht gegen Ende der vierziger Jahre größer als die jedes anderen kontinentalen europäischen Landes (es verbrauchte ebensoviel Dampfkraft wie der ganze übrige Kontinent), aber seine Entwicklung

blieb hinter der Großbritanniens zurück und würde auch bald
der deutschen nachhinken. Trotz all seiner Vorteile und seinem frühen Start wurde Frankreich in der Tat nie zu einer
industriellen Großmacht, die sich mit Großbritannien,
Deutschland oder den USA hätte vergleichen können.
Dieser Widerspruch ergab sich, wie wir sahen (s. Kap. 3), aus
der Französischen Revolution, die mit der Hand Robespierres viel von dem zurücknahm, was sie mit der der Konsti-
tuierenden Versammlung geschenkt hatte. Die kapitalistische
Wirtschaft bildete in Frankreich einen Überbau, der auf dem
Fundament einer unbeweglichen Bauernschaft und Klein-
bourgeoisie stand. Wenige Landarbeiter gingen in die Städte.
Die standardisierten, billigen Produkte, auf deren Erzeugung
die fortschrittliche Industrie anderer Länder beruhte, fanden
in Frankreich keinen großen, ausweitbaren Markt. Es gab
eine große Kapitalbildung, doch dieses Kapital wurde nicht
in den nationalen Industrien angelegt (22). Der umsichtige
französische Unternehmer widmete sich der Produktion von
Luxusartikeln und nicht der Erzeugung von Massenkonsumgütern; der einsichtige Finanzier förderte ausländische Industrien eher als einheimische. Privates Unternehmertum
verträgt sich mit wirtschaftlichem Fortschritt nur, wenn dieser Fortschritt den Unternehmern größere Profite einbringt
als die traditionellen Wirtschaftszweige.
In Frankreich aber gingen Profit und Industrialisierung nicht
zusammen, obgleich diese Tatsache Frankreich zur Quelle
des wirtschaftlichen Fortschritts anderer Länder machte, zum
Beispiel durch seine Auslandsinvestitionen.
Am Gegenpol standen die USA. Das Land litt unter Kapital-
mangel, war aber bereit, Kapital in großen Mengen zu importieren — und Großbritannien wiederum war bereit, es zu
exportieren. Es litt unter einem großen Mangel an Arbeits-

kräften, aber die Britischen Inseln und Deutschland exportierten ihren Bevölkerungsüberschuß, und nach der Hungerperiode der 1840er Jahre wuchs der Einwandererstrom in die USA auf Millionen an. Qualifizierte Arbeiter aller Art fehlten, aber auch diese — Baumwollarbeiter aus Lancashire, Bergwerks- und Eisenarbeiter aus Wales — konnten aus dem schon industrialisierten Sektor der Welt bezogen werden, und die charakteristische Fertigkeit der Amerikaner, arbeitssparende und vor allem arbeitsvereinfachende Maschinen zu erfinden, war schon voll entfaltet. Was den USA fehlte, waren nur Siedler und Transportmittel, um seine anscheinend unbegrenzten Territorien und Reichtümer zu erschließen. Allein der Prozeß der inneren Expansion genügte für das so gut wie unbeschränkte Wachstum seiner Wirtschaft, obwohl amerikanische Siedler, Regierungen, Händler und Missionare bereits über den Kontinent zum Pazifischen Ozean drängten und ihren Handel mit der dynamischsten und zweitgrößten Flotte der Welt über die Ozeane trugen — von Sansibar bis Hawaii. Schon damals waren die pazifischen und karibischen Räume zu den bevorzugten Gebieten imperialer Expansion geworden.

Alle Institutionen der neuen Republik förderten die Akkumulation, den Geschäftsgeist, das private Unternehmertum. Massen neuer Einwanderer, die sich in den Küstenstädten und den neu erschlossenen Inlandstaaten ansiedelten, brauchten dieselben standardisierten Güter für den eigenen Konsum, für den Haushalt, für die Farmen sowie für die Fabriken und bildeten so einen idealen homogenen Markt. Aus Erfindungen und Unternehmen flossen große Gewinne, und davon profitierten die Erfinder des Dampfschiffes (1807 bis 1813), des bescheidenen Reißnagels (1807), der Fräsmaschine (1809), des künstlichen Gebisses (1822), des isolierten Drahtes (1827—1831), des Revolvers (1835), der ersten Schreib- und Nähmaschinen (1843—1846), der Rotationsdruckpresse (1846) und einer Menge von landwirtschaftlichen Maschinen. Keine Wirtschaft entfaltete sich damals so schnell wie die amerikanische, die aber erst nach 1860 auf volle Touren kam.

Es gab nur ein Hindernis auf dem Weg der Verwandlung der Vereinigten Staaten in die ökonomische Weltmacht, zu der sie bald wurden: den Konflikt zwischen dem Norden der Industrien und Farmer und dem halbkolonialen Süden. Während der Norden als unabhängige Wirtschaft aus dem Kapital der Arbeitskraft und der Kenntnisse Europas — vor allem Großbritanniens — Nutzen zog, war der Süden, der nur wenige dieser Mittel einführte, von Großbritannien sehr stark abhängig. Es war dem Süden gelungen, mit seinen Baumwollplantagen zum fast alleinigen Lieferanten der mit voller Kraft laufenden Fabriken von Lancashire zu werden, und dieser Erfolg verewigte seine Abhängigkeit, die mit jener verglichen werden konnte, die sich für Australien aus seiner Wolle und für Argentinien aus seiner Fleischproduktion ergeben würde. Der Süden trat für den Freihandel ein, der es ihm ermöglichte, an England zu verkaufen und von dort billige Waren einzuführen. Der Norden war seit 1816 protektionistisch: Er verteidigte den einheimischen Industriellen gegen den Ausländer, das heißt den Briten, der damals billiger produzierte. Norden und Süden konkurrierten um die Gebiete des Westens — der Norden, um seine Mähmaschinen einzuführen und seine Schlachthäuser zu errichten, der Süden, um die weiten Gebiete mit den ärmlich lebenden, rückständigen Hügelbewohnern zu kolonisieren und Sklavenplantagen anzulegen. Bis zum Bau der transkontinentalen Eisenbahn befand sich der Süden im Vorteil, denn er beherrschte ja das Mississippidelta (und auf dem Mississippi wurden fast alle Exporterzeugnisse des Westens befördert). Das Schicksal Amerikas wurde erst im Bürgerkrieg von 1861—1865 durch den Sieg des Nordens entschieden: Die Vereinigten Staaten waren damit unter dem Zeichen des nördlichen Kapitalismus geeint.

Der andere Riese der künftigen Weltwirtschaft, Rußland, spielte ökonomisch noch keine Rolle — obgleich der in die Zukunft blickende Betrachter bereits damals voraussagen konnte, daß sein gewaltiger Raum, seine große Bevölkerung und seine Ressourcen früher oder später in ihre Rechte kommen würden. Die von den Zaren des 18. Jahrhunderts geschaffenen Bergwerke und Manufakturen, an deren Spitze Gutsbesitzer oder feudale Händler gestellt und die mit Leibeigenen als Arbeitern versorgt wurden, befanden sich in langsamem Verfall. Die neuen Industrien — Heimindustrien und kleine Textilfabriken — begannen sich erst nach 1860 merkbar zu entwickeln. Sogar der Getreideexport nach dem Westen aus den fruchtbaren Schwarzerdgebieten der Ukraine wuchs nur langsam. Russisch-Polen war weiter fortgeschritten, aber die Zeit größerer Umwandlungen ganz Osteuropas — von Skandinavien im Norden bis zur Balkanhalbinsel im Süden — war noch nicht gekommen. Dasselbe galt von Süditalien und Spanien, mit Ausnahme kleiner Teile Kataloniens und des Baskenlandes. Sogar in Norditalien zeigten sich die weit bemerkenswerteren wirtschaftlichen Veränderungen mehr in der Landwirtschaft (die dort immer Kapitalinvestitionen und privates Unternehmertum anzog), der Schiffahrt und im Handel als in den Industrien, deren Entwicklung in ganz Südeuropa durch den Mangel der damals einzig wichtigen industriellen Energiequelle, der Kohle, gehemmt wurde.

So jagte ein Teil der Welt vorwärts zur industriellen Macht, während ein anderer Teil hinterherhinkte, und beide Phänomene waren eng miteinander verbunden: Wirtschaftliche Trägheit, Stillstand und sogar Rückschritt der einen ergaben sich aus dem Fortschritt der anderen. Denn wie hätten die verhältnismäßig rückständigen Wirtschaftsgebiete der Stoßkraft, manchmal der Anziehungskraft der neuen Zentren des Reichtums, der Industrie und des Handels widerstehen können? Die Briten und einige andere europäische Länder konnten leicht alle ihre Konkurrenten unterbieten. Sie waren die Industriezentren der Welt, und nichts schien »natürlicher«, als daß die zurückgebliebenen Gebiete Nahrungsmittel und vielleicht auch Mineralien erzeugen und sie gegen britische und andere westeuropäische Industriegüter eintauschen sollten! »Eure Kohle ist die Sonne«, rief Richard Cobden den Italienern zu (23). Den Ländern, in denen die Macht in den Händen von Großgrundbesitzern oder sogar fortschrittlichen Farmern lag, war ein solcher Austausch willkommen. Kubanische Plantagenbesitzer waren durchaus einverstanden, ihr Geld mit der Zuckererzeugung zu verdienen und ausländische Waren einzuführen, deren Import es den Ausländern gestattete, Zucker zu kaufen. Anders stand es dort, wo die einheimischen Industriellen stark genug waren, um die Politik ihrer Länder beeinflussen zu können, oder dort, wo die Regierungen die Vorteile einer vielseitigen wirtschaftlichen Entwicklung oder auch nur die Nachteile der wirtschaftlichen Abhängigkeit erkannten.

Der deutsche Ökonom Friedrich List, der seine Argumente, wie es bei den Deutschen üblich war, in philosophische Abstraktionen kleidete, verwarf eine internationale Wirtschaftsordnung, aus der sich die Konzentration aller industriellen Macht in Großbritannien ergab, und forderte Schutzzölle.

Und dasselbe taten, wie wir sahen, auch die Amerikaner, doch ohne alle philosophische Verkleidung.

Eine Wahl zwischen Freihandel und Protektionismus stand aber nur vor unabhängigen Gesellschaften, die stark genug waren, die ihnen von dem kleinen, hochentwickelten Sektor der Welt zugeschriebene Rolle anzunehmen oder abzulehnen. Abhängige Gebiete, Kolonien konnten solche Entscheidungen nicht treffen. Indien befand sich, wie schon erwähnt, inmitten einer Desindustrialisierung, und Ägypten lieferte ein weiteres Beispiel für einen solchen Prozeß. Mehmed Ali hatte begonnen, das von ihm beherrschte Ägypten systematisch zu modernisieren, es auch in ein Industrieland zu verwandeln. Ab 1831 förderte er nicht nur den Anbau von Baumwolle für den Weltmarkt, sondern auch die Entwicklung einer Industrie, in die er 1838 ein so beträchtliches Kapital wie zwölf Millionen englischer Pfund investiert hatte und die etwa dreißig- bis vierzigtausend Arbeiter beschäftigte. Niemand kann wissen, was geschehen wäre, wenn man Ägypten sich selbst überlassen hätte. Durch die englisch-türkische Konvention von 1838 wurden dem Land aber ausländische Kaufleute aufgezwungen, deren Zulassung das von Mehmed Ali errichtete Außenhandelsmonopol untergrub. Als Folge dieses Sieges der westlichen Mächte (1839/40) aber war Mehmed Ali gezwungen, seine Armee zu reduzieren, wodurch eines der entscheidenden Motive für seine Industrialisierungsbestrebungen wegfiel (24).

Es war dies weder das erste noch das letzte Mal, daß westliche Kanonenboote ein Land für den Handel, das heißt für die überlegene Konkurrenz des industrialisierten Teiles der Welt, öffneten. Gegen Ende des Jahrhunderts war Ägypten ein britisches Protektorat, und niemand hätte damals glauben können, daß es nur fünf Jahrzehnte vorher zum größten

Ärger eines Richard Cobden (25) das erste nicht-westliche Land gewesen war, das den modernen Weg zur Überwindung der Rückständigkeit beschritten hatte.

Diese Spaltung der Welt in »entwickelte« und »unterentwickelte« Länder erwies sich als die bedeutungsschwerste und dauerhafteste Folge der Epoche der Doppelrevolution. Im großen und ganzen konnte man schon 1848 erkennen, welche Länder zur ersten Kategorie gehören würden: Westeuropa (mit Ausnahme der Iberischen Halbinsel), Deutschland, Norditalien und Teile Mitteleuropas, Skandinavien, die Vereinigten Staaten und vielleicht auch die von den englischsprechenden Auswanderern besiedelten Kolonien.

Ebenso klar war, daß die übrige Welt — abgesehen von einigen Teilgebieten — zurückblieb oder sich unter dem ökonomischen Druck westlicher Importe und Exporte oder dem militärischen Druck westlicher Kriegsschiffe und bewaffneter Expeditionen in »Wirtschaftskolonien« des Westens verwandeln würde. Bis die Russen in den 1930er Jahren die Methode entwickelten, um den Abgrund zwischen den »fortgeschrittenen« und den »rückständigen« Ländern zu überspringen, blieb dieser Abgrund zwischen der Minderheit und der Mehrheit der Weltbewohner unüberbrückbar und vertiefte sich sogar. Dieser Tatbestand ist für die Geschichte des 20. Jahrhunderts entscheidend geworden.

10

»*La carrière ouverte au talent*«

Ich ging einmal mit einem solchen Bourgeois nach Manchester hinein und sprach mit ihm von der schlechten und ungesunden Bauart, von dem scheußlichen Zustand der Arbeiterviertel und erklärte, nie eine so schlecht gebaute Stadt gesehen zu haben. Der Mann hörte das alles ruhig an, und an der Ecke, wo er mich verließ, sagte er: »And yet, there is a great deal of money made here — und doch wird hier enorm viel Geld verdient — Guten Morgen, mein Herr!«

FRIEDRICH ENGELS,
Die Lage der arbeitenden Klasse in England (1)

L'habitude prévalut parmi les nouveaux financiers de faire publier dans les journaux le menu des diners et les noms des convives.

M. CAPEFIGUE (2)

ES IST NICHT SCHWER, die offiziellen Institutionen zu erkennen, die eine Revolution hervorbringt oder zerstört, aber die Größe der Auswirkungen kann von diesem Wechsel nicht abgelesen werden. Das Hauptergebnis der Französischen Revolution war die Abschaffung der aristokratischen Gesellschaftsordnung. Die »Aristokratie« im Sinn einer Stufenleiter von Titeln oder anderen äußeren Kennzeichen der Exklusivität blieb allerdings weiterbestehen und nahm sich den alten Geburtsadel zum Vorbild. Auch Gesellschaften, die auf dem Grundsatz der Karriere des einzelnen gründen, heißen klar erkennbare und feststehende Zeichen des Erfolges willkommen. Napoleon schuf sogar eine Art von offiziellem

Adel, der sich nach 1815 den überlebenden vorrevolutionären
Aristokraten zugesellte. Überhaupt war das Ende der aristokratischen Gesellschaft nicht mit dem Schwinden des aristokratischen Einflusses identisch. Aufstrebende Gesellschaftsklassen neigen dazu, ihren Reichtum und ihre Macht in Symbolen von Komfort, Luxus und Prunk auszudrücken, die
von den vorher herrschenden Schichten geprägt wurden. Die
Frauen der reichgewordenen Tuchfabrikanten aus Cheshire
wurden zu *Ladies,* die ihre gesellschaftliche Erziehung aus
den Handbüchern der Etikette und des feinen Lebensstils
bezogen, die nach 1848 reißenden Absatz fanden. Nachnapoleonische Kriegsgewinnler lechzten nach Barontiteln.
In Frankreich waren die bürgerlichen Salons voll von »Samt,
Gold, Spiegeln und schlecht kopierten Louis XV-Möbeln . . .
Englische Stile für Dienstboten und Pferde — aber ohne den
aristokratischen Geist«. Welch ein Stolz klingt aus der Äußerung eines weiß Gott von wo emporgekommenen Bankiers:
»Wenn ich im Theater in meiner Loge erscheine, richten sich
alle Lorgnons auf mich, und ich werde mit einer geradezu
königlichen Ovation begrüßt (3).« Eine so zutiefst von Adel
und Hof geprägte Kultur wie die französische konnte deren
Merkmale nicht verlieren. Das große Interesse der Prosa-
literatur an subtilen psychologischen Analysen, das auf die
aristokratischen Schriftsteller des 17. Jahrhunderts zurückgeht, oder die im 18. Jahrhundert festgelegten Formen der
geschlechtlichen Beziehungen mit den offen verkündeten
Liebhabern und Mätressen, wurden zum integrierenden Bestandteil der Kultur des Pariser Bourgeois. Früher hatten
die Könige Mätressen, nun gehörten sie zur standesgemäßen
Lebensführung des erfolgreichen Börsenmaklers. Reich für
ihre Gunstbezeigungen entlohnte Kurtisanen waren die Zeichen des Erfolges von Bankiers, die sie sich leisten konnten,

oder auch von jungen Männern aus gutem Hause, die auf diese Weise das väterliche Vermögen verschleuderten. Ja, man konnte sogar behaupten, daß die Französische Revolution in gewissem Sinn dazu beitrug, aristokratische Züge der französischen Kultur in erstaunlich reiner Form zu erhalten, ebenso wie die russische Revolution das klassische Ballett und jene für das Bürgertum des 19. Jahrhunderts so typische Einstellung zur »guten Literatur« konserviert hat. All diese Elemente der Vergangenheit wurden als wertvolles Erbe übernommen, der neuen Gesellschaft angepaßt und dadurch gegen die normale Erosion der geschichtlichen Entwicklung geschützt.

Und doch war das Ancien régime tot, obschon die Fischer von Brest die Choleraepidemie des Jahres 1832 als göttliche Strafe für die Absetzung des legitimen Königs ansahen. Die republikanische Gesinnung verbreitete sich nur langsam jenseits des jakobinischen Gebietes im Süden und einiger seit langem dechristianisierter Landesteile, aber in der ersten wirklich allgemeinen Volkswahl im Mai 1848 zeigte es sich, daß der Legitimismus bereits auf die westlichen Gebiete und die ärmeren Departements Mittelfrankreichs beschränkt war. Die politische Geographie des agrarischen Frankreich von heute war in großen Zügen schon erkennbar. Die Restauration der Bourbonen bedeutete keine Restauration des Ancien régime; als Karl X. dies versuchte, wurde er vertrieben. Die Gesellschaft der Restaurationsepoche war durch die typischen Kapitalisten Balzacs, Karrieristen, wie Julien Sorel im Werk Stendhals, und nicht durch die aus der Emigration heimgekehrten Herzöge gekennzeichnet. Eine geologische Epoche scheidet sie vom »süßen Leben« der 1780er Jahre, auf das Talleyrand zurückblickte. Balzacs Rastignac ist Maupassants *Bel-Ami* oder sogar dem typischen Sammy

Glück des Hollywood der 1940er Jahre weit ähnlicher als dem Figaro, diesem nicht-aristokratischen Helden der vor-revolutionären Zeit. Mit einem Wort: Die Gesellschaft des nachrevolutionären Frankreich war durch und durch bourgeois — sie war es in ihrer Struktur und in ihren Werten. Es war eine Gesellschaft des »Parvenu«, also des aus eigener Kraft emporgekommenen Mannes, was in den Perioden voll-ständig klarwerden konnte, in denen das Land selbst von Parvenus, das heißt von Republikanern oder Bonapartisten regiert wurde. Eine Gesellschaft, in der die Hälfte des Adels aus Familien der alten Aristokratie stammte, wie es im Frankreich der 1840er Jahre der Fall war, mag uns weniger revolutionär erscheinen, aber dem Bürger jener Zeit erschien es weit bedeutungsvoller, daß die andere Hälfte ihre Titel erst nach der Revolution erhalten hatte — besonders wenn er seinen Adel mit den weitaus exklusiveren Hierarchien des übrigen Kontinentaleuropa verglich. »Wenn gute Ameri-kaner sterben, kommen sie nach Paris.« Dieser Witz bezieht sich auf das Wesen der Stadt seit der Revolution, obgleich Paris erst unter dem Zweiten Kaiserreich zum wirklichen Paradies der Parvenus wurde. London, erst gar Wien, Sankt Petersburg oder Berlin waren Hauptstädte, in denen Geld nicht schlechthin alles kaufen konnte. In Paris aber gab es wenig Kaufenswertes, das für Geld nicht zu haben gewesen wäre.

Die Vorherrschaft der Bourgeoisie innerhalb der Gesellschaft jener Periode war kein auf Frankreich beschränktes Phäno-men. Wenn wir aber von der Demokratie der Vereinigten Staaten von Amerika absehen, war sie in Frankreich sicht-barer und auch offiziell anerkannt, obschon der wirkliche Einfluß der Bourgeoisie in Großbritannien oder den Nieder-landen keinesfalls geringer war. In England kochten die

großen Küchenchefs noch immer für Adelige, wie Carême,
der Koch des Herzogs von Wellington, der früher in Diensten Talleyrands gestanden hatte, oder für die Klubs der
Oligarchie, wie Alexis Soyer, der Koch des *Reform Club*.
In Frankreich waren bereits teuere öffentliche Restaurants
eingeführt, die von den Köchen des Adels betrieben wurden,
die während der Revolution ihre Stellungen verloren hatten.
Der Wandel einer Welt zeigt sich auf der Titelseite eines
klassischen Lehrbuchs der französischen Kochkunst, wo es
heißt: »Von A. Beauvilliers, ehemaliger Bediensteter von
MONSIEUR, dem Grafen von Provence . . . derzeit Re-
staurateur, rue de Richelieu Nummer 26, La Grande Taverne
de Londres (4).« Der *Gourmand* (Feinschmecker), eine neue
Spezies, die während der Restaurationsperiode erfunden
wurde und sich mit Hilfe von Brillat-Savarins *Almanach
des Gourmands* von 1817 fortpflanzte, ging bereits in das
Café Anglais oder in das *Café de Paris* zum Diner.
In Großbritannien war die Presse immer noch ein Mittel
der Belehrung, der Schmähung oder des politischen Drucks.
In Frankreich gründete Emile Girardin 1836 die moderne
Zeitung *La Presse,* die billig war, Politik mit Geschäft verband, auf große Einnahmen aus dem Anzeigenwesen angewiesen war und die Leser mit Klatsch, Feuilleton und anderen Mitteln anlockte (5). Die bahnbrechende Rolle der Franzosen auf diesem Gebiet zeigt sich in Wörtern wie »Journalismus«, »Boulevardpresse«, »Reklame« oder »Annonce«. Die
Mode, das Warenhaus, das Schaufenster, das Balzac besang (6), waren französische Erfindungen, Produkte der
1820er Jahre.
Die Revolution machte das Theater, diese dem Talent gebotene freie Bahn, gesellschaftsfähig, als der soziale Status des
Schauspielers in England noch nicht höher war als der eines

Boxers oder Jockeis. In Maison Lafitte, einem Pariser Vor-
ort, der nach einem Bankier benannt wurde, welcher ihn in
Mode brachte, lebten Lablache, Talma und andere Theater-
leute in unmittelbarer Nähe des Prachthauses des Fürsten
de la Moskowa.

Die Auswirkung der industriellen Revolution auf die Struktur der bürgerlichen Gesellschaft schien äußerlich weniger
drastisch, ging aber in Wirklichkeit tiefer. Denn aus ihr entstanden neue Gruppen von Bourgeois, die mit und neben der
offiziellen Gesellschaft lebten. Diese Schichten waren so groß,
daß nur ihre Spitzen assimiliert werden konnten, und so
selbstbewußt und dynamisch, daß sie eine Assimilation ab-
lehnten. Um 1820 nahm das noch nicht reformierte, von den
großen Peers und ihren Angehörigen beherrschte Parlament
in Westminster noch kaum Notiz von den großen Armeen
solider Geschäftsleute. Auch die Hyde-Park-Gesellschaft
nahm sie kaum zur Kenntnis. Hier herrschten so gänzlich
unpuritanische *Ladies,* wie eine Harriet Wilson, um deren
Vierspänner sich stürmische Verehrer aus dem Offiziers-
corps, der Diplomatie und des Adels drängten, einschließlich
des »Eisernen« und so unbourgeoisen Herzogs von Wellington.
Im 18. Jahrhundert hatte es noch nicht so viele Kaufleute,
Bankiers und sogar Industrielle gegeben, und darum war es
für die offizielle Gesellschaft leicht gewesen, sie zu assimi-
lieren. Die erste Generation der Baumwollmillionäre, mit
Sir Robert Peel an der Spitze, der seinen Sohn dazu erzog,
einmal Premierminister zu werden, waren treue, wenn auch
gemäßigte Tories. Aber in den regenreichen, vom eisernen
Pflug der industriellen Revolution durchfurchten Gegenden
Nordenglands erwuchsen Armeen neuer nüchterner Geschäftsleute. Manchester lehnte es jedoch ab, sich an London anzu-
gleichen. Unter dem Schlachtruf »Was Manchester heute

denkt, wird London morgen denken!« ging es an die Eroberung der Hauptstadt.

Die Kraft der neuen provinziellen Kapitalisten war um so
größer, als sie sich immer bewußter als eine Klasse fühlte,
statt einen »Mittelstand« darzustellen, der die Kluft zwischen den oberen und den unteren Ständen auszufüllen hatte.
Der Begriff *middle class* (bürgerliche Klasse) taucht gegen
1812 auf. Um 1834 beschwert John Stuart Mill sich schon
darüber, daß die öffentliche Diskussion sich »in dem ewigen
Kreis von Grundbesitzern, Kapitalisten und Arbeitern dreh-
te, als meinten sie, Gott hätte eine Gesellschaft aus diesen
drei Klassen geschaffen« (7).

Diese neuen Bourgeois bildeten nicht nur eine Klasse, sondern eine kampfbereite Klasse, die anfangs zusammen mit
den arbeitenden Massen *(labouring poor)*, die, wie sie meinten, ihnen immer folgen würden (8), gegen die aristokratische
Gesellschaft Sturm liefen. Später bewiesen sie ihr Klassenbewußtsein im Kampf sowohl gegen die Großgrundbesitzer
als auch gegen die Proletarier, wie ihn die *Anti-Corn-Law
League*, diese so klassenbewußte Organisation führte.

Es waren Leute, die aus eigener Kraft aufgestiegen waren,
self-made men, die sich weder durch ihre Geburt noch durch
ihre Familie oder ihre Bildung auszeichneten, worauf sie oft
und gern (wie Mister Bounderby in Dickens' *Hard Times*)
hinwiesen. Sie waren reich und wurden immer reicher. Sie
hatten das fanatische und dynamische Selbstbewußtsein von
Menschen, die davon überzeugt sind, die göttliche Vorsehung
habe sich mit Wissenschaft und Geschichte verbündet, um
ihnen die Herrschaft über die Erde zu sichern.

Ihre intellektuelle Sicherheit bezogen sie aus der »politischen
Ökonomie«, die, auf einige wenige dogmatische Behauptungen vereinfacht, von *self-made*-Journalisten verkündet wurde,

die die Tugenden des Kapitalismus priesen: Edward Baines (1774—1848) vom *Leeds Mercury*, John Edward Taylor (1791—1844) vom *Manchester Guardian*, Archibald Prentice (1792—1857) von der *Manchester Times*, Samuel Smiles (1812—1904). Ihre seelische Sicherheit und ihre Verachtung für die nutzlosen Aristokraten fußten auf dem harten nonkonformistischen Protestantismus der *Independents*, der Unitarier, Baptisten und Quäker mehr als auf dem emotionellen Methodismus. Ohne jegliches Gefühl von Ärger oder Mitleid sprach ein Arbeitgeber zu seinen Arbeitern:

> Der Gott der Natur hat die Welt nach gerechten Gesetzen eingerichtet, denen niemand zuwiderhandeln darf. Wer es dennoch wagt, wird mit Gewißheit früher oder später die gerechte Strafe empfangen ... Wenn die Herren sich zusammentun, um mit vereinter Macht ihre Knechte besser unterdrücken zu können, beleidigen sie die himmlische Majestät und bringen Gottes Fluch auf sich hernieder. Wenn sich aber andererseits die Arbeiter zusammentun, um ihren Herrn um den Teil des Profites zu erpressen, der ihm Rechtens zusteht, brechen auch sie die Gesetze der Gerechtigkeit (9).

Es gab eine Weltordnung, aber sie war nicht länger die der Vergangenheit. Es gab nur einen Gott — und dessen Name war Dampf, und er sprach durch die Stimme von Malthus, McCulloch und jedes anderen, der Maschinen in Gang setzte. Agnostische Intellektuelle und Autodidakten, die zu Gelehrten und Schriftstellern wurden, traten als Wortführer dieser Klasse auf; aber die meisten Unternehmer waren so stark mit dem Geldverdienen beschäftigt, daß sie sich kaum um Dinge kümmerten, die nicht in direktem Zusammenhang mit ihren Profiten standen. Sie schätzten ihre Intellektuellen, sogar solche, die, wie Richard Cobden (1804—1865), als Geschäftsleute nicht sonderlich erfolgreich waren, solange sie nicht mit zu unpraktischen oder allzu gescheiten Ideen daherkamen; denn sie waren Männer des praktischen Lebens, ohne besondere Bildung, und betrachteten alles mit Mißtrauen, was über ihre unmittelbaren Erfahrungen hinausging. Akademiker, wie Charles Babbage (1792—1871), versuchten vergeblich, sie für die Einführung wissenschaftlicher Methoden zu gewinnen. Sir Henry Cole, ein Bahnbrecher auf Gebieten, wie der industriellen Planung, der technischen Ausbildung und des rationellen Transportwesens, errichtete ihnen (mit der unschätzbaren Hilfe des aus Deutschland stammenden Prinzgemahls) das glanzvollste Denkmal ihrer Bemühungen, die Große Weltausstellung von 1851. Aber er wurde dennoch aus dem öffentlichen Leben gedrängt, da sie ihn für einen Wichtigtuer hielten, der in alles hineinreden wollte und eine Vorliebe für Bürokratie hatte. Denn sie lehnten jegliche Einmischung von seiten der Regierung ab, soweit diese nicht ihren Geschäftsinteressen unmittelbar zugute kam. George Stephenson, dieser Autodidakt, Grubenmechaniker und *self-made man*, beherrschte die neuen Eisenbahnen und zwang ihnen eine Spurweite auf, die aus den Zeiten der Pferdetrambahnen stammte, einfach weil er nie etwas anderes gedacht hatte. Seine Auffassungen siegten über die des weitblickenden und kühnen Ingenieurs Isambard Kingdom Brunel, für den es in dem von Samuel Smiles errichteten Pantheon der Ingenieure keinen Platz gab außer dem abfälligen Urteil: »Am Maßstab praktischer und profitabler Ergebnisse gemessen, waren Leute wie Stephenson weitaus zuverlässigere Führer (10).« Die »philosophischen Radikalen« taten alles, was in ihrer Macht stand, um ein Netz von technologischen Fachschulen *(Mechanics Institutes)* zu errichten. In diesen Schulen sollten Techniker für die neuen,

auf wissenschaftlicher Grundlage gegründeten Industrien
ausgebildet werden, und es sollte nichts von jenen verhäng-
nisvollen Irrlehren erwähnt werden, für die sich die Arbeiter
unglücklicherweise interessierten.   Aber schon um 1848
waren die meisten dieser Schulen am Aussterben. Die Öffentlichkeit weigerte sich anzuerkennen, daß eine technologische
Ausbildung einem Engländer (im Gegensatz zu einem Deutschen oder Franzosen) irgendeinen Nutzen bringen könnte.
Es gab zwar viele intelligente, fortschrittliche und sogar gebildete Industrielle, die sich in die Versammlungen der neu-
gegründeten *British Association for the Advancement of
Science* (Britische Gesellschaft für den Fortschritt der Wissenschaft) drängten, aber es wäre falsch, diese als typische Vertreter ihrer Klasse betrachten zu wollen.
Eine Generation solcher Männer wuchs in den Jahren zwischen der Weltausstellung und der Schlacht bei Trafalgar
heran: Ihre Vorgänger, Kinder des intellektuelleren Whig-
Jahrhunderts, groß geworden inmitten kultivierter und rationalistisch eingestellter Provinzkaufleute und nonkonfor-
mistischer Geistlicher, waren wohl gebildeter gewesen: Josiah Wedgwood, der Töpfer (1730—1795), war ein Mitglied
der *Royal Society*, der Antiquargesellschaft, der *Lunar
Society*, zu der auch Matthew Boulton, dessen Partner James Watt sowie der Chemiker und Revolutionär Priestley gehörten. Thomas Wedgwood experimentierte auf dem Gebiet
der Fotografie, veröffentlichte wissenschaftliche Abhandlungen und unterstützte den Dichter Coleridge.
Der Unternehmer des 18. Jahrhunderts baute seine Fabriken
nach den Entwürfen in den Handbüchern für Architektur
seiner Zeit. Seine späteren Nachfolger waren zwar weniger
kultiviert, aber sie waren verschwenderischer. In den 1840er
Jahren hatten sie genug verdient, um ihr Geld für Pseudo-

palais, für pseudogotische und Pseudo-Renaissance-Rathäuser auszugeben und ihre bescheidenen und sachlichen Kirchen in gotischem Stil umbauen zu lassen. Aber zwischen der Georgianischen und der Viktorianischen Ära lag jenes Zeitalter, das mit Recht als das freudlose bezeichnet wurde. Eine freudlose Zeit sowohl für die Bourgeoisie wie auch für die arbeitenden Klassen, die Charles Dickens in seinem *Hard Times* für immer festgehalten hat.

Ein pietistischer Protestantismus, hart, selbstgerecht, ungeistig, von einer Moral besessen, die unvermeidlicherweise von Scheinheiligkeit begleitet sein mußte, beherrschte diese finstere Periode. »Die Tugend«, sagte G. M. Young, »marschierte auf der ganzen Front unwiderstehlich vor«, und sie zertrat die Untugendhaften, die Schwachen, die Sünder (also alle, die weder Geld verdienten noch bescheiden waren in ihren Gefühlsäußerungen und ihren finanziellen Ausgaben), sie warf sie in den Staub, wohin sie alle Rechtens gehörten und wo sie höchstens auf die Almosen der Tugendhaften rechnen konnten. Diese Unsinnlichkeit hatte einen wirtschaftlich sinnvollen Kern. Kleine Unternehmer mußten sparsam leben und ihre Profite zur Erweiterung ihrer Geschäfte verwenden, um Großunternehmer werden zu können. Die Massen der neuen Proletarier mußten mit Hilfe drakonischer Arbeitsdisziplin dem industriellen Rhythmus der Betriebe angepaßt werden oder verkommen, wenn sie sich nicht anpassen wollten. Und doch krampft sich einem auch heute noch das Herz zusammen, wenn man die soziale Landschaft genauer betrachtet, die jene Generation geschaffen hat:

> In Coketown sah man nur, was wirklich nützlich war. Wenn ein Gläubiger eine Kirche oder eine Kapelle bauen ließ — was Mitglieder von achtzehn verschiedenen Kirchengemeinden getan

haben —, entstand ein frommes Lagerhaus aus roten Ziegeln, auf dessen Dach sich nur in Ausnahmefällen und nur wenn man die Kapelle besonders schmücken wollte, eine Glocke in einer Art Vogelkäfig befand ... Alle Inschriften, in strengen schwarzen Buchstaben auf weißem Grund geschrieben, glichen einander. Das Gefängnis hätte das Krankenhaus, das Krankenhaus das Gefängnis, das Rathaus hätte Gefängnis oder Krankenhaus oder auch etwas ganz anderes sein können, denn alles verkehrte sich in das Gegenteil durch die Begnadetheit ihrer Bauweise. Kalte, nackte Tatsachen in jedem kleinsten Winkel der Stadt, kalte nackte Tatsachen auch in ihren Seelen ... Alles war nackte Tatsache — zwischen dem Aufenthalt im Krankenhaus und dem Letzten Aufenthalt auf dem Friedhof, und alles, was man nicht in Zahlen ausdrücken konnte, alles, was nicht auf dem billigsten Markt käuflich und auf dem teuersten Markt zu verkaufen war, bestand nicht und sollte auch nie bestehen — jetzt und in alle Ewigkeit — Amen (11).

Aus dieser unheimlichen Hingabe an den bürgerlichen Glauben der Nützlichkeit (Utilitarismus), die die Protestanten und die Puritaner mit den im 18. Jahrhundert wurzelnden agnostischen »philosophischen Radikalen« gemein hatten, die diese Haltung in logische Formulierungen brachten, erwuchs die sachliche Schönheit der Eisenbahnen, der Brücken und Lagerhäuser zugleich mit dem romantischen Schrecken der raucherfüllten, endlos grauen oder rötlichen Häuserreihen, die von den festungsartigen Fabriken überragt wurden. Sobald sie genug Geld gespart hatte, um wegziehen zu können, lebte die neue Bourgeoisie außerhalb dieser Städte. Sie gab ihre Befehle, verabreichte moralische Erziehung und half mit ihren Spenden den Missionaren, die schwarzhäutigen Heiden der fernen Kontinente zu bekehren. Die Männer dieser Klasse verkörperten das Geld und bewiesen so ihr Recht auf die Weltherrschaft.

Die Frauen, durch den Reichtum ihrer Männer sogar der Möglichkeit beraubt, in der Hausarbeit Befriedigung zu finden, verkörperten die Tugend ihrer Klasse. Sie waren dumm, unpraktisch, ungebildet, unsinnlich, reizlos, eigentumslos und eingesperrt. So waren die Frauen die einzigen Luxusgegenstände, die sich diese Epoche der Sparsamkeit und Selbsthilfe gestattete.

Die britische Manufakturbourgeoisie war das extremste Beispiel ihrer Klasse, aber auf dem ganzen Kontinent konnte man kleinere Gruppen derselben Art finden: katholische in den Textilbezirken des französischen Nordens oder in Katalonien, calvinistische im Elsaß, lutheranische Pietisten im Rheinland, jüdische über ganz Mittel- und Osteuropa verstreut. Kaum irgendwo aber waren sie so hartherzig wie in England, weil sie kaum irgendwo sonst so losgelöst waren von den Traditionen des früheren städtischen Lebens und des Paternalismus. Trotz seines doktrinären Liberalismus war der Franzose Léon Faucher in den 1840er Jahren vom Anblick Manchesters peinlich berührt, und so ging es fast allen Besuchern vom europäischen Kontinent (12). Aber sie teilten mit den Briten das gleiche Vertrauen, das auf dem ständigen Anstieg ihres Wohlstandes beruhte (die Mitgift der Töchter der Familie Dansette in Lille stieg zwischen den Jahren 1830 und 1856 von 15 000 auf 50 000 *francs* [13]), sie teilten den Glauben an den wirtschaftlichen Liberalismus und die Ablehnung gegen alle nicht einträglichen Beschäftigungen. Die Dynastien der Spinnereiherren von Lille verachteten bis zum Ersten Weltkrieg die militärische Laufbahn. Die Dollfus aus Mühlhausen rieten dem jungen Fréderic Engel davon ab, auf die berühmte *École Polytechnique* zu gehen, weil sie meinten, er würde sich dann eher der militärischen Laufbahn als dem Geschäft widmen. Die Aristokraten mit ihren Stammbäumen beeindruckten sie nicht sonderlich: Wie die Marschälle Napoleons waren sie selbst die Vorfahren künftiger Geschlechter.

Das entscheidende Ergebnis der beiden Revolutionen lief darauf hinaus, dem Talent freie Bahn zu schaffen — und wenn auch nicht immer dem Talent, so doch der Tüchtigkeit, dem Scharfsinn, der harten Arbeit, der Habgier. Gewiß, nicht alle Karrieren standen offen und — mit Ausnahme der Vereinigten Staaten — nicht immer die höchsten Ränge. Und doch — wie gewaltig waren die Möglichkeiten, wie fern war das statische, hierarchische Ideal der Vergangenheit! Ein Kabinettsrat von Schele im Königreich Hannover, der die Bewerbung eines armen jungen Anwalts um einen Regierungsposten ablehnte, weil dessen Vater Buchbinder war und der Sohn seiner Meinung nach bei den Leisten des väterlichen Handwerks hätte bleiben sollen, erschien nun als eine bösartige und zugleich lächerliche Figur (14). Aber er hatte nichts anderes getan, als der angestammten Spruchweisheit der vorkapitalistischen Gesellschaft zu folgen, und im Jahr 1750 wäre der Sohn eines Buchbinders vermutlich auch wieder Buchbinder geworden. Jetzt hatte sich das geändert. Vier Wege lagen vor ihm: das Geschäftsleben und die höhere Bildung, die ihn wiederum zu drei Zielen — Regierungsanstellung, Politik und freier Beruf — führen konnte, die Künste und die Armee. Die Armee, der während der revolutionären und der Napoleonischen Epoche große Bedeutung zugekommen war, bot während der nun folgenden langen Friedensjahrzehnte weniger Chancen und übte auch weniger Anziehung aus. Die Künste waren schon immer ein Weg zum Erfolg gewesen. Neu war nur, daß ein außergewöhnliches Talent, das das Publikum unterhielt oder rührte, nunmehr einen weit höheren Lohn erwarten konnte als je zuvor. Das zeigte sich in dem steigenden sozialen Ansehen des Theaters, das schließlich im England des frühen 20. Jahrhunderts die Phänomene des geadelten Schauspielers und der Heirat des Adeligen mit der Tänzerin hervorbringen würde. Schon in der nachnapoleonischen Zeit gab es Sängerinnen und Tänzerinnen (wie Jenny Lind, die »schwedische Nachtigall«, oder Fanny Elßler), die zu öffentlichen Idolen wurden, oder vergötterte Musiker, wie Paganini und Franz Liszt.

Die Wege des Geschäftslebens und der Bildung standen nicht allen offen. Es genügte nicht, sich von der Herrschaft der Traditionen befreit zu haben oder zu meinen, daß diese Wege auch für den Menschen der untersten Schichten offenstanden, und vom Willen beseelt zu sein, »etwas Besseres zu werden«. Ein Wegzoll mußte entrichtet werden: Ohne ein Ausgangskapital war es schwer, die Reise mit Aussicht auf Erfolg anzutreten. Der Zoll war auf dem Weg der Bildung zweifellos höher als auf dem des Geschäftslebens, denn auch in Ländern mit staatlichen Schulen war das Grundschulsystem unzureichend, und der Unterricht in den Volksschulen beschränkte sich aus politischen Gründen auf ein Mindestmaß: Die Kinder lernten lesen, schreiben, rechnen und gehorchen. Wenn man es von dieser Seite betrachtet, erscheint es auf den ersten Blick merkwürdig, daß der Weg der Bildung mehr Menschen anzog als der des Geschäfts.

Das lag vermutlich daran, daß er eine weit geringere Wandlung der menschlichen Gewohnheiten und Lebensführung voraussetzte. Der höhere Unterricht — wenn auch nur in der Form der Ausbildung zum Geistlichen — hatte seinen anerkannten Platz innerhalb der traditionellen Gesellschaft, einen höheren Rang sogar als in der vollentwickelten bürgerlichen. Einen Priester, Pastor oder Rabbiner in der Familie zu haben, gehörte wohl zu den höchsten Ehren, die ein armer Mensch erstreben konnte, und sie waren es wert, größte Opfer zu bringen.

Diese soziale Hochschätzung konnte nun, da solche Karrieren offenstanden, auf den weltlichen Intellektuellen, den Beamten oder Lehrer oder gar den Anwalt und Doktor übertragen werden. Außerdem war die intellektuelle Tätigkeit nicht so antisozial, wie die geschäftliche es offenbar zu sein schien. Der gebildete Mann würde sich nicht automatisch gegen seinesgleichen wenden, um aus ihm Nutzen zu ziehen, wie es die unverschämten und egoistischen Händler oder Arbeitgeber taten. Oft, besonders als Lehrer, würde er sogar seinen Mitmenschen dazu verhelfen, jener Unwissenheit und Finsternis zu entkommen, in der ihr Elend wurzelte. Ein allgemeiner Bildungshunger konnte leichter geschaffen werden als ein allgemeiner Hunger nach Geschäftserfolg, und akademisches Wissen mochte auch leichter erworben werden als die merkwürdigen Künste der Geldmacherei.

So kam es, daß Gesellschaften, bestehend aus Kleinbauern, Kleinhändlern und Proletariern, wie etwa in Wales, danach strebten, ihre Söhne Lehrer oder Pfarrer werden zu lassen, und gleichzeitig einen bitteren Haß und eine tiefe Abneigung gegen jeden Reichtum entwickelten.

Doch bis zu einem gewissen Grad war auch das Bildungswesen den Regeln des freien Wettbewerbs unterworfen. Die »dem Talent offene Laufbahn« mit dem Triumph des Verdienstes über Geburt und gute Beziehungen enthielt auch die Elemente der Konkurrenz genauso wie das Geschäftsleben, und zwar in der Form der Auslese durch Examen. Wie auf den meisten Gebieten, so gab auch hier die Französische Revolution diesem Element den logischsten Ausdruck: Sie führte die parallelen Rangordnungen von Prüfungen ein, die aufeinanderfolgen, um so aus der Gesamtheit der Bewerber die intellektuelle Elite auszulesen, die das Volk regieren und lehren sollte. Stipendien und Prüfungen mit dem Ziel der Auslese waren auch das Ideal der philosophischen Radikalen Benthams, dieser Schule englischer Denker, die sich am klarsten ihres bourgeoisen Wesens bewußt waren. Ihnen gelang es schließlich — wenn auch erst nach Abschluß unserer Periode —, dieses System für die Auswahl der höheren britischen Beamten gegen den heftigen Widerstand der Aristokratie durchzusetzen. Auswahl auf Grund von Verdiensten wurde zur Richtschnur für alle europäischen Beamtenschaften aus den archaischen (wie der päpstlichen oder des britischen Auswärtigen Dienstes) oder der demokratischen, die (wie in den USA) die Wahl als besseres Zeichen der Tauglichkeit für öffentliche Ämter ansahen als die Prüfung. Denn gleich anderen Formen individueller Konkurrenz war das System der Prüfung zwar liberal, aber nicht demokratisch.

Die Eröffnung des Bildungsweges für das Talent führte so zu einem Widerspruch: Das Resultat war nicht die »offene Gesellschaft« des freien Wettbewerbs, sondern die »geschlossene Gesellschaft« der Bürokratie. Beide waren — jede auf ihre Art — charakteristische Institutionen der bürgerlich-liberalen Ära. Das Ethos der höheren Beamtenschaft des 19. Jahrhunderts war grundlegend von der Aufklärung des 18. Jahrhunderts bestimmt. Es war freimaurerisch und »josephinisch« in Mittel- und Osteuropa, napoleonisch in Frankreich, liberal und antiklerikal in anderen lateinischen Ländern, benthamitisch in Großbritannien. Wenn ein Mann mit Verdiensten einmal in die Beamtenschaft gelangt war, trat die automatische Beförderung an die Stelle des freien Wettbewerbs, obwohl die Geschwindigkeit der Beförderung und die Höhe der Stellung, in die er gelangen konnte, theoretisch immer noch von den persönlichen Verdiensten abhingen, außer in den Fällen, wo korporative Gleichmacherei die Beförderung auf Grund des Dienstalters durchgesetzt hatte. Auf den ersten Blick schien die Bürokratie weit vom Ideal der liberalen Gesellschaft entfernt.

Was die höheren Beamten miteinander verband, waren ihre gemeinsame Bildungsgrundlage, ihre nicht-aristokratische Herkunft, ihr Bewußtsein, Auserwählte zu sein, die vorherrschende Atmosphäre der Unbestechlichkeit, Leistungsfähigkeit und Zuverlässigkeit. Sogar das starre System der automatischen Beförderung, das in der durchaus bürgerlichen britischen Marine *ad absurdum* gesteigert wurde, hatte zumindest den Vorteil, daß die typisch aristokratische oder monarchische Günstlingswirtschaft ausgeschlossen war. In Gesellschaften mit langsamer wirtschaftlicher Entwicklung wandten sich die strebsamen Bürger daher der Beamtenkarriere zu (15). Es ist folglich auch kein Zufall, daß in der Frankfurter Nationalversammlung 68% aller Abgeordneten Beamte waren, während lediglich 12% aus den »freien Berufen« und gar nur 2,5% aus der Geschäftswelt kamen (16).

Es war ein Glück für den Karrieristen, daß in der nachnapoleonischen Epoche fast alle Regierungen ihre Beamtenschaft und ihre Tätigkeiten ausdehnten, obwohl diese Ausdehnung nicht genügte, um die steigende Zahl gebildeter Bürger aufnehmen zu können. Zwischen 1830 und 1850 wuchsen die öffentlichen Ausgaben pro Kopf der Bevölkerung in Spanien um 25%, in Frankreich um 40%, in Rußland um 44%, in Belgien um 50%, in Österreich um 70%, in den Vereinigten Staaten um 75% und in den Niederlanden um mehr als 90%. Nur in Großbritannien und seinen Kolonien, in Skandinavien und in einigen rückständigen Ländern erhöhten sich diese Ausgaben in dieser Blütezeit des wirtschaftlichen Liberalismus nicht oder gingen sogar, pro Kopf der Bevölkerung berechnet, zurück (17).

Diese Erhöhung ergab sich einerseits aus dem Anwachsen der bewaffneten Kräfte, dieses Hauptkonsumenten der Steuergelder. Die Armeen waren nach den Napoleonischen Kriegen trotz der Friedenszeiten weit stärker als vorher. Nur Frankreich und Großbritannien hatten im Jahr 1851 Heere, die wesentlich kleiner waren als um 1810, während etwa in Rußland oder in einigen deutschen und italienischen Staaten die Zahl der unter den Waffen stehenden Männer größer war. Diese Erhöhung der Ausgaben war auch eine Folge der Ausweitung alter und des Entstehens neuer Aufgaben der Staaten. Es ist ein elementarer Irrtum (dem die klarsten Vertreter des Kapitalismus, die »philosophischen Radikalen« um Bentham, nicht verfielen), zu glauben, daß Liberalismus und Bürokratie Feinde sein müßten. Der Liberalismus wehrte sich nur gegen eine schlechtfunktionierende Bürokratie, gegen staatliche Einmischung in Angelegenheiten, die besser der Privatinitiative überlassen werden sollten, und gegen zu hohe Besteuerung. Hinter dem vulgär-liberalen Schlagwort vom Nachtwächterstaat verbarg sich die Tatsache, daß der Staat nun weit mächtiger war und sein Tätigkeitsgebiet erweitert hatte. So waren 1848 und auch schon früher moderne, manchmal den Zentralregierungen unterstellte Polizeiapparate entstanden: in Frankreich seit 1798, in Irland seit 1823, in England 1829, in Spanien (die *Guardia Civil*) im Jahr 1844. Außer in Großbritannien entstanden staatliche Unterrichtssysteme. Außerhalb Großbritanniens und der Vereinigten Staaten gab es oder baute man gerade staatliche Eisenbahnnetze, und überall entfaltete sich das staatliche Postwesen parallel zum wachsenden Bedarf der Völker.

Die Bevölkerungsvermehrung legte dem Staat die Verpflichtung auf, das Justizwesen auszubauen, und die Probleme des Städtewachstums erforderten erweiterte Munizipalverwaltungen. Ob es sich bei alldem um alte oder neue öffentliche Aufgaben handelte — sie wurden immer mehr von einer einheitlichen nationalen Beamtenschaft übernommen, deren höchste Ränge in jedem Staat von einem Aufgabenkreis zum anderen versetzt und von der Zentralbehörde befördert wurden. Gewiß konnte eine rational aufgebaute, gutfunktionierende Bürokratie mit einer verhältnismäßig geringen Zahl von Beamten auskommen und auch die mit der Durchführung jeder einzelnen Aufgabe verbundenen Kosten verringern — schon weil die Korruption und die Sinekuren verschwanden, aber die Entstehung eines gewaltigen Regierungsapparates war unvermeidlich. Schon die grundlegenden Aufgaben eines liberalen Staates, etwa die Festsetzung und Eintreibung der Steuern oder die Erhaltung einer gesamtnationalen Dorfgendarmerie, übertrafen alles, was sich die vorrevolutionären absoluten Herrscher hätten träumen lassen. So mußte sich der Bürger des liberalen Staates mit einer weit höheren Steuerlast und manchmal auch mit einer gestaffelten Einkommensteuer abfinden (18). Im Jahr 1840 waren die öffentlichen Abgaben im liberalen England viermal so hoch wie die im autokratischen Rußland.

Nur wenige dieser Beamten hatten die Chancen jenes einfachen Soldaten Napoleons, der — dem Sprichwort zufolge — »den Marschallstab im Tornister trug«. Im Jahr 1839 waren etwa 130 000 Personen im Dienst des französischen Staates (19), aber die große Mehrheit waren niedere Postbeamte, Lehrer, unsere Steuer- und Justizbeamte usw.; auch die Mehrheit jener 450 Beamten, die im Innenministerium, und der 350, die im Außenministerium beschäftigt waren, bestanden aus kleinen Büroschreibern. Aus der Litera-

Eugène Delacroix: »Die Freiheit führt das Volk an« (1831);
Paris, Musée Nationale du Louvre.

tur von Dickens bis Gogol kann man nur allzudeutlich erkennen, daß diese Menschengattung, wenn überhaupt, so nur auf Grund der privilegierten Stellung, die sie als Diener des Staates innehatten, und der Sicherheit, die es ihnen gestattete, ihr ganzes Leben in gleichmäßigem Rhythmus zu hungern, beneidet werden konnte. Es gab nur wenige Beamtenposten, die der Stellung eines einigermaßen erfolgreichen Bürgers entsprachen. In finanzieller Hinsicht konnte kein ehrlicher Beamter je mehr erwarten als ein Minimum des Wohlstandes.

Und doch waren die Lebensbedingungen des kleinen Beamten oder Angestellten, so bescheiden sie auch sein mochten, denen der arbeitenden Klassen turmhoch überlegen. Er arbeitete nicht mit seinen Händen. Saubere Hände und der weiße Stehkragen gesellten ihn, wenn auch nur symbolisch, zu den Reichen. Oft umgab ihn das magische Prestige der öffentlichen Autorität. Vor seinem Schalter mußten Männer und Frauen Schlange stehen, um wichtige Dokumente zu erhalten; er winkte sie heran oder wies sie zurück; er erklärte ihnen, was sie nicht tun durften. In den zurückgebliebenen Ländern, aber auch in den demokratischen USA, konnte er seinen Vettern und Neffen bei der Stellenbeschaffung behilflich sein, in vielen — auch nicht so rückständigen Ländern — mußte er bestochen werden. Für ungezählte Bauern- und Arbeiterfamilien, die keine andere Karriere für ihre Kinder vor sich sahen, lag der Aufstieg in diese niedere Beamtenschaft, in Priester- oder Lehrerstellungen im Bereich der Möglichkeiten — es waren Himalajaberge, die ihre Söhne vielleicht erklimmen konnten.

Das galt kaum von den »freien Berufen«. Um Doktor, Anwalt oder Professor (ein Titel, der auf dem Kontinent dem Lehrer an Gymnasien ebenso wie dem Universitätsprofessor

gegeben wird) oder sonst eine »Person, die anderen gebildeten
Berufen nachgeht (20)«, zu werden, mußte man lange studie-
ren und entweder außergewöhnliches Talent oder außergewöhnliche Möglichkeiten haben. In Großbritannien gab es
zum Beispiel im Jahr 1851 16 000 Anwälte (außer den Richtern), aber nur 17 000 Studenten der Rechte. Auf dem Kontinent waren die Zahl und das Verhältnis der Anwälte allerdings oft größer. Es gab etwa 17 000 Ärzte und etwa 3500
Medizinstudenten und Assistenten, weniger als 3000 Architekten und etwa 1300 Zeitungsleute und Schriftsteller (das
französische Wort »Journalist« war damals noch nicht anerkannt).

Jurisprudenz und Medizin waren zwei der großen, traditionell freien Berufe. Der dritte, die Geistlichkeit, bot weniger
Aufstiegschancen, als man hätte erwarten können, wenn auch
nur deswegen, weil (wenn man die Prediger der verschiedenen protestantischen Sekten unberücksichtigt läßt) ihr
Wachstum anscheinend hinter dem der Bevölkerung zurückblieb. Durch den Antiklerikalismus einiger Regierungen
— Joseph II. löste 359 Abteien und Klöster auf, und die
Spanier versuchten während der liberalen Periode alles, um
alle aufzulösen — gingen zum Teil die beruflichen Möglichkeiten auf diesem Gebiet sogar noch mehr zurück, statt sich
zu entfalten.

Nur ein Weg stand frei: die Möglichkeit für Laien und Geistliche, Volksschullehrer zu werden. Die Zahl der Volksschullehrer, die vor allem aus Bauern-, Handwerker- und sonstigen
Familien der gehobenen Unterschichten kamen, war in den
Staaten des Westens beträchtlich. In Großbritannien bezeichneten sich 76 000 Männer und Frauen als Schullehrer,
und dazu kamen 20 000 Gouvernanten, oft der einzige Beruf,
der einem mittellosen, gebildeten Mädchen offenstand, das

nicht bereit war, seinen Lebensunterhalt auf weniger respektable Weise zu verdienen. Es gab nicht nur viele Lehrer, es bestand auch ein wachsender Bedarf nach ihnen. Gewiß waren sie schlecht bezahlt, aber außerhalb solch banausischer Länder, wie Großbritannien und den USA, erfreuten sie sich großer Achtung. Und dies mit Recht. Denn wer verkörperte wohl besser das Ideal einer Epoche, in der zum ersten Male Männer und Frauen des niederen Volkes zu höheren Dingen aufschauten und erkannten, daß die Unwissenheit beendet werden konnte, als der Mann oder die Frau, deren Beruf es war, den Kindern jene Möglichkeiten zu geben, die ihre Eltern nicht gehabt hatten, die Welt vor ihnen zu öffnen, sie Wahrheit und Tugend zu lehren?

In einer Epoche, in der die Wirtschaft sich so schnell entfaltete, lag es nahe, den Weg des Geschäftslebens zu beschreiten. Und zu einer Zeit, da Großbetriebe noch selten waren, schien man auch klein anfangen zu können. Aber die materiellen und gesellschaftlichen Bedingungen waren für die ganz Mittellosen nicht günstig. Zunächst — und diese Tatsache wurde oft von den Erfolgreichen übersehen — hing die Entwicklung der industriellen Wirtschaft davon ab, daß die Zahl der Lohnarbeiter schneller wuchs als die der Arbeitgeber oder der Selbständigen. Auf jeden, der in die Klasse der Geschäftsleute aufstieg, kamen unvermeidlicherweise viele, die hinabstiegen. Zweitens setzte jede selbständige wirtschaftliche Tätigkeit technische Fähigkeiten, eine bestimmte geistige Einstellung und gewisse, wenn auch noch so bescheidene Mittel voraus. Den meisten Männern und Frauen aber fehlten diese Voraussetzungen. Jene, die das Glück hatten, sie zu besitzen, konnten vorwärtskommen. Das galt für die Mitglieder der religiösen Minderheiten und Sekten, deren Eignung für solche Tätigkeiten den Soziologen wohl bekannt ist: Die Mehrheit jener Leibeigenen, die in Iwanowo, dem »russischen Manchester«, Textilunternehmer wurde, gehörte zur Sekte der »Altgläubigen« (21). Aber es wäre durchaus unrealistisch, erwarten zu wollen, daß dieselben Möglichkeiten allen offenstanden, die, wie die meisten Bauern Rußlands, diese Vorteile nicht hatten. Es würde ihnen auch kaum je in den Sinn gekommen sein, diesen Weg zu beschreiten.

Keine Gruppe begrüßte die dem Talent geöffnete freie Bahn so stürmisch wie jene Minderheiten, deren Mitgliedern der soziale Aufstieg nicht nur darum verschlossen gewesen war, weil sie nicht hochgeboren waren, sondern auch, weil sie Gemeinschaften angehörten, die offiziell diskriminiert waren. Die Begeisterung, mit der sich Frankreichs Protestanten in den Strom des öffentlichen Lebens warfen, wurde nur durch den vulkanischen Ausbruch des Talents der westlichen Juden übertroffen. Vor der Emanzipation, die der Rationalismus des 18. Jahrhunderts vorbereitet und die Französische Revolution verwirklicht hatte, gab es für den Juden nur zwei Möglichkeiten: Handel und Finanz oder die Interpretation seines geistlichen Gesetzes. In beiden Fällen blieb er auf seine eigene, streng von anderen abgeschlossene Ghettogemeinschaft beschränkt, aus der nur eine Handvoll von »Hofjuden« und Reichen emportauchten, überall, auch in Großbritannien und Holland, ängstlich darum besorgt, nicht allzusehr in das gefährliche Licht der Berühmtheit zu gelangen. Die Gefahr drohte nicht nur von seiten der brutalen und betrunkenen Ungläubigen, die nun die Emanzipation bei weitem nicht begrüßten. Jahrhunderte des sozialen Drucks hatten das Ghetto zu einer geschlossenen Gemeinschaft gemacht, die jeden Schritt außerhalb ihrer engen Orthodoxie als Unglauben und Verrat brandmarkte. Die deutschen und die österreichischen Pioniere der jüdischen Liberalisierung, wie besonders Moses Mendelssohn (1729 bis 1786), wurden als Deserteure und Atheisten verschrien. Die große Masse des Judentums, die die schnell wachsenden Ghettos im östlichen Teil des alten polnisch-litauischen Königreichs bevölkerte, fristete inmitten einer feindseligen Bauernschaft weiter ihre alte, auf sich selbst beschränkte und von Mißtrauen erfüllte Existenz, obzwar in zwei Lager gespalten: die Anhänger der gelehrten intellektuellen Rabbis der litauischen Orthodoxie einerseits und die ekstatischen und im Elend lebenden Chassiden. Es ist bezeichnend, daß sich 1834 unter den 46 von den österreichischen Behörden verhafteten galizischen Revolutionären nur ein einziger Jude befand (22). Aber die Juden der kleineren Gemeinden des Westens ergriffen mit beiden Händen die ihnen gebotenen Möglichkeiten, sogar wenn sie dafür den Preis einer nominellen Taufe zahlen mußten, wie es — zumindest um öffentliche Posten zu erhalten — vielerorts noch erforderlich war. Im Geschäftsleben aber war das nicht nötig. Die Könige des internationalen Judentums, die Rothschilds, waren nicht nur reich — das hätten sie auch vorher schon sein können, obgleich die politischen und militärischen Geschehnisse der neuen Geschichtsperiode der internationalen Finanz nie geahnte Möglichkeiten eröffnet hatten. Jetzt durften sie es auch öffentlich bekennen, daß sie reich waren, sie konnten eine gesellschaftliche Stellung einnehmen, die ihrem Reichtum etwa entsprach, und sie konnten sogar hoffen, geadelt zu werden, wie es ab 1816 geschah: 1823 wurden die Rothschilds zu erblichen Baronen der Habsburger.

Viel augenfälliger als der jüdische Reichtum war aber die Blüte des jüdischen Talents in den Künsten, Wissenschaften und den akademischen Berufen. Nach heutigen Auffassun-

gen war dies alles zwar noch bescheiden, obwohl um 1848
der größte jüdische Denker und der erfolgreichste jüdische
Staatsmann in ihre Reifejahre eingetreten waren: Karl Marx
(1818—1883) und Benjamin Disraeli (1804—1881). Es gab
noch keine hervorragenden jüdischen Naturforscher, und nur
einige wenige große wenn auch nicht erstrangige jüdische
Mathematiker. Meyerbeer (1791—1864) und Mendelssohn-
Bartholdy (1809—1847) gehören nicht zu den ersten Komponisten des Jahrhunderts, aber unter den Dichtern hat sich
Heinrich Heine (1797—1856) weitaus besser gehalten. Es gab
auch noch keinen bedeutenden jüdischen Maler, keine großen
Virtuosen oder Dirigenten und nur eine große jüdische Gestalt im Theater, die Schauspielerin Rachel (1821—1858).
Aber es wäre falsch, die Emanzipation einer Volksgruppe
an den Genies zu messen, die aus ihr hervorgehen. Ihre Aus-
wirkung zeigt sich besser in der Plötzlichkeit und in dem
Ausmaß, mit dem hervorragende Juden an der Kultur und
dem öffentlichen Leben Westeuropas teilnahmen, vor allem
in Frankreich und noch mehr in den deutschen Staaten, die
Sprache und Ideologie für die aus dem Hinterland einwan-
dernden Juden schufen und damit die Kluft zwischen dem
Mittelalter und dem 19. Jahrhundert überbrückten.
Die Doppelrevolution gab den Juden das größte Maß an
Gleichheit, dessen sie sich je innerhalb der christlichen Welt
erfreut hatten. Jene, die diese Gelegenheit ergriffen, wünsch-
ten nichts so sehr, als sich an die neue Gesellschaft zu »assimi-
lieren«, und ihre Sympathien galten selbstredend vor allem
dem Liberalismus. Und doch blieb die Lage der Juden un-
sicher und schwierig, obwohl der endemische Antisemitismus
der ausgebeuteten Massen, die nun oft den Juden mit dem
»Bourgeois« identifizieren konnten (23), noch nicht von dem-
agogischen Politikern ausgenutzt wurde. In Frankreich und

Westdeutschland begannen sogar junge Juden von einer noch vollkommeneren Gesellschaft zu träumen: Es gab ein bedeutendes jüdisches Element im französischen Saint-Simonismus (Olinde Rodrigues, die Brüder Pereire, Léon Halévy, d'Eichthal) und — in geringerem Ausmaß — im deutschen Kommunismus (Moses Hess, Heinrich Heine und natürlich Karl Marx, der jedoch seinem jüdischen Ursprung gegenüber absolut indifferent war).

Die Lage der Juden förderte ihre Assimilationsbereitschaft. Sie bildeten eine Minderheit. Sie waren überwiegend Städter und weitgehend immun gegenüber den Krankheiten der Verstädterung. In den Städten bemerkten bereits damals die Statistiker, daß die Rate der Todes- und Krankheitsfälle unter den Juden besonders niedrig war. Sie konnten fast alle lesen und schreiben und standen der Landwirtschaft fern. Ein sehr großer Teil von ihnen waren bereits Händler oder Angehörige freier Berufe. Schon die bloße Unsicherheit ihrer Situation nötigte sie, neue Möglichkeiten oder Ideen zu beachten, manchmal nur, um die in ihnen enthaltenen Drohungen zu entdecken.

Der großen Mehrheit der übrigen Menschen fiel es schwerer, sich an die neue Gesellschaftsordnung anzupassen. Teilweise darum, weil der Panzer der alten Sitten es ihnen unmöglich machte, zu begreifen, wie sie sich in der neuen Gesellschaft verhalten sollten. Es ging manchen wie jenen jungen Algeriern aus gutem Haus, die in den 1840er Jahren nach Paris gebracht wurden, um europäische Bildung zu lernen. Sie waren entgeistert, als sie entdeckten, daß sie in der königlichen Hauptstadt anderes erwartete als bloß der gesellschaftliche Verkehr mit König und Adel, der ihnen auf Grund ihrer Geburt zugestanden hätte. Außerdem machte es die neue Gesellschaft niemandem leicht, sich ihr anzupassen.

Wer die Segnungen der bürgerlichen Zivilisation und ihre Sitten begrüßte, konnte ihre Vorteile genießen, wer es nicht tat oder nicht tun konnte, wurde links liegengelassen. Es war nicht nur das Klasseninteresse, aus dem sich das Zensuswahlrecht um 1830 erklärte: Der Mann, der nicht seine Fähigkeit bewiesen hatte, Geld zu verdienen und Eigentum zu erwerben, war kein ganzer Mann und konnte darum auch kein vollwertiger Staatsbürger sein.

Das führte zu merkwürdigen Resultaten, wo die europäische Bourgeoisie mit ungläubigen Heiden in Berührung kam, sie mit Hilfe naiver Missionare zum wahren Christentum, zum arbeitsamen Leben und zum Tragen von Hosen bekehren wollte (zwischen alldem wurden keine scharfen Unterschiede gemacht) und ihnen die einzig wahre liberale Gesetzgebung aufdrängte. Falls sie dies alles annahmen, waren die Liberalen (zumindest die des revolutionären Frankreich) gern bereit, sie zu vollberechtigten Staatsbürgern zu ernennen oder (im Fall der Engländer) ihnen in Aussicht zu stellen, sie würden eines Tages den Engländern beinahe ebenbürtig sein. Diese Haltung spiegelt sich sehr gut im *senatus-consulte* von Napoleon III. wider, der, wenn er auch nicht mehr in unsere Periode fällt, doch deren Geist so gut aufzeigt: Dem Algerier wurden die Tore zur französischen Staatsbürgerschaft geöffnet. *»Il peut, sur sa demande, être admis à jouir des droits de citoyen français; dans ce cas il est régi par les lois civiles et politiques de la France (24).«* Er hatte nichts anderes aufzugeben als den Islam. Falls er dazu nicht bereit war — und das waren nur wenige —, blieb er Untertan und erhielt keine Bürgerrechte.

Die tiefste Verachtung der »Zivilisierten« für die »Barbaren« (zu denen auch die arbeitenden Massen des eigenen Volkes gehörten [25]) entsprang aus diesem Gefühl der offensichtlichen Überlegenheit. Die bürgerliche Welt stand allen offen. Wer nicht eintrat, bewies damit seinen Mangel an Intelligenz, an moralischer Stärke und Energie, was ihn automatisch verdammte. Im besten Fall urteilte man, er gehöre einer minderwertigen Menschengruppe an, die außerstande war, die ihr gebotenen Möglichkeiten zu ergreifen, weil sie unter der Last des historischen oder des rassischen Erbgutes verkrüppelt war und auch bleiben mußte. Wie konnte man sonst erklären, daß solche Menschen alle Gelegenheiten, moderne Bürger zu werden, verabsäumt hatten?

Darum war diese Periode, die um die Mitte des Jahrhunderts ihren Zenit erreichte, eine Zeit beispielloser Hartherzigkeit, in der die Reichen sich gewöhnten, die grauenvolle Armut, die ihren Wohlstand umgab, zu übersehen — so wie auch heute das Elend der indischen Städte den Ausländer weit mehr aufbringt als den einheimischen Bürger —, und in der die Armen gleich den Barbaren nicht als Menschen betrachtet wurden. Wenn es ihr Schicksal war, Lohnarbeiter zu werden, mußten sie unter Zwang den Arbeitsbedingungen angepaßt werden, und der Staat ergänzte mit seinen Maßnahmen die drakonische Arbeitsdisziplin der Fabriken. (Es ist bezeichnend, daß die damalige öffentliche Meinung der Bourgeoisie keinen Widerspruch sah zwischen dem Prinzip der Gleichheit vor dem Gesetz und der absichtlich diskriminierenden Arbeitsgesetzgebung, wie der britischen von 1823, die Kontraktbrüche von seiten der Arbeiter mit Gefängnis und die von seiten der Arbeitgeber höchstens mit bescheidenen Geldstrafen ahndete [26].) Diese Arbeiter mußten am Rande des Hungers leben, da sie allen »menschlichen« Begründungen unzugänglich blieben und sonst nicht arbeiten würden, wie ein Arbeitgeber der 1830er Jahre es Villermé gegenüber treffend ausdrückte: »Es ist im Interesse des Arbeiters selbst, daß er immer von der Not bedroht wird, denn nur so wird er seinen Kindern kein schlechtes Beispiel geben, und seine Armut ist eine sichere Garantie für sein gutes Benehmen (27).« Es gab freilich zu viele Arme, aber man konnte hoffen, daß die Wirksamkeit des Malthusschen Gesetzes viele von ihnen Hungers sterben lassen würde, damit nur ein Maximum an Lebensfähigen sichergestellt wäre — falls natürlich *per absurdum* die Armen selbst nicht ihre Fortpflanzung einschränkten.

Von hier war es nur mehr ein kleiner Schritt bis zur neuen Anerkennung der menschlichen Ungleichheit, die — wie Henri Baudrillart 1853 in seiner Inauguralrede vor dem *Collège de France* erklärte — neben dem Besitz und dem Erbe den dritten Pfeiler der menschlichen Gesellschaft bildet (28).

So wurde die hierarchische Gesellschaft auf dem Fundament formeller Gleichheit neu errichtet. Sie hatte nur jene Eigenschaften verloren, die sie vormals erträglich gemacht hatte: die allgemeine Überzeugung, daß die Menschen Pflichten und Rechte haben, daß Tugend kein anderer Name für Geld sei und daß die unteren Stände, mochten sie auch bloß »untere« sein, doch das Recht auf das bescheidene Leben hatten, für das Gott sie bestimmt hatte.

II

Die arbeitenden Massen

Jeder Fabrikant lebt in seiner Fabrik wie der koloniale Plantagenbesitzer inmitten seiner Sklaven: einer gegen hundert, und die Unruhen von Lyon glichen den Aufständen von Santo Domingo... Die
Barbaren, von denen die Gesellschaft bedroht wird, befinden sich
weder im Kaukasus noch in der tatarischen Steppe: sie leben in den
Vororten der Industriestädte. Die Mittelklasse muß diese Lage klar
erkennen.

SAINT-MARC GIRARDIN
in *Journal des Débats*, 9. September 1831

Pour gouverner il faut avoir
Manteaux ou rubans en sautoir (bis).
Nous en tissons pour vous, grands de la terre,
Et nous, pauvres canuts, sans draps on nous enterre :
　C'est nous les canuts
　Nous sommes tout nus (bis).
Mais quand notre règne arrive
Quand votre règne finira.
Alors nous tisserons le linceuls du vieux monde
Car on entend dé à la revolte qui gronde.
　C'est nous les canuts
　Nous n'irons plus tout nus.

Lied der Lyoner Seidenweber

DREI WEGE STANDEN DEN ARMEN OFFEN, seit die neue
bürgerliche Gesellschaft ins Leben getreten und die Gebor-
genheit der traditionellen Ordnung geschwunden waren: Er
konnte danach streben, ein Bourgeois zu werden, er konnte
stumm untergehen — oder er konnte rebellieren.

Für den vollkommen Mittellosen war der erste Weg kaum betretbar, wie wir oben gesehen haben. Darüber hinaus widersprach er zutiefst seinem inneren Wesen. Die rein utilitaristischen Werte der bürgerlichen Gesellschaft, ihr extremer Individualismus, der theoretisch gerechtfertigte Dschungel, der der Anarchie der kapitalistischen Produktionsweise entsprach, und der Leitsatz dieser bürgerlichen Gesellschaft »Jeder für sich, und den Letzten holt der Teufel«, das alles mußte Menschen, die in traditionalistischen Gesellschaften herangewachsen waren, als die Inkarnation des Bösen erscheinen. »Unsere Zeitgenossen«, erklärte einer der verzweifelten schlesischen Leinenweber, die sich 1844 vergeblich gegen ihr Schicksal erhoben (1), »haben treffliche Künste erfunden, um einander die Nahrung zu schwächen und zu untergraben. Aber an das siebente Gebot denkt man leider nicht mehr, was geboten und verboten ist, wenn es heißt: ›Du sollst nicht stehlen!‹, und an Luthers Auslegung, wenn er spricht: ›Wir sollen Gott fürchten und lieben, daß wir unserem Nächsten sein Geld nicht nehmen noch mit falscher Ware oder Handel an uns bringen, sondern ihm sein Gut und Nahrung helfen bessern und behüten.‹« Dieser Mann war ein Wortführer all derer, die von den höllischen Kräften in den Abgrund gezerrt wurden. Sie stellten keine großen Ansprüche an das Leben, sie waren bescheiden in ihren Wünschen. (»Der Reiche behandelte den Armen mit Barmherzigkeit; der Arme hingegen lebte einfach, und auf Kleiderpracht und sonstige Abgaben brauchte der niedere Stand viel weniger als jetzt.«) Doch selbst das wenige für dieses bescheidene Leben wurde ihnen, wie es schien, genommen.

Kein Wunder also, daß sich die Armen auch gegen jene Maßnahmen wandten, die vernünftig waren, denn in der bürgerlichen Wirklichkeit war die Vernunft nur allzusehr mit der

Unmenschlichkeit verbunden. Landadel hatte das *Speenhamland*-System eingeführt, und die Taglöhner hingen an ihm,
obgleich seine ökonomische Unsinnigkeit klar genug bewiesen war. Im Kampf gegen die Armut war christliche
Barmherzigkeit schlimmer als nutzlos, wie man es im Kirchenstaat des Papstes sehen konnte, wo Armut und Barmherzigkeit im Übermaß vorhanden waren. Aber fromme Almosen erfreuten sich besonderer Beliebtheit, nicht nur unter
den traditionalistischen Reichen, die in solcher Art von Näch-
stenliebe einen Schutzwall gegen das üble Prinzip der Rechts-
gleichheit erblickten, dieses unsinnigen Grundsatzes, »von
jenen Träumern vertreten, die da behaupten, die Natur hätte
alle Menschen mit gleichen Rechten geschaffen, und daß alle
gesellschaftlichen Unterschiede nur auf dem Nutzen für die
ganze Gesellschaft« gegründet sein müßten (2).

Die traditionalistischen Armen waren mit den traditionalistischen Reichen hierin einer Meinung, waren sie doch von
ihrem *Anrecht* auf die Krumen von den Tafeln der Begüterten überzeugt. Ein Abgrund klaffte in England zwischen den
bürgerlichen Fürsprechern der *Friendly Societies,* diesen
Werkzeugen der individuellen Selbsthilfe, und den Armen,
die diese Gesellschaften in erster Linie als *Geselligkeitsvereine*
ansahen, deren Zusammenkünfte, Zeremonien, Riten und
Festlichkeiten den Vereinsregeln zuwiderliefen.

Diese Widerstände wurden dadurch noch verstärkt, daß sogar die Bourgeois jenen Äußerungen individueller Konkurrenz feindlich gegenüberstanden, die ihnen keinen wirklichen
Nutzen einbrachten. Niemand war dem Individualismus mehr
ergeben als die nordamerikanischen Farmer und Fabrikanten. Nirgends gab es eine Verfassung, die sich wie die amerikanische allen Eingriffen in die persönliche Freiheit, wie etwa
einer föderalen Gesetzgebung gegen die Kinderarbeit, derart

widersetzte. Das meinten auch bis in unser Jahrhundert hinein die amerikanischen Juristen. Aber niemand war auch, wie wir sahen, dem Protektionismus so ergeben wie eben diese Amerikaner, auch wenn es sich nur um einen »künstlichen« Schutz ihrer Geschäftsinteressen handelte. Das System der freien Wirtschaft und Konkurrenz förderte die Einführung neuer Maschinen — gerade das machte es ja fortschrittlich. Aber dagegen erhoben sich nicht nur die Maschinenstürmer; diese Ludditen konnten auf die Sympathie der kleinen Geschäftsleute und Bauern rechnen, die ebenfalls in solchen Neuerungen eine Gefahr für die menschliche Existenz erblickten.

Farmer ließen manchmal sogar absichtlich ihre Maschinen unbewacht, damit sie zerstört werden konnten, und die Regierung mußte 1830 in einem energischen Aufruf an die Bevölkerung darauf hinweisen, daß »Maschinen ebenso unter dem Schutz des Gesetzes stehen wie jedes andere Eigentum (3)«. Die Bedenken und Zweifel, mit denen der neue Unternehmer außerhalb der Bastionen bürgerlich-liberalen Selbstvertrauens sein historisches Werk der Zerstörung der alten sozialen und moralischen Ordnung begann, trugen ebenfalls dazu bei, die Ansichten der Armen zu stärken.

Es gab freilich auch Männer aus den arbeitenden Massen, die alles daran setzten, in das Bürgertum aufzusteigen oder zumindest dessen Lehren der Sparsamkeit, der Selbsthilfe und der Selbstverbesserung zu befolgen. Die moralische und didaktische Literatur des bürgerlichen Radikalismus, der Abstinenzlerbewegungen und protestantischen Eiferer wimmelt von solchen Männern, deren Bibel Samuel Smiles war. In der Tat zogen diese Bewegungen und Gruppen ehrgeizige junge Männer an. Das *Royton Temperance Seminary* (gegründet 1843) nahm nur Leute auf, die dem Alkohol und

dem Glücksspiel abgeschworen hatten und moralisch einwand-
frei waren. Es bildete im Verlauf zweier Jahrzehnte fünf
Baumwollspinnmeister, einen Geistlichen, zwei Direktoren
von Baumwollfabriken in Rußland aus, und »viele andere,
die ehrbare Stellungen als Direktoren, Aufseher, Mechaniker
oder Lehrer einnahmen oder zu angesehenen Ladenbesitzern
wurden« (4).
Selbstredend waren solche Institutionen in der nicht-angel-
sächsischen Welt viel seltener. Dort boten sich, abgesehen von
der Auswanderung, dem arbeitenden Menschen weit geringere Möglichkeiten des sozialen Aufstiegs (die ja auch auf
Großbritannien beschränkt waren), und dort war auch der
moralische und intellektuelle Einfluß des radikalen Bürgertums oder des gelernten Arbeiters viel unbedeutender.
Weit größer als die Zahl derer, die aufstiegen, war jene,
die — einer sozialen Katastrophe entgegenblickend — keinen
Ausweg sahen; die verelendet, ausgebeutet, in finsteren und
stinkenden Elendsquartieren oder den sich vermehrenden
Komplexen kleiner Industriedörfer zusammengepfercht der
Demoralisierung anheimfielen. Ihrer traditionellen Institutionen beraubt, wußten sie nicht ein noch aus und sanken in
den Abgrund, in dem Familien allwöchentlich vor dem Zahl-
tag ihre Bettdecken verpfänden mußten (5) und in dem der
Alkohol »der schnellste Weg war, um Manchester (Lille oder
Borinage) zu entfliehen«. Der Massenalkoholismus, dieser
fast unvermeidliche Begleiter schneller und unkontrollierter
Industrialisierung und Verstädterung, verbreitete »die
Schnapspest über ganz Europa« (6). Mag sein, daß die zahlreichen zeitgenössischen Zeugen das Ausmaß der Trunken-
heit, Prostitution und anderer Formen sexueller Promiskui-
tät übertreiben. Aber das gleichzeitige Entstehen systematischer Feldzüge gegen den Alkoholismus, der sowohl aus

Arbeiterkreisen wie aus dem Bürgertum in England, Irland oder Deutschland hervorging, zeigt, daß die Sorge um das Sinken der Moral weder akademisch noch auf eine einzige Klasse beschränkt war.

Die Erfolge all dieser Kampagnen waren kurzlebig, aber während des ganzen Jahrhunderts teilten wohlmeinende Arbeitgeber mit den Arbeiterbewegungen die Abneigung gegen den Alkoholismus (7).

Doch die Zeitgenossen, die die Demoralisierung der neuen städtischen und industriellen Armut bedauerten, übertrieben nicht im geringsten. Alles trug zu einer solchen Demoralisierung bei: Städte und Industriegebiete schossen wie Pilze planlos aus dem Boden, unkontrolliert und ohne daß die grundlegenden öffentlichen Dienste, wie Straßenreinigung, Kanalisation, Wasserversorgung und schon gar der Wohnbau für Arbeiter, sich in gleichem Rhythmus mitentwickelt hätten (8). Das erste Ergebnis dieser Verschlechterung der Zustände war das Wiederauftauchen von Massenepidemien ansteckender (meist durch das Wasser übertragener) Krankheiten. Vor allem die Cholera eroberte 1831 Europa wieder und breitete sich 1832 über den ganzen europäischen Kontinent, von Marseille bis Sankt Petersburg, aus. Um nur ein Beispiel anzuführen: In Glasgow hatte es bis 1818 keine Typhusepidemie gegeben (9). Dann aber brachen sie aus, in den 1830er Jahren Typhus und Cholera, in den 1840er Jahren Typhus, Cholera und Rückfallfieber, und zwei weitere Epidemien während der ersten Hälfte der 1850er Jahre, bis sich endlich durch Einführung und Ausbau der sanitären Einrichtungen die Lage besserte. Die schrecklichsten Folgen dieser Vernachlässigung der elementarsten Notwendigkeiten während einer ganzen Generation waren um so größer, als die mittleren und höheren Gesellschaftsklassen sie kaum bemerk-

Caspar David Friedrich: »Der Hafen von Greifswald«, 1815.

Wohnraum eines Bürgerhauses im Biedermeierstil –
das Schabbelhaus zu Lübeck.

ten. In den Städten jener Zeit waren die Regierungs- und Geschäftsviertel ebenso wie die besseren Wohngegenden der Bourgeoisie streng abgesondert von jenen großen Elendsvierteln, in denen die arbeitenden Massen hausen mußten. Die fast in ganz Europa wiederkehrende Teilung der Großstädte in einen »guten« Westen und einen »armen« Osten entstand damals (10). Und in den armen Gegenden gab es neben der Kneipe und vielleicht der protestantischen Kapelle höchstens noch jene sozialen Institutionen, die aus der Selbsthilfe der Arbeiter erwachsen waren. Erst nach 1848, als die Epidemien von den Elendsvierteln der Arbeiter auf die guten Wohngegenden der Reichen übergriffen und auch die Reichen Opfer der Epidemien wurden, und als die Furcht vor der Revolution die herrschenden Klassen ergriff, begannen die Reformen im Städtewesen.

Die Trunksucht war nicht das einzige Zeichen von Demoralisierung. Die bahnbrechenden Arbeiten auf dem Gebiet, das wir heute als Sozialmedizin bezeichnen, behaupteten, daß der soziale und ökonomische Kataklysmus sich auch in Kindermord, Prostitution, Selbstmord und geistigen Störungen äußerte (11). Dasselbe gilt vom Anwachsen der Kriminalität und der sinnlosen Gewalttätigkeit, die als eine Art persönlicher Selbstbehauptung gegen die Kräfte aufzufassen ist, die den Untätigen zu verschlingen drohten. Die große Verbreitung apokalyptischer, mystischer sowie anderer Sekten und Kulte während dieser Periode (s. Kap. 12) deutet wohl auf dieselbe Unfähigkeit hin, etwas gegen die Erdbeben zu tun, die menschliche Existenzen vernichteten. So riefen die Choleraepidemien sowohl im katholischen Marseille wie auch im protestantischen Wales Ausbrüche religiöser Ekstase hervor. All diese sozial-pathologischen Erscheinungen hatten ein gemeinsames Element, das sie übrigens auch mit der

»Selbsthilfe« teilten. Es waren die Versuche, dem Schicksal des armen Arbeiters zu entgehen oder über das Elend und die Erniedrigung hinwegzukommen. Der mystische oder ekstatische Gläubige, der Trunksüchtige, der kleine Kriminelle, der Irre, der Vagabund und der ehrgeizige kleine Unternehmer — sie alle verschlossen ihre Augen vor der kollektiven Gemeinsamkeit ihrer Lage und — mit Ausnahme der Kleinunternehmer — den Möglichkeiten kollektiven Handelns. Die Apathie, die sich in dieser Haltung zeigt, spielte in dieser Epoche eine weitaus größere Rolle, als man oft annimmt. Es ist kein Zufall, daß gerade die ungelernten, die am wenigsten gebildeten, am schlechtesten organisierten und darum hoffnungslosesten Armen damals wie später am apathischsten waren: Bei den Wahlen, die 1848 in Halle stattfanden, gaben 81% der wahlberechtigten unabhängigen Handwerker, 71% der Maurer, Tischler und anderer gelernter Bauarbeiter, aber nur 46% der Fabrik- und Eisenbahnarbeiter, Taglöhner und Heimarbeiter ihre Stimmen ab (12).

Rebellion — das war die Alternative zur Weltflucht und zur Niederlage. Rebellion war nicht nur möglich — die arbeitenden Massen und besonders ihr neuer Kern, das industrielle Proletariat, wurden zu ihr gezwungen. Nichts war so unvermeidlich wie das Auftauchen sozialistischer Arbeiterbewegungen und die Ausbrüche sozial-revolutionärer Massenunruhen. Daraus entsprang die Revolution von 1848.

Daß die Lage der arbeitenden Massen zwischen 1815 und 1848 grauenerregend war, wurde von keinem unparteiischen Betrachter bestritten — und in den vierziger Jahren gab es derer viele. Allgemein nahm man an, daß die Lage dabei war, sich noch zu verschlechtern. Diese Annahme lag den in Großbritannien so verbreiteten Ideen eines Malthus zu-

grunde, denen zufolge sich die Bevölkerung unvermeidlicherweise schneller vermehren müßte als die verfügbaren Lebensmittel. Malthus' Einfluß wurde noch durch die Argumente
der Nationalökonomen aus der Schule Ricardos verstärkt.
Jene, die der Zukunft der Arbeiterklasse eine weniger finstere
Prognose stellten, bildeten eine Minderheit und waren weniger begabt. In Deutschland erschienen während der 1840er
Jahre wenigstens vierzehn verschiedene Abhandlungen, die
sich mit der fortschreitenden Verelendung der Massen befaß-
ten; akademische Preisschriften wurden verfaßt, in denen untersucht wurde, ob »die Beschwerden über die wachsende Verelendung und der Mangel an Nahrungsmitteln berechtigt«
seien. Zehn der sechzehn Preisschriften antworteten mit »ja«
und nur zwei mit »nein« (13). Das Überhandnehmen solcher
Auffassungen beweist die Tatsache des allgemeinen und
scheinbar hoffnungslosen Elends der Unterschichten.
Zweifellos war die Armut am schlimmsten auf dem
Land, besonders unter den landlosen Taglöhnern, den Heimarbeitern und den Bauern mit wenig oder unfruchtbarem
Boden. Mißernten, wie in den Jahren 1789, 1795, 1817,
1832 und 1847, wirkten sich in wirklichen Hungersnöten
aus. Hinzu kamen Katastrophen, wie die Konkurrenz der
britischen Baumwollprodukte, die den Heimarbeitern der
schlesischen Leinenindustrie die Grundlage entzogen. Nach
der Mißernte von 1813 in der Lombardei mußten viele Dung
und Heu oder Brot aus Pflanzen, Wurzeln und wilden
Beeren essen (14). In einem schlechten Jahr wie 1817 konnten
sogar in der sanften Schweiz die Todesfälle die Geburten
übersteigen (15). Die europäische Hungersnot von 1846—1848
verblaßt gegenüber der irischen Katastrophe, aber sie war
bitter genug. In Ost- und Westpreußen hatte 1847 ein Drittel der Bevölkerung aufgehört Brot zu essen und ernährte

sich nur mehr von Kartoffeln (16). Die Bewohner der biederen, verarmten Manufakturdörfer des deutschen Mittelgebirges, die auf Bänken aus Baumstämmen saßen, kaum Vorhänge oder Hauswäsche hatten und nicht aus Gläsern, sondern aus irdenen oder zinnernen Krügen tranken, hatten sich oft schon so an ihre Nahrung aus Kartoffeln und dünnem Kaffee gewöhnt, daß die Armenhelfer ihnen erst beibringen mußten, die Bohnen und den Haferbrei zu essen, die sie ihnen mitgebracht hatten (17). Der Hungertyphus verheerte die ländlichen Gegenden von Flandern und Schlesien, in denen die Leinenweber ihren aussichtslosen Kampf gegen die moderne Industrie führten.

Aber das Elend — das wachsende Elend, wie viele glaubten —, das, abgesehen von totalen Katastrophen wie der irischen, am meisten auffiel, wohnte in den Städten und Industriegebieten, wo die Armen sichtbarer lebten und ihr Hungerdasein auch weniger stumm ertrugen. Ob die Realeinkommen fielen, ist immer noch ein Gegenstand von Diskussionen, aber es kann kein Zweifel daran bestehen, daß, wie gezeigt, sich die allgemeinen Lebensbedingungen der städtischen Armen verschlechterten. Unterschiede in der Lage einzelner Gebiete, Wirtschaftszweige und Perioden sowie das Fehlen zuverlässiger Statistiken erschweren allgemeingültige Feststellungen. Doch gab es vor 1848 (in Großbritannien vor 1844) gewiß keine allgemeine Besserung, und die Kluft zwischen arm und reich wurde tiefer und sichtbarer. Im gleichen Jahr 1842, da die Baronin Rothschild bei einem Maskenball des Herzogs von Orléans Schmuck im Wert von eineinhalb Millionen *franc* trug, schrieb John Bright über die Frauen von Rochdale: »Zweitausend Frauen und Mädchen zogen durch die Straßen und sangen Choräle. Es war ein einzigartiges, rührendes, geradezu erhabenes Schauspiel. Sie sind schrecklich hungrig. Sie verzehren einen Brotlaib mit solch unbeschreiblicher Gier, auch wenn das Brot unsagbar schmutzig ist (18).«

Es ist anzunehmen, daß sich in weiten Gebieten die Lage verschlechterte, denn die öffentlichen Einrichtungen und Dienste blieben weit hinter den Notwendigkeiten zurück, die sich aus der schnellen und planlosen Ausweitung der Städte ergaben. Die Geld- (und oft auch die Real-)löhne zeigten nach 1815 eine fallende Tendenz, und die Lebensmittelversorgung vieler Großstädte scheint vor der Einführung der Eisenbahnen dem Bevölkerungswachstum nachgehinkt zu haben (19). Daher der Pessimismus der damaligen Malthusianer. Der Übergang von der traditionellen Nahrung der vorindustriellen Menschen zu den oft ungewohnten Lebensmitteln der Stadt mußte ebenso zu einer Verschlechterung der Ernährung führen wie die Lebensbedingungen in den Städten zu einer Verschlechterung der Volksgesundheit. Daraus erklärt sich auch der von englischen und französischen Statistikern festgestellte Unterschied im Gesundheitszustand und in der physischen Leistungsfähigkeit zwischen der ländlichen und städtischen Bevölkerung, wie natürlich auch zwischen den Ober-, Mittel- und Unterschichten. Die durchschnittliche Lebenserwartung war in den 1840er Jahren für die gewiß nicht gut lebenden Landarbeiter der Grafschaft Wiltshire und Rutland (England) doppelt so hoch wie für die städtischen Arbeiter von Manchester und Liverpool. Um ein anderes Beispiel anzuführen: Vor der Einführung der Dampfkraft gegen Ende des 18. Jahrhunderts waren die Lungenleiden in den Messerschmieden von Sheffield kaum bekannt. Im Jahr 1842 waren 50% der Rasiermesserschleifer im Alter von 30—40 Jahren, 79% im fünften Lebensjahrzehnt und 100% aller über fünfzig lungenkrank (20).

Die Veränderungen der Wirtschaft brachten Ortsveränderungen großer Mengen von Arbeitern mit sich — manchmal zu deren Vorteil, in den meisten Fällen aber zu ihrem Nachteil. Viele vermochten in den Städten und Industrien keine Arbeit zu finden und bildeten eine permanente Elendsschicht, und noch größere Massen wurden von Krisen, deren vorübergehender, aber auch periodischer Charakter noch kaum von irgend jemandem erkannt wurde, aus ihren Arbeitsplätzen geworfen. In Städten wie Bolton im Jahr 1842 und in Roubaix im Jahr 1847 wurden in solchen Krisen zwei Drittel aller Textilarbeiter arbeitslos (21). 20% der Bevölkerung von Nottingham, ein Drittel der von Paisley waren gänzlich mittellos (22). Der britische Chartismus brach immer wieder aus politischer Schwäche zusammen — aber immer wieder stand er unter der harten Peitsche des Massenhungers von neuem auf.

Zu den Übeln, die fast auf allen Menschen lasteten, gesellten sich besondere Katastrophen für die Arbeiter in einzelnen Industriezweigen. Die industrielle Revolution trieb anfangs bei weitem nicht alle Arbeiter in die mechanisierten Fabriken. Im Gegenteil, sie vermehrte zunächst die Zahl der vorindustriellen Handwerker, einiger Sparten von gelernten Arbeitern und von Heim- und Manufakturarbeitern, deren Lebensbedingungen sie oft verbesserte, vor allem während der langen Jahre des Arbeitermangels in den Napoleonischen Kriegen. Im Verlauf der 1820er und der 1830er Jahre begann der eherne und unpersönliche Fortschritt von Maschine und Markt sie überflüssig zu machen. Im besten Fall verwandelten sich die früher unabhängigen Produzenten in Lohnarbeiter, verwandelten sich Menschen in bloße »Hände«. Wenn es aber nicht gut ging, und das war häufiger der Fall, entstanden die Massen der Deklassierten, der Ver-

elendeten und Hungernden, deren Armut und Elend das
Blut selbst der hartherzigsten Ökonomen stocken machten.
Es handelte sich nicht immer um dummes und ungelerntes
Gesindel. Die Handweber von Norwich und Dunfermline,
deren Gemeinschaften in den 1830er Jahren zerbrochen und
zersplittert wurden, die Londoner Möbeltischler, deren alt-
hergebrachte und vereinbarte »Preislisten« zu bloßen Fetzen
Papier wurden, als sie nun für Hungerlohn in Kleinbetrie-
ben viele Stunden mehr schuften mußten, die Handwerksgesellen des Kontinents, die nun dazu verdammt waren,
wandernde Proletarier zu werden, die Handwerker, die ihre
Unabhängigkeit verloren — sie alle waren einst die fähigsten, die gebildetsten, die zuversichtlichsten, die Elite der
arbeitenden Klassen gewesen (23). Was ihnen nun geschah,
verstanden sie nicht. Zwar versuchten sie, es zu begreifen;
es ist jedoch verständlich, daß sie sich gegen ihr Schicksal
auflehnten (24).
Die materielle Lage des neuen Fabrikproletariats war wohl
etwas besser — aber die Proletarier waren unfrei. Sie arbeiteten unter der strengen Kontrolle und den Regeln der Arbeitsdisziplin, die ihnen vom Unternehmer oder Aufseher vorge-
schrieben wurden. Das Gesetz schützte sie noch nicht, denn die
soziale Gesetzgebung stand erst in ihren Anfängen. Der
Unternehmer bestimmte die lange Arbeitszeit, und sie mußten die Strafen und Geldbußen hinnehmen, mit deren Hilfe
der Unternehmer ihnen seine Befehle aufzwang und seine
Profite vermehrte. In abgelegenen Gebieten oder Industrien
mußten sie in den Läden des Unternehmers einkaufen und
erhielten oft ihre Löhne *in natura* (was dem skrupellosen
Unternehmer noch größere Profite ermöglichte) und mußten
häufig in den Häusern des Unternehmers wohnen. Ein Dorf-
junge mochte wohl dieses Leben nicht schlechter finden als

das seiner Eltern auf dem Land, und auf dem europäischen Kontinent, wo eine starke paternalistische Tradition noch lebendig war, wurde der Despotismus des Arbeitgebers wenigstens teilweise durch die Sicherheit, die Ausbildung und die Fürsorge gemildert, die er dem Arbeiter manchmal bot. Für einen freien Menschen aber war die Verwandlung in einen Fabrikarbeiter kaum besser als Sklaverei, und wer nicht vom Hunger getrieben wurde, versuchte, diesem Schicksal zu entgehen oder sich innerhalb der Fabrik der drakonischen Disziplin zu widersetzen; Frauen und Kinder konnten dies nicht tun, weswegen sie auch von den Fabrikbesitzern vorgezogen wurden. Übrigens verschlechterte sich im Verlauf der 1830er und 1840er Jahre ganz allgemein die wirtschaftliche Lage der Fabrikarbeiter.

Ob die Arbeiter wirklich hungerten oder nicht, es kann kein Zweifel daran bestehen, daß jeder unter ihnen, sofern er nur ein wenig nachdachte — d. h., sofern er die Nöte der Armen nicht als gottgewollt und unabänderlich hinnahm —, überzeugt war, daß der Arbeiter vom Reichen ausgebeutet und verelendet wurde und daß die Reichen im Begriff waren, immer reicher, die Armen immer ärmer zu werden. Und die Armen litten eben, *weil* die Reichen ihren Wohlstand vergrößerten. Der soziale Mechanismus der bürgerlichen Gesellschaft war zutiefst grausam, ungerecht und unmenschlich. »Es kann keinen Reichtum geben ohne Arbeit«, schrieb der *Lancashire Co-operator*. »Der Arbeiter ist die Quelle allen Reichtums. Wer erzeugt alle Lebensmittel? Der unterernährte und verarmte Arbeiter. Wer baut all die Wohn- und Lagerhäuser, die Paläste der Reichen, die niemals arbeiten noch irgend etwas schaffen? Der Arbeiter. Wer spinnt das Garn und webt alle Stoffe? Die Spinner und Weber.« Dabei »bleibt der Arbeiter arm und mittellos, während jene, die nicht arbeiten, reich sind und im Überfluß schwimmen« (25). Und der verzweifelte Landarbeiter (dessen Worte heute noch in den Negerspirituals wiederholt werden) sagte dasselbe, vielleicht in weniger klaren, aber um so tieferen Worten:

If life was a thing that money could buy,
The rich would live and the poor might die.
(Wenn Leben ein Ding wär', das Geld könnt' erwerben, der Reiche würd' leben, der Arme müßt' sterben. [26])

Die Arbeiterbewegung beantwortete die quälenden Fragen, die der Arme sich stellte. Man darf diese Bewegung nicht mit den im Verlauf der Geschichte immer wiederkehrenden Rebellionen gegen die unerträgliche Not verwechseln, auch nicht mit Streikbewegungen und anderen Kampfarten, die seit dieser Zeit zum Arsenal der Arbeiter gehören. Auch all diese Arten von Protestbewegungen haben ihre Geschichte, die lange vor die industrielle Revolution zurückreicht. Was an der Arbeiterbewegung der ersten Hälfte des 19. Jahrhunderts neu war, war das Klassenbewußtsein und der Kampf um Klasseninteressen. Es war nicht mehr der »Arme«, der gegen den »Reichen« schlechthin stand: Eine besondere *Klasse*, die Arbeiterklasse, das Proletariat, stand einer anderen Klasse, der der Unternehmer oder Kapitalisten, gegenüber. Die Französische Revolution gab dieser neuen Klasse Zuversicht, die industrielle Revolution ließ in ihr das Verständnis für die Notwendigkeit der permanenten Mobilisierung erstehen. Um eine menschenwürdige Existenz zu erkämpfen, genügt es nicht, gelegentlich zu protestieren und damit nur eine Rückkehr zu einem vorübergehend gestörten, an sich aber stabilen Gleichgewicht zu erreichen. Notwendig waren beständige Wachsamkeit, Organisation und Aktivität einer »Bewegung«

— der Gewerkschaft, der Genossenschaft, der Klubs, der Zeitungen und der Agitation der Arbeiterklasse. Die Neuartigkeit der Gesellschaft, in der sie jetzt zu leben hatten, und die Schnelligkeit des sozialen Umschwungs setzten nun den Arbeitern das Bild einer gänzlich neuen Organisation der Gesellschaft in den Kopf, die ihrer eigenen Arbeitererfahrung und ihren Ideen entsprang und der Welt ihrer Unterdrücker entgegentrat. Es sollte eine auf Zusammenarbeit und nicht auf Konkurrenz gebaute, eine kollektivistische und nicht eine individualistische, also eine »sozialistische« Gesellschaft sein. Dieser Traum von einer freien Gesellschaft war nicht neu. Es war der alte Traum, der den Armen immer halb bewußt ist, aber nur in den seltenen Momenten allgemeiner sozialer Revolution lebendig wird. Doch jetzt sollte diese sozialistische Ordnung eine tatsächliche, praktisch dauernd verwirklichbare Alternative zur bürgerlichen darstellen.

Ein solches Klassenbewußtsein hatte es weder 1789 noch auch später während der Französischen Revolution gegeben. Außerhalb Großbritanniens und Frankreichs existierte es auch im Jahr 1848 kaum noch irgendwo. Aber in diesen beiden Ländern, in denen sich die Doppelrevolution verkörpert, taucht es zwischen 1815 und 1848, besonders klar wohl um 1830 auf. Die Bezeichnung *working class* (Arbeiterklasse) erscheint — im Unterschied zu dem unpräzisen Ausdruck »die arbeitenden Klassen« — in der englischen Literatur der Arbeiterschaft kurz nach Waterloo, wenn nicht noch früher. In Frankreich wird ein äquivalenter Ausdruck nach 1830 geläufig (27). In Großbritannien versuchte man ab 1818, vor allem aber zwischen 1829 und 1834, alle Arbeiter in *General Trades' Unions* (Allgemeinen Gewerkschaftsverbänden) zusammenzuschließen, das heißt die zwischen den einzelnen Arbeitergruppen bestehenden Schranken zu durchbrechen

und eine gesamtnationale, vielleicht sogar über alle Landes-
grenzen hinausreichende Solidarität aller Arbeitenden zu erreichen. Der allgemeinen »generalen« Gewerkschaft entsprach
der Generalstreik. Der Generalstreik als Begriff und als
systematische Taktik der Arbeiterklasse wurde ebenfalls in
jener Periode erstmalig formuliert, vor allem in William
Bonbows *Grand National Holiday, and Congress of the
Productive Classes* (1832), und seine Anwendung als politische Methode wurde von den Chartisten ernsthaft diskutiert.
Inzwischen waren in Großbritannien und in Frankreich
aus den Diskussionen der zwanziger Jahre der Begriff
und das Wort »Sozialismus« hervorgegangen. Er wurde sofort von den Arbeitern übernommen, in kleinem Ausmaß in
Frankreich (wie etwa von den Vergoldern in Paris im Jahr
1832) und in weit größerem Maß in England, wo Robert
Owen bald dazu gedrängt wurde, jene Führerrolle in einer
Massenbewegung zu spielen, für die er so gänzlich ungeeignet
war. Kurz gesagt: Zu Anfang der 1830er Jahre gab es bereits
ein besonderes proletarisches Klassenbewußtsein und besondere Klassenziele. In beiderlei Beziehung war das Proletariat
gewiß schwächer als die Bourgeoisie dieser Epoche — aber ein
Anfang war gemacht worden.
Das proletarische Bewußtsein wurde durch das »jakobinische«
Bewußtsein verstärkt und war mit ihm eng verflochten. Darunter verstehe ich jene Gesamtheit der Erwartungen, Erfahrungen, Methoden und moralischen Vorstellungen, die in der
Französischen und vor ihr schon in der amerikanischen Revolution die denkenden und selbstbewußten Armen erfüllt hatte.
So wie die tatsächliche Situation der neuen Arbeiterklasse sich
in der »Arbeiterbewegung« und ihrer kooperativistisch-kol-
lektivistischen Ideologie ausdrückte, so spiegelte sich die Situation des gesamten »gemeinen Volkes«, das die Französische

Revolution aus einem bloßen Opfer zu einem Gestalter der Geschichte gemacht hatte, in der demokratischen Bewegung wider. »Ärmlich gekleidete Menschen, die es in früheren Zeiten nicht gewagt hätten, sich an Orten zu zeigen, die der eleganten Gesellschaft vorbehalten waren, spazierten nun Seite an Seite mit den Reichen und trugen ihre Köpfe hoch (28).« Sie forderten Achtung, Anerkennung und Gleichheit. Sie wußten, daß sie es durchsetzen konnten, weil es ihnen 1793/94 auch schon gelungen war. Nicht alle diese Männer waren Arbeiter, aber alle bewußten Arbeiter gehörten zu ihnen.

Proletarisches und jakobinisches Bewußtsein ergänzten einander. Aus der Erfahrung des Arbeiterlebens entstanden die Organe der täglichen Selbstverteidigung: Die Gewerkschaften und die Gesellschaften zu gegenseitiger Hilfe, aus ihr erwuchsen auch die Waffen des kollektiven Kampfes, die Solidarität und der Streik, der seinerseits Organisation und Disziplin voraussetzte (29). Aber auch wenn alle diese Institutionen besser entwickelt, nicht so schwach, unstabil und uneinheitlich gewesen wären, wie etwa auf dem Kontinent, mußte ihr Aufgabenkreis beschränkt bleiben. 1829, 1834 und auch noch später während des Chartismus versuchte man in Großbritannien, die Organisationen und Methoden der Arbeiter nicht nur zur Erlangung höherer Löhne einzusetzen, sondern die ganze bestehende Gesellschaft zu besiegen und eine neue an ihre Stelle zu setzen. Der Versuch mißlang, und dieser Fehlschlag unterbrach die beachtenswerte Entwicklung der frühen Arbeiterbewegungen für ein halbes Jahrhundert.

Ebenso mißlangen die Bestrebungen, die Gewerkschaften in nationale Verbände kooperativer Produzenten zu verwandeln (wie es etwa die Bauarbeitergewerkschaft mit ihrem »Parlament« und ihrer Gilde im Jahr 1834 unternahm), und auch die Bemühungen, auf anderen Wegen zur nationalen kooperativen Produktion und zur *equitable labour exchange* zu gelangen. Durch diese sollten Arbeitszeit und Waren direkt ausgetauscht und so das Geld sowie die Ausbeutung umgangen werden. Die Generalgewerkschaften waren weit davon entfernt, sich den lokalen und den auf einzelne Berufe beschränkten Gewerkschaften überlegen zu zeigen; sie blieben schwerfällig und schwach, obwohl diese Nachteile der Großverbände sich weniger aus ihrem Wesen, als vielmehr aus der mangelnden Disziplin und der Unerfahrenheit der Führung ergaben. Die Erfahrung des Chartismus bewies die damalige Untauglichkeit des Generalstreiks, außer in der Form der sich spontan ausbreitenden Hungeraufstände vor allem im Jahr 1842.

Zum Unterschied von diesen Fehlschlägen bewiesen die Methoden der politischen Agitation des Jakobinismus und des Radikalismus, die nichts spezifisch Proletarisches an sich hatten, ihre Wirksamkeit und ihre Flexibilität. Diese Methoden bestanden in politischen Kampagnen, die mit Hilfe von Presse und Flugschriften, öffentlichen Massenversammlungen und Demonstrationen durchgeführt wurden, zu denen sich, wenn notwendig, auch Unruhen und Aufstände gesellten. Es ist wahr, daß auch solche Kampagnen versagten, wenn sie sich zu hohe Ziele steckten oder die herrschenden Klassen zu sehr beunruhigten. In der Hysterie des zweiten Jahrzehnts des 19. Jahrhunderts neigte man dazu, Truppen gegen jede größere Demonstration einzusetzen, wie in Spa Fields in London, 1816, oder Peterloo in Manchester im Jahr 1819, als zehn Demonstranten getötet und mehrere hundert verletzt wurden. Die Millionen von Unterschriften, die zwischen 1838 und 1848 für die *Peoples Charter* gesammelt wurden, erwiesen sich als nutzlos. Aber politische Kampagnen, die weniger weit zielten, waren von Erfolg gekrönt. Ohne solche Kampagnen hätte es weder die katholische Emanzipation des Jahres 1829 noch die Parlamentsreform von 1832 gegeben und gewiß auch keine einigermaßen funktionierende staatliche Kontrolle der Arbeitsbedingungen in den Fabriken und der Arbeitszeit. So sehen wir immer wieder, wie eine schwachorganisierte Arbeiterklasse ihre Schwäche durch Anwendung politischer Methoden des Radikalismus wettmacht. Die nordenglische »Fabrikagitation« der 1830er Jahre kompensierte die Schwächen der lokalen Gewerkschaften, genauso wie die Massenprotestkampagne gegen das Exil, zu dem die »Tolpuddle«-Märtyrer verurteilt worden waren, dazu verhalf, etwas aus dem Zusammenbruch der »Generalgewerkschaften« des Jahres 1834 zu retten.

Aber die jakobinische Tradition verdankte ihre Stärke, ihre bis dahin einmalige Kontinuität und ihre Fähigkeit, die Massen in Bewegung zu setzen, der für das neue Proletariat so bezeichnenden Solidarität und Loyalität. Was die Proletarier zusammenhielt, war nicht in erster Linie ihre gemeinsame Armut, sondern die Tatsache, daß ihr ganzes Leben auf der Zusammenarbeit und Verläßlichkeit beruhte. Ungebrochene Solidarität war ihre einzige Waffe, weil sie nur so die einzige entscheidende Stärke ihrer Position ausnutzen konnten: ihre kollektive Unersetzbarkeit. »Du sollst keinen Streik brechen« war und blieb das erste Gebot ihres moralischen Kodex. Wer die Solidarität brach (ein »Gelber«), war der Judas der Gemeinschaft. Nachdem sie begonnen hatten, klassenbewußt zu werden, waren ihre Demonstrationen etwas ganz anderes als gelegentliche Ausbrüche eines verzweifelten »Mob«, der zu leicht in die Apathie zurückverfällt. So kam es auch, daß in einer Stadt wie Sheffield ein starker und geschlossener proletarischer Block auftauchte, sobald der Klassenkampf zwischen Proletariern und Bourgeois die örtliche Politik zu beherrschen begann (Anfang der vierziger Jahre). Ende 1847 waren acht Mitglieder des Stadtrates Chartisten, und der nationale Zusammenbruch des Chartismus von 1848 hatte kaum irgendwelche Bedeutung für diese Stadt, wo zwischen zehn- und zwölftausend Arbeiter den Ausbruch der Revolution in Frankreich stürmisch begrüßten. 1849 hatten die Chartisten fast die Hälfte der Sitze im Stadtrat (30).

Den Kampfmethoden der Arbeiterklasse und der jakobinischen Tradition lag jedoch das Substrat einer weit älteren Tradition zugrunde, das die beiden Elemente verstärkte: die Tradition der Rebellion, des gelegentlichen gewaltsamen Protests verzweifelter Menschen. Es hat viele Ausbrüche dieser Art, Aufstände, Maschinenstürme, Stürme auf die Häuser der Reichen gegeben. Im allgemeinen entsprangen sie dem Hunger oder der verwirrten Erbitterung jener, die nicht mehr ein noch aus wußten: So in den Wellen der Maschinenstürme, die aus den Reihen der zum Untergang verurteilten Handindustrien hervorgingen (in der britischen Textilproduktion 1810/11 und dann wieder 1826, in der Textilindustrie des Kontinents Mitte der dreißiger und vierziger Jahre). Manchmal — wie in England — handelte es sich um Kampfmaßnahmen organisierter Arbeiter, die den Maschinen an sich nicht feindlich gegenüberstanden: So unter den Bergarbeitern, den gelernten Textilarbeitern und den Messerschmieden, die politische Mäßigung mit terroristischen Akten gegen ihre nicht gewerkschaftlich organisierten Kollegen verbanden. Manchmal drückte sich in solchen Taten die Unzufriedenheit der Arbeitslosen und Hungernden aus. Wenn eine Revolution heranreifte, konnten solche direkten Aktionen an sich politisch unreifer Elemente eine entscheidende Rolle spielen, besonders wenn sie in Hauptstädten oder anderen politisch wichtigen Orten stattfanden. Sowohl 1830 wie auch 1848 waren es solche Bewegungen, die dazu beitrugen, unbedeutende Ausbrüche der Unzufriedenheit zu verstärken, Protest in Aufstand zu verwandeln.

Die Arbeiterbewegung jener Epoche war somit weder ihrer Zusammensetzung noch ihrer Ideologie oder ihrem Programm nach eine »proletarische« Bewegung im strengen Sinn, das heißt eine Bewegung, die vorwiegend oder sogar ausschließlich aus Industriearbeitern bestand. Sie war eher eine Einheitsfront aller Kräfte und Richtungen, die die hauptsächlich städtischen arbeitenden Massen vertraten. Eine solche Einheitsfront hatte seit langem existiert, aber noch zur Zeit der Französischen Revolution hatte sie unter der Führung und dem Einfluß der liberalen und radikalen Bürger gestanden. Es war, wie wir sahen, der »Jakobinismus« und nicht der »Sansculottismus« — und noch weniger die Bestrebungen des unreifen Proletariats — gewesen, der die Pariser Volkstradition bestimmt hatte. Das änderte sich nach 1815. Die neue Einheitsfront richtete sich immer mehr nicht nur gegen die Monarchie und die Aristokratie, sondern auch gegen das liberale Bürgertum. Was sie verband, waren die Ideologie und das Programm des Proletariats, und das, obwohl die industrielle Fabrikarbeiterklasse erst im Entstehen und politisch weit unreifer war als andere Sektionen der arbeitenden Massen. Sowohl die Armen wie auch die Reichen neigten dazu, »die unterhalb des Bürgerstandes noch übrigbleibende städtische Volksmasse (31)« zum Proletariat oder zur »Arbeiterklasse« zu rechnen. Alle, die beunruhigt waren von dem »immer lebendiger, immer allgemeiner werdenden Gefühl, von der inneren Disharmonie und der Unhaltbarkeit dieser Verhältnisse (32)«, näherten sich dem Sozialismus als der einzigen intellektuell wertvollen Kritik und Alternative.

Eine Militärparade »Unter den Linden« in Berlin im Jahre 1827. Gemälde von G. A. Schrader; Berlin, Nationalgalerie.

Caspar David Friedrich: »Mondaufgang am Meer«;
Berlin, Nationalgalerie.

Das alles spiegelte sich in der Führung der neuen Bewegung
wider. Die aktivsten, kämpferischsten und politisch klarsten
der arbeitenden Armen waren nicht die neuen Fabrikarbeiter,
sondern die gelernten Handwerker, die Arbeiter in den kleinen Heimindustrien, die also im Grund auch jetzt so lebten
wie vor der industriellen Revolution. Die ersten Gewerkschaften entstanden fast überall in den Reihen der Drucker,
Hutmacher, Schneider und in ähnlichen Berufen. Der Kern der
Chartistenführung der englischen Stadt Leeds — und hierbei
handelt es sich um einen typischen Fall — bestand aus einem
ehemaligen Tischler, der nun als Handweber arbeitete, einigen Druckergesellen, einem Buchhändler und einem Woll-
kämmer. Die Mehrzahl der Owenschen Co-operativisten
waren solche »Handwerker und Mechaniker« und gelernte
Arbeiter. Die ersten deutschen Kommunisten der Arbeiterklasse kamen aus den Reihen der wandernden Gesellen,
Schneider, Tischler und Drucker. Es waren immer noch die
Einwohner des alten Handwerkerbezirks von Saint-Antoine,
die sich 1848 gegen die Bourgeoisie erhoben, und nicht wie in
der Kommune von 1871 die des proletarischen Belleville.
Sofern der Fortschritt der Industrie die alten Hochburgen
der »klassenbewußten Arbeiter« zerstörte, unterwühlte diese
Zerstörung die Kraft der frühen Arbeiterbewegung. Zwischen
1820 und 1850 schuf zum Beispiel die britische Bewegung ein
dichtes Netz von Institutionen der Selbsthilfe und der
politischen Erziehung der Arbeiter, wie die *Mechanic's
Institutes* oder die von Owen beeinflußten *Halls of Science*
und andere, deren Zahl 1850 in Großbritannien auf über
700 wuchs, 151 allein nur in der Grafschaft Yorkshire (33),
und hierbei sind die rein politischen Organisationen nicht mit-
gezählt. Aber diese befanden sich bereits im Absteigen und
waren wenig später verschwunden oder bedeutungslos.

In Großbritannien hatten freilich auch die neuen Fabrikarbeiter begonnen, sich zu organisieren und eine Führung
aus ihren eigenen Reihen aufzustellen, mit Anhängern Owens
an der Spitze, wie dem irischen Baumwollspinner John
Doherty und den Bergleuten Tommy Hepburn und Martin
Jude. Auch im Chartismus spielten die Fabrikarbeiter eine
Rolle neben den Handwerkern und Heimarbeitern. Manchmal stellten sie sogar die Führer der Bewegung. Aber Großbritannien bildete noch eine Ausnahme. In anderen Ländern waren die Fabrik- und Bergarbeiter noch immer eher
Opfer als Kämpfer und begannen erst im Verlauf der zweiten
Hälfte des Jahrhunderts, ihr eigenes Schicksal zu schaffen.
Die Arbeiterbewegung war somit ein Werkzeug zur Selbstverteidigung, ein Organ des Protestes, ein Instrument der
Revolution. Aber für die arbeitenden Massen war sie noch
etwas mehr: Sie war eine Lebensform. Die liberalen Bourgeois boten ihnen nichts, die Konservativen versprachen vergeblich die Wiederherstellung der untergehenden traditionellen Institutionen, die auch sonst nicht in ihr Leben hinein-
paßten, in das die Arbeiter nun gedrängt wurden. So schmiedeten sie sich ihre neue Lebensform selbst — in den auf Kampf
gegründeten, kollektivistischen, von anderen Klassen getrennten, idealistischen Gemeinschaften der Arbeiterbewegung, die
ihrem Leben Sinn und Ziel gaben. Dem liberalen Mythos zufolge bestanden die Gewerkschaften aus unfähigen, von unverantwortlichen Agitatoren aufgeputschten Arbeitern. Aber
gerade die schlechtesten Arbeiter blieben den Gewerkschaften
fern, während die intelligentesten und fähigsten am stärksten
für sie eintraten. Dieser glückliche Umstand machte diese
Lebensform zu einer dauerhaften Organisation.
Den Gipfel ihrer Entwicklung erreichten diese »Arbeiter-
welten« wohl damals noch in den alten Heim- und Verlags-

industrien. Da gab es die Gemeinschaft der Lyoner Seidenweber, der ewig aufständischen *canuts,* die sich im Jahr 1831
und nochmals im Jahr 1834 erhoben. Von ihnen schrieb
Michelet: »Weil ihnen diese Welt nicht genügte, schufen sie
sich eine andere im feuchten Dunkel ihrer Gassen, ein morali-
sches Paradies süßer Schwärmereien und Träume (34).« Da
gab es Gemeinschaften, wie die der schottischen Leinenweber:
Republikaner, jakobinische Puritaner, die über die Visionen
Swedenborgs grübelten und sich um ihre Bibliothek, ihren
Lese- und wissenschaftlichen Verein, ihre Akademie der Zei-
chenkunst scharten. Sie unterstützten mit zäher Begeisterung
die Missionstätigkeit unter den Heiden, den Antialkoholismus
und die Kindergärten. In ihren Gärten wetteiferten sie miteinander, die außergewöhnlichsten Blumen zu züchten, sie lasen
ihre eigene literarische Zeitschrift (den *Dunfermline Gasome-
ter* [35]) und waren selbstverständlich alle Chartisten. Das
Klassenbewußtsein, die Kampfbereitschaft, der Haß und die
Verachtung der Unterdrücker gehörten genauso zu dieser Welt
wie die Webstühle, an denen die Menschen woben. Von den
Reichen bekamen sie nichts als ihren Lohn. Was sie im Leben
hatten, dankten sie ihrer eigenen gemeinschaftlichen Arbeit.
Dieser spontane Prozeß der Selbstorganisation beschränkte
sich aber nicht auf die Arbeiter des alten Typs. Man kann ihn
auch in jenen Gewerkschaften sehen, die, oft auf die örtliche
Gemeinschaft primitiver Methodisten gestützt, in den Bergwerken von Northumberland und Durham entstanden und
in den zahlreichen, besonders in Lancashire aufblühenden ge-
selligen Vereinen und Gesellschaften zur Selbsthilfe *(Mutual
and Friendly Societies)* der Arbeiter (36). Er zeigt sich in den
Tausenden von Männern, Frauen und Kindern, die mit
Fackeln in den Kleinstädten von Lancashire zu den chartistischen Demonstrationen kamen, und in der Geschwindigkeit,

mit der sich im Verlauf der 1840er Jahre die neuen Koopera-
tivläden des Rochdale-Typs ausbreiteten.

Dennoch gab es einen Widerspruch zwischen der von den
Reichen so gefürchteten und der wirklichen Kraft der arbeitenden Klassen, ganz zu schweigen von jener des industriellen
Proletariats. Während in den Oberschichten das Gespenst des
Kommunismus umging, waren die großen Massen noch kaum
organisiert. Ihre Proteste äußerten sich mehr in einer »Bewegung« (im wörtlichen Sinn) als in einer Organisation. Was
sogar die größte und umfassendste ihrer politischen Bewegungen, den Chartismus (1838—1848), zusammenhielt, waren
lediglich einige radikale Schlagworte, einige einflußreiche
Volksredner und Journalisten, die zu Wortführern der Armen
wurden (wie Feargus O'Connor, 1794—1855), und ein paar
Zeitungen wie der *Northern Star*. Alle waren durch ihren gemeinsamen Haß gegen die Reichen und Großen verbunden,
wie es aus den Memoiren eines alten Aktivisten hervorgeht (37):

> Wir hatten einen Hund, den wir Rodney nannten. Meine Groß-
> mutter mochte diesen Namen nicht, weil sie sich vorstellte, daß
> Admiral Rodney, nachdem er Lord geworden war, auch ein Feind
> des Volkes wurde. Die alte Dame erklärte mir auch genau, daß
> Cobbett und Cobden zwei verschiedene Männer waren, von
> denen der erste ein Held, der zweite jedoch nur ein bürgerlicher
> Propagandist war. Eines der Bilder, an das ich mich am besten
> erinnere — es stand auf der Kommode neben Stickmustern und
> Zeichnungen, unweit der Porzellanbüste von George Washing-
> ton —, war ein Porträt von John Frost (38). Wie aus einer In-
> schrift am oberen Bildrand hervorging, gehörte es zu einer Serie,
> die »Gemäldegalerie der Volksfreunde« hieß. Über dem Kopf
> des Abgebildeten schwebte ein Lorbeerkranz, und darunter sah

man eine Szene, in der Mister Frost als Fürsprecher einer Gruppe zerlumpter Bettler an die Gerechtigkeit appellierte... Unser häufigster Besucher war ein verkrüppelter Schuster ..., der mit der Genauigkeit eines Uhrwerks jeden Sonntag früh mit einem frischen Exemplar des *Northern Star* erschien, damit einer von uns ihm und anderen »Feargus' Brief« vorlese. Die Zeitung war noch naß und mußte zuerst am Feuer getrocknet werden, dann wurde sie sorgfältig aufgeschnitten, um nicht eine Zeile dieses geheiligten Blattes zu beschädigen. Daraufhin setzte Larry sich nieder, steckte seine Pfeife an und bereitete sich vor, die Botschaft des großen Feargus zu hören, erfüllt von der begeisterten Ehrfurcht eines Gläubigen vor dem Tabernakel.

Es mangelte an Führung und Koordinierung. Der bedeutende Versuch, eine Bewegung in eine Organisation zu verwandeln, die »Generalunion« von 1834/35, brach elend und schnell zusammen. Weder in Großbritannien noch auf dem europäischen Kontinent gab es mehr eine spontane Solidarität der Arbeitergemeinschaften, der Männer, die wie die Seidenweber von Lyon hart lebten und auf den Barrikaden hart starben. Alle diese Bewegungen wurden nur durch gemeinsamen Hunger, durch Elend, Haß und Hoffnung zusammengehalten. Zur Zeit des Chartismus in Großbritannien und auf dem Kontinent waren die Armen hungrig, zahlreich und verzweifelt genug, um sich zu erheben, aber es fehlte ihnen an der Organisation und an der Reife, die ihre Rebellionen in eine dauernde und ernsthafte Gefahr für die bestehende Ordnung hätte verwandeln können. Im Jahr 1848 hatte die Bewegung der arbeitenden Massen noch nichts hervorgebracht, was dem gleichzeitigen Jakobinismus des revolutionären Bürgertums entsprochen hätte.

Ideologie: Religion

Gebt mir ein Volk, dessen brausende Leidenschaft und weltliche Habgier durch Glauben, Hoffnung und Barmherzigkeit gestillt sind; ein
Volk, das die Welt hiernieden als Ort der Pilgerfahrt und das jen-
seitige Leben als seine wirkliche Heimat ansieht; ein Volk, das gelernt hat, gerade seine Armut und sein Leiden mit christlichem
Heldenmut zu ertragen, zu bewundern und zu verehren; ein Volk,
das Jesus Christus als den Erstgeborenen aller Unterdrückten an-
betet und sein Kreuz als das Werkzeug zur Erlösung der Welt liebt.
Gebt mir, sage ich, ein Volk, das so geprägt ist — und der Sozialismus
wird nicht nur leicht zu besiegen sein, sondern auch undenkbar werden.

Civiltà Cattolica (1)

Aber als Napoleon seinen Zug nach Rußland begann, da glaubten sie
in ihm jenen in ihren alten Psalmen bezeichneten Löwen des Tals
Josaphat zu erkennen, der berufen sei, den falschen Kaiser zu
stürzen und den Thron des weißen Zaren wieder aufzurichten. Die
Malakanen aus dem Gouvernement Tambou wählten eine Deputation
aus den Ihrigen, welche, mit weißen Kleidern angetan, ihm entgegen-
gehen und ihn begrüßen sollten.

HAXTHAUSEN,
Studien über Rußland (2)

WAS DIE MENSCHEN ÜBER DIESE WELT DENKEN, ist nicht dasselbe wie die Begriffsformen, in denen sie es tun. Von einer
Handvoll gebildeter und emanzipierter Männer abgesehen,
drückte sich die Weltanschauung der ungeheuren Mehrheit der
Menschen in der Sprache der traditionellen Religionen aus.

Das war so im Verlauf von Jahrhunderten und Jahrtausenden und in fast allen Teilen der Erde. China scheint hierin die einzige große Ausnahme zu bilden. Es ist kennzeichnend, daß es Länder gibt, in denen das Wort »Christ« gleichbedeutend ist mit dem Wort »Bauer« oder sogar »Mensch«. Irgendwann vor dem Jahr 1848 begann dies in den von der Doppelrevolution gewandelten Ländern anders zu werden. Aus einem Himmel, der sich ewig, unveränderlich und unvergänglich über allen Geschöpfen dieser Erde wölbt, wurde die Religion zu einer Art Wolkenbank, einer großen, aber begrenzten und veränderlichen Erscheinung am menschlichen Firmament. Darin bestand die tiefste aller ideologischen Wandlungen, obwohl ihre praktischen Folgen weniger eindeutig und weniger bestimmt waren, als man damals annahm. Auf jeden Fall stand diese Wandlung beispiellos in der Geschichte da.

Das Beispiellose, das Neue war natürlich die Säkularisierung der Massen. Die Oberschichten befolgten die religiösen Riten, schon um dem Volk ein Beispiel zu geben. Aber eine mit genauer Befolgung dieser Riten verbundene religiöse Indifferenz hatte sich seit langem unter emanzipierten Herren verbreittet (3), deren Damen allerdings — wie alle Frauen — weitaus frömmer blieben. Wohlerzogene und gebildete Männer mochten an ein höheres Wesen glauben, das freilich kaum andere Funktionen hatte, als zu existieren, und das sich gewiß weder in menschliche Angelegenheiten einmischte noch eine andere Form der Verehrung erheischte als die einer freundlichen Anerkennung seiner Existenz. Aber ihre Einstellung zur traditionellen Religion war von Verachtung, häufig sogar von offener Feindseligkeit getragen und unterschied sich kaum vom Atheismus. Es wird berichtet, daß der große Mathematiker Laplace, als Napoleon ihn über Gottes Rolle in seiner Himmelsmechanik fragte, zur Antwort gegeben habe: »Sire, ich bedurfte einer solchen Hypothese nicht.« Offener Atheismus war selten; noch seltener aber war unter jenen aufgeklärten Wissenschaftlern, Schriftstellern und Adeligen, die die modischen Geistesrichtungen des 18. Jahrhunderts schufen, ein offenes Bekenntnis zum Christentum. Wenn man von einer Religion sprechen kann, die inmitten der Elite jener Periode blühte, so war es das rationalistische, aufklärerische, antiklerikale Freimaurertum.

Seit dem Ende des 17. und dem Anfang des 18. Jahrhunderts beginnt unter den wohlerzogenen und gebildeten Männern ein Prozeß zunehmender Dechristianisierung, der ebenso aufsehenerregende wie wohltätige Folgen hatte: Allein die Tatsache, daß jene Hexenprozesse, die seit Jahrhunderten eine Plage West- und Mitteleuropas gewesen waren, nun in die Rumpelkammern der Geschichte verschwanden, um sich dort zu den Ketzerprozessen und den Autodafés zu gesellen, genügt, um diesen ideologischen Wandel zu rechtfertigen. Aber der neue Geist blieb im 18. Jahrhundert noch auf die soziale Elite beschränkt. Die Bauernschaft verstand keine andere Sprache als die der Heiligen Jungfrau, der Heiligen und der Bibel — ganz zu schweigen von den alten Göttern und Geistern, die sich hinter der christlichen Fassade verbargen. Unter den Handwerkern gab es freilich Regungen der Irreligiosität, vor allem unter den Schustern, die seit eh und je eine Intellektuellenschicht der arbeitenden Massen gebildet hatten und aus deren Reihen Mystiker, wie Jakob Böhme, hervorgegangen waren. In ihrer Mitte scheinen nun Zweifel an der Existenz eines göttlichen Wesens wachgeworden zu sein. Jedenfalls bildeten sie die einzige Handwerkergruppe Wiens, die mit den Jakobinern sympathisierte, weil es von diesen hieß, sie bestritten die Existenz Gottes. Aber solche Erscheinungen waren vereinzelt und gänzlich bedeutungslos. Mit Ausnahme

einiger weniger nordeuropäischer Zentren, wie Paris und
London, blieben die Massen der Stadtarmut zutiefst religiös
und abergläubisch.

Aber auch in den mittleren Schichten der Gesellschaft war eine
offene Feindseligkeit gegenüber der Religion unpopulär, obwohl die rationalistische, fortschrittsgläubige und antitradi-
tionelle Weltanschauung der Aufklärung so gut zu einer aufsteigenden Bourgeoisie paßte. Aber diese Weltanschauung
blieb mit dem Adel und seiner Immoralität verbunden. Tatsächlich entsprach auch die Lebensweise der ersten »Freidenker«, der *libertins* des 17. Jahrhunderts, der populären
Nebenbedeutung dieses Begriffs. Der *Don Juan* Molières zeigt
jene Vereinigung von Atheismus mit sexueller Ausschweifung
und auch den Abscheu, den ein solches Verhalten im Bürgertum hervorrief. Es gab gute Gründe für die paradoxe Erscheinung, daß gerade die kühnsten Denker, die viel von der
späteren bürgerlichen Ideologie vorwegnahmen — wie Bacon
und Hobbes —, als Menschen so eng mit der alten und korrupten Gesellschaft verbunden waren. Die Armeen der aufstrebenden Bourgeoisien brauchten die Disziplin und die Ordnung
einer strengen Moral, um ihre Schlachten gewinnen zu können. Theoretisch ist diese mit Agnostizismus und Atheismus
durchaus vereinbar, und eine solche Moral bedarf auch des
Christentums nicht: Die *philosophes* des 18. Jahrhunderts
wurden nicht müde zu zeigen, daß die »natürliche« Moral
(die sie unter den edlen Wilden fanden) und die hohen Ansprüche, die der individuelle Freidenker an sich stellte, besser
wären als das Christentum. Aber praktisch waren die Vorteile
der alten Religion und das Risiko des Verzichts auf jegliche übernatürliche Verankerung der Moral ungemein groß.
Das galt nicht nur für die arbeitenden Massen, von denen
man im allgemeinen annahm, sie seien zu unwissend und zu

dumm, um ohne einen sozial nützlichen Aberglauben auskommen zu können, sondern auch für die bürgerlichen Kreise
selbst.

Die nachrevolutionären Generationen Frankreichs bemühen
sich immer wieder, eine der christlichen entsprechende, nicht-
christliche bürgerliche Moral zu schaffen: so den in Rousseaus
Auffassungen gründenden Kult des »höheren Wesens« (Robespierre, 1794) oder verschiedene, auf rationalistischen
Grundlagen errichtete pseudoreligiöse Konstruktionen, die
Zeremonien und Kulte beibehielten, wie die Anhänger Saint-
Simons und Comtes »Religion der Menschheit«. Schließlich
gab man den Versuch auf, die äußeren Formen der alten
religiösen Kulte aufrechtzuerhalten, nicht aber die Bemühungen, ein System der Laienmoral zu schaffen, das auf Grund-
begriffen wie »Solidarität« beruhte, und vor allem die Lehrer-
schaft zu einem säkulären Gegenstück der Priesterschaft zu
machen. Der arme, selbstlose französische *instituteur,* das
offizielle Gegenstück zum Dorf*curé,* der seinen Schülern die
römische Moral der Revolution und des republikanischen
Geistes vermitteln sollte, setzte sich erst unter der Dritten
Republik durch, die auch die politischen Probleme der Errichtung einer bürgerlichen Stabilität auf der Grundlage der
sozialen Revolution — zumindest für die Dauer von siebzig
Jahren — löste. Aber die Idee eines solchen Lehrers findet sich
bereits in Condorcets Gesetz aus dem Jahr 1792, in dem
»Personen, die mit dem Unterricht der Vorschulklassen be-
traut und *instituteurs* genannt werden sollen«, erwähnt werden. In diesem Gesetz finden sich Anklänge an Cicero und
Sallust, die davon sprachen, »ein Gemeinwesen zu gründen«
(instituere civitatem) und die »Moralität von Gemeinwesen
zu gründen« *(instituere civitatum mores)* (4). So blieb die
Bourgeoisie ideologisch gespalten: Einer Minderheit immer

offener redender Freidenker stand eine Mehrheit gläubiger
Protestanten, Juden und Katholiken gegenüber. Aber es war
von historischer Bedeutung, daß der freidenkerische Teil weit
dynamischer und wirkungsvoller war. Obwohl rein zahlenmäßig die Religionsanhänger ungeheuer stark blieben und, wie
wir sehen werden, immer stärker wurden, war die Religion,
um einen Ausdruck aus der Biologie zu gebrauchen, nicht mehr
dominant, sondern rezessiv und ist es in der von der Doppelrevolution verwandelten Welt bis heute geblieben. Es kann
kein Zweifel daran bestehen, daß die große Mehrheit der
nordamerikanischen Bürger gläubig war und verschiedenen,
meist protestantischen Religionsgemeinschaften angehörte.
Aber die Verfassung der Vereinigten Staaten war und ist trotz
aller Versuche, diesen Charakter zu ändern, bis heute agno-
stisch geblieben. Ebenso steht außer Zweifel, daß innerhalb
der britischen »Mittelklassen« jener Periode die protestantischen Pietisten die große und auch wachsende Mehrheit, die
agnostischen Radikalen die Minderheit bildeten. Und doch
hat ein Bentham die Institutionen seiner Zeit weit mehr geprägt als ein Wilberforce.

Der klarste Beweis des entscheidenden Sieges der weltlichen
über die religiöse Ideologie ist zugleich dessen wichtigstes Ergebnis: die Verweltlichung des Kampfes um politische und
soziale Belange, die sich aus der amerikanischen und der
Französischen Revolution ergab. Die Streitfragen der holländischen Revolution des 16. Jahrhunderts und der englischen
des 17. Jahrhunderts wurden in den traditionellen Begriffen
des rechtgläubigen oder ketzerischen Christentums ausge-
fochten. In den neuen revolutionären Ideologien hörte zum
erstenmal in der europäischen Geschichte das Christentum
auf, eine Rolle zu spielen. Die Sprache, die Symbole, die
Gewänder von 1789 haben nichts mehr mit dem Christentum

gemein, wenn wir einige volkstümliche und archaische Versuche außer acht lassen, die tote Sansculotten zu Gegenständen einer den alten Riten nachgebildeten Heiligenverehrung machten. Sprache, Symbole und die ganze Aufmachung waren römisch, und diese Weltlichkeit der Religion zeigt die beachtenswerte politische Hegemonie des liberalen Bürgertums, die ihre besonderen ideologischen Formen einer weit größeren Massenbewegung aufdrückte. Wäre auch nur ein Teil der revolutionären Führung der Französischen Revolution aus den Massen, die diese Revolution tatsächlich machten, hervorgegangen, würde deren Ideologie weit mehr traditionelle Elemente enthalten haben.

Es war somit der Triumph der Bourgeoisie, aus dem die agnostische, weltlich-moralische Aufkläreideologie der Französischen Revolution stammte, und da die Ausdrucksweise dieser Revolution die Grundlage für alle späteren sozial-revolutionären Bewegungen bildet, wurde die Weltlichkeit auch zu deren Wesenszug. Von einigen zweitrangigen Ausnahmen abgesehen — vor allem unter den Intellektuellen, wie den Anhängern Saint-Simons, und einigen wenigen archaischen christlich-kommunistischen Sektierern, wie dem Schneider Weitling (1808—1871)—, war die Ideologie der neuentstehenden Arbeiter- und sozialistischen Bewegungen des 19. Jahrhunderts von Anfang an unreligiös. Der Ruhm eines Thomas Paine (1737—1809), dieses ideologischen Wortführers der radikal-demokratischen kleinen und verarmten Handwerker, gründet sich ebenso auf sein Buch *The Age of Reason (Das Zeitalter der Vernunft*, 1794) — das erste Werk, in dem in volkstümlicher Weise gezeigt wird, daß die Bibel nicht das Wort Gottes war — wie auch auf sein Werk *The Rights of Man (Die Rechte des Menschen,* 1791).

Die Arbeiter in den 1820er Jahren folgten Robert Owen

ebenso wegen seiner Irreligiosität wie wegen seiner antikapitalistischen Einstellung, und lange nach dem Zusammenbruch des Owenismus wurde in Owens *Halls of Science* in
den Städten rationalistische Propaganda weiterverbreitet. Es
hat immer religiöse Sozialisten gegeben, und viele Menschen
waren zugleich religiös und sozialistisch. Aber die Ideologie
der modernen Arbeiter- und sozialistischen Bewegungen, insofern diese überhaupt ideologisch fundiert sind, ist überwiegend auf dem Rationalismus des 18. Jahrhunderts begründet.

Das ist um so überraschender, als die Massen, wie wir bereits
gesehen haben, überwiegend religiös blieben und auch die
natürliche revolutionäre Sprache der Massen traditionsgemäß
christlich und von der Bibel, diesem recht aufwieglerischen
Dokument, beeinflußt waren. Der vorherrschende Säkularis-
mus in den neuen Formen der Arbeiterbewegung spiegelte
die religiöse Indifferenz des neuen Proletariats wider. Aus
heutiger Sicht erscheinen uns die Arbeitermassen der während
der industriellen Revolution entstandenen Städte stark von
der Religion beeinflußt. Nach den Maßstäben der damaligen
Zeit aber waren ihre Irreligiosität, ihre religiöse Indifferenz
und Unwissenheit geradezu erstaunlich, und der britische religiöse Zensus von 1851, der dieses Phänomen aufzeigt, erfüllte
daher viele mit Grauen. All das ergab sich aus dem vollkommenen Versagen der traditionellen Kirchen, ihrer Unfähigkeit, die neuen Städte und die für sie neuartigen Klassen zu durchdringen und zu beeinflussen. 1851 gab es nur für
34% aller Einwohner von Sheffield, für nur 31,2% aller Einwohner von Liverpool und Manchester und nur für 29%
aller Einwohner von Birmingham Platz in den Kirchen. Die
Erfahrung, die ein Priester in einem Dorf sammelte, taugte
nicht für die Seelsorge in Städten oder Elendsvierteln.

Die traditionellen Kirchen vernachlässigten so die neuen
Städte und Klassen und überließen sie — besonders in katholischen und lutheranischen Ländern — dem weltlichen Glauben
der neuen Arbeiterbewegungen, die gegen Ende des 19. Jahrhunderts die Massen eroberten. Da um 1848 die antireligiösen
Bewegungen noch kaum Einfluß auf die Massen hatten, gab
es auch kaum einen Ansporn für die Kirchen, die verlorenen
Schafe wieder einzufangen. Die protestantischen Sekten waren
erfolgreicher, vor allem in Ländern wie Großbritannien, wo
das Sektenwesen zu den traditionellen Erscheinungsformen
der Religion gehörte. Aber auch hier weisen viele Anzeichen
darauf hin, daß deren Erfolg dort am größten war, wo das
soziale Milieu dem der traditionellen Kleinstadt und der
Dorfgemeinschaft am meisten ähnelte — so unter den Landarbeitern, Bergleuten und Fischern. Nur eine Minderheit der
industriellen Arbeiter stand unter dem Einfluß dieser Sekten,
und zweifellos war die Arbeiterklasse als Ganzes weit weniger religiös als jede andere Gruppe der Armen im Verlauf
der ganzen Weltgeschichte.
Die allgemeine Tendenz der Zeit von 1789—1848 ging also
offensichtlich auf Säkularisierung. Die Wissenschaft geriet
immer mehr in Konflikt mit der Heiligen Schrift, und der
Konflikt verschärfte sich, als die Wissenschaftler begannen,
sich mit den Fragen der Evolution zu beschäftigen (s. S. 561 f.).
Unter den kritischen Augen der Historiker, vor allem der
Tübinger Professoren ab 1830, verlor die Bibel den Charakter eines einheitlichen, von Gott inspirierten oder verfaßten
Textes und löste sich in eine Sammlung menschlicher, in verschiedenen Epochen geschriebener Dokumente mit allen
Schwächen menschlichen Geistes auf. Lachmanns *Novum
Testamentum* (1842-1852) bestritt, daß die Evangelien Augen-
zeugenberichte waren, und zweifelte an der Absicht Jesu

Christi, eine neue Religion zu stiften. Das umstrittene
Leben Jesu von David Strauß (1835) eliminierte alle über-
natürlichen Elemente aus der Biographie Jesu. Um 1840
war das gebildete Europa so gut wie reif für den Schock der
Behauptungen eines Charles Darwin. Diese allgemeine Tendenz wurde noch durch die direkten Angriffe vieler Regierungen auf das Eigentum und die Privilegien der Kirchen und
der Geistlichkeit verstärkt. In die gleiche Richtung wirkten
auch die immer klarer zutage tretenden Tendenzen der Regierungen oder anderer weltlicher Stellen, Funktionen zu
übernehmen, die bis dahin besonders in den römisch-katholischen Ländern meist den religiösen Körperschaften überlassen
worden waren, wie die Erziehung und die soziale Wohlfahrt. Zwischen 1789 und 1848 wurden von Neapel bis
Nikaragua Klöster aufgelöst und deren Eigentum verkauft.
Außerhalb Europas griffen natürlich die weißen Eroberer
die Religionen ihrer Untertanen an, sei es bewußt als Verfechter der Aufklärung im Kampf gegen den Aberglauben,
wie die britischen Beherrscher Indiens, die der Witwenver-
brennung und der ritualen Mördersekte der Thugs 1839 ein
Ende bereiteten — sei es, ohne sich klar Rechenschaft über
die Folgen zu geben, die ihre Maßnahmen für ihre Opfer
mit sich bringen würden.

Was die Zahl der Mitglieder von Religionsgemeinschaften
betrifft, war es klar, daß diese mit der Bevölkerungsvermehrung ebenfalls steigen würde. Es gab vor allem zwei
Typen organisierter Religion, die in dieser Zeitspanne die
Fähigkeit zur Ausweitung bewiesen: den Islam und die protestantischen Sekten. Ihre Fortschritte waren um so bemer-
kenswerter, als sie zu anderen Kirchen im Gegensatz standen,
die trotz der von militärischen, politischen und wirtschaft-

lichen Kräften Europas verstärkten Missionstätigkeit die Zahl ihrer Gläubigen kaum vermehrten.

Die systematische protestantische Missionstätigkeit, die vor allem von den Angelsachsen durchgeführt wurde, begann in den revolutionären und in den Napoleonischen Jahrzehnten. Auf die Missionsgesellschaft der Baptisten *(Baptist Missionary Society,* 1792), die Londoner Missionsgesellschaft *(London Missionary Society,* 1795), die Evangelische Missionskirchengesellschaft *(Evangelic Church Missionary Society,* 1799) und die *British and Foreign Bible Society* (1804) folgte die Gründung des *American Board of Commissioners for Foreign Missions* (1810), der Missionsgesellschaften der Amerikanischen Baptisten *(American Baptists,* 1814), der Methodisten *(Wesleyans,* 1813—1818), der Amerikanischen Bibelgesellschaft *(American Bible Society,* 1816), der Schottischen Kirche *(Church of Scotland,* 1824), der *United Presbyterians* (1835), der *American Methodists Episcopalians* (1819) und anderer. Auf dem europäischen Kontinent begannen die Protestanten diese Missionstätigkeit später — trotz der Pioniertätigkeit der Holländischen Missionsgesellschaft (1797) und der Basler Mission (1815) —, in Berlin und dem Rheinland setzte sie in den 1820er Jahren ein, die schwedischen, Leipziger und Bremer Gesellschaften bildeten sich in den 1830er Jahren, die norwegische 1842.

Der römische Katholizismus, dessen Missionstätigkeit stagnierte, trat noch später auf den Plan. Die Gründe für diesen Erguß von Bibeln auf die Heiden, verquickt mit dem Handel, liegen in der religiösen, sozialen und ökonomischen Geschichte Europas und Amerikas. Hier sei nur bemerkt, daß um 1848 die Ergebnisse außer auf einigen Inseln im Pazifik, wie auf Hawaii, ganz unbedeutend waren. Ein Brückenkopf war an der Küste von Sierra Leone errichtet worden (eine Gegend, auf die man

durch die Antisklavereikampagne der 1790er Jahre auf-
merksam geworden war) und in Liberien, das in den 1820er
Jahren zu einem Staat für die befreiten amerikanischen Sklaven wurde. In den Randgebieten der von den Europäern besiedelten Territorien in Südafrika hatten auswärtige Missionare, die weder zur dortigen englischen Staatskirche noch
zur Holländischen Reformierten Kirche gehörten, begonnen,
größere Gruppen von Einwohnern zu bekehren. Doch als
David Livingstone, der berühmte Missionar und Forscher, im
Jahr 1840 nach Afrika kam, waren die meisten Eingeborenen
noch immer so gut wie unberührt von jeglicher Form des
Christentums.

Demgegenüber setzte der Islam ohne großen Lärm seine für
ihn so charakteristische Expansion fort, die von einem Gebiet
auf das andere übergriff und andauerte — ohne jede Missionstätigkeit und ohne irgendeinen Zwang auszuüben. Er
breitete sich sowohl nach dem Osten (Indonesien und Nord-
westchina) wie auch nach Westen vom Sudan zum Senegal
und in geringerem Ausmaß auch auf die Küstengebiete sowie
das indische Binnenland aus. Wenn traditionelle Gesellschaften einen so fundamentalen Wandel durchmachen wie den
ihrer Religion, müssen neue und bedeutsame Probleme vor
ihnen aufgetaucht sein. Zweifellos spielten die islamischen
Händler, die praktisch ein Monopol auf den Handel zwischen
Innerafrika und der äußeren Welt ausübten und deren Zahl
sich vermehrte, eine Rolle, da sie vielen Stämmen die Kenntnisse von der Existenz des Islam vermittelten. Der Islam half
auch, die tiefen Wunden zu heilen, die der Sklavenhandel in
die Stammesgemeinschaften schlug, indem er ein neues Ge-
meinschaftsbewußtsein schuf. Er fand übrigens besonderen
Anklang in den halbfeudalen und militärischen Stämmen des
Sudan. Der Sinn für Unabhängigkeit, sein kämpferischer

Charakter, seine Überzeugung von der eigenen Überlegenheit
dienten als Gegengewicht gegen die Sklaverei: Die Haussa
und andere Sudanesen, die nach Bahia (Brasilien) geschafft
worden waren, erhoben sich zwischen 1807 und dem großen
Aufstand von 1835 neunmal, bis sie alle entweder getötet oder
nach Afrika zurückgeschafft worden waren. Die Sklaven-
händler begannen von da ab den Import aus diesen erst seit
kurzem ihrem Handel offenen Gegenden zu meiden (5).

Während für den Islam in Afrika, wo es noch kaum Europäer
gab, das Element des Kampfes gegen die Weißen noch eine
geringe Rolle spielte, erlangte gerade dieses Element in Südostasien entscheidende Bedeutung. Das war schon lange Zeit
der Fall, seit der Islam sich in diesen Gegenden — wiederum
von Händlern gebracht — auf Kosten der lokalen Kulte und
des niedergehenden Hinduismus auf den Gewürzinseln auszubreiten begonnen hatte. Hier wurde er zu einem wirksame-
ren Mittel des Widerstands gegen die Portugiesen und Holländer als eine Art von »Prä-Nationalismus« und diente auch
als Gegengewicht gegen die vom Hinduismus beeinflußten
Fürsten (6). Im selben Maß, in dem die Fürsten sich in halb-
abhängige Agenten der Holländer verwandelten, verwurzelte
sich der Islam in den Volksmassen. Die Holländer wiederum
sahen, daß die Fürsten im Bund mit den religiösen Führern
imstande waren, einen allgemeinen Volksaufstand auszulösen,
wie es der Javakrieg des Fürsten von Djogjakarta 1825 bis
1830 bewies. Daher wurden sie immer wieder zu einer Bünd-
nispolitik mit den örtlichen Herrschern, also zum System der
indirekten Herrschaft gezwungen. Inzwischen wuchsen Handel und Schiffsverkehr, und damit entstanden engere Beziehungen zwischen den Moslems in Südostasien und Mekka.
Die Zahl der Pilger nahm zu, die indonesischen Moslems
wurden orthodox, und sogar der Einfluß des militanten und

reformerischen Wahhabismus drang aus Arabien in Indonesien ein.

Die Reform- und Renaissancebewegungen, die dem Islam damals eine größere Expansionskraft verliehen, können auch als Widerspiegelungen der europäischen Expansion und der Krise verstanden werden, die die alten islamischen Gesellschaften vor allem des türkischen und des persischen Reiches und vielleicht auch jene des chinesischen Reiches unterwühlten. Die Sekte der puritanischen Wahhabiten war um die Mitte des 18. Jahrhunderts in Arabien entstanden. 1814 hatten sie ganz Arabien erobert und waren dabei, auch in Syrien einzudringen, als sie von den vereinten Kräften des »westlerischen« Mehmed Ali und der Europäer aufgehalten wurden. Dies verhinderte jedoch nicht die Ausbreitung ihrer Lehren nach Osten: über Persien, Afghanistan nach Indien. Vom Wahhabismus inspiriert, gründete der Algerier Sidi Mohammed Ibn Ali el Senussi eine ähnliche Bewegung, die sich in den 1840er Jahren von Tripolis aus über die Sahara ausbreitete. In Algerien selbst entstand unter Abd el Kader eine religiös-politische Bewegung gegen die Franzosen und unter Schamyl im Kaukasus eine ähnliche Bewegung gegen die Russen.

Das waren die ersten Anfänge einer panislamischen Bewegung, die nicht nur auf die Rückkehr zur ursprünglichen Reinheit der Lehre des Propheten, sondern auch auf die Übernahme westlicher Neuerungen gerichtet war. In Persien entstand in den 1840er Jahren eine noch klarere Form nationalistischer und revolutionärer Heterodoxie, die *bab*-Bewegung des Ali Mohammed. In ihr zeigen sich unter anderem Tendenzen zur Rückkehr zu einigen alten Praktiken des Zoroastrismus, auch wurde die Entschleierung der Frauen verlangt.

Die Gärung innerhalb des Islam und seine Expansion waren so bedeutsame Erscheinungen, daß der Religionshistoriker die Zeit von 1789—1848 eigentlich als das Zeitalter der Renaissance des Islam bezeichnen kann. Nichts Ähnliches geschah in anderen nicht-christlichen Religionen, obwohl wir uns am Ende dieser Periode kurz vor dem Ausbruch des großen chinesischen Taiping-Aufstandes befinden, der manche Züge einer solchen religiös-nationalen Massenbewegung trägt. Kleine auf die *évolués* beschränkte religiöse Reformbewegungen entstanden in Britisch-Indien, so die *Brahmo Samaj* von Ram Mohan Roy (1772—1833). In den Vereinigten Staaten begannen sich unter den besiegten Indianerstämmen religiössoziale, prophetische Widerstandsbewegungen gegen die Weißen zu entwickeln, so etwa jene, die den Krieg der größten Indianerföderation unter Tecumseh im Lauf der ersten Jahrzehnte des Jahrhunderts inspirierte, und die Religion des Propheten Handsome Lake (1799), deren Ziel es war, die Lebensweise der Irokesen gegen die Zerstörung durch die Weißen zu schützen. Es ist das Verdienst des klugen und aufgeklärten Thomas Jefferson, daß er diesem Propheten, der einige Elemente der christlichen Religion — besonders von den Quäkern — übernahm, seinen offiziellen Segen gab. Aber die direkten Kontakte zwischen entwickelten kapitalistischen Gesellschaften und animistischen Völkern waren noch zu selten, um viele solcher prophetisch-chiliastischer Bewegungen hervorzubringen, die so typisch für das 20. Jahrhundert wurden. Die Expansion des protestantischen Sektierertums unterscheidet sich von der des Islam dadurch, daß diese fast zur Gänze auf die entwickelten kapitalistischen Länder beschränkt blieb. Ihr Ausmaß kann nicht genau angegeben werden, weil einige Bewegungen dieses Typs (zum Beispiel der deutsche Pietismus oder der englische *Evangelicalism*) innerhalb ihrer jeweiligen Staatskirchen vor sich gingen. Aber daß diese Expansion bedeutend war, kann nicht bestritten werden. Im Jahr 1851

wohnte etwa die Hälfte aller Protestanten Englands und Wales'
Gottesdiensten bei, die nicht von der offiziellen Staatskirche
abgehalten wurden. Die außergewöhnlichen Erfolge der Sekten resultierten vor allem aus der religiösen Entwicklung seit
1790 oder, besser gesagt, seit den letzten Jahren der Napoleonischen Kriege. Im Jahr 1790 zählten die Wesleyanischen
Methodisten im Vereinigten Königreich nur 59 000 Mitglieder, im Jahr 1850 hatten sie zusammen mit den von ihnen
ausgehenden Gruppen bereits zehnmal so viele Anhänger
(7). In den Vereinigten Staaten ging ein ähnlicher Prozeß von
Massenbekehrungen vor sich, durch die die Zahl der Baptisten, Methodisten und in geringerem Ausmaß auch der Presbyterianer auf Kosten der früher dominierenden Kirchen-
gemeinden gewaltig anwuchs: Um 1850 gehörten fast drei
Viertel aller Kirchenmitglieder in den USA diesen drei Gemeinschaften an (8). Die Spaltung von Staatskirchen und das
Entstehen von Sekten kennzeichnen die Religionsgeschichte
dieser Epoche auch in Schottland (die »große Spaltung«
von 1843), in den Niederlanden, in Norwegen und anderen
Ländern.

Die Gründe für die geographische und soziale Begrenzung
des protestantischen Sektenwesens sind klar. In römisch-
katholischen Ländern gab es keine Möglichkeiten und keine
Tradition öffentlicher Sekten. Hier führte der Bruch mit der
Staatskirche oder der vorherrschenden Religion eher zu einer
Dechristianisierung der Massen (besonders der Männer) als
zu Schismen (9). Und umgekehrt war der protestantische
Antiklerikalismus in den angelsächsischen Ländern das genaue
Gegenstück zum atheistischen Antiklerikalismus auf dem
europäischen Kontinent. In katholischen Ländern drückte sich
religiöse Ekstase *(revivalism)* eher in der Form neuer emotio-
naler Kulte der Verehrung irgendeines wundertätigen Hei-

ligen oder in Pilgerfahrten aus, die nicht aus dem Rahmen der römisch-katholischen Religion ausbrachen. Der eine oder andere von den Heiligen dieser Jahre wurde in weiten Kreisen bekannt und verehrt (so zum Beispiel der Curé d'Ars, 1786 bis 1859, in Frankreich). Unter dem orthodoxen Christentum Osteuropas konnten sich leichter Sekten bilden, und in Rußland hatte die zunehmende Krise einer rückständigen Gesellschaft seit dem Ende des 17. Jahrhunderts ebenfalls eine Anzahl von Sekten hervorgebracht. Einige von diesen, wie die sich selbst kastrierenden Skopzen, die Duchoborzen der Ukraine und die Malakanen, entstanden im späten 18. Jahrhundert und in der Napoleonischen Zeit, während die »Altgläubigen« aus dem 17. Jahrhundert stammen. Jedoch waren die Klassen, die einen besonders günstigen Nährboden für solche Sekten bildeten — kleine Handwerker, Händler, für den Markt produzierende Bauern und andere, Vorläufer der Bourgeoisie und auch bewußte Bauernrevolutionäre —, nicht zahlreich genug, um eine große Sektenbewegung hervorbringen zu können.

In den protestantischen Ländern lagen die Dinge ganz anders. Hier — vor allem in Großbritannien und den USA — waren die Auswirkungen der kommerziellen und individualistischen Gesellschaft am stärksten, und es gab eine alte Tradition des Sektenwesens. Ihre Exklusivität und ihre Betonung der individuellen Beziehung zwischen Mensch und Gott, ihre moralische Strenge appellierten an die Gefühle der aufsteigenden Unternehmer und kleinen Geschäftsleute. Die finstere, unbarmherzige Theologie mit dem Schwerpunkt auf Hölle, Verdammung und der Notwendigkeit persönlicher Erlösung übte eine starke Anziehungskraft auf Leute aus, die ein hartes Leben in einem harten Milieu führten: Siedler, Pioniergemeinschaften, die an der Grenze der Zivilisation lebten,

Seeleute, kleine Farmer, Bergleute und ausgebeutete Handwerker. Eine solche Sekte konnte sich somit leicht in eine demokratische Vereinigung Gleicher verwandeln, in eine Gemeinde von Gläubigen ohne soziale oder religiöse Hierarchie, und das wiederum machte sie dem Mann aus dem Volk sympathisch. Ihre Ablehnung eines komplizierten Rituals und einer gelehrten Doktrin förderte die Entstehung von Propheten und Predigern aus dem Volk. Die weiterwirkende chiliastische Tradition konnte zum Ausdruck sozialen Rebellentums werden. Endlich ergab sich aus dem großen Wert, den diese Sekten auf eine gefühlsmäßig überwältigende persönliche »Bekehrung« legten, eine Tendenz zur religiösen »Massenerweckung« von hysterischer Intensität. In solchen Zeremonien konnten Männer und Frauen ein Mittel finden, aus den drückenden Verhältnissen einer Gesellschaft zu entfliehen, die keine Möglichkeit für die Äußerung von Gefühlen geschaffen und jene der Vergangenheit zerstört hatte.

Es war ihr Erweckungscharakter, der vor allem zur Verbreitung dieser Sekten beitrug. In England erwuchs die neue Kraft des protestantischen Nonkonformismus aus der intensiv gefühlsmäßigen, durch und durch irrationalen, ganz auf persönliche Erlösung eingestellten Religiosität John Wesleys (1703 bis 1791) und seiner Methodisten. Die neuen Sekten und Richtungen waren anfangs unpolitisch, manchmal sogar, wie die Methodisten, entschieden konservativ, da sie sich von der Außenwelt abkehrten und der persönlichen Erlösung oder dem Sonderleben der Gemeinden zuwandten. Daher glaubten sie im allgemeinen nicht an die Möglichkeit, die weltliche Ordnung durch kollektive Aktionen grundlegend ändern zu können. Ihre »politischen« Energien wurden für moralische und religiöse Kampagnen verwendet, wie für die Auslandsmissionen, den »Feldzug« für die Abschaffung der Sklaverei oder

gegen den Alkoholismus. Die politisch aktiveren und radikaleren Sektierer gehörten eher zu den älteren, gelassenen und
ruhigeren nonkonformistischen und puritanischen Gemeinden, die im 17. Jahrhundert entstanden waren, sich kaum
ausdehnten und in denen sich unter dem Einfluß des Rationalismus des 18. Jahrhunderts ein intellektualistischer Deis-
mus entwickelte. Das waren die Presbyterianer, die Kon-
gregationalisten, die Unitarier und die Quäker.
Die neuen Sekten vom Typ der Methodisten waren anti-
revolutionär, und die britische Immunität gegen Revolutionen
während jener Zeit ist sogar, doch irrtümlicherweise, deren
wachsendem Einfluß zugeschrieben worden.
Die soziale Zusammensetzung der neuen Sekten aber stand
im Widerspruch zu ihren theologischen Bestrebungen der
Weltflucht. Sie fanden ihre meisten Anhänger innerhalb jener
Schichten, die zwischen den Reichen und Mächtigen auf der
einen, den arbeitenden Massen der traditionellen Gesellschaft
auf der anderen Seite standen, also in jenen, die gerade in
das Bürgertum aufstiegen, oder jenen, die dabei waren, in das
neue Proletariat abzusinken — allgemein gesagt, der zwischen
Ober- und Unterschicht gelagerten heterogenen Menge kleiner
und unabhängiger Existenzen. All diese Menschen neigten
grundsätzlich zu einem jakobinischen oder Jeffersonianischen
Radikalismus oder wenigstens zu einem gemäßigten bürgerlichen Liberalismus. Der britische »Nonkonformismus« und
die meisten protestantischen Kirchen der USA tendierten
politisch zur Linken, obwohl die britischen Methodisten ein
halbes Jahrhundert brauchten, um die konservative Einstellung ihres Gründers zu überwinden. Diese Entwicklungszeit
war nach fünf Jahrzehnten, reich an Spaltungen und inneren
Krisen, erst um 1848 abgeschlossen.
Die ursprüngliche Einstellung der Ablehnung der Außenwelt

blieb nur unter den ganz Armen und den sozial Entwurzelten erhalten. Aber darin trat oft eine primitiv revolutionäre Haltung zutage, die sich in den Nöten der nachnapoleonischen Jahre in chiliastischen Voraussagen eines baldigen Weltendes äußerte und mit den Prophezeiungen der Apokalypse übereinstimmte. Die britischen »Irvingiten« kündigten das Ende der Welt für das Jahr 1835 und dann für 1838 an. In den USA sagte William Miller, der Gründer der »Adventisten des siebenten Tages«, einer Sekte, die 50 000 Anhänger und 3000 Prediger gezählt haben soll, den Weltuntergang für 1843, dann für 1844 voraus. Solche Stimmungen waren vor allem in Gegenden verbreitet, wo kleine unabhängige Farmer und Händler in besonderem Maß von der Entfaltung der modernen kapitalistischen Wirtschaft bedroht waren, wie etwa in Teilen des Staates New York. Das dramatischste Produkt dieser Religiosität waren die Mormonen *(Latter Day Saints)*, eine Sekte, die von Joseph Smith begründet wurde. Gott hatte sich ihm in den 1820er Jahren nahe von Palmyra (New York) geoffenbart, und der so erleuchtete Prophet führte seine Anhänger in einem Exodus in ein fernes Zion, auf dem sie schließlich in die Wüste von Utah gelangten. Das waren auch die Schichten, die am meisten zur kollektiven Hysterie, der »Erweckungsmassenkundgebungen«, neigten, entweder weil diese sie aus der Härte und Eintönigkeit ihres Lebens erlöste (»Wo es keine anderen Unterhaltungsmöglichkeiten gibt, werden manchmal *Revivals* an deren Stelle treten«, bemerkte eine Dame von den Fabrikmädchen von Essex [10]) oder weil in ihnen eine vorübergehende Gemeinschaft einzelner Individuen entstand. In seiner modernen Form entstand der *Revivalism* in den Grenzgebieten Nordamerikas. Das »Große Erwachen« begann um 1800 in den Appalachen mit gigantischen Zusammenkünften im Freien. An einem solchen Treffen in Kane

Ridge im Staat Kentucky nahmen zehn- bis zwanzigtausend Menschen teil. Vierzig Prediger sprachen zu ihnen, und es kam zu erstaunlichen Szenen orgiastischer Hysterie. Männer und Frauen verrenkten sich in Verzückung, tanzten, bis sie zusammenbrachen, verfielen zu Tausenden in Trancezustände, hatten Visionen oder bellten wie Hunde. Weltabgeschiedenheit oder die Härte des täglichen Lebens förderten diese Art von Religiosität, die nach 1808 von wandernden Predigern nach Europa gebracht wurde und eine proletarisch-demokratische Abspaltung von den Methodisten (die »Primitiven Methodisten«) hervorrief. Die neue Sekte fand viele Anhänger unter den nordenglischen Bergleuten und Kleinbauern, den Nordseefischern, Landarbeitern und den unterbezahlten und überarbeiteten Heimarbeitern Mittelenglands. Solche Ausbrüche religiöser Hysterie fanden periodisch (in Südwales 1807—1809, 1828—1830, 1839—1842, 1849 und 1859 [11]) statt, und in diesen Jahren nahm auch die Zahl der Sektenmitglieder besonders zu.

Die Entstehung der Sekten kann nicht auf vereinzelte Ursachen zurückgeführt werden. Manche dieser Perioden, in denen die Sektenreligiosität besonders stark war, fielen in Zeiten besonderer sozialer Spannungen und Unruhe; zum Beispiel vermehrten sich die Methodisten besonders schnell in Krisenjahren. Manchmal fiel aber eine solche Zeit des Aufschwungs der Sektengläubigkeit mit einer schnellen ökonomischen Erholung zusammen, die auf eine Depression folgte. Gelegentlich wurde sie von Katastrophen, wie den Choleraepidemien, hervorgerufen, die auch in anderen christlichen Ländern von religiösen Phänomenen begleitet waren.

Rein vom Standpunkt der religiösen Geschehnisse betrachtet, war diese Zeit in Europa durch ein Zusammentreffen zunehmender Säkularisierung und religiöser Gleichgültigkeit mit einem Wiedererwachen der Religiosität in ihren extremsten emotionalen Formen gekennzeichnet. An einem Pol steht Tom Paine, am anderen der Adventist William Miller. Dem offen atheistischen, mechanischen Materialismus des deutschen Philosophen Feuerbach (1804—1872) standen in den 1830er Jahren die anti-intellektuellen jungen Männer der »Oxford-Bewegung« gegenüber, die die wörtliche Glaubwürdigkeit der frühmittelalterlichen Heiligenleben verfochten. Aus ihrem Kreis kam der spätere Kardinal J. H. Newman.

Doch diese Rückkehr zu einer kämpferischen, auf die Worte der Heiligen Schrift schwörenden, altmodischen Religion hatte drei Aspekte:

Für die Massen war der Glaube das wichtigste Mittel, der finsteren und unmenschlichen, bedrückenden Gesellschaft des bürgerlichen Liberalismus zu entrinnen. Um mit Marx — doch bei weitem nicht nur mit ihm allein — zu sprechen, war die Religion »das Herz einer herzlosen Welt, der Geist geistloser Zustände... das Opium des Volkes« (12). In einer Welt, die für Arme keine Ausdrucksmöglichkeiten hatte, erwuchsen aus der religiösen Renaissance neue Lebensformen und Institutionen, in denen politisch zurückgebliebene Menschen ihre Unzufriedenheit und ihre Bestrebungen ausdrücken konnten. Die neue Religiosität mit ihrer Gefühlsbetontheit und ihrem Aberglauben war ein Protest gegen eine von rationaler Berechnung beherrschte Gesellschaft und gegen eine offizielle Religion, die vor allem von den Interessen der Oberklassen geformt war.

Für die aus den Massen aufsteigende Bourgeoisie konnte die Religion eine mächtige moralische Stütze, eine Rechtfertigung ihrer eigenen sozialen Existenz gegenüber der Verachtung und dem Haß der traditionellen Oberschichten sein und zum

Motor ihres Strebens werden. Die Sektenreligiosität befreite
sie von den Ketten dieser traditionellen Gesellschaft, recht-
fertigte ihre Profite, legitimierte ihre Härte gegenüber den
Armen und fiel mit ihren Handelsinteressen zusammen: Man
brachte den Heiden zugleich Kultur und Waren, ohne sich
sonderlich um ihr Seelenheil zu sorgen.

Für die Monarchien und Aristokratien, für alle, die an der
Spitze der gesellschaftlichen Pyramide standen, war die Religion eine Quelle sozialer Stabilität. Sie hatten aus der Französischen Revolution gelernt, daß die Kirche die stärkste
Stütze der Throne war. Fromme und analphabetische Völker,
wie die Süditaliener, die Tiroler, die Spanier oder die Russen,
hatten mit dem Segen und manchmal unter der Führung ihrer
Priester die Waffen ergriffen, um ihre Kirche und ihre Herrscher gegen Ausländer, Ungläubige und Revolutionäre zu verteidigen. Solche Völker waren mit dem Leben der Armut zufrieden, zu dem Gott sie ausersehen hatte. In Einfachheit und
Schlichtheit erkannten sie die Herrscher an, die das Schicksal
über sie gestellt hatte, und sie blieben unempfänglich für die
aufruhrstiftenden Krankheiten der Vernunft. Für die konservativen Regierungen der Zeit nach 1815 — und das heißt
für alle Regierungen des europäischen Kontinents — gehörte
also die Förderung der Religionen und der Kirchen ebenso zu
den Notwendigkeiten der Politik wie die Organisation der
Polizei und die Zensur. Der Priester, der Polizist und der
Zensor waren zu den Hauptstützen der Reaktion im Kampf
gegen die Revolution geworden.

Die meisten Regierungen begnügten sich mit der Einsicht, daß
der Jakobinismus eine Bedrohung und die Kirchen eine Stütze
der Throne waren. Für eine Anzahl romantischer Intellektueller und Ideologen hatte das Bündnis von Thron und Altar
jedoch eine tiefere Bedeutung: Es sollte die alte, organische

Gesellschaft vor den zersetzenden Einflüssen des Rationalismus und Liberalismus beschützen. Eine solche Ordnung entsprach nach ihrer Ansicht der tatsächlichen Tragik des Menschenlebens weit besser als alle rationalistischen Gesellschaftsmodelle.

In Frankreich und England spielten weder solche Rechtfertigungen noch die romantische Sehnsucht nach einer tragischen und persönlichen Religion eine größere politische Rolle. Der bedeutendste Erforscher solcher menschlicher Seelentiefen, der Däne Sören Kierkegaard (1813—1855), stammte aus einem kleinen Land und war zu seinen Lebzeiten weitgehend unbekannt. In den deutschen Staaten und in Rußland, diesen Bastionen der monarchistischen Reaktion, nahmen jedoch romantisch-reaktionäre Intellektuelle an der Politik teil: als Verfasser von Manifesten und Programmen, als Beamte und auch als persönliche Ratgeber mancher geistig nicht ganz ungestörter Herrscher (wie Alexander I. von Rußland und Friedrich Wilhelm IV. von Preußen). Im ganzen gesehen, waren aber die Friedrich Gentz und Adam Müller zweitrangige Figuren, und ihre religiöse Mittelalterbegeisterung, der ein Metternich mißtraute, diente vor allem dazu, das Wirken der Polizei und der Zensoren, auf die sich ihre Könige stützten, ideologisch zu verbrämen. Die Heilige Allianz von Rußland, Österreich und Preußen, die 1815 zur Aufrechterhaltung der europäischen Ordnung zustande kam, beruhte nicht auf der von ihr offiziell verkündeten Mystik, sondern einfach auf der Entschlossenheit, jede staatsgefährdende Bewegung mit Hilfe preußischer, österreichischer oder russischer Waffen zu unterdrücken. Im übrigen neigten wirklich konservative Regierungen dazu, allen, sogar den reaktionären Intellektuellen und Ideologen, zu mißtrauen: Das Ende war in Sicht, wenn man einmal den Gedanken an die Stelle des Gehorsams setzte.

Friedrich Gentz, der Sekretär Metternichs, schrieb 1819 an Adam Müller (13):

> Es bleibt bei meinem Satze: »Es soll zur Verhütung des Miß-
> brauchs der Presse binnen ... Jahren *gar nichts* gedruckt wer-
> den. Punktum.« Dieser Satz als Regel, mit äußerst wenigen
> Ausnahmen, die ein Tribunal von anerkannter Superiorität zu
> bestimmen hätte, würde uns in kürzester Zeit zu Gott und Wahr-
> heit zurückführen.

Obgleich so den antiliberalen Ideologen eine geringe politische
Bedeutung zukommt, müssen ihre Flucht vor dem Grauen des
Liberalismus und ihre Preislieder auf die gottgefällige und
organische Vergangenheit den Religionsforscher interessieren;
denn daraus erwuchs eine neue Popularität des römischen
Katholizismus in den Reihen sensibler junger Männer aus
den oberen Klassen. War denn der Protestantismus nicht etwa
ein direkter Vorgänger des Individualismus, des Rationalismus und des Liberalismus? Wenn eine wahrlich religiöse Gesellschaft das einzige Heilmittel gegen die Krankheiten des
19. Jahrhunderts war, welche Gesellschaft war religiöser als
die katholische des Mittelalters (14)? Wie immer drückte
Gentz diese Gedanken mit einer Klarheit aus, die durchaus
nicht dem Thema entsprach (15):

> Der Protestantismus ist die erste, wahre und einzige Quelle aller
> ungeheuren Übel, unter welchen wir heute erliegen. Wäre er
> bloß räsonierend geblieben, so hätte man ihn, da das Element
> desselben einmal tief in der menschlichen Natur steckt, dulden
> müssen und können. Indem sich aber die Regierungen bequem-
> ten, den Protestantismus als eine erlaubte religiöse Form anzu-
> erkennen, ... war sofort die religiöse, moralische und politische
> Weltordnung aufgelöst. Was wir erlebt haben, war nur eine not-
> wendige Folge und die natürliche Entwicklung jenes ersten, un-
> ermeßlichen Frevels. Die ganze Französische Revolution und die

noch schlimmere, die Deutschland bevorsteht, sind aus der näm-
lichen Quelle geflossen.

So flohen exaltierte junge Männer vor den Schrecken des Intellekts in die weit offenen Arme Roms. Einige begannen im
Zölibat und in selbstquälerischer Askese nach den Lehren der
Kirchenväter zu leben, andere begnügten sich mit einer leidenschaftlichen Hingabe an die seelisch und ästhetisch befriedigenden Zeremonien und Riten des Katholizismus. Meist
kamen sie aus protestantischen Ländern — die deutschen Romantiker waren meist Preußen. Das im angelsächsischen
Raum bekannteste Beispiel solcher Richtungen ist die »Oxford-
Bewegung« der 1830er Jahre: Es bewies seinen britischen
Charakter dadurch, daß nur einige der jungen Eiferer, die auf
diese Weise den Geist der reaktionärsten und obskuranti-
stischsten aller Universitäten ausdrückten, tatsächlich zur
römisch-katholischen Kirche übertraten, wie etwa der begabte J. H. Newman (1804—1890). Die übrigen gingen auf
einen Kompromiß ein und fanden ihren Platz als »Rituali-
sten« innerhalb der anglikanischen Kirche, deren katholisches
Wesen sie betonten und die sie — zum Entsetzen der mehr
zum Protestantismus neigenden Anglikaner — mit Meß-
gewändern, Weihrauch und anderen päpstlichen »Abscheu-
lichkeiten« zu füllen versuchten. Diese Richtung blieb ein
Rätsel für die traditionell katholischen Familien aus dem
Adel, für die die Religion einfach zum Stammbaum gehörte,
und auch für die Massen der irischen Tagelöhner, die immer
mehr zur Grundlage des britischen Katholizismus wurden.
Auch die umsichtigen und realistischen Geistlichen des Vatikan
standen dem Eifer der Neubekehrten mit einem gewissen
Mißtrauen gegenüber, aber da diese aus erstklassigen Familien
stammten und die beginnenden Bekehrungen in der Oberschicht sehr wohl auch von Bekehrungen der sozial tiefer-

stehenden Schichten gefolgt sein konnten, hieß man sie willkommen und sah in ihrem religiösen Wandel ein erfreuliches
Zeichen der steigenden Macht der römischen Kirche.

Die liberalen Wühler und Ketzer waren aber auch innerhalb
der alteingewurzelten Kirchen und Religionen — im römischen Katholizismus, in den protestantischen Staatskirchen
und innerhalb des Judentums — am Werk. Für die katholische
Kirche war ihr Hauptwirkungsbereich vor allem Frankreich,
und ihr bedeutendster Vertreter war Hugues-Félicité Robert
de Lamennais (1782—1854), der als romantischer Konservativer begann, dessen spätere revolutionäre Idealisierung
des Volkes ihn jedoch nahe an den Sozialismus brachte. Lamennais' *Paroles d'un Croyant* (1834) empörte die Regierungen, die kaum darauf vorbereitet waren, mit einer so zuver-
lässigen, der Aufrechterhaltung des *status quo* dienenden
Waffe wie dem Katholizismus einen Dolchstoß in den Rücken
zu erhalten, und Lamennais' Lehren wurden von Rom bald
verurteilt. Da Frankreich jedoch seit langem für religiöse Abweichungen von Rom empfänglich war, blieb der liberale
Katholizismus dort lebendig. Auch in Italien wurden einige
katholische Denker, wie Rosmini und Gioberti (1801—1852),
der Vorkämpfer für ein liberales, unter dem Papsttum ge-
eintes Italien, vom mächtigen revolutionären Strom der
1830er und 1840er Jahre in seine Wirbel hineingezogen. Doch
im ganzen verstärkte sich der entschiedene und kämpferische
Antiliberalismus der italienischen Kirche.

Protestantische Minderheiten und Sekten standen natürlich
dem Liberalismus vor allem in politischen Fragen näher: Ein
französischer Hugenotte mußte zumindest ein gemäßigter
Liberaler sein (wie etwa Guizot, der führende Minister unter
Louis-Philippe). Protestantische Staatskirchen wie die angli-
kanische und die lutheranische waren konservativ, aber ihre

Theologen waren gegenüber historischer Bibelkritik und rationalistischer Forschung weniger widerstandsfähig. Die Juden waren natürlich dem liberalen Strom in dessen ganzer Stärke ausgesetzt. Kulturelle Emanzipation wurde zum Ziel aller emanzipierten Juden. Die extremsten der *évolués* verließen ihre alte Religion und wurden offizielle Christen oder lediglich Agnostiker, wie der Vater von Karl Marx oder Heinrich Heine, der jedoch entdeckte, daß für die Außenwelt die Juden auch dann Juden bleiben, wenn sie nicht mehr in die Synagoge gehen. Die weniger extremen wurden Träger eines gemilderten, liberalen Judentums. Nur in den finsteren Ghettos der Kleinstädte ging das von Torah und Talmud beherrschte Leben seinen alten Gang.

13

Die weltliche Ideologie

(Mister Bentham) vergnügt sich damit, hölzerne Figürchen auf seiner
Drehbank zu drechseln, und glaubt, Menschen ebenso zurechtstutzen
zu können. Er hat keine große Zuneigung zur Dichtkunst, und Shakespeare sagt ihm recht wenig . . . Sein Haus wird mit Dampfkraft ge-
heizt und erleuchtet. Er ist einer von den Leuten, die in fast allen
Dingen das Künstliche dem Natürlichen vorziehen, und er hält den
menschlichen Geist für allmächtig. Für Landschaft, grüne Felder und
Bäume hat er nur Verachtung, denn er bezieht alles nur auf seine
Nützlichkeit.

W. HAZLITT, *The Spirit of Age* (1825)

Die Kommunisten verschmähen es, ihre Ansichten und Absichten zu
verheimlichen. Sie erklären es offen, daß ihre Zwecke nur erreicht
werden können durch einen gewaltsamen Umsturz aller bisherigen
Gesellschaftsordnung. Mögen die herrschenden Klassen vor einer kommunistischen Revolution zittern, die Proletarier haben nichts in ihr
zu verlieren als ihre Ketten. Sie haben eine Welt zu gewinnen. Proletarier aller Länder, vereinigt euch.

KARL MARX UND FRIEDRICH ENGELS,
Manifest der Kommunistischen Partei (1848)

VOM STANDPUNKT DER QUANTITÄT überwog die religiöse
Ideologie der Jahrzehnte zwischen 1789 und 1848 die weltliche. Vom Standpunkt der Qualität war es umgekehrt. Mit
recht wenigen Ausnahmen gebrauchten alle bedeutenden Denker jener Zeit, unabhängig von ihrem persönlichen Glauben,

eine nicht-religiöse Sprache. Viel von dem, was sie lehrten, und
von dem, was der Durchschnittsmensch ohne weitere Überlegungen als selbstverständlich hinnahm, werden wir bei der
Behandlung der Wissenschaften und Künste darlegen, einiges
davon haben wir bereits erwähnt. Hier soll unsere Aufmerksamkeit dem wichtigsten aus der Doppelrevolution erwachsenen Thema gelten: dem Wesen und Werden der menschlichen
Gesellschaft und der Richtung, in der sie sich entwickelte oder
entwickeln sollte. Diese Frage spaltete die Zeitgenossen in zwei
große Lager: Auf der einen Seite standen jene, die mit der
Entwicklungsrichtung einverstanden waren, also die Anhänger des Fortschritts, auf der anderen Seite seine Gegner. Im
Grund gab es nur eine ernst zu nehmende Weltanschauung,
der eine Anzahl anderer Ansichten gegenüberstand (die, so
originell sie auch sein mochten, auf eine negative Kritik
hinausliefen): die triumphierende rationalistische, huma-
nistische Weltanschauung der Aufklärung, die sich im 18.
Jahrhundert durchgesetzt hatte. Ihre Verfechter glaubten fest
und mit Recht, daß die Menschheit im Verlauf der Geschichte weder absteige noch sich in Zyklen bewege, sondern
im Aufstieg begriffen sei. Sie sahen, wie das Wissen der Menschen und seine Beherrschung der Natur ständig wuchsen.
Sie glaubten daran, daß die menschliche Gesellschaft und der
Einzelmensch mit Hilfe der Vernunft vervollkommnet werden könnten und daß die Geschichte sie dazu bestimmt hatte,
sich zu vervollkommnen. In diesem Punkt waren die revolutionären proletarischen Sozialisten einer Meinung mit den
bürgerlichen Liberalen.

Bis 1789 wurden diese Auffassungen am deutlichsten und am
eindringlichsten vom klassischen bürgerlichen Liberalismus
formuliert. Seine grundlegenden Anschauungen waren im
Verlauf des 17. und des 18. Jahrhunderts erarbeitet worden

und liegen somit außerhalb unserer Untersuchung. Ihr Ergebnis war eine klare und scharfformulierte Weltanschauung, deren wichtigste Vertreter, wie nur zu erwarten war, in Frankreich und Großbritannien auftraten: rigoros in ihrem Rationalismus und ihrer Weltlichkeit, durchdrungen von der Überzeugung, daß die menschliche Vernunft imstande sei, alles zu verstehen und alle Probleme zu lösen, während alle Tradition, aller Irrationalismus—einschließlich aller Religion, mit Ausnahme der »natürlichen« — die Wirklichkeit nur verdunkelten, statt sie zu erhellen. In ihren Auffassungen neigten alle diese Denker zum Materialismus oder Empirismus, was einer Ideologie entsprach, die ihre Kraft und ihre Methoden aus den Wissenschaften — vor allem aus der Mathematik und Physik der wissenschaftlichen Revolution des 17. Jahrhunderts — bezog. Ihre grundlegenden Annahmen in bezug auf Natur und Gesellschaft waren durch einen alles durchdringenden Individualismus gekennzeichnet, der weit mehr der Introspektion bürgerlicher Einzelmenschen und der Beobachtung ihres Verhaltens als den *a priori*-Grundsätzen entsprang, aus denen er sich vermutlich ergab und der in der »Psychologie« (das Wort existierte 1789 noch nicht) der »Assoziationisten« seinen Ausdruck fand, die der Mechanik des 17. Jahrhunderts entsprach.

Kurz gesagt: Für den klassischen Liberalismus bestand die menschliche Gesellschaft aus in sich geschlossenen, einander gleichen (1) individuellen Atomen, von denen ein jedes mit bestimmten eingebauten Leidenschaften und Trieben versehen und bestrebt war, die größtmögliche Befriedigung zu erlangen und die Unlust soweit als möglich zu vermindern, und sich »natürlich« gegen jede äußere Einmischung und Beschränkung seiner Triebbefriedigung wehrte. Mit anderen Worten: Jeder Mensch hatte ein »natürliches« Recht auf Le-

ben, Freiheit und auf Streben nach Glück — wie es in
der amerikanischen Unabhängigkeitserklärung heißt —, obwohl die logischsten liberalen Denker es vorzogen, die Terminologie des Naturrechts zu vermeiden. Bei der Verfolgung
seines eigenen Interesses würde das Individuum es inmitten
der Anarchie gleicher Konkurrenten vorteilhaft oder unvermeidlich finden, mit anderen Individuen Beziehungen anzu-
knüpfen. Die Gesellschaft und die einzelnen sozialen und
politischen Gruppen bestanden aus Netzen solcher Beziehungen, die auf etwas beruhten, was man oft mit dem kommerziellen Terminus als »Kontrakt« bezeichnete. Aus solchen
Ordnungen und Vereinigungen ergab sich eine Einschränkung
der natürlichen Freiheit des Menschen, seiner Möglichkeit,
das zu tun, was ihm beliebte; eine der Aufgaben der Politik
war es, solche Einschränkungen auf ein Mindestmaß zu reduzieren. Abgesehen von biologisch begründeten Gruppen, wie
der Kleinfamilie, war der Mensch des klassischen Liberalismus — der sich literarisch in der Figur des *Robinson Crusoe*
widerspiegelt — nur insofern ein soziales Wesen, als er
in großer Zahl auftrat. Die Ziele der Gesellschaft konnten
nichts anderes sein als die arithmetische Summe der Ziele der
Individuen. Da das Glück (ein Begriff, der jenen, die ihn zu
definieren versuchten, fast ebenso viele Schwierigkeiten bereitete wie jenen, die ihm nachjagten) das höchste Ziel des
Individuums war, so wurde selbstredend das größtmögliche
Glück der größtmöglichen Anzahl von Einzelmenschen zum
Ziel der Gesellschaft.

In Wirklichkeit vertraten nur einige recht taktlose Philosophen, wie Thomas Hobbes im 17. Jahrhundert, oder ungemein selbstsichere Wortführer der Bourgeoisie, wie die
britische Gruppe von Denkern und Journalisten um Jeremias
Bentham (1748—1832), James Mill (1773—1836) und vor

allem die klassischen politischen Ökonomen, diesen reinen
»Utilitarismus«, der alle menschlichen Beziehungen auf die
eben beschriebenen Grundsätze zurückführte. Andere waren
verschiedener Ansicht, und dies aus zwei Gründen: Erstens
entsprach die Ideologie, die alles mit Ausnahme der rationalen Berechnung des eigenen Interesses als hochtönenden
Unsinn *(nonsense on stilts* — »Unsinn auf Stelzen«, wie
Bentham sagte) betrachtete, einigen mächtigen Instinkten
des bürgerlichen Verhaltens, dem sie zum Sieg zu verhelfen
vorgab (2). So konnte man zeigen, daß sich vom Standpunkt
des rationalen Selbstinteresses eine weit größere Einmischung
in die »natürliche Freiheit« des Individuums — in das, was
ihm zu tun beliebte, und das, was es zu behalten verdient
hatte — rechtfertigen ließ, als allen genehm war. (Thomas
Hobbes, dessen Werke die britischen Utilitaristen ehrfurchts-
voll sammelten und herausgaben, hatte tatsächlich gezeigt,
daß das obenerwähnte Prinzip *a priori* Beschränkungen der
Staatsmacht ausschloß, und auch die Benthamiten traten dort
für Verstaatlichungen ein, wo sich daraus ebensogut wie aus
dem *laissez-faire* eine Vergrößerung des Glücks für eine größere Zahl ergeben würde.) Daher zogen es viele vor, die an der
Aufrechterhaltung des Privateigentums, des privaten Unternehmertums und der individuellen Freiheit interessiert waren,
den metaphysischen Begriff des »Naturrechts« an Stelle der
»Nützlichkeit« zu gebrauchen. Zweitens aber war eine solche
Philosophie, die Moral und Pflicht ausschloß, dazu angetan,
den Sinn für die Gerechtigkeit der ewigen Ordnung der Verhältnisse, auf dem die soziale Stabilität beruhte, unter den
unwissenden Armen zu erschüttern.
Dies waren die Gründe, daß der Utilitarismus niemals dazu-
kam, die bürgerliche Ideologie zu monopolisieren. Er lieferte
die schärfste Axt, mit der man alle jene traditionellen Ein-

richtungen fällen konnte, die keine befriedigenden Antworten auf die triumphalen Fragen finden konnten: Ist das vernünftig? Ist es nützlich? Trägt dies zur Vergrößerung des Glücks der größtmöglichen Zahl bei? Aber der Utilitarismus war weder geeignet, eine Revolution zu inspirieren, noch, sie zu verhindern. John Locke — mit all seinen philosophischen Schwächen — wurde zum beliebtesten Denker des Vulgärliberalismus, denn er hatte wenigstens das Privateigentum als eines der grundlegenden »natürlichen Rechte« vor allen Eingriffen sichergestellt. Die französischen Revolutionäre zogen es vor, ihre Forderung nach freiem Unternehmertum in der Form des allgemeinen natürlichen Rechtes auf Freiheit auszudrücken. Statt des ursprünglichen Entwurfs: *Tout citoyen est libre d'employer ses bras, son industrie et ses capitaux comme il juge bon et utile à lui-même ... Il peut fabriquer ce qui lui plaît* (3) ..., hieß es in der Endfassung der Erklärung der Menschenrechte: *L'exercise des droits naturels de chaque homme n'a de bornes que celles qui assurent aux autres membres de la société la jouissance des mêmes droits* (3a).

Das politische Denken des klassischen Liberalismus ist also weit schwächer, als es seiner Macht als revolutionäre Kraft entspricht. Sein ökonomisches Denken ist freier von den Hemmungen, die seiner politischen Ideologie zum Verhängnis gerieten. Das lag zum Teil daran, daß die bürgerliche Überzeugung vom Triumph des Kapitalismus weit stärker war als das Vertrauen in die politische Kraft der Bourgeoisie gegenüber dem Absolutismus und dem unwissenden Mob, zum Teil aber auch daran, daß die klassische Auffassung von der Natur und dem natürlichen Zustand des Menschen weit besser zum Wesen des Marktes als zum Wesen der Menschheit paßte. Daher bildet die klassische politische Ökonomie zusammen mit den Werken von Hobbes das eindrucksvollste intellektuelle Denkmal der liberalen Ideologie. Die Blütezeit der klassischen Ökonomie liegt etwas vor der Epoche, die in diesem Buch analysiert wird. Sie wird 1776 mit der Veröffentlichung von Adam Smith's (1723—1790) *Wealth of Nations (Untersuchung über das Wesen und die Ursachen des Volkswohlstandes)* eröffnet, erreicht ihren Höhepunkt 1817 mit der Veröffentlichung der *Prinzipien der politischen Ökonomie* von David Ricardo (1772—1823), und im Jahr 1830 beginnt ihr Abstieg beziehungsweise ihre Verwandlung. In vulgarisierter Form erfreute sie sich aber während unserer ganzen Periode bei den Geschäftsleuten steigender Popularität.

Die soziale Beweisführung von Adam Smith war sowohl elegant wie auch beruhigend. Allerdings bestand nach ihm die Menschheit im wesentlichen aus souveränen Individuen mit einer bestimmten psychologischen Konstitution, die im Wettstreit miteinander ihre eigenen Interessen verfolgten. Aber man konnte zeigen, daß ihre Tätigkeiten, wenn sie sich nur möglichst ungehindert entfalten konnten, nicht nur eine »natürliche« (im Gegensatz zur »künstlichen«, von aristokratischen Interessen, Obskurantismus, Tradition und unwissender Einmischung bestimmten) Ordnung der Gesellschaft, sondern auch das schnellstmögliche Wachstum des »Wohlstands der Nationen«, also des Komforts und der Wohlfahrt, und damit des Glückes aller hervorbringen würden. Die natürliche Ordnung beruhte auf der gesellschaftlichen Arbeitsteilung. Man konnte wissenschaftlich *beweisen,* daß die Existenz einer Klasse von Kapitalisten, die die Eigentümer der Produktionsmittel waren, allen zugute kam, auch den Lohnarbeitern, die für die Kapitalisten arbeiteten; ebenso klar konnte bewiesen werden, daß es den Interessen Großbritanniens und Jamaikas entsprach, daß Großbritannien Industriegüter und Jamaika Rohzucker herstellte. Denn das

Wachstum des Wohlstands der Völker ging mit dem Ansteigen des Privateigentums der privaten Unternehmungen und der Akkumulation des Kapitals Hand in Hand, und es ließ sich aus der Theorie auch ableiten, daß die Anwendung jeder anderen Methode das Anwachsen des Wohlstands verlangsamen oder aufheben würde. Die wirtschaftlichen Ungleichheiten, die sich unvermeidlicherweise aus der Betätigung des Menschen ergaben, widersprachen weder der natürlichen Gleichheit der Menschen noch der Gerechtigkeit. Denn ganz abgesehen davon, daß auch der Ärmste ein besseres Leben führen konnte, als er es sonst hätte führen können, war diese Wirtschaft auf einer Beziehung der Gleichheit begründet — nämlich auf dem Austausch von Äquivalenten auf dem Markt. Wie ein moderner Autor es ausdrückte: »Niemand hing vom Wohlwollen anderer ab; für alles, was man von irgend jemandem erhielt, gab man ein Äquivalent zum Austausch. Darüber hinaus würde das freie Spiel der Kräfte jene Positionen zerstören, die nicht auf der Mitwirkung an der Vergrößerung des gemeinsamen Wohlergehens gegründet waren (4).«

So war der Fortschritt ebenso »natürlich« wie der Kapitalismus: Man beseitigt die künstlichen Hindernisse, die von der Vergangenheit errichtet wurden, und er wird sich unaufhaltsam durchsetzen; es war selbstverständlich, daß der Fortschritt der Produktion mit dem Fortschritt in den Künsten, Wissenschaften und in der Kultur im allgemeinen Hand in Hand gehen würde. Man soll nicht meinen, daß Männer, die solche Ansichten vertraten, nur das Sonderinteresse der Geschäftsleute im Auge hatten. Es waren Männer, die glaubten, daß der Fortschritt der Menschheit sich durch den Kapitalismus vollziehen würde; und diese Meinung war damals historisch berechtigt.

Die Macht dieser dem Optimismus eines Pangloss entsprechenden Anschauungen beruhte nicht nur auf ihrer
damals als unwiderlegbar angesehenen Fähigkeit, ihre ökonomische Theorie deduktiv zu beweisen, sondern vor allem
auf dem offensichtlichen Fortschritt des Kapitalismus und
der Zivilisation des 18. Jahrhunderts. Umgekehrt begann
der Niedergang der klassischen Ökonomie nicht nur, weil
und als Ricardo innere Widersprüche des Systems entdeckte,
die Smith übersehen hatte, sondern weil die tatsächlichen
wirtschaftlichen und sozialen Folgen des Kapitalismus weniger glücklich zu sein schienen, als man es vorausgesagt hatte.
Während der ersten Hälfte des 19. Jahrhunderts verwandelte
sich die politische Ökonomie aus einer rosigen und glücklichen
in eine »düstere« Wissenschaft. Natürlich konnte man immer
noch behaupten, daß sich im Elend der Armen, die (wie
Malthus in seinem berühmten *Essay on Population,* 1798,
erklärt hatte) dazu verurteilt waren, am Rande des Ver-
hungerns zu vegetieren, oder die — wie Ricardo zugab — unter
der Einführung der Maschinen litten (5), trotzdem das Glück
der größtmöglichen Zahl verwirkliche; nur war dieses Glück
weniger groß, als man hätte erhoffen können. Aber die Tatsache und die erheblichen Schwierigkeiten, auf die die kapitalistische Expansion von 1810 bis etwa in die 1840er Jahre
traf, verringerten den Optimismus und spornten die kritischen Untersuchungen an, die sich besonders mit der *Distri-
bution* der Güter und nicht mit ihrer *Produktion,* auf die
Smith's Generation ihr Interesse konzentriert hatte, beschäftigten.
David Ricardos politische Ökonomie, ein Meisterwerk de-
duktiver Strenge, brachte also wesentliche Elemente der
Dissonanz in die natürliche Harmonie, auf die die früheren
Ökonomen so fest gebaut hatten. Ricardo betonte sogar weit

mehr als Smith einige Faktoren, von denen man annehmen konnte, daß sie die den wirtschaftlichen Fortschritt bewegende Maschine zum Stillstand bringen würden, wie die Tendenz zum Fall der Profitrate. Darüber hinaus arbeitete er die allgemeine Arbeitswerttheorie aus, die in etwas abgeänderter Form in ein machtvolles Argument gegen den Kapitalismus verwandelt werden konnte. Trotz alledem verschaffte seine technische Denkmeisterschaft zusammen mit der leidenschaftlichen Unterstützung der praktischen, von den meisten britischen Geschäftsleuten erstrebten Ziele (Freihandel und Kampf gegen die Grundbesitzer) der klassischen politischen Ökonomie einen noch höheren Platz in der liberalen Ideologie. In der nachnapoleonischen Epoche zogen so die Sturmtruppen der britischen Bourgeoisie, mit einer Kombination von Benthams Utilitarismus und der Ökonomie Ricardos ausgerüstet, in den Kampf. Die großen Leistungen von Smith und Ricardo, die sich auf die Entwicklung der britischen Industrie und des britischen Handels stützen konnten, verwandelten die politische Ökonomie in eine im wesentlichen britische Wissenschaft und degradierten die französischen Ökonomen, die im 18. Jahrhundert zusammen mit den Briten an der Spitze der wissenschaftlichen Entwicklung gestanden hatten, zu Vorläufern und Helfern und die nichtklassischen Ökonomen zu einer kleinen Schar von Freischärlern. Die klassische Ökonomie wurde demgemäß zu einem wesentlichen Symbol des liberalen Fortschritts. In Brasilien wurde 1808 — lange bevor Frankreich daran dachte — ein Lehrstuhl für Ökonomie errichtet, auf dem zunächst Professoren, die die Lehren Smith's, des französischen Ökonomen J. B. Say und des utilitaristischen Anarchisten William Godwin vertraten, saßen. Kaum war Argentinien unabhängig geworden, als an der neuen Universität von Buenos Aires

1823 die politische Ökonomie auf der Grundlage der bereits
übersetzten Werke von Ricardo und James Mill gelehrt zu
werden begann; und in Kuba wurde der erste Lehrstuhl schon
1818 errichtet. Daß das wirtschaftliche Verhalten der lateinamerikanischen Herrscher den europäischen Finanziers und
Ökonomen die Haare zu Berge stehen ließ, hinderte diese
Herrscher nicht daran, der ökonomischen Orthodoxie ergeben zu sein.

Die politische Ideologie des Liberalismus war, wie schon erwähnt, bei weitem nicht so klar, noch so einheitlich. Theoretisch enthielt sie den Utilitarismus Seite an Seite mit Neu-
bearbeitungen der uralten Naturrechtsauffassungen, wobei
die letzteren die Oberhand behielten. In seinem praktischen
Programm war der Liberalismus gespalten: in einen Glauben
an die Volksregierung, das heißt an die Herrschaft der Mehrheit, und in die Forderung nach der Vorherrschaft einer besitzenden Elite — also in den »Radikalismus« und den »Whig-
gismus«, um die britischen Ausdrücke zu gebrauchen. Die erste
Auffassung entsprach sowohl der Logik wie auch der Tatsache, daß Revolutionen wie auch erfolgreiche Reformen nicht
aus Argumenten der Bürger, sondern aus der Kampfkraft
der Massen hervorgingen (6). Die zweite entsprach aber den
wirklichen Interessen weit besser. Denn wenn das Volk, also
die Mehrheit, herrschte, wenn daraufhin unvermeidlicherweise die Interessen der Minderheit denen der Mehrheit zum
Opfer fielen — wie konnte man dann von der Mehrheit
»der zahlreichen und ärmsten Klassen (7)« erwarten, daß sie
im Sinn der Bourgeoisie Freiheit und Vernunft aufrechterhalten würde?

Vor der Französischen Revolution fürchtete man in dieser
Hinsicht hauptsächlich die Unwissenheit und den Aberglauben der Massen, die sich so oft von Priester und König

mißbrauchen ließen. Aus der Revolution selbst erwuchs ein
zusätzlicher Grund der Beunruhigung — ein linkes, anti-
kapitalistisches Programm, das unbewußt (oder sogar, wie
manche behaupten, bewußt) in gewissen Aspekten der Jako-
binerdiktatur vorhanden war. Gemäßigte ausländische Whigs
erkannten die neue Gefahr sehr schnell: Edmund Burke,
dessen ökonomische Ideologie ganz von Adam Smith her-
kam (8), zog sich in der Politik auf den offen irrationalen
Glauben an die Tugenden der Tradition, der Kontinuität und
des organischen Wachstums zurück, die seither zur theoretischen
Hauptwaffe des Konservativismus geworden ist. Praktische
Liberale des europäischen Kontinents wandten sich von der
politischen Demokratie ab und zogen eine konstitutionelle,
auf einem Zensuswahlrecht beruhende Monarchie oder gar
einen altmodischen Absolutismus vor, der ihre Interessen
garantierte. Nach 1793/94 war nur eine besonders unzufriedene oder besonders selbstsichere Bourgeoisie, wie die
Großbritanniens, bereit, mit James Mill zu glauben, daß sie
die Unterstützung der arbeitenden Massen sogar in einer demokratischen Republik werde erhalten können.

Die sozialen Spannungen, revolutionären Bewegungen und
die sozialistischen Ideologien der nachnapoleonischen Jahre
verschärften das Dilemma, und die Revolution von 1830
brachte die Widersprüche zum Ausdruck. Liberalismus und
Demokratie erschienen eher als Gegner denn als Verbündete,
und die dreifache Losung der Französischen Revolution —
»Freiheit, Gleichheit, Brüderlichkeit« — als eine Formulierung des Widerspruchs und nicht der Einheit.

Wie zu erwarten, wurde dies in der Heimat der Revolution,
Frankreich, am klarsten gesehen. Von allen liberalen Kri-
tikern der Demokratie hatten die Werke von Alexis de
Tocqueville (1805—1859), der mit bemerkenswert scharfer In-

telligenz erst die Tendenzen der amerikanischen Demokratie (1835) und dann die der Französischen Revolution untersuchte, die Zeiten am besten überstanden — nicht zuletzt darum, weil gemäßigte Liberale nach 1945 ihre Geistesverwandtschaft mit ihm entdeckten. Das erklärt sich schon aus einer Behauptung Tocquevilles: »Aus dem 18. Jahrhundert fließen, wie aus einer gemeinsamen Quelle, zwei Ströme, von denen der eine die Menschheit zu freiheitlichen Institutionen, der andere zur absoluten Gewalt trägt (9).« Auch in England offenbart sich ein scharfer Kontrast zwischen den Auffassungen von James Mill, der fest auf die Fähigkeiten der Bourgeoisie vertraute, die Demokratie führen zu können, und der tiefen Sorge um die Rechte der von der Mehrheit gefährdeten Minderheiten, die in dem Essay seines feinfühligen Sohnes, John Stuart Mill, *Über die Freiheit* (1859), zum Ausdruck kommt.

Während die liberale Ideologie so ihren ursprünglichen Schwung und ihr Selbstvertrauen verlor — manche Liberale begannen sogar, an der Unvermeidlichkeit und Wünschbarkeit des Fortschritts zu zweifeln —, übernahm die neue Ideologie des Sozialismus die Wahrheiten des 18. Jahrhunderts und formulierte sie neu. Der Sozialismus beruhte auf dem festen Glauben an die Vernunft, die Wissenschaft und den Fortschritt. Was die Sozialisten unserer Epoche von den Vorkämpfern für eine perfekte, auf Gemeineigentum begründete Gesellschaft unterscheidet, die so häufig im Verlauf der menschlichen Geschichte aufgetaucht waren, das ist ihre unbedingte Bejahung der industriellen Revolution, die den modernen Sozialismus erst möglich machte. Graf Claude de Saint-Simon (1760—1825), der traditionell als der erste »utopische Sozialist« gilt, obwohl er eine etwas mehrdeutige

Stellung einnimmt, war zuerst und vor allem ein Apostel des
»Industrialismus« und der »Industriellen« — zwei Worte,
die er geprägt hat. Seine Schüler wurden Sozialisten, technologische Neuerer oder Finanziers und Industrielle — manche
waren eines nach dem anderen. So nimmt der Saint-Simonismus einen besonderen Platz sowohl in der Geschichte des
Kapitalismus wie auch in der antikapitalistischen Bewegung
ein. Ein erfolgreicher Pionier der Baumwollindustrie Englands, Robert Owen (1771—1858), gründete sein Vertrauen
in eine bessere Gesellschaft sowohl auf den Glauben an die
Perfektibilität der menschlichen Natur, die durch soziale
Veränderungen verwirklicht werden konnte, als auch auf die
Aussichten auf einen allgemeinen Wohlstand, die von der
industriellen Revolution eröffnet wurden. (Friedrich Engels
war ebenfalls, wenn auch widerwillig, als Geschäftsmann in
der Baumwollindustrie tätig.) Keiner der neuen Sozialisten
wollte die Uhr der gesellschaftlichen Evolution zurückdrehen,
wovon allerdings viele ihrer Anhänger träumten. Sogar Charles Fourier (1772—1837), der von allen Begründern des Sozialismus dem Industrialismus gegenüber am skeptischsten
war, meinte, daß die Lösung jenseits des Industrialismus läge
und nicht durch Rückschritt zu erreichen wäre.

Im übrigen konnte man ja gerade die Argumente des klassischen Liberalismus, die dem Aufbau der kapitalistischen
Gesellschaft gedient hatten, gegen diese verwenden. Das
Glück war, wie Saint-Just mit Recht erklärt hatte, »eine
neue Idee in Europa (10)«. Aber nichts lag näher, als das —
gewiß nicht erreichte — größtmögliche Glück der größtmöglichen Zahl mit dem Glück der arbeitenden Massen
gleichzusetzen. Es fiel William Godwin, Robert Owen, Thomas Hodgskin und anderen Bewunderern Benthams daher
auch nicht schwer, die Verfolgung des Glücks von dem ego-

istischen Interesse des einzelnen zu trennen. »Das erste und
notwendige Ziel aller Existenz ist das Glück«, schrieb Robert
Owen, »aber das Glück kann nicht individuell erreicht werden. Wenn nicht alle seiner teilhaftig werden, dann werden
es auch die wenigen nicht genießen (11).« Noch wichtiger war,
daß die klassische politische Ökonomie in der ihr von Ricardo
gegebenen Prägung gegen den Kapitalismus gewendet werden
konnte. Darum betrachtete die Bourgeoisie nach 1830 Ricardos Lehren mit Mißtrauen oder sogar — wie der Amerikaner Carey (1793—1879) — als Quelle der Inspiration für
Agitatoren und gesellschaftsfeindliche Elemente. Wenn, wie
es die klassische Ökonomie behauptete, die Arbeit die Quelle
allen Reichtums war, wie kam es dann, daß die Masse der
Produzenten am Rande des Elends lebte? Die Ursache dafür
hatte Ricardo entdeckt, obwohl er sich davor gescheut hatte,
die Konsequenzen aus seiner Theorie zu ziehen. Der Kapitalist eignete sich unter der Form des Profits den Überschuß
an, den der Arbeiter über jenen Wert hinaus geschaffen hatte,
den er in der Form des Lohns erhielt. (Daran änderte auch
die Tatsache nichts, daß ein Teil dieses Überschusses in die
Taschen der Gutsbesitzer floß.) Mit anderen Worten: Der
Kapitalist beutete den Arbeiter aus. Es genügte, die Kapitalisten loszuwerden, um die Ausbeutung abzuschaffen. Bald
erwuchs in Großbritannien eine Schule von »Arbeiter-
ökonomen«, die sich auf Ricardos Lehren stützten und diese
in der gewünschten Richtung weiterentwickelten.
Hätte der Kapitalismus tatsächlich das hervorgebracht, was
man von ihm in den Tagen der optimistischen Ökonomen
erwartete, dann hätten solche Kritiken keinen Widerhall gefunden. Die weitverbreitete Meinung, die annimmt, es gäbe
unter den Armen viele »Revolutionen des wachsenden Lebensstandards«, ist falsch. Aber diese waren auch nicht not-

wendig. In den Jahren, in denen sich der Sozialismus als Ideologie herausbildete, das heißt von Robert Owens *New View of Society* (1813/14[12]) zum *Kommunistischen Manifest* (1848), stachen jedem die ökonomische Depression, das Fallen der Geldlöhne und die große technologische Arbeitslosigkeit ins Auge. Es lag auf der Hand, daraus Zweifel an der Zukunft der kapitalistischen Wirtschaft abzuleiten (13). So waren die Kritiker in der Lage, nicht nur die Ungerechtigkeit der neuen Wirtschaftsordnung, sondern auch die Mängel ihres Funktionierens, ihre »inneren Widersprüche« anzugreifen. Mit ihren durch Antipathie geschärften Augen entdeckten sie (Sismondi, Wade, Engels) die zyklische Fluktuation oder die »Krisen« des Kapitalismus, die dessen Apologeten übersehen und deren bloße Möglichkeit nach dem »Gesetz« von J. B. Say (1767—1832) ausgeschlossen war. Die Kritiker konnten die Tatsache kaum übersehen, daß die zunehmende Ungleichheit der Verteilung des Nationaleinkommens der Periode (»in der die Reichen immer reicher und die Armen immer ärmer wurden«) kein Zufall war, sondern sich aus dem Kapitalismus selbst ergab. Kurz gesagt — sie vermochte nicht nur zu zeigen, daß der Kapitalismus ungerecht war, sondern daß er schlecht zu funktionieren schien und, sofern er funktionierte, Resultate hervorbrachte, die recht verschieden waren von denen, die seine Vorkämpfer vorausgesagt hatten.

Bis zu diesem Punkt bedienten sich die neuen Sozialisten lediglich der Argumente des klassischen französisch-britischen Liberalismus, aus dem sie allerdings Konsequenzen zogen, die die bürgerlichen Liberalen zu ziehen nicht bereit waren. Die von ihnen propagierte neue Gesellschaft sollte auch nach wie vor auf dem traditionellen Fundament der humanistisch-liberalen Ideale errichtet werden. Eine Welt, in der alle glücklich sein würden und in der jedes Individuum sich frei entfalten konnte, in der die Freiheit verwirklicht und der Zwang verschwunden sein würde, war das gemeinsame Endziel aller Liberalen und Sozialisten. Was die verschiedenen Ströme der ideologischen Familie trennte, die alle aus der Quelle des Humanismus und der Aufklärung flossen — den liberalen, den sozialistischen, den kommunistischen, den anarchistischen —, war nicht jene sanfte Anarchie, die alle als Endziel priesen, sondern es waren die Methoden, dieses Ziel zu erreichen. Und an diesem Punkt trennte sich der Sozialismus von der klassisch-liberalen Tradition.

Zunächst brach der Sozialismus radikal mit der liberalen Auffassung, daß die Gesellschaft ein bloßes Aggregat oder die Summe individueller Atome sei, die vom Selbstinteresse bewegt werden und miteinander konkurrieren. Die Sozialisten kehrten damit zur ältesten aller ideologischen Traditionen der Menschheit, zur Auffassung des Menschen als eines Gemeinwesens, zurück. Die Menschen sind von Natur aus dazu bestimmt, miteinander zu leben und einander beizustehen. Die Gesellschaft entsprang nicht aus einer bedauerlichen, wenn auch unvermeidlichen Einschränkung des natürlichen Rechts jedes einzelnen, das zu tun, was ihm beliebte, sondern gehörte zum menschlichen Wesen. Nur in der Gesellschaft und als Teil der Gesellschaft konnte der Mensch sich äußern, glücklich werden und sich individualisieren. Die Idee eines Adam Smith, derzufolge die soziale Gerechtigkeit auf dem Austausch von Äquivalenten auf einem Markt beruhte, war ihnen unverständlich oder erschien ihnen als unmoralisch. Das gemeine Volk stimmte seit eh und je solchen Auffassungen zu, auch wenn es außerstande war, sie klar zu formulieren. Viele Kritiker des Kapitalismus protestierten gegen die offensichtliche »Entmenschung« der bürgerlichen Gesellschaft. (Im technischen Begriff der »Entfremdung«, der von den Hegelianern und vom jungen Marx verwendet wurde, spiegelt sich die uralte Auffassung der Gesellschaft als einer »Heimat« des Menschen und nicht als Rahmen und Ergebnis individueller, voneinander unabhängiger Tätigkeiten wider.) Die meisten dieser vorsozialistischen Kritiker hatten die Zivilisation, den Rationalismus, die Wissenschaft und die Technik für diese Entmenschung verantwortlich gemacht. Die neuen Sozialisten lehnten diese Einstellung bewußt ab — im Gegensatz zu den früheren Revolutionären vom Handwerkertypus, wie Jean-Jacques Rousseau und dem Dichter William Blake. Aber sie teilten mit diesen nicht nur das traditionelle Ideal der Gemeinschaft als eines Heims der Menschen, sondern auch die uralte Auffassung, daß die Menschen einstmals vor dem Entstehen des Eigentums und der Klassen in Harmonie zusammengelebt hatten. Dies hatte Rousseau dazu geführt, die Primitiven zu idealisieren, und andere, theoretisch gröbere, radikale Autoren zum Glauben an den Mythus des ursprünglich freien Volkes von Brüdern, das unter das Joch fremder Herrscher (wie die Sachsen unter die Normannen, die Gallier unter die Germanen) geraten war. »Das Genie«, sagte Fourier, »muß den Weg zum ursprünglichen Glück wiederentdecken und es den Bedingungen der modernen Industrie anpassen (14).« Der primitive Kommunismus wurde über die Epochen und die Ozeane hinweg zum Urmodell des Kommunismus der Zukunft.

Darüber hinaus argumentierten jedoch die Sozialisten in einer Weise, die, wenn sie auch nicht gänzlich aus der liberalen Tradition herausfiel, so doch in ihr keine große Rolle gespielt hatte: Sie betonten die Entwicklung und die Geschichte. Die klassischen Liberalen und die frühesten der modernen Sozialisten beriefen sich im Kampf gegen das Künstliche und das Irrationale auf die Natur und die Vernunft: Jetzt, da der

Fortschritt der Aufklärung gezeigt hatte, was vernünftig war, mußte man lediglich die Hindernisse wegräumen, die der freien Entfaltung des Rationalen im Weg standen. In der Tat neigten die »utopischen« Sozialisten (die Saint-Simonianer, Owen, Fourier und andere) zur Auffassung, es genüge, die Wahrheit zu verkünden, um alle gebildeten und vernünftigen Menschen zu ihr zu bekehren. Daher bestanden die Bemühungen um die Verwirklichung des Sozialismus anfangs in einer Propaganda, die sich an die gebildeten Klassen wandte — die Arbeiter, die großen Nutzen aus dem Sozialismus ziehen würden, waren ja unglücklicherweise unwissend und rückständig —, und in der Errichtung von sozialistischen »Versuchsstationen«, in Gestalt von kommunistischen Kolonien und genossenschaftlichen Unternehmungen, die meist in den unbesiedelten Gebieten Amerikas gegründet wurden, wo keine hemmenden Traditionen existierten. Owens *New Harmony* war im nordamerikanischen Staat Indiana; in den Vereinigten Staaten bestanden etwa 34 importierte oder in Nordamerika entstandene Fourieristische »Phalanges«, zahlreiche von Cabets christlichem Kommunismus inspirierte Kolonien usw. Die Anhänger Saint-Simons, die weniger zu Gemeinschaftsexperimenten neigten, hörten nie auf, nach einem aufgeklärten Despoten Umschau zu halten, der ihre Vorschläge verwirklichen würde, und glaubten, ihn während einer gewissen Zeit sogar in Mehmed Ali, dem Herrscher von Ägypten, gefunden zu haben.

Es ist natürlich richtig, daß auch die klassische rationalistische Suche nach einer guten Gesellschaft ein historisches Element enthielt, weil jede Fortschrittsideologie den Glauben an eine Evolution, vielleicht sogar an eine unvermeidliche, bestimmte Stufen durchlaufende geschichtliche Entwicklung enthält. Aber erst als Karl Marx (1818—1883) den Schwerpunkt der sozialistischen Argumentation von der Wünschbarkeit und Vernunftgerechtigkeit des Sozialismus auf seine historische Unvermeidlichkeit verlegte, erhielten die Sozialisten ihre wirksamste politische Kampfwaffe, gegen die bis heute immer noch polemische Schutzwälle errichtet werden. Marx' Argumentation stammt aus der Verbindung zwischen der französisch-britischen und der deutschen ideologischen Tradition (Englands politische Ökonomie, Frankreichs Sozialismus und Deutschlands Philosophie). Für ihn hatte die unvermeidliche Herausbildung von Klassen dem primitiven Kommunismus ein Ende bereitet. Ebenso unvermeidlich durchlief die Menschheit seither eine Serie aufeinanderfolgender Klassengesellschaften, von denen jede, trotz all des in ihr enthaltenen »Unrechts«, für ihre Epoche »progressiv« war; aber jede enthielt auch »innere Widersprüche«, die an einem bestimmten Punkt der Entwicklung in Fesseln weiteren Fortschritts umschlugen und zugleich die Kräfte für die Sprengung dieser Fesseln hervorbrachten. Der Kapitalismus war die letzte dieser Klassengesellschaften, und weit davon entfernt, ihn nur anzugreifen, rief Marx seine historischen Verdienste mit donnernder Stimme in die Welt. Aber mit Hilfe der politischen Ökonomie konnte gezeigt werden, daß der Kapitalismus innere Widersprüche enthielt, die ihn unvermeidlich an einem bestimmten Punkt in ein Hindernis für den weiteren Fortschritt verwandeln würde. Sein Schicksal war die Krise, aus der es keinen Ausweg gab. Ebenso konnte — wiederum mit Hilfe der politischen Ökonomie — gezeigt werden, daß der Kapitalismus seinen eigenen Totengräber in Gestalt der Proletarier hervorbrachte, deren Zahl und Unzufriedenheit wuchs, während die gleichzeitige Konzentration der ökonomischen Macht die Zahl der Kapitalisten verringerte und daher die Widerstandskraft des Kapitalismus gegen die Re-

volution schwächte. Die proletarische Revolution würde so
notwendigerweise dem Kapitalismus ein Ende setzen. Aber
man konnte fernerhin zeigen, daß der Sozialismus oder Kommunismus das soziale System war, das den Interessen der
Arbeiterklasse entsprach. Wie der Kapitalismus sich nicht nur
darum durchgesetzt hatte, weil er rationeller war als der
Feudalismus, sondern weil die Kraft der Bourgeoisie gewachsen war, so würde der Sozialismus sich als Resultat des
unvermeidlichen Sieges der Arbeiter verwirklichen. Es wäre
unsinnig anzunehmen, daß es sich hier um ein ewiges Ideal
handelte, das die Menschen, wären sie nur intelligent genug
gewesen, in den Tagen eines Ludwig XIV. hätten verwirklichen können. Der Sozialismus war ein Kind des Kapitalismus. Er hätte nicht einmal formuliert werden können, bevor die Bedingungen seiner Verwirklichung aufgetaucht
waren. Aber da die Voraussetzungen nunmehr existierten,
war der Sieg gewiß, denn »die Menschheit setzt sich immer
nur Ziele, die sie verwirklichen kann (15)«.

Verglichen mit diesen verhältnismäßig systematischen Fort-
schrittsideologien, verdienen die Ideologien der Gegner des
Fortschritts es kaum, als Denksysteme angesprochen zu werden. Es handelte sich mehr um Einstellungen, die einer gemeinsamen intellektuellen Methode entbehrten und die sich
auf ihre Einsicht in die Schwächen der bürgerlichen Gesellschaft gründeten sowie auch auf die unerschütterliche Überzeugung, daß das wirkliche Leben sich in den Kategorien des
Liberalismus nicht einfangen ließe. Darum braucht man ihnen
auch keine längere Analyse zu widmen.
Ihre Kritik zeigte vor allem, daß der Liberalismus die Gesellschaftsordnung oder die Gemeinschaft zerstörte, die von
den Menschen bislang als lebensnotwendig angesehen worden

war und sie durch eine unerträgliche Anarchie der Konkurrenz aller gegen alle und die Entmenschung des Marktes ersetzte. Hierin neigten die Konservativen und die revolutionären Fortschrittsgegner sogar zur Einheit mit den Sozialisten; dies zeigte sich besonders unter den Romantikern und brachte so merkwürdige Gebilde hervor wie die »Tory-Demokratie« und den »feudalen Sozialismus«. Die Konservativen neigten dazu, die ideale Gesellschaftsordnung (oder zumindest eine an das Ideal herankommende Ordnung, denn die sozialen Ansprüche der Begüterten sind immer bescheidener als die der Armen), sei es mit jedem beliebigen, gerade von der Doppelrevolution bedrohten Regime oder mit einem bestimmten Zustand der Vergangenheit, zum Beispiel dem mittelalterlichen Feudalismus, zu identifizieren. Sie betonten natürlich das Element der »Ordnung«, denn dies war es, was die oberen Ränge der Gesellschaft vor den unteren sicherte. Die Revolutionäre hingegen dachten, wie wir schon erwähnt haben, eher an eine ferne goldene Vergangenheit, als das Volk besser gelebt hatte, denn keine Gesellschaft der Gegenwart ist für die Armen gänzlich zufriedenstellend. Sie unterstrichen auch die gegenseitige Hilfe und das Gemeinschaftsgefühl einer solchen Epoche mehr als ihre »Ordnung«.

Aber Konservative und Revolutionäre dieses Typs waren sich darüber einig, daß das alte Regime in vielem besser war als das neue. Gott hatte die Menschen in hohe und niedere eingeteilt, was den Konservativen gefiel, aber er hatte den hohen auch Pflichten auferlegt, die allerdings nicht sehr groß waren und oft schlecht erfüllt wurden. Die Menschen waren nicht gleich, aber sie waren auch keine Ware, deren Wert vom Markt abhing. Vor allem aber lebten sie zusammen im Rahmen gesellschaftlicher und persönlicher Beziehungen und altverwurzelter Sitten und Gebräuche; Institutionen und

Pflichten regelten ihr Leben. Zweifellos hatte Metternichs Sekretär Friedrich Gentz andere Vorstellungen von einem mittelalterlichen Ideal als der radikale britische Journalist William Cobbett (1762–1835), aber beide griffen die Reformation an, die, wie sie meinten, die Prinzipien der bürgerlichen Gesellschaft proklamiert hatte. Sogar ein so überzeugter Anhänger des Fortschritts wie Friedrich Engels entwarf ein idyllisches Bild von der Gesellschaft des 18. Jahrhunderts, die von der industriellen Revolution zerstört worden war.

Da sie keine klare Theorie der Entwicklung hatten, fiel es den fortschrittsfeindlichen Denkern schwer zu entscheiden, was eigentlich für den schlechten Ablauf der Dinge verantwortlich sei. Der beliebteste Sündenbock war die Vernunft, insbesondere der Rationalismus des 18. Jahrhunderts, der wahnwitzig und ehrfurchtslos genug gewesen war, sich in Dinge zu mischen, die weit über die Möglichkeiten des menschlichen Verständnisses und menschlicher Planung hinausgingen: Man konnte Maschinen entwerfen, aber keine menschlichen Gesellschaften. So schrieb Burke: »Es wäre besser, ein für allemal die *encyclopédie* und alle Ökonomen zu vergessen, um zu den alten Regeln und Grundsätzen zurückzukehren, die bisher die Herrscher groß und die Völker glücklich gemacht haben (16).« Entsprechend der persönlichen Vorliebe des jeweiligen Denkers wurde der Instinkt oder die Tradition, der religiöse Glaube, die unabänderliche »menschliche Natur«, die »wahre« im Unterschied zur »falschen« Vernunft gegen den systematischen Rationalismus ins Feld geführt. Vor allem aber war er durch die *Geschichte* zu besiegen.

Denn auch wenn die konservativen Denker keinen Sinn für den historischen Fortschritt hatten, waren sie sich doch mit großer Klarheit der Unterschiede zwischen den geschichtlich

entstandenen, langsam geformten und den plötzlich und
»künstlich« gegründeten Gesellschaften bewußt. Wenn sie
auch außerstande waren, zu erklären, daß Gesellschaften wie
historische Gewänder geschneidert wurden, bewiesen sie trotzdem mit großem Scharfsinn, daß »solche Gewänder« durch
langes Tragen bequemer geworden waren.

Die ernsteste Gedankenarbeit der fortschrittsfeindlichen
Ideologen hingegen bemühte sich, die Vergangenheit analytisch
zu rechtfertigen und die historische Kontinuität im Gegensatz zur Revolution zu erforschen. Ihre wichtigsten Vertreter
waren daher nicht grillenhafte französische *émigrés*, wie ein
de Bonald (1754—1840) und ein Joseph de Maistre (1753 bis
1821), die bestrebt waren, eine tote Vergangenheit wiederzubeleben, und zu diesem Zweck, obgleich es ihr Ziel war,
die Tugenden des Irrationalismus zu verherrlichen, oft rationalistische Argumente, die an Irrsinn gemahnten, verwendeten;
sondern Männer wie Edmund Burke in England und die
deutsche »historische Rechtsschule«, die ein noch bestehendes
Regime im Namen historischer Kontinuität legitimierten.

Schließlich müssen wir unser Augenmerk einigen Gruppen
von Ideologen zuwenden, die in merkwürdiger Weise zwischen Fortschritt und Konservativismus standen, also, in gesellschaftlichen Kategorien ausgedrückt, zwischen der industriellen Bourgeoisie und dem neuen Proletariat auf der einen
Seite und den Aristokraten, den älteren Merkantilgruppen
und den feudalen Massen auf der anderen Seite. Die wichtigsten Träger dieser Ideologie waren die radikalen »kleinen
Leute« Westeuropas und der Vereinigten Staaten und die
unteren bürgerlichen Schichten Mittel- und Südeuropas, die
zwar einen komfortablen, sie aber nicht ganz befriedigenden
Platz innerhalb der aristokratisch-monarchistischen Gesell-

schaft einnahmen. All diese Schichten glaubten bis zu einem gewissen Grad an den Fortschritt, aber sie waren nicht bereit, die liberalen oder sozialistischen Schlußfolgerungen zu ziehen: in Westeuropa und in den Vereinigten Staaten, weil diese Konsequenzen die Handwerker, Ladenbesitzer, Bauern und kleinen Geschäftsleute dazu verurteilten, entweder Kapitalisten oder Proletarier zu werden, in Mittel- und Südeuropa, weil sie zu schwach oder durch die jakobinische Diktatur zu erschreckt waren, um gegen die Macht von Fürsten aufzutreten, in deren Dienst sie übrigens oftmals als Beamte standen. In den Anschauungen dieser Gruppen mischen sich daher liberale (und manchmal sogar uneingestanden sozialistische) mit antiliberalen, fortschrittsfreundliche mit fortschrittsfeindlichen Elementen. Gerade diese Vielfalt und Widersprüchlichkeit gestatteten es ihnen aber, tiefer in das Wesen der Gesellschaft einzudringen, als es die Liberalen oder die Konservativen vermochten. Ihre Lage zwang sie zur Dialektik.

Der bedeutendste Denker — oder besser gesagt das intuitive Genie — der ersten Gruppe kleinbürgerlicher Radikaler war 1789 schon nicht mehr am Leben: Jean-Jacques Rousseau. Schwebend zwischen einem reinen Individualismus und der Überzeugung, daß der Mensch sein wahres Wesen nur in der Gemeinschaft finden kann, zwischen dem Ideal eines auf Vernunft begründeten Staates und dem Mißtrauen gegenüber der gefühlszerstörenden Vernunft, zwischen der Anerkennung eines unvermeidlichen Fortschritts und der Gewißheit, daß der Fortschritt die Harmonie des »natürlichen«, primitiven Menschen zerstören würde, drückte sich in seinem Denken sein persönliches Dilemma zugleich mit dem einer Klasse aus, der weder die liberalen Gewißheiten der Fabrikbesitzer noch die sozialistischen der Proletarier paßten. Wir

brauchen uns mit den Ansichten dieses unangenehmen, neu-
rotischen, aber leider genialen Mannes nicht näher zu beschäftigen, weil es nie eine besondere theoretische Rousseau-
Schule gab und in der Politik nur Robespierre und die Jakobiner des Jahres II als seine Schüler Bedeutung erlangten. Sein
intellektueller Einfluß war weitreichend und stark, besonders
in Deutschland und in den Kreisen der Romantiker, aber er
existierte mehr im Gefühl als im Gehirn. Gewaltig war auch
sein Einfluß unter den plebejischen und kleinbürgerlichen
Radikalen, aber auch hier war er wohl nur bei den unklar-
sten, wie Mazzini und Nationalisten seines Typs, vorherrschend. Im allgemeinen verbanden sich die Rousseauschen
Ideen mit orthodoxen rationalistischen Richtungen wie jenen,
die von Thomas Jefferson (1743—1826) und Thomas Paine
(1737—1809) ausgingen.

Heute mißversteht die akademische Mode Rousseau oft gänzlich. Man lächelt unter den Professoren zu Unrecht über die
Tradition, die Rousseau zusammen mit Voltaire und den En-
zyklopädisten als Vorkämpfer der Aufklärung ansieht, die er
doch so oft kritisierte. Aber die Leute, die damals von ihm
beeinflußt wurden, sahen in ihm tatsächlich einen Vertreter
der Aufklärung, und die radikalen kleinen Druckereien, die
zu Beginn des 19. Jahrhunderts seine Werke herausgaben,
druckten ihn automatisch im Verein mit Voltaire, Holbach
und den anderen. Andererseits haben liberale Kritiker der
Gegenwart ihn als »linken« Vorfahren des »Totalitarismus«
dargestellt. Aber tatsächlich hatte er keinerlei Einfluß auf die
Haupttradition des modernen Kommunismus und des Marxismus (17). Seine typischen Anhänger waren damals und seit
jeher kleinbürgerliche Radikale vom Typ der Jakobiner, Jef-
fersonianer und Mazzinisten, die für Demokratie, Nationalismus und einen Staat eintraten, der für Wohlfahrt sorgte

und auf kleinen unabhängigen Existenzen und Gleichheit in der Einkommensverteilung aufgebaut war. In der von uns behandelten Zeit galt er in erster Linie als Verfechter der *Gleichheit*, der Freiheit von Tyrannei und Ausbeutung (»der Mensch ist frei geboren, aber überall fesseln ihn Ketten«), der Demokratie gegen die Oligarchie, des einfachen, »natürlichen«, von den Reichen und den Gebildeten unverdorbenen Menschen — und des »Gefühls« gegen die kalte Berechnung. Die zweite Richtung, die man am besten als die Richtung der deutschen Philosophie bezeichnen kann, war weit komplizierter. Da ihre Anhänger weder die Macht hatten, ihre Regierungen zu stürzen, noch die ökonomischen Mittel, die industrielle Revolution durchzuführen, neigten sie dazu, sich auf die Errichtung ausgearbeiteter allgemeiner Denksysteme zu konzentrieren. Es gab wenige klassische Liberale in Deutschland, von denen Wilhelm von Humboldt (1767—1835), der Bruder des großen Wissenschaftlers, der bedeutendste ist. Unter den deutschen aus der Oberklasse und aus dem Mittelstand stammenden Intellektuellen verband sich der Glaube an die historische Notwendigkeit des Fortschritts und die Vorteile der wissenschaftlichen und wirtschaftlichen Entwicklung mit dem Glauben an die Tugenden einer aufgeklärten paternalistischen Regierung. Die höheren Schichten waren von einem Gefühl der Verantwortung getragen, das recht gut zu einer Klasse paßte, die so viele Beamte und staatlich angestellte Professoren zählte. Der große Goethe, selbst Geheimrat und Minister eines Kleinstaates, bietet ein gutes Beispiel für diese Einstellung (18). Bürgerliche Forderungen — oft philosophisch als notwendig wirkende historische Kräfte formuliert —, von einem aufgeklärten Staat verwirklicht, das war es, was der deutsche gemäßigte Liberalismus erstrebte. Die Tatsache, daß die deutschen Staaten bestenfalls energisch die

Initiative für die Organisierung von Volksbildung und Wirtschaft ergriffen hatten und daß vollkommener Freihandel für den deutschen Kapitalismus kaum vorteilhaft war, trug zur Popularität einer solchen Einstellung bei.

Wenn wir so die praktischen Ansichten der Denker des deutschen Bürgertums — unter Berücksichtigung der Besonderheiten ihrer historischen Stellung — jenen der Denker anderer Länder angleichen können, ist es jedoch nicht sicher, daß wir auf diese Weise die das deutsche Denken durchziehende bezeichnende Zurückhaltung gegenüber dem klassischen Liberalismus in seiner reinen Form erklären können. Die liberalen Gemeinplätze — der philosophische Materialismus und Empirismus, Newton, die kartesianische Analyse und alles andere — verursachten den meisten deutschen Denkern Unbehagen, während sie vom Mystizismus, Symbolismus und von Generalisierungen über organische Ganzheiten angezogen wurden. Eine nationalistische Reaktion gegen die französische Kultur, die während der ersten Jahrzehnte des 18. Jahrhunderts vorherrschte, verstärkte vermutlich den »germanischen« Charakter des deutschen Denkens. Aber wahrscheinlich ist auch, daß sich in Deutschland die intellektuelle Atmosphäre der letzten, lange vergangenen Periode hielt, während der Deutschland wirtschaftlich, intellektuell und bis zu einem gewissen Grad auch politisch an der Spitze Europas gestanden war. Denn der Niedergang in der Epoche zwischen der Reformation und dem Ende des 18. Jahrhunderts hatte den archaischen Charakter der deutschen intellektuellen Tradition ebenso unverändert konserviert wie die kleinen deutschen Städte, die damals immer noch so aussahen wie im 16. Jahrhundert. Auf jeden Fall unterschied sich die grundlegende Atmosphäre des deutschen Denkens — in Philosophie, Wissenschaft und den Künsten — entschieden von jener im

18. Jahrhundert in Westeuropa (19). Dies war nicht ohne
Vorteil für das deutsche Denken, das dadurch weniger unter
den Hemmungen der klassizistischen Weltanschauung des
18. Jahrhunderts litt, die schon spürbar wurden. Das erklärt
auch zum Teil den steigenden intellektuellen Einfluß der
Deutschen im Verlauf des 19. Jahrhunderts.

Seinen monumentalsten Ausdruck fand dieses Denken in der
klassischen deutschen Philosophie, die zwischen 1760 und
1830 parallel und in enger Verbindung zur klassischen deutschen Literatur entstand. (Man darf nicht vergessen, daß
Goethe nicht nur ein Dichter, sondern auch ein bedeutender
Wissenschaftler und »Naturphilosoph«, und Schiller Ge-
schichtsprofessor war, der außer seinen großen dichterischen
Werken auch anerkannte philosophische Abhandlungen verfaßte.) Immanuel Kant (1724—1804) und Georg Wilhelm
Friedrich Hegel (1770—1831) sind die beiden größten Sterne
an diesem Firmament. Nach 1830 setzte auch hier — gleichzeitig mit dem Niedergang der klassischen politischen Ökonomie, diesem höchsten Ausdruck des Rationalismus des 18. Jahrhunderts — ein Verfallsprozeß ein, aus dem die »Junghegelianer« und schließlich der Marxismus hervorgingen.

Man muß sich vor Augen halten, daß die klassische deutsche
Philosophie durch und durch bürgerlich war. Alle ihre führenden Gestalten (Kant, Hegel, Fichte, Schelling) begrüßten
die Französische Revolution und hielten ihr lange die Treue.
Hegel trat noch zur Zeit der Schlacht bei Jena (1806) für
Napoleon ein. Die Aufklärung bildete den Rahmen des für
das 18. Jahrhundert so typischen Denkens von Kant und
den Ausgangspunkt für Hegel. Die Philosophie beider war
tief von der Fortschrittsidee beeinflußt. Die erste große Leistung Kants bestand in einer Hypothese über den Ursprung
und die Entwicklung des Sonnensystems, während die ge-

samte Philosophie Hegels auf der Idee der Evolution (oder
Geschichtlichkeit) und des notwendigen Fortschritts beruht.
Obgleich Hegel vom ersten Augenblick an der äußersten
Linken der Französischen Revolution ablehnend gegenüber-
stand und schließlich auch zu einem extremen Konservativen
wurde, bezweifelte er nie die historische Notwendigkeit der
Revolution als Grundlage für die bürgerliche Gesellschaft.
Zum Unterschied von den meisten späteren akademischen
Philosophen eigneten sich sogar Kant, Fichte und vor allem
Hegel einige ökonomische Kenntnisse an (Fichte interessierte
sich in erster Linie für die Physiokraten, Kant und Hegel vor
allem für die britische Ökonomie), und man kann Kant und
den jungen Hegel in gewissem Sinn als Anhänger von Adam
Smith betrachten (20).
Die bürgerliche Tendenz der deutschen Philosophie ist in einer
Hinsicht am klarsten bei Kant zu erkennen, der sein ganzes
Leben lang zur liberalen Linken gehörte — in einer seiner
letzten Schriften, *Zum ewigen Frieden,* 1795, vertritt er die
Ansicht, dieser Friede sei durch Errichtung einer Weltföde-
ration von Republiken zu erreichen, die auf Krieg verzichten —, andererseits aber weniger ausgeprägt als bei Hegel.
Denn im Denken Kants, dessen ganzes Leben sich in dem
ärmlich bescheidenen Professorenhaus im entlegenen Königsberg abspielte, wird der für das britische und das französische
Denken so spezifische soziale Gehalt auf eine schlichte, wenn
auch sublime Abstraktion reduziert, in deren Mittelpunkt
der abstrakte moralische »Wille« steht (21). Hegels Denken
ist, wie alle Leser seiner Werke mit Unbehagen feststellen
können, abstrakt genug. Aber wenigstens an dessen Ausgangspunkt wird es klar, daß seine Abstraktionen Versuche darstellen, die bürgerliche Gesellschaft als solche zu begreifen.
In seiner Analyse der *Arbeit* als des grundlegenden Faktors

der Menschheit (»Darum macht der Mensch Werkzeuge, weil
er ein vernünftiges Wesen ist, und dies ist die erste Äußerung seines Willens«, führte er in seinen Vorlesungen von
1805/06 aus [22]) benutzte Hegel in abstrakter Form die Begriffe der klassischen liberalen Ökonomen und bot damit,
nebenbei bemerkt, Marx einen seiner Ausgangspunkte.
Trotzdem unterschied sich die klassische deutsche Philosophie
in wichtigen Punkten vom klassischen deutschen Liberalismus, was aus Hegel klarer hervorgeht als aus Kant. Erstens
war sie entschieden idealistisch und verwarf den Materialismus und den Empirismus der klassischen Tradition. Zweitens
muß betont werden, daß — während für Kant zwar das
Individuum in Gestalt des individuellen Bewußtseins im Mittelpunkt steht — Hegel vom Kollektiv, das heißt von der Gemeinschaft ausgeht, die sich seiner Auffassung nach während
der historischen Entwicklung zersetzt. Es ist durchaus möglich, daß Hegels berühmte *Dialektik,* die Theorie des Fortschritts auf allen Gebieten, der durch immer von neuem ent-
stehende und sich aufhebende Widersprüche vorwärtsgetrie-
ben wird, ihren ersten Anstoß aus dem tiefen Bewußtsein
vom Widerspruch zwischen Individuum und Gemeinschaft
erhielt. Dazu kam, daß die Einstellung dieser Denker von
vornherein dadurch bestimmt wurde, daß sie am Rande des
Gebiets des entschlossenen bürgerlich-liberalen Vormarsches
lebten und auch unfähig waren, an diesem teilzunehmen. Gerade das gestattete den deutschen Philosophen, der Grenzen
und der inneren Widersprüche dieses Fortschritts gewahr zu
werden. Sicher war er unvermeidlich — aber brachte er nicht
neben großen Gewinnen auch große Verluste mit sich? Mußte
nicht auch dieser Liberalismus aufgehoben werden?
So sehen wir merkwürdige Parallelen, besonders zwischen
der Hegelianischen Philosophie und der widerspruchsvollen

Weltanschauung Rousseaus, obgleich die Philosophen im Unterschied zu Rousseau titanische Anstrengungen machten, ihre Widersprüche in große, allumfassende, intellektuell einheitliche Systeme einzubauen. (Rousseau übte übrigens einen ungeheuer starken emotionalen Einfluß auf Kant aus, von dem behauptet wird, er habe sich von seinem gewohnten Nachmittagsspaziergang nur zweimal abhalten lassen, einmal, als er die Nachricht vom Sturm auf die Bastille erhielt, das andere Mal einige Tage lang, weil er den *Emile* las.) Praktisch mußten die enttäuschten philosophischen Revolutionäre das Problem einer Aussöhnung mit der »Wirklichkeit« lösen. Im Fall Hegels ergab sich daraus schließlich die Idealisierung des preußischen Staates. Aber diese Lösung fand er erst nach Jahren des Zögerns: Seine Stellung zu Preußen blieb bis nach dem Fall Napoleons zweideutig, und wie Goethe interessierte er sich nicht für die Befreiungskriege. Theoretisch bewies ihre Philosophie die Vergänglichkeit der historisch verurteilten Gesellschaft. Es gab keine absolute Wahrheit — außer der des historischen Prozesses selbst, der durch Widersprüche verlief, die von der dialektischen Methode eingefangen wurden. Das war zumindest die Schlußfolgerung der Junghegelianer der 1830er Jahre, die bereit waren, der Logik der klassischen Philosophie über den Punkt hinaus zu folgen, an dem ihr großer Lehrer hatte haltmachen wollen. Er war bestrebt gewesen, die Geschichte mit der Erkenntnis der absoluten Idee abzuschließen, was freilich nicht sehr folgerichtig war. Nach 1830 waren die Junghegelianer auch willens, den Weg der praktischen Revolution aufs neue zu beschreiten, den ihre Vorgänger entweder verlassen oder — wie Goethe — gar nicht erst beschritten hatten. Aber in den Revolutionen von 1830 und 1848 handelte es sich nicht mehr einfach um die Eroberung der Macht durch die liberale Bourgeoisie, und der intellektuelle Revolutionär, der aus dem Zerfall der klassischen deutschen Philosophie auftauchte, war weder ein Girondist noch ein philosophischer Radikaler, sondern ein Karl Marx.

So fielen sowohl der Triumph und die Ausarbeitung der liberalen Ideologie der Bourgeoisie und der radikalen des Kleinbürgertums als auch deren Zersetzung in die Epoche der Doppelrevolution; und die Zersetzung selbst war nur eine Auswirkung jener gesellschaftlichen Wirklichkeiten, deren Entstehung diese Ideologien vorbereitet und die sie willkommen geheißen hatten. 1830, das Jahr der Wiedergeburt der westeuropäischen revolutionären Bewegung, die auf die politische Stille der Waterloo-Periode folgte, war auch das Jahr, das die Krise jener Ideologien einleitete. Kein klassischer liberaler Ökonom der späteren Zeit reichte an Smith oder Ricardo heran, sicherlich nicht ein John Stuart Mill, der ab 1840 zum maßgebenden Ökonomen und Philosophen Großbritanniens wurde. Kein deutscher Philosoph würde die Breite und die Tiefe der Konzeption eines Kant oder eines Hegel erreichen; und die Girondisten und Jakobiner von 1830 und 1848 waren, verglichen mit ihren Vorgängern von 1789 bis 1794, nur Pygmäen. Ebensowenig kommen die Mazzinis des 19. Jahrhunderts an die Rousseaus des 18. Jahrhunderts heran. Aber die große Tradition — der Hauptstrom der intellektuellen Entwicklung seit der Renaissance — versiegte nicht, sie wurde nur in ihr Gegenteil aufgehoben. In seiner Bedeutung und seiner Art, an die Dinge heranzugehen, war Marx der Erbe der klassischen Ökonomen und Philosophen. Aber die Gesellschaft, deren Prophet und Architekt er sein wollte, war von der ihren sehr verschieden.

14

Die Künste

Es gibt immer einen Geschmack, der in Mode ist: einen Geschmack
für Postkutschen — für das Spielen von Hamlet — für philosophische
Vorlesungen — für das Wunderbare — für das Einfache — für das
Glanzvolle — für das Finstere — für das Zarte — für das Grausame —
einen Geschmack für Banditen — für Gespenster — für den Teufel — für
französische Tänzer und italienische Sänger und deutsche Schnurr-
bärte und Tragödien — für den Landaufenthalt im November und
das Leben in London bis in die Hundstage — für Schuhmacherei — für
malerische Ausflüge — einen Geschmack für Geschmack oder für Essays
über den Geschmack.

THE HON. MRS. PINMONEY IN T. L. PEACOCK,
Melincourt (1816)

Wie wenig bemerkenswerte Gebäude gibt es in Großbritannien, wenn
man den Reichtum des Landes bedenkt . . . wie wenig Kapital wird
auf Museen, Bilder, Edelsteine, Kostbarkeiten, Paläste, Theater und
andere unproduktive Dinge verwendet! Was die Grundlage für die
Größe des Landes ausmacht, gilt manchen ausländischen Besuchern
und einigen unserer Schriftsteller als Beweis für unsere Minderwertigkeit.

S. LAING, *Notes of a Traveller on the Social
and Political State of France, Prussia, Switzerland, Italy and other Parts of Europe*, 1842 (1)

DAS ERSTE, WAS JEDEM AUFFÄLLT, der sich den Künsten in der
Epoche der Doppelrevolution zuwendet, ist deren außerge-
wöhnliche Blüte. Ein halbes Jahrhundert, in dessen Verlauf
Beethoven, Schubert, der reife und alte Goethe, der junge

Dickens, Dostojewskij, Verdi und Wagner wirkten und in das die letzten Werke Mozarts, die meisten Goyas, Puschkins und Balzacs fallen, wobei die Namen von weniger bedeutenden Männern unerwähnt bleiben, die in einer anderen Zeit gigantisch wirken würden, muß als eine der größten Epochen der Weltgeschichte angesehen werden. Diese erstaunliche Blüte ergab sich zum Teil aus einer Wiederbelebung und Ausbreitung der Künste, die sich in fast allen europäischen Ländern an ein gebildetes Publikum wenden konnten (2).

Statt den Leser durch eine lange Liste von Namen zu ermüden, scheint es angebracht, die Breite und Tiefe dieser kulturellen Renaissance mit einigen Querschnitten durch diese Epoche zu illustrieren. So konnten die Menschen in den Jahren 1798—1801, sofern sie Geschmack an Neuem hatten, sich innerhalb des englischen Sprachbereichs an den *Lyrischen Balladen* von Wordsworth und Coleridge, im deutschen verschiedener Werke von Goethe, Schiller, Jean Paul und Novalis erfreuen und Haydns *Schöpfung* und *Die Jahreszeiten,* Beethovens Erste Symphonie und seine ersten Streichquartette hören. Während dieser Jahre vollendet J. L. David sein Porträt von Madame Recamier und Goya das der Familie König Karls IV. In den Jahren 1824—1826 hätte ein Zeitgenosse einige Romane von Walter Scott in englischer Sprache, in italienischer die Gedichte von Leopardi und *Die Verlobten (I Promessi Sposi)* von Manzoni, in französischer Victor Hugo und Alfred de Vigny, in russischer die ersten Teile von Puschkins *Eugen Onegin* und auch die neuherausgegebenen *Nordischen Sagen* lesen können. Beethovens Neunte Symphonie (mit dem Schlußchor *An die Freude*), Schuberts *Der Tod und das Mädchen,* das erste Werk von Chopin, Webers *Oberon* stammen aus diesen Jahren, ebenso wie Delacroix' *Gemetzel von Chios* und Constables *Der Heuwagen.* Zehn

Jahre später, 1834—1836, entstanden in der Literatur Gogols
Revisor und Puschkins *Pique Dame,* in Frankreich *Père
Goriot* von Balzac und Werke von Musset, Hugo, Théophile
Gautier, de Vigny, Lamartine und Alexander Dumas d. Ä.
In Deutschland schrieben Büchner, Grabbe und Heine, in
Österreich Grillparzer und Nestroy, in Dänemark Hans
Christian Andersen, in Polen erschien Mickiewicz' Epos
Herr Thaddäus; in Finnland wurden die grundlegende Aus-
gabe des *Kalevala*-Epos, in Großbritannien Gedichte von
Browning und Wordsworth veröffentlicht. Die Musik brachte
Opern Bellinis und Donizettis in Italien, Werke von Chopin
in Polen und von Glinka in Rußland. Zwei oder drei Jahre
nach oder vor der erwähnten Zeitspanne erschienen Dickens'
Pickwick Papers, Carlyles *Französische Revolution,* Goethes
Faust II, Gedichte Platens, Eichendorffs und Mörikes in
Deutschland, wichtige Beiträge zur flämischen und ungarischen Literatur und weitere Werke der bedeutendsten französischen, polnischen und russischen Schriftsteller sowie in der
Musik die *Davidsbündlertänze* von Schumann und das *Re-
quiem* von Berlioz.
Zweierlei ergibt sich sofort aus diesen Proben: Zuerst die
außergewöhnliche Breite künstlerischen Schaffens, an dem
alle Länder teilhatten. Das war neu. Im Verlauf der ersten
Jahrzehnte des 19. Jahrhunderts tauchten in Rußland erstmalig eine Literatur und Musik von Weltbedeutung auf —
und in weit bescheidenerem Ausmaß galt dies auch für die
Literatur der Vereinigten Staaten, mit Fenimore Cooper
(1787—1851), Edgar Allan Poe (1809—1849) und Hermann
Melville (1819—1891). Dasselbe kann man von der polnischen und ungarischen Literatur und Musik und — zumindest in bezug auf die Veröffentlichung von Volksliedern,
Märchen und Epen — auch von der Literatur der nordischen

und der Balkanländer sagen. In einigen dieser neugeprägten literarischen Kulturen entstanden sofort unübertroffene Meisterwerke. So bleibt Puschkin (1799—1837) bis heute der klassische Dichter Rußlands, Mickiewicz (1798—1855) der größte Dichter Polens und Petöfi (1823—1849) der Nationaldichter Ungarns.

Die zweite Tatsache, die klar zutage tritt, ist die außergewöhnliche Entfaltung bestimmter Kunstarten und Genren. Das gilt für die Literatur im allgemeinen und den Roman im besonderen. Es gibt wohl kein anderes Halbjahrhundert, das eine solche Konzentration unsterblicher Romanautoren aufzuweisen hat: Stendhal und Balzac in Frankreich, Jane Austen, Dickens, Thackeray und die Brontes in England, Gogol, der junge Dostojewskij und Turgenjew in Rußland. (Die ersten Schriften Tolstojs erschienen in den 1850er Jahren.) Die Entfaltung der Musik ist vielleicht noch auffallender. Bis heute besteht das normale Konzertrepertoire zum großen Teil aus Werken von Komponisten, die damals lebten: Mozart und Haydn (obwohl diese beiden in eine etwas frühere Periode gehören), Beethoven, Schubert, Mendelssohn, Schumann, Chopin und Liszt. Die »klassische« Instrumentalmusik entstand vor allem in Deutschland und Österreich, aber ein Genre, die Oper, hatte den größten und weitreichendsten Erfolg: Rossini, Donizetti, Bellini und der junge Verdi in Italien, Weber und der junge Wagner — um die beiden letzten Opern Mozarts hier nicht zu erwähnen — in Deutschland, Glinka in Rußland und einige weniger bedeutende Komponisten in Frankreich. Demgegenüber stehen die bildenden Künste vielleicht mit Ausnahme der Malerei zurück. Spanien brachte zwar in Francisco Goya y Lucientes (1746 bis 1828) einen der bedeutendsten seiner Maler hervor, der zu der Handvoll der größten Maler überhaupt gehört. Man kann behaupten, daß in Großbritannien J. M. W. Turner (1775 bis 1851) und John Constable (1776—1837) an Können und Originalität die britischen Meister des 18. Jahrhunderts übertrafen und gewiß in der Welt mehr Einfluß ausübten als je Maler dieses Landes zuvor oder danach. Man kann auch die Ansicht vertreten, daß die Malerei Frankreichs mit J. L. David (1748—1825), Th. Géricault (1791—1824), J. D. Ingres (1780 bis 1867), E. Delacroix (1798—1863), Honoré Daumier (1808—1879) und dem jungen Gustave Courbet (1819—1877) zumindest ebenso bedeutend war wie in anderen Glanzzeiten der französischen Kunst. Andererseits aber kam die italienische Malerei an das Ende ihrer jahrhundertelangen Ruhmeszeit, die deutsche Malerei erreichte an keinem Punkt die einmaligen Leistungen der zeitgenössischen Literatur und Musik und kam auch nie an die Größe der deutschen Malerei des 16. Jahrhunderts heran. Die Bildhauerei stand in allen Ländern auf niedrigerem Niveau als während des 18. Jahrhunderts, und dasselbe galt — mit Ausnahme einiger weniger Leistungen in Deutschland und Rußland — auch für die Architektur. Man kann mit einiger Sicherheit behaupten, daß die besten Werke der Architektur während jener Epoche die der Ingenieure waren.

Die Ursachen der künstlerischen Entwicklung, ihrer Blüte und ihrer Verfallsperioden liegen immer noch im Dunkel. Aber in bezug auf die Werke der Jahre von 1789 bis 1848 müssen sie sicherlich in den Auswirkungen der Doppelrevolution gesucht werden. Wenn es gestattet sein soll, die damals existierenden Beziehungen zwischen dem Künstler und seiner Gesellschaft mit einem einzigen vielleicht irreführenden Satz zu kennzeichnen, könnten wir sagen, daß die Französische Revolution ihn durch ihr Beispiel, die industrielle Revolution durch ihr Grauen inspirierten und daß die aus beiden

Revolutionen hervorgegangene bürgerliche Gesellschaft das Dasein des Künstlers und seine Schaffensweise grundlegend verwandelte.

Es kann kein Zweifel daran bestehen, daß die Künstler von den allgemeinen Problemen und Ideen jener Zeit inspiriert und in sie verwickelt waren. Mozart schrieb eine Propaganda-oper für die politische Freimaurerei (*Die Zauberflöte,* 1790), Beethoven widmete seine *Eroica* Napoleon als dem Erben der Französischen Revolution, Goethe war zumindest ein aktiver Staatsmann und Beamter. Dickens schrieb Romane, um soziale Mißstände zu bekämpfen, Dostojewskij wurde 1849 für seine revolutionäre Tätigkeit zum Tod verurteilt, Wagner und Goya mußten aus politischen Gründen ins Exil; Puschkin wurde dafür bestraft, daß er Beziehungen zu den Dezembristen unterhielt, und die ganze *Menschliche Komödie* von Balzac ist ein Denkmal sozialen Bewußtseins und sozialer Problemschilderung. In keiner anderen Zeit konnte es so falsch sein, die Künstler als nicht-engagiert zu beschreiben. Jene, die es waren, die feinen Dekorateure von Rokoko-palästen und Boudoirs oder die Verfertiger von Werken für die Sammlungen reisender englischer Mylords, sind gerade jene, deren Kunst uns nicht mehr gegenwärtig ist: Wer von uns erinnert sich der Tatsache, daß Fragonard die Französische Revolution um 17 Jahre überlebt hat? Sogar die schein-bar unpolitischste aller Künste, die Musik, war eng mit der Politik verknüpft. Es war dies vielleicht die einzige Periode der Geschichte, in der Opernlibrettos als politische Manifeste geschrieben und auch als solche aufgefaßt wurden und Revo-lutionen auslösten (3).

Die Verbindung zwischen öffentlichen Angelegenheiten und den Künsten war besonders stark in den Ländern, wo sich das Nationalbewußtsein und nationale Freiheits- oder Einheitsbewegungen entwickelten (s. Kap. 7). Es ist daher selbstredend kein Zufall, daß die Geburt oder Wiedergeburt einer nationalen literarischen Kultur — in Deutschland, Rußland, Polen, Ungarn, den skandinavischen und anderen Ländern — mit dem Kampf um die kulturelle Suprematie der nationalen Sprache und des heimischen Volkes gegen eine aristokratische und oft fremdsprachige Kultur war und meist die erste Manifestation dieses Kampfes darstellte. Es war nur natürlich, daß ein solcher Nationalismus seinen klarsten kulturellen Ausdruck in der Literatur und Musik fand — zwei Kunstgattungen, die ihre Kräfte auch aus dem mächtigen Erbe des einfachen Volkes, seiner Sprache und seiner Volkslieder ziehen konnten. Es versteht sich, daß jene Künstler, die traditionsgemäß von Aufträgen seitens der herrschenden Klassen, der Höfe und Regierungen abhingen, wie die Bildhauer und bis zu einem gewissen Grad auch die Maler, diese nationalen Wiedergeburtsbewegungen weniger klar ausdrückten (4). Die italienische Oper blühte auf wie nie zuvor — aber als volkstümliche und nicht als höfische Kunst —, die italienische Malerei und Architektur starben ab. Dabei darf nicht vergessen werden, daß diese nationalen Kulturen sich auf die Minderheiten der Gebildeten, der Ober- und Mittelschichten, beschränkten. Vielleicht mit Ausnahme der italienischen Oper und der leicht reproduzierbaren Werke der graphischen Kunst sowie einiger Gedichte und Lieder, war keine der großen künstlerischen Leistungen dieser Zeit den unteren Volksschichten zugänglich, und die meisten Bewohner Europas wußten sicher nichts von ihnen, bevor die Kunstschöpfungen von nationalen oder politischen Massenbewegungen in kollektive Symbole verwandelt wurden. Die Literatur war am weitesten verbreitet, obgleich auch sie nur in den wachsenden bürgerlichen Schichten gelesen wurde; denn allein die große Zahl der bürgerlichen Frauen, die den ganzen Tag ohne Beschäftigung waren, gab einen guten Markt für Romane und lange poetische Werke ab. Selten ist es erfolgreichen Schriftstellern finanziell besser gegangen als damals: Byron erhielt zum Beispiel 2600 Pfund für die drei ersten Gesänge des *Childe Harold.* Das Theater, das ein kleineres Publikum hatte, wurde immerhin von Tausenden besucht. Die Instrumentalmusik hatte nur in bürgerlichen Ländern wie England und Frankreich und in kulturhungrigen wie den Vereinigten Staaten, wo große Konzertsäle eröffnet wurden, ein größeres Publikum. So kam es, daß etliche Komponisten und Virtuosen des europäischen Kontinents besonders am einträglichen, wenn auch kulturell urteilslosen englischen Markt interessiert waren. In anderen Ländern war die Musik immer noch auf die Fürstenhöfe, die Abonnementskonzerte, die von jeweiligen kleinen Zirkeln des Patriziats unterstützt wurden, und auf private Amateurgesellschaften beschränkt. Gemälde waren natürlich für den Kauf einzelner Kunstfreunde bestimmt und verschwanden aus der Öffentlichkeit, nachdem man sie nur kurz bei Händlern oder in Ausstellungen gezeigt hatte. Jetzt aber wurden Ausstellungen häufig dem breiten Publikum zugänglich gemacht. Auch die Museen und Kunstgalerien, die während jener Jahre gegründet und für Besucher geöffnet wurden — zum Beispiel der Louvre und die britische Nationalgalerie in London, die 1826 entstand —, stellten eher Kunstwerke der Vergangenheit als der Gegenwart aus. Die Architekten bauten weiter für private oder öffentliche Auftraggeber, hinzu kam in geringerem Ausmaß auch der spekulative Bau von Wohnungen.

Sogar in der Kunst kleiner Minderheiten kann sich der Donner gesellschaftlicher Erdbeben ausdrücken. Dies galt für die

Künste dieser Zeit — und das Ergebnis war die »Romantik«. Kein anderer Stil, keine andere Richtung oder Kunstära ist schwerer zu definieren — nicht einmal der »Klassizismus«, gegen den die Romantiker Sturm liefen. Auch was die neuen Künstler selbst sagten, hilft uns kaum weiter, weil ihre Erklärungen zwar häufig sehr entschieden klingen, aber keinen rationalen Inhalt aufweisen. Nach Victor Hugo beabsichtigte die Romantik »zu tun, was die Natur tut, sich mit den Schöpfungen der Natur zu verbinden, ohne sie alle zu vermengen, Schatten und Licht, das Groteske und das Erhabene — mit anderen Worten, Körper und Seele, das Tierische mit dem Geistigen« (5). Laut Charles Nodier war »das romantische Genre die letzte Zuflucht des menschlichen Herzens, müde von gewöhnlichen Gefühlsregungen: eine merkwürdige Poesie, die der moralischen Lage der Gesellschaft, den Bedürfnissen übersättigter Generationen entsprach, die Sensation um jeden Preis ersehnen ...« (6). Novalis meinte, »Romantisieren heißt, dem Gemeinen einen hohen Sinn, dem Gewöhnlichen ein geheimnisvolles Ansehen, dem Bekannten die Würde des Unbekannten, dem Endlichen einen unendlichen Schein geben« (7).
Wenig ist aus solchen Erklärungen zu holen, was nur zu erwarten ist, da die Romantiker das schwache, flackernde, diffuse Licht der Klarheit vorzogen. Obgleich es also unmöglich erscheint, Wesen und Ursprung der Romantik klar zu begreifen, und ihre Charakteristiken sich, sobald man sie klar zu umreißen versucht, in formlose Allgemeinheiten zu verwandeln drohen, zweifelt doch niemand ernsthaft an ihrer Existenz als besonderer Tendenz und auch nicht an unserer Fähigkeit, sie zu erkennen. Im engeren Sinn erwuchs sie als selbstbewußte und kampfentschlossene Kunstrichtung um das Jahr 1800 in Großbritannien, Frankreich und Deutschland

und bereitete sich nach der Schlacht bei Waterloo über ein weit größeres Gebiet aus. Ihr war in Frankreich die »Prä-romantik« von Jean-Jacques Rousseau und in Deutschland der »Sturm und Drang« vorangegangen. Ihre höchste Ent-faltung erreichte sie wohl in den Jahren zwischen 1830 und 1848. In weiterem Sinn kann man behaupten, daß sie nach der Revolution in Europa mehrere Kunstgattungen beherrscht. Romantische »Elemente« kann man in Künstlern vieler Epo-chen erkennen. In diesem Sinn gehören romantische Elemente zum Wesen der Größe der meisten bedeutenden zeitgenössi-schen Künstler, wie etwa Goya, Goethe oder Balzac, nicht aber zu dem früherer Kunstschöpfer, deren Werke bis heute lebendig geblieben sind, wie etwa Haydn, Mozart, Fragonard oder Reynolds, Matthias Claudius oder Choderlos de Laclos, die übrigens alle bis in unsere Periode hinein lebten. Man kann dies behaupten, obgleich keiner der ersterwähnten als »Romantiker« gelten kann oder sich selbst als Romantiker angesehen hätte (8). In einem noch weiteren Sinn beherrscht die für die Romantik charakteristische Einstellung zur Kunst und zum Künstler das ganze 19. Jahrhundert und wirkt sich bis in unsere Gegenwart hinein aus.

Wenn es also keinesfalls klar ist, wofür die Romantik eintrat, ist weitaus klarer, wogegen sie sich wandte: Sie war gegen das Mittelmaß. Was auch immer ihre Einstellung und ihr Inhalt waren, sie war extrem. Man kann Romantiker im enge-ren Sinn auf der äußersten Linken (wie der Dichter Shelley) oder auf der äußersten Rechten finden (wie Chateaubriand oder Novalis). Manche sprangen von der Linken zur Rech-ten über, wie Wordsworth, Coleridge und viele andere frühere Anhänger der Französischen Revolution, die von ihr ent-täuscht wurden; andere, wie Victor Hugo, verwandelten sich ebenso schnell aus Royalisten in Verfechter der extremen Linken. Aber es gab kaum Romantiker unter den Gemäßigten oder den Whig-Liberalen der rationalistisch eingestellten Mitte, die eine Bastion des Klassizismus blieb. »Ich habe nichts für die Whigs übrig«, sagte der alte Wordsworth, der zu einem entschiedenen Tory geworden war, »aber in mir ist viel von einem Chartisten (9).« Es wäre übertrieben, die Romantik als antibourgeoise Weltanschauung bezeichnen zu wollen, denn ihre Vertreter waren unter anderem auch von den revolutionär-eroberischen, himmelstürmenden Elementen in den aufstrebenden Klassen fasziniert. Napoleon, Satan, Shakespeare, der Ewige Jude und alle, die aus den Grenzen des Alltags ausbrachen, wurden zu ihren Helden. Das dämonische Element in der kapitalistischen Akkumulation, das unbegrenzte und ununterbrochene Streben nach »mehr«, das über alle Berechnung, allen Bedarf und alle Luxusbefriedigung hinauswies, gehört mit zur Romantik. Einige ihrer charakteristischen Gestalten, wie Faust und Don Juan, sind von ebenso unersättlicher Gier erfüllt wie die Geschäftspiraten in den Balzacschen Romanen. Doch blieb das romantische Element sogar in der bürgerlichen Revolution von untergeordneter Bedeutung. Rousseau lieferte einige Beiträge zur Französischen Revolution, aber sein Einfluß war nur während der von Robespierre beherrschten Zeitspanne stark, als die Grenzen des Liberalismus überschritten wurden. Und auch dann trug sie im Grunde ein römisches, rationalistisches und neoklassisches Gewand. David war ihr Maler, die Vernunft ihr höchstes Wesen.

So kann die Romantik nicht einfach als antibürgerliche Bewegung gekennzeichnet werden. Viele ihrer Losungen waren in der Epoche vor der Französischen Revolution gerade zur Verherrlichung der bürgerlichen Schichten gebraucht worden, deren Schlichtheit, Wahrheit und Einfachheit zu der Verkom-

menheit und Blasiertheit der Oberschicht in Gegensatz gebracht wurden und deren spontanes Vertrauen auf die Kräfte
der Natur dafür bestimmt schien, die Künstlichkeit von
Klerus und Höfen hinwegzufegen. Als nun aber die bürgerliche Gesellschaft sich nach der Französischen und der industriellen Revolution durchgesetzt hatte, wurde die Romantik
fraglos zu ihrem instinktiven Feind und kann mit Recht als
antibürgerlich bezeichnet werden.

Zweifellos entsprang viel von ihrem leidenschaftlichen, kon-
fusen, aber tiefen Abscheu gegen die Gesellschaft der Bourgeoisie aus den Interessen ihrer zwei Sturmtruppen: der sozial
entwurzelten jungen Männer und der Künstler. Nie vorher
hatte es eine Epoche gegeben, in der junge Künstler — tot
oder lebendig — eine solche Rolle gespielt hatten. Die *Lyrischen Balladen* (1798) wurden von Dichtern geschrieben, die
das 30. Lebensjahr noch nicht erreicht hatten, Byron wurde
mit 24 Jahren über Nacht berühmt, einem Alter, in dem
Shelley bereits berühmt und Keats fast schon im Grab war.
Victor Hugo begann seine poetische Laufbahn mit 20, Musset
mit 23 Jahren. Schubert komponierte den *Erlkönig* mit 18 Jahren und starb mit 31, Delacroix malte *Das Gemetzel von
Chios*, als er 25, Petöfi veröffentlichte seine Gedichte, als er
21 Jahre alt war. Es war selten, daß ein Romantiker mit
30 Jahren nicht schon berühmt war oder noch kein Meisterwerk
vollendet hatte. Die Jugend, besonders die intellektuelle und
studentische Jugend, war ihr natürliches Milieu. Das Pariser
Quartier Latin war lange nichts anderes gewesen als der
Name eines alten Stadtviertels, in dem die Sorbonne lag. Nun
wurde es zum erstenmal seit dem Ausgang des Mittelalters
zu einem kulturellen (und politischen) Begriff. Der Kontrast
zwischen der Theorie einer Welt, die dem Talent offenstand,
und ihrer von Unrecht durchtränkten, von seelenlosen Büro-

Eugène Delacroix: »Die Frauen von Algier in ihrem Gemach« (1834);
Paris, Musée Nationale du Louvre.

kraten und dickwanstigen Philistern beherrschten Wirklichkeit schrie zum Himmel. Der Schatten aller Gefängnisse dieser Welt — Ehe, respektable Karriere, Untergang ins Phili-
stertum — fielen auf sie, und unheilbringende Vögel der Nacht
in der Gestalt älterer Männer sagten ihnen oft mit Genauigkeit ihr Urteil voraus — wie der Registrator Heerbrand in
E. T. A. Hoffmanns *Goldenem Topf* mit einem schlauen und
geheimnisvollen Lächeln dem poetischen Studenten Anselmus
seine entsetzliche Zukunft als Geheimrat voraussagt. Byron
war klarblickend genug, um zu erkennen, daß nur ein früher
Tod ihn vor dem »ehrbaren Alter« bewahren könnte, und
August Wilhelm Schlegel bewies, wie recht Byron hatte.
Diese Revolte der jungen gegen die ältere Generation ist
keineswegs universell. In ihr spiegelt sich die aus der Doppelrevolution hervorgegangene Gesellschaft wider, und die
spezifische historische Form dieser Entfremdung bestimmte
viele Züge der Romantik.
In noch größerem Ausmaß galt dies von der Entfremdung des
Künstlers gegenüber dieser Gesellschaft, der auf sie reagierte,
indem er sich in ein »Genie« zu verwandeln strebte — und
das Genie war eine der charakteristischen Erfindungen der
romantischen Ära. Wenn die soziale Funktion des Künstlers
feststeht, seine Beziehung zum Publikum direkt ist, die
Tradition, die Moral, die Vernunft oder sonstige Maßstäbe
bestimmen, was er zu sagen und wie er es zu sagen hat, kann
der Künstler wohl ein Genie sein, wird sich aber selten als
solches benehmen. Die wenigen Genies, die an jene des
19. Jahrhunderts erinnern — ein Michelangelo, Caravaggio
oder Salvator Rosa —, sind Ausnahmen in dem großen Heer
der Männer, die nach den Regeln ihres Handwerks große
Kunstwerke schufen — wie Johann Sebastian Bach, Händel,
Haydn, Mozart, Fragonard oder Gainsborough aus der vor-

revolutionären Zeit. Wo vorrevolutionäre soziale Zustände die Revolution überdauerten, wurden auch die Künstler nicht zum »Genie«, wiewohl auch häufig eitel und eingebildet. Architekten und Ingenieure führten weiter ihre Aufträge aus und bauten in klaren und zweckentsprechenden Formen. Es ist bezeichnend, daß die große Mehrzahl der charakteristischen und fast alle berühmten Gebäude der Periode zwischen 1790 und 1848 im neoklassischen Stil gebaut wurden (wie die Madeleine, das Britische Museum, die Kathedrale des heiligen Isaak in Petersburg). Das galt vom London Nashs und vom Berlin Schinkels, und technische Schönheit zeigte sich in den großartigen Brücken, Kanälen, Eisenbahnbauten, Fabriken und Palmenhäusern jener Zeit.

Ganz abgesehen von ihrem Stil, benahmen sich die Architekten und Ingenieure jener Zeit als Fachleute und nicht als Genies. Was wirklich volkstümliche Kunstgattungen betrifft, wie die Oper in Italien und (auf einem etwas höheren Niveau) den Roman in England, so schufen die Künstler weiterhin ihre Werke zur Unterhaltung und Erbauung des Publikums und erwarteten finanzielle Erfolge. Sie waren weit von der Einstellung des Genies entfernt, das das Publikum verachtet und in den Theaterkassen den Ausdruck einer gegen sein Talent und seine Freiheit gerichteten Verschwörung erblickt. Rossini hätte ebensowenig daran gedacht, eine unverkäufliche Oper zu komponieren, wie Dickens, einen Roman zu schreiben, der nicht in Fortsetzungen in einer Zeitschrift hätte abgedruckt werden können. Auch der Librettist eines modernen Musicals erwartet ja nicht, daß seine Texte ohne jegliche Veränderung aufgeführt werden. Dies mag vielleicht erklären, warum die italienische Oper in dieser Zeit so unromantisch war, obschon blutrünstige und hochdramatische Szenen, wie zu erwarten, sehr beliebt waren.

Das wirkliche Problem aber bestand darin, daß der Künstler nunmehr keine erkennbare und festgelegte Funktion, keinen Schutzherrn und kein festes Publikum hatte. Es blieb ihm nichts anderes übrig, als entweder seine Seele wie eine Ware auf einem blinden Markt feilzubieten, um gekauft oder nicht gekauft zu werden, oder von Mäzenen zu leben, was wirtschaftlich unhaltbar geworden war — ganz abgesehen davon, daß die Französische Revolution die Würdelosigkeit eines solchen Lebens aufgezeigt hatte. So stand der Künstler allein und rief in die Nacht, ohne auch nur eines Echos sicher zu sein. Unter diesen Umständen war es verständlich, daß er sich in ein Genie verwandelte, das nur das ausdrückte, was in seiner Seele blühte, ohne Rücksicht auf die Welt und einem Publikum zum Trotz, dessen Recht nur darin bestand, ihn so wie er war oder gar nicht zu akzeptieren. Im besten Fall erwartete er, wie etwa Stendhal, von einigen wenigen oder von einer fernen Zukunft verstanden zu werden; im schlechtesten Fall würde er unaufführbare Dramen schreiben — wie die Dramen Grabbes oder auch Goethes *Faust II* — oder für unrealistische, gigantische Orchester komponieren wie Berlioz — oder aber er würde im Irrsinn landen wie Hölderlin, Grabbe, de Nerval und mancher andere. Freilich wurde das mißverstandene Genie manchmal reich belohnt — von Fürsten, die an die Launen von Mätressen gewöhnt und bereit waren, sich ihr Prestige etwas kosten zu lassen, oder auch von einer reichgewordenen Bourgeoisie, die darauf bedacht war, einen noch so dünnen Kontakt mit höheren Dingen aufrechtzuerhalten. Franz Liszt (1811—1886) wurde nie dazu gezwungen, in der sprichwörtlichen romantischen Dachkammer zu hungern. Es gab nur wenige, die ihre größenwahnsinnigen Phantasien so verwirklichen konnten wie Richard Wagner. Aber das waren Ausnahmen. Zwischen 1789 und 1848 standen die Fürsten den Künsten, außer der Oper, oft mißtrauisch gegenüber (10), und die Bourgeoisie war mehr damit beschäftigt, Geld anzuhäufen als auszugeben. So blieben die meisten Genies nicht nur mißverstanden, sondern auch arm — und waren zum Großteil revolutionär.

Jugend und mißverstandene »Genies« genügten, um den Abscheu der Romantiker vor den Philistern hervorzubringen — zusammen mit der Vorliebe, die Bourgeois anzugreifen und zu schockieren, der engen Beziehung zur »Demimonde« und zur »Bohème« (zwei Begriffe, die damals ihre moderne Bedeutung erhielten), und dem Hang zum Irrsinn und zu allem, was von »respektablen« Instanzen verurteilt wurde. Aber die Romantik ging weit über all das hinaus. Die Enzyklopädie des erotischen Extremismus von Mario Praz ist ebensowenig die »romantische Agonie (11)«, wie eine Diskussion der Schädel und Geister im Symbolismus der Elisabethanischen Epoche eine Kritik Hamlets darstellt. Der besonderen Unzufriedenheit der romantischen jungen Männer — manchmal auch der jungen Frauen, denn dies war die erste Periode, während der zahlreiche Künstlerinnen auftraten (12) — und Künstler lag eine allgemeine Unzufriedenheit mit der Gesellschaft zugrunde, die aus der Französischen und aus der industriellen Revolution hervorging.

Eine genaue soziale Analyse der Gesellschaft war nicht die stärkste Seite der Romantiker. Die Romantiker, die den materialistischen Rationalismus des 18. Jahrhunderts verabscheuten und in ihm mit Recht eines der wichtigsten Werkzeuge sahen, mit denen die bürgerliche Gesellschaft errichtet wurde (Newton wurde von Goethe ebenso gehaßt wie von William Blake), waren die letzten, von denen eine präzise soziale Analyse hätte erwartet werden können. Daher kann man auch nicht in ihren Werken nach einer Kritik der bür-

gerlichen Gesellschaft suchen, obwohl etwas wie eine solche
Kritik sich im mystischen Gewand der »Naturphilosophie«
und in einem metaphysischen Wolkenreich entwickelte und
unter anderem auch zur Herausbildung der Philosophie
G. F. W. Hegels beitrug (s. S. 432 f.). Etwas Ähnliches leuchtete
auch in den visionären, oft exzentrischen oder gar an Wahn-
sinn grenzenden Einsichten der ersten utopischen Sozialisten
Frankreichs auf. Die ersten Schüler Saint-Simons — wenn auch
nicht Saint-Simon selbst — und besonders Fourier können
kaum anders denn als Romantiker bezeichnet werden. Zu
den vielleicht wichtigsten und bleibenden Resultaten der
romantischen Kritik gehörte der Begriff der menschlichen
»Entfremdung«, der später eine entscheidende Rolle im Denken von Marx gespielt hat, und die Ahnung von einer besseren Gesellschaft der Zukunft. Aber die wirksamste und mächtigste Kritik an der bürgerlichen Gesellschaft kam nicht von
jenen, die die Tradition des klassischen Denkens als Ganzes
— einschließlich der klassischen rationalistischen und wissenschaftlichen Tradition des 18. Jahrhunderts — und *a priori*
verwarfen, sondern aus den Reihen jener, die diese Tradition
bis zu ihren antibürgerlichen Schlußfolgerungen weiterentwickelten. Der Sozialismus eines Robert Owen enthielt keine
Spur von Romantik; er beruhte ganz auf dem Rationalismus
des 18. Jahrhunderts und der bürgerlichsten aller Wissenschaften, der politischen Ökonomie. Saint-Simon selbst ist ein
Sohn der Aufklärung. Es ist bezeichnend, daß der junge Marx,
der in der deutschen — also in erster Linie romantischen —
Tradition aufwuchs, erst »Marxist« wurde, als er sie mit der
französischen sozialistischen Kritik und der gänzlich unromantischen englischen politischen Ökonomie vereinte; und es war
die politische Ökonomie, die den Kern seines Denkens in
seinen reifen Jahren ausmachte.

Es wäre töricht, die Vernunft des Herzens zu vernachlässigen, weil die Vernunft des Kopfes nichts von ihr weiß. Als rational klare Denker standen die Dichter weit unter den Ökonomen und Physikern — und doch sahen sie manchmal tiefer und sogar besser. Es hat wenige Menschen gegeben, die das von der Maschine und der Fabrik ausgehende Erdbeben früher erkannten als William Blake, obschon er 1790 kaum mehr von kommenden Dingen erblicken konnte als einige wenige Londoner Betriebe und Ziegelöfen, die mit Dampfkraft arbeiteten. Mit wenigen Ausnahmen stammen unsere besten Kenntnisse der Probleme der Verstädterung aus literarischen Werken, deren anscheinend weit von der Realität entfernte Angaben sich als zuverlässige Quellen für die Entwicklung der Stadt Paris herausgestellt haben (13). Carlyle ist sicher weit verwirrter als ein fleißiger Statistiker und Sammler von Daten wie J. R. McCulloch — aber sein Verständnis geht tiefer, und er zeigt mehr vom damaligen England; und wenn John Stuart Mill über anderen Utilitaristen steht, so deshalb, weil er auf Grund einer persönlichen Krise sich des Wertes der deutschen romantischen Gesellschaftskritik bewußt wurde, die in den Werken Goethes und Coleridges aufscheint. Die romantische Kritik der Wirklichkeit mochte unklar sein, aber das machte sie nicht bedeutungslos.

Sie war durchzogen von einer Sehnsucht nach der verlorenen Einheit von Mensch und Natur. Die bürgerliche Welt war zutiefst und absichtlich asozial.

> Die Bourgeoisie, wo sie zur Herrschaft gekommen, hat alle feudalen, patriarchalischen, idyllischen Verhältnisse zerstört. Sie hat die buntscheckigen Feudalbande, die den Menschen an seinen natürlichen Vorgesetzten knüpften, unbarmherzig zerrissen und kein anderes Band zwischen Mensch und Mensch übriggelassen als das nackte Interesse, als die gefühllose »bare Zahlung«. Sie

hat die heiligen Schauer der frommen Schwärmerei, der ritter-
lichen Begeisterung, der spießbürgerlichen Wehmut in dem eis-
kalten Wasser egoistischer Berechnung ertränkt. Sie hat die persönliche Würde in den Tauschwert aufgelöst und an die Stelle
der zahllosen verbrieften und wohlerworbenen Freiheiten die
eine gewissenlose Handelsfreiheit gesetzt.

Das ist die Stimme des *Kommunistischen Manifests* — aber
sie spricht auch im Sinn der Romantiker. Eine solche Welt
mochte die Menschen reich machen, sie zum Wohlleben führen — obschon sie andere, die große Mehrheit, zu Hunger und
Elend verdammte —, aber sie entblößte und vereinsamte ihre
Seelen. Sie ließ sie heimatlos in einem Universum, als »ent-
fremdete« Wesen. Eine neue Kluft war entstanden, die es
dem Menschen sogar unmöglich machte, in seinem alten Heim
zu bleiben, es nie zu verlassen und damit der Entfremdung
zu entgehen. Die Dichter der deutschen Romantik meinten
besser als sonst jemand zu wissen, daß es nur einen Weg der
menschlichen Rettung gab: das schlichte und bescheidene
Arbeitsleben in jenen idyllischen Kleinstädten der Traum-
landschaften, die sie besser und ergreifender als alle früheren
Dichter beschrieben. Und doch waren ihre jungen Männer
dazu verurteilt, nach der »blauen Blume« zu suchen oder
ohne jedes Ziel für immer umherzuirren und heimweherfüllt
Eichendorffs Gedichte und Schuberts Lieder zu singen. Das
Lied des Wanderers gehörte zu ihrem Leben, die Sehnsucht
war ihr ständiger Begleiter. Novalis definierte sogar die
Philosophie als Heimweh (14).

Aus drei Quellen strömte nun, was den Durst nach der verlorenen Harmonie von Mensch und Welt stillen konnte: aus
dem Mittelalter, aus dem Primitiven (oder, was auf dasselbe
herauskam, dem »Exotischen« und dem »Volk«) und aus der
Französischen Revolution.

Das Mittelalter zog vor allem die reaktionären Romantiker an. Die festgefügte, geordnete Gesellschaft feudaler Zeiten, das organische Wachstumsprodukt der Jahrhunderte mit ihren Rittern, umgeben von ihren geheimnisvoll rauschenden Märchenwäldern unter dem Baldachin ihres unbestritten christlichen Himmels, war das verlorene Paradies der konservativen Gegner einer bürgerlichen Gesellschaft, deren Sinn für die Bedeutung von Frömmigkeit und Treue für die unteren Schichten von der Französischen Revolution nur geschärft worden war. Mit einigen national bedingten Varianten war es das Thema, das Burke in seinen *Reflections on the French Revolution (Betrachtungen über die Französische Revolution,* 1790) den rationalistischen Bastillestürmern entgegenschleuderte. Aber diese Weltanschauung fand ihren klassischen Ausdruck in Deutschland, das damals so etwas wie ein Monopol auf den Traum vom Mittelalter besaß, vielleicht weil die reinliche Gemütlichkeit, die man am Fuß der Rheinburgen und der Berge des Schwarzwaldes fand, sich weit besser idealisieren ließ als der Schmutz und die Grausamkeit von Ländern, die dem wirklichen Mittelalter näherstanden (15). Wie dem auch immer sei — die Liebe zum Mittelalter trat besonders in der deutschen Romantik hervor und verbreitete sich von da aus über andere Länder, getragen von romantischer Oper und Ballett (Webers *Freischütz* und *Giselle),* von Grimms Märchen, von Theorien der Geschichte oder von deutsch-inspirierten Schriftstellern, wie Coleridge oder Carlyle. Als Neugotik wurde die Liebe zum Mittelalter überall zum Symbol des konservativen und des religiösen Gegners der Bourgeoisie. Chateaubriand verherrlichte die Gotik in seinem *Génie du Christianisme (Der Geist des Christentums oder von der Schönheit der christlichen Religion,* 1802) und stellte sie der Revolution entgegen; die Verfechter der anglikanischen Kirche griffen auf diesen Stil zurück, während die Rationalisten und Nonkonformisten dem klassischen Stil treu blieben. Der Architekt Pugin und die ultrareaktionäre und katholisierende *Oxford-Bewegung* der 1830er Jahre waren entschiedene Anhänger der Gotik, und aus der nebeligen Ferne Schottlands, seit langem eine ideale Bühne für archaische Träume, wie die erfundenen Gedichte von Ossian, kamen die historischen Romane des konservativen Walter Scott und versahen Europa mit neuen mittelalterlichen Bildern. Die Tatsache, daß die meisten und besten dieser Romane nicht im Mittelalter spielen, wurde von vielen Lesern damals übersehen.

Neben dieser konservativen Mittelaltermanie, die reaktionäre Regierungen nach 1815 für wackelige Rechtfertigungen des Absolutismus auszunutzen trachteten, ist die Verherrlichung des Mittelalters von seiten der Linken bedeutungslos. In England zeigte sie sich vor allem als Unterströmung der volkstümlichen radikalen Bewegung, die dazu neigte, die Epoche vor der Reformation als goldene Zeit des arbeitenden Menschen und die Reformation selbst als ersten großen Schritt auf dem Weg zum Kapitalismus anzusehen. In Frankreich spielte sie eine größere Rolle, denn hier lag die Betonung nicht auf der feudalen Hierarchie und der katholischen Ordnung, sondern auf dem unvergänglichen, leidenden, unruhigen und schöpferischen niederen Volk — der französischen Nation, die immer wieder ihre Identität und ihre Mission zum Ausdruck brachte. Jules Michelet, der Geschichte zur Dichtung macht, war der größte dieser revolutionär-demokratischen Anhänger des Mittelalters, und Victor Hugos *Glöckner von Notre-Dame* ist der bekannteste literarische Ausdruck dieser Einstellung.

Eng mit der Liebe zum Mittelalter und besonders durch die

Beschäftigung mit Traditionen und mystischer Religiosität verband sich eine Neigung zu noch entfernteren und tieferen Geheimnissen und Quellen irrationaler Weisheit, die im Orient gesucht wurden: in den romantischen, aber auch konservativen Reichen von Kublai Khan oder der Brahmanen. Gewiß war der Erforscher des Sanskrit, Sir William Jones (1746—1794), ein durchaus unromantischer Radikaler aus den Whigkreisen, der die amerikanische wie die Französische Revolution begrüßte, wie es sich für einen aufgeklärten Gentleman gehörte. Aber die Mehrheit der orientbegeisterten Dilettanten und der Verfasser pseudopersischer Poeme, deren Begeisterung die moderne Orientalistik viel verdankt, gehörten zu den Antijakobinern. Bezeichnenderweise war das brahmanische Indien ihr geistig-seelisches Ziel und nicht das irreligiöse und rationale chinesische Reich, dem sich die exotischen Interessen des aufgeklärten 18. Jahrhunderts zugewandt hatten.

Der Traum vom glücklichen Primitiven und von dem späteren Verlust der Lebensharmonie hat eine viel längere Geschichte. Es war ein alter revolutionärer Traum, in dessen Mittelpunkt das goldene Zeitalter des Kommunismus oder die Gleichheit einer Gesellschaft, in der »Adam grub und Eva spann«, oder die freien, von den Normannen noch nicht versklavten Angelsachsen oder der edle, von der korrupten Gesellschaft unverdorbene Wilde standen. So führte die romantische Liebe zum Primitiven leicht zu linker Rebellion, außer in jenen Fällen, wo sie nur als Mittel zur Flucht vor der bürgerlichen Gesellschaft auftrat — wie im Exotismus eines Gautier oder Mérimée, die den edlen Wilden in den 1830er Jahren als Attraktion für Touristen in Spanien entdeckten — oder wo der Primitive aus Gründen historischer Kontinuität als Konser-

vativer dargestellt wurde. Letztes galt vor allem für »den einfachen Mann aus dem Volk«. Die Romantiker aller Schattie-
rungen betrachteten »das Volk«, das heißt meist den Bauern
oder Handwerker der vorindustriellen Zeit, als Verkörperung
aller Tugenden und seine Sprache, seine Lieder, Geschichten
und Bräuche als Ausdrucksformen der Volksseele. Rückkehr zu
dieser Schlichtheit und Tugend war das Ziel der *Lyrischen Balladen* von Wordsworth, und der höchste Wunsch so manchen
deutschen Dichters ging dahin, daß seine Werke einst zu Volksliedern und Volkserzählungen würden. Die Sammlungen von
Volksliedern, die Veröffentlichungen alter Epen, die Erarbei-
tung der Lexikographie lebender Sprachen waren alle eng mit
der Romantik verbunden, das englische Wort *Folklore* entstand um 1846. In jene Zeit fallen zum Beispiel: Walter Scotts
Ministrelsy of the Scottish Border (1803), Arnims und Bren-
tanos *Des Knaben Wunderhorn* (1806), die Märchen der Gebrüder Grimm (1812), die *Irischen Melodien* von Moore
(1807—1834), Dobrovskys *Geschichten der Böhmischen
Sprache* (1818), das *Serbische Wörterbuch* von Vuk Karadžič
(1818) und seine *Serbischen Volkslieder* (1822—1833), Lönn-
rots Ausgabe des *Kalevala*-Epos in Finnland (1835), Grimms
Deutsche Mythologie (1835), Asbjörnsons und Moes *Norwegische Volkserzählungen* (1842—1871) und andere mehr.
Der Begriff des »Volkes« konnte einen revolutionären Inhalt haben, besonders bei unterdrückten Völkern, die dabei-
waren, ihre nationale Identität zu entdecken und zu behaupten, und das vor allem, falls sie keine eingeborene Bourgeoisie
oder Aristokratie hatten. Unter solchen Bedingungen war die
erstmalige Veröffentlichung eines Wörterbuches, einer Grammatik oder einer Sammlung von Volksliedern eine politisch
bedeutsame Tat, eine erste Unabhängigkeitserklärung. Wo
aber die Dinge anders lagen und die einfachen Tugenden des

Volkes, seine Genügsamkeit, Unverbildetheit, Frömmigkeit,
die tiefste Weisheit seiner Treue zu Papst, König oder Zar
besungen wurden, stand der Kult des Primitiven im Dienst
konservativer Tendenzen. Was verherrlicht wurde, war die
ursprüngliche Unschuld, die völkische Einheit mit ihren
Mythen, die von der Entfaltung der bürgerlichen Gesellschaft
zerstört wurden (16). Der Kapitalist und der Rationalist waren die Feinde, gegen die König, Edelmann und Bauer ihre
geheiligte Einheit bewahren sollten.

Der Begriff der Primitivität konnte eine noch größere revolutionäre Sprengkraft haben, wenn man nicht in erster Linie an
die einheimischen Bauern, sondern an den hypothetischen
Menschen einer goldenen Vergangenheit, an den edlen Wilden, das heißt besonders an den roten Indianer dachte. Rousseau verkündete in diesen Primitiven das Ideal des freien
Gemeinschaftsmenschen, und vielen Sozialisten war die primitive Gesellschaft das Modell für ihre Utopien.

Nun war nichts spezifisch Romantisches an diesem Ideal, denn
es war ja besonders von den Aufklärern des 18. Jahrhunderts
gepriesen worden. Die Suche nach der »blauen Blume« trieb
die Romantiker eher in die Wüsten Arabiens und Nordafri-
kas, wo die Krieger und Odalisken von Delacroix und Fro-
mentin hausten, oder in die Welt des Mittelmeers, wohin es
Byron zog, oder in den von Lermontow besungenen Kaukasus, wo der Naturmensch in Gestalt des Kosaken gegen
andere Naturmenschen in Gestalt von Stammeshäuptlingen
in wilden Bergschluchten kämpfte, als in das sozial und
erotisch unverdorbene Wunschland Tahiti. Sie trieb sie aber
auch über den Ozean, nach Amerika, wo der Primitive heldenhaft kämpfte und doch zum Untergang verurteilt war,
was ihn der Romantik näherbrachte. Die Indianergedichte
des österreichischen Dichters Nikolaus Lenau sind gereimte

Proteste gegen die Vertreibung des roten Mannes; und wenn
der Mohikaner nicht der Letzte seines Stammes gewesen wäre,
hätte er wohl seine gewaltige symbolische Kraft in der europäischen Literatur erlangt? Natürlich spielte der edle Wilde
eine unendlich größere Rolle in der amerikanischen als in der
europäischen Romantik — *Moby Dick* von Melville (1851)
ist sein größtes Denkmal, aber Fenimore Coopers *Leder-
strumpf* eroberte die Alte Welt so vollkommen, wie es dem
Natchez von Chateaubriand nie gelungen war.

Das Mittelalter, das Volkstum, der edle Wilde waren fest
in der Vergangenheit verankerte Ideale. Nur die Revolution,
dieser »Völkerlenz«, wies lediglich in die Zukunft, obwohl
sogar die Utopie gern auf Beispiele der Vergangenheit zu-
rückgriff, um sich die beispiellose Zukunft näherzubringen.
Doch die Revolution konnte erst dann in die Romantik ein-
bezogen werden, als die zweite Generation der Romantiker
aufgeblüht war, für die die Französische Revolution und die
Napoleonischen Kriege historische Tatsachen und nicht mehr
schmerzliche Kapitel des eigenen Lebens waren. Das Jahr
1789 hatte fast jeden Künstler und Intellektuellen Europas
begeistert, aber den wenigen, die ihrem ersten Impuls trotz
Krieg, Terror, bourgeoiser Korruption und Kaiserreich treu
geblieben waren, fiel es nicht leicht, ihren alten Glauben aufrechtzuerhalten, und noch weniger leicht, ihre Träume anderen zu vermitteln. In Großbritannien war die ganze erste
Generation der Romantik mit Blake, Wordsworth, Coleridge,
Southey, Campbell und Hazlitt jakobinisch gewesen. Nach
1805 wehte aber der enttäuschte Wind des Neukonservati-
vismus. In Frankreich und in Deutschland war der Begriff
des »Romantischen« von antibürgerlichen Konservativen gegen Ende der 1790er Jahre geradezu als konterrevolutionäre
Waffe erfunden worden, woraus sich erklärt, warum eine

Anzahl von Denkern und Künstlern, die wir heute als Romantiker ansehen, damals nicht zu ihnen gerechnet wurde. Aber im Verlauf der letzten Jahre der Napoleonischen Ära begann eine neue Generation heranzuwachsen, der die Flammenzeichen der Vergangenheit nur mehr als Freiheitszeichen sichtbar waren, während die mit ihnen verbundenen Exzesse und Korruptionserscheinungen aus dem Gesichtsfeld entschwanden; und mit dem Exil Napoleons begann eine Periode, in deren Verlauf selbst diese unsympathische Figur in das Licht eines halbmythologischen Phönix und Befreiers rückte. Und da Europa nun Jahr um Jahr immer tiefer in den Sumpf der Reaktion, der Zensur, der Mittelmäßigkeit, des Elends und der Unterdrückung sank, erschien das Bild der befreienden Revolution in immer leuchtenderen Farben. Erst die zweite Generation der britischen Romantiker — Byron (1788—1824), der unpolitische, aber doch linksstehende Keats (1795—1821) und vor allem Shelley (1792—1822) — verband die Romantik bewußt mit einer aktiven revolutionären Haltung. Die ihren Vorgängern unvergeßlichen Enttäuschungen der Französischen Revolution verblaßten neben den sichtbaren Schrecken der kapitalistischen Verwandlung ihres eigenen Landes. Auf dem europäischen Kontinent begann die Annäherung der Romantik an die Revolution in den 1820er Jahren, wurde aber erst nach der Revolution von 1830 endgültig. Eine neue romantische Vision der Revolution und das romantische Gewand, das Revolutionäre umhängten, zeigten sich am klarsten in Delacroix' Gemälde *Die Freiheit auf den Barrikaden* (1831). Die Revolution — nicht die gemäßigte von 1789, sondern die ruhmreiche des Jahres 1793 — ersteht wieder. Finster und entschlossen blickende, bärtige junge Männer im Zylinder, Arbeiter in Hemdsärmeln, Volkstribunen mit wehenden Locken und malerischen Hüten, umgeben von Trikoloren, errichten in allen Städten des europäischen Kontinents ihre Barrikaden.

Zugegeben — auch die romantische Revolution war nicht eine vollkommen neue, nie dagewesene Form. Ihre Vorläufer waren die Mitglieder der revolutionären Geheimgesellschaften oder »Sekten« Italiens und der Freimaurer, der Carbonari und Philhellenen, deren Inspiration von überlebenden alten Jakobinern und Babouvisten, wie Buonarroti, stammte. Dort finden sich die typischen Revolutionäre der Restaurationsperiode, feurige junge Männer in Garde- oder Husarenuniform, die Opernpremieren, Soirées, Rendezvous mit Herzoginnen oder zeremonielle Logenabende verließen, um einen Staatsstreich zu unternehmen und sich an die Spitze einer kämpfenden Nation zu stellen — mit einem Wort: die Gestalten, die ein Lord Byron verkörpert. Aber diese revolutionären Methoden waren nicht nur direkt von Ideen des 18. Jahrhunderts bestimmt und auf die Oberschicht beschränkt: Ihnen fehlten auch die entscheidenden Elemente der romantisch-revolutionären Vision der Jahre 1830—1848 — die Barrikaden, die Massen, das neuerstandene, verzweifelte Proletariat, all jene Elemente, die mit dem anonymen, farblosen ermordeten Arbeiter in Daumiers Lithographie *Das Massaker in der Rue Transnonain* (1834) auftauchen und in die romantische Phantasie eindrangen.

Die auffallendste Folge dieser Verschmelzung der Romantik mit der Vision einer neuen, besseren französischen Revolution war die überwältigende Welle politischer Kunst zwischen 1830 und 1848. Selten hat es eine Periode gegeben, in der sogar die am wenigsten »ideologischen« Künstler so engagiert waren und ihre politische Aufgabe als erste Pflicht auffaßten. »Die Romantik ist Liberalismus in literarischer Form«, erklärte Victor Hugo in seinem Vorwort zu *Hernani*

(1830), diesem Manifest der Rebellion (17): »Die Schriftsteller sprachen in den Vorworten zu ihren Werken mit Vorliebe von der Zukunft, dem sozialen Fortschritt, über die Menschheit und die Zivilisation (18)«, schrieb Alfred de Musset (1810 bis 1857), der ebenso wie Chopin (1810—1849) und Nikolaus Lenau (1802—1850) sich weit lieber privaten als öffentlichen Dingen widmete. Mehrere Künstler wurden zu politischen Gestalten — und das nicht nur in den von nationalem Freiheitssehnen erfüllten Ländern, wo sie alle zu Propheten und nationalen Symbolen wurden: Chopin, Liszt, sogar der junge Verdi unter den Musikern, unter den Dichtern Polens, Ungarns und Italiens Mickiewicz (der selbst an seine Messiasrolle glaubte), Petöfi und Manzoni. Fast das gesamte Werk von Daumier ist politisch. Der Dichter Ludwig Uhland und die Gebrüder Grimm waren liberale Politiker, das vulkanische Knabengenie Georg Büchner (1810—1837) ein aktiver Revolutionär, Heinrich Heine (1797—1856), ein enger Freund von Karl Marx und ein nicht immer folgerichtiger, aber entschiedener Vertreter der extremen Linken (19). Die Literatur verband sich mit dem Journalismus, vor allem in Frankreich, Deutschland und Italien. Hätten sie in einem anderen Zeitalter gelebt, wären ein Lamennais, ein Jules Michelet in Frankreich, ein Carlyle oder ein Ruskin in England vermutlich Dichter oder Schriftsteller gewesen, die einige Interessen auch für öffentliche Angelegenheiten hatten; in dieser Epoche aber wurden sie Publizisten, Propheten, Philosophen und Geschichtsschreiber, die vom politischen Strom der Zeit getragen oder getrieben wurden. Die Lava poetischer Einbildungskraft begleitete übrigens auch den Ausbruch des jugendlichen Intellekts von Karl Marx in einem Maß, wie es bei Philosophen oder Ökonomen eigentlich selten üblich ist. Sogar der sanfte Tennyson und seine Freunde in Cambridge

Eugène Delacroix: »Das Gemetzel von Chios«, 1824;
Paris, Musée Nationale du Louvre.

Horace Vernet: »Sklavenmarkt«, 1836;
Berlin, Nationalgalerie.

traten für die internationale Brigade ein, die nach Spanien ging, um mit den Liberalen gegen die Klerikalen zu kämpfen. Die während dieser Zeit entstandenen und vorherrschenden ästhetischen Theorien legitimierten die Einheit von Kunst und politisch-sozialer Stellungnahme. Die Anhänger Saint-Simons in Frankreich und die brillanten revolutionären Intellektuellen im Rußland der 1840er Jahre entwickelten Auffassungen, die später von marxistischen Bewegungen übernommen und unter Namen wie »sozialistischer Realismus« (20) erscheinen. Es war ein edles, aber nicht besonders erfolgreiches Ideal, das sowohl aus der strengen Tugend des Jakobinertums wie aus dem romantischen Glauben an die Macht des Geistes erwuchs, der sich am klarsten in Shelleys Satz über die Dichter als »die nicht anerkannten Gesetzgeber der Welt« ausdrückt. *L'art pour l'art*, die Kunst um ihrer selbst willen — die Formel gab es schon, und Konservative oder Dilettanten mochten sie pflegen. Aber was herrschte, war damals noch die Kunst um der Menschheit, des Volkes oder des Proletariats willen. Erst nachdem mit den Revolutionen von 1848 auch die romantischen Hoffnungen auf die Wiedergeburt des Menschen zerstört wurden, begann die Herrschaft des auf sich selbst beschränkten Ästhetizismus. Die Entwicklung solcher Revolutionäre, wie Baudelaire oder Flaubert, illustriert diesen politischen und ästhetischen Wandel, der in Flauberts *Education Sentimentale* am besten sichtbar wird. Nur in Ländern wie Rußland, die nicht durch die Enttäuschung von 1848 gegangen waren (schon weil sich dort 1848 keine Revolution ereignet hatte), blieben die sozialen Interessen der Kunst erhalten.

Die Romantik war die vorherrschende Richtung der Kunst in der Periode der Doppelrevolution, sie war aber bei wei-

tem nicht die einzige Kunstrichtung. Da sie ja weder die
Kultur der Aristokratie noch die der Bourgeoisie, noch die
der arbeitenden Klassen bestimmte, mußte ihre rein quantitative Bedeutung gering sein. Die von Mäzenen oder der
Unterstützung der wohlhabenden Klassen abhängigen Künste
konnten romantisch sein, insofern ihre ideologischen Charakteristiken am wenigsten zutage traten wie in der Musik. Die
Künste, die von ihrer Popularität unter den arbeitenden
Massen abhingen, hatten andererseits wenig Bedeutung für
die romantischen Künstler, obschon die Vergnügungen und
die Unterhaltungen der breiten Massen — Pfennigromane,
Zirkus, Jahrmarktbuden, Wanderbühnen und ähnliches — eine
Quelle ihrer Inspiration bildeten und die Schauspieler der
Volksbühnen ihrerseits ihr Repertoire an erregenden Dingen
— wie Verwandlungsszenen, Feen, Märchenfiguren, die letzten Worte eines Mörders oder Räubers usw. — aus dem Vorrat
der romantischen Lagerhäuser ergänzten.

Der Stil des aristokratischen Lebens und seiner Kunst blieb
im 18. Jahrhundert verwurzelt, obschon seine Äußerungen
manchmal durch eben geadelte Neureiche vulgarisiert wurden, wie man es aus dem napoleonischen *Empire*-Stil mit seinen Geschmacklosigkeiten und seiner Aufgeblasenheit und
aus dem britischen *Regency*-Stil ersehen kann. Das erhellt
auch aus dem Vergleich der Uniformen der vorrevolutionären
mit denen der nachnapoleonischen Epoche, einer Kunstart, die
am unmittelbarsten die Instinkte der Offiziere und *Gentlemen*
ausdrückt, die solche Kostüme entwerten. Die Vorherrschaft
Großbritanniens machte den englischen *Gentleman* zum Muster internationaler aristokratischer Kultur — oder besser Un-
kultur: Denn die Interessen des glattrasierten, selbstbeherrsch-
ten und kühlen *Dandy* sollten sich ja auf Pferde, Hunde,
Kutschen, Ringkämpfe, Jagd, den standesgemäßen Zeitver-

treib, und seine eigene Person beschränken. Ein solcher geradezu heroischer Extremismus beeindruckte sogar die Romantiker, die selbst *Dandys* sein wollten, noch beeindruckter
aber schienen junge Damen aus bescheideneren sozialen Schichten und beflügelten deren Träume (nach den Worten Gautiers):

Sir Edward war so ganz und gar der Engländer ihrer Träume —
frisch rasiert, von rosiger Gesichtsfarbe, vornehm, gepflegt und
poliert, der schon in den Strahlen der ersten Morgensonne mit
blendend weißer Krawatte dastand; ein Engländer mit Regen-
mantel und Mackintosh — war das nicht die Krone der Zivilisation? ... Ich werde englisches Silber haben und Wedgwood-
Porzellan; mein ganzes Haus wird voll sein von Teppichen und
weißgepuderten Dienern, und an der Seite meines Gemahls
werde ich im Vierspänner in den Hyde Park fahren, um Luft zu
schnappen ... Zahme Rehe werden auf dem grünen Rasen meines Landsitzes spielen und wohl auch ein paar blonde, rosige
Kinder. Kinder sehen so nett aus auf dem Vordersitz einer
Barouche neben einem echten King-Charles-Spaniel (21).

Das mag eine beglückende Vision gewesen sein — aber sie war
nicht romantisch, ebensowenig romantisch wie das Bild königlicher oder kaiserlicher Majestäten, die gnädig einer Opern-
premiere oder einem Ball beiwohnten und auf eine orden- und
juwelenbedeckte, aber ausschließlich hochgeborene Welt von
Schönheit und Bravour herabsahen. Auch die Kultur der
Groß- und Kleinbürger war nicht romantisch. Hier wurde
auf Schlichtheit und Bescheidenheit Wert gelegt. Nur in den
Kreisen der großen Bankiers und Spekulanten oder der ersten
Generation industrieller Millionäre, die es nicht oder nicht
mehr nötig hatten, viel von ihren Profiten in ihren Geschäften
zu reinvestieren, entstand das protzige Neubarock des späten

19. Jahrhunderts. Aber auch das war nur der Fall in jenen wenigen Ländern, deren »Gesellschaft« nicht mehr gänzlich von Monarchen oder Aristokraten beherrscht war. Die Rothschilds, diese neuaufgestiegenen Monarchen, traten schon fürstlich auf (22). Der normale Bourgeois aber tat es nicht. Der Puritanismus, der evangelische oder katholische Pietismus predigten Mäßigkeit, Sparsamkeit, ein behäbiges Spartanertum und eine ihresgleichen suchende Selbstzufriedenheit. So stand es in Großbritannien, in den Vereinigten Staaten, in Deutschland und im hugenottischen Frankreich. Die Emanzipierten oder die Antireligiösen bezogen ähnliche Verhaltensmaßstäbe aus der Aufklärung des 18. Jahrhunderts und aus der Freimaurerei. Wo es nicht um Profit und Logik ging, war das bürgerliche Leben emotional und eng begrenzt. Den großen Mittelschichten des Kontinents, die keine Geschäftsleute, sondern Beamte irgendwelcher Art — Professoren, Staatsbeamte, Lehrer oder auch Geistliche — waren, fehlte es sogar an den abenteuerlichen Möglichkeiten der Kapitalakkumulation. Ähnliches galt vom bescheidenen provinziellen Bourgeois, der genau wußte, wie sehr selbst sein größter Kleinstadtreichtum neben den großen Vermögen der Zeit verblaßte. Das bürgerliche Leben war daher unromantisch und von den Vorstellungen und Moden des 18. Jahrhunderts weitgehend bestimmt.

Man kann dies klar aus den Häusern der Bürger sehen, ihrem Heim, das ja der Mittelpunkt ihrer Kultur blieb. Der Stil der nachnapoleonischen bürgerlichen Häuser und Straßen ist vom 18. Jahrhundert mit seinem Klassizismus und dem Rokoko bestimmt. Bis in die 1840er Jahre werden in Großbritannien die Häuser im späten »Georgianischen« Stil gebaut, und anderswo erscheint der Bruch in der architektonischen Tradition noch später. Der in der Innendekoration vorherrschende Bie-

dermeierstil war ein häuslicher, von Innerlichkeit und Gemütlichkeit erwärmter Klassizismus, der etwas von der Romantik
oder eher der Vorromantik des ausgehenden 18. Jahrhunderts
hatte, dies aber den Bedingungen des bescheidenen Bürgers
anpaßte, der in seinem Wohnzimmer an Sonntagnachmittagen
Quartett spielte. Das Biedermeier war in mancher Beziehung
einer der schönsten Wohnstile, mit weißen Vorhängen und
pastellfarbenen Wänden, Holzfußböden und soliden, aber
eleganten Stühlen und Tischen, Pianos, mineralogischen Kabi-
netten und Blumenvasen. Aber es war seinem Wesen nach ein
spätklassischer Stil, dessen bestes Beispiel man in Goethes
Weimarer Haus sehen kann. Dieser oder ein ähnlicher Stil
bildet den Hintergrund für die Heldinnen in den Romanen
Jane Austens (1775—1817), der evangelischen Strenge und der
Lebensfreuden der Clapham-Sekte, der Bourgeoisie Bostons
und der französischen Leser des *Journal des Débats*.
In die bürgerliche Kultur drang die Romantik vor allem auf
dem Weg der Träumereien weiblicher Familienmitglieder
ein. Ihr gelangweiltes und müßiges Leben bewies die Fähigkeiten ihrer erwerbstätigen Männer, und ihr ideales Schicksal
bestand in solcher wohlbehüteter Sklaverei. Die bürgerlichen
wie auch die nicht-bürgerlichen Mädchen ebenso wie die Odalisken und Nymphen, die antiromantische Maler, wie Ingres
(1780—1867), aus dem romantischen in den bürgerlichen Rahmen übertrugen, paßten sich also immer mehr demselben ge-
brechlichen, langgesichtigen, glatthaarigen Typ, der zarten
Blume mit dem Schal und der Haube, an, der so charakteristisch für die Mode der vierziger Jahre wurde.
Ein wahrer Abgrund klaffte zwischen diesem Frauentyp und
der zusammengekauerten Löwin, die Goya in seinem Porträt
der Herzogin von Alba zeigt, den emanzipierten, neugriechi-
schen Frauengestalten der Französischen Revolution in ihren

Kleidern aus weißem Musselin, deren Abbildungen in so vielen Wohnzimmern hingen, den selbstsicheren Damen der *Regency*-Periode, wie Lady Lieven, und auch jener so unromantischen und zugleich so unbürgerlichen Kurtisanen, wie einer Harriet Wilson.

Junge Mädchen aus bürgerlichem Hause mochten gezähmte romantische Musik, wie die Chopins oder Schumanns (1810 bis 1856), spielen. Das Biedermeier mochte zu einer Art romantischer Lyrik passen — wie jener von Eichendorff (1788 bis 1857) oder Eduard Mörike (1804—1875), in der kosmische Leidenschaft sich in Heimweh oder passive Sehnsucht verwandelt. Der Unternehmer auf Geschäftsreisen mochte gelegentlich auf einem Bergpaß eine »romantische Aussicht« genießen, zu Hause zu seiner Erholung *Das Schloß von Udolpho* zeichnen, sogar wie ein John Cragg aus Liverpool nicht nur Eisenindustrieller, sondern auch ein »Mensch mit künstlerischen Neigungen« sein, der »Gußeisen in gotische Architektur einführte« (23). Aber trotzdem war die bürgerliche Kultur im ganzen unromantisch. Schon die Freude am technischen Fortschritt in den Zentren der Industrialisierung widersprach dem romantischen Gefühl. Ein Mann wie James Nasmyth, der Erfinder des Dampfhammers (1808—1890), war gewiß kein Barbar: Er war der Sohn eines jakobinischen Malers (»des Vaters der schottischen Landschaftsmalerei«), wuchs in der Gesellschaft von Künstlern und Intellektuellen auf, liebte das Malerische und die Antike und teilte mit anderen Schotten eine gründliche und breite Bildung. Und doch war es nur natürlich, daß dieser Malerssohn ein Ingenieur wurde und daß ihn auf einer Wanderung in seinen Jugendjahren, die er mit seinem Vater unternommen hatte, die Eisenwerke von Devon weit mehr interessierten als alles andere. Für ihn wie für andere Edinburgher Bürger des 18. Jahrhunderts, unter

denen er aufwuchs, waren die Dinge erhaben, ohne unratio-
nal zu sein. Rouen hatte einfach »eine großartige Kathedrale
und die Kirche von Saint-Ouen, beide von besonderer Schönheit, sowie feine, über die ganze so interessante und malerische
Stadt verstreute Reste gotischer Architektur«. Das Malerische
war prachtvoll, aber er konnte doch nicht umhin, trotz aller
Ferienbegeisterung zu merken, daß es aus der Vernachlässigung entstanden war. Das Schöne war zu begrüßen, aber der
Fehler der modernen Architektur beruhte darin, daß »der
Zweck des Gebäudes... als zweitrangig betrachtet wird«.
»Ich wollte mich von Pisa nicht losreißen«, schrieb er, aber
»was mich an der Kathedrale am meisten interessierte, waren
die beiden Bronzelampen, die am Ende des Schiffes hängen,
die Galilei zur Entdeckung der Pendelgesetze geführt hatten (24).« Solche Männer waren weder Barbaren noch Philister,
aber ihre Welt war der eines Voltaire oder Josiah Wedgwood
weit näher als der eines John Ruskin. Der große Werkzeug-
macher Henry Maudslay fühlte sich während seines Aufent-
haltes in Berlin sicherlich weit wohler in der Gesellschaft seines Freundes Humboldt, dieses Königs der liberalen Wissenschaftler, und des neoklassischen Architekten Schinkel, als er
sich je in der Gesellschaft des großen, aber in den Wolken
lebenden Hegel gefühlt hätte.
In den Mittelpunkten der bürgerlichen Gesellschaft spielten
die Künste eine geringere Rolle als die Wissenschaft. Der gebildete britische oder amerikanische Fabrikant oder Ingenieur
mochte sich wohl in seinen Mußestunden am Kunstgenuß erfreuen, aber seine wirklichen kulturellen Bemühungen waren
auf die Verbreitung und die Fortentwicklung des Wissens gerichtet: Seiner eigenen Weiterbildung dienten Institutionen
wie die »Britische Gesellschaft zur Förderung der Wissenschaften«; der »Gesellschaft für die Verbreitung nützlichen Wis-

sens« und ähnlichen Organisationen oblag die Volksbildung. Es ist bezeichnend, daß das typische Produkt der Aufklärung des 18. Jahrhunderts, die Enzyklopädie, sich größerer Beliebtheit erfreute denn je und (wie das berühmte deutsche Konversationslexikon von Meyer, das in den 1830er Jahren entstand) viel vom ursprünglichen militanten, politischen Liberalismus behielt. Byron verdiente viel Geld mit seinen Gedichten; aber der Verleger Constable zahlte Dugald Stewart im Jahr 1812 nicht weniger als 1000 Pfund für ein dem »Fortschritt der Philosophie« gewidmetes Vorwort, mit dem der Ergänzungsband der *Encyclopedia Britannica* eingeleitet wurde (25). Und auch dann, wenn die Bourgeoisie romantisch wurde, waren ihre Träume von der Technologie erfüllt. Junge, von Saint-Simon beeinflußte Männer planten den Suezkanal, gigantische Eisenbahnnetze, die alle Teile der Erdoberfläche miteinander verbinden sollten; sie träumten von einer faustischen Finanz, die weit über die Interessen der ruhig-rationalistischen Rothschilds hinausging, jener Rothschilds, die wußten, daß man viel Geld mit einem Mindestmaß an spekulativen Abenteuern und mit konservativen Mitteln machen konnte (26). Wissenschaft und Technologie waren die Musen der Bourgeoisie, und sie feierten ihren Triumph bei der Eisenbahn mit dem großen, leider jetzt zerstörten, neoklassischen Tor des Euston-Bahnhofes in London.

Außerhalb der »gebildeten« Kreise ging die Kultur des gemeinen Volkes ihren Gang weiter. Außerhalb der Städte und der industriellen Gebiete der Welt hatte sich wenig verändert. Die Lieder und Feste der 1840er Jahre, die Trachten, die Formen und Farben der dekorativen Kunst des Volkes waren im wesentlichen dieselben wie im Jahr 1789. Erst Industrie und Verstädterung begannen sie zu zerstören. Niemand kann in einer Fabrikstadt leben wie früher im Dorf, und die ganze

Struktur der Kultur zerfällt mit dem sozialen Milieu, in dem sie verwurzelt war. Ein Lied, das beim Pflügen gesungen wurde, wird dort verschwinden, wo nicht mehr gepflügt wird, oder aber es verliert seinen alten Volksliedcharakter. Die Sehnsucht der Auswanderer bewahrte im städtischen Exil die Bräuche und Lieder der dörfischen Vergangenheit und verstärkte oft deren Anziehungskraft, weil sie den Schmerz der Entwurzelung linderten. Aber von den neuen Städten und Fabriken abgesehen, hatte die Doppelrevolution nur kleine landwirtschaftliche Gebiete verwandelt, besser gesagt verheert, so in Teilen Irlands und Großbritanniens, und nur in diesen Gebieten war es unmöglich geworden, in der alten Weise weiterzuleben.

Auch in der Industrie hatte sich die gesellschaftliche Wandlung vor den 1840er Jahren noch nicht so weit verwirklicht, daß sie die älteren Kulturformen zerstört hätte. In Westeuropa hatte im übrigen eine jahrhundertelange Entfaltung von Handwerk und Manufaktur Formen hervorgebracht, die als »halbindustriell« bezeichnet werden können. Auf dem flachen Land drückten Bergleute und Weber ihre Hoffnungen und Proteste in traditionellen Volksliedern aus, und die industrielle Revolution hatte nur ihre Zahl vergrößert und ihre Erfahrungen vertieft. Die Fabrik brauchte keine Arbeitslieder. Es gab jedoch andere wirtschaftlich bedeutsame Tätigkeitsgebiete, in denen der Volksgesang weiterblühte.

Zu diesem goldenen Zeitalter der alten »industriellen« Volkslieder gehören die Gesänge der Seeleute auf den großen Segelschiffen, wie die Balladen der grönländischen Walfischfänger, die Ballade vom Kohlenherrn und der Frau des Kumpels sowie das Klagelied des Webers (27). In den vorindustriellen Städten entstand in den Gemeinschaften der Handwerker und Heimarbeiter eine Kultur, der die Einflüsse des prote-

stantischen Sektenwesens und der jakobinische Radikalismus
den Ansporn zu autodidaktischer Bildung gaben. Bunyan und
Calvin bildeten den Grundstock der Lektüre zusammen mit
Tom Paine und Robert Owen. Diese selbstsicheren und kämpferischen Gemeinschaften gelernter Handwerker und Arbeiter hatten Büchereien, Kirchen und Fachschulen, sie hatten
unzählige kleine Gärten, in denen Blumen gezüchtet wurden,
hatten Vogelbauer und Haustiere. Norwich war in England
nicht nur für seine atheistische und republikanische Gesinnung,
sondern auch für seine Kanarienvögel berühmt (28). Aber die
alten Volkslieder überlebten (außer in den USA) das Kommen der Eisenbahnen nicht, und auch diese Gemeinschaften
gingen nach 1840 zugrunde.

Nichts ersetzte diese niedergehende ältere Volkskunst. In
Großbritannien setzten sich die neuen Daseinsformen des industriellen Lebens erst in den 1870er und 1880er Jahren durch.
Die Zeit zwischen der Krise der alten traditionellen Existenz
und dieser Epoche der Industriegesellschaft bildet die finsterste
Periode dieser für die arbeitenden Massen ohnedies so finsteren Zeit. Auch in den großen Städten entstanden während
unseres Zeitabschnittes keine neuen Kulturformen.

Es ist richtig, daß die Großstadt und besonders die Hauptstadt bereits über bedeutende Institutionen verfügte, die den
kulturellen Bedarf der Armen oder auch der »kleinen Leute«
decken sollten. Aber diese stammten meist schon aus dem
18. Jahrhundert, einem Jahrhundert, dessen Beitrag zur Entfaltung der Volkskunst oft übersehen wird. Das volkstümliche
Vorstadttheater in Wien, die Dialekttheater in italienischen
Städten, die Volksoper — zum Unterschied von der höfischen
Oper —, die *commedia dell'arte*, die Wanderbühnen, die öffentlichen Boxkämpfe und Rennen, die demokratische Version des
spanischen Stierkampfes (29) waren im 18. Jahrhundert ent-

standen, das illustrierte Blatt und das Volksbuch noch früher.
Die neuen Formen der städtischen Unterhaltung entstanden als
Nebenprodukte der Wirtshäuser, die zu den Zufluchtsstätten
der sozial desorganisierten arbeitenden Massen wurden und
zum letzten städtischen Bollwerk alter Bräuche, die von den
Gesellenverbänden, Gewerkschaften und Geselligkeitsvereinen
am Leben erhalten wurden. Aus der »Taverne« sollten später die *music-halls* und der Tanzsaal hervorgehen, aber 1848
waren diese noch unentwickelt, obwohl ihr Entstehen in die
1830er Jahre fällt (30). Die anderen Formen städtischer Unterhaltung gingen aus den Jahrmärkten hervor, bei denen immer
Schauspieler und Akrobaten auftraten. Der Jahrmarkt wurde
in den Großstädten heimisch, und in den vierziger Jahren vermittelte die Mischung von Straßenhändlern, Straßensängern,
Volkstheatern, Taschendieben und Jungen mit Schubkarren
auf den Boulevards den romantischen Intellektuellen und dem
einfachen Volk ihre Vergnügen.

Der volkstümliche Geschmack bestimmte auch die Form und
die Ausführung jener verhältnismäßig geringen Zahl von
Waren, die von der Industrie für den Bedarf der armen
Schichten des Volkes erzeugt wurden: bemalte Krüge und
Kannen zu Ehren der Parlamentsreform, mit Abbildungen
der ersten großen Eisenbrücken, der prächtigen Dreimaster,
die den Atlantischen Ozean überquerten; volkstümliche Bild-
drucke mit Symbolen der revolutionären Ideen oder des
Patriotismus oder auch mit Darstellungen berüchtigter Verbrechen und endlich der wenigen Möbel- und Kleidungsstücke,
die sich die Armen leisten konnten.

Im ganzen aber war die Stadt, insbesondere die neue Indu-
striestadt, düster und unfreundlich, mit ihren wachsenden
Slums, dem über ihr lagernden, alles verpestenden Rauch der
Fabrikschornsteine, dem Zwang der nie endenden Arbeit, der

noch durch die Strenge der vom Bürgertum eingeführten puritanischen Disziplin verschärft wurde. Es gab immer weniger Parks oder Gärten und wenig Freizeit. Nur die neue Beleuchtung und die Schaufenster der Hauptstraßen kündeten die lebhaften Farben der nächtlichen Stadt der Zukunft an, die mitsamt ihrer neuen Lebensweise erst im Verlauf der zweiten Hälfte des 19. Jahrhunderts entstehen sollte. Die erste Jahrhunderthälfte war finster und freudlos, und die Zerstörung überwog den neuen Beginn.

15

Die Wissenschaften

Laßt uns nie vergessen, daß die Wissenschaften und die Philosophie
lange vor uns die Tyrannen bekämpften. Aus ihren andauernden
Bemühungen ist die Revolution hervorgegangen. Als freie und dank-
bare Männer sollen wir sie für immer sichern und hochhalten. Denn
die Wissenschaft und die Philosophie werden die Freiheit erhalten,
die wir erobert haben.

EIN MITGLIED DES KONVENTS (1)

Die Fragen der Wissenschaft, versetzte Goethe, sind sehr häufig Fragen
der Existenz. Eine einzige Entdeckung kann einen Mann berühmt
machen und sein bürgerliches Glück begründen ... Jedes wahrgenom-
mene neue Phänomen ist eine Entdeckung, jede Entdeckung ein Eigentum. Taste aber nur das Eigentum an, und der Mensch mit seinen
Leidenschaften wird sogleich da sein.

GOETHES GESPRÄCHE MIT ECKERMANN,
30. Dezember 1823

ES IST IMMER GEFÄHRLICH, eine Parallele zwischen den Künsten und den Wissenschaften zu ziehen, weil die Beziehung
der Wissenschaft zur Gesellschaft eine ganz andere ist als die
der Kunst. Aber auch in der Wissenschaft kommt der Einfluß
der Doppelrevolution zum Ausdruck, denn einerseits stellte
diese Anforderungen an die Wissenschaften, zum anderen eröffnete sie ihnen neue Möglichkeiten und brachte ihnen neue
Probleme, und endlich gingen aus der historischen Wirklichkeit auch neue Denkmodelle hervor. Ich will damit nicht etwa
behaupten, daß die wissenschaftliche Entwicklung von 1789

bis 1848 aus den gesellschaftlichen Prozessen dieser Periode abgeleitet werden könnte. Die meisten menschlichen Tätig-zum Teil, bestimmt. So ergab sich die Entdeckung des Plane-ten Neptun im Jahr 1846 nicht aus irgendwelchen außer-astronomischen Ursachen: Neptun wurde entdeckt, weil die keiten haben ihre innere Logik, die ihren Ablauf, wenigstens Tabellen Bouvards im Jahr 1821 zeigten, daß die wirkliche Bahn des 1781 entdeckten Uranus von der berechneten Bahn abwich, weil diese Abweichungen in den dreißiger Jahren größer wurden, weil man dann versuchte, sie aus der Ein-wirkung eines bis dahin unbekannten Himmelskörpers zu erklären, und einige Astronomen darangingen, die Position dieses Körpers zu berechnen.

Aber selbst der leidenschaftlichste Verfechter der makellosen Reinheit der theoretischen Wissenschaften wird zugeben, daß das wissenschaftliche Denken durch Dinge beeinflußt werden kann, die außerhalb seines rein geistigen Bereichs liegen, schon weil sogar der weltfremdeste Mathematiker in einer sozialen Realität wirkt. Der Gang der Wissenschaften gleicht im gan-zen gesehen kaum einer geradlinigen Aufwärtsentwicklung, in der jede erreichte Stufe die Probleme der vergangenen löst und neue Probleme der folgenden Generation übermittelt. Er ist auch durch die Entdeckung ganz neuer Fragen, durch das Auftauchen einer neuen Einstellung selbst zu alten Fragen, durch die Einführung neuer Methoden zu ihrer Lösung, durch die Herausbildung neuer Forschungsgebiete und ebenso neu-artiger theoretischer und praktischer Forschungsmittel gekenn-zeichnet. In alledem kann die Wissenschaft stark von außen her beeinflußt werden. Hätten sich während des von uns untersuchten Zeitraums alle Zweige der Wissenschaft gemäß ihrer eigenen inneren Logik entwickelt wie die Astronomie, die im wesentlichen innerhalb des Newtonschen Systems blieb, dann wäre die Untersuchung sozialer Einflüsse auf ihre Entwicklung belanglos.

Aber wir werden sehen, daß unsere Zeitspanne in einigen Disziplinen (wie der Mathematik) radikal neue Auffassungen, das Wiedererwachen seit langem schlummernder Wissenschaften (wie der Chemie), das Entstehen neuer Disziplinen (wie der Geologie) und das Eindringen neuer revolutionärer Ideen in andere (wie die Sozialwissenschaften und die Biologie) erlebte.

Von allen auf die Wissenschaft einwirkenden äußeren Kräften waren die ihr von den Regierungen und der Industrie gestellten Anforderungen am wenigsten bedeutsam.

Die Französische Revolution mobilisierte die Wissenschaftler: Der Geometer und Ingenieur Lazare Carnot organisierte die jakobinische Kriegführung, der Mathematiker und Physiker Monge (Marineminister 1792/93) leitete zusammen mit einer Gruppe von Mathematikern die Kriegsproduktion, und der Chemiker und Ökonom Lavoisier wurde mit der Vorbereitung einer Schätzung des Volkseinkommens beauftragt. Es war wohl das erste Mal im Verlauf der Geschichte, daß der ausgebildete Wissenschaftler als solcher in die Regierung eintrat — das aber hatte weit größere Bedeutung für die Regierungen als für die Wissenschaften. Die größten Industrien Großbritanniens (Baumwolltextilien, Kohle, Eisen, Eisenbahnen und Schiffahrt) entsprangen der Wirksamkeit empirischer — allzu empirischer —, sich nur auf die unmittelbare Erfahrung stützender Männer. Der Held der britischen Eisenbahnrevolution, George Stephenson, war ein »wissenschaftlicher Analphabet«, für Maschinen aber hatte er einen sechsten Sinn; er war eher ein »Superhandwerker« als ein Technologe. Alle Versuche von Wissenschaftlern, wie Babbage, ihr Wissen dem Eisenbahnwesen zur Verfügung zu stellen, oder von wissen-

schaftlich ausgebildeten Ingenieuren, wie Brunel, das Eisen-
bahnsystem rationell und nicht nur auf der Grundlage unmittelbarer Erfahrung zu organisieren, scheiterten. Andererseits
zog die Wissenschaft ungeheuer große Vorteile aus der bemerkenswerten Förderung, die der wissenschaftlichen und
technischen Ausbildung damals zuteil wurde. Die Französische
Revolution verwandelte das wissenschaftliche und technische
Bildungswesen des Landes, vor allem durch die Gründung
der *École Polytechnique* (1795), die Techniker aller Gebiete
ausbilden sollte, und die Anfänge der *École Normale Supérieure*
(1794), die zum Bestandteil der allgemeinen Unterrichtsreform
Napoleons wurde. Sie belebte auch das schläfrige Dasein der
königlichen Akademie (1795) und schuf im Nationalen
Naturhistorischen Museum (1794) das erste wirkliche Zentrum wissenschaftlicher Forschung außerhalb des Gebietes der
Physik. Die in der Welt führende Rolle der französischen Wissenschaft während des größten Teils unserer Periode erklärt
sich gewiß aus diesen Gründungen, vor allem der der *École
Polytechnique,* die während der nachnapoleonischen Epoche
ein Mittelpunkt jakobinischer und liberaler Bewegungen und
zugleich Ausgangspunkt großer Mathematiker und theoretischer Physiker war. Nachahmungen dieser Schule entstanden in
Wien, Prag und Stockholm, in Petersburg und Kopenhagen,
in ganz Deutschland, Belgien, in Zürich, in Massachusetts,
nicht aber in England. Der Schock der Französischen Revolution erweckte Preußen aus seiner Lethargie, und die neue
Universität von Berlin (1806—1810 als Zeichen des Aufstiegs
Preußens gegründet) wurde zum Vorbild für die Universitäten in ganz Deutschland, die ihrerseits wiederum zum
Muster für die akademischen Lehranstalten in der ganzen
Welt wurden — außer für England, wo es keine politische
Revolution gegeben hatte. Aber der immense Reichtum die-

Johann Wolfgang von Goethe.
Gemälde von Heinrich Meyer.

Die Überführung der Asche Napoleons nach Paris am 15. Dezember 1840. Lithographie von Victor Adam nach Bichebois. Paris, Cabinet des Estampes.

ses Landes, der Laboratorien, wie die von Henry Cavendish und James Joule, möglich machte, und der allgemeine Druck seitens der intelligenten Bürger nach wissenschaftlicher und technischer Ausbildung führten auch hier zu ähnlichen Ergebnissen. Graf Rumford, ein peripatetischer, vom Geist der Aufklärung erfüllter Abenteurer, gründete im Jahr 1799 die *Royal Institution*. Seinen Ruhm unter den Laien verdankte er vor allem seinen öffentlichen Vorlesungen, aber seine wirkliche Bedeutung erlangte er durch die außergewöhnliche Möglichkeit, die er für die Entfaltung der experimentellen Wissenschaften und die Arbeit eines Humphrey Davy und Michael Faraday schuf. Hier ist das erste Beispiel eines Forschungslaboratoriums. Organisationen zur Förderung der Wissenschaften, wie die *Lunar Society* von Birmingham und die *Literary and Philosophical Society* von Manchester, mobilisierten die Industriellen der Provinzen, aus denen dann Männer wie John Dalton, der Begründer der Atomtheorie, kamen. Die Benthamitischen Radikalen Londons gründeten (oder besser gesagt: übernahmen) die *London Mechanics Institution*, das heutige *Birkbeck College*, die Universität London als Alternative zu den verschlafenen Universitäten Oxford und Cambridge und die *British Association for the Advancement of Science* (Britische Gesellschaft für den Fortschritt der Wissenschaften, 1831) als Gegenstück zu der in aristokratischer Verknöcherung erstarrten *Royal Society*. Dies alles waren keine Gründungen, die der Entfaltung der Wissenschaften um ihrer selbst willen dienen sollten, und daraus mag sich erklären, daß besondere Forschungsinstitute nur langsam entstanden. Sogar in Deutschland wurde das erste chemische Forschungslaboratorium an einer Universität (das chemische Institut Liebigs an der Universität Gießen) erst 1825 eröffnet. Man braucht wohl nicht erst zu erwähnen, daß diese

Gründung von französischen Vorbildern inspiriert war. Es waren Institutionen, die gegründet wurden, um (in Frankreich und Großbritannien) Techniker und (in Frankreich und Deutschland) Lehrer auszubilden und die Jugend zum Dienst am Vaterland zu erziehen.

Die revolutionäre Ära vermehrte somit die Zahl der Wissenschaftler und Forscher und auch die Ergebnisse wissenschaftlicher Forschung. Was noch wichtiger war — das geographische Universum der Wissenschaften erweiterte sich in doppelter Hinsicht: Zunächst eröffnete die Entfaltung des Handels und der Erforschung von Ländern neue Kenntnisbereiche und regte auch das Interesse an. Einer der größten wissenschaftlichen Köpfe jener Zeit war Alexander von Humboldt (1769—1859), ein unermüdlicher Forschungsreisender, Beobachter und Theoretiker auf den Gebieten der Geographie, Ethnographie und Naturgeschichte, obschon seine große Synthese des Wissens, der *Kosmos* (1854—1859), über alle fachlichen Disziplinen hinausgeht.

Zweitens breitete sich das wissenschaftliche Universum dadurch aus, daß es Länder und Völker einbezog, die bisher so gut wie keine Beiträge zur wissenschaftlichen Forschung geleistet hatten. Die Liste der großen Wissenschaftler um 1750 umfaßt nur Franzosen, Briten, Italiener, Deutsche und Schweizer. Aber eine abgekürzte Liste der großen Mathematiker aus der ersten Hälfte des 19. Jahrhunderts muß folgende Namen enthalten: Henrik Abel aus Norwegen, Janoš Bólyai aus Ungarn und Nikolaus Iwanowitsch Lobatschewski aus der noch entfernter liegenden russischen Stadt Kasan. So spiegelt auch die Entwicklung der Wissenschaften den Aufstieg nationaler Kulturen außerhalb Westeuropas wider — dieses große Ergebnis der revolutionären Epoche. Das nationale Element in der Entwicklung der Wissenschaft führte seinerseits zum Niedergang des Kosmopolitismus, der die engen wissenschaftlichen Kreise des 17. und 18. Jahrhunderts gekennzeichnet hatte. Die Zeit der wandernden internationalen Berühmtheiten, die wie Euler von Basel nach Petersburg, von da nach Berlin und wieder zurück an den Hof von Katharina der Großen gingen, verschwand mit den Ancien régimes. Von nun an blieb der Wissenschaftler — mit Ausnahme kurzer Auslandsbesuche — in seinem Sprachgebiet und trat mit seinen Kollegen durch die gelehrten Journale in Verbindung, die in dieser Periode entstehen: die *Proceedings of the Royal Society* (1831), die *Comptes Rendus de l'Académie des Sciences* (1837), die *Proceedings of the American Philosophical Society* (1838) und die neuen spezialisierten Zeitschriften wie *Crelles Journal für Reine und Angewandte Mathematik* oder die *Annales de Chimie et de Physique* (1797).

Bevor wir imstande sind, den Einfluß der Doppelrevolution auf die Wissenschaften einzuschätzen, ist es angebracht, kurz zu beschreiben, was sich auf wissenschaftlichem Gebiet ereignet hat. Im großen und ganzen gab es keine Revolution in den *physikalischen* Wissenschaften: Sie blieben in allen entscheidenden Fragen im Rahmen des Newtonschen Systems, setzten entweder die Forschungen fort, die bereits im 18. Jahrhundert begonnen worden waren, oder sie weiteten die früheren fragmentarischen Entdeckungen aus und fügten sie zu weiteren theoretischen Systemen zusammen. Das bedeutendste neue Forschungsgebiet, aus dem sich die direktesten technischen Folgen ergaben, war die Elektrizitiät oder, besser gesagt, der Elektromagnetismus. Fünf wichtige in unsere Periode fallende Daten zeigen den Fortschritt an: 1780 entdeckte Galvani den elektrischen Strom, 1795 baute Volta seine Batterie, 1800 wurde die Elektrolyse erfunden, 1820 entdeckte Oersted, daß Elektrizität und Magnetismus zusammenhängen, und 1830 stellte Faraday die Beziehung zwischen diesen Kräften fest und wurde bahnbrechend für eine neue Einstellung in der Physik (mit dem Begriff des »Kraftfeldes« an Stelle der Vorstellung mechanischer Anziehung und Abstoßung einzelner Partikel), mit der er die moderne Epoche vorbereitete. Die wichtigste der theoretischen Synthesen gipfelte in der Entdeckung der Gesetze der Thermodynamik, das heißt der Zusammenhänge zwischen Wärme und Energie.

Die Revolution, die die Astronomie und die Physik in moderne Wissenschaften verwandelt hatte, war schon im 17. Jahrhundert vor sich gegangen. Aber auch die Entstehung der *wissenschaftlichen* Chemie hatte bereits vor 1790 begonnen, denn sie hing mit der industriellen Praxis, besonders mit den Bleich- und Färbeprozessen in der Textilindustrie, eng zusammen. Ihre Schöpfer waren nicht nur praktische Wissenschaftler, die miteinander in regem Kontakt standen (wie Dalton und Priestley), sondern auch manchmal (wenn auch gemäßigte) politische Revolutionäre. Zwei von ihnen wurden Opfer der Französischen Revolution: Priestley wurde vom Tory-Mob erschlagen, weil er allzusehr mit den Franzosen sympathisierte, und der große Lavoisier starb auf der Guillotine, weil er nicht aktiv genug war — oder eher, weil er auch ein großer Geschäftsmann war.

Wie die Physik, so war auch die Chemie in dieser Zeit eine vorwiegend französische Wissenschaft. Ihr eigentlicher Begründer, Lavoisier (1743—1794), veröffentlichte sein grundlegendes *Traité Elémentaire de Chimie* im Jahre des Bastillesturms; und der Fortschritt der Chemie — vor allem auch die Organisation der chemischen Forschung anderer Länder, einschließlich jener, die später zu Mittelpunkten der chemischen Forschung wurden, wie Deutschland — war in erster Linie von Frankreich inspiriert. Die größten Fortschritte vor 1789 hatten in einer gewissen elementaren Ordnung der zahlreichen zusammenhanglosen Experimente gelegen, die durch die Aufhellung einiger grundlegender chemischer Prozesse (wie der Verbrennung) erreicht wurde, und in der Entdeckung einiger wichtiger chemischer Elemente (wie des Sauerstoffs). Auch wurden exakte quantitative Messungen eingeführt und ein Programm zur weiteren Forschung erarbeitet. Der grundlegende Begriff des Atoms (von Dalton 1803—1810 formuliert) machte die Erfindung der chemischen Formel möglich und öffnete den Weg zur Erforschung des chemischen Aufbaus der Körper. Nun folgten viele neue experimentelle Ergebnisse. Im Verlauf des 19. Jahrhunderts wurde die Chemie zu einer der am kraftvollsten vorwärtsschreitenden Wissenschaften und zog daher — wie jede dynamische Disziplin — eine große Zahl fähiger Männer an. Aber die allgemeine Atmosphäre und die Methoden der Chemie blieben im wesentlichen dieselben wie im 18. Jahrhundert.

Aus der Chemie ergab sich eine revolutionäre Folge: die Entdeckung der Möglichkeit, das Leben mit den Begriffen der anorganischen Wissenschaften zu analysieren. Lavoisier fand heraus, daß Atmen eine Form der Sauerstoffverbrennung ist. Woehler entdeckte (1828), daß eine bis dahin nur in lebenden Wesen gefundene Verbindung — der Harnstoff — synthetisch im Laboratorium hergestellt werden konnte, und begründete somit die Disziplin der *organischen* Chemie. Obgleich damit diese große Schranke des Fortschritts, der Glaube, daß lebende Materie grundlegend anderen Gesetzen als die tote Materie unterworfen sei, ins Wanken geriet, gestattete weder die Anwendung mechanischer noch chemischer Methoden dem Wissenschaftler, auf dem Weg der Erforschung des Lebens weit vorwärtszukommen. Der wichtigste in diesen Zeitraum fallende Fortschritt, Schleidens und Schwanns Entdeckung, daß alle Lebewesen aus Ansammlungen zahlreicher *Zellen* bestanden (1838/39), führte in der Biologie zu einem Begriffssystem, das der Atomtheorie entsprach, aber erst spätere Zeiten brachten reife Wissenschaften, wie die Biophysik und die Biochemie, hervor.

Eine noch tiefere, aber infolge des Wesens der Disziplin weniger offensichtliche Revolution vollzog sich in der *Mathematik*. Zum Unterschied von der Physik, die innerhalb der Kategorien des 17. Jahrhunderts verblieb, und der Chemie, die sich infolge der Durchbrüche des 18. Jahrhunderts in die Breite entwickelte, erschloß die Mathematik ein ganz neues Universum, das weit über das der Griechen — deren Auffassungen noch immer in der Arithmetik und in der Flächengeometrie vorherrschten — und auch über die im 17. Jahrhundert entdeckte *Analysis* hinausging. Außerhalb der Kreise der Mathematiker sind nur wenige Menschen imstande, die Tiefe der Neuerungen zu begreifen, die aus der Theorie der komplexen Variablen (Gauß, Cauchy, Abel, Jacobi), der Gruppentheorie (Cauchy, Galois) und der Vektorentheorie (Hamilton) hervorgingen. Aber auch der Laie vermag einen Eindruck von der Größe der Revolution zu erhalten, durch die der Russe N. I. Lobatschewski (1793—1856) in den Jahren 1826—1829 und der Ungar Bólyai (1802—1860) im Jahr 1831 der bis dahin dauerhaftesten aller intellektuellen Gewißheiten, der euklidischen Geometrie, ein Ende bereiteten. Das gesamte majestätische und scheinbar unerschütterliche Gebäude der euklidischen Logik beruht auf gewissen Annahmen, von denen eine, das Axiom, daß Parallelen sich nie treffen, weder selbstevident noch beweisbar ist. Heute mag es ele-

mentar erscheinen, daß es möglich ist, ein ebenso logisches
System der Geometrie auf anderen Voraussetzungen zu errichten, zum Beispiel der, daß (Lobatschewski und Bólyai)
eine unendliche Zahl von Parallelen durch einen einzigen
Punkt oder (Riemann) daß keine einzige Parallele zu einer
Linie durch irgendeinen Punkt gezogen werden kann; dies erscheint um so einsichtiger, als wir wirkliche Ebenen konstru-
ieren können, für die diese Annahmen gelten. Die Erde als
Kugel entspricht zum Beispiel den Riemannschen und nicht
den euklidischen Annahmen. Solche Theorien aber stellten zu
Anfang des 19. Jahrhunderts geistige Wagnisse dar, die sich
mit der Ersetzung der Erde durch die Sonne als Mittelpunkt
des Planetensystems vergleichen lassen.

Die mathematische Revolution wurde nur von den wenigen
Spezialisten einer für ihre Weltfremdheit berühmten Diszi-
plin wahrgenommen. Dagegen konnte die Revolution der
Sozialwissenschaften dem Laien kaum verborgen bleiben, da
sie ihn direkt betraf und, wie meist angenommen wurde, seine
Situation verschlechterte. Die Amateurwissenschaftler und
Forscher in den Romanen von Thomas Love Peacock sind
sympathische Figuren oder werden auf freundliche Art etwas
lächerlich gemacht; anders aber stand es mit den Ökonomen
und den Propagandisten des Intellekts der *Steam Intellect
Society*.
Es gab, genauer gesagt, zwei solche Revolutionen, die sich
im Marxismus, der umfassendsten Synthese der Sozialwissenschaften, vereinten. Die erste, die die bahnbrechenden Bemühungen der Rationalisten des 17. und 18. Jahrhunderts
fortsetzte, mündete in Gesetzen für die menschliche Wirklichkeit, die den physikalischen Gesetzen äquivalent waren. Ihren
ersten Triumph erreichte sie mit der Konstruktion einer de-

duktiven Theorie der *politischen Ökonomie,* die 1789 bereits
weit entwickelt war. Die zweite, die im wesentlichen in unsere
Periode fällt und eng mit der Romantik verknüpft ist, war
die Entdeckung der menschlichen historischen Evolution (s.
Kap. 13, S. 403 ff.). Die kühnste Neuerung der klassischen Rationalisten hatte in dem Beweis bestanden, daß eine Art
logischer Zwangsgesetze auf das menschliche Bewußtsein und
die freie Entscheidung angewandt werden konnte. Von dieser Art waren die »Gesetze der politischen Ökonomie«. Die
Überzeugung, daß sie jenseits von aller Zuneigung und Ablehnung (wie die Gesetze der Schwere, mit denen man sie oft
verglich) bestanden, vermittelte den Kapitalisten des frühen
19. Jahrhunderts ihre unbarmherzige Sicherheit und trieb
ihre romantischen Widersacher zu einem ebenso wilden Anti-
rationalismus. Im Prinzip hatten die Ökonomen natürlich
recht, obschon sie die Universalität der Postulate, auf denen
sie ihre Deduktionen gründeten, die Fähigkeit der »anderen
Umstände«, »gleich zu bleiben«, ebenso übertrieben wie ihre
eigenen intellektuellen Fähigkeiten. Wenn die Bevölkerung
einer Stadt sich verdoppelt und die Zahl der Wohnungen
nicht zunimmt, dann müssen, wenn die anderen Umstände
gleich bleiben, die Mieten steigen — ob es jemand wünscht
oder nicht. Auf Sätzen wie diesem beruhte die Kraft der
deduktiven Systeme der politischen Ökonomie, die vor allem
in Großbritannien, aber auch in den alten Zentren der Wissenschaft des 18. Jahrhunderts, in Frankreich, Italien und
der Schweiz, entstanden.
Wir sahen bereits, daß die Hochblüte der politischen Ökonomie in die Jahre zwischen 1776 und 1830 fällt (s. Kap. 13,
S. 403 ff.). Sie wurde durch eine erste systematische Bevölke-
rungstheorie ergänzt, die vorgab, ein mechanisches, notwendig mathematisch ausdrückbares Verhältnis zwischen den

Wachstumsraten der Bevölkerung und der Lebensmittel gefunden zu haben. Begrüßt von jenen, die von dieser Entdeckung begeistert waren, daß die Armen immer arm bleiben, während Großmut und Barmherzigkeit sie noch ärmer
machen müßten, wurden die Originalität und Beweiskraft des
Essay on Population (1798) von R. T. Malthus stark über-
schätzt. Seine Bedeutung liegt nicht in der bescheidenen intellektuellen Leistung, sondern darin, daß hier erstmalig der
Versuch unternommen wurde, die anscheinend so unberechen-
baren, durch individuelle Entscheidungen und Launen bestimmten Ergebnisse der sexuellen Beziehungen als soziales
Phänomen wissenschaftlich zu begreifen.

Die Anwendung mathematischer Methoden auf gesellschaftliche Vorgänge machte noch einen weiteren Schritt vorwärts.
Hierin waren die französisch sprechenden Wissenschaftler
bahnbrechend, da sie sich auf den ausgezeichneten mathematischen Unterricht der französischen Schulen stützen konnten. In seinem epochemachenden Werk *Sur l'Homme* (1835)
vermochte der Belgier Adolphe Quételet zu zeigen, daß die
statistische Verteilung menschlicher Charakteristiken bekannten mathematischen Gesetzen gehorche, woraus er — mit
einem später als übertrieben angesehenen Vertrauen — fol-
gerte, daß die Sozialwissenschaften den Naturwissenschaften
angeglichen werden können.

Theoretiker der Wahrscheinlichkeitslehre, die Quételets Ausgangspunkt bildete, hatten seit langem die Möglichkeit statistischer Verallgemeinerungen der Bevölkerungsbewegung
vorausgesagt, und Praktiker, wie die Versicherungsfachleute,
waren auf solche Daten angewiesen. Quételet und die zur
selben Zeit wirkenden Statistiker, Anthropometristen und
Sozialforscher erweiterten jedoch den Anwendungsbereich
dieser Methoden und schufen die bis heute für die Unter-

suchung gesellschaftlicher Phänomene grundlegend gebliebenen Verfahrensweisen.

Diese Entwicklungstendenzen der Sozialwissenschaften waren im selben Sinn revolutionär wie die der Chemie — insofern hier bereits begonnene Fortschritte fortgeführt wurden. Aber auf dem Gebiet der Gesellschaftsforschung geschah auch etwas grundlegend Neues, das wiederum die Biologie und sogar eine Naturwissenschaft wie die Geologie befruchtete. Das war die Entdeckung der Geschichte als eines Entwicklungsprozesses, der durch eine innere Logik bestimmt wurde und etwas grundlegend anderes war als die bloße Aneinanderreihung von Ereignissen. Es ist kaum notwendig, zu beweisen, daß diese Auffassung durch die Doppelrevolution bedingt war. So entsprang die *Soziologie* (das Wort wurde gegen 1830 von Auguste Comte, 1798—1857, geprägt) direkt aus der Kritik des Kapitalismus. Comte selbst, der meist als ihr Begründer angesehen wird, begann seine Laufbahn als Sekretär des bahnbrechenden utopischen Sozialisten Graf Saint-Simon (2), und sein bedeutendster Zeitgenosse, Karl Marx, betrachtete seine Theorie vor allem als Werkzeug für die Veränderung der Welt. Die Entstehung der Geschichte als besondere akademische Disziplin ist auch ein Prozeß der Historisierung der Gesellschaftswissenschaften, wenn auch ein Moment von untergeordneter Bedeutung. Eine wahre Epidemie von historischen Werken überflutete Europa während der ersten Hälfte des 19. Jahrhunderts. Selten hat es so viele Autoren gegeben, die versuchten, sich über ihre Welt klarzuwerden, indem sie — neue historische Gebiete oft erst erschließend — vielbändige Darstellungen der Vergangenheit verfaßten: Karamzin in Rußland (1818—1824), Geijer in Schweden (1832 bis 1836), Palacky in Böhmen (1836—1867) sind die Väter der nationalen Historiographie ihrer Länder. In Frankreich

machte sich das Streben besonders bemerkbar, die Gegenwart
mit Hilfe eines Verständnisses der Vergangenheit zu begreifen, und die Revolution selbst wurde zum Gegenstand intensiver und durchaus parteiischer Untersuchungen, wie denen
von Thiers (1824, 1845), Mignet (1824), Buonarroti (1828),
Lamartine (1847) und des großen Jules Michelet (1847 bis
1853). Es war die heroische Periode der Historiographie, aber
wenig von den Werken der Franzosen Guizot, Augustin
Thierry und Michelet, des Dänen Niebuhr, des Schweizers
Sismondi, der Briten Hallam, Lingard und Carlyle und der
unzähligen deutschen Professoren wird heute noch gelesen,
außer als historische Dokumente, als wissenschaftliche Literatur oder manchmal auch als Äußerungen von mißverstan-
denen Genies.
Die bleibenden Ergebnisse dieses historischen Erwachens
waren die neuen Methoden der Dokumentenforschung und
historischer Technik. Schriftstücke oder andere Reste der Vergangenheit zu sammeln wurde zu einer weitverbreiteten Leidenschaft. Zum Teil mochte sie aus dem Streben entsprungen
sein, das Vergangene vor dem Ansturm der mechanisierten
Gegenwart zu schützen. Aber der Nationalismus war wohl
ihre Hauptquelle: In bis dahin noch nicht erwachten Völkern
wurden Lexikographen und Sammler von Volksliedern zu
den tatsächlichen Begründern des Nationalbewußtseins. So
entstand in Frankreich die *École des Chartes* (1821), in England das *Public Record Office* (1838), die Deutschen begann-
nen mit der Veröffentlichung der *Monumenta Germaniae
Historica* (1826), und der ungemein produktive Leopold von
Ranke (1795–1886) wurde zum Vorkämpfer einer Geschichtsschreibung, die auf einer gewissenhaften Verwertung der
Quellen aufgebaut war. Zur selben Zeit arbeiteten die Lingui-
sten und Volkstumsforscher an ihren fundamentalen Wörter-

büchern und an den Sammlungen der mündlichen Tradition der Völker (s. Kap. 14).

Die Erfüllung der Sozialwissenschaften mit historischem Geist hatte unmittelbare Auswirkungen auf die Rechtswissenschaften (Friedrich Karl von Savigny begründete 1815 die historische Rechtsschule), auf die Theologie *(Das Leben Jesu* von D. F. Strauß, 1835, brachte Entsetzen in die Reihen der Fundamentalisten) und besonders auf die Entstehung einer ganz neuen Disziplin, der Philologie. Das alles entwickelte sich besonders in Deutschland, dem Mittelpunkt des Historismus, und es ist kein Zufall, daß Karl Marx ein Deutscher war. Die Philologie entsprang in erster Linie der europäischen Eroberung außereuropäischer Gesellschaften. Sir William Jones' bahnbrechende Erforschung des Sanskrit (1786) folgte der britischen Eroberung von Bengalen; Champollions Entzifferung der Hieroglyphen (sein Hauptwerk wurde 1824 veröffentlicht) erwuchs aus Napoleons Expedition nach Ägypten, Rawlinsons Entzifferung der Keilschrift (1835) bezeugte die Interessen der britischen Kolonialbeamten.

Aber die Philologie beschränkte sich nicht auf Entdeckung, Entzifferung und Klassifizierung. Unter der Führung bedeutender deutscher Gelehrter, wie Franz Bopp (1791—1867) und der Gebrüder Grimm, wurde sie zur zweiten Sozialwissenschaft, die allgemeine Gesetze entdeckte, die ein scheinbar so gesetzloses Gebiet wie die menschliche Kommunikation (die sprachliche Äußerung) beherrschten. Aber ungleich den Gesetzen der politischen Ökonomie waren jene der Philologie historische Gesetze, besser gesagt Evolutionsgesetze (3).

Diese Gesetze entsprangen der Entdeckung, daß zahlreiche europäische und außereuropäische Sprachen, die indogermanischen Sprachen, miteinander verwandt sind. Dazu kam die

Untersuchung der offensichtlichen Tatsache, daß jede europäische Schriftsprache sich Jahrhunderte hindurch verwandelt
hatte und dieser Prozeß weiterging. Die Aufgabe bestand
nicht nur darin, diese Verwandtschaftsbeziehungen durch
wissenschaftliche Vergleichsmethoden (wie etwa auf dem Gebiet der vergleichenden Anatomie von Cuvier) zu beweisen
und zu klassifizieren; sie bestand vor allem darin, die Entwicklung der indogermanischen Sprachen aus einer hypothetischen gemeinsamen Ursprache abzuleiten. So wurde die
Philologie zur ersten Wissenschaft, für die der Evolutions-
begriff entscheidende Bedeutung erlangte. Das war besonders
günstig, da die Bibel recht wenig über die Geschichte der
Sprachen enthält, während sie — wie Geologen und Biologen
bald zu ihrem Leidwesen erfuhren — ausführlich von der
Schöpfung und der Frühgeschichte der Menschen berichtet.
Daher waren die Philologen, zum Unterschied von ihren vom
Schicksal weniger begünstigten Kollegen, nicht direkt von der
Sintflut Noahs bedroht und nicht gezwungen, die Hürden
der ersten Kapitel der Genesis zu nehmen. Im Gegenteil, die
Bibel war eher ein Zeuge für die Grundannahme der Philologie, da sie erklärte, daß am Anfang alle Völker dieselbe
Sprache gesprochen hätten. Sie hatte darüber hinaus einen
weiteren Vorteil darin, daß sie von Worten und nicht direkt
von menschlichen Wesen handelte, die immer gekränkt sind,
wenn jemand behauptet, ihre Handlungen entstehen nicht
aus ihren freien Entscheidungen. Die Philologie war also frei,
jenes fundamentale Problem aller historischen Wissenschaften
anzupacken — wie man die unendliche, scheinbar aller Gesetzlichkeit spottende Verschiedenheit einzelner Menschen und
ihres Verhaltens aus der Wirkung allgemeiner Gesetze ableiten kann.
Die ersten Philologen kamen nicht sehr weit mit den Ver-

suchen, sprachliche Entwicklungen zu erklären, obschon Bopp
selbst eine Theorie vom Ursprung aller Deklinationen gab.
Aber es gelang ihnen, etwas wie eine Genealogie der indogermanischen Sprachen abzuleiten. Sie vollzogen eine Reihe
induktiver Verallgemeinerungen über die relativen Veränderungen der verschiedenen linguistischen Elemente und kamen
zu einigen weitreichenden historischen Folgerungen, wie etwa
das *Grimmsche Gesetz* (über die erste und die zweite Lautver-
schiebung der indogermanischen Sprachen im Abstand von
einigen Jahrhunderten). Bei ihren bahnbrechenden Forschungen zweifelten die Wissenschaftler niemals daran, daß es sich
bei der Untersuchung der Sprachentwicklung nicht nur darum
handle, chronologische Abfolgen und Variationen festzustellen, sondern auch um die Entdeckung allgemeiner linguisti-
scher, den Naturwissenschaften analoger Gesetze.
Die Biologen und die Geologen befanden sich in einer schwie-
rigeren Lage. Auch für sie standen historische Probleme im
Vordergrund, obgleich die Erforschung der Erde (durch den
Bergbau) eng mit der Chemie und die Erforschung des Lebens (durch die Medizin) eng mit der Physiologie sowie durch
die fundamentale Entdeckung der Identität chemischer Elemente der lebenden und der anorganischen Natur ebenfalls mit
der Chemie verbunden waren. Aber Fragen, die der Geologe
beantworten mußte — wie man die Verteilung von Land und
Wasser, die Entstehung der Berge, vor allem aber die klar
unterscheidbaren Erdschichten erklären konnte —, waren
historische Fragen.
Für die Geologie kam es also darauf an, die Entwicklung der
Erde zu erklären. Die Biologie hatte eine doppelte Aufgabe:
die Entwicklung des Individuums von den Keimen an, von Ei
und Sporen, und die Entwicklung der Arten zu erforschen.
Ein Bindeglied zwischen beiden Wissenschaften bildeten die

Fossilien, die von Schicht zu Schicht verschieden waren. Ein englischer Ingenieur, William Smith, entdeckte in den 1790er Jahren, daß die historische Aufeinanderfolge der Erdschichten auf Grund der Fossilien, die sie enthielten, datiert werden konnte, und brachte so durch den Fortschritt der industriellen Revolution Licht in beide Wissenschaften.

Das Problem war so offensichtlich, daß es schon vorher nicht an Versuchen gefehlt hatte, es zu lösen; für die Tierwelt bemühte sich darum der elegant schreibende, aber zu übereilten Schlußfolgerungen neigende Zoologe Comte de Buffon (*Les Epoques de la Nature*, 1778). Während der Jahre der Französischen Revolution bemühte man sich weiter um Klarheit in diesen Fragen. Der grüblerische James Hutton aus Edinburgh (*Theory of the Earth*, 1795) und der exzentrische Erasmus Darwin, hervorragendes Mitglied der *Lunar Society* von Birmingham, der einige seiner wissenschaftlichen Abhandlungen in Versen verfaßte (*Zoonomia*, 1794), erarbeiteten ziemlich vollständige Evolutionstheorien der Erde sowie der Pflanzen- und Tierarten. Laplace schuf sogar eine Evolutionstheorie des Sonnensystems (1796), die teilweise schon von Immanuel Kant vorweggenommen worden war, und Pierre Cabanis betrachtete um dieselbe Zeit die geistigen Fähigkeiten der Menschen als Ergebnis einer geschichtlichen Entfaltung. Im Jahr 1809 schlug in Frankreich Lamarck die erste systematische moderne Evolutionstheorie vor, die lehrte, daß Eigenschaften vererbt werden können.

Keine dieser Theorien setzte sich durch. Bald trafen sie auch auf den energischen Widerstand konservativer Kreise, der sich zum Beispiel in der Zeitschrift *Quarterly Review* der Torys ausdrückte, deren »allgemeines Festhalten an der Sache der Offenbarung so entschieden ist« (4). Was sollte aus Noahs Sintflut werden? Was aus der getrennten Schöpfung der Arten und gar des Menschen? Was würden vor allem die Folgen solcher Theorien für die Stabilität der Gesellschaft sein? Es waren nicht nur naive Priester und weniger naive Politiker, die durch solche Überlegungen aufgestört wurden. Auch der große Cuvier, der Begründer der systematischen Fossilienforschung *(Recherches sur les Ossements Fossiles,* 1812), verwarf die Evolution im Namen der göttlichen Vorsehung. Es war besser, sogar an eine Serie von Katastrophen in der geologischen Geschichte zu glauben, die von göttlichen Neuschöpfungen begleitet waren, als an der Bibel und an Aristoteles zu rütteln, denn es schien kaum möglich, alle geologischen Wandlungen zum Unterschied von den biologischen zu bestreiten. Der unglückliche Dr. Lawrence, der Lamarck entgegentrat und eine an Darwin gemahnende Theorie der Evolution durch natürliche Auswahl vorschlug, wurde durch Proteste der Konservativen dazu gezwungen, seine *Natural History of Man* (1819) aus dem Verkauf zu ziehen. Er war unklug genug gewesen, nicht nur die Evolution des Menschen zu behandeln, sondern auch die Folgen solcher Ideen für die bestehende Gesellschaft zu erwähnen. Sein Widerruf sicherte ihm seine Stellung, ermöglichte ihm seine spätere Laufbahn, rief aber auch sein für immer schlechtes Gewissen hervor, das er dadurch erleichterte, indem er mutigen radikalen Druckern schmeichelte, die von Zeit zu Zeit trotz des Widerrufs des Verfassers und ohne seine Einwilligung sein aufwieglerisches Buch neu herausbrachten.

Erst nach 1830, als die Politik wieder merkbar nach links rückte, ereignete sich der Durchbruch der Evolutionstheorien in der Geologie. Das geschah mit der Veröffentlichung von Lyells berühmtem *Principles of Geology* (1830—1833). Damit brachen die Theorien der »Neptunisten« zusammen, die in Treue zur Bibel behaupteten, daß alle Mineralien aus

wässerigen Lösungen entstanden seien, die einstmals die Erde
bedeckt hatten (Genesis 1, 7—9), und ein gleiches Schicksal
widerfuhr den Vertretern der Katastrophentheorien, die den
aussichtslosen Argumenten Cuviers gefolgt waren.

Im Verlauf desselben Jahrzehnts erwuchs eine noch größere
Gefahr aus den Forschungen von Schmerling, der in Belgien
tätig war, und Boucher de Perthes, der glücklicherweise
seine Neigung zur Archäologie dem Posten eines Zolldirek-
tors in Abbeville vorzog: Sie entdeckten die Fossilien jenes
prähistorischen Menschen, dessen bloße Existenz so heiß
bestritten worden war (5). Aber die Konservativen waren damals noch imstande, solche grauenvollen Aussichten auf Grund
unzureichender Argumente zurückzuweisen, bis 1856 der Ne-
andertaler entdeckt wurde.

Es war nun klargeworden, daß: erstens in der Gegenwart fort-
wirkende Kräfte im Verlauf der Zeiten die Erde aus ihrem ursprünglichen Zustand in den gegenwärtigen verwandelt hatten; zweitens dieser Prozeß sehr viel länger gedauert hatte, als
es auf Grund der Bibel berechnet werden konnte; drittens die
Aufeinanderfolge geologischer Schichten eine Aufeinanderfolge
von Tierarten offenbarte und daher die Anerkennung einer
biologischen Evolution unvermeidlich machte. Bezeichnenderweise wurden diese Schlußfolgerungen am bereitwilligsten
und mit größtem Interesse von den selbstsicheren radikalen
Laien aus dem britischen Bürgertum aufgenommen (mit Ausnahme des berüchtigten Dr. Andrew Ure, der vor allem für
seine Preishymnen auf das Fabriksystem bekannt ist). Die
Wissenschaftler hingegen brauchten länger, um die Wissenschaft anzuerkennen. Das ist nicht so erstaunlich, wenn wir
bedenken, daß die Geologie damals als einzige Wissenschaft
(vielleicht weil sie im Freien auf kostspieligen geologischen
Exkursionen studiert wurde) vornehm genug war, um an

den Universitäten Oxford und Cambridge ernsthaft studiert zu werden. Aber die Beweisführung für die biologische Evolution hinkte noch hinterdrein. Erst nach der Niederlage der Revolution von 1848 wurde ihre explosive Frage neu behandelt — und sogar Charles Darwin schrieb mit großer Vorsicht und in zweideutiger, um nicht zu sagen unredlicher Weise. Auch die parallel verlaufende Erforschung der Evolution in der Embryologie kam zum Stillstand. Allzufrüh hatten spekulative deutsche Naturphilosophen, wie Johann Meckel aus Halle (1781—1833), die Behauptung aufgestellt, daß der Embryo mit zunehmendem Wachstum die Entwicklung der Arten wiederhole. Aber dieses »biogenetische Gesetz«, das zunächst von Männern wie Rathke mit Sympathie aufgenommen wurde, der 1829 entdeckt hatte, daß Vogelembryos in einer Stufe ihrer Entwicklung Kiemenspalten haben, wurde von dem einflußreichen von Baer aus Königsberg und St. Petersburg verworfen (Forscher in slawischen Gebieten und im Ostseeraum scheinen sich besonders zur experimentellen Physiologie hingezogen gefühlt zu haben [6]), und diese Frage verschwand aus der Forschung bis zur Entstehung des Darwinismus.

Die Evolutionstheorien hatten inzwischen auf dem Gebiet der Gesellschaftswissenschaften große Fortschritte gemacht, obwohl man diese Fortschritte auch wiederum nicht übertreiben soll. Die Epoche der Doppelrevolution ist für alle Sozialwissenschaften, außer der politischen Ökonomie, der Linguistik und vielleicht der Statistik, eine Epoche der Vorgeschichte. Auch die außerordentliche Leistung der von Marx und Engels geschlossenen Theorie der gesellschaftlichen Entwicklung war zu jener Zeit kaum mehr als eine glänzende Hypothese, die in einem großartigen Pamphlet skizziert oder als Grundlage der historischen Erzählung verwendet wurde. Die

Gesellschaftswissenschaft wurde erst im Verlauf der zweiten
Hälfte des 19. Jahrhunderts grundlegend formuliert.

Dasselbe gilt für die soziale Anthropologie, die Ethnographie, die Erforschung der Vorgeschichte, die Soziologie und
die Psychologie, die alle damals ihre Namen erhielten; auch
wurde in dieser Zeit erstmalig versucht, sie als selbständige
Wissenschaftsgebiete zu begründen. John Stuart Mill war
1843 wohl der erste, der einen solchen Status für die Psychologie in Anspruch nahm. Ebenso interessant ist, daß in Frankreich (1839) und in England (1843) die ersten ethnologischen
Gesellschaften mit dem Ziel, »die menschliche Rasse zu stu-
dieren«, begründet und zwischen 1830 und 1840 eine große
Zahl statistischer Untersuchungen über soziale Fragen von
statistischen Gesellschaften unternommen wurden. Aber die
»allgemeinen Anweisungen an Reisende«, die von der französischen ethnologischen Gesellschaft ausgearbeitet wurden,
fordern die Forscher auf, »die Erinnerungen zu entdecken,
die die Völker von ihren Ursprüngen haben . . ., die Revolutionen, die sich in ihrem Sprachgebrauch, in ihren Sitten,
ihren Künsten, ihren Wissenschaften, ihrem Wohlstand, ihren
Regierungsgewalten als Folge innerer Ursachen oder fremder
Invasion vollzogen haben (7)«, und stellen wenig mehr als ein
erstes, zutiefst historisches Programm dar. Im ganzen besteht
die Bedeutung der Sozialwissenschaft während dieser Periode
weniger in ihren Ergebnissen (obzwar eine beachtliche Zahl
von Beschreibungen gesammelt wurde) als in ihrer festen materialistischen Einstellung, die ihren Ausdruck in dem Ent-
schluß, menschliche gesellschaftliche Unterschiede aus dem
Milieu abzuleiten, und in ihrem Glauben an die Entwicklung fand. Im Jahr 1787 hatte Chavannes schon die Eth-
nologie als »Geschichte des Fortschritts der Völker zur Zivilisation (8)« definiert.

Ein schimpfliches Nebenprodukt dieser ersten Entwicklungs-
jahre der Sozialwissenschaften muß noch kurz erwähnt werden: die Rassentheorien. Das Phänomen der verschiedenen
Hautfarben, das heißt der verschiedenen Menschenrassen,
wurde im Lauf des 18. Jahrhunderts viel im Zusammenhang
mit dem Problem des Ursprungs der Menschheit — mit der
Frage, ob sie von einem oder von mehreren Vorfahren ab-
stamme — diskutiert. Im 19. Jahrhundert kann keine einfache Einteilung zwischen Monogenisten und Polygenisten
getroffen werden. Unter den ersteren fanden sich Verfechter der Evolution und der menschlichen Gleichheit zusammen mit solchen, die froh darüber waren, daß zumindest in
diesem Punkt die Forschung mit der Bibel übereinstimmte:
Die Anhänger des Darwinismus, wie Prichard und Lawrence,
standen hier zusammen mit Cuvier. Die zweite Gruppe schloß
neben *bona fide*-Wissenschaftlern auch Leute aus den nordamerikanischen Südstaaten ein, die für die Höherwertigkeit
der weißen Rasse eintraten.
Aus der Diskussion über die Rassen gingen anthropometrische
Untersuchungen hervor, die meist auf der Sammlung, Klassifizierung und Messung von Schädeln beruhten, was auch die
Entstehung der merkwürdigen, damals aufblühenden Pseudo-
wissenschaft, der Phrenologie, förderte, deren Anhänger versuchten, den Charakter eines Menschen auf Grund seiner
Schädelform festzustellen. In Großbritannien und in Frankreich wurden phrenologische Gesellschaften begründet (1823,
1832), wenn auch die Beschäftigung mit diesem Problem bald
wieder aus dem Bereich der Wissenschaften ausschied.
Zur selben Zeit entstand aus einer Mischung von Nationalismus, Radikalismus, Geschichte und Beobachtung die ebenso
gefährliche Theorie von der gesellschaftlichen Rolle perma-
nenter nationaler oder rassischer Charakteristiken. In den

1820er Jahren begannen die Gebrüder Thierry, diese revolutionären Pioniere französischer Geschichtsschreibung, sich mit der normannischen Eroberung und den Galliern zu beschäftigen, Bemühungen, an die der berühmte erste Satz in den französischen Schulbüchern (*»Nos ancêtres les Gaulois«*) und die blauen Packungen der Gaulois-Zigaretten noch heute erinnern. Als gute Radikale verfochten sie die Meinung, das niedere französische Volk stamme von den Galliern, die Aristokraten aber von den Teutonen ab, die die Gallier unterwarfen. Dieses Argument wurde später von Rassentheoretikern der Oberschicht, wie dem Grafen Gobineau, aufgegriffen und konservativen Zielen nutzbar gemacht. Der Glaube an die Erhaltung besonderer Rassen (eine Idee, die verständlicherweise mit großem Eifer von dem Naturforscher W. Edwards aus Wales auf die Kelten angewandt wurde) paßte ausgezeichnet in eine Zeit, in der viele versuchten, die romantische und geheimnisvolle Individualität ihres eigenen Volkes zu entdecken, um ihm — falls man revolutionär war — eine Messiasrolle zuzuschreiben oder seinen Reichtum und seine Macht auf »angeborene Überlegenheit« zurückzuführen. Verfechter solcher Theorien versuchten aber nicht, Armut und Unterdrückung aus angeborener Minderwertigkeit abzuleiten. Immerhin muß bemerkt werden, daß die schlimmsten Auswüchse der Rassentheorie erst nach Abschluß dieser Periode entstanden.

Wie soll man diese Entwicklung der Wissenschaft erklären? Wie sollen wir sie insbesondere zu den durch die Doppelrevolution hervorgebrachten historischen Wandlungen in Beziehung setzen? Es ist offensichtlich, daß es solche Verbindungsglieder gibt. Die theoretischen Probleme, die der Dampfmaschine zugrunde liegen, führten den brillanten Sadi Carnot

1824 zur fundamentalsten physikalischen Einsicht des
19. Jahrhunderts, den zwei Gesetzen der Thermodynamik
(*Reflexions sur la puissance motrice du feu* [9]), obgleich dies
nicht der einzige Versuch war, diese Probleme zu lösen. Die
großen Fortschritte auf den Gebieten der Geologie und
Paläontologie verdankten dem Eifer, mit dem Ingenieure
und Baumeister in der Erde gruben, ebensoviel wie der großen
Bedeutung des Bergbaus. Es ist kein Zufall, daß Großbritannien das Zentrum der Geologie war und 1836 eine nationale
Gesellschaft für Geologie begründet wurde. Die Suche nach
Mineralien als Grundstoffen lieferte den Chemikern unzählige anorganische Verbindungen, die analysiert werden mußten, während der Bergbau, die Töpferei, die Metallurgie, die
Textilindustrie, die neuen Industrien der Gasbeleuchtung
und der Chemie sowie die Landwirtschaft sie in ihrer Arbeit
anspornten. Und die Begeisterung der bürgerlichen Radikalen Großbritanniens und der aristokratischen Whigs für angewandte Wissenschaften und auch für kühne Fortschritte
auf dem Gebiet der abstrakten Wissenschaft, vor denen die
akademische Gelehrsamkeit sich fürchtete, liefert schon den
Beweis dafür, daß der wissenschaftliche Fortschritt unserer
Periode nicht von der industriellen Revolution, die ihn an-
spornte, getrennt werden kann.
Daß die Französische Revolution sich auf die Wissenschaft
auswirkte, geht schon aus der offenen oder verbrämten Feindschaft hervor, die politische Konservative oder Gemäßigte
gegenüber alldem hegten, was sie als natürliche Folgen der
materialistischen und rationalistischen Wühlarbeit des 18. Jahrhunderts ansahen. Auf Napoleons Niederlage folgte eine
Welle von Obskurantismus. »Die Mathematik war eine Fes-
sel des menschlichen Denkens«, rief Lamartine aus. »Ich atme
und sie zerbricht!« Der Kampf zwischen einer aggressiven

wissenschaftsfreundlichen und antiklerikalen Linken, die in den seltenen Augenblicken ihres Sieges die meisten der Institutionen geschaffen hat, die den französischen Wissenschaftlern ihre Arbeit ermöglichen, und einer antiwissenschaftlichen Rechten, die alles tat, um sie auszuhungern (10), dauert bis heute. Dies bedeutet nicht, daß die Wissenschaftler in Frankreich oder anderswo während dieser Zeit besonders revolutionär gewesen wären. Einige von ihnen waren es, wie das junge Genie Evariste Galois, der 1830 auf die Barrikaden stürmte, als Rebell verfolgt und im Alter von 21 Jahren von politischen Raufbolden zum Duell herausgefordert und getötet wurde. Generationen von Mathematikern sind von den tiefen Gedanken inspiriert worden, die er fieberhaft während jener Nacht niederschrieb, von der er wußte, daß es seine letzte sein würde. Einige andere waren offen reaktionär, wie der Legitimist Cauchy, obgleich aus klar verständlichen Gründen die *École Polytechnique,* deren Zierde er war, eine entschieden antiroyalistische Haltung vertrat. Vermutlich hätten die meisten Wissenschaftler sich während der nachnapoleonischen Epoche zur Linken gerechnet, und einige, besonders jene, die neuen Nationen oder bisher unpolitischen Gemeinschaften angehörten, wurden dazu gedrängt, führende politische Rollen zu spielen; das galt vor allem für Historiker, Sprachforscher und alle, die eng mit nationalen Bewegungen verbunden waren. Palacky wurde 1848 zum Hauptwortführer der Tschechen, die sieben Göttinger Professoren, die 1837 einen Protest unterzeichneten (zu ihnen gehörten auch die Gebrüder Grimm), wurden zu nationalen Figuren, und das Frankfurter Parlament der deutschen Revolution von 1848 setzte sich im wesentlichen aus Professoren und anderen Beamten zusammen. Andererseits und im Vergleich zu den Künstlern und Philosophen beweisen die Wissenschaftler, besonders die Naturwissenschaftler, ein schwach entwickeltes politisches Bewußtsein, es sei denn in Fällen, in denen ihre Disziplin eine politische Stellungnahme erforderlich machte. Außerhalb der katholischen Länder zeigten sie zum Beispiel ihre Fähigkeit zur Verbindung der Wissenschaft mit einer ruhigen religiösen Rechtgläubigkeit, die den Beobachter der Zeit nach Darwin in Erstaunen versetzt.

Solche direkten Ableitungen erklären manche, aber nicht alle Züge der Entwicklung der Wissenschaft in jener Epoche. Es ist klar, daß die indirekten Auswirkungen zeitgenössischer Ereignisse wichtiger waren. Es wurde unvermeidlich, zu sehen, daß die Welt radikaler als je verwandelt wurde. Kein denkender Mensch konnte umhin, von diesen Erschütterungen und Wandlungen zutiefst betroffen und von ihnen angeregt zu werden. Es ist kaum zu verwundern, daß aus den schnellen sozialen Änderungen, den tiefen Revolutionen und radikalen rationalistischen Neuerungen, die die alten Sitten und traditionellen Institutionen ersetzten, neue Gesichtspunkte und Denkformen auftauchten und allgemein akzeptiert wurden. Kann man diese grundlegenden Wandlungen der Gesellschaft mit der Bereitschaft weltfremder Mathematiker, bis dahin vorhandene Denkschranken zu durchbrechen, in Beziehung setzen? Das kann man nicht genau sagen, obgleich wir wissen, daß das, was die Revolution des Denkens hindert, normalerweise nicht in irgendwelchen inneren Schwierigkeiten, sondern im Konflikt neuer Gedanken mit stillschweigenden Annahmen über das, was als »normal« anzusehen ist, zu suchen ist.

Schon die Bezeichnungen »irrationale« Zahlen (für Zahlen wie $\sqrt{2}$) oder »imaginäre« Zahlen (für Zahlen wie $\sqrt{-1}$) weisen auf das Wesen der Schwierigkeit hin. Wenn wir uns entschließen, sie weder als mehr noch als weniger rational oder real anzusehen wie alle anderen, ist die Bahn frei. Aber nur ein Zeitalter von tiefen Wandlungen mag Denker zu solchen Entschlüssen ermutigen, und tatsächlich kamen die imaginären und komplexen Variablen der Mathematik, die im 18. Jahrhundert mit verwunderter Scheu behandelt wurden, erst nach der Revolution zu ihrem Recht.

Abgesehen von der Mathematik, war nur zu erwarten, daß Begriffe und Denkformen, die in gesellschaftlichen Wandlungen auftauchten, die Forscher veranlassen würden, sie auch im Bereich ihrer eigenen Disziplinen, soweit solche Analogien möglich waren, anzuwenden, zum Beispiel in bisher von statischen Begriffen bestimmten Gebieten dynamisch-evolutionäre Begriffe einzuführen. Das konnte in jeder Disziplin direkt versucht werden oder indirekt auf dem Weg über andere Fächer eindringen. So wurde der für die Geschichte der modernen Ökonomie so wichtige Begriff der industriellen Revolution in den 1820er Jahren in Analogie zur Französischen Revolution geprägt. Charles Darwins Begriff der »natürlichen Auswahl« ist in Analogie zum »Kampf ums Dasein« von Malthus und zum Modell des kapitalistischen Konkurrenzkampfes gebildet. Die Vorliebe für geologische Katastrophentheorien der Jahre 1790—1830 mag sich zum Teil auch aus den gewaltsamen Erschütterungen der Gesellschaft jener Zeit erklären.

Trotzdem wäre es, abgesehen von den unmittelbar sozialen Wissenschaften, unklug, solchen äußeren Einwirkungen allzu große Bedeutung beizumessen. Die Welt des Denkens ist bis zu einem gewissen Grad autonom. Ihre Bewegungen vollziehen sich sozusagen auf der gleichen historischen Wellenlänge wie die ihrer Umwelt, aber sie sind nicht ausschließlich ein Widerhall gesellschaftlicher Veränderungen. So wurden die Katastrophentheorien der Geologie auch von der prote-

stantischen, besonders der calvinistischen Betonung der unum-
schränkten Allmacht Gottes beeinflußt, weswegen sie fast
ausschließlich von protestantischen und nicht von katholischen oder agnostischen Theoretikern verfochten wurden.
Wenn die Entwicklung der Wissenschaften sich parallel zu
jenen außerwissenschaftlichen Wirklichkeiten vollzieht, so
heißt das nicht, daß man sie in eine einfache kausale Beziehung
zu diesen letzteren setzen darf.

Und doch sind die Bindeglieder kaum zu übersehen. Die Gedanken der Wissenschaftler entsprechen den Hauptströmun-
gen des Denkens dieser Periode, und das ermöglicht uns, eine
Parallele zwischen den Wissenschaften und den Künsten oder
auch zwischen den beiden und den politisch-sozialen Ver-
haltensweisen zu ziehen. So gab es auch in den Wissenschaften
eine »klassizistische« und eine »romantische« Strömung, die
zu den entsprechenden Einstellungen zu gesellschaftlich-
menschlichen Problemen paßte. Es hieße daher, allzusehr zu
vereinfachen, wollte man den Klassizismus (intellektuell ausgedrückt: das rationalistische, mechanische Universum Newtons und der Aufklärung) mit dem Milieu des bürgerlichen
Liberalismus und die Romantik (intellektuell ausgedrückt:
die »Naturphilosophie«) mit deren Gegnern gleichsetzen,
und ab 1830 ist eine solche Gleichsetzung ganz unmöglich.
Eine solche Auffassung aber enthält auch einen Wahrheits-
kern. Bevor Theorien, wie die des modernen Sozialismus, das
revolutionäre Denken fest in der rationalistischen Vergangenheit verankert hatten (s. Kap. 13), gingen Wissenschaften,
wie die Physik, die Chemie und die Astronomie, Hand in
Hand mit dem englisch-französischen Liberalismus.

So wurden die plebejischen Revolutionäre des Jahres II weit
mehr von Rousseau als von Voltaire inspiriert und mißtrau-
ten einem Lavoisier (den sie hinrichteten) und einem Laplace

nicht nur wegen deren Verbindung zum alten Regime, sondern auch aus ähnlichen Gründen wie jenen, die den Dichter Blake dazu veranlaßten, Newton zu hassen (11). Umgekehrt entsprach die Naturphilosophie ihrer Einstellung weit mehr, weil sie für die wahre und unverdorbene Natur eintrat. Die Jakobiner-Diktatur gründete nach Auflösung der französischen Akademie nicht weniger als zwölf Lehrstühle am *Jardin des Plantes*. Ebenso blühte die »Naturphilosophie« als eine der klassischen entgegengesetzte wissenschaftliche Ideologie, vor allem in Deutschland, wo der klassische Liberalismus schwach war (s. Kap. 13).

Man kann leicht in den Fehler verfallen, die »Naturphilosophie« zu unterschätzen, da sie fast allem widerspricht, was wir heute mit Recht als Wissenschaft betrachten. Es war eine spekulative und intuitive Ideologie. Sie suchte nach Manifestationen des Weltgeistes, des Lebens, der geheimnisvollen organischen Einheit aller Dinge und vielem anderen, was nicht in exakten quantitativen Messungen wiederzugeben ist und dem Geist der kartesianischen Klarheit widerspricht. Sie revoltierte gegen den mechanischen Materialismus, gegen Newton, manchmal gegen die Vernunft selbst. Der große Goethe vergeudete viel von seiner olympischen Zeit mit Versuchen, Newtons Optik zu widerlegen, einfach darum, weil er Gegner einer Theorie war, die die Farben nicht aus den Prinzipien des Lichts und der Finsternis erklärte. Eine solche Verwirrung konnte die *École Polytechnique* nur unangenehm überraschen, weil ihr die deutsche Vorliebe für den wirren Kepler mit seiner Mystik, die man in Deutschland immer der durchsichtigen Perfektion von Newtons Prinzipien vorzog, unverständlich erschien. Was sollte man in der Tat wirklich mit Erklärungen wie etwa der folgenden von Lorenz Oken (1779–1851) anfangen?

Polarität ist die erste Grundkraft, die in der Welt erscheint — das Kausalgesetz ist ein Gesetz der Polarität ... Kausalität ist ein Akt des Entstehens ... Im All sind zwei ewige Prozesse am Werk, ein individualisierender und lebensspendender und ein universalisierender, destruktiver ... (12)

Was kann man dazu wirklich sagen? Bertrand Russells völlige Verständnislosigkeit gegenüber Hegel, der mit solchen Begriffen arbeitete, illustriert recht gut die Antwort, die ein Rationalist des 18. Jahrhunderts auf diese Frage gegeben hätte. Andererseits mag die Tatsache, daß Marx und Engels offen anerkannten, wieviel sie der Naturphilosophie verdankten (13), uns davor warnen, sie als bloßes Wortgespinst abzutun. Denn diese Philosophie hat Resultate zu verzeichnen: Aus ihr ergaben sich nicht nur fruchtbare wissenschaftliche Bemühungen — Lorenz Oken gründete die liberale *Deutsche Naturforscherversammlung* und inspirierte die *British Association for the Advancement of Science* —, sondern auch andere wertvolle Ergebnisse. Die biologische Zellentheorie, Teile der Morphologie, Embryologie, Philologie und die historischen und evolutionären Elemente aller Wissenschaften waren in erster Linie »romantischen« Ursprungs. Gewiß mußte auch auf dem den Romantikern besonders naheliegenden Gebiet, der Biologie, das romantische Element durch den kühlen Klassizismus eines Claude Bernard (1813—1878), des Begründers der modernen Physiologie, ergänzt werden. Andererseits aber entsprang manche neue Entdeckung auch aus derart von »klassischem« Geist beherrschten Wissenschaften, wie es die physiko-chemischen waren, aus Spekulationen der Naturphilosophen über so geheimnisvolle Gebiete wie die Elektrizität und der Magnetismus. Hans Christian Oersted aus Kopenhagen, Schüler Schellings, suchte nach der

Verbindung beider und fand sie, als er 1820 die magnetische Wirkung elektrischer Ströme nachwies. Beide Einstellungen mischten sich in der Wissenschaft, ohne ganz miteinander zu verschmelzen, nicht einmal in Marx, der sich mehr als die meisten seiner Zeitgenossen über den doppelten Ursprung seines Denkens im klaren war.

Im ganzen diente die »romantische« Einstellung vor allem als Ansporn für neue Ideen und Denkveränderungen, um dann aus der Wissenschaft wieder zu verschwinden. Aber heutzutage kann sie nicht vernachlässigt werden.

Man kann sie nicht unerwähnt lassen, und zwar nicht nur deshalb, weil sie auf rein wissenschaftlichen Gebieten den Fortschritt beschleunigte, sondern vor allem darum, weil der Historiker auch falsche und absurde Ideen als Tatsachen und als historische Kräfte darstellen muß. Wir können eine Bewegung nicht unerwähnt lassen, die solch erstrangige und brillante Männer wie Goethe, Hegel und den jungen Marx beeinflußte. Wir können nur versuchen, die tiefe Unzufriedenheit mit der klassischen englisch-französischen Weltanschauung des 18. Jahrhunderts zu verstehen, deren titanische Leistungen auf den Gebieten der Wissenschaft und der Gesellschaft unbestreitbar sind, aber deren Enge und Begrenztheit während der Periode der Doppelrevolution immer klarer zutage traten.

Diese Grenzen bewußt zu machen und zu versuchen, mit Hilfe der Intuition und nicht-rationaler Analyse die Grundlagen für eine neue Weltsicht zu legen, hieß noch nicht, eine neue Weltanschauung auch schon zu bauen. Und die Visionen eines sich entwickelnden, in sich einheitlichen dialektischen Universums, die sich in den Bemühungen der Naturphilosophen widerspiegeln, sind gewiß keine Beweise, nicht einmal zweckentsprechende Formulierungen. Aber sie waren der Widerschein von wirklichen Problemen — sogar von Problemen der physikalischen Wissenschaften —, und in ihnen erscheinen Ansätze zu jenen Wandlungen und Erweiterungen der Welt des Wissens, aus denen unser modernes wissenschaftliches Weltverstehen hervorging. Auf ihre Weise drückte sich auch in ihnen die Doppelrevolution aus, die keinen Aspekt menschlichen Lebens unberührt ließ.

16

Die Welt um 1848

Pauperismus und Proletariat sind die ersten eiternden Geschwüre, die der Organismus der modernen Staaten geboren hat. Können sie geheilt werden? ... Eins ist sicher, gewinnen diese Leute (die communistischen Heilkünstler) die Macht zum Handeln, so giebt es keine proletarische, sondern eine sociale Revolution, einen Krieg wider alles Eigenthum, eine vollkommene Anarchie. Ob sich dann neue Völkerstaaten bilden, und auf welchen moralischen und socialen Grundlagen? Wer hebt die Schleier der Zukunft? Welche Rolle wird dabei Rußland übernehmen? »Ich sitze am Ufer und warte auf Wind«, sagt ein russisches Sprichwort.

HAXTHAUSEN,
Studien über ... Rußland (1)

WIR HABEN MIT EINER GESAMTSCHAU der Welt um 1789 begonnen und wollen sie nun abschließend betrachten, wie sie 50 Jahre später aus den revolutionären Wandlungen hervorwuchs, die bis dahin kein Zeitalter in diesem Ausmaß je erlebt hatte.

Es war eine Zeit der Superlative. Die vielen statistischen Kompendien, in denen diese Ära der Kalkulation alle Erscheinungen der Welt zu erfassen versuchte (2), wiesen Rekordzahlen auf. Die erforschte und auf Karten eingezeichnete Erdoberfläche war größer als je zuvor, und die alle Gebiete verbindenden Kommunikationen vollzogen sich mit nie ge-

ahnter Geschwindigkeit. Die Weltbevölkerung war größer
als je zuvor und hatte in einigen Gebieten weit über alle
Prognosen und Wahrscheinlichkeiten zugenommen. Niemals
zuvor waren so viele und so große Städte entstanden. Die
industrielle Produktion hatte gigantische Fortschritte gemacht:
Im Verlauf des vierten Jahrzehnts des Jahrhunderts hatte
die westliche Menschheit rund 640 000 000 Tonnen Kohlen
gefördert. Noch gewaltiger war die Entfaltung des internationalen Handels, der sich seit 1780 vervierfacht hatte und
dessen Gesamtwert, in wertbeständiger britischer Währung
ausgedrückt, jährlich rund 800 000 000 Pfund Sterling erreichte.

Noch nie hatte die Wissenschaft solche Triumphe davonge-
tragen, und nie war das Wissen so weitverbreitet gewesen.
Mehr als 4000 Zeitungen informierten die Zeitgenossen,
und die jährlich in Großbritannien, Deutschland, Frankreich
und den Vereinigten Staaten veröffentlichten Bücher erreichten eine fünfstellige Ziffer. Menschliche Erfindungen über-
stürzten sich. Kaum hatte die Argand-Lampe (1782—1784)
eine Revolution auf dem Gebiet der künstlichen Beleuchtung
hervorgerufen — und sie war der größte Fortschritt seit der
Einführung der Öllampe und der Kerze —, als schon gigantische Laboratorien, »Gaswerke« genannt, begannen, ihre Erzeugnisse durch unterirdische Leitungen zu schicken, mit denen
man Fabriken (3) und bald auch die Straßen europäischer
Städte zu erleuchten begann. In London wurde die Gasbeleuchtung der Straßen 1807 eingeführt, in Dublin 1818,
in Paris 1819, und 1841 hatte dieser Fortschritt bereits das
entfernte Sydney erreicht. Und schon war die elektrische
Bogenlampe erfunden. Der Londoner Professor Wheatstone
plante, England mit Frankreich durch einen elektrischen Telegraphen mit unterseeischen Kabeln zu verbinden. 48 000 000

Passagiere benutzten im Verlauf des Jahres 1845 die britischen Eisenbahnen, deren Netz im Jahr 1846 etwa 5000 km Schienenweg umfaßte (1850 waren es beinahe 10 000 km), während die Vereinigten Staaten bereits über 14 000 km hatten. Regelmäßiger Dampferverkehr verband Europa mit Amerika und Indien, obschon die Zahl der Segelschiffe noch weit größer als die der Dampfschiffe war.

Zweifellos hatte dieser Vormarsch auch seine Schattenseiten, die allerdings statistisch nicht so leicht zu erfassen waren. Wie hätte man eine solche, kaum von irgend jemandem bestrittene Tatsache, wie die ungeheure Häßlichkeit der durch die Industrialisierung entstandenen Welt, in Zahlen ausdrükken können, einer Welt, wie sie sich dem Betrachter etwa in den finsteren, freudlosen, stinkenden und raucherfüllten Gassen von Manchester oder in der Verzweiflung, die dadurch hervorgerufen worden war, daß eine grausame Wirklichkeit Massen von Männern und Frauen entwurzelt und sie allen althergebrachten Schutzes beraubt hatte, darbot — einer Welt, die wohl die unglücklichste aller Welten war? Und doch können wir den damaligen Verfechtern des Fortschritts ihr Selbstvertrauen verzeihen und ihre Entschlossenheit, dafür einzutreten, »daß der Handel sich frei entfalte, der mit der einen Hand die Zivilisation und mit der anderen den Frieden lenkt, damit die Menschheit weiser, glücklicher und besser werde«. »Und dies ist«, fügte Lord Palmerston dieser Erklärung im finsteren Jahr 1842 hinzu, »das Werk der Vorsehung (4).« Niemand konnte bestreiten, daß ein großer Teil der westlichen Menschheit in schrecklichem Elend lebte, das sich — wie manche meinten — ausdehne und vertiefe. Und doch kann kein vernünftiger Beobachter, der Maßstäbe anlegt, die dem Fortschritt von Industrie und Handel angemessen sind, behaupten, daß dieses Elend größer gewesen wäre als heutzutage in

den unterentwickelten Ländern. Es war bitter genug, daß die
materielle Lage der arbeitenden Massen oft nicht besser war
als in der weitabliegenden, finsteren und manchmal sogar
schlechter als in der jüngsten Vergangenheit. Die Anhänger
des Fortschritts schrieben diese Schattenseiten nicht ihrem
Wirtschaftssystem zu. Sie erklärten sie aus den Hindernissen,
die der alte Feudalismus, die Monarchien und die Aristokratien der Entfaltung des freien Unternehmertums immer
noch entgegenstellten, während die Wortführer des neuen
Sozialismus im Gegenteil behaupteten, es handle sich um notwendige Folgen des neuen Systems. Aber beide meinten, dieses Elend würde verschwinden; die ersteren waren sicher, daß
es im Rahmen des kapitalistischen Systems geschehen würde,
was die letzteren bezweifelten. Darin bestand ihr Gegensatz,
doch beide stimmten wiederum darin überein, daß die Menschheit, indem sie lernte, die Kräfte der Natur zu beherrschen,
auch an der Verbesserung ihrer eigenen materiellen Lebensbedingungen arbeite.
Sobald wir aber dazu übergehen, die soziale und politische
Struktur der 1840er Jahre zu analysieren, verlassen wir die
Welt der Superlative und der Neuerungen. Die große Mehrheit der Erdbewohner waren nach wie vor Bauern, obwohl es
einige wenige Gebiete gab, wie etwa Großbritannien, in
denen die Landwirtschaft nur mehr von einer kleinen Minderheit betrieben wurde und die städtische Bevölkerung dabei
war, die ländliche zu überflügeln, was erstmalig im britischen
Zensus von 1851 zutage trat. Es gab — im Verhältnis zur
Gesamtbevölkerung der Erde — weniger Sklaven, da der
internationale Sklavenhandel 1815, die Sklaverei selbst in
den britischen Kolonien 1834 und in den befreiten ehemals
spanischen und französischen Kolonialgebieten schon während und kurz nach der Französischen Revolution abgeschafft

worden waren. Obgleich Westindien nun mit Ausnahme einiger nicht von Großbritannien kontrollierter Gebiete ein Territorium freier Landwirtschaft war, nahm die Sklaverei in den beiden großen übriggebliebenen Zentren der Sklaverei — Brasilien und den Südstaaten der USA — noch zu: Das ergab sich als Resultat der Fortschritte von Industrie und Handel, der sich allen Beschränkungen der Waren- und Personentransporte widersetzte; und das offizielle Verbot des Sklavenhandels machte ihn nur lukrativer. Der Durchschnittspreis eines Sklaven für Landarbeit betrug 1795 etwa 300 Dollar, während man 1860 etwa 1200 bis 1800 Dollar zahlen mußte (5); die Zahl der Sklaven wuchs von 700 000 im Jahr 1790 auf 2 500 000 im Jahr 1840 und auf 3 200 000 im Jahr 1850. Sie stammten größtenteils aus Afrika; außerdem sorgte man in den auf Sklaverei begründeten Gebieten, wie etwa in den Randstaaten der USA, für eine weitere Vermehrung der Sklaven, die zum Verkauf an die sich schnell ausbreitenden Baumwollplantagen bestimmt waren. Daneben stand eine Art von »Halbsklaverei«, wie sie sich im Export von »Kontraktarbeitern« *(indentured labour)* aus Indien nach den Zuckerinseln des Indischen Ozeans und nach Westindien ausdrückte. Die Leibeigenschaft war in großen Teilen Europas abgeschafft worden, was freilich die wirkliche Lage der ländlichen Armen in solchen von Latifundien beherrschten Gebieten, wie Sizilien oder Andalusien, nur geringfügig veränderte. In anderen Ländern bestand sie weiter; in Rußland, wo vor 1811 die Zahl der Leibeigenen schnell zugenommen hatte (6), blieb sie nun auf demselben Niveau und fiel im Verhältnis zur Gesamtbevölkerung (es gab dort etwa elf bis zwölf Millionen Leibeigene). Im Gegensatz zur Sklaverei ging die auf Leibeigenschaft begründete Landwirtschaft zurück, da sowohl ihre wirtschaftlichen Nachteile immer mehr zutage traten und auch — besonders nach 1840 — die Bauern immer rebellischer wurden. Der größte Aufstand von Leibeigenen war vermutlich der von 1846 im österreichischen Galizien, auf den 1848 die von der Revolution verkündete Befreiung der Leibeigenen folgte. Zwischen 1826 und 1834 wurden in Rußland 148 Ausbrüche von Bauernunruhen gezählt — und ihre Häufigkeit stieg: 1835–1844 waren es 216, 1844–1854 bereits 348, und während der letzten Jahre, die der Befreiung von 1861 vorausgegangen waren, stieg die Zahl auf 474 an (7).

Was die Spitze der sozialen Pyramide betrifft, so änderte sich die Lage des gutsbesitzenden Adels weniger, als man hätte erwarten können — mit Ausnahme jener Staaten, die, wie Frankreich, durch eine direkte Bauernrevolution hindurchgegangen waren. Zweifellos gab es jetzt Länder, wie Frankreich oder die Vereinigten Staaten, wo die reichsten Leute nicht mehr Grundbesitzer waren — die Fälle ausgenommen, in denen sich Neureiche Landgüter kauften, um damit ihre Aufnahme in die höchsten Gesellschaftskreise zu beweisen, wie etwa die Rothschilds. Aber auch in Großbritannien konzentrierte sich der größte Reichtum der vierziger Jahre in den Händen der Peers, und in den Südstaaten der USA schufen die Baumwollplantagenbesitzer sogar eine Karikatur der aristokratischen Gesellschaft, die von Walter Scott und feudalen Begriffen inspiriert war, die weder die ausgebeuteten Negersklaven noch die stiernackigen puritanischen Farmer beeinflußte. Hinter der aristokratischen Fassade verbarg sich jedoch ein Wandel: Die Einkünfte der Aristokraten hingen immer mehr von der Industrie, den Aktien und Obligationen sowie dem Bauwesen, das die verachtete Bourgeoisie entwickelte, und dem Immobilienmarkt ab.

Die »Mittelschichten« waren natürlich sehr schnell gewachsen, aber ihre Zahl war durchaus nicht überwältigend. 1801 hatte

es in Großbritannien etwa 100 000 Steuerzahler mit jährlichen
Einkommen von mehr als 150 Pfund gegeben — am Ende
unserer Periode mögen es 340 000 gewesen sein (8). Mit Fami-
lienmitgliedern dürften die Mittelschichten etwa 1 500 000 bei
einer Gesamtbevölkerung von 21 000 000 (1851) ausgemacht
haben (9).
Natürlich war die Zahl derer, die versuchten, ein standes-
gemäßes bourgeoises Leben zu führen, weitaus größer.
Nicht alle waren in Wirklichkeit reich. Man kann vielleicht
annehmen, daß die Zahl der Reichen mit einem Jahreseinkommen von mehr als 5000 Pfund sich auf etwa 4000 Personen belief (10), einschließlich der Aristokratie, eine Schätzung,
die mit der Zahl der 7579 Herren übereinstimmt, die Privatkutschen in ihren Diensten hatten und deren Wagen die britischen Straßen zierten. Wir können annehmen, daß das »Bürgertum« in anderen Ländern zahlenmäßig kleiner, manchmal
sogar um vieles kleiner war als in Großbritannien.
Natürlich wuchsen die arbeitenden Klassen (einschließlich des
neuen Proletariats der Fabriken, Bergwerke und Eisenbahnen)
am schnellsten. Aber außerhalb Großbritanniens waren es
Hunderttausende und nicht Millionen. Im Vergleich zur Gesamtbevölkerung der Welt fielen solche Zahlen nicht ins
Gewicht, und diese Klasse war — wiederum mit Ausnahme
Großbritanniens und kleiner Gruppen in anderen Ländern —
nicht organisiert. Dennoch war ihre politische Bedeutung, wie
bereits oben dargestellt, ungeheuer groß und ging weit über
die Zahl und die Leistungen der Proletarier hinaus.
Politisch sah die Welt nun ganz anders aus als 1789 — aber
auch hier blieb die wirkliche Wandlung hinter den Erwartungen der Revolutionäre und auch der Reaktionäre zurück.
Die Monarchie war immer noch — mit Ausnahme des amerikanischen Kontinents — die bei weitem vorherrschende Re-

gierungsform. Sogar in Amerika war eines der größten Länder, Brasilien, ein Kaiserreich, und auch Mexiko war zwischen
1821 und 1833, unter General Iturbide (Augustin I.), ein Kaiserreich gewesen. Gewiß konnte eine Anzahl der europäischen
Königreiche jetzt als »konstitutionelle Monarchien« beschrieben werden, aber außerhalb dieser am Atlantischen Ozean
gelegenen Staaten bestand die absolute Monarchie weiter.
Es gab in den vierziger Jahren einige neue, aus Revolutionen
entstandene Staaten: Belgien, Serbien, Griechenland und
einige in Lateinamerika. Von diesen war nur Belgien (vor
allem deshalb, weil es eng mit seinem Nachbarn Frankreich
verbunden war [11]) ein industrielles Land; doch das bedeutendste der aus den Revolutionen hervorgegangenen Länder
waren bereits 1789 die USA. Ihre Lage war in doppelter
Hinsicht besonders vorteilhaft: Die Vereinigten Staaten hatten keinen mächtigen Nachbarn, der gewillt oder imstande
gewesen wäre, deren Expansion bis zum Pazifischen Ozean
zu hindern. Die Franzosen hatten ihnen 1803 mit dem Verkauf von Louisiana ein Territorium gegeben, das ebenso groß
war wie die damaligen USA selbst. Ferner vollzog sich in
den Vereinigten Staaten eine besonders schnelle wirtschaftliche Expansion. Den ersterwähnten Vorteil hatte auch
Brasilien, das sich friedlich von Portugal trennte und dem
Schicksal der Teilung entging, das eine Generation von revolutionären Kriegen dem größten Teil von Spanisch-Amerika
beschieden hatte. Aber Brasiliens Reichtum wurde nicht nutzbar gemacht.

Trotzdem waren die Veränderungen groß, und seit 1830 beschleunigte sich ihr Rhythmus offensichtlich. Die Revolution
von 1830 hatte den wichtigsten Staaten Westeuropas gemäßigte liberale bürgerliche Verfassungen gebracht, die anti-
demokratisch, aber auch antiaristokratisch waren. Sie stellten

gewisse Kompromisse dar, die aus der Angst vor einer radikalen Massenrevolution erwachsen waren. Als Ergebnis dieser
Entwicklung hatten nun zum Beispiel in Großbritannien die
landbesitzenden Klassen einen weit größeren und große Teile
der neuen, besonders der dynamischen, aus der industriellen
Revolution entstandenen Klassen einen weit geringeren Einfluß auf die Regierung, als es ihrer zahlenmäßigen und auch
ihrer sonstigen Bedeutung entsprochen hätte. Dies war auch
in Frankreich der Fall. Aber im ganzen gesehen senkten diese
Kompromisse die Waagschale zugunsten der Bourgeoisie. Die
britischen Industriellen setzten nach 1832 alles, was in ihren
Interessen lag und wichtig war, durch. Die Möglichkeit, die
Getreidegesetze loszuwerden, war es wert, die radikalen
republikanischen und antiklerikalen Wünsche der Utilitaristen zu opfern. Es konnte kein Zweifel daran bestehen, daß
der bürgerliche (wenn auch nicht der demokratisch-radikale)
Liberalismus in Westeuropa im Aufstieg war. Sein Hauptgegner, die Konservativen in Großbritannien und auch Gruppen in anderen Ländern, die sich meist um die katholische
Kirche scharten, befanden sich in der Defensive und waren
sich dessen auch bewußt.

Aber auch die radikale Demokratie hatte an Boden gewonnen.
In den Vereinigten Staaten hatte sie sich nach 50 Jahren des
Zögerns gegen alle Feindseligkeit durchgesetzt, als die Pioniere und Farmer Andrew Jackson (1829–1837) zum Präsidenten wählten, was etwa mit dem Neuerwachen revolutionärer Strömungen in Europa zusammenfiel. Am Ende unserer Periode, im Jahr 1847, brachte der Schweizer Bürgerkrieg
zwischen Katholiken und Radikalen die radikale Demokratie
auch in die Schweiz. Aber zu jener Zeit konnten sich nur
wenige bürgerliche Liberale vorstellen, daß die Demokratie,
die vor allem von der revolutionären Linken verfochten

wurde und den Lebensbedingungen kleiner Produzenten und Händler in entlegenen Berg- und Präriegebieten angepaßt schien, eines Tages zur charakteristischen politischen Form des Kapitalismus und als solche gegen die Angriffe jener verteidigt werden würde, die in den vierziger Jahren für sie gekämpft hatten. Nur auf der Arena der internationalen Beziehungen schien sich eine grundlegende Revolution vollzogen zu haben. In wirtschaftlicher wie auch in politischer Hinsicht war die Welt völlig von europäischen Mächten beherrscht, zu denen sich die Vereinigten Staaten gesellten. Der Opiumkrieg von 1839—1842 hatte gezeigt, wie hilflos die einzige noch vorhandene außereuropäische Großmacht, das chinesische Reich, der militärischen und wirtschaftlichen Aggression des Westens gegenüber war. Nichts schien in Zukunft die westlichen Kanonenboote und Regimenter, diese Träger von Waren und Bibeln, aufhalten zu können. Innerhalb des Westens nahm Großbritannien eine überragende Stellung ein, da es über mehr Kanonenboote, mehr Waren und mehr Bibeln verfügte als jede andere Macht. So sicher war die britische Vormacht, daß sie kaum irgendeiner politischen Kontrolle bedurfte, um aufrechterhalten zu werden. Es gab keine Rivalen und nur die Kolonialmächte, die Großbritannien duldete. Das französische Imperium war auf einige weit auseinanderliegende Inseln und Handelsstützpunkte zusammengeschrumpft, aber auch gerade dabei, sich auf Algerien auszudehnen. Die Holländer, die unter dem wachsamen Auge der Briten ihre Macht in Indonesien wieder gefestigt hatten, waren keine Konkurrenten mehr. Die Spanier besaßen nur noch Kuba, die Philippinen und einige vage Ansprüche auf afrikanische Gebiete. Die portugiesischen Kolonien waren bedeutungslos. Der britische Handel beherrschte unabhängige Staaten, wie Argentinien, Brasilien und den Süden der USA,

ebenso wie das von den Spaniern beherrschte Kuba und
Britisch-Indien. Britische Investoren spielten eine einflußreiche Rolle in den nördlichen USA und überall dort, wo
eine wirtschaftliche Entwicklung vor sich ging. Nie hatte es
im Verlauf der Weltgeschichte eine so vollkommene Welt-
hegemonie gegeben wie die, die Großbritannien um die Mitte
des 19. Jahrhunderts ausübte, denn auch die größten Imperien
der Vergangenheit, das chinesische, das islamische oder das
Römische Reich, waren regional begrenzt gewesen. Nie hatte
ein anderes Land eine ähnliche Vormachtstellung einzunehmen vermocht und dürfte es auch in Zukunft nicht können,
denn keines wird mehr — wie Großbritannien damals — die
einzige »Werkstatt der Welt« sein.
Trotzdem gab es bereits Anzeichen des kommenden britischen
Niedergangs. Kluge Beobachter der dreißiger und vierziger
Jahre, wie ein Alexis de Tocqueville oder ein August von
Haxthausen, sahen schon voraus, daß die Vereinigten Staaten und Rußland auf Grund ihrer Größe, ihrer Möglichkeiten und ihrer Mittel zu den zwei Giganten der Zukunft werden würden; und innerhalb Europas konnte man — wie
Friedrich Engels im Jahr 1844 — bereits den kommenden
Aufstieg Deutschlands erkennen. Nur Frankreich war aus
dem Rennen um die internationale Vormacht ausgeschieden,
was freilich noch nicht klar genug war, um das Mißtrauen
britischer und anderer europäischer Staatsmänner endgültig
zu beseitigen.
Kurz gesagt — die Welt der vierziger Jahre hatte noch kein
sicheres Gleichgewicht gefunden. Die während des halben
Jahrhunderts entstandenen wirtschaftlichen, technischen und
sozialen Kräfte arbeiteten auf einen Wandel der Welt hin,
aber ihre Auswirkungen auf die bestehenden Institutionen
waren noch bescheiden. Sie würden sich aber notwendig durch-

setzen. Unvermeidlich waren zum Beispiel das Ende der Sklaverei und der Leibeigenschaft (deren Überreste nur noch in etwas abgelegenen, von der modernen Entwicklung unberührten Gebieten weiterbestanden) oder auch das Ende der britischen Vormachtstellung als des *einzigen* industriellen Landes der Welt; oder das Ende der Gewalt landbesitzender Aristokraten und absoluter Monarchen, die schwinden mußte, wo immer sich starke Bourgeoisien entfalteten — unabhängig von allen Kompromißformeln, die es ihnen gestatten mochten, ihren sozialen Status, Einfluß oder sogar die Teilnahme an der Macht zu erhalten. Ebenso unvermeidlich war aber auch, daß die von der Französischen Revolution begonnene politische Erweckung der Massen früher oder später dazu führen mußte, diesen Massen auch Einfluß auf die Politik einzuräumen. Und da sich der soziale Wandel ab 1830 sichtlich beschleunigte, konnten institutionelle Veränderungen, wie sie auch immer aussehen würden, nicht mehr lange aufgeschoben werden (12).

All das mag genug sein, um den Zeitgenossen der vierziger Jahre das Gefühl bevorstehender Wandlungen zu geben, aber es erklärt doch nicht das Bewußtsein und die Vorahnung einer nahenden sozialen Revolution. Das galt nicht nur für die Revolutionäre, die sie sich in allen Einzelheiten ausmalten, sondern auch für die herrschenden Klassen, die in Zeiten des rapiden Wechsels immer die Massen der Armen fürchteten. Auch in den Massen war ein solches Gefühl verbreitet, und die gebildeten Schichten gaben ihm Ausdruck. »Alle gutinformierten Leute glauben«, schrieb während des Hungerwinters von 1847 der amerikanische Konsul aus Amsterdam, der über die Meinungen der durchreisenden deutschen Auswanderer berichtete, »daß die gegenwärtige Krise so tief geht, daß sie den Anfang jener großen Revolution darstellt, die — ihrer Meinung nach — früher oder später die gegenwärtige Verfassung der Dinge auflösen wird (13).«

Die Ursache lag darin, daß die Krise der noch bestehenden Elemente der alten Gesellschaft mit einer Krise der neuen Ordnung zusammenzufallen schien. Zurückblickend fällt es heute leicht, zu denken, die damaligen Sozialisten hätten mit ihrer Voraussage der unmittelbar bevorstehenden Endkrise des Kapitalismus wie Träumer ihre Wünsche mit der Wirklichkeit verwechselt. Denn was folgte, war ja nicht der Zusammenbruch des Kapitalismus, sondern im Gegenteil eine Zeit seines ungehinderten schnellen Vormarsches und Triumphes. Aber in den dreißiger und vierziger Jahren war es durchaus nicht klar, ob die neue Wirtschaftsordnung imstande sein würde, die Schwierigkeiten zu überwinden, die zugleich mit ihrer Fähigkeit zu wachsen schienen, immer größere Gütermengen mit immer revolutionäreren Methoden zu erzeugen. Ihre eigenen Theoretiker — im Gegensatz zu den Theoretikern des 18. Jahrhunderts und zu denen späterer Perioden — sagten einen unmittelbar bevorstehenden »stationären Zustand« voraus, in dem die die wirtschaftliche Entwicklung vorwärtstreibende Kraft versiegen würde. Die Vorkämpfer der modernen Wirtschaft waren geteilter Meinung über ihre Zukunftsaussichten. In Frankreich waren manche jener Männer, die bald Finanz- und Industriekapitäne werden sollten (vor allem die Schüler Saint-Simons), in den dreißiger Jahren sich darüber noch nicht im klaren, ob der Kapitalismus oder der Sozialismus der beste Weg zum Triumph der industriellen Gesellschaft sein würde. In den Vereinigten Staaten der vierziger Jahre waren Leute, die zu den Propheten individueller Initiative wurden (wie Horace Greeley, von dem der amerikanische Slogan *Go west, young man!* stammt), noch Anhänger des utopischen

Sozialismus, die Fourieristische »Phalangen« gründeten und propagierten, jene an Kolchosen gemahnenden Kommunen, die so schlecht zu dem passen, was heute als »amerikanisch« angesehen wird. Heute mag es uns rückblickend unverständlich scheinen, daß Quäker, wie John Bright, und erfolgreiche Baumwollfabrikanten aus Lancashire in dieser Zeit dynamischer Expansion bereit waren, ihr Land in Chaos, Hunger und Unruhen zu stürzen, indem sie eine allumfassende politische Aussperrung planten, nur um die Aufhebung der Zölle zu erreichen (14). Aber 1841/42 mochte es den vorwärtsblickenden Kapitalisten sehr wohl scheinen, daß sie ohne sofortige Beseitigung aller Hindernisse auf dem Weg weiterer Ausdehnung nicht nur einer Senkung der Profite, sondern darüber hinaus der Katastrophe durch Erdrosselung entgegensahen.

Für die Masse des Volkes stand alles noch einfacher. Wie wir sahen, wurde sie in den großen Städten und Industriegebieten Westeuropas durch ihre tatsächliche Lage zur Revolution getrieben. Ihr Haß gegen die Reichen und Großen dieser bitteren Welt, in der sie zu leben verurteilt waren, ihr Traum von einer besseren Welt gaben ihrer Verzweiflung Richtung und Kraft, obgleich nur eine Minderheit (vor allem in Großbritannien und Frankreich) das Ziel klar erkannte. Ihre Organisiertheit oder die Leichtigkeit, mit der sie kollektive Aktionen unternehmen konnten, gab ihr Macht. Das große Erwachen der Französischen Revolution hatte sie gelehrt, daß der Mann aus dem Volk es nicht nötig hatte, Unrecht demütig hinzunehmen und zu erleiden: »Vorher wußten die Völker nichts und meinten, Könige seien Götter auf Erden, und die Völker hätten nur zu sagen, was jene taten, sei gut. Nach all den jüngsten Veränderungen ist es schwieriger geworden, das Volk zu beherrschen (15).«

Das war das »Gespenst des Kommunismus, das in Europa

umging«, die Angst vor dem »Proletariat«, die nicht nur die Fabrikbesitzer von Lancashire und Nordfrankreich, sondern auch die Beamten des ländlichen Deutschland, die Priester in Rom und die Professoren aller Länder ergriffen hatte. Und das mit Recht. Denn die Revolution, die im Verlauf der ersten Monate des Jahres 1848 ausbrach, war sozial nicht nur in dem Sinn, daß sie alle sozialen Klassen betraf und mobilisierte, sondern auch weil sie im buchstäblichen Sinn ein Aufstand der arbeitenden Massen der Städte — besonders der Hauptstädte — West- und Mitteleuropas war. Sie, und ausschließlich sie, waren es, die die alten Regime von Palermo bis zu den Grenzen Rußlands stürzten. Als sich der Staub über den Ruinen verzog, konnte man klar erkennen, daß Arbeiter — in Frankreich besonders sozialistische Arbeiter — auf ihnen standen, die außer Brot und Arbeit einen neuen Staat, eine neue Gesellschaft verlangten.

Während die arbeitenden Massen in Bewegung gerieten, vermehrten die zunehmende Schwäche und der Verfall der alten Regierungsformen Europas die Krisen der Welt der Reichen und Mächtigen. An sich waren diese Krisen nicht von allzu großer Bedeutung. Hätten sie sich zu einer anderen Zeit abgespielt oder innerhalb von Ordnungen, die es den verschiedenen Teilen der herrschenden Klassen ermöglicht hätten, ihre Rivalitäten friedlich zu lösen, hätten sie ebensowenig zu einer Revolution geführt, wie die unaufhörlichen Kämpfe zwischen den verschiedenen Adelscliquen im Rußland des 18. Jahrhunderts zu einem Sturz des Zarismus führten. In Großbritannien und in Belgien gab es zum Beispiel genug Konflikte zwischen den Agrariern und den Industriellen und innerhalb dieser beiden zwischen verschiedenen Sektionen. Aber es war allgemein anerkannt, daß die Wandlungen der Jahre 1830 bis 1832 die Machtfrage zugunsten der Industriellen ent-

schieden hatten, daß aber die Aufrechterhaltung des politischen *Status quo* eine Revolution heraufbeschwor, die unbedingt vermieden werden mußte. So konnten die scharfen
Kämpfe der freihändlerischen britischen Industriellen gegen
die agrarischen Protektionisten inmitten der chartistischen
Gärung ausgetragen und mit der Abschaffung der Getreidegesetze (1846) gewonnen werden, ohne daß die Einheitsfront
der herrschenden Klasse gegenüber der Drohung des allgemeinen Wahlrechts in Frage gestellt wurde. In Belgien wurden 1847 die Industriellen durch den Sieg der Liberalen gegen die Katholiken aus der revolutionären Front herausge-
löst. Eine sorgfältig berechnete Wahlrechtsreform, die die
Wählerschaft verdoppelte (16), befriedigte entscheidende Teile
der niedrigen Bourgeoisie. So kam es 1848 zu keiner Revolution, obgleich die Lage der Volksmassen Belgiens (genauer
gesagt Flanderns) damals schlechter war als die aller anderen westeuropäischen Länder mit Ausnahme Irlands.
Auf dem von absoluten Monarchien beherrschten europäischen
Kontinent jedoch blieb infolge der Starrheit der Regierungsformen, die 1815 festgelegt und darauf berechnet waren,
alle Änderungen in liberalem oder nationalistischem Sinn
unmöglich zu machen, sogar den gemäßigten Oppositionellen
kein anderer Weg als der der Revolution. Diese Gemäßigten
mochten nicht selbst auf die Barrikaden steigen, aber sie
würden nichts erreichen, wenn nicht jemand anderer die Barrikaden stürmte und wenn sich keine irreversible soziale Revolution vollzog. Die Regime von 1815 mußten früher oder
später verschwinden. Das wußten auch die Herrschenden,
und das Bewußtsein, daß »die Geschichte gegen sie war«,
unterwühlte ihren Widerstandswillen ebenso, wie die tatsächliche Unterwühlung ihre Widerstandskraft untergrub. 1848
wurden sie oft durch den ersten Windstoß der Revolution —

sogar einer ausländischen Revolution — hinweggefegt. Aber
ohne einen solchen Windstoß konnte man sie nicht loswerden.
Und so verwandelten sich kleinere Schwierigkeiten in diesen Staaten — der Zwiespalt zwischen König und Parlament
in Preußen und Ungarn, die Wahl eines »liberalen« Papstes
im Jahr 1846 (das heißt eines Mannes, der bestrebt war, das
Papsttum näher an das 19. Jahrhundert heranzubringen), der
Ärger über eine bayerische Königsmätresse usw. — in große
politische Schwierigkeiten.
Theoretisch hätte das Frankreich von Louis-Philippe ebenso
flexibel sein sollen wie Großbritannien, Holland und Skandinavien, praktisch aber war dies nicht so. Es war zwar klar,
daß die herrschende Klasse Frankreichs — Bankiers, Finanziers und ein paar Großindustrielle — lediglich einen kleinen
Sektor der Bourgeoisie vertrat und daß ihre Wirtschafts-
politik den dynamischen Industriellen und auch vielen althergebrachten Interessentengruppen unangenehm war; doch
auch die Erinnerung an 1789 versperrte den Weg zur Reform.
Die Opposition bestand nicht nur aus unzufriedenen Bürgern,
sie umschloß vor allem das politisch entscheidende (vor allem
das Pariser) Kleinbürgertum. Trotz der Wahlrechtsbeschrän-
kung hatte in Paris im Jahr 1846 eine Mehrheit gegen die
Regierung gestimmt. Das Wahlrecht zu erweitern hätte geheißen, den potentiellen Jakobinern, den Radikalen, die in
Wirklichkeit Republikaner waren, zur Macht zu verhelfen.
Louis-Philippes Ministerpräsident, der Historiker Guizot
(1840—1848), zog es vor, sich auf die wirtschaftliche Entwicklung zu verlassen, aus der sich automatisch eine Bereicherung
der Bürger, damit ein Anwachsen der Zahl der Wahlberechtigten und eine Erweiterung der sozialen Grundlage des Regimes ergeben würden. Solche Hoffnungen schienen nicht un-
berechtigt, da die Wählerschaft von 166 000 im Jahr 1831

auf 241 000 im Jahr 1846 angewachsen war. Aber das ging nicht schnell genug. So führte die Angst vor einer jakobinischen Republik zur Erstarrung der politischen Ordnung und zu einer Verschärfung der politischen Lage. In Großbritannien wäre eine politische Kampagne mit ihren oppositionellen Bankettreden, wie sie die französische Opposition 1847 begonnen hatte, ganz harmlos verlaufen. In Frankreich aber wurde sie zum Vorspiel für die Revolution.

Das geschah, weil in Frankreich, wie auf dem ganzen europäischen Kontinent, die politische Krise der herrschenden Klassen mit einer sozialen Katastrophe zusammenfiel: der großen Depression, die sich seit der Mitte der vierziger Jahre über ganz Europa ausgebreitet hatte. Es gab Mißernten, vor allem schlechte Kartoffelernten. Die Bevölkerung ganzer Länder und großer Gebiete (wie Irlands und in geringerem Ausmaß auch Schlesiens und Flanderns) hungerte (17). Die Preise der Nahrungsmittel stiegen. Die industrielle Depression vergrößerte die Arbeitslosigkeit, und die Arbeiter verloren ihre Einkünfte, während die Lebenshaltungskosten gleichzeitig scharf anstiegen. Die Lage war von Land zu Land und innerhalb der Länder von Gebiet zu Gebiet verschieden, aber — zum Glück für die bestehende Ordnung — waren die am schwersten betroffenen Iren und Flamen sowie viele der Fabrikarbeiter in den heimgesuchten Provinzen, politisch besonders unreif. So richtete sich die Wut der Baumwollarbeiter im französischen Departement Nord gegen die in ihr Gebiet strömenden, ebenso verzweifelten Belgier und nicht gegen die Regierung und die Unternehmer. Dazu kam, daß in dem industriell am weitesten fortgeschrittenen Land, Großbritannien, die Unzufriedenheit durch den großen industriellen Aufschwung und den Bau der Eisenbahnen in der Mitte der vierziger Jahre gemildert wurde. 1846—1848 waren schlimme Jahre, aber doch weniger schlimm als 1841/42, und vor allem schienen sie nur einen vorübergehenden Rückschlag eines offensichtlichen wirtschaftlichen Aufschwungs zu bilden. West- und Mitteleuropa, im ganzen gesehen, erlebte jedoch 1846—1848 eine allgemeine Katastrophe, und die Massen, die schon vorher kaum mehr ihr Lebensminimum hatten decken können, waren voll Spannung und Leidenschaft.

Eine scharfe Wirtschaftskrise, die mit dem sichtlichen Verfall der alten Regime zusammenfiel; ein Bauernaufstand in Galizien im Jahr 1846; die Wahl eines »liberalen« Papstes im selben Jahr; ein Bürgerkrieg zwischen Radikalen und Katholiken in der Schweiz (1847), in dem die Radikalen siegten; einer der immer wiederkehrenden autonomistischen Aufstände in Palermo am Anfang des Jahres 1848: Das waren nicht zusammenhanglose Ereignisse, es waren die ersten Flammenzeichen der Revolution, und jeder wußte es.

Selten wurde eine Revolution so allgemein vorausgesagt, wenngleich die Voraussagen für Land und Zeitpunkt nicht immer genau zutrafen. Ein ganzer Kontinent erwartete sie, bereit, die Nachricht von ihrem Ausbruch sofort von Land zu Land, von Stadt zu Stadt durch Telegrafen mit Windeseile zu verbreiten.

1831 hatte Victor Hugo geschrieben, er höre bereits das dumpfe Grollen der Revolution noch tief unter der Erde, in Schächten, die — von Paris ausgehend — alle europäischen Königreiche unterwühlten. 1847 war das Dröhnen laut und nirgends mehr zu überhören. 1848 explodierte der Kontinent.

Anmerkungen

1 *Die Welt um 1780. Seite 19–53*

1 *Saint-Just, Œuvres Complètes,* ed. C. Vellay (Paris 1908), Band II, S. 514

2 A. Hovelacque, »La taille dans un canton ligure« in *Revue Mensuelle de l'Ecole d'Anthropologie* (Paris 1896)

3 L. Dal Pane, *Storia del Lavoro dagli inizi del secolo XVIII al 1815* (1958), S. 135; R. S. Eckers, »The North-South Differential in Italian Economic Development« in *Journal of Economic History,* XXI (1961), S. 290

4 Zwischen 1823 und 1827 waren die Bewohner von Brüssel im Durchschnitt um 3 cm, die von Löwen um 2 cm größer als die Einwohner der umliegenden Dörfer. Zu dieser Frage gibt es eine ganze Reihe militärischer Statistiken, doch sie stammen alle aus dem 19. Jahrhundert. Quételet, zitiert von Manouvrier, »Sur la taille des Parisiens« in *Bulletin de la Société Anthropologique de Paris,* 1888, S. 171

5 H. Sée, *Esquisse d'une Histoire du Régime Agraire en Europe au XVIII et XIX siècles* (1921), S. 184; J. Blum, *Lord and Peasant in Russia* (1961), S. 455–60

6 In der Tschechoslowakei wurden nach 1918 achtzig Güter von über 10 000 Hektar Land konfisziert, davon je 200 000 Hektar von den Schönborn und Schwarzenberg, 160 000 Hektar von den Liechtenstein und 68 000 Hektar von den Kinsky. Siehe Th. Haebich, *Deutsche Latifundien* (1947), S. 27 ff.

7 A. Goodwin ed., *The European Nobility in the Eighteenth Century* (1953), S. 52

8 L. B. Namier, *1848, The Revolution of the Intellectuals* (1944); J. Vicens Vives, *Historia Economica de España* (1959)

9 Sten Carlsson, *Ståndssamhälle och ståndspersoner 1700–1865* (1949)

10 Pierre Lebrun *et al.,* »La rivoluzione industriale in Belgio« in *Studi Storici,* II, 3–4 (1961), S. 564/65

11 Bis zu einem gewissen Grad auch nach dem Fernen Osten, wo sie Tee,

Seide, Porzellan usw. kauften, wofür in Europa steigende Absatzmöglichkeiten vorhanden waren. Doch die Unabhängigkeit Chinas und
Japans boten den Piratenmethoden einen gewissen Einhalt.

12 Siehe Turgot (*Œuvres*, V, S. 244): »Ceux qui connaissent la marche
du commerce savent aussi que toute entreprise importante, de trafic
ou d'industrie, exige le concours de deux espèces d'hommes, d'entrepreneurs ... et des ouvriers qui travaillent pour le compte des pre-
miers, moyennant un salaire convenu. Telle est la véritable origine de
la distinction entre les entrepreneurs et les maîtres, et les ouvriers ou
compagnons, laquelle est fondée sur la nature des choses.«

2 Die industrielle Revolution. Seite 53–96

1 A. de Tocqueville, *Voyages en Angleterre et en Irland* (engl. Ausgabe
ed. J. P. Mayer, 1958, S. 107/8)

2 Arthur Young, *Tours in England and Wales*, London School of Economics edition, S. 269

3 Anna Bezanson, »The Early Uses of the Term Industrial Revolution«
in *Quarterly Journal of Economics*, XXVI (1921/22), S. 343; G. N.
Clark, *The Idea of the Industrial Revolution* (Glasgow 1953)

4 »Wie nun einerseits erfreulich ist zu sehen, daß die Engländer von
ihren Studien der alten Schriftsteller, so pedantisch sie auch betrieben
werden mogten, einen reichen Schatz an staatsbürgerlichen Lehren
mitnahmen, daß parlamentarische Redner nicht selten und aufs tref-
fendste die Alten reden ließen und dies nicht nur in der Versammlung gerne gehört wurde und Effekte machte, so muß auf der anderen
Seite Verwunderung erregen, wie bei dem Vorherrschen der Richtung
auf das gewerbliche Leben und der Nothwendigkeit, mit den dabei
förderlichen Wissenschaften und Künsten vertraut zu werden, der
Vermiß derselben im Jugendunterrichte nicht beachtet und wie allerdings doch so Ausgezeichnetes von den nicht durch Schulen dazu vor-
gebildeten Männern geleistet wurde.« W. Wachsmuth, *Europäische
Sittengeschichte* 5, 2 (Leipzig 1839), S. 736

5 Siehe A. E. Musson und E. Robinson, »Science and Industry in the
Late Eighteenth Century« in *Economic History Review*, XIII, 2. Dezember 1960, und R. E. Schofields Arbeit über die Midland-Industriel-
len und die »Lunar Society« in *Isis*, 47 (März 1956), 48 (1957), *Annals
of Science*, II (Juni 1956), usw.

6 Ein gutes Beispiel dafür liefert die moderne Automobil-Industrie. Es
war nicht der Bedarf an Automobilen, der 1890 die große und bedeutende Industrie schuf, sondern umgekehrt. Es war die Fähigkeit der
Fabrikanten, billige Wagen herzustellen, die eine Massennachfrage
nach Autos hervorrief.

7 »Die Kaufkraft vergrößerte sich nur langsam mit der Bevölkerungsvermehrung, und dann stieg das Pro-Kopf-Einkommen. Hohe Trans-
portkosten und allerlei dem Handel auferlegte Fesseln hinderten dessen schnellen Aufschwung. Aber der Markt dehnte sich aus. Die entscheidende Frage war: Wann würde ein Erzeuger von Massenkonsumgütern einen Teil dieses Marktes erobern, der groß genug war, um
ein schnelles und kontinuierliches Wachstum der Produktion zu ermöglichen?« K. Berrill, »International Trade and the Rate of Economic Growth« in *Economic History Review*, XII (1959/60), S. 358

8 W. G. Hoffmann, *The Growth of Industrial Economics* (Manchester
1958), Kap. 4 und 5

9 A. P. Wadsworth und J. de L. Mann, *The Cotton Trade in Industrial
Lancashire* (1931), Kapitel 7

10 F. Crouzet, *Le Blocus Continental et l'Economie Britannique* (1958),
S. 63, meint, daß der Export im Jahr 1805 zwei Drittel ausmachte.

11 P. K. O'Brien, »British Incomes and Property in the Early Nineteenth
Century« in *Economic History Review*, XII, 2 (1959), S. 267

12 Die Einfuhr von Wolle z. B. blieb während der ganzen in diesem
Buch behandelten Periode bedeutungslos und wurde erst in den 1870er
Jahren zu einem bedeutenden Faktor.

13 Das Heimarbeitersystem, das überall einen Übergang zwischen der
handwerklichen und häuslichen Produktion und der modernen Industrie bildet, kann ungezählte Formen annehmen; einige davon
können sogar an die Fabrik herankommen. Wenn ein Autor des
18. Jahrhunderts von »Manufakturen« schreibt, dann ist es in allen
westlichen Ländern auch fast immer das, was er meint.

14 In allen Ländern, in denen es für den Markt produzierende Manufakturen gab, waren die Textilien vorherrschend: In Schlesien stellten
sie 74% des Gesamtwertes der Manufakturproduktion dar. Hoffmann,
op. cit., S. 73

15 E. Baines, *History of the Cotton Manufacture in Great Britain* (London 1835)

16 P. Mathias, *The Brewing Industry in England* (Cambridge 1959)

17 M. Mulhall, *Dictionary of Statistics* (1892), S. 158

18 Baines, *op. cit.*, S. 112

19 Siehe Phyllis Deane, »Estimates of the British National Income« in
Economic History Review (April 1956 und April 1957)

20 O'Brien, *loc. cit.*, S. 267

21 Alle Protestbewegungen – Landwirte und Kleinunternehmer einge-
schlossen, vom nachnapoleonischen Radikalismus in England bis zu
den Populisten in den USA – können dadurch identifiziert werden, daß
sie sich gegen finanzielle Orthodoxie wandten: Sie alle waren *currency*

cranks, d. h., sie hatten fixe Ideen von Wunderkuren, mit denen sie alle finanziellen Probleme lösen zu können glaubten.

22 Für den »stationären Zustand« siehe J. Schumpeter, *History of Economic Analysis* (1954), S. 570/71. Die entscheidende Formulierung ist von John Stuart Mill (*Principles of Political Economy*, 4. Buch, 4. Kapitel): »When a country has long possessed a large production, and a large net income, to make saving from, and when, therefore, the means have long existed of making a great annual addition to capital; it is one of the characteristics of such a country, that the rate of profit is habitually within as it were a hand's breadth of the minimum, and the country therefore on the very verge of the stationary state ... The mere continuance of the present annual increase in capital if no circumstances occured to counter its effect would suffice in a small number of years to reduce the net rate of profit (to the minimum).« Als diese Zeilen jedoch veröffentlicht wurden (1848), war die entgegenwirkende Kraft – die Entwicklungswelle, ausgehend von der Eisenbahn – bereits fühlbar geworden.

23 Der Schweizer Simonde de Sismondi und der konservative Malthus waren die ersten, die schon vor 1825 solche Konzeptionen entwickelten. Für die modernen Sozialisten wurde die Krisentheorie zu einem entscheidenden Element in ihrer Kritik am Kapitalismus.

24 Vom Radikalen John Wade, *History of the Middle and Working Classes*, dem Bankier Lord Overstone, *Reflexions suggested by the perusal of Mr. J. Horsley Palmer's pamphlet on the causes and consequences of the pressure on the Money Market* (1837), dem Propagandisten gegen das »Getreide-Gesetz« J. Wilson, *Fluctuations of Currency, Commerce and Manufacture; referable to the Corn-Laws* (1840); in Frankreich von A. Blanqui (dem Bruder des berühmten Revolutionärs) im Jahr 1837 und von M. Briaune im Jahr 1840 – doch zweifellos auch von vielen anderen.

25 E. Baines schätzte den Durchschnittslohn aller Spinnerei- und Weberei-arbeiter im Jahr 1835 auf 10 *shilling*, den der Handweber auf 7 *shilling* pro Woche. Sie hatten das Recht auf zwei Wochen unbezahlten Urlaubs im Jahr.

26 Baines, *op. cit.*, S. 441; A. Ure und P. L. Simmonds, *The Cotton Manufacture of Great Britain* (Ausgabe von 1861), S. 390 ff.

27 Geo. White, *A Treatise on Weaving* (Glasgow 1846), S. 272

28 M. Blaug, »The Productivity of Capital in the Lancashire Cotton Industry during the Nineteenth Century« in *Economic History Review* (April 1961)

29 Thomas Ellison, *The Cotton Trade of Great Britain* (London 1886), S. 61

30 Baines, *op. cit.*, S. 356

31 Baines, *op. cit.*, S. 489

32 Ure und Simmonds, *op. cit.*, Band I, S. 317 ff.

33 Kein Ort in Großbritannien ist weiter als ungefähr 100 Kilometer vom Meer entfernt, und alle wichtigen industriellen Gebiete des 19. Jahrhunderts – mit nur einer einzigen Ausnahme – liegen entweder direkt oder nahe an der Küste.

34 J. H. Clapham, *An Economic History of Modern Britain* (1926), S. 427; Mulhall, *op. cit.*, S. 121, 332; M. Robins, *The Railway Age* (1962), S. 30/31

35 1848 war ein Drittel des Kapitals der französischen Eisenbahnen britisch. Rondo E. Cameron, *France and the Economic Development of Europe 1800–1914* (1961), S. 77

36 Mulhall, *op. cit.*, S. 497, 501

37 L. H. Jenks, *The Migration of British Capital to 1875* (New York und London 1927), S. 126

38 Natürlich regen auch dergleichen Ausgaben die Wirtschaft an, aber der Antrieb ist wenig wirksam und geht auch kaum in Richtung auf ein industrielles Wachstum.

39 D. Spring, »The English Landed Estate in the Age of Coal and Iron« in *Journal of Economic History*, XI, I (1951)

40 Einige Städte mit Traditionen des 18. Jahrhunderts hatten nie aufgehört, öffentliche Arbeiten durchführen zu lassen. Aber typische neue Industriezentren wie Bolton oder Lancashire haben bis 1847/48 nicht ein einziges bedeutendes, nicht unmittelbar utilitären Zwecken dienendes Gebäude errichten lassen. E. Clegg, *A chronical history cf Bolton* (1876)

41 Das fixe und zirkulierende Kapital der Baumwollindustrie wurde von McCulloch auf 34 Millionen im Jahr 1833 und auf 47 Millionen im Jahr 1845 geschätzt.

42 Albert M. Imlah, »British Balance of Payments and Export of Capital 1816–1913« in *Economic History Review*, V (1952), 2, S. 24

43 Vor dem Zeitalter der Eisenbahnen und der Dampfschiffe – also zum Ende der in diesem Buch behandelten Periode – war die Importmöglichkeit für große Mengen von Nahrungsmitteln aus dem Ausland beschränkt, obwohl England schon in den 1780er Jahren einen Teil der Lebensmittel importieren mußte.

44 Zu diesem Problem siehe D. E. C. Eversley in *First International Conference of Economic History. Stockholm 1960* (Paris–Den Haag 1960), S. 457–475

45 Mulhall, *op. cit.*, S. 14

46 Unter diesem System wurde den Armen ein Subsistenzlohn garantiert, der – falls es nötig war – mit Subsidien gezahlt werden sollte, die aus lokalen Steuereingängen stammten. Dieses wohlgemeinte System führte jedoch nur zur Steigerung der Verelendung.

47 *Annals of Agriculture*, XXXVI. S. 214

48 Andere behaupten, daß das Angebot an Arbeitskräften nicht aus sol-
chem Transfer, sondern aus der schnellen, bereits erwähnten Bevölkerungsvermehrung stammte. Diese Ansicht aber geht am Wesentlichen vorbei. In einer industriellen Gesellschaft muß nicht nur die
absolute Zahl, sondern auch die Proportion der industriellen Arbeiter
stark anwachsen. Das bedeutet, daß Männer und Frauen, die sonst in
ihren Dörfern geblieben wären und weiter wie ihre Väter gelebt
hätten, in einem bestimmten Moment in die Stadt gewandert sein
mußten, denn die Städte wuchsen schneller als ihre natürliche Zu-
wachsrate, die in den Städten meist noch niedriger als in den Dörfern
ist. Dies ist so – ob nun die ländliche Bevölkerung sich absolut vermindert, ob die Zahl gleichbleibt oder sogar wächst.

49 Wilbert Moore, *Industrialisation and Labour* (Cornell 1951)

50 Andernfalls wäre Großbritannien ebenso wie die USA auf eine starke
Einwanderung angewiesen gewesen. In Wirklichkeit war es nur teilweise auf Einwanderung aus Irland angewiesen.

51 Blaug, *loc. cit.*, S. 368: Nach den 1830er Jahren ging die Beschäftigung
von Kindern unter 13 Jahren stark zurück.

52 In vielen Teilen des europäischen Kontinents war die Ausbeutung der
Bergwerke das Vorrecht des Staates.

53 »Im ganzen gesehen scheint es, daß die Lage des Arbeiters in England
entschieden schlechter war als in Frankreich« in den Jahren 1830–1848,
behauptet ein moderner Historiker, H. Sée, *Histoire Economique de
la France*, 2. Band, S. 189 f.

54 Mulhall, *op. cit.;* Imlah, *loc. cit.* II, 52, S. 228/9. Das genaue Jahr
dieser Schätzung ist 1854.

3 Die Französische Revolution. Seite 97–138

1 Man soll hier die Unterscheidung zwischen britischem und französischem Einfluß nicht zu weit treiben. Keines der beiden Zentren der
Doppelrevolution beschränkte seinen Einfluß auf ein Sondergebiet
menschlicher Tätigkeit. Sie waren eher komplementär, als daß sie miteinander konkurrierten. Doch sogar dort, wo der Einfluß beider
zusammentraf – wie im Sozialismus, der in beiden Ländern fast gleichzeitig erfunden und so benannt wurde –, ist ein gewisser Unterschied
feststellbar.

2 Siehe R. R. Palmer, *The Age of Democratic Revolution* (1959);
J. Godechot, *La Grande Nation* (1956), 1. Band, Kapitel 1

3 B. Lewis, »The Impact of the French Revolution on Turkey« in
Journal of World History, I (1953/54), S. 105

4 Ich will den Einfluß der amerikanischen Revolution nicht unterschätzen. Sie trug zweifellos dazu bei, die Französische Revolution

anzuregen, bot einige konstitutionelle Vorbilder für verschiedene lateinamerikanische Staaten und konkurrierte darin mit Frankreich. Sie inspirierte auch von Zeit zu Zeit demokratische Bewegungen.

5 H. Sée, *Esquisse d'une Histoire du Régime Agraire* (1931), S. 16/17

6 A. Soboul, *Les Campagnes Montpelliéraines à la fin de l'Ancien Régime* (1958)

7 A. Goodwin, *The French Revolution* (1959), S. 70

8 Zwischen 1789 und 1795 emigrierten ungefähr 300 000 Franzosen. C. Bloch, »L'émigration française au XIX siècle« in *Études d'Histoire Moderne et Contemporaine*, I (1947), S. 137; D. Greer gibt in seinem Buch *The Incidence of the Emigration during the French Revolution* (1951) eine viel niedrigere Zahl an.

9 D. Greer, *The Incidence of Terror* (Harvard 1935)

10 »Wissen Sie, was für eine Regierung (den Sieg errang)? ... Eine Regierung des Konvents, die aus leidenschaftlichen Jakobinern bestand; sie trugen rote Mützen, grobe wollene Gewänder und Holzschuhe; sie lebten von trockenem Brot und schlechtem Bier. Wenn sie müde waren und nicht mehr weiterberaten konnten, schliefen sie auf Matratzen auf dem Fußboden ihrer Versammlungshallen. Das waren die Männer, die Frankreich gerettet haben. Ich war einer von ihnen, meine Herren. Und jetzt, wo ich dabei bin, in die Gemächer des Kaisers einzutreten, bin ich stolz darauf.« Zitiert bei J. Savant, *Les Préfets de Napoléon* (1958), S. 111/12

11 Die Unfähigkeit des Napoleonischen Frankreich, Haiti wiederzuerobern, war einer der Hauptgründe für die Liquidierung der noch vorhandenen französischen Besitzungen in Amerika. 1803 wurde Louisiana an die USA verkauft. So hatte die Ausbreitung des Jakobinertums auf Amerika eine Machterweiterung der Vereinigten Staaten über den ganzen Kontinent zur Folge.

12 *Saint-Just, Œuvres Complètes*, ed. C. Vellay (Paris 1908), Band II, S. 147

13 Dies sind die Monatsnamen des revolutionären Kalenders.

4 Krieg. Seite 139–176

1 Priestley, Bentham, Wilberforce, der Propagandist gegen die Sklaverei Clarkson, James Mackintosh, David Williams in England; Klopstock, Schiller, Campe und Anarcharsis Cloots in Deutschland, Pestalozzi in der Schweiz, Kościuszko in Polen und Gorani in Italien, Cornelius de Pauw in Holland, Washington, Hamilton, Madison, Tom Paine und Joel Barlow in den Vereinigten Staaten. Nicht alle von diesen sympathisierten mit der Revolution.

2 Damit mag zusammenhängen, daß der Jakobinismus in Schottland eine wesentlich stärkere Kraft darstellte.

3 Da Polen seinem Wesen nach eine Republik des Groß- und Kleinadels war, mußte seine Verfassung nur an der Oberfläche »jakobinisch« sein. Sie stärkte die Herrschaft des Adels, statt sie wegzuräumen.

4 Siehe W. von Groote, *Die Entstehung des Nationalbewußtseins in Nordwestdeutschland 1790–1830* (1952)

5 M. Lewis, *A Social History of the Navy, 1793–1815* (1960), S. 370 und 373

6 Gordon Craig, *The Politics of the Prussian Army 1640–1945* (1955), S. 26

7 Die Republik Andorra, die sich heute unter der Souveränität des spanischen Bischofs von Urgel und des Präsidenten der Französischen Republik befindet, ist der einzige Überrest dieser Gattung.

8 Er war zugleich Herzog von Österreich, König von Ungarn, König von Böhmen, Graf von Tirol usw.

9 A. Sorel, *L'Europe et la Révolution Française*, I (1922), S. 66

10 *Considérations sur la France*, Kap. 4

11 Zitiert bei L. S. Stavrianos, »Antecedents to Balkan Revolutions« in *Journal of Modern History*, XXIX (1957), S. 344

12 G. Bodart, *Losses of Life in Modern Wars* (1916), S. 133

13 J. Vicens Vives ed., *Historia Social de España y America* (1956), IVii, S. 15

14 G. Bruun, *Europe and the French Imperium* (1938), S. 72

15 Da diese Zahlen auf Grund der vom Parlament autorisierten Geldausgaben berechnet sind, kann man mit Sicherheit annehmen, daß die tatsächliche Zahl der Mobilisierten geringer war. J. Leverrier, *La Naissance de l'Armée Nationale, 1789–94* (1939), S. 139; G. Lefebvre, *Napoléon* (1936), S. 198 und 527; M. Lewis, *op. cit.*, S. 119; *Parliamentary Papers*, XVII (1859), S. 15

16 Mulhall, *Dictionary of Statistics:* War

17 Papiergeld jeder Art, auch konvertibles, war vor dem 18. Jahrhundert sehr selten.

18 Dies galt insbesondere für fremdländische Söldner, die aus übervölkerten Berggegenden, wie z. B. gewissen Teilen der Schweiz, stammten.

19 *Cabinet Cyclopedia*, I, S. 55/56 (»Manufacturers in Metal«)

20 E. Tarlé, *Le blocus continental et le royaume d'Italie* (1928), S. 3/4, 25–31; H. Sée, *Histoire Economique de la France*, II, S. 52; Mulhall, *loc. cit.*

21 Gayer, Rostow und Schwartz, *Growth and Fluctuation of the British Economy, 1790–1850* (1953), S. 646–649; F. Crouzet, *L'économie Britannique et le blocus continental* (1958), S. 868 ff.

5 Friede. Seite 177–194

1 Castlereagh, *Correspondence*, Dritte Serie, XI, S. 105
2 Gentz, *Dépêches Inédites*, I, S. 371
3 J. Richardson, *My Dearest Uncle, Leopold of the Belgians* (1961), S. 165
4 D. h. die ganze Periode hindurch, außer in einigen Monaten 1834/35 und zwischen 1841–1846
5 R. Cameron, *op. cit.*, S. 85
6 Die englisch-russischen Beziehungen, auf die ökonomische Komplementarität der beiden Länder begründet, waren von jeher freundschaftlich gewesen und verschlechterten sich erst nach den Napoleonischen Kriegen ernsthaft.

6 Revolutionen. Seite 195–234

1 Ludwig Börne, *Gesammelte Schriften*, III, S. 130/31
2 *Mémoirs du Prince Metternich*, III, S. 468
3 Wien, Verwaltungsarchiv, Polizeihofstelle, H 136/1834 passim
4 1) Allgemeines Wahlrecht für Männer, 2) Geheime Stimmabgabe, 3) Gleichheit der Wahlbezirke, 4) Bezahlung der Parlamentsmitglieder, 5) Jährliche Parlamente, 6) Abschaffung der Vermögensqualifikation für Parlamentskandidaten.
5 In England wurde das Interesse für Spanien durch die liberalen Refugées erweckt, die im Verlauf der 1820er Jahre mit Engländern in Berührung kamen. Der britische Antikatholizismus war auch einer der Faktoren, die das auflebende allgemeine Interesse für Spanien in antikarlistische Bahnen lenkten. Siehe George Borrow, *Bible in Spain,* und Murray, *Handbook of Spain.*
6 Guizot, *Of Democracy in Modern Societies* (London 1838), S. 32
7 Die scharfsinnigste Diskussion dieser allgemeinen Revolutionsstrategie findet sich in Marx' Artikel in der *Neuen Rheinischen Zeitung* während der Revolution von 1848.
8 M. L. Hansen, *The Atlantic Migration* (1945), S. 147
9 F. C. Mather, »The Government and the Chartists« in *Chartist Studies*, hrsg. von A. Briggs
10 Siehe *Parliamentary Papers*, XXXIV des Jahres 1834; Antwort zu Frage 53 (Gründe und Folgen der Bauernunruhen 1830 und 1831),

z. B. in Lambourn, Speen (Berks), Steeple Claydon (Bucks), Bonington (Glos), Evenly (Northants).

11 R. Dautry, *1848 et la Deuxième République* (1848), S. 80

12 St. Kiniewicz, »La Pologne et l'Italie à l'époque du printemps des peuples« in *La Pologne au Xe Congrès International Historique* (1955), S. 245

13 In einigen Gebieten, wo Kleinbauern, Pächter und Teilpächter überwogen – wie in der Romagna und in Teilen Südwestdeutschlands –, gelang es jedoch den Radikalen vom Typ der Mazzini-Anhänger, im Jahr 1848 und auch nachher eine Massenbasis zu gewinnen.

14 D. Cantimori in F. Fejtö ed., *The Opening of an Era: 1848* (1948), S. 119

15 D. Read, *Press and People* (1961), S. 216

16 Irene Collins, *Government and Newspaper Press in France, 1814–81* (1959)

17 Siehe E. J. Hobsbawm, *Primitive Rebels* (1959), S. 171/72; V. Volguine, »Les Idées socialistes et communistes dans les sociétés secrètes« in *Questions d'Histoire*, II (1954), S. 10–37; A. B. Spitzer, *The Revolutionary Theories of Auguste Blanqui* (1957), S. 165/66

18 G. D. H. Cole und A. W. Filson, *British Working Class Movements. Select Documents* (1951), S. 402

19 J. Zubrzycki, »Emigration from Poland« in *Population Studies*, VI (1952/53), S. 248

20 Hierbei handelt es sich um den mißlungenen Aufstandsversuch der radikalen Chartisten unter John Frost.

21 Er hatte das Pech, die Feindschaft von Marx zu erwecken, in dessen Satire *Die großen Männer des Exils* (Marx-Engels, *Werke*, Berlin 1960, Band 8, S. 292–98) er der Nachwelt erhalten ist.

22 Engels an Marx, 9. März 1847

7 Nationalismus. Seite 235–258

1 Hoffmann von Fallersleben, »Der Deutsche Zollverein« in *Unpolitische Lieder*

2 G. Weill, *L'Enseignement Sécondaire en France 1802–1920* (1921), S. 72

3 E. de Laveleye, *L'Instruction du Peuple* (1872), S. 278

4 F. Paulsen, *Geschichte des Gelehrten Unterrichts* (1897), II, S. 703; A. Daumard, »Les élèves de l'École Polytechnique 1815 à 48« in *Revue d'Histoire Moderne et Contemporaine*, V (1958). Die Gesamtzahl der deutschen und belgischen Studenten in einem durchschnitt-

lichen Semester der 1840er Jahre war ungefähr 14 000. J. Conrad, »Die Frequenzverhältnisse der Universitäten der hauptsächlichen Kulturländer« in *Jahrbuch für Nationalökonomie und Statistik*, LVI (1895), S. 376 ff.

5 L. Liard, *L'Enseignement Supérieur en France 1789–1889* (1898), S. 11 ff.

6 Während der ersten Jahrzehnte des 18. Jahrhunderts waren nur etwa 60% aller in Deutschland veröffentlichten Bücher in deutscher Sprache geschrieben, später wuchs deren Anteil ständig. Paulsen, *op. cit.*, II, S. 690/91

7 *Handwörterbuch der Staatswissenschaften* (1892), 2. Auflage, Artikel »Buchhandel«

8 Laveleye, *op. cit.*, S. 264

9 W. Wachsmuth, *Europäische Sittengeschichte*, V, 2 (1839), S. 207/08

10 Auf Grund seiner Tradition aktiver hinduistischer Widerstandsbewegungen wurde Maharaschtra schon frühzeitig zu einem Mittelpunkt des indischen Nationalismus. Einige der ersten und traditionalistischsten seiner Führer, vor allem G. B. Tilak, stammen aus dieser Gegend. Aber die Bedeutung dieser Richtung blieb auf gewisse Gebiete beschränkt und herrschte innerhalb der Gesamtbewegung nie vor. Etwas Ähnliches wie ein Mahratta-Nationalismus mag auch heute noch existieren, aber er erwächst aus dem Widerstand einer großen Mahratta-Arbeiterklasse und einer unteren Mittelschicht gegen die wirtschaftlich und seit kurzem auch sprachlich herrschenden Gujeratis.

11 Es ist bezeichnend, daß das gegenwärtige jugoslawische Regime das, was vorher als »Serbische Nation« galt, in weit realistischerer Weise in subnationale geographische Gebiete (Serbien, Bosnien, Montenegro, Mazedonien und Kossovo) aufgeteilt hat. Nach den sprachlichen Kriterien des Nationalismus des 19. Jahrhunderts gehörten die Bewohner dieser Gebiete zu einem einzigen »serbischen« Volk — mit Ausnahme der Mazedonier, die den Bulgaren näherstanden, und der albanischen Minderheit in Kosmet. In Wirklichkeit aber haben sie nie einen serbischen Nationalismus hervorgebracht.

12 J. Sigmann, »Les radicaux badois et l'idée nationale allemande en 1848« in *Etudes d'Histoire Moderne et Contemporaine*, II (1948), S. 213/14

13 J. Miskolczy, *Ungarn und die Habsburger-Monarchie* (1959), S. 85

8 *Das Agrarproblem. Seite 259–292*

1 August Freiherr von Haxthausen: *Studien über die inneren Zustände des Volkslebens und insbesondere die ländlichen Einrichtungen Rußlands* (Hannover 1847), II, S. 3

2 J. Billingsley, *Survey of the Board of Agriculture for Somerset* (1798), S. 52

3 Die Ziffern stützen sich auf das *New Domesday Book* der Jahre 1871–73, doch besteht kein Grund für die Annahme, daß sie nicht auch für 1848 gelten.

4 *Handwörterbuch der Staatswissenschaften* (1892), 2. Auflage, Artikel »Grundbesitz«.

5 Th. von der Goltz, *Geschichte der deutschen Landwirtschaft* (1903), II; Sartorius von Waltershausen, *Deutsche Wirtschaftsgeschichte 1815 bis 1914* (1923), S. 132

6 Zitiert bei L. A. White ed., *The Indian Journals of Lewis Henry Morgan* (1959), S. 15

7 Anfang der 1830er Jahre wurde die Zahl der arbeitsfähigen Bevölkerung auf ein Sechstel der Gesamtbevölkerung des verstädterten, industriellen England, ein Zwanzigstel in Spanien, ein Fünfundzwanzigstel in Österreich und Italien, ein Dreißigstel in Spanien und ein Hundertstel in Rußland geschätzt. L. V. A. Villeneuve Bargemont, *Economie Politique Chrétienne* (1834), Band II, S. 3 ff.

8 C. Issawi, »Egypt since 1800« in *Journal of Economic History*, XXI, 1 (1961), S. 5

9 B. J. Hovde, *The Scandinavian Countries 1720–1860* (1943), Band I, S. 279. Zur Steigerung der Durchschnittsernte von 6 Millionen Tonnen (1770) auf 10 Millionen Tonnen siehe *Handbuch der Staatswissenschaften*, Artikel »Bauernbefreiung«.

10 A. Chabert, *Essai sur le mouvement des prix et des revenus 1798 à 1820* (1949), II, S. 27 ff; F. l'Huillier, *Recherches sur l'Alsace Napoléonienne* (1945), S. 470

11 Siehe G. Desert in E. Labrousse ed., *Aspects de la Crise ... 1846 à 1851* (1956), S. 58

12 J. Godechot, *La Grande Nation* (1956), II, S. 584

13 A. Agthe, *Ursprung und Lage der Landarbeiter in Livland* (1909), S. 122–28

14 Die Entstehung von Großgütern und einer Masse von landlosen Arbeitern wurde durch das Ausbleiben einer industriellen Entwicklung und durch die Konzentration der Produktion auf ein oder zwei für den Export bestimmte Produkte (vor allem Getreide) gefördert. In Rußland stammten 90% des exportierten Getreides von Herrengütern und nur 10% von Bauernhöfen. Wo eine örtliche industrielle Entwicklung stattfand, die einen wachsenden benachbarten städtischen Markt mit einem Bedarf an verschiedenartigen Nahrungsmitteln schuf, waren die Bauern und die kleinen landwirtschaftlichen Betriebe im Vorteil. Daher kam es, daß in Preußen die Bauernbefreiung die Leibeigenen enteignete, während die Bauern Böhmens 1848 durch

die Befreiung die Unabhängigkeit erlangten. Für Rußland siehe Liaschtschenko, *op. cit.* S. 360; für den Vergleich zwischen Preußen und Böhmen siehe W. Stark, »Niedergang und Ende des landwirtschaftlichen Großbetriebs in den böhmischen Ländern« in *Jahrbuch für Nationalökonomie,* 146 (1937), S. 434 ff.

15 F. Luetge, »Auswirkung der Bauernbefreiung« in *Jahrbuch für Nationalökonomie,* 157 (1943), S. 353 ff.

16 R. Zangheri, *Prime Ricerche sulla distribuzione della proprietà fondiaria* (1957)

17 E. Sereni, *Il Capitalismo nelle Campagne* (1948), S. 175/76. Es ist mit gewissem Recht behauptet worden, daß die mächtige ländliche Bourgeoisie, die im wesentlichen die soziale Klasse ist, die Italien auf dem von ihr bestimmten Weg zur Einheit führt, gerade *weil* sie agrarisch ausgerichtet war, zum doktrinären Freihandel neigte, was der italienischen Einheitsbewegung so viele Sympathien in England verschaffte, aber auch Italiens Industrialisierung hemmte. Siehe G. Mori, »La storia dell'industria italiana contemporanea« in *Annali dell'Istituto Feltrinelli,* II (1959), S. 278/79, und »Osservazioni sul libero-scambismo dei moderati nel Risorgimento« in *Rivista Storica del Socialismo,* III, 9 (1960)

18 Dal Pane, *Storia del Lavoro in Italia dagli inizi del secolo XVIII al 1815* (1958), S. 119

19 R. Zangheri ed., *Le campagne emiliane nell'epoca moderna* (1957), S. 73

20 J. Vicens Vives ed., *Historia Social y Economica de España y America* (1959), IVii, S. 92 und 95

21 M. Emerit, »L'état intellectuel et moral de l'Algérie en 1830« in *Revue Histoire Moderne et Contemporaine,* I (1954), S. 207

22 Diese Ländereien entsprachen jenen, die in christlichen Ländern während des Mittelalters der Kirche zu rituellen oder wohltätigen Zwecken gegeben wurden.

23 R. Dutt, *The Economic History of India under Early British Rule* (4. Auflage), S. 88

24 R. Dutt, *India and the Victorian Age* (1904), S. 56/57

25 B. S. Cohn, »The Initial British Impact on India« in *Journal of Asian Studies,* 19 (1959/60), S. 418–31; dieser Artikel zeigt, daß Beamte im Bezirk Benares ihre Stellung dazu benützten, um in großem Maßstab Ländereien an sich zu bringen. Von 74 Großgrundbesitzern, die es gegen Ende des Jahrhunderts gab, verdankten 23 ihren Besitz ihren Verbindungen mit höheren Verwaltungsbeamten; siehe Seite 430.

26 Sulekh Chandra Gupta, »Land Market in the North West Provinces (Utter Pradesh) in the First Half of the Nineteenth Century« in *Indian Economic Review,* IV, 2. August 1958. Dazu siehe auch die aufschlußreiche und bahnbrechende Arbeit desselben Autors »Agrarian

Background of 1857 Rebellion in the North Western Provinces« in *Enquiry*, New Delhi, Februar 1959.

27 R. Dutt, *India Today* (1940), S. 129/30

28 K. H. Connell, »Land and Population in Ireland« in *Economic History Review*, II, 3 (1950), S. 285 und 288

29 S. H. Cousens, »Regional Death Rates in Ireland during the Great Famine« in *Population Studies*, XIV, 1 (1960), S. 65

30 »Nachdem ich zu Hause und im Ausland lange inmitten der Bauern und der arbeitenden Klasse gelebt habe, muß ich ehrlich sagen, daß ich nirgends so höfliche, reinliche, fleißige, genügsame, nüchterne und gutgekleidete Landleute gesehen habe wie die französischen Bauern ... Gewaltig groß ist der Kontrast zwischen ihnen und der Mehrheit der schmutzigen und erbärmlichen Landarbeiter Schottlands und vieler Teile Englands, die unterwürfig, niedergeschlagen und unter ungemein schlechten Bedingungen vegetieren, und gar den elenden, halbnackten und in barbarischen Zuständen lebenden Iren ...« H. Colman, *The Agricultural and Rural Economy of France, Belgium, Holland and Switzerland* (1848), S. 25/26

9 Einer industriellen Welt entgegen. Seite 293–316

1 Zitiert bei W. Armytage, *A Social History of Engineering* (1961), S. 126

2 Zitiert bei R. Picard, *Le Romantisme Social* (1944), 2. Teil, Kapitel 6

3 J. Morley, *Life of Richard Cobden* (1903), S. 108

4 Der Triumph des industriellen Sektors würde wieder dazu führen, daß der Rhythmus beider, wenn auch in anderer Weise, zusammenfiele.

5 Der übliche dynastische Zyklus dauerte in China etwa 300 Jahre. Die Mandschu-Dynastie kam Mitte des 17. Jahrhunderts zur Macht.

6 R. Baron Castro, »La población hispano-americana« in *Journal of World History*, V (1959/60), S. 339/40

7 J. Blum, »Transportation and Industry in Austria 1815–48« in *Journal of Modern History*, XV (1943), S. 27

8 Mulhall, *op. cit.*, »Post Office«

9 Mulhall, *ibid.*

10 P. A. Khromov, *Ekonomicheskoe Razvitie Rossii v XIX–XX Vekakh* (1950), Tabelle 19, S. 482/83. Doch der Verkauf stieg viel schneller; siehe auch J. Blum, *Lord and Peasant in Russia*, S. 287

11 Zwischen 1850 und 1888 wanderten 22 Millionen Europäer aus, und 1889 betrug der Wert des gesamten internationalen Handels fast 3400 Millionen Pfund gegenüber kaum 600 Millionen Pfund im Jahr 1840.

12 R. E. Cameron, *op. cit.*, S. 347

13 Zitiert bei S. Giedion, *Mechanisation Takes Command* (1948), S. 152

14 R. E. Cameron, *op. cit.*, S. 115 ff.

15 R. E. Cameron, *op. cit.*, S. 347; W. Hoffmann, *The Growth of Industrial Economies* (1958), S. 71

16 W. Hoffmann, *op. cit.*, S. 48; Mulhall, *op. cit.*, S. 377

17 J. Purs, »The Industrial Revolution in the Czech Lands« in *Historica*, II (1960), S. 199/200

18 R. E. Cameron, *op. cit.*, S. 347; Mulhall, *op. cit.*, S. 377

19 H. Kisch, »The Textile Industries in Silesia and the Rhineland« in *Journal of Economic History*, XIX, Dezember 1959

20 O. Fischel und M. V. Boehn, *Die Mode, 1818–1842* (München 1924), S. 136

21 R. E. Cameron, *op. cit.*, S. 79 und 85

22 Der *locus classicus* dieser Diskussion ist G. Lefebvre, *La révolution française et les paysans* (1932), wiederveröffentlicht in *Études sur la révolution française* (1954)

23 G. Mori, »Osservazioni sul libero-scambismo dei moderati nel Resorgimento« in *Rivista Storica del Socialismo*, III (1960), S. 8

24 C. Issawi, »Egypt since 1800« in *Journal of Economic History*, XXI (März 1961), S. 1

25 »So wird die beste Baumwolle vergeudet, statt an uns verkauft zu werden... Damit hört das Unheil nicht auf, denn die Hände, die in solche Manufakturen getrieben werden, werden der Bearbeitung des Bodens entzogen.« Morley, *Life of Cobden*, Kapitel 3

10 *La carrière ouverte au talent. Seite 317–346*

1 Friedrich Engels, *Die Lage der arbeitenden Klasse in England*, Kapitel XII

2 M. Capefigue, *Histoire des Grandes Opérations Financières, IV* (1860), S. 255

3 M. Capefigue, *loc. cit.*, S. 254 und 248/49

4 A. Beauvilliers, *L'Art du Cuisinier* (Paris 1814)

5 1835 nahm das *Journal des Débats* mit einer Auflage von etwa 10 000 ungefähr 20 000 Francs pro Jahr für Annoncen ein. Im Jahr 1838 brachte die für Annoncen reservierte vierte Seite von *La Presse* 150 000 Francs, im Jahr 1845 waren es 300 000 Francs. H. Sée, *Histoire Economique de la France*, II, S. 216

6 »Le grand poème de l'étalage chante ces strophes de couleur dépuis la Madéleine jusqu'à la Porte Saint-Denis.«

7 A. Briggs, »Middle Class Consciousness in English Politics 1780—1846« in *Past and Present*, 9. April 1956, S. 68

8 »Die Meinungen der Unterklassen werden von intelligenten und tugendhaften Menschen von Rang geformt, die mit dieser Klasse in unmittelbaren Kontakt kommen.« James Mill, *An Essay on Government* (1823)

9 Donald Read, *Press and People, 1790—1850* (1916), S. 26

10 S. Smiles, *Life of George Stephenson* (1881), S. 183

11 Charles Dickens, *Hard Times*

12 Léon Faucher, *Etudes sur l'Angleterre*, I (1842), S. 322

13 M. J. Lambert-Dansette, *Quelques familles du patronat textile de Lille-Armentières* (Lille 1954), S. 659

14 Oppermann, *Geschichte des Königreichs Hannover*, zitiert bei T. Klein, *1848, der Vorkampf* (1914), S. 71

15 Alle »*fonctionnaires*« der Romane von Balzac scheinen aus Familien von Kleinunternehmern zu stammen oder mit solchen verschwägert zu sein.

16 G. Schilfert, *Sieg und Niederlage des demokratischen Wahlrechts in der deutschen Revolution 1848—49* (1952), S. 404/05

17 Mulhall, *op. cit.*, S. 259

18 In Großbritannien wurde sie während der Napoleonischen Kriege provisorisch und 1842 permanent eingeführt, was vor 1848 in keinem anderen Staat geschehen war.

19 W. R. Sharp, *The French Civil Service* (New York 1931), S. 15/16

20 *The Census of Great Britain in 1851* (London 1854), S. 57

21 R. Portal, »La naissance d'une bourgeoisie industrielle en Russie dans la première moitier du XIX siècle« in *Bulletin de la Société d'Histoire Moderne*, 12ème Série, II (1959)

22 Wien, Verwaltungsarchiv, Polizeihofstelle, H 136/1834

23 Der deutsche Räuber »Schinderhannes« (Johannes Bückler, 1777 bis 1803) errang große Popularität, da er sich auf jüdische Opfer konzentrierte, und im Verlauf industrieller Unruhen, die sich in den 1840er Jahren in Prag abspielten, hörte man auch antisemitische Äußerungen (Wien, Verwaltungsarchiv, Polizeihofstelle, 1186/1845).

24 A. Girault und L. Milliot, *Principes de Colonisation et de Législation Coloniale* (1938), S. 359

25 Louis Chevalier, *Classes Laborieuses et Classes Dangereuses* (Paris 1958), III; im 2. Teil wird der Gebrauch des Terminus »Barbaren« von den Gegnern und Freunden der arbeitenden Klassen in den 1840er Jahren besprochen.

26 D. Simon, »Master and Servant« in J. Saville ed., *Democracy and the Labour Movement* (1954)

27 P. Jaccard, *Histoire sociale du Travail* (1960), S. 248

28 P. Jaccard, *op. cit.*, S. 249

11 Die arbeitenden Massen. Seite 347–374

1 Der Weber Hauffe, geboren 1807, zitiert bei Alexander Schneer, *Über die Noth der Leinen-Arbeiter in Schlesien* (Berlin 1844), S. 16

2 Der Theologe P. D. Michele Augusti, *Della libertà ed eguaglianza degli uomini nell'ordine naturale e civile* (1790), zitiert bei A. Cherubini, *Dottrine e Metodi Assistenziali dal 1789 al 1848* (Mailand 1958), S. 17

3 E. J. Hobsbawm, »The Machine Brakers« in *Past and Present*, I (1952)

4 »About some Lancashire Lads« in *The Leisure Hour* (1881). Diesen Hinweis verdanke ich Herrn A. Jenkin.

5 1855 hatten 60% aller bei den Pfandleihern Liverpools verpfändeten Gegenstände einen Wert von jeweils 5 *shilling* oder weniger, 27% von 2 *shilling* und 6 *pence* oder weniger.

6 »Die Schnapspest im ersten Drittel des Jahrhunderts«, *Handwörterbuch der Staatswissenschaften* (1892), Artikel »Trunksucht«.

7 Das galt nicht für Bier, Wein und andere Getränke, die zu den täglichen Mahlzeiten gehörten. Nur die angelsächsischen protestantischen Sekten standen auch diesen ablehnend gegenüber.

8 L. Chevalier, *op. cit.*, passim

9 J. B. Russell, *Public Health Administration in Glasgow* (1903), S. 3

10 »Aus der den Arbeitern aufgezwungenen Notwendigkeit, aus der Stadtmitte von Paris wegzuziehen, ergaben sich ungemein schlechte Folgen für ihre Moral und ihr Verhalten. In den alten Tagen hatten sie die oberen Stockwerke der Häuser bewohnt, deren untere Etagen Geschäftsleute und andere Angehörige der bemittelten Klassen innehatten. Eine Art Solidarität aller Hausbewohner entwickelte sich. Die Nachbarn halfen einander im täglichen Leben. Ein Arbeiter, der krank wurde oder seine Arbeit verlor, konnte auf die Hilfe seiner Nachbarn rechnen. Andererseits drang das Gefühl des menschlichen Respekts in die Gewohnheiten der Arbeiter und trug zu deren Besserung bei.« Die selbstgefälligen Äußerungen der Pariser Handelskammer, die wir aus einem Bericht der Polizeipräfektur zitieren, zeigen, wie neu die Absonderung der Arbeiter von den Bürgern war. Chevalier, *op. cit.*, 233/34

11 Dieses Verhalten zahlreicher Ärzte, denen wir sowohl viel von unserer Kenntnis des damaligen Elends als auch die späteren Reformen verdanken, hebt sich scharf ab von der Selbstgefälligkeit und Hartherzigkeit der Bourgeoisie. Villermé und die Mitarbeiter der *Annales d'Hygiène Publique*, die er 1829 gegründet hatte, Kay, Thackrah, Simon Gaskell und Farr in England, einige andere in Deutschland, sollten nicht in Vergessenheit geraten.

12 E. Neuss, *Entstehung und Entwicklung der Klasse der besitzlosen Lohnarbeiter in Halle* (Berlin 1958), S. 283

13 Jürgen Kuczynski, *Geschichte der Lage der Arbeiter* (Berlin 1960), Band 9, S. 264 ff.; Band 8, S. 109 ff.

14 R. J. Rath, »The Habsburgs and the Great Depression in Lombardo-Venetia 1814–1818« in *Journal of Modern History*, XIII, S. 311

15 M. C. Muehlemann, »Les prix de vivre et le mouvement de la population dans le Canton de Berne 1782–1881« in *4ème Congrès International d'Hygiène* (1883)

16 F. J. Neumann, »Zur Lehre von den Lohngesetzen« in *Jahrbuch für Nationalökonomie*, 3. Serie, IV (1892), S. 374 ff.

17 R. Scheer, *Entwicklung der Annaberger Posamentierindustrie im 19. Jahrhundert* (Leipzig 1909), S. 27/28 und 33

18 N. McCord, *The Anti-Corn-Law League* (1958), S. 127

19 »Hingegen ist sicher, daß die Ernährungslage von Paris sich bis in die 1850er und 1860er Jahre allmählich verschlechterte.« R. Philippe in *Annales*, 16, 3 (1961), S. 567; analoge Berechnungen siehe E. J. Hobsbawm, »The British Standard of Living« in *Economic History Review*, X, 1 (1957); der Fleischverbrauch pro Kopf der Bevölkerung in Frankreich scheint zwischen 1812 und 1840 gleichgeblieben zu sein. *Congrès International d'Hygiène, Paris 1878* (1880), Band 1, S. 432

20 S. Pollard, *A History of Labour in Sheffield* (1960), S. 62/63

21 H. Ashworth in *Journal Stat. Soc.*, V (1842), S. 74; E. Labrousse ed., *Aspects de la Crise ... 1846–51* (1956), S. 107

22 *Statistical Committee Appointed by the Anti-Corn-Law Conference,* March 1842 (o. J.), S. 45

23 Unter den 195 erwachsenen Webern von Gloucestershire befanden sich 1840 nur 15 Analphabeten, während von allen, die 1802 in den Grafschaften Lancashire, Cheshire und Staffordshire wegen Aufruhr verhaftet wurden, nur 13% gut, weitere 32% schlecht lesen und schreiben konnten. R. K. Webb in *English Historical Review*, LXV (1950), S. 333 ff.

24 »Etwa ein Drittel unserer arbeitenden Bevölkerung ... besteht aus Webern und Tagelöhnern, deren durchschnittliche Löhne nicht ausreichen, um ihre Familien ohne Hilfe von seiten der Gemeinde zu erhalten. Es ist dieser Teil unseres Volkes, meist ehrbare und anständige Menschen, die am meisten unter den niedrigen Löhnen und den Notständen unserer Zeit leiden. Diesen meinen leidenden Mitmenschen empfehle ich besonders das System der Co-operation.« F. Baker, *First Lecture on Co-operation* (Bolton 1830).

25 Zitiert bei A. E. Musson, »The Ideology of Early Co-operation in Lancashire and Cheshire« in *Transactions of the Lancashire and Cheshire Antiquarian Society*, LXVIII (1958), S. 120

26 A. Williams, *Folksongs of the Upper Thames* (1923), S. 105, gibt eine klassenbewußtere Version.

27 A. Briggs, »The Language of ›Class‹ in Early Nineteenth Century
England« in A. Briggs und J. Saville ed., *Essays in Labour History*
(1960); E. Labrousse, *Le mouvement ouvrier et les idées sociales*, III
(Cours de la Sorbonne), S. 168/69; E. Coornaert, »La pensée ouvrière
et la conscience des classes en France 1830–48« in *Studi in onore di
Gino Luzzato*, III (Mailand 1950), S. 28; G. D. H. Cole, *Attempts at
General Union* (1953), S. 161

28 A. Soboul, *Les sansculottes de Paris en l'an II* (1958), S. 660

29 Der Streik ist eine so logische und spontane Folge der Arbeiter-
existenz, daß die meisten europäischen Sprachen eigene Wörter dafür
haben: *grève, huelga, sciopero, zabastowka,* während die Bezeichnungen für andere Institutionen oft fremden Sprachen entlehnt sind.

30 S. Pollard, *op. cit.*, S. 48/49

31 Th. Mundt, *Der Dritte Stand in Deutschland und Preußen* (Berlin
1847), S. 4, zitiert bei J. Kuczynski, *op. cit.*, Band 9, S. 169

32 Karl Biedermann, *Vorlesungen über Socialismus und Sociale Fragen*
(Leipzig 1847), zitiert bei J. Kuczynski, *op. cit.*, S. 71

33 M. Tylecote, *The Mechanics' Institutes of Lancashire before 1851*
(Manchester 1957), VIII

34 Zitiert in *Revue Historique*, CCXXI (1959), S. 138

35 Siehe den Passus in T. L. Peacocks *Nightmare Abbey,* einem Roman,
der sich freundlich-ironisch mit dem Dichter Shelley beschäftigt: »›Sie
sind ein Philosoph‹, sagte die Dame, ›und Sie lieben die Freiheit. Sie sind
der Verfasser einer Abhandlung, betitelt *Philosophisches Gas, oder ein
Entwurf zur allgemeinen Erleuchtung der Menschheit.*‹«

36 P. Gosden, *The Friendly Societies in England 1815–75* (1961), S. 23
und 31: 1821 wies Lancashire im Verhältnis zur Gesamtbevölkerung
die größte Zahl an Mitgliedern solcher Vereinigungen auf (17% aller
Einwohner); 1845 befand sich fast die Hälfte der Logen der *Odd Fel-
lows* in Lancashire und Yorkshire.

37 W. E. Adams, *Memoirs of a Social Atom*, I (London 1903), S. 163–65

38 Führer des gescheiterten Chartistenaufstandes in Newport im Jahr
1839.

12 Ideologie: Religion. Seite 375–402

1 Civiltà Cattolica II, S. 122, zitiert bei L. Dal Pane, »Il socialismo e le
questione sociale nella prima annata della Civiltà Cattolica« in *Studi Onore di Gino Luzzato* (Mailand 1950), S. 144

2 August Freiherr von Haxthausen: *Studien über die inneren Zustände
des Volkslebens und insbesondere die ländlichen Einrichtungen Rußlands* (Hannover 1847), I, S. 388

3 Siehe Antonio Machados Porträt eines andalusischen Edelmannes in *Poesias Completas* (Austral Ed.), S. 152–154: »Gran pagano, / Se hizo hermano / De una santa cofradia« usw.

4 G. Duveau, *Les Instituteurs* (1957), S. 3–4

5 A. Ramos, *Las Culturas negras en el mundo nuevo* (Mexiko 1943), S. 277 ff.

6 W. F. Wertheim, *Indonesian Society in Transition* (1956), S. 204

7 *Census of Great Britain 1851: Religious Worship in England and Wales* (London 1854)

8 Mulhall, *Dictionary of Statistics:* »Religion«

9 Hier blieben die Übertritte zum Protestantismus zahlenmäßig ebenso bedeutungslos wie die Sekten.

10 Mary Merryweather, *Experience of Factory Life*, 3. Auflage (London 1862), S. 18. Der Hinweis bezieht sich auf 1840.

11 T. Rees, *History of Protestant Nonconformity in Wales* (1861)

12 Marx-Engels, *Werke* (Berlin 1956), I. Band, S. 378

13 *Briefwechsel zwischen Friedrich Gentz und Adam Müller*, Gentz an Müller am 7. Oktober 1819

14 In Rußland, wo die wahrhaft christliche Gesellschaft der Orthodoxen Kirche noch in Blüte stand, entsprach dieser Tendenz eher die Neigung, sich in die unbegrenzten mystischen Tiefen zurückzuziehen, die die Orthodoxe Kirche bot, als ein Streben zu einer entschwundenen, reinen Gottseligkeit.

15 Gentz an Müller am 19. April 1819

13 Die weltliche Ideologie. Seite 403–436

1 Der große Thomas Hobbes trat entschieden für die vollkommene Gleichheit – zu praktischen Zwecken – aller Individuen ein, außer auf wissenschaftlichem Gebiet.

2 »Selbst-Interesse« ist nicht notwendigerweise mit Egoismus identisch. Human und sozial gesinnte Utilitaristen behaupteten, daß »Wohlwollen«, d. h. der Trieb, den Mitmenschen zu helfen, zu den Befriedigungen des Menschen, zumindest des entsprechend erzogenen Menschen, gehörte oder gehören konnte. Entscheidend aber war, daß dies nicht aus einer moralischen Pflicht und auch nicht aus dem Wesen des sozialen Lebens, sondern aus dem Streben des Individuums nach seinem Glück folgte. D'Holbach hatte in seinem *Système de la Nature* (I, S. 268) geschrieben: »Interesse ist nichts anderes, als was jeder von uns als für sein Glück erforderlich ansieht.«

3 *Archives Parlementaire, 1787–1860*, Band VIII, S. 429. Dies war der erste Entwurf des 4. Paragraphen der *Erklärung der Menschenrechte*.

3a *Erklärung der Menschenrechte*, 1798, Paragraph 4

4 E. Roll, *A History of Economic Thought* (1948), S. 155

5 »Die in der Arbeiterklasse verbreitete Meinung, die Einführung der Maschinen laufe oft ihren Interessen zuwider, ist weder ein Vorurteil noch ein Irrtum, sondern entspricht den korrekten Prinzipien der politischen Ökonomie.« *Principles*, S. 383

6 Condorcet (1743–94), dessen Denken sozusagen ein Kompendium aufgeklärter bürgerlicher Einstellungen ist und der ursprünglich für eine Begrenzung des bürgerlichen Wahlrechts eintrat, wurde durch den Sturm auf die Bastille zur Demokratie bekehrt, die allerdings festverankerte Sicherungen der Rechte des Individuums und der Minderheiten enthalten sollte.

7 *Œuvres de Condorcet* (1804), XVIII, S. 412 *(Ce qui les citoyens ont le droit d'attendre de leurs représentants.)*; R. R. Palmer, *The Age of Democratic Revolution*, I (1959), S. 13–20, vertritt den Standpunkt – ohne zu überzeugen –, daß der Liberalismus »demokratischer« war, als hier zum Ausdruck kommt.

8 Siehe C. B. Macpherson, Edmund Burke in *Transactions of the Royal Society of Canada*, LIII, Abt. II (1959), S. 19–26

9 Zitiert bei J. L. Talmon, *Political Messianism* (1960), S. 323

10 Rapport sur les modes d'exécution du décrét du 8 ventôse, an II *(Œuvres Complètes, II, 1909, S. 248)*

11 *The Book of the New Moral World*, 4. Teil, S. 54

12 R. Owen, *A new View of Society: or Essays on the Principle of the Formation of the Human Character*

13 Das Wort »Sozialismus« wurde in den 1820er Jahren geprägt.

14 Zitiert bei Talmon, *op. cit.*, S. 127

15 Karl Marx, *Vorwort zur Kritik der politischen Ökonomie*

16 *Letter to the Chevalier de Rivarol*, 1. Juni 1791

17 In ihrer sich auf fast 40 Jahre erstreckenden Korrespondenz erwähnen Marx und Engels ihn nur dreimal, nebenbei und eher in abfälliger Weise. Trotzdem erkannten sie auch seine Dialektik an, durch die er zum Vorläufer Hegels wurde.

18 Über seine politische Einstellung siehe Eckermanns *Gespräche mit Goethe* vom 4. Januar 1824.

19 Das bezieht sich nicht auf Österreich, das eine andere Vergangenheit hat. Das wichtigste Charakteristikum des österreichischen Denkens war, daß es keines gab, das der Erwähnung wert wäre; obschon das österreichische Reich in den Künsten (besonders Musik, Architektur und Theater) und auch in einigen angewandten Wissenschaften einen Ehrenplatz einnimmt.

20 G. Lukács, *Der junge Hegel*, S. 409 für Kant, und passim, bes. Band II, S. 5, für Hegel

21 So zeigt Lukács in seinem Buch *Der junge Hegel* (S. 409), wie sich das sehr konkrete Paradoxon der »unsichtbaren Hand« von Adam Smith, durch deren Wirken aus den egoistischen Antagonismen der Individuen sozial wohltätige Resultate hervorgehen, bei Kant in die reine Abstraktion einer »unsozialen Sociabilität« verwandelt.

22 Lukács, *op. cit.*, S. 411/12

14 *Die Künste. Seite 437–476*

1 S. Laing, *Notes of a Traveller on the Social and Political State of France, Prussia, Switzerland, Italy and other parts of Europe, 1842* (1854), S. 275. *Œuvres Complètes*, XIV

2 Die Künste nicht-europäischer Kulturen sind hier außer acht gelassen, mit Ausnahme der Fälle, in denen sie von der Doppelrevolution betroffen waren, was für diese Periode allerdings kaum irgendwo der Fall ist.

3 Neben der *Zauberflöte* können wir die früheren Opern Verdis erwähnen, die als Ausdruck des italienischen Nationalismus begrüßt wurden; Aubers *Die Stumme von Portici,* deren Aufführung die belgische Revolution von 1813 auslöste, Glinkas *Leben für den Zaren* und verschiedene »nationale« Opern, wie die ungarische *Hunyady László* (1844), die wegen ihrer Verbindung mit dem Beginn des Nationalismus immer noch zum lokalen Repertoire gehören.

4 Neuerfundene billige Reproduktionsmethoden wurden in ihrer Ausbreitung durch das Fehlen einer mehr oder weniger politisch bewußten Volksmasse beschränkt. Aber die beachtenswerten, in solchen Formen ausgedrückten Werke großer revolutionärer Künstler (Goyas *Die Schrecken des Krieges* und *Capriccios,* William Blakes visionäre Illustrationen und Daumiers Lithographien und Zeichnungen) beweisen die Anziehungskraft solcher propagandistischer Techniken.

5 Vorwort zu *Cromwell* (1827), S. 17

6 H. E. Hugo, *The Portable Romantic Reader* (1957), S. 58

7 Novalis, *Schriften. Fragmente vermischten Inhalts* (Jena 1923), III, S. 45/46

8 Da »Romantik« oft als Erkennungswort verschiedener Künstlergruppen verwendet wurde, verfällt man leicht der Gefahr, diesen Begriff in unhistorischer Weise auf diese einzuschränken oder jene gänzlich auszuschließen, die mit ihnen nicht übereinstimmten.

9 E. C. Batho, *The Later Wordsworth* (1933), S. 227; siehe auch S. 46/47 und 197–99

10 Eine Ausnahme bildete Ferdinand von Spanien, der allen politischen und künstlerischen Provokationen des Künstlers zum Trotz Goya unterstützte.

11 Mario Praz, *The Romantic Agony* (Oxford 1933)

12 Madame de Staël, George Sand, die Malerinnen Vigée Lebrun und
Angelica Kauffmann in Frankreich, Bettina von Arnim, Annette von
Droste-Hülshoff in Deutschland. Im bürgerlichen England hatte es
bereits seit längerer Zeit Romanautorinnen gegeben, da eine solche
schriftstellerische Betätigung als respektable Verdienstmöglichkeit
wohlerzogener junger Damen galt. Fanny Burney, Mrs. Ratcliff, Jane
Austen, Mrs. Gaskell, die Geschwister Bronte schrieben die meisten
ihrer Werke während der in diesem Band behandelten Periode, und
dasselbe gilt auch von Elizabeth Barrett-Browning.

13 L. Chevalier, *Classes Laborieuses et Classes Dangereuses à Paris dans
la première moitie du XIXe siècle* (Paris 1958)

14 Ricarda Huch, *Die Romantik*, I, S. 70

15 »O Hermann, o Dorothée! Gemuethlichkeit!« schrieb Gautier, der, wie
alle französischen Romantiker, Deutschland verhimmelte. »Ne sem-
ble-t-il pas que l'on entend du loin le cor du postillon?« P. Jourda,
L'exotisme française depuis Chateaubriand (1939), S. 79

16 Wie wir in dieser Periode die neue Popularität der aus dem Volk hervorgegangenen Tänze, wie Walzer, Mazurka, Schottisch, erklären, ist
Geschmacksache. Es war aber sicherlich eine romantische Mode.

17 V. Hugo, *Œuvres Complètes*, XV, S. 2

18 *Œuvres Complètes*, IX (Paris 1879), S. 212

19 Es war eine jener seltenen Perioden, in denen Dichter nicht nur mit
der radikalen Linken sympathisierten, sondern auch gute Gedichte
schrieben, die für die Agitation verwendbar waren. Hier muß die
Gruppe ausgezeichneter deutscher sozialistischer Dichter der 1840er
Jahre erwähnt werden: Herwegh, Weerth, Freiligrath und natürlich
Heinrich Heine. Aber das wirksamste Gedicht dieser Art bleibt wohl
die Antwort auf das *Peterloo-Massacre*, die Shelley in seinem *Masque
of Anarchy* (1820) gab.

20 Siehe M. Thibert, *Le rôle sociale de l'art d'après les Saint-Simoniens*
(Paris o. J.)

21 P. Jourda, *op. cit.*, S. 55/56

22 M. Capefigue, *Histoire des Grandes Opérations Financières*, IV, S.
252/53

23 *James Nasmyth, Engineer. An Autobiography*, hrsg. von Samuel
Smiles (1897), S. 177

24 *Ibid.*, S. 243, 246, 251

25 E. Halévy, *History of the English People in the Nineteenth Century*
(Paperback-Ausgabe), I, S. 509

26 D. S. Landes, »Vieille Banque et Banque Nouvelle« in *Revue d'Histoire Moderne et Contemporaine*, III (1956), S. 205

27 Siehe die Langspielplatten *Shuttle and Cage, Industrial Folk Ballads*
(10 T 13), *Row, Bullies, Row* (T 7) und *The Blackball Line* (T 8)
alle bei Topic (London)

28 Francis Horner schrieb 1879: »Tief inmitten der Stadt findet man noch jene Häuser, die einst Gärten, meist Blumengärten hatten. Hier zum Beispiel ist eines der bemerkenswert langgestreckten und licht-spendenden Fenster, an denen ein Handweber an seinem Webstuhl saß und seine Blumen ebenso nah sehen konnte wie seine Baumwolle. So verband er Arbeit mit Freude . . . Aber die Fabrik ist an die Stelle der geduldigen Handmaschine getreten, und wo sein Garten war, stehen nun Häuser.« Zitiert bei G. Taylor, »Nineteenth Century Florists and their Flowers« in *The Listener* vom 23. 6. 1949. »Die Weber von Paisley waren besonders begeisterte und gewissenhafte Blumenzüchter. Sie erkannten nur acht Blumensorten als wert an, für Blumenausstellungen gezüchtet zu werden. Die Spitzenmacher von Nottingham zum Beispiel züchteten Rosen.«

29 Ursprünglich war es ein ritterlicher Zeitvertreib, und der Haupt-kämpfer war beritten. Einem Tischler aus Ronda im 18. Jahrhundert wird von der Tradition die Einführung des unberittenen Matadors zugeschrieben.

30 *Select Committee on Drunkenness, Parlamentary Papers, VIII* (1834), Q 571. Im Jahr 1852 gab es in Manchester in 28 Wirtshäusern und 21 Bierhallen (von insgesamt 481 Wirtshäusern und 1298 Bierhallen bei einer Gesamtbevölkerung von 303 000) Unterhaltungsmusik. John T. Baylee, *Statistics and Facts in Reference to the Lords Day* (London 1852), S. 20

15 Wissenschaften. Seite 477–510

1 Zitiert bei S. Solomon, *Commune*, August 1939, S. 964

2 Obwohl Saint-Simons Ideen, wie wir schon sahen, nicht eindeutig klassifiziert werden können, wäre es pedantisch, von seiner üblichen Einreihung in die Gruppe der utopischen Sozialisten abzugehen.

3 Merkwürdigerweise wurde der Versuch, mathematisch-physikalische Methoden auf die als Teil einer allgemeinen Kommunikationstheorie betrachtete Linguistik anzuwenden, erst im Verlauf des 20. Jahr-hunderts unternommen.

4 G. C. C. Gillispie, *Genesis and Geology* (1951), S. 116

5 Sein Werk *Antiquitées Celtiques et Antediluviènnes* wurde erst 1846 veröffentlicht. Menschliche Fossilien waren zwar vorher schon von Zeit zu Zeit entdeckt worden, lagen aber verstaubt und vergessen, ohne als solche erkannt worden zu sein, in Provinzmuseen herum.

6 Rathke lehrte in Dorpat (Tartu) in Estland, Pander in Riga, der große tschechische Physiologe Purkinže eröffnete das erste physio-logische Forschungslaboratorium in Breslau im Jahr 1830.

7 Zitiert in der *Encyclopédie de la Pléiade, Histoire de la Science* (1957), S. 1465

8 *Essai sur l'éducation intellectuelle avec le projet d'une Science nouvelle* (Lausanne 1787)

9 Seine Entdeckung des ersten Gesetzes wurde aber erst viel später veröffentlicht.

10 Siehe Guerlac, »Science and National Strength« in E. M. Earle ed., *Modern France* (1951)

11 Diese Verdächtigung der Newtonschen Wissenschaft erstreckte sich nicht auf deren Anwendungsbereich, wo die wirtschaftliche und militärische Bedeutung offensichtlich war.

12 Zitiert bei S. Mason, *A History of the Sciences* (1953), S. 286

13 In seinem *Anti-Dühring* und *Feuerbach* tritt Engels zum Teil für die Naturphilosophen ein und auch für Kepler gegen Newton.

16 *Die Welt um 1848. Seite 511–529*

1 August Freiherr von Haxthausen, *Studien über die inneren Zustände des Volkslebens und insbesondere die ländlichen Einrichtungen Rußlands* (Hannover 1847), I, S. 156/57

2 Zwischen 1800 und 1848 wurden etwa 50 solcher Kompendien veröffentlicht. Die offiziellen Veröffentlichungen von Regierungen und die zahlreichen neuen, mit statistischen Tabellen gefüllten ökonomischen und anderen Spezialistenzeitschriften sind hier nicht mitgerechnet.

3 Boulton und Watt führten die Gasbeleuchtung 1798 ein. Die Baumwollfabriken von Philipps & Lee in Manchester hatten 1805 1000 Brenner in Dauerbetrieb.

4 Hansard, 16. Februar 1842, zitiert bei Robinson und Gallagher, *Africa and the Victorians* (1961), S. 2

5 R. B. Morris, *Encyclopedia of American History* (1953), S. 515/16

6 Auf Grund der Ausweitung der Leibeigenschaft unter Katharina II. und Paul I. (1762–1801) stieg die Zahl der Leibeigenen von etwa 3 800 000 auf 10 400 000 im Jahr 1811. P. Liaschtschenko, *History of the Russian Economy*, S. 273/74

7 P. Liaschtschenko, *op. cit.*, S. 370

8 J. Stamp, *British Incomes and Property* (1920), S. 515 und 431

9 Solche Schätzungen sind nicht genau zu nehmen. Angenommen aber, daß, wer zur Bourgeoisie gerechnet werden konnte, mindestens einen Dienstboten beschäftigte, können wir aus der Zahl von 674 000 Dienstmägden *(general domestic servants)* im Jahr 1851 ein Maximum und aus der Zahl von etwa 50 000 Köchen ein Minimum von bürgerlichen Haushalten berechnen.

10 Diese Zahl gibt der hervorragende britische Statistiker William Farr im *Statistical Journal* von 1857 (S. 102).

11 Etwa ein Drittel der belgischen Kohle und des belgischen Eisens wurde nach Frankreich exportiert.

12 Was natürlich nicht bedeuten soll, daß jene von so vielen als unvermeidbar vorausgesagten Änderungen auch eintreffen würden, zum Beispiel der endgültige Sieg des Freihandels, des Weltfriedens, souveräner Parlamente oder das Verschwinden von Monarchien und der katholischen Kirche.

13 M. L. Hansen, *The Atlantic Migration 1607–1860* (Harvard 1945), S. 252

14 N. McCord, *The Anti-Corn-Law League 1838–46* (London 1958), Kapitel V

15 T. Kolokotronis, zitiert bei L. S. Stavrianos, »Antecedents to Balkan Revolution« in *Journal of Modern History*, XXIX (1957), S. 344

16 Auch dann betrug die Zahl der Wähler nur 80 000 bei einer Gesamtbevölkerung von 4 000 000.

17 In den Teilen Flanderns, in denen Flachs angebaut wurde, ging die Bevölkerung zwischen 1846 und 1848 um 5% zurück.

1789 Frankreich: 5. Mai, Zusammentreten der Generalstände; 14. Juli, Sturm auf die Bastille; 4. August, Aufhebung des Feudalsystems; 5. Oktober, Ludwig XVI. in Paris. — USA: George Washington, erster Präsident.
Goethe *Tasso;* Lavoisier *Traité élémentaire de chimie.* — Galvani, Berührungselektrizität.

1790 Frankreich: 12. Juli, Staatsgesetz über die Geistlichkeit. — Österreich: Tod Kaiser Josephs II., Nachfolger Leopold II.
Kant *Kritik der Urteilskraft;* Mozart *Così fan tutte.* — Adam Smith und Benjamin Franklin gestorben.

1791 Frankreich: 20.–25. Juni, Fluchtversuch Ludwigs XVI. — Preußen: 27. August, Deklaration von Pillnitz. — Frankreich: 1. Oktober, Gesetzgebende Versammlung.
Boswell *Life of Johnson;* Herder *Ideen zur Philosophie der Geschichte der Menschheit;* Mozart *Zauberflöte.* — John Wesley, Mirabeau und Mozart gestorben.

1792 Frankreich: 20. April, Beginn des Ersten Koalitionskrieges; 10. August, Sturm auf die Tuilerien und Absetzung des Königs; 2.–5. September, Septembermorde; 21. September, Nationalkonvent, Abschaffung der Monarchie und Kanonade von Valmy. — Österreich: Tod Kaiser Leopolds II., Nachfolger Franz II.
Rouget de Lisle *Marseillaise.*

1793 Frankreich: 21. Januar, Hinrichtung Ludwigs XVI.; März, Vendée-Aufstand; 6. April, Bildung des Wohlfahrtsausschusses; 2. Juni, Girondisten aus dem Konvent ausgeschlossen; 13. Juli, Ermordung Marats; 24. Juli, Robespierre an der Macht; 23. August, *Levée en masse;* 5. September, Schreckensherrschaft; 27. September, Maximum-Gesetz; 16. Oktober, Hinrichtung Marie Antoinettes; 31. Oktober, Hinrichtung der Girondisten; Dezember, Bonaparte in Toulon. — Polen: Zweite Teilung. — Australien: erste freie Siedler.
Schiller *Über Anmut und Würde;* David *Der ermordete Marat;* Voß beendet Homer-Übersetzung.

1794 Frankreich: März, Hinrichtung Héberts; April, Hinrichtung Dantons; 26. Juni, Schlacht bei Fleurus; 27. Juli (9. Thermidor), Robespierre gestürzt. — Unabhängigkeit Haitis, Toussaint Louverture. Fichte *Wissenschaftslehre;* Goethe *Reineke Fuchs.* — Semaphore-Telegraph entwickelt. — Condorcet und Lavoisier gestorben. — Gründung der *École Normale Supérieure.*

1795 Frankreich: Direktorium; 5. April, Friede von Basel; 5. Oktober, Bonaparte schlägt Vendemiaire-Aufstand nieder. — Polen: Dritte Teilung. Kant *Zum ewigen Frieden;* Goethe *Wilhelm Meisters Lehrjahre;* F. A. Wolf *Prolegomena ad Homerum.* — Gründung der *École Polytechnique.*

1796 Frankreich: Verschwörung Babœufs; Bonapartes Feldzug in Italien. — Rußland: Tod Katharinas II. Jenner, erste Pockenimpfung; Cuvier begründet die Paläontologie; L. Tieck *William Lowell;* Laplace *Entstehung des Planetensystems.*

1797 Frankreich: Talleyrand Außenminister; Friede von Campo Formio; Fructidor-Staatsstreich in Paris. — Preußen: Friedrich Wilhelm II. gestorben. Heine, Schubert geboren. — Schelling *Ideen zur Philosophie der Natur.* — Alois Senefelder erfindet die Lithographie. — William Smith schließt auf die Reihenfolge der Erdschichten aus Fossilien.

1798 Frankreich: Bonaparte in Ägypten; Besetzung Roms; Gefangennahme Papst Pius' VI.; Helvetische Republik. Malthus *Essay on Population.* — Haydn *Die Schöpfung.*

1799 Frankreich: Zweiter Koalitionskrieg: Mai/Juni, Siege Suworows und Erzherzog Karls; September, zweite Schlacht bei Zürich, französischer Sieg; 9. November, Bonaparte Erster Konsul. Hölderlin *Hyperion;* Schiller *Wallenstein;* Schleiermacher *Über die Religion.* — Beethoven *1. Symphonie.* — Priestley entdeckt Kohlenoxyd; Rumford gründet *Royal Institution.*

1800 Frankreich: Schlachten bei Marengo und Hohenlinden. — Bank von Frankreich. Novalis *Hymnen an die Nacht;* Fichte *Geschlossener Handelsstaat.* — David *Madame Recamier;* Owen *Reformen in New Lennark.* — Volta, elektrisches Element. Elektrolyse.

1801 Frankreich: Konkordat mit Rom; Friede von Lunéville. — Rußland: Ermordung Pauls I., Nachfolger Alexander I. — USA: Thomas Jefferson Präsident. Pestalozzi *Wie Gertrud ihre Kinder lehrt.* — Haydn *Die Jahreszeiten.* — Gauß *Disquisitiones arithmeticae.*

1802 Frankreich: März, Friede von Amiens; Napoleon Konsul auf Lebenszeit. Chateaubriand *Génie du Christianisme;* Novalis *Heinrich von*

Ofterdingen. — Entzifferung der babylonischen Keilschrift. — Alexander von Humboldt besteigt den Chimborasso.

1803 Deutschland: Reichsdeputationshauptschluß. — Frankreich: Verkauf Louisianas an die USA; *Code Napoléon.*
Herder und Klopstock gestorben. — Technische Hochschule von Prag begründet. — Daltons erste Formulierung des Atombegriffs.

1804 Frankreich: Napoleon Kaiser. — Türkei: erster serbischer Aufstand gegen die Türken.
Kant und Priestley gestorben. — Beethoven *Eroica.* — Goethe wird Geheimrat. — Schiller *Wilhelm Tell.* — Jacquard-Webstuhl erfunden.

1805 Frankreich: Dritter Koalitionskrieg: 21. Oktober, Sieg Nelsons in der Schlacht bei Trafalgar; 2. Dezember, Dreikaiserschlacht bei Austerlitz; Friede von Preßburg. — Ägypten: Ernennung Mehmed Alis zum Gouverneur.
Schiller gestorben. — Beethoven *Fidelio.*

1806 Ende des Heiligen Römischen Reiches Deutscher Nation. — Frankreich: 14. Oktober, Schlachten bei Jena und Auerstedt; Kontinentalsperre.
Arnim und Brentano *Des Knaben Wunderhorn.*

1807 Frankreich: 14. Juni, Schlacht bei Friedland; Friede von Tilsit. — Preußen: Freiherr von Stein, Aufhebung der Erbuntertänigkeit.
Hegel *Phänomenologie des Geistes;* Fichte *Reden an die Deutsche Nation.* — Dalton *Gesetz der multiplen Proportionen.* — Robert Fulton, erstes Dampfschiff; erste Gasbeleuchtung in London; Reißnagel erfunden.

1808 Frankreich: Invasion in Spanien, Volksaufstände der Spanier. — Preußen: Kongreß von Erfurt, Städteordnung.
Goethe *Faust I.* — Beethoven *5. Symphonie.* — Alexander von Humboldt *Ansichten der Natur;* Brockhaus *Konversationslexikon.*

1809 Frankreich/Österreich: Schlachten bei Aspern, Eßling und Wagram, Friede von Schönbrunn.
Sömmering, elektrischer Telegraph; H. Davy, Bogenlampe; erste Fräsmaschine.

1810 Frankreich: Napoleons Heirat mit Marie Louise; Franzosen annektieren Holland, Nordseegebiete und den Kirchenstaat, Papst Pius VII. in Gefangenschaft; Erschießung Andreas Hofers. — Schweden: Wahl des französischen Marschalls Bernadotte zum Kronprinzen von Schweden (1818 König). — Mexiko: Aufstand des Hidalgo.
Universität Berlin begründet.

1811 Mexiko: Aufstand in Morelos. — Ägypten: Mehmed Ali massakriert Mamelucken, beginnt mit der Modernisierung des Landes.
Heinrich von Kleist gestorben.

1812 Frankreich: Napoleon in Rußland; Siege Wellingtons in Spanien; liberale Verfassung von Cádiz.
Grimms *Märchen*. — Cuvier *Recherches sur les ossements fossiles.*

1813 Befreiungskriege: 16.–19. Oktober, Völkerschlacht bei Leipzig. — Mexiko: Morelos erklärt Unabhängigkeit.
Schopenhauer *Vierfache Wurzel des Satzes vom zureichenden Grunde.*

1814 Frankreich: Alliierte in Paris; Verbannung Napoleons nach Elba; König Ludwig XVIII.; Erster Friede von Paris. — Wiener Kongreß. — Spanien: Ferdinand VII. wieder König.
George Stephenson, erste Dampflokomotive. — Fichte gestorben.

1815 Frankreich: Napoleon, Herrschaft der hundert Tage; 18. Juni, Schlacht bei Waterloo. — Heilige Allianz und Quadrupelallianz; Zweiter Friede von Paris. — Türkei: Zweiter Aufstand der Serben.
Savigny begründet historische Rechtsschule.

1816 Argentinien: Unabhängigkeit der »Vereinigten Staaten am Rio de la Plata«.

1817 England: Ausnahmegesetze gegen innere Rebellion. — Deutschland: 18. Oktober, Wartburgfest. — Serbien: teilweise autonom.
Ricardo *Principles of Political Economy.* — Byron *Manfred.*

1818 Kongreß zu Aachen; Abzug der Besatzungstruppen aus Frankreich. — Chile: Staatsgründung.
Neue Wache in Berlin von Schinkel; erstes eisernes Schiff.

1819 Karlsbader Beschlüsse. — USA: Kauf Floridas von Spanien. — England: Peterloo-Massaker; Gründung von Singapur. — Südamerika: Simon Bolivar, Präsident der Zentralrepublik Groß-Kolumbien.
Schopenhauer *Die Welt als Wille und Vorstellung.* — Goethe *West-östlicher Divan.* — Géricault *Das Floß der Medusa.* — Laennek erfindet das Stethoskop.

1820 England: Cato-Street-Verschwörung; Tod Georgs III., Nachfolger Georg IV. — Spanien: Militäraufstand des Obersten Riego. — Italien: Aufstand in Neapel. — Ägypten: Mehmed Ali erobert Sudan. — Wiener Schlußakte. — Kongreß von Troppau.
Oersted, Elektromagnetismus.

1821 Südamerika: Bolivar siegt über die Spanier; San Martin, Unabhängigkeit von Peru. — Mexiko: Iturbide (1822 Kaiser Augustin I.) fordert die Monarchie. — Italien: Carbonari-Aufstand in Piemont. — Griechenland: Beginn des griechischen Freiheitskampfes. — Napoleon gestorben.
Hegel *Grundlinien der Philosophie des Rechts.* — Weber *Freischütz.* — Saint-Simon *Du système industriel.* — Champollion entziffert ägyptische Hieroglyphen.

1822 Kongreß zu Verona: Intervention Frankreichs gegen die spanische Revolution. – Griechenland: Proklamation der Unabhängigkeit. – Südamerika: Brasilien wird unabhängig.
William Church (USA) erfindet Setzmaschine. – Schubert *Symphonie in h-Moll (Die Unvollendete)*; Beethoven *Missa solemnis*.

1823 USA: 2. Dezember, Monroe-Doktrin. – Ägypten: Mehmed Ali beginnt Kampf gegen die Griechen.
Beethoven *9. Symphonie*.

1824 England: Erster Krieg gegen Burma; Aufhebung der Gesetze gegen die Arbeitergewerkschaften. – Frankreich: Karl X. – Mexiko: Republik.
Byron gestorben. – Delacroix *Gemetzel von Chios*. – L. von Ranke *Zur Kritik neuerer Geschichtsschreiber*. – N. Sadi Carnot *Prinzipien der Thermodynamik*. – Gabelsberger erfindet die Kurzschrift.

1825 Rußland: Tod Alexanders I.; Dekabristenaufstand; Nikolaus I. – Ägypten: Mehmed Alis Sohn, Ibrahim, erobert Griechenland. – Saint-Simon gestorben.
Erste Eisenbahn in England. – Liebigs chemisches Institut an der Universität Gießen. – James Mill *Analysis of the Phenomena of the Human Mind*.

1826 Frankreich: Gesetze gegen Gotteslästerung. – Südamerika: Bolivar beruft panamerikanischen Kongreß nach Panama ein. – Thomas Jefferson gestorben.
Manzoni *I promesi sposi*; Eichendorff *Aus dem Leben eines Taugenichts*; Pertz gibt den ersten Band der *Monumenta Germaniae Historica* heraus. – Lobatschewskis Geometrie. – Erstes Dampfschiff überquert den Atlantik.

1827 Schlacht von Navarino: Vernichtung der ägyptischen Flotte.
Beethoven und Laplace gestorben. – Heine *Buch der Lieder*; Victor Hugo *Cromwell*. – Nièpce, erste Fotografie. – Ohmsches Gesetz.

1828 Uruguay: unabhängige Republik. – Holland: Annektion West-Neuguineas.
Schubert und Goya gestorben. – Auber *Die Stumme von Portici*. – Technische Hochschule Dresden. – Woehler, Harnstoffsynthese.

1829 USA: Andrew Jackson, Präsident. – England: Katholikenemanzipation.
Friedrich Schlegel gestorben. – Berlioz *Symphonie fantastique*. – Erste Eisenbahn in den USA und in Frankreich.

1830 Griechenland: Londoner Protokoll erkennt griechischen Staat an. – Frankreich: Beginn der Eroberung von Algier; Julirevolution; Louis-Philippe kommt an die Macht. – Belgien: Revolution; 18. November, Unabhängigkeit. – Polen: 29. November, Auf-

stand. — England: Wilhelm IV. — Südamerika: Zerfall von Groß-
Kolumbien.
Balzac *Gobseck;* Puschkin *Eugen Onegin;* Hugo *Hernani.* — Lyell
Principles of Geology 1. Band; Comte *Cours de philosophie posi-
tive I.*

1831 Polen: Aufstand niedergeschlagen. — Frankreich: Aufstand der
Seidenweber von Lyon. — Italien: Aufstände von Österreich unter-
drückt; Mazzini begründet Jung-Italien.
Hegel und Freiherr von Stein gestorben. — Stendhal *Rot und
Schwarz;* Hugo *Notre-Dame de Paris.* — Delacroix *Die Freiheit
führt das Volk.* — Faraday, Magnetelektrizität.

1832 England: Parlamentsreform. — Ägypten: Krieg Mehmed Alis
gegen den Sultan. — Deutschland: Hambacher Fest.
Goethe *Faust II.* — Bentham, Goethe, Scott, Cuvier gestorben. —
Morse erfindet den ersten brauchbaren Telegraphen.

1833 England: Fabrikgesetze; *National Trades Unions.* — Deutschland:
Zollverein. — Rußland/Türkei: Vertrag von Hunkjar Skelessi.
Bopp, Vergleichende Grammatik des Sanskrit. — Raimund *Der
Verschwender;* Nestroy *Lumpazivagabundus.*

1834 England: Neues Armengesetz; Abschaffung der Sklaverei im britischen Empire. — Spanien: Ausbruch der Karlistenkriege.
Balzac *Père Goriot.* — Runge entdeckt das Anilin. — Weber-Fech-
nersches Gesetz der Psychophysik. — MacCormick patentiert Mähmaschine.

1835 Österreich: Franz I. gestorben.
Erste deutsche Eisenbahn. — Strauß *Das Leben Jesu;* Büchner *Dantons Tod.* — Rawlinson entziffert die Keilschrift. — Quételet *Sur
l'homme.* — S. Colt, Revolver.

1836 Nordamerika: Texas-Republik gegründet.
Morse-Schreibtelegraph. — Girardin bringt *La Presse* heraus;
Dickens *Pickwick Papers;* Gogol *Revisor.*

1837 Ende der Personalunion England/Hannover; Königin Viktoria;
die »Göttinger Sieben« vom König von Hannover entlassen.
Puschkin gestorben. — Carlyle *Die Französische Revolution;*
Dickens *Oliver Twist.* — Erster Stahlpflug in den USA.

1838 Talleyrand gestorben.
Gauß, allgemeine Theorie des Erdmagnetismus; Schwann und
Schleiden, Physiologische Zelltheorie.

1839 England: Chartistenbewegung; Anti-Corn-Law League gegründet;
Beginn des Opiumkriegs gegen China.
Erstes Fahrrad. — Lichtbild von Daguerre. — P & O-Linie Eng-
land/Ägypten eröffnet. — Stendhal *La chartreuse de Parme.*

1840 Preußen: Regierungsantritt Friedrich Wilhelms IV. – Frankreich: Staatsstreichversuch Louis Napoleons. – Spanien: Revolte von General Espartero.
Penny-Post in England. – Fröbels erster Kindergarten. – Bulgarische Bibelübersetzung. – C. D. Friedrich und Paganini gestorben. – Liebig *Die organische Chemie in ihrer Anwendung auf Agrikulturchemie und Physiologie.* – List *Das nationale System der politischen Ökonomie.* – Lermontow *Ein Held unserer Zeit;* Carlyle *On Heroes.*

1841 England: Regierung Peel. – Türkei: 13. Juli, Dardanellenvertrag. Lermontow gestorben. – Feuerbach *Wesen des Christentums.* – L. Oken *Naturgeschichte für alle Stände.* – Hebbel *Judith.* – Glinka *Ruslan und Ludmilla.*

1842 China: 29. August, Vertrag von Nanking. – Südafrika: Gründung des Oranje-Freistaates durch die Buren.
Clemens Brentano und Stendhal gestorben. – Gogol *Die toten Seelen.* – Wagner *Rienzi.* – Robert Mayer, Energieerhaltungsgesetz.

1843 Hölderlin gestorben. – Erste Schreibmaschine. – Marx *Einleitung zur Kritik der Hegelschen Rechtsphilosophie.*

1844 Aufstand der schlesischen Weber.
Fliegende Blätter in München. – Liebig *Chemische Briefe.* – Heine *Deutschland, ein Wintermärchen.* – Universität von Belgrad gegründet. – Kierkegaard *Begriff der Angst.*

1845 Schweiz: Sonderbund. – USA: Annektion von Texas.
Engels *Die Lage der arbeitenden Klasse in England.* – Wagner *Tannhäuser.* – A. von Humboldt *Kosmos.*

1846 USA: Krieg gegen Mexiko; Festlegung der Grenze gegen Britisch-Kanada. – England: Aufhebung der Getreidegesetze. – Pius IX., liberaler Papst.
Proudhomme *Philosophie des Elends;* Dostojewskij *Der Doppelgänger;* Petöfi *Der Strick des Henkers.* – Planet Neptun entdeckt. – Unterseetelegraph; Nähmaschine patentiert; Rotationsdruckpresse erfunden.

1847 Schweiz: Sonderbundkrieg. – Liberia: freie und unabhängige Republik. – Preußen: Einberufung der Provinzialstände. – England: gesetzlicher Zehnstundentag. – Irland: große Hungersnot.
Helmholtz *Über die Erhaltung der Kraft.* – Die Grafen Cesare Balbo und Camillo Cavour gründen in Turin die Zeitung *Il Risorgimento.* – Marx *Elend der Philosophie.*

Bibliographie

Das Thema dieses Buches ist so weit gespannt und die Literatur so umfangreich, daß auch nur eine Auswahl viele Seiten füllt. Es ist unmöglich, alle Werke zu nennen, die sich mit den verschiedenen Aspekten beschäftigen. Bibliographien in englischer Sprache findet man in den periodisch revidierten, von der *American Historical Association* herausgegebenen *A Guide to Historical Literature;* J. S. Bromley und A. Goodwin, *A Select List of Works on Europe and Europe Overseas 1715–1815* (Oxford 1956), und dem etwas weniger guten *A select List of Books on European History 1815–1914,* hrsg. von Allan Bullock und A. J. P. Taylor (1957). Die Bücher, die in der Folge mit einem * gekennzeichnet sind, enthalten ebenfalls empfehlenswerte Bibliographien.

Es gibt mehrere weltgeschichtliche Serien, die unsere Periode ganz oder zum Teil behandeln. Am wichtigsten ist *Peuples et Civilisations,* die zwei historische Meisterwerke aus der Feder von Georges Lefebvre enthält: * *La Revolution Française* und * *Napoléon* (1953). F. Ponteil, * *L'éveil des nationalités 1815–1848* (1960), das zur selben Serie gehört, ersetzt das frühere Werk, das unter dem gleichen Titel von G. Weill geschrieben war und auch heute noch Bedeutung hat. Aus der amerikanischen Serie, *The Rise of Modern Europe,* kommen für unser Thema die folgenden Bände in Frage: Crane Brinton, * *A Decade of Revolution 1789–1799* (1934), G. Bruun, * *Europe and the French Imperium* (1938), F. B. Artz, * *Reaction and Revolution 1814–1832* (1934). Vom bibliographischen Standpunkt aus ist die Serie *Clio* (Paris), die periodisch auf den neuesten Stand der Forschung ergänzt wird, sehr zu empfehlen. Besonders beachtenswert sind in dieser Serie die Zusammenfassungen der Resultate historischer Diskussionen. Die in Frage kommenden Bände sind: E. Preclin und V. L. Tapié, * *Le XVIIIème siècle,* 2 Bände; L. Villat, * *La Révolution et l'Empire,* 2 Bände, und J. Droz, L. Genét und J. Vidalanc, * *L'époque contemporaine,* Band I (1815–1871).

Obgleich ein wenig veraltet, gibt J. Kulischer, *Allgemeine Wirtschaftsgeschichte,* Band 2, Neuzeit (Neuausgabe 1954), einen guten Überblick über die Tatsachen der Wirtschaftsentwicklung. Etwa ebensogut sind zahlreiche amerikanische Lehrbücher, z. B.: W. Bowden, M. Karpowitsch und A. P. Usher, *Economic History of Europe since 1750* (1937). Einen wertvollen Beitrag liefert auch J. Schumpeter in seinen *Business Cycles*, Band I (1939), ein Buch, das weitergespannt ist, als aus dem Titel hervorgeht. Als Interpretation der Wirtschaftsentwicklung seien weiterhin empfohlen: M. H. Dobb, *Studies in the Development of Capitalism* (1946), K. Polanyi, *The Great Transformation* (1944); in England ist das Buch unter dem Titel *Origins of our Time* (1945) herausgekommen; Werner Sombart, *Der moderne Kapitalismus III: Das Wirtschaftsleben im Zeitalter des Hochkapitalismus* (1928). In bezug auf die demographischen Aspekte seien erwähnt: M. Reinhard, *Histoire de la population de 1700 à 1948* (1949), und besonders das kurze, aber ausgezeichnete einführende Buch von C. Cipolla, *The Economic History of World Population* (1962). Zur Technologie: Singer, Holmyard, Hall und Williams, *A History of Technology III: The Industrial Revolution* (1958), das in erster Linie als Nachschlagewerk benutzt werden kann; W. H. Armytage, *A Social History of Engineering* (1961), ist eine gute Einführung, und W. T. O'Dea, *The social History of Lighting* (1958), ist ebenso interessant wie unterhaltsam. Zur Landwirtschaft: H. Sée, *Esquisse du régime agraire en Europe aux XVIIIème et XIX siècles* (1921), ist zwar in manchem veraltet, aber durch kein anderes, ebenso nützliches Werk ersetzt. Es gibt bisher keine Synthese der modernen Forschungsergebnisse über die Agrikultur. Was das Geldwesen betrifft, ist Marc Blochs sehr kurzes Buch *Esquisse de l'histoire monétaire de l'Europe* (1954) ebenso brauchbar wie K. Mackenzie, *The Banking systems of Great Britain, France, Germany and the USA* (1945). Für die Probleme von Kredit und Investitionen fehlt eine allgemeine und zusammenfassende Darstellung. Als Einführung kann hier das ausgezeichnete Buch von R. E. Cameron, *France and the economic development of Europe 1800–1914* (1961), dienen; es ist eine der besten Untersuchungen der letzten Jahre. Daneben sollte immer noch das ältere, aber nicht überholte Buch von L. H. Jenks, *The migration of British capital to 1875* (1927), konsultiert werden.

Trotz aller Arbeiten über das wirtschaftliche Wachstum gibt es nach wie vor keine gute allgemeine Darstellung der industriellen Revolution. Die beste vergleichende Übersicht kann man in der Sondernummer der *Studi Storici II, 3–4* (Rom 1961), finden. Für Spezialisten siehe auch den Bericht der *First International Conference of Economic History, Stockholm 1960* (Paris, Den Haag 1961). Obschon alt, bleibt P. Mantoux, *The Industrial Revolution of the 18th Century* (1906), von fundamentaler Bedeutung für die britische Entwicklung. Für die Periode nach 1800 gibt es nichts, was dieses Buch ersetzen könnte. W. O. Henderson, **Britain and Industrial Europe 1750–1870* (1954), beschreibt den britischen Einfluß, und J. Purs, **The Industrial Revolution in Czech Lands (Historica II*, Prag 1960), enthält eine brauchbare Bibliographie für 7 Länder. Das Buch von W. O. Henderson, *The Industrial Revolution on the Continent, Germany,*

France, Russia 1800–1914 (1961), richtet sich an Studenten. Die Kapitel im ersten Buch des *Kapital* von Karl Marx behalten ihren Wert als eine glanzvolle Analyse, und S. Giedeon, *Mechanisation takes command* (1948), enthält eine Menge von Illustrationen und ist ein ungemein anregendes Pionierwerk über die Probleme der Massenproduktion.

The European Nobility in the 18th Century, ed. A. Goodwin (1953), ist eine vergleichende Untersuchung über die Aristokratien. Es gibt nichts Ähnliches über die Bourgeoisie. Glücklicherweise besitzen wir in den großen Romanen der Zeit, vor allem in denen von Balzac, eine ausgezeichnete Quelle, die leicht zugänglich ist. Eine wirkliche Enzyklopädie über die arbeitenden Klassen liefert J. Kuczynski mit seiner *Geschichte der Lage der Arbeiter unter dem Kapitalismus* (Berlin, das Gesamtwerk wird nach Fertigstellung 38 Bände umfassen). Die beste Analyse aus der Zeit selbst ist Friedrich Engels' *Die Lage der arbeitenden Klassen in England* (1844). Über das städtische Proletariat unterrichtet L. Chevalier, *Classes laborieuses et classes dangereuses à Paris dans la première moitié du 19e siècle* (1958): eine glänzende Analyse der wirtschaftlichen und literarischen zeitgenössischen Quellen. E. Sereni, *Il capitalismo nelle campagne* (1946), ist zwar auf Italien beschränkt, stellt aber die beste Einführung in die Erforschung der Bauernschaft dar. Die *Storia del Pesaggio agrario italiano* (1961) desselben Autors analysiert die durch die menschliche produktive Tätigkeit bewirkten Landschaftsveränderungen und verwendet in geistvoller Weise das Zeugnis der zeitgenössischen Kunst. Zur Frage der Ernährung: R. N. Salaman, *The History and Social Influence of the Potato* (1949), schildert die historische Bedeutung der Kartoffel. Trotz aller zeitgenössischer Forschungsarbeit bleibt aber unsere Kenntnis von der Entwicklung der materiellen Lebensbedingungen lückenhaft. J. Drummond und A. Wilbraham, *The Englishman's Food* (1939), ist eine Pionierarbeit. Über die Geschichte der einzelnen Berufe gibt es nur wenige Werke, so J. Chalmin, *L'Officier français 1815–1871* (1957), George Duveau, *L'Instituteur* (1957), und Asher Tropp, *The Schoolteachers* (1957). Die durch den Kapitalismus hervorgerufenen gesellschaftlichen Wandlungen werden am besten in den zeitgenössischen Romanen sichtbar.

Die beste und anregendste Geschichte der Wissenschaft ist J. D. Bernal, **Science in History* (1954); S. F. Mason, **A history of the Sciences* (1953), ist gut in bezug auf die Naturphilosophie. Als Nachschlagewerk ist die von M. Daumas herausgegebene, zur *Encyclopédie de la Pléiade* gehörende *Histoire de la Science* (1957) empfehlenswert. J. D. Bernal, *Science and Industry in the 19th Century* (1953), analysiert einige Beispiele der Wechselwirkung von Wissenschaft und Industrie. R. Taton, »The French Revolution and the Progress of Science« in *Essays in the Social History of Science* (Kopenhagen 1953), ist unter den verschiedenen Monographien am leichtesten zugänglich. C. G. Gillespie, *Genesis and Geology* (1951), ist unterhaltsam und illustriert die Konflikte der Wissen-

schaft mit der Religion. In bezug auf das Unterrichtswesen sei neben dem
zitierten Werk von G. Guveau auch Brian Simon, *Studies in the History
of Education 1780–1870* (1960), empfohlen. Eine moderne vergleichende
Synthese gibt es nicht. Über die Presse siehe G. Weill, *Le journal* (1934).
Es gibt viele historische Darstellungen der Entwicklung des ökonomischen
Denkens. E. Roll, *A History of Economic Thought* (verschiedene Ausgaben), ist eine gute Einführung. J. B. Bury, *The Idea of Progress* (1920),
ist immer noch nützlich. E. Halévy, *The Growth of Philosophic Radi-
calism* (1938), ein älteres, aber hervorragendes Werk, das nichts von
seinem Wert verloren hat. Ausgezeichnet ist H. Marcuse, *Vernunft und Revolution. Hegel und die Entstehung der Gesellschaftstheorie* (1963), und
G. D. H. Cole, *A History of Socialist Thought, 1. Band: 1789-1850* (1959),
vermittelt einen guten Überblick über sozialistisches Denken. Frank Manuel,
The new world of Henry Saint-Simon (1957), ist die letzte Arbeit über
die so bedeutsame, aber schwer zu fassende historische Gestalt. August
Cornu, *Karl Marx und Friedrich Engels, Leben und Werk I, 1818-1844*
(Berlin 1954, weitere Bände erscheinen), ist ein Buch von bleibendem
Wert. Hans Kohn, *The Idea of Nationalism* (1944), ist nützlich. Es gibt
keine Gesamtdarstellung der religiösen Entwicklung der Epoche. K. S.
Latourette, *Christianity in a Revolutionary Age*, I–III (1959–1961), vermittelt einen Überblick über das Christentum in der ganzen Welt.
W. Cantwell Smith, *Islam in Modern History* (1957), und H. R. Niebuhr, *The Social Sources of Denominationalism* (1929), können als gute
Einführung in die Geschichte der sich damals am schnellsten entwickelnden Religionen gelesen werden. W. Lanternari, *Movimenti religiosi di
libertà e di salvezza* (1960), informiert über die »kolonialen Häresien«,
und S. Dubnov, *Weltgeschichte des jüdischen Volkes* (1929), Band 8 und 9,
über die Juden. Als beste Einführung in die Kunstgeschichte der Epoche
seien empfohlen: N. L. B. Pevsner, *Outline of European Architecture*
(deutsch: *Europäische Architektur von den Anfängen bis zur Gegenwart*,
München 1957), E. H. Gombrich, *The Story of Art* (1950), und P. H.
Lang, *Music in Western Civilisation* (1942). Leider gibt es nichts Ähnliches für die Weltliteratur, obgleich Arnold Hausers *Sozialgeschichte der
Kunst und Literatur* (deutsche Erstausgabe 1953) dieses Feld umfaßt.
F. Novotny, * *Painting and Sculpture in Europe, 1780–1870* (1960), und
H. R. Hitchcock, **Architecture in the 19th and 20th Centuries* (1958),
zwei Bücher, die zur englischen *Penguin-History of Art* gehören und zahlreiche Illustrationen enthalten. Von den mehr spezialisierten Werken
über bildende Künste seien erwähnt: F. D. Klingender, *Art and the
Industrial Revolution* (1947), und *Goya and the Democratic Tradition*
(1948), K. Clark, *The Gothic Revival* (1944), P. Francastel, *Le style
Empire* (1944), sowie F. Antals glanzvoller, aber eigenwilliger Beitrag
»Reflections on Classicism and Romanticism« in *Burlington Magazine*,
1935, 1936, 1940 und 1941. Für Musik: Alfred Einstein, *Die Romantik
in der Musik* (Wien 1950), und *Schubert – Ein musikalisches Porträt* (Kas-

sel 1952). Für Literatur das tiefe Werk von Lukács, *Goethe und seine Zeit* (1955), *Der historische Roman* (1962) und die Kapitel über Balzac und Stendhal in seinen *Studies on European Realism* (1950). Ausgezeichnet ist J. Brunowski, *William Blake – a Man without a Mask* (1954). Einige andere Themen werden behandelt in: R. Wellek, *A History of Modern Criticism 1750–1950,* I (1955), R. Gonnard, * *La légende du bon sauvage* (1946), H. T. Parker, *The Cult of Antiquity and the French Revolutionaries* (1937), P. Trahard, *La sensibilité revolutionaire 1791–94* (1936), P. Jourda, *L'exotisme dans la littérature française* (1938), F. Picard, *Le romantisme social* (1944). In bezug auf die Geschichte der Ereignisse der Periode seien nur einige Themen erwähnt. Die Bibliographie für die Revolution von 1789 ist gigantisch, weniger umfangreich ist sie für die Jahre 1815 bis 1848. Die beiden oben erwähnten Werke von G. Lefebvre und sein *The Coming of the French Revolution* (englische Ausgabe 1949) sind Standardwerke für 1789. A. Soboul, *Précis d'Histoire de la Revolution Française* (1962), ist ein ausgezeichnetes Lehrbuch, und A. Goodwin, **The French Revolution* (1956), ist eine englische Übersicht. A. Soboul, *Les Sansculottes dans l'an II* (1960), ist ein enzyklopädisches Werk. Weiter sollen erwähnt werden G. Rudé, *The Crowd in the French Revolution* (1959), und J. Godechot, *La Contre-Revolution* (1961). C. L. R. James, *The Black Jacobins* (1938), beschreibt die Revolution in Haiti. Eine gute Einführung in das Studium der Aufstandsbewegungen 1815–1848 ist C. Francovich, *Idee sociali e organisazione operaia nella prima metà dell' 800* (1959), das sich mit Italien beschäftigt. E. Eisenstein, * *Filippo Michele Buonarroti* (1959), führt in die Welt der Geheimgesellschaften ein. A. Mazour, *The First Russian Revolution* (1937), handelt von den Dezembristen. R. F. Leslie, *Polish Politics and the Revolution of November 1830* (1956), ist weitergespannt, als der Titel vermuten läßt. Es gibt keine Gesamtdarstellung der Arbeiterbewegungen, da E. Dolléans, *Histoire du mouvement d'ouvrier,* 1. Band (1936), nur Großbritannien und Frankreich in Betracht zieht. Zu erwähnen sind auch A. B. Spitzer, *The Revolutionary Theories of Auguste Blanqui* (1957), D. O. Evans, *Le socialisme romantique* (1948), und O. Festy, *Le mouvement ouvrier au début de la monarchie de Julliet* (1908). Über den Ursprung der Revolutionen von 1848 enthält das von F. Fejtö herausgegebene Buch *The Opening of an Era 1848* (1948), einige meist ausgezeichnete Essays über verschiedene Länder. J. Droz, *Les révolutions allemandes de 1848* (1957), ist ungemein wertvoll, und E. Labrousse hat unter dem Titel *Aspects de la Crise ... 1846–51* (1956) eine Sammlung detaillierter ökonomischer Untersuchungen über Frankreich in jener Periode herausgegeben. Das von A. Briggs herausgegebene Buch *Chartist Studies* (1959) ist das bisher letzte Werk zu diesem Thema. E. Labrousse, »Commant naissent les révolutions« in *Actes du centenaire de 1848* (Paris 1948), versucht, eine allgemeine Antwort auf diese Frage für jene Periode zu geben. Über die internationalen Auswirkungen bleibt A. Sorel, *L'Europe et la Révolution*

Française (1895), 1. Band, immer noch von Wert für die internationale Lage, und J. Godechot, *La Grande Nation* (1956), 2 Bände, beschreibt die Ausbreitung der Revolution im Ausland. Die Bände 4 und 5 der *Histoire des Relations Internationales* (A. Fugier bis 1815 und P. Renouvin für 1815–1871, beide 1954 erschienen) enthalten ausführliche Bibliographien und sind für diese Epoche wichtig. In bezug auf die Kriegführung gibt B. H. Liddell Hart, *The Ghost of Napoleon* (1933), eine gute Einführung in die strategischen Probleme des Landkriegs, und E. Tarlé, *Napoleons Invasion of Russia in 1812* (englische Ausgabe 1942), stellt eine gute Studie dieses Feldzuges dar. G. Lefebvres bereits erwähnter **Napoleon* enthält die bei weitem beste Skizze des Wesens der französischen Armeen, und M. Lewis, *A Social History of the Navy 1789–1815* (1960), ist sehr lehrreich. Neben E. F. Heckscher, *The Continental System* (1922), sollte das materialreiche Werk von F. Crouzet, *Le blocus continentale et l'économie britannique* (1958), für die wirtschaftlichen Aspekte des Krieges genannt werden. F. Redlich, *De praeda militari: Looting and Booty 1500–1815* (1955), behandelt eine interessante Teilfrage. Neben J. N. L. Baker, **A History of Geographical Exploration and Discovery* (1937), ist für die Probleme der europäischen Welteroberung vor allem der ganz ausgezeichnete russische Atlas *Geografitscheskych otkrytii i issledowanii* (1959) zu empfehlen. K. Panikkar, *Asia and Western Dominance* (1954), gibt, vom asiatischen Standpunkt aus gesehen, eine lehrreiche Darstellung. G. Scelle, *La traîte négriaire aux Indes de Castille*, 2 Bände (1906), Gaston Martin, *Histoire de l'esclavage dans les colonies françaises* (1948), sind grundlegend für die Behandlung des Sklavenhandels. E. O. von Lippmann, *Geschichte des Zuckers* (1929), sollte man zugleich mit N. Deerr, *The History of Sugar*, 2 Bände (1949), lesen. Eric Williams, *Capitalism and Slavery* (1944), ist eine etwas schematische und allgemeine Interpretation. Über die charakteristische »inoffizielle« Kolonisation durch Handel und Kanonenboote findet man Spezialuntersuchungen in den Werken von M. Greenberg, *British Trade and the Opening of China* (1949), und H. S. Ferns, *Britain and Argentina in the 19th Century* (1960). W. F. Wertheim, *Indonesian Society in Transition* (Den Haag und Bandung 1959), ist eine glänzende Einführung in die Probleme Indonesiens. J. S. Fournivall, *Colonial Policy and Practice* (1956), vergleicht Indonesien und Burma. Aus der umfangreichen, aber meist enttäuschenden Literatur über Indien seien angeführt: E. Thompson und G. T. Garratt, *Rise and Fulfilment of British Rule in India* (1934); Eric Stokes, *The English Utilitarian and India* (1959), ein sehr aufschlußreiches Buch; und A. R. Desai, *The Social Background of Indian Nationalism* (Bombay 1948). Es gibt keine zufriedenstellende Darstellung Ägyptens unter Mehmed Ali. Aber zu erwähnen ist das Buch von H. Dodwell, *The Founder of Modern Egypt* (1931). Es ist unmöglich, mehr als einige wenige Darstellungen der Geschichte der verschiedenen Länder und Regionen zu erwähnen. Für Großbritannien bleibt E. Halévy, *History of the English People in the 19th Century,* von fundamentaler Bedeutung. Insbesondere der im ersten Band des Werkes enthaltene Überblick über England im Jahr 1815. Man sollte auch A. Briggs, *The Age of Improvement 1780–1867* (1959), heranziehen. Für Frankreich ist P. Sagnac, *La formation de la société française moderne* (1946), Band 2, das klassische Werk über die Gesellschaft des 18. Jahrhunderts, zu erwähnen, und Gordon Wright, *France in Modern Times* (1962), ist eine gute Einführung in die spätere Entwicklung. F. Ponteil, *La monarchie parlementaire 1815–48* (1949), und F. Artz, *France under the Bourbon restoration* (1931), sind zu empfehlen. Für Rußland behandelt M. Florinsky, *Russia,* 2. Band (1953), die Zeit ab 1800. Zu empfehlen sind auch M. N. Pokrovsky, *Brief History of Russia,* I (1933), und P. Liaschtschenko, *History of the Russian National Economy* (1947). Für Deutschland ist R. Pascal, *The Growth of Modern Germany* (1946), ein kurzes, aber gutes Buch. K. S. Pinson, *Modern Germany* (1954), ist als Einführung brauchbar. Weiterhin seien erwähnt: T. S. Hamerow, *Restoration, Revolution, Reaction: Economics and Politics in Germany 1815–71* (1958), Gordon Craig, *The Politics of the Prussian Army* (1955), und das oben erwähnte Buch von J. Droz. Für Italien ist bei weitem am besten G. Candeloro, *Storia dell'Italia moderna II,* 1815–1846 (1956). Für Spanien ist P. Vilar, *Histoire d'Espagne* (1949), eine ganz ausgezeichnete und kurze Darstellung, und J. Vicens Vives ed., *Istoria social de España i America Latina,* IV/2 (1959), ist verdienstvoll und ausgezeichnet illustriert.

Für Österreich ist A. J. P. Taylor, *The Habsburg Monarchy* (1949), eine gute Einführung. Erwähnt sei auch E. Wangermann, *From Joseph II to the Jacobin Trials* (1959). Über die Balkanländer: L. S. Stavrianos, *The Balkans since 1453* (1953), und das ausgezeichnete Buch von B. Lewis, *The Emergence of Modern Turkey* (1961). Für Skandinavien siehe B. J. Hovde, *The Scandinavian Countries 1720–1865,* 2 Bände (1943). Über Irland E. Strauss, *Irish Nationalism and British Democracy* (1951), und *The Great Famine, Studies in recent Irish History* (1957). Über die Niederlande H. Pirenne, *Histoire de Belgique,* V, VI (1926, 1932), R. Demoulin, *La révolution de 1830* (1950), und H. R. C. Wright, *Free Trade and Protection in the Netherlands 1816–1830* (1955).

Einige Schlußbemerkungen über allgemeine Nachschlagewerke: Die wichtigsten Daten findet man in W. Langer, *Encyclopedia of World History* (1948), und K. Ploetz, *Auszug aus der Geschichte* (1950, 1960). Das ausgezeichnete Buch von Alfred Mayer, *Vierhundert Jahre europäischer Kulturgemeinschaften in Übersichten 1500–1900* (1959), für Kultur und Wissenschaft. M. Mulhall, *Dictionary of Statistics* (1892), enthält die besten statistischen Zusammenfassungen. Unter den historischen Enzyklopädien seien erwähnt: die neue zwölfbändige *Sowjetskaja istoritscheskaja enzyklopedia;* die *Encyclopédie de la Pléiade* umfaßt besondere Bände über Weltgeschichte (3 Bände), Literaturgeschichte (2 Bände), einen sehr wertvollen Band über historische Forschung und einen über Geschichte der

Wissenschaften. Diese Bände sind Gesamtdarstellungen und nicht in der Art von Lexika angeordnet. *Cassells Encyclopedia of Literature*, 2 Bände, ist nützlich, und das von E. Blom herausgegebene *Grove's Dictionary of Music and Musicians* (9 Bände), 1954, doch vielleicht etwas zu sehr vom britischen Standpunkt aus gesehen. Die *Encyclopedia of World Art* (Band 1–5 veröffentlicht, weitere 10 Bände folgen) ist hervorragend. *Die Encyclopedia of the Social Sciences* (1931) ist bereits etwas veraltet, hat aber noch immer ihren Wert. Die folgenden, bisher nicht erwähnten Atlanten können empfohlen werden: *Atlas Istorii SSSR* (1950), J. D. Fage, *An Atlas of African History* (1958), H. W. Hazard und H. L. Cooke, *Atlas of Islamic History* (1943), J. T. Adams ed., *Atlas of American History* (1957), und die beiden allgemeinen Atlanten J. Engel *et al.*, *Großer historischer Weltatlas* (1957), und Rand McNally, *Atlas of World History* (1957).